石油石化职业技能培训教程

免费提供网络学习增值服务
手机登录方式见封底

仓库保管工

（上册）

中国石油天然气集团有限公司人事部 编

石油工业出版社

内 容 提 要

本书是由中国石油天然气集团有限公司人事部统一组织编写的《石油石化职业技能培训教程》中的一本。本书包括仓库保管工应掌握的基础知识、初级工操作技能及相关知识、中级工操作技能及相关知识，并配套了相应等级的理论知识试题，以便于员工对知识点的理解和掌握。

本书既可用于职业技能鉴定前培训，也可用于员工岗位技术培训和自学提高。

图书在版编目（CIP）数据

仓库保管工 . 上册 / 中国石油天然气集团有限公司人事部编 . —北京：石油工业出版社，2019.3

石油石化职业技能培训教程

ISBN 978-7-5183-3105-5

Ⅰ . ①仓⋯ Ⅱ . ①中⋯ Ⅲ . ①仓库管理 – 技术培训 – 教材 Ⅳ . ① F253

中国版本图书馆 CIP 数据核字（2019）第 007199 号

出版发行：石油工业出版社
（北京安定门外安华里 2 区 1 号　100011）
网　　址：www.petropub.com
编辑部：（010）64252978
图书营销中心：（010）64523633
经　　销：全国新华书店
印　　刷：北京晨旭印刷厂

2019 年 3 月第 1 版　2022 年 5 月第 3 次印刷
787×1092 毫米　开本：1/16　印张：30.75
字数：720 千字

定价：90.00 元
（如出现印装质量问题，我社图书营销中心负责调换）
版权所有，翻印必究

《石油石化职业技能培训教程》

编 委 会

主　任：黄　革

副主任：王子云

委　员（按姓氏笔画排列）：

丁哲帅	马光田	丰学军	王正才	王勇军
王　莉	王　焯	王　谦	王德功	邓春林
史兰桥	吕德柱	朱立明	朱耀旭	刘子才
刘文泉	刘　伟	刘　军	刘孝祖	刘纯珂
刘明国	刘学忱	李忠勤	李振兴	李　丰
李　超	李　想	杨力玲	杨明亮	杨海青
吴　芒	吴　鸣	何　波	何　峰	何军民
何耀伟	邹吉武	宋学昆	张　伟	张海川
陈　宁	林　彬	罗昱恒	季　明	周宝银
周　清	郑玉江	赵宝红	胡兰天	段毅龙
贾荣刚	夏申勇	徐周平	徐春江	唐高嵩
常发杰	蒋国亮	蒋革新	傅红村	褚金德
窦国银	熊欢斌			

《仓库保管工》编审组

主　　编：宫运兴

参编人员（按姓氏笔画排列）：

　　李卫松　陈川　陈利民

参审人员（按姓氏笔画排列）：

王秀凤	王海鹃	王梅花	石　磊	申伟国
白玉涛	刘书举	李远明	李雅涵	杨玉萍
杨明勇	杨　荷	杨逸斐	邱晓红	张云海
张　宁	张致录	张　琴	陆　韬	周立君
周运妮	赵维凯	侯　伟	高文敏	黄志杰
黄　辉				

PREFACE 前言

　　随着企业产业升级、装备技术更新改造步伐不断加快,对从业人员的素质和技能提出了新的更高要求。为适应经济发展方式转变和"四新"技术变化要求,提高石油石化企业员工队伍素质,满足职工鉴定、培训、学习需要,中国石油天然气集团有限公司人事部根据《中华人民共和国职业分类大典(2015年版)》对工种目录的调整情况,修订了石油石化职业技能等级标准。在新标准的指导下,组织对"十五""十一五""十二五"期间编写的职业技能鉴定试题库和职业技能培训教程进行了全面修订,并新开发了炼油、化工专业部分工种的试题库和教程。

　　教程的开发修订坚持以职业活动为导向,以职业技能提升为核心,以统一规范、充实完善为原则,注重内容的先进性与通用性。教程编写紧扣职业技能等级标准和鉴定要素细目表,采取理实一体化编写模式,基础知识统一编写,操作技能及相关知识按等级编写,内容范围与鉴定试题库基本保持一致。特别需要说明的是,本套教程在相应内容处标注了理论知识鉴定点的代码和名称,同时配套了相应等级的理论知识练习题,以便于员工对知识点的理解和掌握,加强了学习的针对性。**此外,为了提高学习效率,检验学习成果,本套教程为员工免费提供学习增值服务,员工通过手机登录注册后即可进行移动练习。**本套教程既可用于职业技能鉴定前培训,也可用于员工岗位技术培训和自学提高。

　　仓库保管工教程分上、下两册,上册为基础知识,初级工操作技能及相关知识,中级工操作技能及相关知识;下册为高级工操作技能及相关知识,技师操作技能及相关知识。

　　本工种教程由大庆油田有限责任公司任主编单位,参与审核的单位有新疆油田分公司、吉林油田分公司、西南油气田分公司、大庆石化分公司、吉林石化分公司、长庆油田分公司、大港石化分公司、西部管道分公司、江苏液化天然气有限公司等。在此表示衷心感谢。

由于编者水平有限，书中不妥之处在所难免，请广大读者提出宝贵意见。

编 者

2018年10月

CONTENTS 目录

第一部分 基础知识

模块一 法律法规知识 ································ 3
 项目一 中华人民共和国产品质量法 ················ 3
 项目二 中华人民共和国合同法 ···················· 10
 项目三 中华人民共和国消费者权益保护法 ········ 23
 项目四 中华人民共和国劳动法 ···················· 30

模块二 仓储基础及安全消防知识 ···················· 37
 项目一 仓储基础知识 ······························ 37
 项目二 安全消防知识 ······························ 56

模块三 物资接运、计量及保管资料 ················ 69
 项目一 物资接运知识 ······························ 69
 项目二 计量基础知识 ······························ 77
 项目三 保管仓储资料 ······························ 85

模块四 物流知识 ······································ 92
 项目一 物流基础知识 ······························ 92
 项目二 物资包装 ···································· 104

模块五 市场营销知识 ································ 109
 项目一 营销渠道的基础知识 ······················ 109
 项目二 市场营销渠道的构成 ······················ 111

第二部分　初级工操作技能及相关知识

模块一　相关知识 ··· 119
 项目一　处理账务 ·· 119
 项目二　管理金属材料 ·· 141
 项目三　管理非金属材料 ··· 148
 项目四　管理机电产品 ·· 165

模块二　操作技能 ··· 191
 项目一　操作计算机录入物资数量验收检验比率标准 ························· 191
 项目二　操作计算机录入汉字、英文混合文章 ·································· 191
 项目三　操作计算机实现字体设置 ··· 192
 项目四　填写验收记录 ·· 193
 项目五　发放临时出库物资 ·· 195
 项目六　识别包装储运图示标志（一）、危险货物包装标志（一）、
    安全禁止标志（一） ·· 196
 项目七　验收铸铁管件、轮胎、砖、开关 ·· 199
 项目八　发放螺纹钢、水泥、电池 ··· 202
 项目九　填写角钢、碎石、灯管存货盘点明细表 ······························· 206
 项目十　码放无缝管、角钢、安全帽、电池、轴承 ···························· 210
 项目十一　识别金属材料 ··· 211

第三部分　中级工操作技能及相关知识

模块一　相关知识 ··· 215
 项目一　处理账务 ·· 215
 项目二　管理金属材料 ·· 236
 项目三　管理非金属材料 ··· 248
 项目四　管理机电产品 ·· 257

模块二　操作技能 ··· 299
 项目一　操作计算机用 Word 制"库存物资盈亏申请表""存货盘点
    明细表""物资调拨单" ·· 299
 项目二　填写物资明细账 ··· 303
 项目三　退料入库 ·· 305
 项目四　识别包装储运图示标志（二）、危险货物包装标志（二）、
    安全禁止标志（二）、安全警告标志（一） ·························· 308

項目五　驗收無縫管、扁鋼、地磚、工業鹽、扳手、軸承 …………………………… 311
項目六　發放圓鋼、石粉、燈管 ……………………………………………………… 318
項目七　填寫角鋼、方鋼、水泥、純鹼、燈泡、電池不能驗收報告單 …………… 328
項目八　識別非金屬材料 ……………………………………………………………… 331

理論知識試題

初級工理論知識試題及答案 ………………………………………………………………… 335

中級工理論知識試題及答案 ………………………………………………………………… 385

附　録

附録1　職業技能等級標準 …………………………………………………………… 439
附録2　初級工理論知識鑑定要素細目表 …………………………………………… 447
附録3　初級工操作技能鑑定要素細目表 …………………………………………… 457
附録4　中級工理論知識鑑定要素細目表 …………………………………………… 459
附録5　中級工操作技能鑑定要素細目表 …………………………………………… 465
附録6　高級工理論知識鑑定要素細目表 …………………………………………… 466
附録7　高級工操作技能鑑定要素細目表 …………………………………………… 471
附録8　技師理論知識鑑定要素細目表 ……………………………………………… 472
附録9　技師操作技能鑑定要素細目表 ……………………………………………… 476
附録10　操作技能考核內容層次結構表 ……………………………………………… 477

參考文獻 ……………………………………………………………………………………… 478

第一部分

基础知识

模块一 法律法规知识

项目一 中华人民共和国产品质量法

《中华人民共和国产品质量法》于1993年2月22日第七届全国人民代表大会常务委员会第三十次会议通过,自1993年9月1日起施行。

根据2000年7月8日第九届全国人民代表大会常务委员会第十六次会议《关于修改〈中华人民共和国产品质量法〉的决定》进行第一次修正。根据2009年8月27日第十一届全国人民代表大会常务委员会第十次会议《关于修改部分法律的决定》进行第二次修正。

《中华人民共和国产品质量法》共分六章,分别为:第一章 总则;第二章 产品质量的监督;第三章 生产者、销售者的产品质量责任和义务,其中第一节 生产者的产品质量责任和义务;第二节 销售者的产品质量责任和义务;第四章 损害赔偿;第五章 罚则,第六章 附则。

一、总则

(1) 为了加强对产品质量的监督管理,提高产品质量水平,明确产品质量责任,保护消费者的合法权益,维护社会经济秩序,制定本法。

(2) 在中华人民共和国境内从事产品生产、销售活动,必须遵守本法。

本法所称产品是指经过加工、制作,用于销售的产品。

建设工程不适用本法规定;但是,建设工程使用的建筑材料、建筑构配件和设备,属于前款规定的产品范围的,适用本法规定。

(3) 生产者、销售者应当建立健全内部产品质量管理制度,严格实施岗位质量规范、质量责任以及相应的考核办法。

(4) 生产者、销售者依照本法规定承担产品质量责任。

(5) 禁止伪造或者冒用认证标志等质量标志;禁止伪造产品的产地,伪造或者冒用他人的厂名、厂址;禁止在生产、销售的产品中掺杂、掺假,以假充真,以次充好。

(6) 国家鼓励推行科学的质量管理方法,采用先进的科学技术,鼓励企业产品质量达到并且超过行业标准、国家标准和国际标准。

对产品质量管理先进和产品质量达到国际先进水平、成绩显著的单位和个人,给予奖励。

(7) 各级人民政府应当把提高产品质量纳入国民经济和社会发展规划,加强对产品质量工作的统筹规划和组织领导，引导、督促生产者、销售者加强产品质量管理，提高产品质量，组织各有关部门依法采取措施，制止产品生产、销售中违反本法规定的行为，保障本法的施行。

（8）国务院产品质量监督部门主管全国产品质量监督工作。国务院有关部门在各自的职责范围内负责产品质量监督工作。

县级以上地方产品质量监督部门主管本行政区域内的产品质量监督工作。县级以上地方人民政府有关部门在各自的职责范围内负责产品质量监督工作。

法律对产品质量的监督部门另有规定的，依照有关法律的规定执行。

（9）各级人民政府工作人员和其他国家机关工作人员不得滥用职权、玩忽职守或者徇私舞弊，包庇、放纵本地区、本系统发生的产品生产、销售中违反本法规定的行为，或者阻挠、干预依法对产品生产、销售中违反本法规定的行为进行查处。

各级地方人民政府和其他国家机关有包庇、放纵产品生产、销售中违反本法规定的行为的，依法追究其主要负责人的法律责任。

（10）任何单位和个人有权对违反本法规定的行为，向产品质量监督部门或者其他有关部门检举。

产品质量监督部门和有关部门应当为检举人保密，并按照省、自治区、直辖市人民政府的规定给予奖励。

（11）任何单位和个人不得排斥非本地区或者非本系统企业生产的质量合格产品进入本地区、本系统。

> CAA005《中华人民共和国产品质量法》对产品质量的相关规定

二、产品质量的监督

（1）产品质量应当检验合格，不得以不合格产品冒充合格产品。

第十三条规定：可能危及人体健康和人身、财产安全的工业产品，必须符合保障人体健康和人身、财产安全的国家标准、行业标准；未制定国家标准、行业标准的，必须符合保障人体健康和人身、财产安全的要求。

禁止生产、销售不符合保障人体健康和人身、财产安全的标准和要求的工业产品。具体管理办法由国务院规定。

（2）国家根据国际通用的质量管理标准，推行企业质量体系认证制度。企业根据自愿原则可以向国务院产品质量监督部门认可的或者国务院产品质量监督部门授权的部门认可的认证机构申请企业质量体系认证。经认证合格的，由认证机构颁发企业质量体系认证证书。

> ZAA001 对产品质量监督检查要求

国家参照国际先进的产品标准和技术要求，推行产品质量认证制度。企业根据自愿原则可以向国务院产品质量监督部门认可的或者国务院产品质量监督部门授权的部门认可的认证机构申请产品质量认证。经认证合格的，由认证机构颁发产品质量认证证书，准许企业在产品或者其包装上使用产品质量认证标志。

（3）国家对产品质量实行以抽查为主要方式的监督检查制度，对可能危及人体健康和人身、财产安全的产品，影响国计民生的重要工业产品以及消费者、有关组织反映有质量问题的产品进行抽查。抽查的样品应当在市场上或者企业成品仓库内的待销产品中随机抽取。监督抽查工作由国务院产品质量监督部门规划和组织。县级以上地方产品质量监督部门在本行政区域内也可以组织监督抽查。法律对产品质量的监督检查另有规定的，依照有关法律的规定执行。

国家监督抽查的产品，地方不得另行重复抽查；上级监督抽查的产品，下级不得另行重复抽查。

根据监督抽查的需要，可以对产品进行检验。检验抽取样品的数量不得超过检验的合理需要，并不得向被检查人收取检验费用。监督抽查所需检验费用按照国务院规定列支。

生产者、销售者对抽查检验的结果有异议的，可以自收到检验结果之日起十五日内向实施监督抽查的产品质量监督部门或者其上级产品质量监督部门申请复检，由受理复检的产品质量监督部门作出复检结论。

> ZAA002 《中华人民共和国产品质量法》对产品质量抽查的规定

（4）对依法进行的产品质量监督检查，生产者、销售者不得拒绝。

（5）依照本法规定进行监督抽查的产品质量不合格的，由实施监督抽查的产品质量监督部门责令其生产者、销售者限期改正。逾期不改正的，由省级以上人民政府产品质量监督部门予以公告；公告后经复查仍不合格的，责令停业，限期整顿；整顿期满后经复查产品质量仍不合格的，吊销营业执照。

监督抽查的产品有严重质量问题的，依照本法第五章的有关规定处罚。

> ZAA003 《中华人民共和国产品质量法》对产品质量不合格的处理规定

（6）县级以上产品质量监督部门根据已经取得的违法嫌疑证据或者举报，对涉嫌违反本法规定的行为进行查处时，可以行使下列职权：

①对当事人涉嫌从事违反本法的生产、销售活动的场所实施现场检查；

②向当事人的法定代表人、主要负责人和其他有关人员调查、了解与涉嫌从事违反本法的生产、销售活动有关的情况；

③查阅、复制当事人有关的合同、发票、账簿以及其他有关资料；

④对有根据认为不符合保障人体健康和人身、财产安全的国家标准、行业标准的产品或者有其他严重质量问题的产品，以及直接用于生产、销售该项产品的原辅材料、包装物、生产工具，予以查封或者扣押。

县级以上工商行政管理部门按照国务院规定的职责范围，对涉嫌违反本法规定的行为进行查处时，可以行使前款规定的职权。

> ZAA004 质量监督部门的职权

（7）产品质量检验机构必须具备相应的检测条件和能力，经省级以上人民政府产品质量监督部门或者其授权的部门考核合格后，方可承担产品质量检验工作。法律、行政法规对产品质量检验机构另有规定的，依照有关法律、行政法规的规定执行。

（8）从事产品质量检验、认证的社会中介机构必须依法设立，不得与行政机关和其他国家机关存在隶属关系或者其他利益关系。

> ZAA005 对产品质量检验机构的规定

（9）产品质量检验机构、认证机构必须依法按照有关标准，客观、公正地出具检验结果或者认证证明。

产品质量认证机构应当依照国家规定对准许使用认证标志的产品进行认证后的跟踪检查；对不符合认证标准而使用认证标志的，要求其改正；情节严重的，取消其使用认证标志的资格。

（10）消费者有权就产品质量问题，向产品的生产者、销售者查询；向产品质量监督部门、工商行政管理部门及有关部门申诉，接受申诉的部门应当负责处理。

（11）保护消费者权益的社会组织可以就消费者反映的产品质量问题建议有关部门负责处理，支持消费者对因产品质量造成的损害向人民法院起诉。

> ZAA006 产品质量问题的规定

（12）国务院和省、自治区、直辖市人民政府的产品质量监督部门应当定期发布其监督抽查的产品的质量状况公告。

（13）产品质量监督部门或者其他国家机关以及产品质量检验机构不得向社会推荐生产者的产品；不得以对产品进行监制、监销等方式参与产品经营活动。

三、生产者、销售者产品质量责任和义务

> ZAA007 生产者的产品质量责任和义务

（一）生产者的产品质量责任和义务

（1）生产者应当对其生产的产品质量负责。

产品质量应当符合下列要求：

①不存在危及人身、财产安全的不合理的危险，有保障人体健康和人身、财产安全的国家标准、行业标准的，应当符合该标准；

②具备产品应当具备的使用性能，但是，对产品存在使用性能的瑕疵作出说明的除外；

③符合在产品或者其包装上注明采用的产品标准，符合以产品说明、实物样品等方式表明的质量状况。

（2）产品或者其包装上的标识必须真实，并符合下列要求：

①有产品质量检验合格证明；

②有中文标明的产品名称、生产厂厂名和厂址；

③根据产品的特点和使用要求，需要标明产品规格、等级、所含主要成分的名称和含量的，用中文相应予以标明；需要事先让消费者知晓的，应当在外包装上标明，或者预先向消费者提供有关资料；

④限期使用的产品，应当在显著位置清晰地标明生产日期和安全使用期或者失效日期；

⑤使用不当，容易造成产品本身损坏或者可能危及人身、财产安全的产品，应当有警示标志或者中文警示说明。

裸装的食品和其他根据产品的特点难以附加标识的裸装产品，可以不附加产品标识。

（3）易碎、易燃、易爆、有毒、有腐蚀性、有放射性等危险物品以及储运中不能倒置和其他有特殊要求的产品，其包装质量必须符合相应要求，依照国家有关规定作出警示标志或者中文警示说明，标明储运注意事项。

（4）生产者不得生产国家明令淘汰的产品。

（5）生产者不得伪造产地，不得伪造或者冒用他人的厂名、厂址。

（6）生产者不得伪造或者冒用认证标志等质量标志。

（7）生产者生产产品，不得掺杂、掺假，不得以假充真、以次充好，不得以不合格产品冒充合格产品。

（二）销售者的产品质量责任和义务

> ZAA008 销售者的产品质量责任和义务

（1）销售者应当建立并执行进货检查验收制度，验明产品合格证明和其他标识。

（2）销售者应当采取措施，保持销售产品的质量。

（3）销售者不得销售国家明令淘汰并停止销售的产品和失效、变质的产品。

（4）销售者销售的产品的标识应当符合本法第二十七条的规定。

（5）销售者不得伪造产地，不得伪造或者冒用他人的厂名、厂址。

（6）销售者不得伪造或者冒用认证标志等质量标志。

（7）销售者销售产品，不得掺杂、掺假，不得以假充真、以次充好，不得以不合格产品冒充合格产品。

> ZAA009 销售者的损害赔偿要求

四、损害赔偿

（1）给购买产品的消费者造成损失的，销售者应当赔偿损失，售出的产品有下列情形之一的，销售者应当负责修理、更换、退货：

①不具备产品应当具备的使用性能而事先未作说明的；

②不符合在产品或者其包装上注明采用的产品标准的；

③不符合以产品说明、实物样品等方式表明的质量状况的。

销售者依照前款规定负责修理、更换、退货、赔偿损失后，属于生产者的责任或者属于向销售者提供产品的其他销售者（以下简称供货者）的责任的，销售者有权向生产者、供货者追偿。

销售者未按照第一款规定给予修理、更换、退货或者赔偿损失的，由产品质量监督部门或者工商行政管理部门责令改正。

生产者之间，销售者之间，生产者与销售者之间订立的买卖合同、承揽合同有不同约定的，合同当事人按照合同约定执行。

（2）因产品存在缺陷造成人身、缺陷产品以外的其他财产（以下简称他人财产）损害的，生产者应当承担赔偿责任。

> GAA001 生产者应当承担的责任

生产者能够证明有下列情形之一的，不承担赔偿责任：

①未将产品投入流通的；

②产品投入流通时，引起损害的缺陷尚不存在的；

③将产品投入流通时的科学技术水平尚不能发现缺陷的存在的。

> GAA002 产品存在缺陷造成后果的赔偿要求

（3）由于销售者的过错使产品存在缺陷，造成人身、他人财产损害的，销售者应当承担赔偿责任。

销售者不能指明缺陷产品的生产者也不能指明缺陷产品的供货者的，销售者应当承担赔偿责任。

（4）因产品存在缺陷造成人身、他人财产损害的，受害人可以向产品的生产者要求赔偿，也可以向产品的销售者要求赔偿。属于产品的生产者的责任，产品的销售者赔偿的，产品的销售者有权向产品的生产者追偿。属于产品的销售者的责任，产品的生产者赔偿的，产品的生产者有权向产品的销售者追偿。

（5）因产品存在缺陷造成受害人人身伤害的，侵害人应当赔偿医疗费、治疗期间的护理费、因误工减少的收入等费用；造成残疾的，还应当支付残疾者生活自助费、生活补助费、残疾赔偿金以及由其扶养的人所必需的生活费等费用；造成受害人死亡的，并应当支付丧葬费、死亡赔偿金以及由死者生前扶养的人所必需的生活费等费用。

因产品存在缺陷造成受害人财产损失的，侵害人应当恢复原状或者折价赔偿。受害人因此遭受其他重大损失的，侵害人应当赔偿损失。

（6）因产品存在缺陷造成损害要求赔偿的诉讼时效期间为二年，自当事人知道或者应当知道其权益受到损害时起计算。

因产品存在缺陷造成损害要求赔偿的请求权，在造成损害的缺陷产品交付最初消费者满十年丧失；但是，尚未超过明示的安全使用期的除外。

（7）本法所称缺陷，是指产品存在危及人身、他人财产安全的不合理的危险；产品有保障人体健康和人身、财产安全的国家标准、行业标准的，是指不符合该标准。

（8）因产品质量发生民事纠纷时，当事人可以通过协商或者调解解决。当事人不愿通过协商、调解解决或者协商、调解不成的，可以根据当事人各方的协议向仲裁机构申请仲裁；当事人各方没有达成仲裁协议或者仲裁协议无效的，可以直接向人民法院起诉。

（9）仲裁机构或者人民法院可以委托本法第十九条规定的产品质量检验机构，对有关产品质量进行检验。

五、罚则

> GAA003 对不符合国家行业标准产品的处罚规定

（1）生产、销售不符合保障人体健康和人身、财产安全的国家标准、行业标准的产品的，责令停止生产、销售，没收违法生产、销售的产品，并处违法生产、销售产品（包括已售出和未售出的产品，下同）货值金额等值以上三倍以下的罚款；有违法所得的，并处没收违法所得；情节严重的，吊销营业执照；构成犯罪的，依法追究刑事责任。

（2）在产品中掺杂、掺假，以假充真，以次充好，或者以不合格产品冒充合格产品的，责令停止生产、销售，没收违法生产、销售的产品，并处违法生产、销售产品货值金额百分之五十以上三倍以下的罚款；有违法所得的，并处没收违法所得；情节严重的，吊销营业执照；构成犯罪的，依法追究刑事责任。

（3）生产国家明令淘汰的产品的，销售国家明令淘汰并停止销售的产品的，责令停止生产、销售，没收违法生产、销售的产品，并处违法生产、销售产品货值金额等值以下的罚款；有违法所得的，并处没收违法所得；情节严重的，吊销营业执照。

（4）销售失效、变质的产品的，责令停止销售，没收违法销售的产品，并处违法销售产品货值金额二倍以下的罚款；有违法所得的，并处没收违法所得；情节严重的，吊销营业执照；构成犯罪的，依法追究刑事责任。

> GAA004 对质量检验机构、认证机构出具虚假证明的处罚规定

（5）伪造产品产地的，伪造或者冒用他人厂名、厂址的，伪造或者冒用认证标志等质量标志的，责令改正，没收违法生产、销售的产品，并处违法生产、销售产品货值金额等值以下的罚款；有违法所得的，并处没收违法所得；情节严重的，吊销营业执照。

（6）产品标识不符合本法第二十七条规定的，责令改正；有包装的产品标识不符合本法第二十七条第（四）项、第（五）项规定，情节严重的，责令停止生产、销售，并处违法生产、销售产品货值金额百分之三十以下的罚款；有违法所得的，并处没收违法所得。

（7）销售者销售本法第四十九条至第五十三条规定禁止销售的产品，有充分证据证明其不知道该产品为禁止销售的产品并如实说明其进货来源的，可以从轻或者减轻处罚。

（8）拒绝接受依法进行的产品质量监督检查的，给予警告，责令改正；拒不改正的，责令停业整顿；情节特别严重的，吊销营业执照。

（9）产品质量检验机构、认证机构伪造检验结果或者出具虚假证明的，责令改正，对单位处五万元以上十万元以下的罚款，对直接负责的主管人员和其他直接责任人员处一万元以上五万元以下的罚款；有违法所得的，并处没收违法所得；情节严重的，取消

其检验资格、认证资格；构成犯罪的，依法追究刑事责任。

产品质量检验机构、认证机构出具的检验结果或者证明不实，造成损失的，应当承担相应的赔偿责任；造成重大损失的，撤销其检验资格、认证资格。

产品质量认证机构违反本法第二十一条第二款的规定，对不符合认证标准而使用认证标志的产品，未依法要求其改正或者取消其使用认证标志资格的，对因产品不符合认证标准给消费者造成的损失，与产品的生产者、销售者承担连带责任；情节严重的，撤销其认证资格。

> GAA005 社会团体、中介机构的责任

（10）社会团体、社会中介机构对产品质量作出承诺、保证，而该产品又不符合其承诺、保证的质量要求，给消费者造成损失的，与产品的生产者、销售者承担连带责任。

（11）在广告中对产品质量作虚假宣传，欺骗和误导消费者的，依照《中华人民共和国广告法》的规定追究法律责任。

（12）对生产者专门用于生产本法第四十九条、第五十一条所列的产品或者以假充真的产品的原辅材料、包装物、生产工具，应当予以没收。

（13）知道或者应当知道属于本法规定禁止生产、销售的产品而为其提供运输、保管、仓储等便利条件的，或者为以假充真的产品提供制假生产技术的，没收全部运输、保管、仓储或者提供制假生产技术的收入，并处违法收入百分之五十以上三倍以下的罚款；构成犯罪的，依法追究刑事责任。

（14）服务业的经营者将本法第四十九条至第五十二条规定禁止销售的产品用于经营性服务的，责令停止使用；对知道或者应当知道所使用的产品属于本法规定禁止销售的产品的，按照违法使用的产品（包括已使用和尚未使用的产品）的货值金额，依照本法对销售者的处罚规定处罚。

（15）隐匿、转移、变卖、损毁被产品质量监督部门或者工商行政管理部门查封、扣押的物品的，处被隐匿、转移、变卖、损毁物品货值金额等值以上三倍以下的罚款；有违法所得的，并处没收违法所得。

（16）违反本法规定，应当承担民事赔偿责任和缴纳罚款、罚金，其财产不足以同时支付时，先承担民事赔偿责任。

（17）各级人民政府工作人员和其他国家机关工作人员有下列情形之一的，依法给予行政处分，构成犯罪的，依法追究刑事责任：

①包庇、放纵产品生产、销售中违反本法规定行为的；

②向从事违反本法规定的生产、销售活动的当事人通风报信，帮助其逃避查处的；

③阻挠、干预产品质量监督部门或者工商行政管理部门依法对产品生产、销售中违反本法规定的行为进行查处，造成严重后果的。

（18）产品质量监督部门在产品质量监督抽查中超过规定的数量索取样品或者向被检查人收取检验费用的，由上级产品质量监督部门或者监察机关责令退还；情节严重的，对直接负责的主管人员和其他直接责任人员依法给予行政处分。

（19）产品质量监督部门或者其他国家机关违反本法第二十五条的规定，向社会推荐生产者的产品或者以监制、监销等方式参与产品经营活动的，由其上级机关或者监察机关责令改正，消除影响，有违法收入的予以没收；情节严重的，对直接负责的主管人员和其他直接责任人员依法给予行政处分。

产品质量检验机构有前款所列违法行为的，由产品质量监督部门责令改正，消除影响，有违法收入的予以没收，可以并处违法收入一倍以下的罚款；情节严重的，撤销其质量检验资格。

（20）产品质量监督部门或者工商行政管理部门的工作人员滥用职权、玩忽职守、徇私舞弊，构成犯罪的，依法追究刑事责任；尚不构成犯罪的，依法给予行政处分。

（21）以暴力、威胁方法阻碍产品质量监督部门或者工商行政管理部门的工作人员依法执行职务的，依法追究刑事责任；拒绝、阻碍未使用暴力、威胁方法的，由公安机关依照《治安管理处罚法》的规定处罚。

（22）本法规定的吊销营业执照的行政处罚由工商行政管理部门决定，本法第四十九条至第五十七条、第六十条至第六十三条规定的行政处罚由产品质量监督部门或者工商行政管理部门按照国务院规定的职权范围决定。法律、行政法规对行使行政处罚权的机关另有规定的，依照有关法律、行政法规的规定执行。

（23）对依照本法规定没收的产品，依照国家有关规定进行销毁或者采取其他方式处理。

（24）本法第四十九条至第五十四条、第六十二条、第六十三条所规定的货值金额以违法生产、销售产品的标价计算；没有标价的，按照同类产品的市场价格计算。

项目二　中华人民共和国合同法

为了保护合同当事人的合法权益，维护社会经济秩序，促进社会主义现代化建设制定《中华人民共和国合同法》。由中华人民共和国第九届全国人民代表大会第二次会议于1999年3月15日通过，于1999年10月1日起施行。共计二十三章四百二十八条。

[JAA003 合同的分类]

一、合同的分类

合同根据不同的分类标准可以划分为：

1. 计划合同与普通合同

凡直接根据国家经济计划而签订的合同，称为计划合同。如企业法人根据国家计划签订的购销合同、建设工程承包合同等。普通合同也称非计划合同，不以国家计划为合同成立的前提。公民间的合同是典型的非计划合同。中国经济体制改革以来，计划合同日趋减少。在社会主义市场经济条件下，计划合同已被控制在很小范围之内。

2. 双务合同与单务合同

双务合同即缔约双方相互负担义务，双方的义务与权利相互关联、互为因果的合同。如买卖合同、承揽合同等。单务合同指仅由当事人一方负担义务，而他方只享有权利的合同。如赠与、无息借贷、无偿保管等合同为典型的单务合同。

3. 有偿合同与无偿合同

有偿合同为合同当事人一方因取得权利需向对方偿付一定代价的合同。无偿合同即当事人一方只取得权利而不偿付代价的合同，故又称恩惠合同。前者如买卖、互易合同等，后者如赠与、使用合同等。

4. 诺成合同与实践合同

以当事人双方意思表示一致，合同即告成立的，为诺成合同。除双方当事人意思表示一致外,尚须实物给付,合同始能成立,为实践合同,也称要物合同。

5. 要式合同与非要式合同

凡合同成立须依特定形式始为有效的,为要式合同;反之,为非要式合同。《中华人民共和国经济合同法》规定,法人之间的合同除即时清结者外,应当以书面形式订立。公民间房屋买卖合同除用书面形式订立外,尚须在国家主管机关登记过户。

6. 主合同与从合同

凡不以他种合同的存在为前提而能独立成立的合同,称为主合同。凡必须以他种合同的存在为前提始能成立的合同,称为从合同。例如,债权合同为主合同,保证该合同债务之履行的保证合同为从合同。从合同以主合同的存在为前提,故主合同消灭时,从合同原则上也随之消灭。反之,从合同的消灭,并不影响主合同的效力。

二、合同的条款

JAA004 合同的条款

合同的条款可分为基本条款和普通条款,又称必要条款和一般条款。当事人对必要条款达成协议的,合同即为成立;反之,合同不能成立。

确定合同必要条款的根据有 3 种:

(1)根据法律规定。凡是法律对合同的必要条款有明文规定,应根据法律规定。

(2)根据合同的性质确定。法律对合同的必要条款没有明文规定的,可以根据合同的性质确定。例如,买卖合同的标的物、价款是买卖合同的必要条款。

(3)根据当事人的意愿确定。除法律规定和据合同的性质确定的必要条款以外,当事人一方要求必须规定的条款,也是必要条款。例如,当事人一方对标的物的包装有特别要求而必须达成协议的条款,就是必要条款。

合同条款除必要条款之外,还有其他条款,即一般条款。一般条款在合同中是否加以规定,不会影响合同的成立。将合同条款规定得具体详明,有利于明确合同双方的权利、义务和合同的履行。

三、合同内容

CAA006 《中华人民共和国合同法》的一般规定

(一)《中华人民共和国合同法》的一般规定

(1)为了保护合同当事人的合法权益,维护社会经济秩序,促进社会主义现代化建设,制定本法。

(2)本法所称合同是平等主体的自然人、法人、其他组织之间设立、变更、终止民事权利义务关系的协议。

婚姻、收养、监护等有关身份关系的协议,适用其他法律的规定。

(3)合同当事人的法律地位平等,一方不得将自己的意志强加给另一方。

(4)当事人依法享有自愿订立合同的权利,任何单位和个人不得非法干预。

(5)当事人应当遵循公平原则确定各方的权利和义务。

(6)当事人行使权利、履行义务应当遵循诚实信用原则。

(7)当事人订立、履行合同,应当遵守法律、行政法规,尊重社会公德,不得扰乱社会经济秩序,损害社会公共利益。

(8)依法成立的合同,对当事人具有法律约束力。当事人应当按照约定履行自己的义务,不得擅自变更或者解除合同。

依法成立的合同，受法律保护。

（二）合同的订立

<u>CAA007 合同的订立要求</u>

（1）当事人订立合同，应当具有相应的民事权利能力和民事行为能力。

当事人依法可以委托代理人订立合同。

（2）当事人订立合同，有书面形式、口头形式和其他形式。

法律、行政法规规定采用书面形式的，应当采用书面形式。当事人约定采用书面形式的，应当采用书面形式。

（3）书面形式是指合同书、信件和数据电文（包括电报、电传、传真、电子数据交换和电子邮件）等可以有形地表现所载内容的形式。

<u>CAA008 合同的内容</u>

（4）合同的内容由当事人约定，一般包括以下条款：

①当事人的名称或者姓名和住所；

②标题；

③数量；

④质量；

⑤价款或者报酬；

⑥履行期限、地点和方式；

⑦违约责任；

⑧解决争议的方法。

当事人可以参照各类合同的示范文本订立合同。

<u>CAA009《中华人民共和国合同法》要约方式</u>

（5）当事人订立合同，采取要约、承诺方式。

（6）要约是希望和他人订立合同的意思表示，该意思表示应当符合下列规定：

①内容具体确定；

②表明经受要约人承诺，要约人即受该意思表示约束。

（7）要约邀请是希望他人向自己发出要约的意思表示。寄送的价目表、拍卖公告、招标公告、招股说明书、商业广告等为要约邀请。

商业广告的内容符合要约规定的，视为要约。

（8）要约到达受要约人时生效。

采用数据电文形式订立合同，收件人指定特定系统接收数据电文的，该数据电文进入该特定系统的时间，视为到达时间；

未指定特定系统的，该数据电文进入收件人的任何系统的首次时间，视为到达时间。

（9）要约可以撤回。撤回要约的通知应当在要约到达受要约人之前或者与要约同时到达受要约人。

（10）要约可以撤销。撤销要约的通知应当在受要约人发出承诺通知之前到达受要约人。

（11）有下列情形之一的，要约不得撤销：

①要约人确定了承诺期限或者以其他形式明示要约不可撤销；

②受要约人有理由认为要约是不可撤销的，并已经为履行合同作了准备工作。

（12）有下列情形之一的，要约失效：

①拒绝要约的通知到达要约人；

②要约人依法撤销要约；
③承诺期限届满，受要约人未作出承诺；
④受要约人对要约的内容作出实质性变更。

（13）承诺是受要约人同意要约的意思表示。

> CAA010《中华人民共和国合同法》对承诺的规定

（14）承诺应当以通知的方式作出，但根据交易习惯或者要约表明可以通过行为作出承诺的除外。

（15）承诺应当在要约确定的期限内到达要约人。

要约没有确定承诺期限的，承诺应当依照下列规定到达：
①要约以对话方式作出的，应当即时作出承诺，但当事人另有约定的除外；
②要约以非对话方式作出的，承诺应当在合理期限内到达。

（16）要约以信件或者电报作出的，承诺期限自信件载明的日期或者电报交发之日开始计算。信件未载明日期的，自投寄该信件的邮戳日期开始计算。要约以电话、传真等快速通信方式作出的，承诺期限自要约到达受要约人时开始计算。

（17）承诺生效时合同成立。

（18）承诺通知到达要约人时生效。承诺不需要通知的，根据交易习惯或者要约的要求作出承诺的行为时生效。

采用数据电文形式订立合同的，承诺到达的时间适用本法第十六条第二款的规定。

（19）承诺可以撤回。撤回承诺的通知应当在承诺通知到达要约人之前或者与承诺通知同时到达要约人。

（20）受要约人超过承诺期限发出承诺的，除要约人及时通知受要约人该承诺有效的以外，为新要约。

（21）受要约人在承诺期限内发出承诺，按照通常情形能够及时到达要约人，但因其他原因承诺到达要约人时超过承诺期限的，除要约人及时通知受要约人因承诺超过期限不接受该承诺的以外，该承诺有效。

（22）承诺的内容应当与要约的内容一致。受要约人对要约的内容作出实质性变更的，为新要约。有关合同标的、数量、质量、价款或者报酬、履行期限、履行地点和方式、违约责任和解决争议方法等的变更，是对要约内容的实质性变更。

（23）承诺对要约的内容作出非实质性变更的，除要约人及时表示反对或者要约表明承诺不得对要约的内容作出任何变更的以外，该承诺有效，合同的内容以承诺的内容为准。

（三）合同的效力

> ZAA010 合同的效力

（1）依法成立的合同，自成立时生效。

法律、行政法规规定应当办理批准、登记等手续才能生效的，依照其规定进行办理。

（2）当事人对合同的效力可以约定附条件。附生效条件的合同，自条件成就时生效。附解除条件的合同，自条件成就时失效。

当事人为自己的利益不正当地阻止条件成就的，视为条件已成就；不正当地促成条件成就的，视为条件不成就。

（3）当事人对合同的效力可以约定附期限。附生效期限的合同，自期限届至时生效。附终止期限的合同，自期限届满时失效。

（4）限制民事行为能力人订立的合同，经法定代理人追认后，该合同有效，但纯获利益的合同或者与其年龄、智力、精神健康状况相适应而订立的合同，不必经法定代理人追认。

相对人可以催告法定代理人在一个月内予以追认。法定代理人未作表示的，视为拒绝追认。合同被追认之前，善意相对人有撤销的权利。撤销应当以通知的方式作出。

（5）行为人没有代理权、超越代理权或者代理权终止后以被代理人名义订立的合同，未经被代理人追认，对被代理人不发生效力，由行为人承担责任。

相对人可以催告被代理人在一个月内予以追认。被代理人未作表示的，视为拒绝追认。合同被追认之前，善意相对人有撤销的权利。撤销应当以通知的方式作出。

（6）行为人没有代理权、超越代理权或者代理权终止后以被代理人名义订立合同，相对人有理由相信行为人有代理权的，该代理行为有效。

（7）法人或者其他组织的法定代表人、负责人超越权限订立的合同，除相对人知道或者应当知道其超越权限的以外，该代表行为有效。

（8）无处分权的人处分他人财产，经权利人追认或者无处分权的人订立合同后取得处分权的，该合同有效。

（9）有下列情形之一的，合同无效：
①一方以欺诈、胁迫的手段订立合同，损害国家利益；
②恶意串通，损害国家、集体或者第三人利益；
③以合法形式掩盖非法目的；
④损害社会公共利益；
⑤违反法律、行政法规的强制性规定。

（10）合同中有下列情形之一的，免责条款无效：
①造成对方人身伤害的；
②因故意或者重大过失造成对方财产损失的。

（11）有下列情形之一的，当事人一方有权请求人民法院或者仲裁机构变更或者撤销：
①因重大误解订立的；
②在订立合同时显失公平的。

一方以欺诈、胁迫的手段或者乘人之危，使对方在违背真实意思的情况下订立的合同，受损害方有权请求人民法院或者仲裁机构变更或者撤销。

当事人请求变更的，人民法院或者仲裁机构不得撤销。

（12）有下列情形之一的，撤销权消灭：
①具有撤销权的当事人自知道或者应当知道撤销事由之日起一年内没有行使撤销权；
②具有撤销权的当事人知道撤销事由后明确表示或者以自己的行为放弃撤销权。

（13）无效的合同或者被撤销的合同自始没有法律约束力。合同部分无效，不影响其他部分效力的，其他部分仍然有效。

（14）合同无效、被撤销或者终止的，不影响合同中独立存在的有关解决争议方法的条款的效力。

（15）合同无效或者被撤销后，因该合同取得的财产，应当予以返还；不能返还或者没有必要返还的，应当折价补偿。有过错的一方应当赔偿对方因此所受到的损失，双方都有过错的,应当各自承担相应的责任。

(16)当事人恶意串通,损害国家、集体或者第三人利益的,因此取得的财产收归国家所有或者返还集体、第三人。

(四)合同的履行

(1)当事人应当按照约定全面履行自己的义务。

当事人应当遵循诚实信用原则,根据合同的性质、目的和交易习惯履行通知、协助、保密等义务。

(2)合同生效后,当事人就质量、价款或者报酬、履行地点等内容没有约定或者约定不明确的,可以协议补充;不能达成补充协议的,按照合同有关条款或者交易习惯确定。

(3)当事人就有关合同内容约定不明确,依照本法第六十一条的规定仍不能确定的,适用下列规定:

①质量要求不明确的,按照国家标准、行业标准履行;没有国家标准、行业标准的,按照通常标准或者符合合同目的的特定标准履行。

②价款或者报酬不明确的,按照订立合同时履行地的市场价格履行;依法应当执行政府定价或者政府指导价的,按照规定履行。

③履行地点不明确,给付货币的,在接受货币一方所在地履行;交付不动产的,在不动产所在地履行;其他标的,在履行义务一方所在地履行。

④履行期限不明确的,债务人可以随时履行,债权人也可以随时要求履行,但应当给对方必要的准备时间。

⑤履行方式不明确的,按照有利于实现合同目的的方式履行。

⑥履行费用的负担不明确的,由履行义务一方负担。

(4)执行政府定价或者政府指导价的,在合同约定的交付期限内政府价格调整时,按照交付时的价格计价。逾期交付标的物的,遇价格上涨时,按照原价格执行;价格下降时,按照新价格执行。逾期提取标的物或者逾期付款的,遇价格上涨时,按照新价格执行;价格下降时,按照原价格执行。

(5)当事人约定由债务人向第三人履行债务的,债务人未向第三人履行债务或者履行债务不符合约定,应当向债权人承担违约责任。

(6)当事人约定由第三人向债权人履行债务的,第三人不履行债务或者履行债务不符合约定,债务人应当向债权人承担违约责任。

(7)当事人互负债务,没有先后履行顺序的,应当同时履行。一方在对方履行之前有权拒绝其履行要求。一方在对方履行债务不符合约定时,有权拒绝其相应的履行要求。

(8)当事人互负债务,有先后履行顺序,先履行一方未履行的,后履行一方有权拒绝其履行要求。先履行一方履行债务不符合约定的,后履行一方有权拒绝其相应的履行要求。

(9)应当先履行债务的当事人,有确切证据证明对方有下列情形之一的,可以中止履行债务:

①经营状况严重恶化;

②转移财产、抽逃资金,以逃避债务;

③丧失商业信誉;

④有丧失或者可能丧失履行债务能力的其他情形。

当事人没有确切证据中止履行的，应当承担违约责任。

（10）当事人依照本法第六十八条的规定中止履行债务的，应当及时通知对方。对方提供适当担保时，应当恢复履行债务。中止履行债务后，对方在合理期限内未恢复履行能力并且未提供适当担保的，中止履行的一方可以解除合同。

（11）债权人分立、合并或者变更住所没有通知债务人，致使履行债务发生困难的，债务人可以中止履行债务或者将标的物提存。

（12）债权人可以拒绝债务人提前履行债务，但提前履行不损害债权人利益的除外。

债务人提前履行债务给债权人增加的费用，由债务人负担。

（13）债权人可以拒绝债务人部分履行债务，但部分履行不损害债权人利益的除外。

债务人部分履行债务给债权人增加的费用，由债务人负担。

（14）因债务人怠于行使其到期债权，对债权人造成损害的，债权人可以向人民法院请求以自己的名义代位行使债务人的债权，但该债权专属于债务人自身的除外。

代位权的行使范围以债权人的债权为限。债权人行使代位权的必要费用，由债务人负担。

（15）因债务人放弃其到期债权或者无偿转让财产，对债权人造成损害的，债权人可以请求人民法院撤销债务人的行为。债务人以明显不合理的低价转让财产，对债权人造成损害，并且受让人知道该情形的，债权人也可以请求人民法院撤销债务人的行为。

撤销权的行使范围以债权人的债权为限。债权人行使撤销权的必要费用，由债务人负担。

（16）撤销权自债权人知道或者应当知道撤销事由之日起一年内行使。自债务人的行为发生之日起五年内没有行使撤销权的，该撤销权消灭。

（17）合同生效后，当事人不得因姓名、名称的变更或者法定代表人、负责人、承办人的变动而不履行合同义务。

（五）变更和转让

> ZAA012 合同的变更

（1）当事人协商一致，可以变更合同。

法律、行政法规规定变更合同应当办理批准、登记等手续的，依照其规定。

> ZAA013 合同的转让

（2）当事人对合同变更的内容约定不明确的，推定为未变更。

（3）债权人可以将合同的权利全部或者部分转让给第三人，但有下列情形之一的除外：

①根据合同性质不得转让的；

②按照当事人约定不得转让的；

③依照法律规定不得转让的。

（4）债权人转让权利，应当通知债务人。未经通知，该转让对债务人不发生效力。

债权人转让权利的通知不得撤销，但经受让人同意的除外。

（5）债权人转让权利的，受让人取得与债权有关的从权利，但该从权利专属于债权人自身的除外。

（6）债务人接到债权转让通知后，债务人对让与人的抗辩，可以向受让人主张。

（7）债务人接到债权转让通知时，债务人对让与人享有债权，并且债务人的债权先于转让的债权到期或者同时到期的,债务人可以向受让人主张抵销。

(8)债务人将合同的义务全部或者部分转移给第三人的,应当经债权人同意。

(9)债务人转移义务的,新债务人可以主张原债务人对债权人的抗辩。

(10)债务人转移义务的,新债务人应当承担与主债务有关的从债务,但该从债务专属于原债务人自身的除外。

(11)法律、行政法规规定转让权利或者转移义务应当办理批准、登记等手续的,依照其规定进行办理。

(12)当事人一方经对方同意,可以将自己在合同中的权利和义务一并转让给第三人。

(13)权利和义务一并转让的,适用本法第七十九条、第八十一条至第八十三条、第八十五条至第八十七条的规定。

(14)当事人订立合同后合并的,由合并后的法人或者其他组织行使合同权利,履行合同义务。当事人订立合同后分立的,除债权人和债务人另有约定的以外,由分立的法人或者其他组织对合同的权利和义务享有连带债权,承担连带债务。

> GAA008 合同的权利义务终止

(六)权利义务终止

(1)有下列情形之一的,合同的权利义务终止:
①债务已经按照约定履行;
②合同解除;
③债务相互抵销;
④债务人依法将标的物提存;
⑤债权人免除债务;
⑥债权债务同归于一人;
⑦法律规定或者当事人约定终止的其他情形。

> GAA009 解除合同的有关规定

(2)合同的权利义务终止后,当事人应当遵循诚实信用原则,根据交易习惯履行通知、协助、保密等义务。

(3)当事人协商一致,可以解除合同。

当事人可以约定一方解除合同的条件。解除合同的条件成就时,解除权人可以解除合同。

(4)有下列情形之一的,当事人可以解除合同:
①因不可抗力致使不能实现合同目的;
②在履行期限届满之前,当事人一方明确表示或者以自己的行为表明不履行主要债务;
③当事人一方迟延履行主要债务,经催告后在合理期限内仍未履行;
④当事人一方迟延履行债务或者有其他违约行为致使不能实现合同目的;
⑤法律规定的其他情形。

(5)法律规定或者当事人约定解除权行使期限,期限届满当事人不行使的,该权利消灭。

法律没有规定或者当事人没有约定解除权行使期限,经对方催告后在合理期限内不行使的,该权利消灭。

（6）当事人一方依照本法第九十三条第二款、第九十四条的规定主张解除合同的，应当通知对方。合同自通知到达对方时解除。对方有异议的，可以请求人民法院或者仲裁机构确认解除合同的效力。

法律、行政法规规定解除合同应当办理批准、登记等手续的，依照其规定进行办理。

（7）合同解除后，尚未履行债务的，终止履行；已经履行债务的，根据履行情况和合同性质，当事人可以要求恢复原状、采取其他补救措施，并有权要求赔偿损失。

（8）合同的权利义务终止，不影响合同中结算和清理条款的效力。

第九十九条规定：当事人互负到期债务，该债务的标的物种类、品质相同的，任何一方可以将自己的债务与对方的债务抵销，但依照法律规定或者按照合同性质不得抵销的除外。

当事人主张抵销的，应当通知对方。通知自到达对方时生效。抵销不得附条件或者附期限。

GAA010 标的物提存

（9）当事人互负债务，标的物种类、品质不相同的，经双方协商一致，也可以抵销。

（10）有下列情形之一，难以履行债务的，债务人可以将标的物提存：

①债权人无正当理由拒绝受领；

②债权人下落不明；

③债权人死亡未确定继承人或者丧失民事行为能力未确定监护人；

④法律规定的其他情形。

标的物不适于提存或者提存费用过高的，债务人依法可以拍卖或者变卖标的物，提存所得的价款。

（11）标的物提存后，除债权人下落不明的以外，债务人应当及时通知债权人或者债权人的继承人、监护人。

（12）标的物提存后，毁损、灭失的风险由债权人承担。提存期间，标的物的孳息归债权人所有。提存费用由债权人负担。

（13）债权人可以随时领取提存物，但债权人对债务人负有到期债务的，在债权人未履行债务或者提供担保之前，提存部门根据债务人的要求应当拒绝其领取提存物。

债权人领取提存物的权利，自提存之日起五年内不行使而消灭，提存物扣除提存费用后归国家所有。

（14）债权人免除债务人部分或者全部债务的，合同的权利义务部分或者全部终止。

（15）债权和债务同归于一人的，合同的权利义务终止，但涉及第三人利益的除外。

GAA011 违约责任

（七）违约责任

（1）当事人一方不履行合同义务或者履行合同义务不符合约定的，应当承担继续履行、采取补救措施或者赔偿损失等违约责任。

（2）当事人一方明确表示或者以自己的行为表明不履行合同义务的，对方可以在履行期限届满之前要求其承担违约责任。

（3）当事人一方未支付价款或者报酬的，对方可以要求其支付价款或者报酬。

（4）当事人一方不履行非金钱债务或者履行非金钱债务不符合约定的，对方可以要求履行债务，但有下列情形之一的除外：

①法律上或者事实上不能履行债务；

②债务的标的不适于强制履行或者履行费用过高；

③债权人在合理期限内未要求履行债务。

（5）质量不符合约定的，应当按照当事人的约定承担违约责任。对违约责任没有约定或者约定不明确，依照本法第六十一条的规定仍不能确定的，受损害方根据标的的性质以及损失的大小，可以合理选择要求对方承担修理、更换、重做、退货、减少价款或者报酬等违约责任。

（6）当事人一方不履行合同义务或者履行合同义务不符合约定的，在履行义务或者采取补救措施后，对方还有其他损失的，应当赔偿损失。

（7）当事人一方不履行合同义务或者履行合同义务不符合约定，给对方造成损失的，损失赔偿额应当相当于因违约所造成的损失，包括合同履行后可以获得的利益，但不得超过违反合同一方订立合同时预见到或者应当预见到的因违反合同可能造成的损失。

经营者对消费者提供商品或者服务有欺诈行为的，依照《中华人民共和国消费者权益保护法》的规定承担损害赔偿责任。

（8）当事人可以约定一方违约时应当根据违约情况向对方支付一定数额的违约金，也可以约定因违约产生的损失赔偿额的计算方法。

约定的违约金低于造成的损失的，当事人可以请求人民法院或者仲裁机构予以增加；约定的违约金过分高于造成的损失的，当事人可以请求人民法院或者仲裁机构予以适当减少。

当事人就迟延履行约定违约金的，违约方支付违约金后，还应当履行债务。

（9）当事人可以依照《中华人民共和国担保法》约定一方向对方给付定金作为债权的担保。债务人履行债务后，定金应当抵作价款或者收回。给付定金的一方不履行约定的债务的，无权要求返还定金；收受定金的一方不履行约定的债务的，应当双倍返还定金。

（10）当事人既约定违约金，又约定定金的，一方违约时，对方可以选择适用违约金或者定金条款。

（11）因不可抗力不能履行合同的，根据不可抗力的影响，部分或者全部免除责任，但法律另有规定的除外。当事人迟延履行后发生不可抗力的，不能免除责任。

本法所称不可抗力，是指不能预见、不能避免并不能克服的客观情况。

（12）当事人一方因不可抗力不能履行合同的，应当及时通知对方，以减轻可能给对方造成的损失，并应当在合理期限内提供证明。

（13）当事人一方违约后，对方应当采取适当措施防止损失的扩大；没有采取适当措施致使损失扩大的，不得就扩大的损失要求赔偿。

当事人因防止损失扩大而支出的合理费用，由违约方承担。

（14）当事人双方都违反合同的，应当各自承担相应的责任。

（15）当事人一方因第三人的原因造成违约的，应当向对方承担违约责任。当事人一方和第三人之间的纠纷，依照法律规定或者按照约定解决。

（16）因当事人一方的违约行为，侵害对方人身、财产权益的，受损害方有权选择依照本法要求其承担违约责任或者依照其他法律要求其承担侵权责任。

（八）其他规定

（1）其他法律对合同另有规定的，依照其规定。

（2）本法分则或者其他法律没有明文规定的合同，适用本法总则的规定，并可以参

JAA002《中华人民共和国合同法》的其他规定

照本法分则或者其他法律最相类似的规定。

（3）当事人对合同条款的理解有争议的，应当按照合同所使用的词句、合同的有关条款、合同的目的、交易习惯以及诚实信用原则，确定该条款的真实意思。

合同文本采用两种以上文字订立并约定具有同等效力的，对各文本使用的词句推定具有相同含义。各文本使用的词句不一致的，应当根据合同的目的予以解释。

（4）涉外合同的当事人可以选择处理合同争议所适用的法律，但法律另有规定的除外。涉外合同的当事人没有选择的，适用与合同有最密切联系的国家的法律。

在中华人民共和国境内履行的中外合资经营企业合同、中外合作经营企业合同、中外合作勘探开发自然资源合同，适用中华人民共和国法律。

（5）工商行政管理部门和其他有关行政主管部门在各自的职权范围内，依照法律、行政法规的规定，对利用合同危害国家利益、社会公共利益的违法行为，负责监督处理；构成犯罪的，依法追究刑事责任。

（6）当事人可以通过和解或者调解解决合同争议。

当事人不愿和解、调解或者和解、调解不成的，可以根据仲裁协议向仲裁机构申请仲裁。涉外合同的当事人可以根据仲裁协议向中国仲裁机构或者其他仲裁机构申请仲裁。当事人没有订立仲裁协议或者仲裁协议无效的，可以向人民法院起诉。当事人应当履行发生法律效力的判决、仲裁裁决、调解书；拒不履行的，对方可以请求人民法院执行。

（7）因国际货物买卖合同和技术进出口合同争议提起诉讼或者申请仲裁的期限为四年，自当事人知道或者应当知道其权利受到侵害之日起计算。因其他合同争议提起诉讼或者申请仲裁的期限，依照有关法律的规定。

> JAA005 买卖合同的内容

（九）买卖合同

（1）买卖合同是出卖人转移标的物的所有权于买受人，买受人支付价款的合同。

（2）买卖合同的内容除依照本法第十二条的规定以外，还可以包括包装方式、检验标准和方法、结算方式、合同使用的文字及其效力等条款。

（3）出卖的标的物，应当属于出卖人所有或者出卖人有权处分。

法律、行政法规禁止或者限制转让的标的物，依照其规定。

（4）标的物的所有权自标的物交付时起转移，但法律另有规定或者当事人另有约定的除外。

（5）当事人可以在买卖合同中约定买受人未履行支付价款或者其他义务的，标的物的所有权属于出卖人。

（6）出卖人应当履行向买受人交付标的物或者交付提取标的物的单证，并转移标的物所有权的义务。

（7）出卖人应当按照约定或者交易习惯向买受人交付提取标的物单证以外的有关单证和资料。

（8）出卖具有知识产权的计算机软件等标的物的，除法律另有规定或者当事人另有约定的以外，该标的物的知识产权不属于买受人。

（9）出卖人应当按照约定的期限交付标的物。约定交付期间的，出卖人可以在该交付期间内的任何时间交付。

（10）当事人没有约定标的物的交付期限或者约定不明确的，适用本法第六十一条、

第六十二条第四项的规定。

（11）标的物在订立合同之前已为买受人占有的，合同生效的时间为交付时间。

（12）出卖人应当按照约定的地点交付标的物。

当事人没有约定交付地点或者约定不明确，依照本法第六十一条的规定仍不能确定的，适用下列规定：

①标的物需要运输的，出卖人应当将标的物交付给第一承运人以运交给买受人。

②标的物不需要运输，出卖人和买受人订立合同时知道标的物在某一地点的，出卖人应当在该地点交付标的物；不知道标的物在某一地点的，应当在出卖人订立合同时的营业地交付标的物。

（13）标的物毁损、灭失的风险，在标的物交付之前由出卖人承担，交付之后由买受人承担，但法律另有规定或者当事人另有约定的除外。

（14）因买受人的原因致使标的物不能按照约定的期限交付的，买受人应当自违反约定之日起承担标的物毁损、灭失的风险。

（15）出卖人出卖交由承运人运输的在途标的物，除当事人另有约定的以外，毁损、灭失的风险自合同成立时起由买受人承担。

（16）当事人没有约定交付地点或者约定不明确，依照本法第一百四十一条第二款第一项的规定标的物需要运输的，出卖人将标的物交付给第一承运人后，标的物毁损、灭失的风险由买受人承担。

（17）出卖人按照约定或者依照本法第一百四十一条第二款第二项的规定，将标的物置于交付地点，买受人违反约定没有收取的，标的物毁损、灭失的风险自违反约定之日起由买受人承担。

（18）出卖人按照约定未交付有关标的物的单证和资料的，不影响标的物毁损、灭失风险的转移。

（19）因标的物质量不符合质量要求，致使不能实现合同目的的，买受人可以拒绝接受标的物或者解除合同。买受人拒绝接受标的物或者解除合同的，标的物毁损、灭失的风险由出卖人承担。

（20）标的物毁损、灭失的风险由买受人承担的，不影响因出卖人履行债务不符合约定，买受人要求其承担违约责任的权利。

（21）出卖人就交付的标的物，负有保证第三人不得向买受人主张任何权利的义务，但法律另有规定的除外。

（22）买受人订立合同时知道或者应当知道第三人对买卖的标的物享有权利的，出卖人不承担本法第一百五十条规定的义务。

（23）买受人有确切证据证明第三人可能就标的物主张权利的，可以中止支付相应的价款，但出卖人提供适当担保的除外。

（24）出卖人应当按照约定的质量要求交付标的物。出卖人提供有关标的物质量说明的，交付的标的物应当符合该说明的质量要求。

（25）当事人对标的物的质量要求没有约定或者约定不明确，依照本法第六十一条的规定仍不能确定的，适用本法第六十二条第一项的规定。

（26）出卖人交付的标的物不符合质量要求的，买受人可以依照本法第一百一十一条的规定要求承担违约责任。

（27）出卖人应当按照约定的包装方式交付标的物。对包装方式没有约定或者约定不明确，依照本法第六十一条的规定仍不能确定的，应当按照通用的方式包装，没有通用方式的，应当采取足以保护标的物的包装方式。

（28）买受人收到标的物时应当在约定的检验期间内检验。没有约定检验期间的，应当及时检验。

（29）当事人约定检验期间的，买受人应当在检验期间内将标的物的数量或者质量不符合约定的情形通知出卖人。买受人怠于通知的，视为标的物的数量或者质量符合约定。

当事人没有约定检验期间的，买受人应当在发现或者应当发现标的物的数量或者质量不符合约定的合理期间内通知出卖人。买受人在合理期间内未通知或者自标的物收到之日起两年内未通知出卖人的，视为标的物的数量或者质量符合约定，但对标的物有质量保证期的，适用质量保证期，不适用该两年的规定。

出卖人知道或者应当知道提供的标的物不符合约定的，买受人不受前两款规定的通知时间的限制。

（30）买受人应当按照约定的数额支付价款。对价款没有约定或者约定不明确的，适用本法第六十一条、第六十二条第二项的规定。

（31）买受人应当按照约定的地点支付价款。对支付地点没有约定或者约定不明确，依照本法第六十一条的规定仍不能确定的，买受人应当在出卖人的营业地支付，但约定支付价款以交付标的物或者交付提取标的物单证为条件的，在交付标的物或者交付提取标的物单证的所在地支付。

（32）买受人应当按照约定的时间支付价款。对支付时间没有约定或者约定不明确，依照本法第六十一条的规定仍不能确定的，买受人应当在收到标的物或者提取标的物单证的同时支付。

（33）出卖人多交标的物的，买受人可以接收或者拒绝接收多交的部分。买受人接收多交部分的，按照合同的价格支付价款；买受人拒绝接收多交部分的，应当及时通知出卖人。

（34）标的物在交付之前产生的孳息，归出卖人所有，交付之后产生的孳息，归买受人所有。

（35）因标的物的主物不符合约定而解除合同的，解除合同的效力及于从物。因标的物的从物不符合约定被解除的，解除的效力不及于主物。

（36）标的物为数物，其中一物不符合约定的，买受人可以就该物解除，但该物与他物分离使标的物的价值显受损害的，当事人可以就数物解除合同。

（37）出卖人分批交付标的物的，出卖人对其中一批标的物不交付或者交付不符合约定，致使该批标的物不能实现合同目的的，买受人可以就该批标的物解除。

出卖人不交付其中一批标的物或者交付不符合约定，致使今后其他各批标的物的交付不能实现合同目的的，买受人可以就该批以及今后其他各批标的物解除。

买受人如果就其中一批标的物解除，该批标的物与其他各批标的物相互依存的，可以就已经交付和未交付的各批标的物解除。

（38）分期付款的买受人未支付到期价款的金额达到全部价款的五分之一的，出卖人可以要求买受人支付全部价款或者解除合同。

出卖人解除合同的，可以向买受人要求支付该标的物的使用费。

（39）凭样品买卖的当事人应当封存样品，并可以对样品质量予以说明。出卖人交付的标的物应当与样品及其说明的质量相同。

（40）凭样品买卖的买受人不知道样品有隐蔽瑕疵的，即使交付的标的物与样品相同，出卖人交付的标的物的质量仍然应当符合同种物的通常标准。

（41）试用买卖的当事人可以约定标的物的试用期间。对试用期间没有约定或者约定不明确，依照本法第六十一条的规定仍不能确定的，由出卖人确定。

（42）试用买卖的买受人在试用期内可以购买标的物，也可以拒绝购买。试用期间届满，买受人对是否购买标的物未作表示的，视为购买。

（43）招标投标买卖的当事人的权利和义务以及招标投标程序等，依照有关法律、行政法规的规定。

（44）拍卖的当事人的权利和义务以及拍卖程序等，依照有关法律、行政法规的规定。

（45）法律对其他有偿合同有规定的，依照其规定；没有规定的，参照买卖合同的有关规定。

（46）当事人约定易货交易，转移标的物的所有权的，参照买卖合同的有关规定。

（十）供用电合同

JAA006 供电合同的内容

（1）供用电合同是供电人向用电人供电，用电人支付电费的合同。

（2）供用电合同的内容包括供电的方式、质量、时间，用电容量、地址、性质，计量方式，电价、电费的结算方式，供用电设施的维护责任等条款。

（3）供用电合同的履行地点，按照当事人约定；当事人没有约定或者约定不明确的，供电设施的产权分界处为履行地点。

（4）供电人应当按照国家规定的供电质量标准和约定安全供电。供电人未按照国家规定的供电质量标准和约定安全供电，造成用电人损失的，应当承担损害赔偿责任。

（5）供电人因供电设施计划检修、临时检修、依法限电或者用电人违法用电等原因，需要中断供电时，应当按照国家有关规定事先通知用电人。未事先通知用电人中断供电，造成用电人损失的，应当承担损害赔偿责任。

（6）因自然灾害等原因断电，供电人应当按照国家有关规定及时抢修。未及时抢修，造成用电人损失的，应当承担损害赔偿责任。

（7）用电人应当按照国家有关规定和当事人的约定及时交付电费。用电人逾期不交付电费的，应当按照约定支付违约金。经催告用电人在合理期限内仍不交付电费和违约金的，供电人可以按照国家规定的程序中止供电。

（8）用电人应当按照国家有关规定和当事人的约定安全用电。用电人未按照国家有关规定和当事人的约定安全用电，造成供电人损失的，应当承担损害赔偿责任。

（9）供用水、供用气、供用热力合同，参照供用电合同的有关规定。

项目三　中华人民共和国消费者权益保护法

《中华人民共和国消费者权益保护法》自1993年10月31日第八届全国人民代表大会常务委员会第4次会议通过；根据2009年8月27日第十一届全国人民代表大会常务

委员会第 10 次会议《关于修改部分法律的决定》进行了第 1 次修正；根据 2013 年 10 月 25 日第十二届全国人民代表大会常务委员会第 5 次会议《关于修改的决定》进行了第 2 次修正。本法共八章六十三条。

一、总则

（1）为保护消费者的合法权益，维护社会经济秩序，促进社会主义市场经济健康发展，制定本法。

（2）消费者为生活消费需要购买、使用商品或者接受服务，其权益受《中华人民共和国消费者权益保护法》保护；本法未作规定的，受其他有关法律、法规保护。

（3）经营者为消费者提供其生产、销售的商品或者提供服务，应当遵守本法；本法未作规定的，应当遵守其他有关法律、法规。

（4）经营者与消费者进行交易，应当遵循自愿、平等、公平、诚实信用的原则。

（5）国家保护消费者的合法权益不受侵害。

国家采取措施，保障消费者依法行使权利，维护消费者的合法权益。

国家倡导文明、健康、节约资源和保护环境的消费方式，反对浪费。

（6）保护消费者的合法权益是全社会的共同责任。

国家鼓励、支持一切组织和个人对损害消费者合法权益的行为进行社会监督。

大众传播媒介应当做好维护消费者合法权益的宣传，对损害消费者合法权益的行为进行舆论监督。

二、消费者的权利

（1）消费者在购买、使用商品和接受服务时享有人身、财产安全不受损害的权利。

消费者有权要求经营者提供的商品和服务，符合保障人身、财产安全的要求。

（2）消费者享有知悉其购买、使用的商品或者接受的服务的真实情况的权利。

消费者有权根据商品或者服务的不同情况，要求经营者提供商品的价格、产地、生产者、用途、性能、规格、等级、主要成分、生产日期、有效期限、检验合格证明、使用方法说明书、售后服务，或者服务的内容、规格、费用等有关情况。

（3）消费者享有自主选择商品或者服务的权利。

消费者有权自主选择提供商品或者服务的经营者，自主选择商品品种或者服务方式，自主决定购买或者不购买任何一种商品、接受或者不接受任何一项服务。

消费者在自主选择商品或者服务时，有权进行比较、鉴别和挑选。

（4）消费者享有公平交易的权利。

消费者在购买商品或者接受服务时，有权获得质量保障、价格合理、计量正确等公平交易条件，有权拒绝经营者的强制交易行为。

（5）消费者因购买、使用商品或者接受服务受到人身、财产损害的，享有依法获得赔偿的权利。

（6）消费者享有依法成立维护自身合法权益的社会组织的权利。

（7）消费者享有获得有关消费和消费者权益保护方面的知识的权利。

消费者应当努力掌握所需商品或者服务的知识和使用技能，正确使用商品，提高自我保护意识。

（8）消费者在购买、使用商品和接受服务时，享有人格尊严、民族风俗习惯得到尊重的权利，享有个人信息依法得到保护的权利。

（9）消费者享有对商品和服务以及保护消费者权益工作进行监督的权利。

消费者有权检举、控告侵害消费者权益的行为和国家机关及其工作人员在保护消费者权益工作中的违法失职行为，有权对保护消费者权益工作提出批评、建议。

CAA013 经营者的义务

三、经营者的义务

（1）经营者向消费者提供商品或者服务，应当依照本法和其他有关法律、法规的规定履行义务。

经营者和消费者有约定的，应当按照约定履行义务，但双方的约定不得违背法律、法规的规定。

经营者向消费者提供商品或者服务，应当恪守社会公德，诚信经营，保障消费者的合法权益；不得设定不公平、不合理的交易条件，不得强制交易。

（2）经营者应当听取消费者对其提供的商品或者服务的意见，接受消费者的监督。

（3）经营者应当保证其提供的商品或者服务符合保障人身、财产安全的要求。对可能危及人身、财产安全的商品和服务，应当向消费者作出真实的说明和明确的警示，并说明和标明正确使用商品或者接受服务的方法以及防止危害发生的方法。

宾馆、商场、餐馆、银行、机场、车站、港口、影剧院等经营场所的经营者，应当对消费者尽到安全保障义务。

（4）经营者发现其提供的商品或者服务存在缺陷，有危及人身、财产安全危险的，应当立即向有关行政部门报告和告知消费者，并采取停止销售、警示、召回、无害化处理、销毁、停止生产或者服务等措施。采取召回措施的，经营者应当承担消费者因商品被召回支出的必要费用。

（5）经营者向消费者提供有关商品或者服务的质量、性能、用途、有效期限等信息，应当真实、全面，不得作虚假或者引人误解的宣传。

经营者对消费者就其提供的商品或者服务的质量和使用方法等问题提出的询问，应当作出真实、明确的答复。

经营者提供商品或者服务应当明码标价。

（6）经营者应当标明其真实名称和标记。

租赁他人柜台或者场地的经营者，应当标明其真实名称和标记。

（7）经营者提供商品或者服务，应当按照国家有关规定或者商业惯例向消费者出具发票等购货凭证或者服务单据；消费者索要发票等购货凭证或者服务单据的，经营者必须出具。

（8）经营者应当保证在正常使用商品或者接受服务的情况下其提供的商品或者服务应当具有的质量、性能、用途和有效期限；但消费者在购买该商品或者接受该服务前已经知道其存在瑕疵，且存在该瑕疵不违反法律强制性规定的除外。

经营者以广告、产品说明、实物样品或者其他方式表明商品或者服务的质量状况的，应当保证其提供的商品或者服务的实际质量与表明的质量状况相符。

经营者提供的机动车、计算机、电视机、电冰箱、空调器、洗衣机等耐用商品或者装饰装修等服务，消费者自接受商品或者服务之日起六个月内发现瑕疵，发生争议的，由经营者承担有关瑕疵的举证责任。

（9）经营者提供的商品或者服务不符合质量要求的，消费者可以依照国家规定、当事人约定退货，或者要求经营者履行更换、修理等义务。没有国家规定和当事人约定的，消费者可以自收到商品之日起七日内退货；七日后符合法定解除合同条件的，消费者可以及时退货，不符合法定解除合同条件的，可以要求经营者履行更换、修理等义务。

依照前款规定进行退货、更换、修理的，经营者应当承担运输等必要费用。

（10）经营者采用网络、电视、电话、邮购等方式销售商品，消费者有权自收到商品之日起七日内退货，且无须说明理由，但下列商品除外：

①消费者定作的；

②鲜活易腐的；

③在线下载或者消费者拆封的音像制品、计算机软件等数字化商品；

④交付的报纸、期刊。

除前款所列商品外，其他根据商品性质并经消费者在购买时确认不宜退货的商品，不适用无理由退货。

消费者退货的商品应当完好。经营者应当自收到退回商品之日起七日内返还消费者支付的商品价款。退回商品的运费由消费者承担；经营者和消费者另有约定的，按照约定。

（11）经营者在经营活动中使用格式条款的，应当以显著方式提请消费者注意商品或者服务的数量和质量、价款或者费用、履行期限和方式、安全注意事项和风险警示、售后服务、民事责任等与消费者有重大利害关系的内容，并按照消费者的要求予以说明。

经营者不得以格式条款、通知、声明、店堂告示等方式，作出排除或者限制消费者权利、减轻或者免除经营者责任、加重消费者责任等对消费者不公平、不合理的规定，不得利用格式条款并借助技术手段强制交易。

格式条款、通知、声明、店堂告示等含有前款所列内容的，其内容无效。

（12）经营者不得对消费者进行侮辱、诽谤，不得搜查消费者的身体及其携带的物品，不得侵犯消费者的人身自由。

（13）采用网络、电视、电话、邮购等方式提供商品或者服务的经营者，以及提供证券、保险、银行等金融服务的经营者，应当向消费者提供经营地址、联系方式、商品或者服务的数量和质量、价款或者费用、履行期限和方式、安全注意事项和风险警示、售后服务、民事责任等信息。

（14）经营者收集、使用消费者个人信息，应当遵循合法、正当、必要的原则，明示收集、使用信息的目的、方式和范围，并经消费者同意。经营者收集、使用消费者个人信息，应当公开其收集、使用规则，不得违反法律、法规的规定和双方的约定收集、使用信息。

经营者及其工作人员对收集的消费者个人信息必须严格保密，不得泄露、出售或者非法向他人提供。经营者应当采取技术措施和其他必要措施，确保信息安全，防止消费者个人信息泄露、丢失。在发生或者可能发生信息泄露、丢失的情况时，应当立即采取补救措施。

经营者未经消费者同意或者请求，或者消费者明确表示拒绝的，不得向其发送商业性信息。

四、国家对消费者合法权益的保护

（1）国家制定有关消费者权益的法律、法规、规章和强制性标准，应当听取消费者和消费者协会等组织的意见。

（2）各级人民政府应当加强领导，组织、协调、督促有关行政部门做好保护消费者合法权益的工作，落实保护消费者合法权益的职责。

各级人民政府应当加强监督，预防危害消费者人身、财产安全行为的发生，及时制止危害消费者人身、财产安全的行为。

（3）各级人民政府工商行政管理部门和其他有关行政部门应当依照法律、法规的规定，在各自的职责范围内，采取措施，保护消费者的合法权益。

有关行政部门应当听取消费者和消费者协会等组织对经营者交易行为、商品和服务质量问题的意见，及时调查处理。

（4）有关行政部门在各自的职责范围内，应当定期或者不定期对经营者提供的商品和服务进行抽查检验，并及时向社会公布抽查检验结果。

有关行政部门发现并认定经营者提供的商品或者服务存在缺陷，有危及人身、财产安全危险的，应当立即责令经营者采取停止销售、警示、召回、无害化处理、销毁、停止生产或者服务等措施。

（5）有关国家机关应当依照法律、法规的规定，惩处经营者在提供商品和服务中侵害消费者合法权益的违法犯罪行为。

（6）人民法院应当采取措施，方便消费者提起诉讼。对符合《中华人民共和国民事诉讼法》起诉条件的消费者权益争议，必须受理，及时审理。

五、消费者组织

（1）消费者协会和其他消费者组织是依法成立的对商品和服务进行社会监督的保护消费者合法权益的社会组织。

（2）消费者协会履行下列公益性职责：

①向消费者提供消费信息和咨询服务，提高消费者维护自身合法权益的能力，引导文明、健康、节约资源和保护环境的消费方式；

②参与制定有关消费者权益的法律、法规、规章和强制性标准；

③参与有关行政部门对商品和服务的监督、检查；

④就有关消费者合法权益的问题，向有关部门反映、查询，提出建议；

⑤受理消费者的投诉，并对投诉事项进行调查、调解；

⑥投诉事项涉及商品和服务质量问题的，可以委托具备资格的鉴定人鉴定，鉴定人应当告知鉴定意见；

⑦就损害消费者合法权益的行为，支持受损害的消费者提起诉讼或者依照本法提起诉讼；

⑧对损害消费者合法权益的行为，通过大众传播媒介予以揭露、批评。

各级人民政府对消费者协会履行职责应当予以必要的经费等支持。

消费者协会应当认真履行保护消费者合法权益的职责，听取消费者的意见和建议，接受社会监督。

依法成立的其他消费者组织依照法律、法规及其章程的规定，开展保护消费者合法权益的活动。

（3）消费者组织不得从事商品经营和营利性服务，不得以收取费用或者其他牟取利益的方式向消费者推荐商品和服务。

六、争议的解决

> CAA016《中华人民共和国消费者权益保护法》中争议的解决方法

（1）消费者和经营者发生消费者权益争议的，可以通过下列途径解决：
①与经营者协商和解；
②请求消费者协会或者依法成立的其他调解组织调解；
③向有关行政部门投诉；
④根据与经营者达成的仲裁协议提请仲裁机构仲裁；
⑤向人民法院提起诉讼。

（2）消费者在购买、使用商品时，其合法权益受到损害的，可以向销售者要求赔偿。销售者赔偿后，属于生产者的责任或者属于向销售者提供商品的其他销售者的责任的，销售者有权向生产者或者其他销售者追偿。

消费者或者其他受害人因商品缺陷造成人身、财产损害的，可以向销售者要求赔偿，也可以向生产者要求赔偿。属于生产者责任的，销售者赔偿后，有权向生产者追偿。属于销售者责任的，生产者赔偿后，有权向销售者追偿。

消费者在接受服务时，其合法权益受到损害的，可以向服务者要求赔偿。

（3）消费者在购买、使用商品或者接受服务时，其合法权益受到损害，因原企业分立、合并的，可以向变更后承受其权利义务的企业要求赔偿。

（4）使用他人营业执照的违法经营者提供商品或者服务，损害消费者合法权益的，消费者可以向其要求赔偿，也可以向营业执照的持有人要求赔偿。

（5）消费者在展销会、租赁柜台购买商品或者接受服务，其合法权益受到损害的，可以向销售者或者服务者要求赔偿。展销会结束或者柜台租赁期满后，也可以向展销会的举办者、柜台的出租者要求赔偿。展销会的举办者、柜台的出租者赔偿后，有权向销售者或者服务者追偿。

（6）消费者通过网络交易平台购买商品或者接受服务，其合法权益受到损害的，可以向销售者或者服务者要求赔偿。网络交易平台提供者不能提供销售者或者服务者的真实名称、地址和有效联系方式的，消费者也可以向网络交易平台提供者要求赔偿；网络交易平台提供者作出更有利于消费者的承诺的，应当履行承诺。网络交易平台提供者赔偿后，有权向销售者或者服务者追偿。

网络交易平台提供者明知或者应知销售者或者服务者利用其平台侵害消费者合法权益，未采取必要措施的，依法与该销售者或者服务者承担连带责任。

（7）消费者因经营者利用虚假广告或者其他虚假宣传方式提供商品或者服务，其合法权益受到损害的，可以向经营者要求赔偿。广告经营者、发布者发布虚假广告的，消费者可以请求行政主管部门予以惩处。广告经营者、发布者不能提供经营者的真实名称、地址和有效联系方式的，应当承担赔偿责任。

广告经营者、发布者设计、制作、发布关系消费者生命健康商品或者服务的虚假广告，造成消费者损害的，应当与提供该商品或者服务的经营者承担连带责任。

社会团体或者其他组织、个人在关系消费者生命健康商品或者服务的虚假广告或者其他虚假宣传中向消费者推荐商品或者服务，造成消费者损害的，应当与提供该商品或者服务的经营者承担连带责任。

（8）消费者向有关行政部门投诉的，该部门应当自收到投诉之日起七个工作日内，予以处理并告知消费者。

（9）对侵害众多消费者合法权益的行为，中国消费者协会以及在省、自治区、直辖市设立的消费者协会，可以向人民法院提起诉讼。

七、法律责任

CAA017 经营者承担的民事责任

（1）经营者提供商品或者服务有下列情形之一的，除本法另有规定外，应当依照其他有关法律、法规的规定，承担民事责任：

①商品或者服务存在缺陷的；
②不具备商品应当具备的使用性能而出售时未作说明的；
③不符合在商品或者其包装上注明采用的商品标准的；
④不符合商品说明、实物样品等方式表明的质量状况的；
⑤生产国家明令淘汰的商品或者销售失效、变质的商品的；
⑥销售的商品数量不足的；
⑦服务的内容和费用违反约定的；
⑧对消费者提出的修理、重作、更换、退货、补足商品数量，退还货款和服务费用或者赔偿损失的要求，故意拖延或者无理拒绝的；
⑨法律、法规规定的其他损害消费者权益的情形。

GAA007 经营者承担其他有关法规责任的权利

经营者对消费者未尽到安全保障义务，造成消费者损害的，应当承担侵权责任。

（2）经营者提供商品或者服务，造成消费者或者其他受害人人身伤害的，应当赔偿医疗费、护理费、交通费等为治疗和康复支出的合理费用，以及因误工减少的收入。造成残疾的，还应当赔偿残疾生活辅助具费和残疾赔偿金。造成死亡的，还应当赔偿丧葬费和死亡赔偿金。

（3）经营者侵害消费者的人格尊严、侵犯消费者人身自由或者侵害消费者个人信息依法得到保护的权利的，应当停止侵害、恢复名誉、消除影响、赔礼道歉，并赔偿损失。

（4）经营者有侮辱诽谤、搜查身体、侵犯人身自由等侵害消费者或者其他受害人人身权益的行为，造成严重精神损害的，受害人可以要求精神损害赔偿。

（5）经营者提供商品或者服务，造成消费者财产损害的，应当依照法律规定或者当事人约定承担修理、重作、更换、退货、补足商品数量、退还货款和服务费用或者赔偿损失等民事责任。

（6）经营者以预收款方式提供商品或者服务的，应当按照约定提供。未按照约定提供的，应当按照消费者的要求履行约定或者退回预付款；并应当承担预付款的利息、消费者必须支付的合理费用。

（7）依法经有关行政部门认定为不合格的商品，消费者要求退货的，经营者应当负责退货。

（8）经营者提供商品或者服务有欺诈行为的，应当按照消费者的要求增加赔偿其受到的损失，增加赔偿的金额为消费者购买商品的价款或者接受服务的费用的 3 倍；增加赔偿的金额不足500元的，为500元。法律另有规定的，依照其规定。

经营者明知商品或者服务存在缺陷，仍然向消费者提供，造成消费者或者其他受害人死亡或者健康严重损害的，受害人有权要求经营者依照本法第四十九条、第五十一条等法律规定赔偿损失，并有权要求所受损失二倍以下的惩罚性赔偿。

（9）经营者有下列情形之一，①提供的商品或者服务不符合保障人身、财产安全要求的；②在商品中掺杂、掺假，以假充真，以次充好，或者以不合格商品冒充合格商品的；③生产国家明令淘汰的商品或者销售失效、变质的商品的；④伪造商品的产地，伪造或者冒用他人的厂名、厂址，篡改生产日期，伪造或者冒用认证标志等质量标志的；⑤销售的商品应当检验、检疫而未检验、检疫或者伪造检验、检疫结果的；⑥对商品或者服务作虚假或者引人误解的宣传的；⑦拒绝或者拖延有关行政部门责令对缺陷商品或者服务采取停止销售、警示、召回、无害化处理、销毁、停止生产或者服务等措施的；⑧对消费者提出的修理、重作、更换、退货、补足商品数量、退还货款和服务费用或者赔偿损失的要求，故意拖延或者无理拒绝的；⑨侵害消费者人格尊严、侵犯消费者人身自由或者侵害消费者个人信息依法得到保护的权利的；⑩法律、法规规定的对损害消费者权益应当予以处罚的其他情形。除承担相应的民事责任外，其他有关法律、法规对处罚机关和处罚方式有规定的，依照法律、法规的规定执行；法律、法规未作规定的，由工商行政管理部门或者其他有关行政部门责令改正，可以根据情节单处或者并处警告、没收违法所得、处以违法所得一倍以上十倍以下的罚款，没有违法所得的，处以五十万元以下的罚款；情节严重的，责令停业整顿、吊销营业执照。

经营者有前款规定情形的，除依照法律、法规规定予以处罚外，处罚机关应当记入信用档案，向社会公布。

（10）经营者违反本法规定提供商品或者服务，侵害消费者合法权益，构成犯罪的，依法追究刑事责任。

（11）经营者违反本法规定，应当承担民事赔偿责任和缴纳罚款、罚金，其财产不足以同时支付的，先承担民事赔偿责任。

（12）经营者对行政处罚决定不服的，可以依法申请行政复议或者提起行政诉讼。

（13）以暴力、威胁等方法阻碍有关行政部门工作人员依法执行职务的，依法追究刑事责任；拒绝、阻碍有关行政部门工作人员依法执行职务，未使用暴力、威胁方法的，由公安机关依照《中华人民共和国治安管理处罚法》的规定处罚。

（14）国家机关工作人员玩忽职守或者包庇经营者侵害消费者合法权益的行为的，由其所在单位或者上级机关给予行政处分；情节严重，构成犯罪的，依法追究刑事责任。

项目四　中华人民共和国劳动法

ZAA014《中华人民共和国劳动法》的总则

《中华人民共和国劳动法》于1994年7月5日第八届全国人民代表大会常务委员会第八次会议通过，自1995年1月1日起施行。

一、总则

（1）为了保护劳动者的合法权益，调整劳动关系，建立和维护适应社会主义市场经济的劳动制度，促进经济发展和社会进步，根据宪法，制定本法。

（2）在中华人民共和国境内的企业、个体经济组织（以下统称用人单位）和与之形成劳动关系的劳动者，适用本法。

国家机关、事业组织、社会团体和与之建立劳动合同关系的劳动者，依照本法执行。

（3）劳动者享有平等就业和选择职业的权利、取得劳动报酬的权利、休息休假的权利、获得劳动安全卫生保护的权利、接受职业技能培训的权利、享受社会保险和福利的权利、提请劳动争议处理的权利以及法律规定的其他劳动权利。

劳动者应当完成劳动任务，提高职业技能，执行劳动安全卫生规程，遵守劳动纪律和职业道德。

（4）用人单位应当依法建立和完善规章制度，保障劳动者享有劳动权利和履行劳动义务。

（5）国家采取各种措施，促进劳动就业，发展职业教育，制定劳动标准，调节社会收入，完善社会保险，协调劳动关系，逐步提高劳动者的生活水平。

（6）国家提倡劳动者参加社会义务劳动，开展劳动竞赛和合理化建议活动，鼓励和保护劳动者进行科学研究、技术革新和发明创造，表彰和奖励劳动模范和先进工作者。

（7）劳动者有权依法参加和组织工会。工会代表和维护劳动者的合法权益，依法独立自主地开展活动。

（8）劳动者依照法律规定，通过职工大会、职工代表大会或者其他形式，参与民主管理或者就保护劳动者合法权益与用人单位进行平等协商。

（9）国务院劳动行政部门主管全国劳动工作。

县级以上地方人民政府劳动行政部门主管本行政区域内的劳动工作。

二、促进就业

CAA018《中华人民共和国劳动法》中的促进就业

（1）国家通过促进经济和社会发展，创造就业条件，扩大就业机会。

国家鼓励企业、事业组织、社会团体在法律、行政法规规定的范围内兴办产业或者拓展经营，增加就业。国家支持劳动者自愿组织起来就业和从事个体经营实现就业。

（2）地方各级人民政府应当采取措施，发展多种类型的职业介绍机构，提供就业服务。

（3）劳动者就业，不因民族、种族、性别、宗教信仰不同而受歧视。

（4）妇女享有与男子平等的就业权利。在录用职工时，除国家规定的不适合妇女的工种或者岗位外，不得以性别为由拒绝录用妇女或者提高对妇女的录用标准。

（5）残疾人、少数民族人员、退出现役的军人的就业，法律、法规有特别规定的，从其规定。

（6）禁止用人单位招用未满十六周岁的未成年人。

文艺、体育和特种工艺单位招用未满十六周岁的未成年人，必须依照国家有关规定，履行审批手续，并保障其接受义务教育的权利。

三、劳动合同和集体合同

ZAA015 劳动合同的订立要求

（1）劳动合同是劳动者与用人单位确立劳动关系、明确双方权利和义务的协议。建立劳动关系应当订立劳动合同。

（2）订立和变更劳动合同，应当遵循平等自愿、协商一致的原则，不得违反法律、行政法规的规定。

劳动合同依法订立即具有法律约束力，当事人必须履行劳动合同规定的义务。

（3）有下列情况的，劳动合同无效：

①违反法律、行政法规的劳动合同；

②采取欺诈、威胁等手段订立的劳动合同。

无效的劳动合同，从订立的时候起，就没有法律约束力。确认劳动合同部分无效的，如果不影响其余部分的效力，其余部分仍然有效。

劳动合同的无效，由劳动争议仲裁委员会或者人民法院确认。

（4）劳动合同应当以书面形式订立，并具备以下条款：

①劳动合同期限；

②工作内容；

③劳动保护和劳动条件；

④劳动报酬；

⑤劳动纪律；

⑥劳动合同终止的条件；

⑦违反劳动合同的责任。

劳动合同除前款规定的必备条款外，当事人可以协商约定其他内容。

ZAA016 违反劳动合同的责任

（5）劳动合同的期限分为有固定期限、无固定期限和以完成一定的工作为期限。

劳动者在同一用人单位连续工作满十年以上，当事人双方同意延续劳动合同的，如果劳动者提出订立无固定期限的劳动合同，应当订立无固定期限的劳动合同。

（6）劳动合同可以约定试用期。试用期最长不得超过六个月。

（7）劳动合同当事人可以在劳动合同中约定保守用人单位商业秘密的有关事项。

（8）劳动合同期满或者当事人约定的劳动合同终止条件出现，劳动合同即行终止。

（9）经劳动合同当事人协商一致，劳动合同可以解除。

（10）劳动者有下列情形之一的，用人单位可以解除劳动合同：

①在试用期间被证明不符合录用条件的；

②严重违反劳动纪律或者用人单位规章制度的；

③严重失职，营私舞弊，对用人单位利益造成重大损害的；

④被依法追究刑事责任的。

（11）有下列情形之一的，用人单位可以解除劳动合同，但是应当提前三十日以书面形式通知劳动者本人：

①劳动者患病或者非因工负伤，医疗期满后，不能从事原工作也不能从事由用人单位另行安排的工作的；

②劳动者不能胜任工作，经过培训或者调整工作岗位，仍不能胜任工作的；

③劳动合同订立时所依据的客观情况发生重大变化，致使原劳动合同无法履行，经当事人协商不能就变更劳动合同达成协议的。

（12）用人单位濒临破产进行法定整顿期间或者生产经营状况发生严重困难，确需裁减人员的，应当提前三十日向工会或者全体职工说明情况，听取工会或者职工的意见，经向劳动行政部门报告后，可以裁减人员。

用人单位依据本条规定裁减人员，在六个月内录用人员的，应当优先录用被裁减的人员。

四、工作时间

（1）国家实行劳动者每日工作时间不超过八小时、平均每周工作时间不超过四十四小时的工时制度。

（2）对实行计件工作的劳动者，用人单位应当根据本法第三十六条规定的工时制度合理确定其劳动定额和计件报酬标准。

（3）用人单位应当保证劳动者每周至少休息一日。

（4）企业因生产特点不能实行本法第三十六条、第三十八条规定的，经劳动行政部门批准，可以实行其他工作和休息办法。

（5）用人单位在下列节日期间应当依法安排劳动者休假：

①元旦；

②春节；

③国际劳动节；

④国庆节；

⑤法律、法规规定的其他休假节日。

（6）用人单位由于生产经营需要，经与工会和劳动者协商后可以延长工作时间，一般每日不得超过一小时；因特殊原因需要延长工作时间的，在保障劳动者身体健康的条件下延长工作时间每日不得超过三小时，但是每月不得超过三十六小时。

（7）有下列情形之一的，延长工作时间不受本法第四十一条规定的限制：

①发生自然灾害、事故或者因其他原因，威胁劳动者生命健康和财产安全，需要紧急处理的；

②生产设备、交通运输线路、公共设施发生故障，影响生产和公众利益，必须及时抢修的；

③法律、行政法规规定的其他情形。

（8）用人单位不得违反本法对延长劳动者的工作时间的规定。

（9）有下列情形之一的，用人单位应当按照下列标准支付高于劳动者正常工作时间工资的工资报酬：

①安排劳动者延长工作时间的，支付不低于工资的百分之一百五十的工资报酬；

②休息日安排劳动者工作又不能安排补休的，支付不低于工资的百分之二百的工资报酬；

③法定休假日安排劳动者工作的，支付不低于工资的百分之三百的工资报酬。

（10）国家实行带薪年休假制度。劳动者连续工作一年以上的，享受带薪年休假。具体办法由国务院规定。

五、工资

（1）工资分配应当遵循按劳分配原则，实行同工同酬。工资水平在经济发展的基础上逐步提高。国家对工资总量实行宏观调控。

（2）用人单位根据本单位的生产经营特点和经济效益，依法自主确定本单位的工资分配方式和工资水平。

（3）国家实行最低工资保障制度。最低工资的具体标准由省、自治区、直辖市人民政府规定，报国务院备案。

用人单位支付劳动者的工资不得低于当地最低工资标准。

（4）确定和调整最低工资标准应当综合参考下列因素：

①劳动者本人及平均赡养人口的最低生活费用；

②社会平均工资水平；

③劳动生产率；

④就业状况；

⑤地区之间经济发展水平的差异。

（5）工资应当以货币形式按月支付给劳动者本人。不得克扣或者无故拖欠劳动者的工资。

（6）劳动者在法定休假日和婚丧假期间以及依法参加社会活动期间，用人单位应当依法支付工资。

六、劳动安全卫生

> ZAA017《中华人民共和国劳动法》中的劳动安全卫生规定

（1）用人单位必须建立、健全劳动安全卫生制度，严格执行国家劳动安全卫生规程和标准，对劳动者进行劳动安全卫生教育，防止劳动过程中的事故，减少职业危害。

（2）劳动安全卫生设施必须符合国家规定的标准。

新建、改建、扩建工程的劳动安全卫生设施必须与主体工程同时设计、同时施工、同时投入生产和使用。

（3）用人单位必须为劳动者提供符合国家规定的劳动安全卫生条件和必要的劳动防护用品，对从事有职业危害作业的劳动者应当定期进行健康检查。

（4）从事特种作业的劳动者必须经过专门培训并取得特种作业资格。

（5）劳动者在劳动过程中必须严格遵守安全操作规程。

劳动者对用人单位管理人员违章指挥、强令冒险作业，有权拒绝执行；对危害生命安全和身体健康的行为，有权提出批评、检举和控告。

（6）国家建立伤亡事故和职业病统计报告和处理制度。县级以上各级人民政府劳动行政部门、有关部门和用人单位应当依法对劳动者在劳动过程中发生的伤亡事故和劳动者的职业病状况，进行统计、报告和处理。

七、女职工和未成年工特殊保护

（1）国家对女职工和未成年工实行特殊劳动保护。未成年工是指年满十六周岁未满十八周岁的劳动者。

（2）禁止安排女职工从事矿山井下、国家规定的第四级体力劳动强度的劳动和其他禁忌从事的劳动。

（3）不得安排女职工在经期从事高处、低温、冷水作业和国家规定的第三级体力劳动强度的劳动。

（4）不得安排女职工在怀孕期间从事国家规定的第三级体力劳动强度的劳动和孕期禁忌从事的活动。对怀孕七个月以上的女职工，不得安排其延长工作时间和夜班劳动。

（5）女职工生育享受不少于九十天的产假。

（6）不得安排女职工在哺乳未满一周岁的婴儿期间从事国家规定的第三级体力劳动强度的劳动和哺乳期禁忌从事的其他劳动，不得安排其延长工作时间和夜班劳动。

（7）不得安排未成年工从事矿山井下、有毒有害、国家规定的第四级体力劳动强度的劳动和其他禁忌从事的劳动。

（8）用人单位应当对未成年工定期进行健康检查。

八、职业培训

GAA012 职业培训的规定

（1）国家通过各种途径，采取各种措施，发展职业培训事业，开发劳动者的职业技能，提高劳动者素质，增强劳动者的就业能力和工作能力。

（2）各级人民政府应当把发展职业培训纳入社会经济发展的规划，鼓励和支持有条件的企业、事业组织、社会团体和个人进行各种形式的职业培训。

（3）用人单位应当建立职业培训制度，按照国家规定提取和使用职业培训经费，根据本单位实际，有计划地对劳动者进行职业培训。

从事技术工种的劳动者，上岗前必须经过培训。

（4）国家确定职业分类，对规定的职业制定职业技能标准，实行职业资格证书制度，由经过政府批准的考核鉴定机构负责对劳动者实施职业技能考核鉴定。

九、社会保险和福利

GAA013 社会保险和福利制度

（1）国家发展社会保险事业，建立社会保险制度，设立社会保险基金，使劳动者在年老、患病、工伤、失业、生育等情况下获得帮助和补偿。

（2）社会保险水平应当与社会经济发展水平和社会承受能力相适应。

（3）社会保险基金按照保险类型确定资金来源，逐步实行社会统筹。用人单位和劳动者必须依法参加社会保险，缴纳社会保险费。

（4）劳动者在下列情形下，依法享受社会保险待遇：

①退休；

②患病、负伤；

③因工伤残或者患职业病；

④失业；

⑤生育。

劳动者死亡后，其遗属依法享受遗属津贴。

劳动者享受社会保险待遇的条件和标准由法律、法规规定。

劳动者享受的社会保险金必须按时足额支付。

（5）社会保险基金经办机构依照法律规定收支、管理和运营社会保险基金，并负有使社会保险基金保值增值的责任。

社会保险基金监督机构依照法律规定，对社会保险基金的收支、管理和运营实施监督。

社会保险基金经办机构和社会保险基金监督机构的设立和职能由法律规定。

任何组织和个人不得挪用社会保险基金。

（6）国家鼓励用人单位根据本单位实际情况为劳动者建立补充保险。

国家提倡劳动者个人进行储蓄性保险。

（7）国家发展社会福利事业，兴建公共福利设施，为劳动者休息、休养和疗养提供条件。

用人单位应当创造条件，改善集体福利，提高劳动者的福利待遇。

十、劳动争议

ZAA018 劳动争议的有关规定

（1）用人单位与劳动者发生劳动争议，当事人可以依法申请调解、仲裁、提起诉讼，也可以协商解决。调解原则适用于仲裁和诉讼程序。

（2）解决劳动争议，应当根据合法、公正、及时处理的原则，依法维护劳动争议当事人的合法权益。

（3）劳动争议发生后，当事人可以向本单位劳动争议调解委员会申请调解；调解不成，当事人一方要求仲裁的，可以向劳动争议仲裁委员会申请仲裁。当事人一方也可以直接向劳动争议仲裁委员会申请仲裁。对仲裁裁决不服的，可以向人民法院提起诉讼。

（4）在用人单位内，可以设立劳动争议调解委员会。劳动争议调解委员会由职工代表、用人单位代表和工会代表组成。劳动争议调解委员会主任由工会代表担任。

劳动争议经调解达成协议的，当事人应当履行。

（5）劳动争议仲裁委员会由劳动行政部门代表、同级工会代表、用人单位方面的代表组成。劳动争议仲裁委员会主任由劳动行政部门代表担任。

（6）提出仲裁要求的一方应当自劳动争议发生之日起六十日内向劳动争议仲裁委员会提出书面申请。仲裁裁决一般应在收到仲裁申请的六十日内作出。对仲裁裁决无异议的，当事人必须履行。

（7）劳动争议当事人对仲裁裁决不服的，可以自收到仲裁裁决书之日起十五日内向人民法院提起诉讼。一方当事人在法定期限内不起诉又不履行仲裁裁决的，另一方当事人可以申请人民法院强制执行。

（8）因签订集体合同发生争议，当事人协商解决不成的，当地人民政府劳动行政部门可以组织有关各方协调处理。

因履行集体合同发生争议，当事人协商解决不成的，可以向劳动争议仲裁委员会申请仲裁；对仲裁裁决不服的，可以自收到仲裁裁决书之日起15日内向人民法院提出诉讼。

模块二　仓储基础及安全消防知识

项目一　仓储基础知识

一、仓储的功能与作用

（一）仓储的功能

1. 仓储的基本功能

仓储的基本功能主要有存储功能、调节功能、检验功能、保养功能。

2. 仓储增值服务功能

仓储增值服务功能主要包括流通加工、配送、配载、交易中介等功能。

仓储增值服务功能包含两方面的含义：一是衔接好仓储环节与生产运输环节，实现物品"无缝"流转，降低成本，缩短产品在流通环节的总时间，加速产品价值的实现；二是采用生产延迟、运输延迟的策略，针对不同的行业和产品，把产品的粗加工、包装、拴标签等作业在物流停滞期间完成，既能为上下游的生产、运输环节提供直接便利，又可以使仓储作业从单一的保值功能多元化到增值、保值合一，提高仓储的直接效益。

CAB009 仓储的功能与作用

3. 仓储的性质

（1）仓储的服务性。在社会化大生产中，仓储是为生产、消费、流通服务的，服务性是仓储的基本性质。

（2）仓储的生产性。仓储工作具备劳动力、劳动资料和劳动对象三要素；仓储活动要消耗活劳动和物化劳动；物资储运是产品的生产过程在流通领域的继续。

（3）仓储增加价值，不创造使用价值。

（4）仓储具有不均衡和不连续性。

（二）仓储的作用

仓储的作用如下：

（1）仓储是社会生产顺利进行的必要条件。

（2）仓储是维持市场稳定的保证。

（3）仓储是保持物品使用价值的重要手段。

（4）仓储是提高经济效益的有效途径。

（5）仓储是市场信息的传感器。

（6）仓储是现货交易的场所。

（三）仓储与物流的关系

仓储是物流的一个重要组成部分，在物流系统中起着至关重要的作用。在物流中，运输和仓储是物流的两大主要功能要素，是物流的两根支柱。

运输承担了改变"物"空间状态的任务，而改变"物"的时间状态的任务则是由仓储来完成的。

二、物资的分类及石油物资分类编码

物资是物质资料的简称，包括生产资料和生活资料。物资是生产资料还是生活资料，是以它在社会再生产中的作用来划分的。用于满足人们衣、食、住、行的各种生活消费的资料为生活资料，而人们在从事生产劳动中消费的一切物质资料，称为生产资料。生产资料是社会生产力中物的要素，即人们在生产过程中所使用的劳动资料和劳动对象的总和。在我国现行经济管理中的物资，通常是指生产资料而言。即除去土地、森林、矿山、道路和工业建筑以外的工业品生产资料。当然，有些物资既可以是生活资料，也可以是生产资料。

（一）物资的分类

> CAB001 物资的分类

工业企业生产建设所需要的物资品种繁多、复杂，其来源和使用方向各不相同，为了便于编制物资计划、合理分配、储运、统计和核销，将各种物资按其不同的属性、不同的特征进行科学的分类是十分必要的。合理的物资分类，对明确职责、分工管理、加速物资流通、搞好物资核算、采用现代化技术、提高经济效益都具有十分重要的意义。

物资分类一般有以下几种方法：

（1）按物资在生产中的地位可分为原材料、辅助材料、燃料、设备、配件及工具等。

（2）按物资本身的属性可分为金属材料、非金属材料、机电产品、化工产品、石油产品等。

（3）按物资的使用方向可分为生产用物资、基本建设用物资、经营维修用物资。

（4）按现行管理办法可分为国家指令性计划分配物资、国家合同订购物资、国家组织产需衔接物资和自由购销物资。

石油物资分类是随着石油工业的发展逐步完善的，是根据物资的自然属性，结合石油天然气行业特点和保管要求进行分类的，原石油工业部于1963年将物资分为31个大类。由于新材料的不断出现和管理办法逐步完善，于1978年又重新进行了修订，扩充为52大类。1992年，中国石油物资总公司结合物资编码要求，在原52大类的基础上，扩充为59个大类。2000年，中国石油物资装备（集团）总公司、大庆石油管理局物资装备总公司，结合物资编码要求，在原59大类的基础上，又扩充为60个大类（表1-2-1），代码为01到60，并对中类、小类进行了较大的调整和扩充，还增列了"品名"。这次分类的扩充，对物资计划、采购、保管、统计等各项工作能应用计算机管理，创造了便利条件。

表1-2-1 石油工业物资大类代码目录

大类代码	大类名称	大类代码	大类名称
01	冶金原料及铸铁管	04	金属丝、金属绳
02	石油专用管材	05	有色金属及加工材料
03	普通钢材	06	建筑五金

续表

大类代码	大类名称	大类代码	大类名称
07	石油及产品	34	日用电器
08	煤炭	35	通信设备
09	非金属建筑材料	36	电子工业产品
10	水泥及制品	37	石油专用仪器、仪表
11	木材及制品	38	通用仪器、仪表
12	石油专用化工产品	39	小型机械
13	催化剂、助剂、添加剂	40	工具、量具、刃具、磨具
14	橡胶及制品	41	焊接材料
15	塑料及制品	42	紧固件
16	涂料及涂料用颜料	43	轴承
17	通用化工产品	44	阀门
18	玻璃仪器及化学试剂	45	消防器材
19	火工产品及放射性材料	46	其他机械设备
20	纺织产品	47	石油专用工具
21	劳动防护用品	48	石油钻采设备配件
22	石油专用设备	49	炼化专用设备配件
23	炼化专用设备	50	纺织器材及配件
24	工程机械设备	51	工矿配件
25	起重输送设备	52	管道配件
26	通用机械设备	53	密封件
27	金属加工机械设备	54	内燃机及拖拉机配件
28	动力设备	55	重型汽车配件
29	交通运输设备	56	一般汽车及摩托车配件
30	纺织设备	57	铁路、水路设备配件及器材
31	电力电工设备	58	其他机械配件
32	电工材料	59	包装物
33	电工元器件	60	杂品

GAB001 物资的编码原则和方法

（二）石油物资分类编码

石油工业物资统一分类编码是石油物资供应管理工作实现现代化科学管理的基础。它为石油工业所需的各类物资建立了分类方法统一、代码统一、名称命名统一、规格标识统一、计量单位统一的标准体系，使得物资管理标准化、规范化、科学化，为物资信息处理计算机化的实现奠定了基础。

1. 物资编码的原则

物资编码也称物资代码，是在物资分类的基础上，给各种物资规定代码，用以表明其所属的类别、名称、规格、技术条件等。物资编码的原则是：

1）唯一性

唯一性是指石油物资分类编码与其对象是一一对应关系。一个代码只能对应唯一的一个编码对象。

2）可扩充性

可扩充性是指为新的编码对象留有足够的容量。

3）编码简短

编码简短即码位尽量短，便于手工和计算机处理。

4）稳定性

稳定性是指代码一经确定要保持不变。

2. 物资编码的方法

物资编码方法一般有数字编码法、字母编码法和字母与数字混合编码法。石油物资分类编码采用数字编码法，分"物料组"和"物料编码"两部分。"物料组"由8位数字组成，用数字标识出物资的大类、中类、小类、品名及规格型号。

石油物资分类编码可查阅石油天然气行业标准《石油工业物资分类与代码》（SY/T 5497—2000）。

三、物资仓库的分类及任务

GAB002 物资仓库的分类

（一）物资仓库的分类

仓库是储存、保管物资的场所，也是开展物资储运业务的基础。因此，按照仓库不同的特征进行分类，有利于仓库管理和研究工作。我国物资仓库分类方法大致分为以下几种：

1. 按物资在社会再生产中所处的领域分类

仓库按照物资在社会再生产中所处的领域不同可分为生产企业仓库和流通领域仓库。

1）生产企业仓库

一般指生产企业为保证生产正常连续进行而建立的储备仓库，用以储存生产准备和生产周转用的物资，如原材料、设备、工具、备品配件等。物资进入生产领域，即结束了物资流通阶段，生产企业的仓库是工业企业的组成部分。

2）流通领域仓库

在整个流通领域里的物资仓库，均属于流通领域仓库。它是在较大范围内，为保证不间断地供应许多企业所需的物资，以及用以调整国民经济不协调时所需物资而建立的仓库。按其在流通领域的作用不同又可分为产成品仓库、中转仓库和国家储备仓库。

（1）产成品仓库是指存放生产企业已经制成并经检验合格可进入销售阶段，但由于运输或其他条件限制，尚未离开生产企业的产成品的仓库。由于产成品已经脱离生产过程，即将进入流通领域，因而产成品仓库是属于流通领域仓库的范畴。

（2）中转仓库又称为物资储运仓库，指专门从事物资储存和中转运输业务的仓库。物资管理部门和中央各部物资供销机构所属的仓库都属于此类。区别是，前者面向国民经济各部门，服务对象广泛；后者只为本部门的各生产企业服务。

（3）国家储备仓库是用以存放国家储备物资的仓库，它主要为调整国民经济计划执行过程中所出现的不协调现象或比例重大失调等情况服务。这类仓库存放的物资虽较长时间脱离周转，但仍处于流通领域，因而国家储备仓库也是属于流通领域的物资仓库。

2. 按储存物资种类分类

仓库按储存物资种类可分为综合性仓库和专业性仓库。

1）综合性仓库

综合性仓库是指储存多种不同属性的物资仓库，但这些物资的理化性能必须是互不影响的。中转仓库大多数是综合性仓库。

2）专业性仓库

专业性仓库是指只储存某一类物资的仓库。专业性仓库有的是由于物资本身的理化性能所决定，不能与其他物资存放在一起，如化工危险品、炸药等；也有的是由于某种物资的储存量大，需要整个仓库存放，如机电设备仓库、大型金属材料仓库等。

3. 按储存物资的保管条件分类

仓库按储存物资的保管条件可分为普通仓库、保温仓库和特种仓库。

1）普通仓库

普通仓库存放一般性物资，这些物资在保管条件上无特殊要求，如储存黑色金属及其制品、一般机电产品、一般汽车配件、普通化工材料等的仓库。

2）保温仓库、恒温恒湿仓库

保温仓库或恒温恒湿仓库专门用来存放在保温条件下有特殊要求的物资。如保温仓库，用以保管怕冻的物资。这类仓库在库房里必须配备专门设备，以满足物资的保管要求。

3）特种仓库

特种仓库一般指危险品仓库，因存放这类物资都带有一定的危险性，如易爆性、易燃性、放射性、腐蚀性、有毒性等，所以存放这类物资的仓库，在库房建筑结构及库址选择等方面都有特殊要求，故称为特种仓库。

仓库除按上述分类方法外，尚有其他的分类法，如按库房的建筑结构或建筑材料进行分类，按仓库的机械化程度进行分类等。

CAB008 物资储运仓库的基本任务

（二）物资储运仓库的基本任务

物资储运是指生产资料在流通过程中的储存与运输，物资储运仓库是用来储存保管在流通过程中暂时停滞的这部分生产资料。

在社会大生产和社会分工的条件下，社会生产和再生产过程中所消耗的生产资料，一部分由生产企业直接供应生产性消费，其余的需要经过一个产品从脱离生产过程到进入再生产过程或消费过程之间的间隔期间，在这段期间内，形成了一定量的物资储存，物资储运仓库就是担负着生产资料的储存保管和中转的任务。

物资储运仓库的基本任务有以下五种：

（1）保持储运物资原有的使用价值。

物资的使用价值通常用物资的各项技术指标和经济指标表示。在物资储运过程中，为保证物资的各项技术及经济指标不变，仓库必须对库存物资进行科学管理，研究和掌握各种物资发生质量和数量变化的原因及规律，采取科学合理的保管方法，确保物资安全。

（2）做好物资的入库验收工作，尽量缩短验收时间。

为避免物资在入库保管前发生错、缺及质量缺陷等情况带来的不安全因素，仓库必须在最短的时间内做好物资入库验收工作。

（3）及时、准确地把物资供应给需用单位。

仓库必须根据用户的需求，及时、准确地把优质物资发放出去，保证供应。

（4）加强仓库经营管理，不断降低储运生产成本。

在物资保管过程中的各个环节上，均需研究经济合理的管理方法，讲求经济效益，充分发挥仓库各项设施的作用，合理组织人力、机力进行作业，不断提高仓库利用率，降低保管费用，开展技术创新，不断提高仓库的管理水平。

（5）做好职工培训工作。

做好职工培训工作，不断提高职工的业务素质，这是提高仓库管理水平的重要保证。

总之，物资储运工作必须按照生产的客观实际，协调仓库各部门、各环节的作用，充分合理地利用人力、物力、财力，不断提高仓库劳动生产率，以促进储运生产的发展。

四、物资仓储管理的内容

物资仓储管理是研究社会再生产过程中的物资储运、保管规律的一门经济技术管理科学。具体地讲，它是研究如何对物资储运过程中的人、财、物及其运动过程，进行计划、组织、控制和协调，以达到用最少的物资消耗及资金占用，取得最大的经济效益。

（一）仓储管理的概念

ZAB001 仓储管理的概念

《物资仓储管理规范》（Q/SY 13281—2017）中仓储管理定义为：对库内物资和仓库设备、设施及其布局等进行管理和规划，利用现有仓储资源提供仓储服务所进行的计划、组织、控制和协调的过程。

（二）仓储管理的主要内容

CAB002 仓储管理的主要内容

概括地说，仓储管理工作包括接运、验收、保管、出库、发运以及与之相应的信息、资料、安全等工作，其管理内容主要有：

1. 仓储计划管理

仓储计划管理包括仓库企业的远景规划，物资吞吐、储存等计划的编制、执行和检查。

2. 仓储业务管理

仓储业务管理包括仓库作业过程管理，库区规划管理，物资入库、保管、保养、出库等作业的管理。

3. 仓储质量管理

仓储质量管理包括在物资储运全过程对物资质量、工作质量、服务质量的全员性管理。

4. 仓储设备管理

仓储设备管理包括仓储设备的合理选择使用，设备的维护保养和检修等。

5. 仓库劳动管理

仓库劳动管理制定储运劳动定额和定员编制，对仓库劳动人员的调配等，提高劳动效率。

6. 仓库安全管理

仓库安全管理包括仓库的保卫、消防以及安全技术管理等。

7. 仓库财务管理

仓库财务管理包括仓库的固定资金、流动资金、费用管理等。

8. 仓库经济核算与管理

仓库经济核算与管理包括仓库经济核算的内容和方法、经济活动分析等。

五、仓库技术作业流程

> CAB004 物资仓储的作业流程

科学的业务流程，对于简化手续、提高工作效率起到了积极的作用，因此，加强仓库业务流程的管理和研究工作，对现有仓库作业中的每一个程序，每一个环节都要进行仔细分析，去掉那些重复或不必要、不合理的部分，使业务流程科学化、合理化，达到快进快出的要求。

仓库技术作业管理是以物资的储运保管为中心所展开的一系列业务管理活动。它是以物资的入库验收、保管保养、出库为主要环节的一系列作业阶段和作业环节构成，具体内容包括：仓库技术作业流程管理、库区规划管理、物资的接运、物资的验收入库、物资的堆码苫垫、物资的维护保养、物资的出库发运以及物资的装卸搬运作业管理等。

储运仓库技术作业的全过程，按其作业流程，可分为三个阶段和五个环节。三个阶段为：物资的入库阶段、物资的保管保养阶段和物资的发放阶段。五个环节为：物资的接运、验收、保管、出库、发运。每个环节又由若干个程序组成，这样就组成了仓库技术作业的完整体系。

六、仓库保管工的职责及素质要求

> CAB006 仓库保管工的职责

（一）仓库保管工的职责

（1）坚持四项基本原则，认真贯彻执行物资工作的方针、政策和有关法规。树立为人民服务、为生产服务的观点，爱护国家财产，忠于职守，廉洁奉公，热爱本职工作，树立高度责任感，认真钻研业务，不断提高管理水平。

（2）严格执行仓储管理各项规章制度，及时做好物资的入库验收、保管保养和出库工作。严密各项手续制度，做到收有据、发有凭、及时准确登销账，手续完备，账物相符以及验收、入库、出库的复核和交接工作，把好物资的收、发、管三关。

（3）加强业务学习，不断提高物资保管业务水平。掌握分管物资的名称、规格、型号、性能、用途、产地、计量单位、包装含义、安全标记等常识；正确使用常用的工具、量具、衡器和测试仪器；了解分管物资主要的生产工艺流程；熟悉分管物资的质量标准，能识别物资质量的明显变化；熟悉分管主要产品的配套情况。

（4）提高物资储存规划的科学程度，合理地保存物资。熟悉分管库房（货场）面积、储存定额；正确运用物资分区、分类、编号管理办法，熟悉堆码、苫垫技术，不断改进储存及堆码方法，在库容使用上做到：货位安排合理、利用率高、堆垛整齐、安全牢靠、进出畅通、方便收发、便于盘点清数对账和检查。

（5）根据分管物资的保管要求，不断提高保管保养技术水平。针对分管物资的特性和库房温湿度变化，采取相应的密封、通风、翻垛、降温、防腐、防霉变、防锈、防冻、防高温、防虫鼠雀害、防台风、防水涝等措施，创造文明卫生的保管环境，确保库存物资不受损失。

（6）坚持定期和经常盘点检查库存物资，做到数量准确、质量完好。熟练准确地填写记录、资料、报表，及时记账、对账和盘点，保证账、卡、物相符；对长期积压、接近失效或出现异状物资，及时与主管部门和存货单位联系，积极反映在库物资情况，尽快进行处理。

（7）加强经济核算，改善经营管理，不断降低费用。经常分析分管库房（货场）的利用率、各项储存定额和出入库动态；研究分析造成物资损坏和发生溢余的原因，采取积极有效方法，把损失、损耗率降到最低限度。

（8）时刻保持高度警惕，严守国家机密，做好防火、防盗、防破坏、防止各种灾害事故的发生，确保人身、物资、设备及货场（或库房）安全。

（9）仓库设备和各种检验工具，要定期维修，妥善管理，合理使用，保持数值准确，使用有效。做好包装材料的保管使用和旧包装的回收利用工作。

（10）熟悉与物资保管相关的进货、供应、运输、加工、综合利用等知识，实事求是地处理收、发、管理中发生的问题；便利用户，不断改进服务工作，提高服务质量。

（二）仓库保管工的素质要求

> CAB003 仓库保管工的素质要求

仓库保管工的素质是完成物资仓储任务的关键。仓库保管工应具备以下的素质：

1. 政治素质

（1）坚持四项基本原则，坚持改革开放，熟知并自觉贯彻执行党和国家有关物资工作的方针、政策和法令，树立为人民服务、为生产服务的观点。

（2）热爱仓储工作，爱护国家财产，文明礼貌，优质服务。

（3）团结协作，勇担重担，遵纪守法，不谋私利。

2. 业务素质

1）知识要求

（1）熟悉物资仓储业务流程及各业务环节的工作质量要求。

（2）熟悉物资技术保管规程及各项仓储管理制度。

（3）熟悉并掌握物资的分区、分类、编号、堆码等管理方法。

（4）掌握计算机使用常识。

（5）具有物资仓储管理的基本理论知识及与仓储有关的专业知识。

2）技能要求

（1）熟悉掌握物资仓储的业务环节，并能正确处理物资收、发、保管中发生的问题。

（2）熟悉并能鉴别仓储物资质量变化情况，采取正确的保养方法和维护措施。

（3）制单准确、记账及时、经常盘点、随时保证账、卡、物相符。

（4）能指挥作业人员安全地进行物资的搬运倒码，对仓储中的安全隐患能采取一定的保护措施，并能正确使用消防器材。

（5）根据工作需要掌握计算机的简单操作方法。

七、物资储存规划与仓容利用

> ZAB006 物资储存规划的概念

要完成物资保管保养的任务，首先就要解决物资的合理存放的问题。要解决物资的合理存放，又必须对仓库的储存场所进行合理的规划。物资的储存规划，就是根据仓库总体规划和要求，具体确定各类物资的存放地点和储存方法，确定各类物资仓容定额和整个储存能力的计划。合理的储存规划，是提高物资储存量、提高作业效率、有效地利用仓容、确保仓库安全的重要保证。

物资储存规划包括：物资分区分类保管规划、仓容定额和货位规划。

（一）物资分区分类保管规划

物资分区分类保管规划是根据物资储存量，物资的类别和性能，结合仓库内各库房、料场的储存能力，建筑结构情况，装卸设备，专用线位置等条件，确定每一库房、料场、料棚所存放物资的种类、数量。

> ZAB007 物资分区分类保管规划的影响因素和分类方法

1. 物资分区分类规划应考虑的因素

（1）物资性质所需要的保管条件。如怕潮易锈的材料或设备应安排在通风的库房里存放；怕冻材料要放在保温库房；怕热材料要放在低温库、地下室或其他阴凉场所储存等。凡同类或性质相近的物资，要尽量安排一起储存；性质不同，互有影响，性质互相抵触的物资，要求温湿条件不同的物资，灭火方法不同的物资，不能安排同一库房存放。化工危险品应专库专储，单独存放。

（2）便于装卸、搬运等技术作业。如存放大型笨重的物资，要考虑有装卸、搬运设备或装卸机械能进入库区操作；存放小件物品，则需考虑有足够的储存设施；量大或进出频繁的物资，在满足保管要求的前提下，尽量规划在离专用线较近的区域，或安排在靠近库房房门出入口，或车辆出入方便之处，使进出库搬运距离最短。同时应有利于仓库内通风和采光等。

（3）提高库房的平面利用率。要最大限度地增加物资存放面积，在保证满足技术作业的前提下，减少非存放物资面积。

（4）预留机动货位。在整个仓库划分货区时，应留出一定的机动货位，以便当库存物资的数量或品种发生变化出现不平衡时，及时调整货区或货位。

（5）适应物资进出和流转。根据历年物资储存动态、进出变化、以及本年度储存计划执行中可能变化的预计情况，摸清物资供应和销售情况，掌握本仓库物资的流转情况，比较周密而准确地概算出各种物资所需的货位数，使之既能充分利用库容，又与物资流转情况相适应。

2. 物流分区分类的方法

（1）按物资类别划分储存区域。即按物资的类别，进行仓库保管物资的分区分类。这种分类方法是石油天然气企业主要采用的分类方法。

（2）按物资的自然属性进行分区分类。即将物资按金属材料、机电产品、化工产品以及配件等划分储存区域。

（3）按物资危害性能分区分类。主要适用于化学危险品仓库。根据危险品本身具有的易燃、易爆、有毒等性质，以及不同的灭火方法等情况来分区分类储存。

（二）仓容定额

> ZAB008 仓容定额的概念

仓容定额是指在一定条件下，单位面积或容积允许合理存放物资的最高数量。这里指的一定条件是经济条件（仓库管理水平、生产组织状况等）、生产技术条件（物资保管技术、机械化作业程度等）、物资本身的性能特点及自然条件等。

仓容定额是具体确定仓库物资储量的依据，是反映仓容利用情况的一个重要指标。确定仓容定额，可以合理地进行仓库平面布置，充分利用仓库容积，最大限度地发挥仓库的储存能力，提高仓库利用率。

仓容指仓库可储存物资的容积。它是以仓库可提供储存物资的面积为基础。要想充分合理使用仓容，就需对仓库面积和容积的构成进行分析测算，为制定仓容定额提供必要的数据。

由于仓库种类与规模不同，面积的构成也不同，一般计算方法如下：

1. 仓库面积的构成

（1）仓库总占地面积：指仓库围墙外围线以内的平面面积，若围墙外还有仓库的行政区或库外专用线等，则应包括在总面积内。

（2）仓库建筑面积：指仓库内所有建筑物所占平面面积之和。若有多层建筑，则应加各层面积累计数。仓库建筑面积具体包括：生产性建筑面积（指库房、料棚所占面积之和），辅助生产性建筑面积（指机修车间、车库、锅炉房所占面积之和），行政生活建筑面积（指办公室、会议室、食堂、宿舍等面积之和）。对仓容来讲，仅指生产性建筑面积。

（3）仓库使用面积：指仓库用来存放储存物资实有面积之和。其中库房的使用面积为库房建筑面积减去外墙、内柱、间隔墙、保管员办公室及固定设施等所占面积。

（4）存放物资计划占用面积（也称仓库有效面积）：指库房、料棚、料场内计划用来存放物资的面积之和，即等于库房、料棚、料场的使用面积中减去通道、垛距、墙距及生产辅助区等所占面积后剩余的面积。为保证物资进出库畅通，并符合消防、检查等要求，在库房、料棚等储存场所内应结合储存物资的保管要求及设备情况，留有适当的通道（包括消防通道）、墙距（货垛或货架离建筑物墙壁的距离）、垛距（货垛或货架之间的距离）以及进行验收、备料、发货的活动区域。

（5）物资实际占用面积：指在计划占用面积内实际存放物资的面积之和。此值是随着物资储存量大小的变化而变化。

ZAB010 仓容定额的测算

2. 存放物资计划占用面积的测算

要确定库房、料棚、料场的物资计划占用面积，主要是确定通道、垛距、墙距、柱距以及验收、备料等区域所占的面积。仓库在具体确定上述面积时，应结合储存物资的性质、仓库设备条件及作业方式进行综合考虑，在保证安全、方便收发作业的前提下，尽量缩小这些面积，以提高仓库面积利用率。

3. 仓库容积的计算

（1）仓库空间的计算公式。

仓库空间的计算公式为：

$$M=LWH \qquad (1-2-1)$$

式中　　M——仓库容积，m^3；

　　　　L——仓库长度，m；

　　　　W——仓库宽度，m；

　　　　H——地面至屋架横梁高度，m。

（2）仓库有效容积计算公式。

仓库的全部容积，通常在存放物资时并不可能全部利用，因为受到地面强度、物资本身性能特点和装卸条件等制约，堆码必须限制在某一定高度，因此，仓库有效容积的计算公式是：

$$M_e=LWH_e \qquad (1-2-2)$$

式中　M_e——仓库有效容积，m^3；
　　　H_e——物资堆码有效高度，m。

（3）可储存物资最大容积。

仓库有效容积不可能全部用来存放物资，还需要留出作业通道、墙距、垛距、验收区域等。故实际可储存物资的最大容积计算公式为：

$$M_i = (LW - A)H_e \qquad (1-2-3)$$

式中　M_i——可储存物资的最大容积，m^3；
　　　A——不划作储存区域的总面积，m^2。

通过合理的库容规划，确定出储存物资的总面积，再用上述方法确定仓库的最大储存容积，为制定仓容定额提供科学依据。

（三）货位规划和统一编号

在确定各库房、料场储存物资类别后，为了便于管理和查找，仓库还应进一步根据储存物资的外形、包装、合理的苫垫堆码方法及操作要求，结合保管场所的地形，规划货位的布局和固定料架的位置，进行统一编号。

CAB005 货位规划的类型

1. 货位规划

库房内货位规划一般有横列式、纵列式和混合式三种类型：

（1）横列式：即货垛或货架与库房的侧墙垂直排列。

（2）纵列式：即货垛或货架与库房的侧墙平行排列。

（3）混合式：即横列式和纵列式混合在同一库房布局。

在进行货场货位规划时，其货垛与货场的主要作业通道应成垂直方向排列。

CAB007 货位规划的要求

在制定库房、货场规划时，既要充分利用储存物资的有效面积，也要留有合理的垛距和墙距。垛距是指同一库房或货场内堆垛的分界道，也是作业物资进出和维护保养作业的通道。它的宽度应依据物资搬运作业需用的设备机具而定，库房垛距不少于100cm。墙距是指物资堆垛或货架的摆放与建筑物之间的安全距离，它的距离应依据建筑物结构和物资重量而定，货物离没有窗户墙体的距离为内墙距，一般距离不小于30cm。货物离有窗户墙体的距离为外墙距，一般距离不小于50cm。顶距一般为不小于30cm。垛距和墙距是保护建筑物安全和搬运作业的必要条件。

在物资的储存保管过程中，因物资的出库和入库的流动，使库房和货场经常出现利用率不均衡的现象，保管员应根据历年的物资进出情况，掌握每类物资的流转规律，做好货位调整工作，随时整垛、并垛、腾出空位，多储物资。

ZAB002 统一编号的方法

2. 统一编号

实行统一编号是仓库科学管理方法之一，其优点是：便于提高仓储工作效率，缩短收发作业的时间，减少和避免收发差错；便于仓库保管工之间合作互助，一人因故不在，别人可以代为发料；有利于储存物资的盘点检查，保证账物相符。

统一编号一般采用"四号定位"法，即：对存放于库房内的物资用"__库号__架（区）号__层（排）号__位号"，料场、料棚用"__场（棚）号__区号__排号__位号"进行编排定位的编号方法。该方法是四个号码确定一个货位，是仓库货位管理的有效方法，被广泛采用。固定其存放位置，实行对号入位，并和账页对应，做到见账知货位。具体做法是：

ZAB004 库房号的编排方法 1）库房号的统一编排

（1）把整个仓库所有库房按其所在的平面位置排列顺序进行编号，如 1 号库、2 号库、3 号库等。

（2）当一栋库房中间有隔墙，且互不相通各有门出入时，应按其实际间隔的间数编排，如间隔成两间，按两个库编号，间隔成三间按三个库编号，以此类推。

（3）库房号要明显地标记在库房门的上方墙上或库房两端墙上。

2）库房内料架的编排

（1）一个库内的所有料架，应从验收区或仓库保管工办公室一侧开始编号。

（2）当一个料架两侧都摆放物资时，应按两个料架编号。

（3）编号顺序应尽量做到从左至右顺序编排。

（4）料架牌要挂在料架临作业通道端上方。

3）料架层号的编排

（1）由下层向上顺序编排。

原有的料架层号编排方式是"由上层向下层"顺序编排，此编排方式适合原使用的固定式料架。目前，各单位广泛使用活动式可拆卸料架，此类编层方式就显现出加层后层号重新编排的弊端。在实际工作中，各单位可根据实际情况，选择编层方式。

（2）料架的层号应标记在料架的临作业通道端面和侧面对应处。

4）料架的位号编排

（1）不考虑料架排列方向，每层位号均应从临作业通道一侧的端头向里编排。

（2）每层编一个顺序号，同架不同层间的位号互不相接。

（3）位号要标记在料签上，挂在该项物资货位的零头处。

ZAB005 料场号的编排方法 5）料场号的编排

（1）把整个仓库的所有料场（包括料棚），按其所在的平面位置，合理规划各个料场，然后按顺序进行编号，如第一料场、第二料场、第三料场等。

（2）料场号牌立放在料场的起始处。

6）料场内的区、排、位号的编排

（1）合理划分料场内的各区，并按顺序编区号，区号牌立在该区起始处。

ZAB003 库房存货区的编排方法 （2）在各区内按照由左至右的顺序编排号，并将排号牌立在该排的起始处。

（3）在各排内按照由左至右的顺序编位号，位号要标记在料牌或料签上，签牌应悬挂或立放在该料垛的正面。

7）库房内存货区的货位编号

（1）合理划分料区，并编排区号。

（2）在各区内由左至右编排号。

（3）在各排内由左至右编位号。

ZAB009 统一编号的要求 8）统一编号的要求

一个单位内库（场）号不重，一个库（场）内架（区）号不重，一个架（区）内层（排）号不重，一个层（排）内位号不重，即一个单位内的"四号定位"不重。

在物资储存过程中，由于某项物资库存量大，以及货位有限，不能把全部物资都上架存放时，可在库内料区或库外料场设副货位，主货位摆零，副货位存整。主货位料签上要标记副货位的"四号定位"和数量，副货位的料签上要标记主货位的"四号定位"，做到主、副货位相互对应。账页上只标注主货位的"四号定位"号。

例如,某项物资摆放在第3号库第5架第2层的第9货位上,该项物资的"四号定位"为3库5架2层9位或3-5-2-9;某项物资摆放在第5号库第4区第2排的第3货位上,该项物资的"四号定位"为5库4区2排3位或5-4-2-3;某项物资摆放在第1料场第2区第4排第6货位上,该项物资的"四号定位"为1料场2区4排6位或1-2-4-6。

八、危险化学品的储、运、保管要求

(一)危险化学品的运输要求

危险化学品的运输要求如下:

(1)爆炸品、剧毒品、放射性物品、强氧化剂等运输前,需向用户所在地公安机关办理《危险品运输证》。运输时要按相关部门要求押运。运输化工危险货物的汽车要符合安全规定。

(2)危险化学品的包装要严密、坚固,符合有关标准。少量爆炸品可用爆炸品危险箱运输。包装外面要贴上或印上危险货物包装标志和包装储运标志。

(3)性质相抵触、灭火方法不同的危险化学品,不准同时同地进行装卸作业,不能同车、船运输,更不能搭载旅客或其他物品。

(4)严禁个人随身携带爆炸品和其他危险化学品搭乘公共交通工具,严禁托运或在托运中的物品夹带化工危险品。

(5)在公路上运输危险化学品时,车辆必须限速行驶。运输爆炸物品、氧化剂的前后车辆应当在保持在殉爆距离外,并严禁烟火。不准进入城市人口密集区和重要建筑附近。途中停车时,要远离建筑物和人口密集的地方。

(6)起爆器材不可以同易燃固体配装在同一车厢或船舱内。

(二)危险化学品的装卸及搬运要求

危险化学品的装卸及搬运要求如下:

(1)装卸搬运危险化学品前,应做好准备工作,掌握有关危险化学品的性质,检查装卸搬运机械工具是否符合要求,以保证安全操作。

(2)选择合适的防护用具,穿戴防护服装,特别是对剧毒品、强腐蚀性物品、放射性物品更应注意。爆炸品装卸搬运时不得穿带铁钉的鞋,不能使用铁制工具,防止产生火花引起爆炸。

(3)作业时应轻拿轻放。特别是搬运装卸放射性物品时,更应轻拿轻放,防止摔破包装造成重大危害,不得肩扛、背负或揽抱。

(4)装卸搬运强腐蚀性物品时,作业前应先检查桶底、箱底、坛底,防止掉底、漏失发生危险。严禁肩扛、背负和揽抱,只能挑、抬或用车子搬运。现场应准备清水、苏打水或醋酸等,以备急救用。

(5)装卸爆炸品、一级易燃品和氧化剂时,不得使用铁轮车、电瓶车及其他无防爆装置的运输机械。禁止滚桶,不得踩踏爆炸品、氧化剂及其包装。装卸搬运宜在白天进行,但应尽量避免暴晒。在高温季节作业时,应安排在早晚时间。

(6)放射性物品搬运装卸时,应轻拿轻放,防止摔破包装造成重大危害。不得肩扛、背负或揽抱,尽量减少人体与包装物的接触和缩短作业时间。

（三）危险化学品的储存保管

> JAB005 危险化学品的储存保管要求

危险化学品的储存保管要求如下：

（1）氧化剂、剧毒品、易燃品不得与非危险品混存，在库内应划定单独的储存空间；若属于同类危险化学品，但性质互相抵触的也不可混存。

（2）储存装有可燃气体瓶的库房，应放置可靠的避雷装置。剧毒气体与氧化剂不可以同库存放。存放压缩气体和液化气瓶的库房内的照明装置和换气装置必须采用防爆电器装备，其开关和熔断器应安装在室外。

（3）压缩气体储存库与民用住宅之间的最小安全距离为50m，与其他库房的最小安全距离为30m。储存压缩和液化气体的库房，应设置两个或两个以上的安全出口，并设置防止阳光直射装置。库内存放瓶装气体时，如库内用密闭防火墙隔成单室，每室存放可燃、有毒气体瓶不得超过500只，存放不燃无毒气体瓶不得超过1000只。不燃压缩液化气体与氧化剂可以同储在一个库房内，但必须留有2m以上的间距。

（4）按危险化学品储存规定，各种氧化剂、自燃物品，各种炸药、起爆药及其他爆炸品不可以同储。

（5）爆炸品、剧毒品、放射性物品必须实行双人双锁保管，收发时手续单据齐全，否则拒绝收发。

（6）进入爆炸品和氧化剂的库房，应穿戴防止静电的服装。

（7）爆炸品、一级易燃品、一级氧化剂在码垛时，应注意不宜使用水泥条、块石等衬垫，要使用方木条等衬垫。

（8）按照危险化学品储存规定，各种炸药与点火器材不可以同储。射孔弹、雷管、胶质炸药、导爆索、导火索不可以同库存放。

（9）碱类物品与有机物、引火物接触可能发生火灾，不能同储在一个库房。碱类物品与酸类物品可以发生化学反应，也不可以同库存放。

九、仓库技术经济指标

> GAB006 仓库技术经济指标的内容

仓库技术经济指标是全面、系统地反映其工作过程中，各个方面经营效果及管理水平的一系列相互联系、相互依存、相互制约的数量指标和质量指标。这些指标构成一个完整的指标体系，建立这个体系的目的是系统地反映仓库在物资仓储过程中，物化劳动及活化劳动的成果和水平，并定期对这些成果进行分析，通过分析了解仓库物资仓储工作的变化和发展的趋势，以便有针对性地提出对策，改进管理增加效益。仓库技术经济指标体系的确定是件比较复杂的工作，由于各个仓库自身的情况不同，每年的仓储任务随企业的生产建设计划而改变，因此，所确定的技术经济指标体系的内容可以有所不同。

（一）仓库技术经济指标的内容

由于物资的进、出库及保管作业虽具有生产的性质，但又不生产产品，不创造价值，是通过物化劳动和活化劳动保持物资的原有价值。因此，仓库的技术经济指标不同于其他的生产企业，而具有一定的特殊性。同时仓库技术经济指标也能反映仓储企业的经营水平。

仓库技术经济指标的内容主要包括：全年物资吞吐量、物资平均库存量、库存物资周转速度、仓库面积利用率、仓储物资盈亏率、仓储物资事故损失率、库存物资结构合理率等。

(二)对仓库技术经济指标分析的目的和方法

> GAB007 仓储技术经济指标的计算方法

1. 目的

仓库管理人员通过对各项技术经济指标的实际统计和计算,一般都要定期进行综合分析工作。通过分析,达到以下目的:

(1)检查工作计划完成的情况,并找出影响计划完成的各种因素,以便寻找对策改进工作。

(2)检查在物资仓储过程中,投入的物力、财力及人力的效果,它们的使用情况是否合理,以增强仓库的经济核算工作。

(3)检查物资仓储各作业环节安排及衔接的合理性,为提高仓库管理水平提供数据依据。

2. 方法

1)对比法

(1)同期对比法。

同期对比法是把不同年份、相同时间或同一年中不同时期的相同指标统计结果进行比较分析。如将2017年上半年仓库的物资吞吐量与2016年上半年仓库的物资吞吐量进行对比。

(2)后期与前期对比法。

后期与前期对比法是把同一年中不同时期的相同指标的统计结果进行比较分析。如:将2017年第二季度仓库的物资吞吐量与2017年第一季度仓库的物资吞吐量进行对比。

(3)不同单位间对比法。

不同单位间对比法是把不同单位同一时间的同一指标的统计结果进行比较分析。如:将采油一厂与采油二厂2017年第一季度仓库的物资吞吐量进行对比。

2)差额法

差额法是指取一个时间的指标值为基数,将其他时间的实际统计结果与基数进行比较,求出它们之间的差值或比率。如将年初确定的指标为基数,用本年各季度末统计的实际完成数,与其进行比较、求出各季度完成计划指标的增减百分数。

3)比率法

比率法是指求出相关指标之间的相对数进行比较分析的方法。如在分析仓库管理费用时,可求出各项费用支出各占全部管理费用的百分数。

十、仓库技术经济指标计算

【例 1-2-1】 某供应部门的全年物资发出金额为 12320 万元,年平均库存为 1540 万元,求该供应部门的周转次数。

解:周转次数 = $\dfrac{\text{全年物资出库量(金额)}}{\text{全年物资平均库存量(金额)}}$

$= \dfrac{12320}{1540}$

$= 8$(次)

答:该供应部门的周转次数为 8 次。

【例 1-2-2】 某供应部门的全年物资发出金额为 13680 万元,年平均库存为 1520 万元，求该供应部门的周转天数（一年按 360 天计算）。

解：周转天数 = 全年天数 ÷ [全年物资出库量(金额) ÷ 全年物资平均库存量(金额)]

=360 ÷ [13680 ÷ 1520]

=360 ÷ 9

=40（天）

答：该供应部门的周转天数为 40 天。

【例 1-2-3】 某建工库到一车瓷砖 6000 箱（300000 块），与监卸人员交接时，发现破损 3000 块，求该物资的运损率是多少？

解：运损率 = $\dfrac{耗损量}{应收数量}$ × 100%

= $\dfrac{3000}{300000}$ × 100%

= 1%

答：该物资的运损率是 1%。

【例 1-2-4】 某库新到一批工程砂共 5 车，应收数量分别是：47m³、49m³、48m³、50m³、46m³。通过计量验收后，该批工程砂的运损率是 0.5%，求该批工程砂的实收数量为多少？

解：实收数量 = 应收数量 ×（1 - 运损率）

=（47+49+48+50+46）×（1-0.5%）

=240 × 99.5%

=238.8（m³）

答：该批工程砂的实收数量为 238.8m³。

【例 1-2-5】 某仓库用称重计量方法验收圆钢 ϕ25mm，应收 1455t，实收 1453.836t，求该库的计量差率是多少？

解：计量差率 = $\dfrac{该批物资实际发生的计量差额}{该批物资应收（应发）数量}$ × 100%

= $\dfrac{该批物资实收数量-该批物资应收数量}{该批物资应收数量}$ × 100%

= $\dfrac{1453.836-1455}{1455}$ × 100%

= $\dfrac{-1.164}{1455}$ × 100%

= -0.08%

答：该库的计量差率为 -0.08%。

【例 1-2-6】 某库上年结转为 2894.5 万元,1 月末库存为 2637.3 万元,求该库 1 月份平均库存是多少?

解:月平均库存 =(月初库存量 + 月末库存量)÷2

=(2894.5+2637.3)÷2

= 2765.9(万元)

答:该库 1 月份平均库存为 2765.9 万元。

十一、物资仓库费用

(一)物资仓储费用的概念

物资仓储费用是指为了使储存的物资保持原有价值,在其保管过程中所必须投入的人力、物力的货币表现形式。

(二)物资仓储费用的组成

GAB008 仓储管理费的划分范围

1. 按仓储业务范围及程序分类

物资仓库费用按仓库业务范围及程序分为进货费、出库费、保管保养费、综合管理费及其他费用。

(1)进货费及出库费。即物资在进货及出库作业过程中,所需支出的费用。包括物资在进、出库过程中的装、卸及搬运费,到货验收费,材料、燃料、动力、照明消耗费用,工人的工资及劳动保护费,物资出库包装费、事故赔偿费,固定资产折旧费,装卸、搬运设备的抬、搬费,设备租赁及修理费,低值易耗品购置费、分摊的管理费等。

(2)保管保养费。物资在储存过程中用于保管和维护保养工作所支付的费用。包括苫垫物料费,倒垛费用,物资防腐、防锈及其他维护保养工作所消耗的材料、燃料、动力、照明消耗等费用,保管和维护保养工人的工资及劳动保护费,物资保险费,消防费用,低值易耗品的购置和修理费,分摊的管理费等。

(3)综合管理费。除进货、出库、保管保养三项业务费用外,其他仓储管理工作所支付的费用,如会议费、广告费、差旅费、管理人员工资、提取的职工福利基金及工会经费、办公费用、货物损耗等均计入此项。

(4)其他费用。包括税金、利息支出等。

2. 根据费用是否直接用于保持物资原有价值分类

物资仓库费用根据费用是否直接用于保持物资原有价值分为仓储费、管理费和其他费用。

(1)仓储费。物资在仓储过程中,直接用于保持其原有价值所花费的各种费用。主要包括:装卸及搬运费,进货验收费,倒垛费,物资苫垫材料费,用于物资维护保养所消耗的材料、人工、动力、燃料、照明费,物资保管过程中的质量抽样检查费,物资分拣加工费,物资出库包装费等。

(2)管理费。物资在仓储过程中,间接用于保持其使用价值所花费的各种费用。主要包括:固定资产折旧费及大修理费,设备租赁及修理费,低值易耗品购置费、会议费、广告费、差旅费、职工工资及劳动保护费,提取的职工福利基金及工会经费、办公费用、货物损耗费,物资保险费,上缴的管理费,水电费、油料费等。

（3）其他费用。指以上两项费用外所发生的其他费用，如税金、利息等。

十二、劳动防护用品

（一）概述

1. 劳动防护用品的概念

劳动防护用品是指生产经营单位为从业人员配备的，使其在劳动过程中免遭或者减轻事故伤害及职业危害的防护用品。劳动防护用品也称为劳动保护用品，简称劳保用品。

2. 劳动防护用品的作用

劳动防护用品的作用是使用一定的屏蔽体或系带、浮体，采用隔离、封闭、吸收、分散、悬浮等手段，保护肌体或全身免受外界危害或侵害。

1）隔离和屏蔽作用

隔离和屏蔽作用是指使用一定的隔离和屏蔽体使机体免受到有害因素的侵害，劳动防护用品能很好地隔绝外界的某些刺激，避免皮肤发生皮炎等病态反映。

2）过滤和吸附（收）作用

过滤和吸附作用是指借助防护用品中某些聚合物本身的活性基因，对毒物的吸附作用，洗涤空气，被活性炭等多孔物资吸附进行排毒。

（二）常用的劳动防护用品

> JAB003 常用的劳动防护用品

1. 安全帽

安全帽是对人体头部受坠落物及其他因素引起的伤害起防护作用的帽。由帽壳、帽衬、下颏带、附件组成。安全帽按适用场所可分为普通安全帽和含特殊性能的安全帽。安全帽内的缓冲衬垫的带子要结实，人的头顶与帽内顶部的间隔不能小于32mm。质量合格的安全帽能吸收落物80%以上的冲击力。

2. 防护鞋（靴）

防护鞋（靴）是使用一定的特殊材料或外加的屏蔽材料，采取阻隔、封闭、吸收、分散等手段，保护足面、足趾和足底免受外来的侵害的劳动防护用品。

3. 安全带

安全带是高处作业用预防坠落伤亡的劳动防护用品，由安全绳、吊绳（带）、自锁钩等部件组成，适用于围杆，悬挂，攀登等高处作业人员使用。在基准面2m以上作业时必须系安全带。

安全带按用途分为高空作业安全带、架子工安全带、铁路调车员安全带、电工电信工安全带和消防安全带等。

选用安全带时必须根据从业人员的用途选择符合标准的安全带产品，如架子工、油漆工、电焊工种选用悬挂作业安全带，电工选用围杆作业安全带。

十三、仓储制度

仓库应建立完善相关管理规章制度及图表化管理。健全制度至少应包括：岗位责任制度、维护保养制度、巡回检查制度、物资进出库管理制度、岗位练兵制度、安全消防管理制度。各单位可根据单位实际情况对制度进行完善。

（一）岗位责任制度

1. 验收员岗位责任制

（1）坚持物资验收入库工作制度和标准，做好入库物资验收工作。

（2）验收及时准确，做到不错不漏，资料齐全，确保物资本体符合订购合同规定的技术性能，做到无不合格品入库。

（3）做好物资验收入库的原始记录，原始记录与入库物资对应，记录内容齐全，按顺序装订成册，档案化管理。

（4）认真执行《中华人民共和国计量法》。按验收物资料性协助做好计量器具配备、周检工作，正确使用和维护保养计量器具，确保计量数据的准确性和有效性。

（5）验收中发现的问题，要及时通知财务部门和主管业务部门并拒付料款，在规定验收期内查询和索赔，减少企业经济损失。

（6）保持室内外清洁整齐，做到安全文明生产，按时、准确、齐全填报统计报表。

（7）努力学习政策法规和业务知识，坚持岗位练兵活动，不断提高业务技术水平。

2. 仓库保管工岗位责任制

（1）收发及时准确，认真把好验收和发料关，确保器材本体质量符合订购合同规定的技术性能，做到无不合格品进、出库。

（2）保管保养良好，认真执行物资保管保养有关技术规定，做到存放合理，库内整洁，保养及时，确保器材储存过程质量。

（3）按业务程序办事，做到手续齐备，资料齐全，账目清楚，日清月结，账单资料管理规格化、档案化。

（4）认真执行仓库管理制度，按科学方法管库。做到"四号定位""四对口（四对口指：账、卡、物、资金，不管资金的单位做到三对口，即账、卡、物）""五五摆放（根据物资的形状，以五为基本计量单位，码成不同垛型的堆码方法）"；坚持"永续盘存""定期盘存""巡回检查"，防止差错事故，确保安全生产。

（5）热情为用户服务，文明用语、礼貌待人。

（6）努力学习业务，坚持岗位练兵。达到"四懂（四懂是指懂物资名称、规格、性能和用途，懂消耗规律，懂业务流程，懂科学管库）""四会（四会是指会识货，会用计量器具，会换算核算，会保管保养）"，不断提高业务技术水平和仓库管理水平。

（二）维护保养制度

（1）库存物资应按《常用物资保管保养管理规范》（Q/SY 1033—2012）的规定，采取有效措施，改善物资的储存条件，进行科学的维护保养。

（2）库存物资应定期倒垛，定期检查质量状况，按照物资保养周期，由仓库保管工提出保养计划交主管领导审定，统一安排保养；零星物资由仓库保管工保养。

（3）新购进的物资，应除尘、去锈、保养后方可入库；若物资包装损坏，应尽可能恢复原包装。

（4）搞好库区的清洁卫生，保持货架、货垛、包装物、苫垫材料及地面的清洁，防止尘土、脏物沾污、腐蚀物资。

（5）做好保养原始记录。

（三）巡回检查制度

> CAB011 巡回检查制度

（1）巡回检查实行"三定"，即定人员，定时间、内容、定路线。做到每日班前班后各检查一次，并做好记录。班前检查：库房门窗有无启动，物资有无异状，消防用具、物资是否完好，有无不安全因素，货架、场地是否整洁。班后检查：当日工作是否做完，资料、账册、表单是否齐全完整，办公用品、工具是否归位，物资有无异动，电源是否关闭，门窗是否关严锁好。

（2）仓库保管工负责检查所管库房、料棚、料场；班组长负责检查班组重点岗位及要害部位。

（3）检查中发现的问题，要及时认真整改。重大问题要保护好现场，立即报告主管领导，协助有关部门调查处理，确保物资、机具、资料安全。

（四）物资进出库管理制度

（1）所有进出仓库人员、车辆必须严格执行仓库管理有关规定，装卸货物要在仓库的统一安排下进行，既要做好优质服务，又要相互配合理解，共同确保仓库物资安全和生产正常进行。

（2）非本库人员未经允许严禁进入库区，禁止携带火源入库；非生产时间，不得让任何闲杂人员在库区内逗留。

（3）凡需进入库区的领料、卸料、施工及办事人员，必须检查证件，经检查后方能入内。

（4）运货车辆及提料人员出库，必须检查领料单、运单或其他有关证明并与货物核实相符后才能放行。

（5）各仓库应坚持24h值班制度，严禁脱岗，加强库区安全防范。严禁在库区吸烟和违章用火，不得在仓库出入口堆放杂物，保证道路畅通。

（五）岗位练兵制度

> JAB006 岗位练兵制度

（1）在仓库业务培训机构的统一安排下，以自学为主，集中听课为辅，结合本岗位实际努力学习业务，不断提高业务技术水平，达到本人技术等级应知应会的要求。

（2）认真学习、贯彻执行国家有关物资政策及法令，学习仓储管理基础知识，熟悉仓库作业流程和各项规章制度，掌握物资质量标准和检验方法，达到"四懂""四会"。

（3）积极参加有关业务技术学习、考核和竞赛活动，熟练使用计算机，提高现代化管理水平。

（4）以班组（库）为单位，开展互教互学岗位练兵活动，促进管理基础知识和操作技能的提高。

（5）坚持按业务学习计划组织学习，定期检查学习进度，做好学习记录。

项目二 安全消防知识

一、仓库的安全管理

> CAB010 仓库安全管理的工作内容

仓库安全管理是仓储管理的一项重要内容，不仅关系到仓储物资的安全、机械设备的安全，也影响着工作人员的健康和安全，同时也关系到生产能否顺利进行。因此，必须加强仓库的保卫、警卫和消防以及安全技术管理等安全工作。仓库必须建立准确可靠的报警系统,重要的库房内应设有烟雾报警装置。

(一)仓库的保卫工作

仓库的保卫工作,是仓储管理工作的一个组成部分。仓库的保卫组织形式应根据仓库的规模大小及任务繁重来决定设立保卫组织、专职或兼职保卫干部。

保卫工作的主要任务是:做好防火、防盗、防灾害、防破坏工作,保卫要害部位,预防灾害性事故的发生,维护内部治安秩序,确保仓库安全。

(二)仓库的警卫工作

对危险品重点仓库和非危险品的国家重要物资仓库,应配备武装警卫执勤,保证仓库安全。

警卫工作的主要职责是:熟悉仓库及附近的地形,做好管辖区内巡逻检查工作;对外来人员应检查证件,严格值勤制度;严禁携带火种、易燃、易爆的危险品入库,发现火警时应严加戒备,坚守岗位,维持秩序,并立即报告上级。同时仓库的警卫工作是在本单位保卫部门和公安机关的领导下进行。

二、仓库的防火知识

CAB015 燃烧的条件

CAB016 引起火灾的因素

(一)引起仓库火灾的潜在因素

燃烧是指可燃物与氧或氧化剂作用发生的释放热量的化学反应,通常伴有火焰和发烟的现象。只有在可燃物、助燃物和着火源三个条件同时具备,而且数量达到一定比例的前提下,互相结合、互相作用,燃烧才能发生。燃烧一般可分为闪燃、着火、自燃和爆炸几种类型。其中闪燃是指易燃、可燃液体挥发出的蒸气或可燃固体受热挥发出的蒸气与空气混合后,遇火源发生一闪即灭的燃烧现象。

1. 可燃物

无论固体、液体、气体,凡能与空气中的氧或其他氧化剂起剧烈反应的物质,称为可燃物。如库存中的各种木材、油料、化工材料,以及危险品仓库存放的大量可燃、易燃、易爆物资等。

2. 助燃物

凡能帮助和支持燃烧的物质,即能与可燃物发生氧化反应的物质,称为助燃物。如氧、过氧化钠、氯酸钾、高锰酸钾等。

3. 火源

凡能引起可燃物与助燃物发生燃烧反应的能量来源,称为着火源。引起火灾的火源很多,一般可分为直接火源和间接火源。

1)直接火源

(1)明火。通常指生产、生活用的炉火、灯火、焊接火、香烟头火、火柴及打火机的火焰,撞击、摩擦产生的火星、烟筒的火星等。

(2)电火花。指电气开关、电动机等开启或切断及电气线路发生短路时产生的火花。此外还有静电火花、电瓶车火花等。

(3)雷击。这是一种瞬间的高压自然放电现象,它能引起任何可燃物质的燃烧。

2)间接火源

(1)受热自然起火。由外来热源将可燃物加热,使其温度达到自燃温度,未与明火接触就发生燃烧。例如,可燃物质间摩擦、撞击后发热起火;某些物质化学反应放热而使靠近它的可燃物起火。

(2)本身自燃起火。有的物质在既无明火,又无外来热源的条件下,其本身自行发热,导致燃烧起火。常见的有:黄磷在常温下与空气剧烈反应自燃;金属中的钾、钠等与水接触时能自燃;浸有油的破布、棉纱、手套、废纸及煤炭的大量堆积,在夏天高温季节经长时间的日晒发热自燃起火等。

(二)火灾燃烧蔓延的原因

<!-- CAB017 燃烧蔓延的原因 -->

燃烧产生的热效应使燃烧点周围的可燃物受热发生分解、着火和自燃,如此往复,火势便迅速地向周围蔓延开去。引起火灾的发生、发展就是一个火灾发展蔓延、能量传播的过程。热传播是影响火灾发展的决定性因素。

热传播除了火焰直接接触外,还有三个途径,即热传导、热辐射和热对流。

(1)导热性能好的物质不利于控制火情,因为热量可以通过导热物体向其他部分传导,导致与其接触的可燃物质起火燃烧。其中固体的导热性能大于液体。

(2)当可燃物燃烧形成火焰时,便大量地向周围传播热能,火势越猛,辐射热能越强,导致火灾蔓延。

(3)热对流是指通过流动介质将热量从空间的一处传到另一处的现象,它是影响火灾早期发展蔓延的主要因素。

(三)火灾预防的基本措施

<!-- CAB019 预防火灾的基本措施 -->

预防火灾,就是要消除产生燃烧的条件,最终达到防火的目的。根据物质燃烧的原理,防火的基本措施有控制可燃物、隔绝助燃物、消除着火源。

1. 控制可燃物

可燃物是燃烧过程的物质基础,所以对可燃物质的使用应谨慎小心。在选材时,尽量用难燃或不燃的材料代替可燃材料。如用砖石、水泥代替木料建造房屋,用防火漆浸涂可燃物以提高耐火性能。

2. 隔绝助燃物

使用易燃易爆物的生产过程应在密封的设备内进行;对有异常危险的生产,可充装惰性气体保护;容易自燃的物品必须隔绝空气存放。如金属钠存于煤油中,二硫化碳用水封闭存放等。

3. 消除着火源

如采取隔离火源、控制温度、接地、避雷、安装防爆灯、遮挡阳光,在可燃气体管道上装阻火器、安全水封等措施,防止可燃物遇明火或温度升高而起火。

(四)火灾的等级及分类

火灾是指在时间和空间上失去控制的燃烧所造成的灾害。根据国家规定,火灾分为特别重大火灾、重大火灾、较大火灾和一般火灾四个等级。

<!-- CAB018 火灾的种类 -->

根据国家标准《火灾分类》(GB/T 4968—2008)的规定,将火灾划分为以下六类:

(1)A类火灾:指固体物质火灾,这种物质往往具有有机物质,一般在燃烧时能产生灼热的灰烬,如木材、纸张、棉、毛、麻、塑胶等火灾等。

(2)B类油类火灾：指液体火灾及可熔化的固体物资火灾，如汽油、原油、煤油、柴油、甲醇、乙醇、沥青、石蜡火灾等。

(3)C类火灾：指气体火灾，如天然气、煤气、甲烷、乙烷、氢气火灾等。

(4)D类火灾：指金属火灾，如钾、钠、镁、锂火灾等。

(5)E类火灾：指带电火灾，是物体带电燃烧的火灾，如发电机、电缆、家用电器火灾等。

(6)F类火灾：指烹饪器具内烹饪物火灾，如动植物油脂火灾等。

三、灭火常识

（一）灭火方法

CAB013 灭火的方法

CAB020 灭火的基本措施

由于燃烧的发生必须同时具备可燃物、助燃物及火源三个条件，所以只要使其中一个条件不具备，燃烧就会停止。因此有四种基本灭火方法。

1. 隔离法

隔离法是指将正在燃烧的物质和周围未燃烧的可燃物质隔离或移开，中断可燃物质的供给，使燃烧因缺少可燃物而停止的方法。

2. 窒息法

窒息法是指阻止空气流入燃烧区域，或用不燃物质冲淡空气，使燃烧物缺少助燃物质或得不到足够的氧气而熄灭的方法。

3. 冷却法

冷却法是将灭火剂（水、二氧化碳等）直接喷射到燃烧物上把燃烧物的温度降低到可燃点以下，使燃烧停止；或者将灭火剂喷洒在火源附近的可燃物上，使其不受火焰辐射热的威胁，避免形成新的着火点的方法。冷却法为灭火的主要方法。

4. 抑制灭火法

抑制灭火法是将化学灭火剂喷入燃烧区参与燃烧反应，终止连锁反应，而使燃烧反应停止的方法。

（二）灭火剂

灭火剂应是灭火效能高，使用方便，成本低，对人和物均无害的物质。灭火剂在灭火过程中不参与燃烧过程中的化学反应，这种方法属于物理灭火方法。灭火物质按其形态不同有：液体的（如水、各种盐溶液），气体的（如二氧化碳气体、水蒸气），泡沫状的（如空气泡沫），固体（如干土、砂）。其中水蒸气能稀释可燃和助燃气体在燃烧区内的浓度，并能阻止空气中的氧通向燃烧物。

CAB014 水在灭火中的作用

1. 水

水是最常用的灭火物质。水具有显著的冷却作用，能使燃烧物质的温度降低至燃点以下，阻止燃烧，这是水的主要灭火性能。同时灭火的给水系统也是仓库消防用水的保证。

水是最方便的灭火剂，不过水也有一定的灭火范围，并不是所有的火灾都能用水去扑灭。

下列火灾不能用水去扑救：

(1)易燃液体，如汽油、苯、煤油等不能用水扑救。因为此类易燃液体的密度一般都比水小，又不溶于水，若用水去扑救，往往使这类液体浮到水面上继续燃烧，不能起到灭火作用。

（2）忌水物质，如电石、生石灰等火灾。这些物质能与水起强烈的化学反应，能产生大量的热或放出能自燃、助燃的气体，若用水扑救，火势会更加猛烈，甚至发生爆炸。

（3）电气设备或带电系统的火灾。发生此类火灾时如果电源未切断，用水扑救会发生触电和爆炸事故。

（4）处于高温下的设备火灾不能用水扑救。因为水可使金属的机械强度受到影响，设备遭受损坏。

（5）贵重文物档案也不宜用水扑救。

（6）质轻易飞扬的金属粉末，不宜用水扑救。因为水柱冲击，可使粉末飞扬，这些粉末状金属物质分散在空气中，遇明火容易引起燃烧和粉尘爆炸。如沉积粉尘被水流冲击后，悬浮在空气中，易引起粉尘爆炸。

（7）储存大量浓硫酸、浓硝酸、盐酸等场所发生火灾时，不能用直流水扑救。因为水与酸液接触会引起酸液发热飞溅或流出。在一般情况下，也不能用直流水扑救可燃粉尘聚集处的火灾。

此外，精密的仪器、设备也不宜用水去扑救。

2. 二氧化碳灭火剂

灭火用的二氧化碳是以液态灌装在钢瓶内。液态二氧化碳极易挥发气体，这种气体要比原来的液态体积大760倍。当它从灭火机里喷出来的时候，气体的一部分成白色的雪花状物（又称干冰），熔点为 $-78.5℃$，能冷却燃烧物和冲淡燃烧区空气中氧的含量，使燃烧停止。因此二氧化碳灭火剂的灭火作用主要是窒息作用，从而达到灭火的目的。

二氧化碳灭火剂对扑救电器、精密仪器、电子设备、某些忌水物质、600V以下电气设备等的火灾最为适宜。用来扑救，事后不留痕迹，没有腐蚀等损坏作用，是一种较优良的灭火剂。

3. 干粉灭火剂

干粉灭火剂属于固体灭火剂。化学干粉主要由碳酸氢钠等盐类物质加入适量的润滑剂和防腐剂，在灭火机中装有二氧化碳作为喷射的动力。由于喷出的干粉浓度密集，能够构成阻止燃烧的隔离层，而且通过受热还会分解出不燃性气体，所以可以稀释燃烧区域内的含氧量。同时干粉还有中断燃烧连锁反应的作用，因此灭火速度快，但易复燃。所以干粉灭火剂的灭火作用就是对燃烧起到抑制作用，从而达到灭火的目的。

干粉灭火剂综合了泡沫、二氧化碳灭火剂的优点，适用于扑救油类、易燃、可燃液体、易燃气体、电气设备和遇水燃烧等物质的初起火灾。其粉末是无毒的，在一般情况下，不溶化、不分解，没有腐蚀作用，可长期保存。

四、消防器材、设备的配备及使用

（一）消防组织

仓库应根据本库的面积，储存物资的数量和性质，周围环境和人员等实际情况，配备专职消防人员和群众性消防组织。

专职消防人员是消防工作的骨干力量，平时一方面要做好消防的宣传工作，另一方面要熟悉消防技术,并和仓库保管员共同研究究物资的性能和防火特点,消除和严格控制火灾因素,一旦发生火灾应带领群众履行职责,积极扑救。

群众性消防组织是不脱产的消防队伍,能发挥人人防火,个个灭火的积极性。是专职消防人员的辅助力量。在发生火灾时,能否发挥作用及时扑救,主要靠平时的思想教育,健全的组织,明确的分工和过硬的消防技术。

一般仓库里的消防组织应设有指挥部、宣传联络组、灭火组、救护组等。一旦发生火警,能临危不慌,各就各位,各行其责,紧张而有秩序地进行扑救工作。

(二)灭火给水系统

1. 消防水道的布置

灭火的给水系统是仓库消防用水的保证。消防水道应布置于仓库全部区域,并应为环形系统。在消防管道系统上需装设室内、外消防水栓,其布置应当保证在每一个着火点上有不少于两个水头来进行灭火的可能性。库房外部消火栓应沿道路设置,并靠近十字路口,相互间的距离应不超过100m,离房屋墙壁不少于5m,但也不可超过25m,而离路边不超过2m。

在没有消防水道装置的区域,一般都设置蓄水池,通过水泵、水龙带、水枪或喷水消防车扑救火灾。

2. 消火栓

室外消火栓是露天设置的消火栓,是市政供水系统或消防给水管网的取水口,主要分地下式和地面式两种。地下式消火栓一般是装在比较寒冷的地区,其优点是冬季不致于冻结,也不妨碍地面交通,缺点则是在夜间或积雪的冬季找寻不便。地面式消火栓的情况正好相反,一般设在气候比较温暖的地区。室外消火栓一般由专业消防队的消火栓专用扳手开启。

室内消火栓其相邻位置,应保证2m以上互相交迭的水流来熄灭房屋最远及最高部分的火灾。室内消火栓是设于建筑内部的消火栓,配有双卷的水带和水枪,由开启阀门和出水口组成,一般都安装在有玻璃门的消防箱内。室内消火栓使用时,一般由2人配合。

(三)消防器材、设备的配备

消防器材是指在灭火过程中必须使用的设备、器具及材料,它包括消防设备、消防器械、消防配件和消防药剂等。根据仓库的实际情况,合理地配置消防器材、设备,是对仓库初起火灾进行有效控制,使其停止蔓延,直至彻底扑灭的重要保证。

消防器材、设备的配备要求如下:

(1)仓库配置灭火器时,应按每100m²一个计算,每栋库房不得少于2个。灭火器应悬挂在仓库外面的墙上,离地面高度不超过1.5m,并要远离取暖设备和防止日光直射。

(2)消防水桶应做成尖底,漆以红色,并标明"消防专用"字样,按仓库面积每50m²至少配备一个,一般独立的库房至少配备4个,挂在出入口外墙的明显处。

(3)无论有无消防水道,在每个仓库附近,要配备一定数量的大水桶。在储存液体燃料的仓库,必须备有干燥和清洁的砂,用木箱或桶盛装。

(4)所有消防用的斧、锹、钩、梯等均应漆成红色,安放在仓库附近固定地点。仓库还应设有报警信号,一旦发生火灾就能将火警迅速报告消防队和全体职工,有领导、有组织地进行有效的扑救。

（四）消防器材、设备的使用

仓库常用的消防器材、设备主要包括：灭火器、给水装置和消防用的简单工具等。

1. 灭火器

灭火器是以各种不同化学灭火剂作为灭火物质的设备，是仓库消防工作中必备的消防器材。灭火器必须注意保养，定期更换灭火剂。灭火器是在其内部压力作用下，将所装填的灭火剂喷出，以扑救初起火灾的灭火器具。

常用的灭火器有二氧化碳灭火器和干粉灭火器等。灭火器按其重量和移动方式还可将其为分手提式灭火器和推车式灭火器两种。

1）二氧化碳灭火器

二氧化碳灭火器适用扑救电气设备、油类、酸类和贵重设备、档案资料、仪器仪表、600V以下电气设备及油类的初起火灾，不能扑救钾、镁、钠、铝等物质的火灾。

二氧化碳灭火器要注意在使用时不能直接用手抓住喇叭筒外壁或金属连接管，防止手被冻伤。使用时，拔出保险销，一只手握住喇叭筒根部的手柄对准火源，另一只手紧握启闭阀的压把打开开关，二氧化碳即可喷出。在室内窄小空间使用二氧化碳灭火器时，灭火后操作者应迅速离开，以防窒息。

2）干粉灭火器

干粉灭火器适用扑救石油、石油产品、油漆、有机溶剂、天然气及电气设备的初起火灾，不能扑救轻金属火灾。

干粉灭火器在使用时应上下颠倒几次，使桶内干粉松动。扑救可燃、易燃液体火灾时，应对准火焰根部扫射，如果被扑救的液体火灾呈流淌燃烧时，应对准火焰根部由近而远，并左右扫射，直至把火焰全部扑灭。

2. 灭火的给水装置

灭火的给水装置主要指能保证所需用水的给水系统。高压消防水道的工作压力：当用水量达最大时，水枪位置在最高处仍保证充实水柱不小于10m；低压消防水道的工作压力：从地面算起保证水头不小于10m。

在没有消防水道装置的区域，应设置蓄水池，通过水泵、水龙带、水枪或水罐消防车扑救火灾。其中水罐消防车主要装备消防水泵、水罐、消防水枪、消防水炮等消防器材，以水作为灭火剂，用来扑救房屋建筑和一般固体物质（A）类火灾。

3. 消防用简单工具

消防用简单工具主要有斧、铁锹、砂箱、梯子、水带、水枪和各种运水工具。

五、仓库消防安全要求

（一）仓库火源消防安全要求

（1）仓库应当有规范醒目的防火标志。进入甲、乙类物品库区的人员，必须登记，并交出携带的手机和火种。

（2）库房内严禁使用明火。

（3）在库区内工作的铲车、电瓶车、吊车等，必须有防止喷火或打出火花的安全装置。

（4）库区内地面应保持清洁，消除杂草及其他可燃物。

（5）物资保养一般不得使用易燃液。如使用柴油等可燃液时必须保证安全，防止发生火灾事故。库区内应配备的灭火器数量和种类应与扑灭储存物资火灾相适应，并有专人负责维护保养。

（二）物资储存的消防安全要求

（1）物资入库前应有专人负责检查，确定无火种等安全隐患，方准入库。

（2）入库物资的包装容器应当牢固、密封，发现破损、残缺、变形和物品变质、分解等情况时，应及时进行安全处理，严防跑、冒、滴、漏。

（3）露天存放的物资应分类、分堆、分组和分垛，并留出必要的防火间距。堆场的总储量以及与建筑物等之间的防火距离，必须符合《建筑设计防火规范》（GB 50016—2014）的要求。

（三）气瓶储存的消防安全要求

（1）仓库应阴凉，通风良好，库内不得有热源，明火。满装气瓶不得受日光暴晒，也不宜受风吹雨淋，库温超过35℃时，应有降温措施（如冷水喷淋），早、晚开库门、窗通风降温。

（2）仓库地坪平整，且宜为不发火地面。库内照明应采用防爆灯具，严禁使用明火或非防爆灯。

（3）新投入使用的气瓶必须符合国家安全标准，检验合格（有检验合格证），严禁储存充装压力超过气瓶设计压力的气瓶。

六、"三级"安全教育

> ZAB014 三级安全教育的概念

《中华人民共和国安全生产法》第二十五条明确规定：生产经营单位应当对从业人员进行安全生产教育和培训，保证从业人员具备必要的安全生产知识，熟悉有关的安全生产规章制度和安全操作规程，掌握本岗位的安全操作技能。未经安全生产教育和培训合格的从业人员，不得上岗作业。

从事仓库保管工作的所有新员工上岗前都必须接受公司、仓库、班组三级安全教育培训，考试合格后方可上岗。

七、仓库安全活动内容

> ZAB015 仓库安全活动内容

仓库安全活动主要以班组为单位开展。班组长是班组安全生产第一责任人，负责组织班组的各项安全活动；班组安全员协助班组长搞好安全生产，负责班组安全活动记录及安全资料的收集、整理工作。组织各种活动都应有计划，有安排，按规定的频次和内容开展，并按统一的格式和要求做好记录，做到记录及时、真实、准确，避免记录不准、不详、不全的现象发生，尤其要杜绝弄虚作假。班组安全活动形式主要包括班前会、每周安全会议（学习）、日常安全教育培训、班组安全检查、应急预案演练等。

（一）班前会

每天上岗前班组长组织召开班前会，在安排、布置当日工作任务的同时，提示作业风险以及安全注意事项。当日工作任务与往常有较大变化时（如接受了新任务，作业范围有扩展或变更，实施新工艺、新技术，使用新设备、新材料等）应进行作业前安全分析。

（二）每周安全会议（学习）

班组每周一次的安全会议（学习）不得少于1h。会议（学习）内容主要包括：

（1）开展安全经验分享。

（2）例行学习国家有关安全生产法律、法规，各级安全生产文件、通报，企业规章制度，事故案例分析等。

（3）结合学习情况进行讨论，特别应注重分析典型违章或事故案例，举一反三，吸取教训，提出班组安全防范措施。

（4）总结本周安全工作，安排下周工作。

（5）参加活动的领导讲话，对安全生产工作提出要求。

（6）其他相关内容。

（三）日常安全教育培训

班组安全教育培训除按"三级"安全教育的规定，对新入厂或调换工种员工进行班组级岗前安全培训外，还应采取各种形式开展经常性的岗位安全教育，如安全生产业务培训班、事故现场分析会、安全活动日、安全知识竞赛等。

（四）班组安全检查

班组应按安全检查制度，认真开展日常检查，包括班组每周一次的安全环保检查、每日岗位员工的交接班检查和班中巡回检查。每周检查由班组长或安全员带队；交接班和巡回检查由当班岗位员工实施。每次检查都应严格对照检查表进行，并及时、准确地填写检查记录，对存在的问题进行正确处置。

班组安全检查应定时、定点、定路线、定内容，重点是查不安全装置、不整洁环境、不安全行为和不规范操作。

（五）应急预案演练

班组每年都应定期开展风险分析和应急预案演练，使员工掌握作业场所和工作岗位存在的危险因素、防范措施及事故应急措施。现场应急处置预案演练应按规定频次开展，重点训练员工处置现场突发事件（事故）的技能。

八、仓库安全检查

> ZAB012 仓库安全检查目的、原则及整改要求

（一）仓库安全检查的目的

仓库安全检查的目的在于发现和消除事故隐患，把可能发生的各种事故消灭在萌芽状态，做到防患于未然，实现对作业全过程健康、安全、环境的全面控制。检查的主要任务是进行危害识别，查找不安全因素和不安全行为，提出消除或控制不安全因素的方法和纠正不安全行为的措施。

（二）仓库安全检查的原则

仓库安全检查必须坚持领导与员工相结合、自查与互查相结合、专业检查与全面检查相结合、检查与整改相结合的原则，做到检查制度化、规范化。

（三）仓库安全整改

仓库事故隐患整改要本着"三定""四不推"的原则进行。即：定整改措施，定完成期限和定负责人。个人能解决的不推班组，本班次能解决的不推下班次，班组能解决的

不推库站，库站能解决的不推公司。

暂不能整改的问题或隐患，应采取有效的防范措施，制定整改方案，逐级上报，纳入计划，落实整改。对整改情况应进行复查，跟踪督办，实行消项、闭环管理。

（四）仓库安全检查内容

仓库安全检查的主要内容包括查管理、查培训、查隐患、查制度、查纪律，分为管理检查和现场检查两部分。

1. 管理检查

仓库管理检查的主要内容如下：

（1）检查仓库员工对安全生产工作的认识和仓库员工的安全意识。

（2）检查安全生产责任制、管理制度、应急救援预案等制定或修订情况。

（3）检查仓库领导和管理人员的安全法规教育和安全生产管理的资格教育是否达到要求。

（4）检查岗位安全知识教育以及特殊作业的安全技术知识培训情况。

（5）检查仓库各类 HSE 记录、台账、档案等基础资料的建立情况。

2. 现场检查

仓库现场检查的主要内容如下：

（1）按照检查工艺、设备、储运、电气、仪表、消防、检维修、工业卫生等专业的标准、规范、制度，检查执行情况，确认是否存在安全隐患。

（2）检查员工安全生产责任制的落实情况以及遵守各项安全生产纪律和操作规程的情况。

（3）检查仓库生产、检修、施工等直接作业环节各项安全生产保证措施是否落实。

（4）检查安全设施是否齐全、有效，仓储设施是否达到标准等。

（5）检查各种机械设备、消防设备、电气设备等是否完好。

（五）仓库安全检查方法

开展仓库安全检查，是宣传贯彻"安全第一，预防为主"的安全生产方针，发现和消除隐患，保证仓库安全的一项有效措施。

仓库安全检查的主要形式有定期性检查、经常性检查、专业性检查、季节性检查、临时性检查等。

1. 定期检查

定期检查发现面广，参加的人数多，检查的时间长，检查的效果好。如企业每年组织的岗位责任制大检查，以及"五一"节"国庆"节"元旦""春节"时的检查。

2. 经常性检查

经常性检查包括季（月）查、周查、日查等。

1）季（月）查

季（月）查一般由仓库组织有关人员进行。主要检查安全制度执行情况，安全措施落实情况，重点物资管理情况，安全防火情况等。

2）周查

周查由班组长或小组安全员每周组织的检查。

3）日查

日查是保管工日常工作内容之一，就是按着一定的路线进行巡回检查。主要检查仓库有无异常，是否存在明显的安全隐患，库存物资有无丢失、倒垛、坍塌，门窗是否安全可靠等。

3. 专业性检查

专业性检查是组织有专业知识的人员参加的专项检查，重点突出，针对性强。如组织有关专业人员对易燃、易爆、有毒等危险物资进行的检查，组织有关人员对电器设施、仓储设施的检查等。

4. 季节性检查

季节性检查主要是根据季节特点，组织有关人员进行的检查。如冬季对冬防保温情况的检查；夏季雷雨季节对库区排水系统及库房、料棚防漏情况的检查；春季对电气设施安全运行情况的检查；秋季对防火安全情况的检查等。

5. 临时性检查

临时性检查是上级或本单位根据实际情况组织的临时性检查。如大风、暴雨、洪水、冰雹、大雪到来之前的检查。

九、仓库电器消防安全管理规定

> JAB001 库房内电器的安装要求

仓库的电气装置必须符合国家现行的有关电气设计和施工安装验收标准、规范的规定和国家现行有关爆炸危险场所的电器安全规定。

（1）存丙类固体物品的库房，不准使用碘钨灯和超过60W以上的白炽灯等高温照明灯具，当使用日光灯等低温照明灯具和其他防燃型照明灯具时，应当对镇流器采取隔热、散热等防火保护措施，确保安全。

（2）库房内除电器照明外，不得敷设其他动力线路，引进线路必须穿管，闷顶内不得敷设电线，不准设置移动式照明灯具，如需临时拉设电线，应经有关部门批准，由电工安装，使用后及时拆除。根据消防要求，存放可燃气体的库房内应安装防爆灯。库房内不准使用电炉、电烙铁、电熨斗等电热器具和电视机、电冰箱等家用电器。

（3）照明灯具下方不准堆放物品，其垂直下方与储存物品水平间距，不得小于0.5m。电气开关应设在库外，并有防雨防潮装置保护。

（4）动力电气线路及其插座应装在库外，使用机械装卸设备时，电源由橡套电缆引入库内。

（5）仓库电器设备周围和架空线路的下方严禁堆放物品，对提升、码垛等机械设备易产生火花的部位，要设置防护罩。

（6）仓库的电器设备，必须由持合格证的电工进行安装、检查和维修保养。电工应当严格遵守各项电器操作规程。在安装电源保险器，必须根据负荷容量的大小来选择保险器，不可过大或过小。

十、HSE 管理体系

> JAB002 HSE 管理体系的概念、要素、原则

（一）HSE 管理体系基本概念

健康、安全与环境管理体系简称为 HSE 管理体系，或用英文缩写"HSE-MS"（Health Safety and Environment Management System）表示。它是建立在风险管理、闭环

管理和系统管理基础上的一套健康、安全、环境管理标准。其目的在于关注不安全行为和状态，规范人的安全行为，规避和控制作业风险，提高员工能力。健康、安全与环境管理体系中的"健康（H）"指人身体上没有疾病，在心理上保持一种完好的状态。"安全（S）"是指在劳动生产过程中，努力改善劳动条件、克服不安全因素，使劳动生产在保证劳动者健康、企业财产不受损失、人民生命安全的前提下顺利进行。"环境（E）"是指与人类密切相关的、影响人类生活和生产活动的各种自然力量或作用的总和，它不仅包括各种自然因素的组合，还包括人类与自然因素间相互形成的生态关系的组合。

（二）HSE 管理体系关键要素

HSE 管理体系包含 7 个关键要素：领导和承诺，方针和战略目标，组织机构、资源和文件，评价和风险管理，规划（策划），实施和监测，评审和审核。

1. 领导和承诺

领导和承诺是 HSE 管理体系的核心，其中承诺是 HSE 管理的基本要求和动力，自上而下的承诺和企业文化的培育是 HSE 体系成功实施的基础。

2. 方针和战略目标

方针和战略目标是对 HSE 管理的意向和原则的公开声明，体现了组织对 HSE 的共同意图、行动原则和追求。

3. 组织机构、资源和文件

良好的 HSE 表现所需的人员组织、资源和文件是体系实施和不断改进的支持条件。这一部分虽然也参与循环，但通常具有相对的稳定性，是做好 HSE 工作必不可少的重要条件，通常由高层管理者或相关管理人员制定和决定。

4. 评价和风险管理

评价和风险管理是对 HSE 关键活动、过程和设施的风险的确定和评价，及风险控制措施的制定。

5. 规划（策划）

规划（策划）是指具体的 HSE 行动计划，包括了计划变更和应急反应计划。

6. 实施和监测

实施和监测是对 HSE 责任和活动的实施和监测，及必要时所采取的纠正措施。

7. 评审和审核

评审和审核是对体系、过程、程序的表现、效果及适应性的定期评价。

（三）HSE 管理体系指导原则

1. 第一责任人的原则

随着生命和健康成为保障人权的重要内涵，HSE 管理体系在现代管理中的地位越来越突出，已成为国际石油石化工业发展战略之一。HSE 管理体系，强调最高管理者的承诺和责任，企业的最高管理者是 HSE 的第一责任者，对 HSE 应有形成文件的承诺，并确保这些承诺转变为人、财、物等资源的支持。各级企业管理者通过本岗位的 HSE 表率，树立行为榜样，不断强化和奖励正确的 HSE 行为。

2. 全员参与的原则

HSE 管理体系立足于全员参与，突出"以人为本"的思想。体系规定了各级组织和人员的 HSE 职责，强调集团公司内的各级组织和全体员工必须落实 HSE 职责。公司的每位员工，无论身处何处，都有责任把HSE事务做好，并过审查考核，不断提高公司的HSE业绩。

3. 重在预防的原则

在集团公司的HSE管理体系中，风险评价和隐患治理、承包商和供应商管理、装置（设施）设计和建设、运行和维修、变更管理和应急管理这5个要素，着眼点在于预防事故的发生，并特别强调了企业的高层管理者对HSE必须从设计抓起，认真落实设计部门高层管理者的HSE责任。初步设计的安全环保篇要有HSE相关部门的会签批复，设计施工图纸应有HSE相关部门审查批准签章，强调了设计人员要具备HSE的相应资格。风险评价是一个不间断的过程，是所有HSE要素的基础。

4. 以人为本的原则

HSE管理体系强调了公司所有的生产经营活动都必须满足HSE管理的各项要求，突出了人的行为对集团公司的事业成功至关重要，建立培训系统并对人员技能及其能力进行评价，以保证HSE水平的提高。

十一、安全消防管理制度

[ZAB011 安全消防管理制度]

（1）认真贯彻执行国家有关安全防火法规、牢固树立"安全第一、预防为主"的思想，建立单位安全防火领导组织机构和主要领导人负责制。

（2）开展安全防火知识宣传普及工作，坚持定期组织安全生产学习，增强职工安全防火意识，提高执行安全法规和制度的自觉性，培养对消防器材的使用和安全防火救护基本常识的掌握应用。

（3）设立安全防火岗位和人员，制订安全防火岗位责任制、火源、电源管理制度、值班巡逻制度、门卫管理制度、安全检查制度和各项安全操作规程，仓库内重要消防部位和出入口设立醒目安全防火标记。

（4）加强"三标"班组建设，严格执行标准化岗位、标准化现场、标准化班组的要求，确保生产过程中人力、机具、物资安全。

（5）严格按安全生产规定和《物资技术保管规程》要求指挥生产和进行作业，严禁违章操作，确保安全生产。

（6）加强火源、电源管理，库区内严禁吸烟，严格按有关规定用火用电。配备符合规定的消防设施和器材，实行"三定（定人、定位、定期检查）"，保证所有消防用具处于良好状态。

（7）定期组织仓库安全防火检查，特别加强对重点防火部位的检查，做好检查记录，及时发现和消除火险隐患，防止事故发生。

模块三　物资接运、计量及保管资料

项目一　物资接运知识

> CAC003 办理物资的接运任务
> GAC001 接运人员应熟悉的接运要求

一、物资接运的任务及重要性

物资接运工作是物资仓储业务管理的第一道工序，其主要任务是根据承运部门提供的货运清单及时、准确地向承运部门接取到货物资，并办清交接手续，为仓库验收工作做好准备。

物资接运工作是仓库承担保管责任的开始。接运工作的好坏直接影响着物资的验收质量与速度。同时也影响着后期的保管保养。在物资接运过程中，要求接运人员必须认真进行检查，分清责任，避免将物资在运输中或运输前就已发生的差错带入仓库，从而造成验收及保管工作中的困难和责任不清。

由于接运人员直接与承运部门接触，所以要做好接运工作，接运人员必须了解和熟悉铁路、公路、水运、航空及邮政运输部门的有关规定和要求。如发货人与承运部门的交接关系及责任，承运部门与收货人的交接及责任，运输部门在运输过程中应负的责任，以及运输部门的索赔手续和必要的证件等。承运部门在运输过程中造成的物资数量短缺及质量残损，应向承运部门办理索赔手续。

二、物资接运的方式

> CAC001 接运的方式
> ZAC001 专用线接货要求

物资接运的方式一般有到承运部门提货、专用线接货、到供货单位提货、供货单位送货和承运部门送货到库五种。

（一）到承运部门提货

承运部门包括铁路车站、民航机场、水运码头及邮局等。

到承运部门提货前要做好准备工作。如了解所提物资的名称、规格、单件重量、外形尺寸、特性和装卸搬运注意事项等，以便准备好装卸工具，组织装卸人员，按时到达指定地点提货。

1. 到站（港）提货

提货时应根据货物运单及有关资料详细核对物资的品名、规格、型号、数量（件数），要注意物资的外观检查，如包装封印完好情况，有无沾污、受潮、水渍、油渍、损坏等。发现问题应当场要求车站（港口）共同查验。属铁路（水运）部门责任，应由车站（港口）出具商务记录。记录内容与实际情况相符后方可提货。

2. 到民航机场提货

通过空运的物资一般都是企业急需的重要物资，因此必须及时提取。提货时，根据到货通知单详细核对物资的品名、规格、数量（件数），并做好外观检查，发现问题应要求场方当场查验，如属民航部门的责任应取得有关签证，作为索赔依据。

3. 到邮局提货

当接到邮局寄来的取货通知单后应及时提取，否则超过保管期限将加收超期保管费。根据到货情况，合理配置车辆及装卸人员。携带必要的凭证及有关证明。取货时应当场核对包装是否完好，对包装有破损的应要求经办人当场查验，发现短少、损坏应取得签证，以便办理索赔手续。

在接运回库途中，应注意在途物资的安全，严防乱装、混号、碰损、丢失等。物资到库后，提货员应与保管员密切配合，保证安全作业，防止因卸车操作不当而造成物资变形、破损、散包等。对特殊性物资（如危险品等）必须有相应的安全保证措施。

（二）专用线接货

专用线接货是指铁路运输或水路运输部门按托运单位指定的收货人，将物资用火车或船舶直接运送到收货单位自备的铁路专用线或专用码头。由收货人在此收货并办理交接手续。

1. 铁路专用线接货

铁路专用线接货一般为大宗物资。当仓库接到到货通知后，应做好接车准备工作，根据到货物资的品名、数量确定卸车位置，要力求缩短装卸搬运作业距离。准备好卸车的人力、机具等。当车进入专用线后，接运人员按照确定的货位引车就位，根据运单及有关凭证对到专用线物资进行到货检查，其内容包括：车皮的封闭是否完好，车卡、车窗、铅封、苫盖有无异状；品名、规格、数量是否相符，物资包装是否完好，有无变形、损坏、受潮等。只要靠直观能够检查的内容都要在卸车前进行。发现问题，应请铁路部门派人员复查，以便划清责任，并取得相应记录，办清交接手续后方可组织卸车。

2. 码头接货

由于水路承运部门分为港口（港方）和航运（船方）两大部门，因此，物资交接对象也就分为港方和船方两个方面。

一种是只与港方交接，而港方与船方交接。这种形式接运的物资一般是零担货物，也可是整船接运，接运员与港方交接是按运单核对实物。货运票据的交接有：货物运单、货运记录、普通记录、货物交接清单、卸船记录、运输事故查询书等。另一种是只与船方交接，这种交接形式是本企业自备船（包括租用船），其交接方式是整船接运。

专用线接货其时点性较强，卸车（船）应在规定的时间内完成，不可压车、压线、压船、压舱位。卸车（船）时要注意为物资验收和入库创造便利条件。要分清车（船）号、物资的品名、规格，不混不乱，不碰伤和压伤物资，不得拆打原包装。物资卸完后应及时向保管员办理交接手续，最迟不得超过 24h。

（三）到供货单位提货

到供货单位提货时，应将这种提货与物资的初验结合起来同时进行。仓库应根据所提物资的性能、规格、数量，派出提货人员，必要时可派保管员或验收人员同去提货。在供货单位对物资进行质量检查，对数量进行点件或检尺过磅，并做好验收记录，双方签字认可后，连同有关技术资料一同接收回库。

（四）供货单位送货

供货单位根据合同或协议规定送货到库时，由验收人员或保管员直接与送货人办理交接手续。根据送货明细表及合同，核对物资的品名、规格、数量，并对物资的外观质量进行初验。若发现有短缺、损坏、受潮、变形、变质等情况时，应与送货人一同核实，做好记录，由送货人签字或盖章认可。

（五）承运部门送货到库

承运部门送货到库这种送货方式是供货单位委托交通运输部门送货到库，而供货单位不派人随往。其交接方法与供货单位送货到库相同，但交接手续应严细认真。发现短缺、损坏及其他问题时应做好记录，由送货人签字或盖章认可，及时办理查询、索赔手续。

三、接运过程中责任的划分

物资到库后，是仓储业务管理的开始，与运输部门办清交接手续至关重要，以便明确供货单位、运输部门及本单位的责任。

> ZAC003 接运过程中责任划分

（一）责任划分

（1）由供货单位组织装车（船）的物资，封印完整而物资发生丢失、短少、损坏、变质、污染等，除能证明属运输部门责任外，由供货单位负责；封印脱落、损坏、物资发生丢失、短少、损坏、变质、污染等，除能证明属于供货单位责任外，由运输部门负责。

（2）由发站（港）运输部门装车（船）的物资，仓库方应会同到站（港）运输部门拆封。如发现物资丢失、短少、损坏、变质、污染等，除能证明属供货单位或到达仓库方责任外，由运输部门负责。

（3）凭现状（或件数）交接的物资，由供货单位组织装车（船），运输部门按现状（或件数）交接的物资，如发生丢失、短少、损坏、变质、污染等，运输部门接收前由供货单位负责，接收后由运输部门负责；物资到库后，在仓库接收前发生的丢失、短少、损坏、变质、污染等，由运输部门负责，接收后由仓库方负责。但在交接时如无法从外部发现的物资丢失、短少、损坏、变质、污染等，除能证明责任者外，由供货单位负责。

（4）物资到库后发生的丢失、损坏、变质、污染等，保管员签收前由接运部门负责，签收后由保管部门负责。

（二）有关记录的填制

> CAC002 接运记录的填制要求

在交接时，责任已明确，除仓库本身责任外，可要求承运部门出具有关证明文件，主要有普通记录和商务记录两种。

1. 普通记录

普通记录是指责任不属于仓库方，也不属于承运部门时，但需要由承运部门编写出具的书面证明。

当有下列情况之一时，可要求编制普通记录。

（1）整车货物的铅封完好，或蓬布苫盖、捆扎良好的情况下，全部或部分货物有损坏现象，或货物与运单上所记载的品种、件数及质量不符。

（2）发货单位自行派人押运的货物发生短少或损坏。

（3）货物在运输过程中被污染、受潮，或其他损坏且不属于承运部门责任。

2. 商务记录

商务记录是指由于承运部门在承运过程中所发生的货损、货差等事故，其责任属于承运部门时，由承运部门所编制的书面索赔凭证。

当有下列情况之一时，可要求编制商务记录。

（1）货物运单内容与实物不相符。

（2）承运的物资全部或部分丢失、损坏。

四、物资装卸搬运常识

ZAC002 物资装卸搬运的意义、原则

（一）物资装卸、搬运的意义

物资的装卸、搬运是仓储作业的一个重要组成部分。物资的装卸、搬运对于提高储运工作效率、降低储运成本、改善劳动条件，保证储运质量等起着十分重要的作用。装卸、搬运贯穿仓储作业全过程，从物资的接运、验收、堆码、保管、保养、整修加工、备料、包装、直到发运，都伴随着装卸、搬运作业。离开了物资的装卸、搬运，仓储作业的这些环节就无法进行，整个仓储生产就会因此停止。

物资的装卸、搬运还具有重要的经济技术意义，主要表现在以下方面：

1. 装卸、搬运影响仓库物资的质量和数量

进库物资，由于装卸、搬运作业不当，甚至野蛮装卸而造成物资的损坏、变形、散失、破碎、流溢等，致使一些物资部分或全部失去使用价值而报废，甚至影响生产建设工期。

2. 装卸、搬运是仓库快进、快出的关键

有效地装卸、搬运作业能缩短装卸、搬运作业的时间，因而也缩短了收发作业的时间，加速了物资流转。

3. 装卸、搬运影响储运工作的经济效益

合理地组织装卸、搬运，减少中间环节，缩短作业周期，能节约仓储费用，提高储运工作的经济效益。

（二）物资装卸搬运工作的基本原则

为了更好地完成物资装卸、搬运工作，必须遵守以下四项原则：

1. 注意装卸，确保物资质量

在物资的装卸、搬运作业中，应首先坚持质量第一的原则，决不能因装卸、搬运不当而使物资损坏。坚决杜绝野蛮装卸，树立良好的职业道德，严格遵守操作规程，做到品种、规格不混淆，堆码整齐牢固等。

2. 注重提高效率

物资装卸、搬运作业必须注重提高效率，充分发挥现有装卸设备和人员的作用，提高机械设备的利用率和劳动生产率，提高机械化作业水平，缩短物资装卸作业时间，做到快进快出，加速物资流转。

3. 保证安全生产

安全为了生产，生产必须安全。物资装卸、搬运作业经常与机械、物资及各种劳动

工具接触，因此，在装卸、搬运作业中存在着很多不安全因素，必须高度重视安全工作，要为装卸、搬运作业提供安全的环境和劳动保护条件。对任何可能导致不安全的隐患予以根除，防患于未然。

4. 讲究经济效益

物资装卸、搬运作业所占用的设备和人员较多，费用开支较大，对物资仓储单位的经济效益举足轻重，因此，以最少的人力、物力和财力消耗，来完成既定的装卸、搬运任务，也是必须遵守的原则。

（三）物资装卸、搬运的准备

为了更好地完成装卸、搬运任务，提前做好装卸、搬运的准备是十分必要的。装卸、搬运的准备工作有以下几点：

1. 组织人力

根据任务量的大小、货物情况，确定搬运人员，其中要配有一定数量懂业务、了解情况的人员，并指定负责人与现场总指挥取得联系，协调作业。

2. 清理作业现场和线路

物资卸放地点、搬运作业活动所必要的场地和线路、机械作业的运转部位、车辆经过的路线等，事先应安排进行检查，并消除障碍，保证操作安全和方便。

3. 机械及工具的准备

根据货物情况确定使用的机械和工具。机械及工具必须事先检查，保证安全。在规定时间内，机械应进入既定位置、各种工具就绪待用。夜间作业时，需要准备良好的照明设备，并作好电路系统的检查。所有装卸、搬运作业都应注意配置适量的苫垫材料和整修加固包装用的材料。如遇雨、露、冰、雪天气在露天操作时，须在场地通道等处预先做好防滑措施。危险品操作须按其有关规定采用相应的防护措施。

4. 确定搬运线路

装卸、搬运作业往往由若干道工序组成，为能提高装卸、搬运效率，减少重复装卸次数，必须组织好装卸、搬运作业各工序间的衔接，确定合理的搬运线路，尽量达到一次完成作业的要求。

（四）提高装卸、搬运作业效率的途径

提高装卸、搬运效率，应从以下四个方面来考虑：

1. 连续性搬运

连续性搬运是指根据物资具体情况，搬运路线，选用两种以上搬运机械进行搬运，使物资搬运如流水的形式，连续地从一定的起点到一定的终点。

2. 一次性作业

一次性作业是指物资的装卸、检斤、检质、搬运、上垛等工序紧密衔接，在每道工序交替时，做到"不落地"，以减少重复劳动。

3. 短距离搬运

短距离搬运是指物资从站台搬运到库房或料场，从这一库房或料场搬运到另一个库房或料场时，合理选择最近距离的搬运。

4. 单元化搬运

单元化搬运是指将零散的、小包装的物资集装成一个较大的单元，使搬运机械的性

能得以充分利用。一般组成单元化的办法是包装化和托盘化。

（五）装卸、搬运的基本要求

> CAC004 物资装卸搬运设备的基本要求及种类

装卸、搬运的基本要求是：按时、保质、保量地完成装车、卸车、搬运、堆码工作，提高工作效率；保证装卸、搬运中的质量管理；保证物资在操作过程中完好无损，不混不乱，保证人身安全、机械安全；节省人力、物力，降低装卸费用，尽量提高机械化作业水平。

（六）物资装卸、搬运的设备及工具

装卸、搬运设备及工具要根据仓库储存量、周转量、吞吐能力、储存物资的种类、物资的性能以及库区本身场地条件等因素选择和配置。同时，由于装卸、搬运作业直接受物资流转不均衡的影响，导致装卸搬运作业忙闲不均。因此，在配置装卸、搬运设备时，还要考虑装卸作业可能出现的高峰量。

按照作业内容的不同，装卸、搬运设备分为起重设备、搬运设备以及作业辅助工具。

1. 起重设备

起重设备包括门式起重机、桥式起重机、履带式起重机、汽车起重机、巷道式堆垛起重机及塔式起重机等。

1）门式起重机

门式起重机也称"龙门起重机""龙门吊"等。门式起重机起重量大、作业效率高、稳定性能好、便于操作和维修，是装卸长、大、笨重货物的理想机械。主要用于货物装卸钢材、木材、大型设备、集装箱等。

2）桥式起重机

桥式起重机俗称"桥吊""天车"等。主要用于大型仓库库房内的装卸作业。由于有其独特的作业特点，库房内可不留车辆通道，使库容利用率大大提高，可达90%以上。

3）履带式起重机

履带式起重机俗称"履带吊"。这种起重机靠走行支撑轮在无端的履带上滚动运行。因此，能在不良的路面上作业，具有良好的爬坡能力和通过性能，稳定性好，作业时不使用支腿，一般能在其额定起重量75%的条件下负载行驶。这种机械自重大，运行速度慢，履带在行驶和转向过程中容易破坏路面，在使用上受到一定限制，多用于条件较差的路面及料场。

4）汽车起重机

汽车起重机俗称"汽车吊"。其行驶速度一般为40km/h，有的可达80km/h以上，机动性能好，是理想的流动装卸设备。汽车起重机起重量大，但作业时需要放下支腿，不能带负荷行走。

5）巷道式堆垛起重机

巷道式堆垛起重机也称巷道堆垛机。是一种框架结构，在主体仓库货架巷道内进行搬运堆垛货物的机械。其起重量一般在2t以下，起升高度多为10~25m。巷道式堆垛起重机自重较小，作业范围大，节省仓库工程造价，能较充分地利用库房容积，便于实现自动化，但起重量较小。

6）塔式起重机

塔式起重机也称塔吊。塔式起重机是是港口常用的起重设备，主要用于装卸船舶、

如钢材、木材、集装箱等，如将吊钩换成铲斗，则可装卸散装物资，如砂、河流石、煤等。

2．搬运设备

搬运设备包括叉车、载重汽车、平板拖车、抓管机、装载机、气力输送设备等。

1）叉车

叉车也称"叉式装载机"。叉车按驱动动力的不同可分为内燃机和电瓶式两种，内燃机叉车的动力是内燃机，它的起重吨位大，电瓶式叉车的动力是蓄电池（也称电瓶）起重吨位小。叉车机动性能好，最高时速可达48km/h，具有起重和搬运两种功能，是仓储作业通用性较强的机械设备。

2）载重汽车

载重汽车俗称"卡车"，是运送物资的主要工具。

3）平板拖车

平板拖车是一种大型的载重汽车，其载重量可达20t以上、主要用于大型货物的转移。

4）抓管机

抓管机是一种具有举升机构、液压系统和可活动的颚板搬运设备。其颚板可自由闭合和张开，用以抓取货物。主要用于抓取木材、钢材等。具有使用方便、灵活、效率高等特点，其缺点是在作业中如使用不当，可造成被抓取物的弯曲、损坏等，石油企业中主要用于搬运钢、管材。

5）装载机

装载机主要用于散装物资的装载，如砂、石、灰、土等。装载机结构紧凑、机动灵活、工作平稳，广泛用于物资仓库、码头、矿山的建筑工地。

6）气力输送设备

气力输送设备是利用压缩空气，通过管道将粉状或颗粒状的散装物资做短距离输送。主要用于散装水泥的输送，将散装水泥从专用车、船上直接输送到散装桶仓，或从散装桶仓直接输送到专用汽车内。气力输送设备具有装卸迅速、费用低、损耗少，效率高的特点。

> ZAC007 航空货物的国内运输规则

3．装卸、搬运作业辅助工具

为快速、安全地完成装卸、搬运作业任务，还应合理地配置与起重、搬运设备配套使用的必要的辅助工具。装卸、搬运作业辅助工具包括索具、工具等。

1）索具

索具主要有钢丝绳、夹具、卡具、网兜等。

2）工具

工具主要有撬杠、千斤顶、倒链、滚杠、断线钳、托盘以及起重用的垫木等。

五、航空货物的国内运输规则

（1）货物包装应当保证货物在运输过程中不致损坏、散失、渗漏，不致损坏和污染飞机设备或者其他物品。货物包装内不准夹带禁止运输或者限制运输的物品、危险品、贵重物品、保密文件和资料等。

（2）货物重量按毛重计算，计量单位为kg。重量不足1kg的尾数四舍五入。每张航空货运单的货物重量不足 1kg 时，按 1kg 计算。贵重物品按实际毛重计算，计算单位为 0.1kg。

（3）非宽体飞机载运的货物，每件货物重量一般不超过 80kg，体积一般不超过 40cm×60cm×100cm。宽体飞机载运的货物，每件货物重量一般不超过 250kg，体积一般不超过 100cm×100cm×140cm。超过以上重量和体积的货物，承运人可依据机型及出发地和目的地机场的装卸设备条件，确定可收运货物的最大重量和体积。

（4）每件货物的长、宽、高之和不得小于 40cm。

（5）每公斤货物体积超过 6000cm³ 的，为轻泡货物。轻泡货物以每 6000cm³ 折合 1kg 计重。

（6）托运人托运的货物，毛重每公斤价值在人民币 20 元以上的，可办理货物声明价值，按规定交纳声明价值附加费。每张货运单的声明价值一般不超过人民币 50 万元。已办理托运手续的货物要求变更时，声明价值附加费不退。

六、水路危险货物的运输规则

为加强水路危险货物运输管理，保障运输安全，防止事故发生，适应国民经济的发展，根据国家有关法律、法规，制定水路危险货物运输规则。在中华人民共和国境内从事危险货物的船舶运输、港口装卸、储存等业务，除国际航线运输（包括港口装卸）、军运、散装危险货物另有规定外，均适用本规则。

（1）凡具有爆炸、易燃、毒害、腐蚀、放射性等特性，在运输、装卸和储存过程中，容易造成人身伤亡和财产毁损而需要特别防护的货物，均属危险货物。装卸易燃、易爆危险货物，距装卸地点 50m 范围内为禁火区。

（2）根据国家标准《危险货物分类和品名编号》（GB 6944—2012）将危险货物划分为九类。

（3）水路运输危险货物有关托运人、承运人、作业委托人、港口经营人以及其他各有关单位和人员，应严格执行本规则的各项规定。

七、国内水路、陆路货物运输保险条款的内容

保险是为了货物在水路、铁路、公路和联运运输中，因遭受保险责任范围内的自然灾害或意外事故所造成的损失能够得到经济补偿，并加强货物的安全防损工作，以利于商品生产和商品流通。

运输保险分为基本险和综合险两种。保险货物遭受损失时，保险人按承保险别的责任范围负赔偿责任。

（一）保险的分类

1. 基本险

（1）因火灾、爆炸、雷电、冰雹、暴风、暴雨、洪水、地震、海啸、地陷、崖崩、滑坡、泥石流所造成的损失。

（2）由于运输工具发生碰撞、搁浅、触礁、倾覆、沉没、出轨或隧道、码头坍塌所造成的损失。

（3）在装货、卸货或转载时因遭受不属于包装质量不善或装卸人员违反操作规程所造成的损失。

(4)按国家规定或一般惯例应分摊的共同海损的费用。

(5)在发生上述灾害、事故时,因纷乱而造成货物的散失及因施救或保护货物所支付的直接合理的费用。

2.综合险

综合险保险除包括基本险责任外,保险人还负责赔偿:

(1)因受振动、碰撞、挤压而造成货物破碎、弯曲、凹瘪、折断、开裂或包装破裂致使货物散失的损失。

(2)液体货物因受振动、碰撞或挤压致使所用容器(包括封口)损坏而渗漏的损失,或用液体保藏的货物因液体渗漏而造成保藏货物腐烂变质的损失。

(3)符合安全运输规定而遭受雨淋所致的损失及遭受盗窃的损失。

(二)责任起讫

保险责任自签发保险凭证和保险货物离起运地发货人的最后一个仓库或储运处所时起,至该保险凭证上注明的目的地的收货人在当地的第一个仓库或储存处所时终止。但保险货物运抵目的地后,如果收货人未及时提货,则保险责任的终止期最多延长至以收货人接到《到货通知单》后的15天为限(以邮戳日期为准)。

(三)保险金额

保险价值为货物的实际价值,按货物的实际价值或货物的实际价值加运杂费确定。保险金额由投保人参照保险价值自行确定,并在保险合同中载明。保险金额不得超过保险价值。超过保险价值的,超过部分无效,保险人应当退还相应的保险费。

项目二 计量基础知识

一、计量器具的配备及使用

物资在储运过程中,从物资入库、保管到物资出库,物资的数量计量、质量检验以及规格认可,都需要各种计量器具来完成。

(一)计量器具的配备

物资储运部门应根据实际情况,合理配备计量器具。计量器具的配备应满足本库物资收发存作业的需要和保证仓库安全生产及环境保护的需要。在满足物资管理的前提下,必须经济合理、技术先进,保证使用的准确性、可靠性和安全性。各级仓库应根据全年物资的吞吐量及高峰期的进出库量、物资的运输方式、计量点多少等实际情况进行具体配备。

仓库所配备的计量器具应有专人管理,建立计量器具台账,建立健全计量器具使用管理制度,定期对计量器具进行检定,保证计量器具的示值准确。

GAC002 计量器具的配备要求

(二)计量器具的使用

计量器具的使用应严格执行《中华人民共和国计量法》。任何单位和个人均不得使用无检定合格印、证或超过检定周期以及经检定不合格的计量器具,不得使用残次零配件组装和修理计量器具。

CAC005 计量器具的使用方法

GAC003 计量器具的分类

计量器具的使用还应具备一定的条件：经计量检定合格，具有正常的工作所需要的环境条件，具有称职的保存、维护、使用人员，具有完善的管理制度。

常用的计量器具主要包括衡器和量具。

1. 衡器

衡器泛指除天平以外的各种秤，是专门称量物资质量（重量）的器具。

1）电子轨道衡

电子轨道衡是一种大型的有轨式地衡，用于对行进中的铁路货车进行不停车称重。它是由承重装置、传力机械系统、称量传感器和二次仪表等组成。轨道衡有单台面和双台面之分。单台面用于固体物资的称重，双台面用于液体物资和固体物资的称重，因此双台面成本较高。电子轨道衡一般对以时速 7~10km 匀速通过其台面的整列货车，进行分货车单体称重。通过计算机进行数据处理，自动显示、记录并打印称重结果，但其值是货车的毛重减去车皮自重后即可得出物资净重。主要用于整车大宗物资的计量。

电子轨道衡在使用时，列车应匀速通过其台面，禁止在计量过程中加速和减速，以免加大其计量误差。

2）电子汽车衡

电子汽车衡是一种对行进中的汽车进行不停车称重的电子秤。它是由称重传感器作为变换元件，将被称物资的重量按一定比例关系转换成与其相适应的电信号，用电子仪表进行测量和显示的称重装置。动态电子汽车衡一般对以时速 5~7km 匀速通过其台面的车辆进行不停车称重，通过计算机进行数据处理，自动显示和记录称重结果，并打印称重单。

电子汽车衡在使用时，应经常打扫其台面，将其散落在台面上的杂物清理干净。被称重的车辆应匀速通过，不可在其台面上刹车、起步、加减速等，以保证其称重的准确性。

3）电子吊钩秤

电子吊钩秤是采用高精度称重传感器，集微型计算机、微电子及无线电等技术有机结合的高科技产品。它能与各种吊车配合，在装卸作业的同时，对物资进行称重计量，使装卸、称重及上下垛一次完成。电子吊钩秤具有遥控显示称重结果及打印功能，操作方便、称重迅速、分辨率高，是理想的现代化称重设备。

电子吊钩秤在使用时，起吊货物应平稳，不可起吊过猛，下滑溜放也应平稳，溜放时不可过急刹车，以免损坏吊钩秤，造成称重失误。每次称重结束后，应将吊钩秤从吊车大钩上取下，存放库内保管。

4）地中衡

地中衡也称地磅，是一种大型的机械秤。它安装在地下固定的基坑里，承重台面与地面平齐。其精度一般为 $1/3000 \sim 1/1000$，极限称量一般为 5~30t。

地中衡在使用时，应注意台面的清洁，及时清理散落在台面上的落物。被称重车辆驶入台面前应先行减速，不可在台面上急刹车，在台面上起步应平稳，以免损坏其机械系统。

5）台秤

台秤也称磅秤，包括机械台秤和电子台秤。台秤是根据杠杆原理制造的，由安装机构、杠杆系统、承重装置和读数装置所组成的可移动的机械秤。

台秤是常用的衡器，在使用时应先检查四角着实，校准台秤，不允许利用两台秤"搭接"进行称重检斤。

6）案秤

案秤是在柜台或案板上使用的小型机械秤，其结构紧凑、体积小、重量轻、便于移动。

案秤的使用注意事项参照台秤。

2. 量具

量具是以固定形式复现量值长度的计量器具。

ZAC011 常用的量具

1）直尺

直尺也称钢板尺，有 150mm、300mm、500mm、1000mm 等。直尺在使用时应注意不要使其尺面与硬质物品相互摩擦，也不能使尺的起始端面与硬质物品碰撞，以免损坏而造成刻度不清或量数不准。使用完后应擦试干净，挂起保管，不应直立于地上，以免造成弯曲或损坏。

2）钢卷尺

钢卷尺是常用的计量器具之一，具有携带方便的特点。主要用于金属材料和木材的检尺计量。钢卷尺的最小计量单位是 mm。

钢卷尺使用时应注意拉紧，不可下垂，以免造成检尺误差大。使用中不要在地上拖拉，以免损坏。使用完后应擦拭干净并用油纸棉纱再擦拭一遍后再卷起，以防锈蚀。

3）游标卡尺

游标卡尺是高精度的测量器具，多用于规格鉴别时测量。

游标卡尺在使用时应小心操作，避免因使用不当造成损坏，在使用后擦拭干净，并用油纸软布再擦拭一遍，以防锈蚀，然后装入盒内保管。常用游标卡尺（即不带表卡尺）的精度分为 0.1mm、0.02mm、0.05mm 三种。

（1）游标卡尺的结构如图 1-3-1 所示。

ZAC012 游标卡尺的使用方法

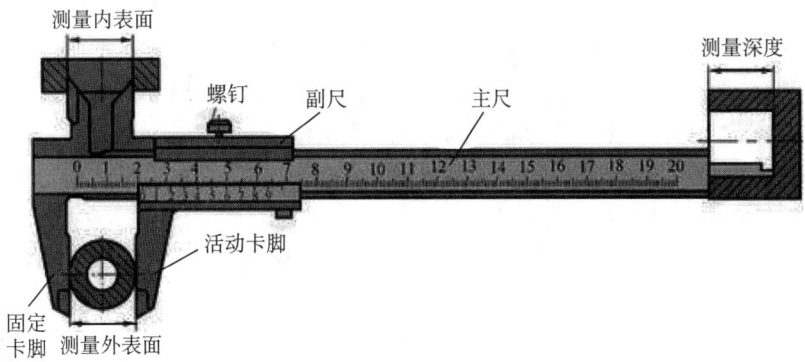

图 1-3-1　游标卡尺的结构

（2）游标卡尺的使用说明。

①清洁。

用软布将量爪擦干净。

②校零。

使量爪并拢，查看游标和主尺的零刻度线是否对齐。

③测量。

测量时，身体正对被测物，两眼平视。游标卡尺量爪与待测物垂直，右手拿住尺身，大拇指移动游标，左手拿待测外径（或内径）的物体，使待测物位于外测量爪之间，当待测物与量爪紧紧相贴时，即可读数，如图1-3-2所示。

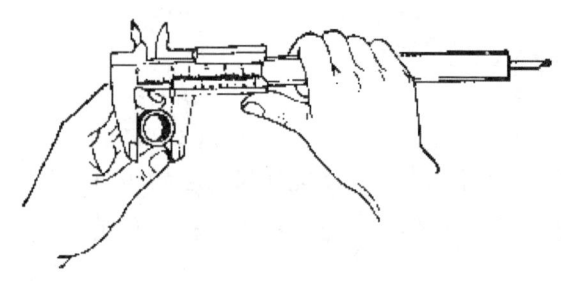

图1-3-2 测量示意图

④读数。

读数时，首先读出游标尺主尺的尺寸整数部分（即与游标尺上的0刻度线对应位置最近的主尺上的那个刻度的读数）；其次在附尺上找到与主尺刻度线对齐的刻度线，读出附尺尺寸的小数部分；整数与小数之和即是零件的尺寸。

⑤存放。

游标尺使用完毕，擦拭干净，收拢量爪，小心放入专用盒内，存放在干燥的地方。

4）内外径千分尺

内外径千分尺是高精度量具，主要用于精度及高光洁度尺寸规格的鉴别测量。

使用时应先用标准杆校对其准确度，使用中操作应平稳，不可扭力过大，用后擦拭干净，装入盒内妥善保管。

<u>CAC010 电子计算器的使用方法</u>

5）电子计算器

电子计算器和计算机类似，有一个存储器用于存储数据。普通电子计算器的一些常用功能就是用来加减乘除，快速计算结果。电子计算器的功能较多，其操作随其功能的增加而更加复杂。下面介绍一些功能键的作用及使用方法：

（1）ON 是电子计算器的开通电源键，按下该键表示上电或清除寄存器中的数值。

（2）AC 是清除全部数据结果和运算符，简称全清键。

（3）M+ 是存储加键，是把目前显示的值放在存储器中，计算结果并加上已经存储的数。

（4）M− 是存储减键，是从存储器内容中减去当前显示值，计算结果并用已储存的数字减去目前的结果，如存储器中没有数字，按 M− 则存入负的显示屏数字。

（5）MR 是存储数据显示键，按下此键将调用存储器内容，表示把存储器中的数值显示到屏幕，作为当前数值参与运算。

（6）MC 按下时清除存储器内容（屏幕"M"标志消除）。

（7）CE 是置数清除键，在数字输入期间按下此键将清除输入寄存器中的值并显示"0"，可重新输入。

二、法定计量单位的使用及换算

法定计量单位是由国家以法令形式规定允许使用的计量单位,由国务院公布,在全国范围内使用。《中华人民共和国计量法》明确规定,我国采用国际单位制计量单位和国家选定的其他计量单位,为国家法定计量单位。

在物资接运、验收、保管以及发放过程中,物资保管人员必须采用法定计量单位。

(一)法定计量单位的使用

我国的法定计量单位(以下简称法定单位)包括:

(1)国际单位制的基本单位(表1-3-1)。
(2)国际单位制的辅助单位(表1-3-2)。
(3)国际单位制中具有专门名称的导出单位(表1-3-3)。
(4)国家选定的非国际单位制单位(表1-3-4)。
(5)由以上单位所构成的组合形式的单位。

CAC006 法定计量单位的符号

表1-3-1 国际单位制的基本单位

量的名称	单位名称	单位符号
长度	米	m
质量	千克(公斤)	kg
时间	秒	s
电流	安[培]	A
热力学温度	开[尔文]	K
物质的量	摩[尔]	mol
发光强度	坎[德拉]	cd

表1-3-2 国际单位制的辅助单位

量的名称	单位名称	单位符号
[平面]角	弧度	rad
立体角	球面度	sr

表1-3-3 国际单位制中具有专门名称的导出单位

量的名称	量的名称	单位符号	其他表示式
频率	赫[兹]	Hz	s^{-1}
力	牛[顿]	N	$kg \cdot m/s^2$
压力,压强;应力	帕[斯卡]	Pa	N/m^2
能[量];功;热量	焦[耳]	J	$N \cdot m$
功率;辐[射能]通量	瓦[特]	W	J/s
电荷[量]	库[仑]	C	$A \cdot s$
电位;电压;电动势	伏[特]	V	W/A
电容	法[拉]	F	C/V

续表

量的名称	量的名称	单位符号	其他表示式
电阻	欧［姆］	Ω	V/A
磁通［量］	韦［伯］	Wb	V·s
磁通［量］密度，磁感应强度	特［斯拉］	T	Wb/m²
电感	亨［利］	H	Wb/A
摄氏温度	摄氏度	℃	
光通量	流［明］	lm	cd·sr
［光］照度	勒［克斯］	lx	lm/m²
［放射性］活度	贝可［勒尔］	Bq	S^{-1}
吸收剂量	戈［瑞］	Gy	J/kg
剂量当量	希［沃特］	Sv	J/kg

表1-3-4 国家选定的非国际单位制单位

量的名称	量的名称	单位符号	换算关系及说明
时间	分	min	1min=60s
	［小］时	h	1h=60min=3600s
	日，（天）	d	1d=24h=86400s
［平面］角	［角］秒	″	$1″=(1/60)′=(π/648000)$ rad（π为圆周率）
	［角］分	′	$1′=(1/60)°=(π/10800)$ rad
	度	°	$1°=(π/180)$ rad
旋转速度	转每分	r/min	$1r/min=(1/60) s^{-1}$
长度	海里	n mile	1n mile=1852m（只用于航行）
速度	节	kn	1kn=1n mile/h=（1852/3600）m/s（只用于航行）
质量	吨	t	$1t=10^3 kg$
	原子质量单位	U	$1U≈1.660540×10^{-27}kg$
体积	升	L，（l）	$1L=1dm^3=10^{-3}m^3$
能	电子伏	eV	$1eV≈1.602177×10^{-19}J$
级差	分贝	dB	
线密度	特［克斯］	tex	1tex=1g/km

（二）常用计量单位的换算

CAC007 常用计量单位的换算方法

CAC012 长度的换算

（1）常用的长度单位及换算（表1-3-5）。
（2）常用的质量单位及换算（表1-3-6）。
（3）常用的容量单位及换算（表1-3-7）。
（4）常用的面积单位及换算（表1-3-8）。
（5）常用的体积单位及换算（表1-3-9）。

（6）常用的时间单位及换算（表1-3-10）。

（7）常用的压力单位及换算（表1-3-11）。

（8）常用的功率单位及换算（表1-3-12）。

表1-3-5　常用的长度单位及换算

单位名称	单位符号	与主单位的换算
毫米	mm	1mm=0.001m
厘米	cm	1cm=0.01m
分米	dm	1dm=0.1m
米	m	主单位
千米	km	1km=1000m

表1-3-6　常用的质量单位及换算

单位名称	单位符号	与主单位的换算
毫克	mg	1mg=0.000001kg
克	g	1g=0.001kg
千克	kg	主单位
吨	t	1t=1000kg

表1-3-7　常用的容量单位及换算

单位名称	单位符号	与主单位的换算
毫升	mL	1mL=0.001L
升	L	主单位
立方米	m^3	$1m^3$=1000L

表1-3-8　常用的面积单位及换算

单位名称	单位符号	与主单位的换算
平方毫米	mm^2	$1mm^2$=0.000001m^2
平方厘米	cm^2	$1cm^2$=0.0001m^2
平方分米	dm^2	$1dm^2$=0.01m^2
平方米	m^2	主单位
平方千米	km^2	$1km^2$=1000000m^2

CAC013 面积的换算

表1-3-9　常用的体积单位及换算

单位名称	单位符号	与主单位的换算
立方毫米	mm^3	$1mm^3$=0.000000001m^3
立方厘米	cm^3	$1cm^3$=0.000001m^3
立方分米	dm^3	$1dm^3$=0.001m^3
立方米	m^3	主单位

CAC014 体积的换算

表1-3-10 常用的时间单位及换算

单位名称	单位符号	与主单位的换算
天（日）	d	1d=86400s
（小）时	h	1h=3600s
分	min	1min=60s
秒	s	主单位

表1-3-11 常用的压力单位及换算

单位名称	单位符号	与主单位的换算
兆帕	MPa	1MPa=1000000Pa
千帕	kPa	1kPa=1000Pa
帕斯卡	Pa	主单位

表1-3-12 常用的功率单位及换算

单位名称	单位符号	与主单位的换算
兆瓦	MW	1MW=1000000W
千瓦	kW	1kW=1000W
瓦	W	主单位
毫瓦	mW	1mW=0.001W

三、有关计量基准器具的规定

（一）计量基准器具的使用条件

> CAC011 计量器具的规定

计量基准器具的使用必须具备下列条件：

（1）必须按照国家计量检定系统表进行。

（2）具有正常工作所需要的环境条件。

（3）具有称职的保存、维护、使用人员。

（4）具有完善的管理制度。

符合上述条件的，经国务院计量行政部门审批并颁发计量基准证书后，方可使用。

非经国务院计量行政部门批准，任何单位和个人不得拆卸、改装计量基准器具，或者自行中断其计量检定工作。

（二）计量基准器具的量值应当与国际上的量值保持一致

国务院计量行政部门有权废除技术水平落后或者工作状况不适应需要的计量基准器具。并负责建立各种计量基准器具，作为统一全国量值的最高依据。

（三）计量检定的规定

> ZAC010 计量检定的规定

（1）使用实行强制检定的计量标准的单位和个人，应当向主持考核该项计量标准的有关人民政府计量行政部门申请周期检定。

（2）使用实行强制检定的工作计量器具的单位和个人，应当向当地县（市）级人民政府计量行政部门指定的计量检定机构申请周期检定；当地不能检定的，向上一级人民政府计量行政部门指定的计量检定机构申请周期检定。

（3）企业、事业单位应当配备与生产、科研、经营管理相适应的计量检测设施，制定具体的检定管理办法和规章制度，规定本单位管理的计量器具明细目录及相应的检定周期，保证使用的非强制检定的计量器具定期检定。

（4）计量检定工作应当符合经济合理、就地就近的原则，不受行政区划和部门管辖的限制。

项目三　保管仓储资料

一、物资保管基础资料的作用、内容及管理要求

物资保管基础资料是指从物资的接运、验收、保管保养一直到出库的整个仓储作业过程中所建立的各种原始记录、单据、凭证、账册、报表等。

> CAC008 物资保管基础资料的内容

（一）物资保管基础资料的作用

物资保管基础资料是物资保管部门在物资仓储过程中各项活动情况的综合记载，是物资统计、财务核算、综合分析、信息处理的依据，是一项最基本的基础工作。因此，加强对物资保管基础资料的管理，对于进一步提高物资管理水平，有秩序地进行仓储管理活动，减少物资损失，避免收发差错，不断提高经济效益起着重要的促进作用。

（二）物资保管基础资料的内容

（1）物资出入库凭证。主要有物资入库验收单、调拨单、退料单等。

（2）用于收、管、发中的问题处理凭证。主要有库存物资规格调整单、事故报告单、库存物资盈亏申请表、物资储（运）损耗单、报废单等。

（3）用于信息传递单据。主要有物资查询单、不能验收报告单等。

（4）反映库存情况的资料。主要有物资明细账、物资盘点清册等。

> ZAC006 物资保管基础资料的保管要求及作用

（三）物资保管基础资料的管理要求

（1）各种资料应按月装订成册。当年的资料可在资料形成单位或使用单位保管，跨年资料应移送档案室统一管理，以便随时查阅。

（2）各种入档资料应按其资料的性质，分别建立档案号，如物资明细账、收发料单等。

（3）入档的资料应按时间顺序进行管理。以便随时查阅。

（4）建立健全档案管理制度，做到入档有记录，借阅有登记。

（5）各种资料按规定期限保存，一般最短不低于3年，最长不超过10年。超过保存期限的资料可统一进行销毁。销毁时应有销毁记录，销毁记录包括销毁资料的名称、数量、档案号及销毁时间、地点、销毁人和批准人等。

（6）归档资料按保密级别进行管理。

二、物资保管资料的填制

> GAC004 填制各种物资保管基础资料的方法

（一）物资到货记录

到货记录是到火车站、码头、航空机场、邮局以及供货单位提回货后保管方对到货

情况进行综合记载的原始记录，是物资验收入库的凭证之一。由接货人依据到货物资本体及包装情况，按照到货记录规定的格式进行填写，并由接收人签字认可。

（二）磅（尺）码单

磅（尺）码单是物资验收入库过程中，对物资采取检尺、换算等方式计量得出的数据的真实记载，是物资验收的基础资料。

（三）验收记录

验收记录是物资验收入库时，对物资数量验收、质量检验等验收活动的综合记载。验收记录可作为索赔依据和入库凭证。

（四）巡回检查记录

巡回检查记录是对仓库实施日常安全检查的记录，目的是确保及时发现仓库的安全隐患并能及时记录和处理。

仓库应派专人根据实际情况绘制巡回检查路线，并根据巡回检查路线每天班前、班后各进行一次安全隐患排查，并填写记录。

巡回检查记录的主要内容包括：检查时间、检查项目、检查情况、发现问题、处理结果、检查人等。

（五）物资入库验收单

物资入库验收单是入库记账的凭证，也是财务部门冲减在途资金及报销的依据。验收单由保管员填写，按照验收单的格式内容将物资名称规格、计量单位、计划单价、验收数量以及验收制单日期填写齐全，并由相关保管人员签字或盖章。物资入库验收单记入物资明细账的收入栏，结存栏增加。

物资入库验收单有两种形式，一种是由计划员根据供货单位寄达的承付托收及质量证明书等有关资料填写物资入库通知单，随有关资料交给仓库保管工，由仓库保管工将实物验收情况填入物资入库验收单；另一种是当物资及有关资料已到库，且具备验收条件，经仓库保管工对实物验收填写后，即意味着该批物资已经验收合格，可以正式入库保管，同时也标明采购、接运、验收工作的结束，保管工作的开始。

（六）物资冲销单

当物资已验收入账后，由于多收或其他原因需将物资退回供货单位时，用物资冲销单予以除账。物资冲销单用物资入库单代替，记账时用红笔将冲销的数量、金额记入物资明细账的收入栏，结存栏数量、金额减少。账面摘要栏记供货单位名称。

[ZAC005 物资的账务处理]

（七）物资明细账

物资明细账是反映库存动态情况，详细记载物资收、发、存的明细台账，是统计报表和对账的基础。物资明细账上的货位号（即四号定位）应用铅笔填写。

物资的明细账处理要求如下：

1. 物资明细账的建立

建立物资明细账应符合以下要求：

（1）认真填写名称规格型号、计量单位、单价以及物资代码等内容。

（2）将前三年的收发数量填在账面上的动态表中。

（3）上年结转时间为1月1日，结转数量金额准确，并加盖上年结转章和稽核章。

（4）账页应按物资大类的顺序排列装订，账前应有目录和本账的收发存汇总表，每大类的第一本账前应设有大类收发存总汇总表，每本账封皮应标明大类号及账本号。

2. 记账

记账应坚持日清月结制度。正常记账应用蓝或黑墨水笔填写，要求账面整洁，字迹清楚端正。记账要以正式凭证为依据。

记错账时，正确的改正方式是在记错的数字及写错的文字上用红笔划一道横线，由记账人盖章，再用蓝笔在错处上方写上正确的数字或文字。各月份在当月的截止时间最后一天进行结账，在本月所记最后一笔账的下格作为月计栏，将当月的收发存数量金额记入月计栏内，在摘要栏加盖"月计"章，同时沿月计栏的下线从摘要栏到结存栏用红笔划一道红线，称为月结线。

当账页用完后，应续接新账页，并进行结转。结转时应在前账页的最后一栏和新账页的第一栏的摘要栏分别加盖"过次页"和"承前页"章，并将本月初至结转时的收、发、存数量和金额记入过次页和承前页栏内。

3. 账面上出现红字时与各栏之间的关系

当凭退料单、冲销单、运损单以及应列栏金额小于原列栏金额（差额栏内出现"–"号）的收、发差价调整单记账时，账面将出现红字。

1）收入栏的红字

（1）冲销单的数量、金额用红笔记在收入栏内，结存栏减少。

（2）运损单及收料计量"–"差核销单的数量、金额用红笔记在收入栏内，结存栏减少。

（3）应列栏金额小于原列栏金额（差额栏内出现"–"号）的收料价差调整单，其金额用红笔记在收入栏内，结存栏金额减少。

2）发出栏的红字

（1）退料单的数量、金额用红笔记在发出栏内，结存栏增加。

（2）应列栏金额小于原列栏金额（差额栏出现"–"号）的发料价差调整单，用红笔记在发出栏内，结存栏金额增加。

3）结存栏的红字

（1）实存比账存数量多，库存盘盈没有及时处理，还继续出库，且发料单继续记账，使结存栏出现红字。避免这种情况的措施是：经常进行盘点，确认的盈亏应及时得以处理。

（2）由于物资大批量到货，还没验收入账，就凭发料单出库，且发料单继续记账，使结存栏出现红字。避免这种情况的措施是：对大批量到货应组织力量集中验收入账，或随发随验，以发待收，发出一批，验收进账一批。

（3）发料单记错金额，其金额多于账面结存金额时，且发料单已记账，避免这种情况的措施是：及时稽核，避免差错。

（八）物资出库单

物资出库单又称发料单，保管工依据业务部门的调拨通知或用料单位的用料计划进行发货并填制物资出库单。也可将调拨通知和物资出库单合并为物资调拨单，即业务部门填制调拨物资的名称及规格型号、数量、单价，保管工填实发数量、金额。物资出库

GAC005 物资单据的使用方法

单是记物资明细账的凭证,也是财务部门核销的依据。

物资出库单的数量、金额记入物资明细账的发出栏,结存栏数量、金额减少。账面摘要栏记用料单位名称。

(九)物资退料单

当用料单位因工程余料、设计变更等原因需将原领用物资部份或全部退回原发料仓库时使用的一种凭证,以办理退料手续。物资退料单是记物资明细账的凭证,是财务结算的依据。

物资退料单用物资出库单代替,记账时用红笔将退回的数量、金额记入物资明细账的发出栏,结存栏数量、金额增加。账面摘要栏记用料单位名称。

(十)物资临时出库单(物资应急出库单)

物资已经到库因验收条件不具备没有验收而生产又急需的,应以物资临时出库单作为出库凭证。当物资验收后应及时补办正式出库手续。物资临时出库单由业务部门开出,经领导或相关管理部门批准方可生效。物资临时出库单只作为发料凭证,不记账,待补办正式调拨单后再记账。

(十一)调度令

调度令是在特殊紧急情况下(如火灾、抢险等)无法办理出库手续时,作为物资出库的一种临时性凭证,可先发料后补办正式手续。调度令是由生产值班调度开出,由其值班领导签发的。调度令不记账,待补办正式调拨单后方可记账。

(十二)物资盘点清册

物资盘点清册是定期对库存物资进行清查盘点结束后填制的物资明细清单,是物资保管部门和业务部门掌握库存情况,分析库存结构,进行统计汇总的基础资料。

三、问题处理单据的填制

> CAC009 一般问题单据的处理规定

(一)规格调整单

库存物资规格发生混串,在符合规格调整条件的情况下,将库存物资调成保管账与实物相符的一种凭证。

1. 填制

(1)盘亏项填入原列栏,做账面发出。

(2)盘盈项填入应列栏,做账面收入。

(3)差额栏内的金额是两项物资的差额,当应列金额大于原列金额时为"+"号,反之为"-"号。

2. 记账

(1)原列项物资记入发出栏内,结存栏减少;应列项物资记入收入栏内,结存栏增加。

(2)差额栏内的金额不记入账面,摘要栏记"规格调整",用蓝笔记账。

(二)物资运输损耗报告单

物资在运输过程中发生的途耗和损失,凡在规定损耗标准内的,需按运损处理时所使用的凭证。运损单应随验收单一起传递,是财务部门报销或直接摊入采购成本的依据。

填制物资运输损耗报告单时，要根据损耗标准，确定标准损耗数量，再根据损耗情况，确定实际合理损耗数量。

物资运输损耗报告单记账时，应用红笔将数量金额记入账面的收入栏内，结存栏减少。

（三）物资储存合理损耗报告单

库存物资在保管过程中发生的损失，凡在损耗标准规定的范围内，按储存损耗处理时使用的一种凭证。它是记物资明细账和财务核算的依据。

物资储存合理损耗报告单记账时，损耗的数量、金额用蓝（黑）笔记入账面的发出栏，结存栏数量、金额减少，账面摘要栏记"储损"或"储耗"。

（四）收（发）料计量差核销单

在物资收、发过程中，因检斤、检尺计量出现的计量差，凡在规定的计量差标准范围内，按计量差核销的一种凭证。超过计量差标准规定的损耗不得计入计量差之内。

处理收料过程中出现的计量差的单据为收料计量差核销单，处理发料过程中出现的计量差的单据为发料计量差核销单。在实际工作中，收料计量差核销单是用于处理与供货单位计量纠纷时出具的依据。由于整进零发多次计量造成库存物资账实差异，发料计量差核销单则成为冲减库存盈亏的依据。

在收料时发生的计量差，应填制收料计量差核销单。填制时根据规定标准核定误差数量，确定是盈余（盈差）还是短缺（亏差），然后按栏目要求逐一填写。

收料计量差核销单记账时，应核销的误差数量、金额记入账面收入栏，盈差用蓝（黑）笔记账，结存栏数量、金额增加；亏差用红笔记账，结存栏数量、金额减少。账面摘要栏记"计量差"。

收料计量差核销单填写应注意：核销单号的编号规则与物资入库单相同。差额（±）为实际计量数量与应收数量差额，实际计量数量大于应收数量时，为盈差，用"+"表示；实际计量数量小于应收数量时，为亏差，用"-"表示。

发料计量差核销单记账时，盈差记入账面的收入栏，结存栏增加，亏差记入账面的发出栏，结存栏减少。

（五）物资差价调整单

凡在收发料过程中记错单价、总价而发生的价差，用价差调整单予以调平所使用的一种凭证，也是记保管账的依据。

1. 收发差价调整单的填制

首先分清是收料价差，还是发料价差，然后按下列要求填制：

（1）把记错的金额填入原列栏内，把正确的金额填入应列栏内。

（2）差额栏的金额应是原列栏与应列栏间的差额，应列金额大于原列金额时为"+"，反之为"-"。

2. 收发差价调整单的记账

（1）首先应依据差额栏内的"+"或"-"号来确定记账的笔色，无论收入价差还是发料价差，"+"号用蓝笔记账，"-"号用红笔记账。

（2）当是收入价差时，应将差额记入账面的收入栏，"+"差时结存金额增加，"-"差时结存金额减少。

（3）当是发出价差时，应将差额记入账面的发出栏内，"+"差时结存金额减少，"−"差时结存金额增加。

（六）物资事故报告单

物资事故报告单是库存物资因人为造成的损坏、损失以及丢失时，用于赔偿、核销和记保管账的凭证。

填制物资事故报告单时应分清责任性质，确定事故损失数量，并根据其残损程度确定损失金额。事故的详细情况和发生事故的经过应以事实为依据，真实可信，简明、清楚。

物资事故报告单应记在账面的发出栏内，结存栏减少。

（七）库存物资盈亏申请表

库存物资出现盘盈、盘亏时，应填报库存物资盈亏申请表，盈亏申请表是记保管账和财务核销的依据。

填制时应首先核对盈亏数量，确认无误后方可填报，盈亏原因必须真实。经业务主管部门核查批准后即可除账。盈亏申请表的记账要求是：盘盈时记在账面的收入栏，结存栏增加；盘亏时记在账面的发出栏，结存栏减少。

（八）仓库物资到货申请查询报告单

由于供货单位责任造成的物资短少、溢余、损坏、质差、规格不符以及超过规定损耗标准，与供货单位进行交涉时所使用的一种书面形式。此单只用于查询，不记物资明细账。在物资入库检验完成后应及时寄往供货单位。

（九）进库物资不能验收报告单

凡到库物资因无合同、超合同交货部分、整批质量不合格、部分质量不合格且无法挑选的物资以及积压、一年及以上无动态物资又到货的，应填报进库物资不能验收报告单，上报业务部门及管理部门，待批示后按批示意见处理。进库物资不能验收报告单是保管部门报告和业务及管理部门审批用于信息传递的单据，不记物资明细账。

（十）物资报废单

申请报废物资经上级部门审核批准后，物资报废单用于核销报废损失扣除正常物资明细账的依据，也是保管工另立报废物资明细账的登账依据，物资报废单是记账凭证。

物资报废单用于除正常物资明细账时，报废数量、报废金额记入账面发出栏，结存栏数量、金额减少，账面摘要栏记"报废"；用于另立报废物资明细账时，报废后单价记入账面单价栏，报废数量、报废残值记入账面收入栏，结存栏数量、金额增加，账面摘要栏记"报废"。

物资报废单填写说明如下：

（1）按类别填写，不同类别物资分单填写；个别物资报废，逐项填写本单；大量物资报废，物资报废单内填报废物资总数量、总金额、总残值、批准文件号，同时将报废明细表附于本单后。

（2）报废单号：编号规则与物资入库单相同。

（3）单价：指物资购进时记录在物资明细账上的单价，即购进单价。

（4）数量：指报废物资的数量，与报废申请表中的数量相符。

（5）报废金额：等于单价乘以数量。

（6）报废后单价：指残值单价，没有残值的，报废后单价为0。

（7）残值：指物资报废后可拆卸利用零部件和处理回收部分的价值，本单的残值与审核批准的报废申请表上的残值金额必须相符。

（8）批准文件号：指经过上级部门批准报废后下达的同意报废的文件号，报废批文是填制物资报废单的依据。

四、物资统计

> ZAC004 物资统计的概念、任务及统计报表的要求

（一）物资统计的概念

物资统计是指物资企业对物资经营情况和有关数据资料进行搜集、整理、分析的全部工作，具有信息反馈，提供咨询，实施监督，参与决策的功能。物资统计是整个工业统计的一个组成部分。

（二）物资统计的任务

物资统计的任务如下：

（1）准确、及时、全面地反映企业物资收入、支出及存储情况，按照规定编报各种报表。

（2）监督各种物资的收发、保管、使用、转移等方面是否按制度执行。

（三）物资统计报表

物资统计报表是企业按照国家或上级规定的表格形式，定期或不定期地向上级编报物资动态的统计报表。

编报统计报表要及时，资料要齐全，数据要准确，字迹要清晰，表容要整洁。同时，为了使上级有关部门进一步了解企业有关情况和存在的问题，在编报时还应认真做好报表中所反映的物资活动分析的文字说明。

模块四　物流知识

项目一　物流基础知识

一、物流的概念及分类

（一）物流的概念

CAD001 物流的概念

物流是指物品从供应地向接收地的实体流动过程，包括运输、储存、包装、装卸搬运、配送、流通加工、物流信息等各项活动。物流活动不创造"物"的形质效用，但是它克服了供给方和需求方在空间维和时间维方面的距离，创造了空间价值和时间价值，是社会经济的基础活动。

CAD002 供应物流的概念

（二）物流的分类

CAD003 企业物流的概念

（1）按照物流的作用分类可以分为供应物流、销售物流、生产物流、回收物流、废弃物物流。

其中生产企业、流通企业或消费者购入原材料、零部件或商品的物流过程属于供应物流，也就是物资生产者、持有者在需求者、使用者之间的物流。对于工厂而言，是指生产活动所需要的原材料、备品备件等物资的采购、供应活动所产生的物流；对于流通领域而言，是指在交易活动中，从买方立场出发的交易行为中所发生的物流。

（2）按照物流活动的空间范围分类可以分为地区物流、国内物流、国际物流。

（3）按照物流系统性质分类可以分为社会物流、行业物流、企业物流。

企业是为社会提供产品或某些服务的一个经济实体。在企业经营范围内由生产活动或服务活动所形成的物流称为企业物流，比如工厂购进原材料，经过加工，形成产品销售出去形成的物流，一个运输公司按客户要求将货物输送到指定地点形成的物流都是企业物流。

GAD001 销售物流的概念

（三）销售物流

生产企业、流通企业售出产品或商品的物流过程称为销售物流，是指物资的生产者或持有者到用户或消费者之间的物流。对于工厂而言，销售物流是指销售产品行为中的物流，对于流通领域是指交易活动中，从卖方角度出发的交易行为中的物流。

通过销售物流，企业得以回收资金，并进行再生产的活动。销售物流的成本在产品、商品的最终价格中占有一定的比例。

二、物流信息系统

（一）物流信息系统开发

物流信息量大、分布广，信息的产生、加工、传播和应用在时间、空间上不一致，方式也不同。由于物流动态性强，实时性高，信息价值衰减速度快，时效性强，因而对信息管理的及时性和准确性提出了很高的要求。物流信息按信息的来源分为外部信息和内部信息。物流信息系统是对物流所需要的信息进行收集、加工、传递、存储、利用等的总和，是由输入、输出、处理、反馈、制约组成的。具有集成化、模块化、实时化、网络化、智能化等主要特征。物流信息系统的结构分为作业层、管理层和决策层。作业层的主要功能包括原始数据采集与处理、业务管理、成本管理、综合查询管理统计分析与决策支持管理。

（二）物流信息技术应用

信息技术正在不断提高企业的运行速度和能力，同时又在降低成本。信息处理大致分为信息分类、信息编目和信息更新。

EDI（即电子数据交换，俗称无纸贸易）技术中传输的是企业间格式化的数据，如订购单、报价单等，这些信息都具有固定的格式与行业通用性。EDI实现的是计算机应用程序与计算机应用程序之间的通信。利用条码技术扫描录入，误码率仅为百万分之一。

GPS系统是由信号接收系统、空间卫星系统、地面监控系统三大系统构成。

第三方网络连接指通信的各方面不建立直接连接而是通过第三方网络提供的多种服务如邮箱功能、翻译功能、通信协议的转化功能来实现连接。

（三）物流服务

物流服务属服务业，是一种服务产品，它是为保障客户能以一定的速度和可靠程度得到所定购产品而开展的一系列活动。物流服务产品的核心利益是为货主提供符合其需要的位移效用和成本降低等利益。

拥有顾客所希望的商品（备货保证）、在顾客所希望的时间内传递商品（输送保证）、符合顾客所希望的质量（品质保证）是物流服务的三要素，物流服务就是围绕上述三要素展开的。

物流企业的服务可分为基本服务和增值服务，物流服务的增值服务分别指以客户、促销、制造、时间为核心的服务。物流服务合同是一种双向的有偿合同。

三、物流成本

（一）物流成本概念

物流成本是指物流活动中所消耗的物化劳动和活劳动的货币表现，即产品在实物运动过程中，如包装、运输、储存、流通加工、物流信息等各个环节所支出人力、物力和财力的总和。物流成本是完成物流活动所需的全部费用。

（1）社会物流成本又称为宏观物流成本。一个国家物流管理水平的高低是用物流成本占GDP的比重来衡量的。宏观物流成本是核算一个国家在一定时期内发生的物流总成本，是不同性质企业微观物流成本的总和。

社会物流成本计算的概念性公式为：物流总成本＝运输成本＋存货持有成本＋物流

行政管理成本。

所以，社会物流成本由三部分构成，即：运输成本、存货持有成本、物流行政管理成本。

（2）货主企业主要是指商品流通企业和制造企业，流通企业物流成本的基本构成有企业员工工资及福利费、水电费、差率费经营过程中的合理消耗费等。

（3）物流企业在运营过程中发生的各项费用，都可以看成是物流成本。

JAC001 物流成本的计算

物流成本可以分为流通企业物流成本、制造企业物流成本、物流企业物流成本。

（1）流通企业物流成本是指在组织商品的购进、运输、仓储、销售等一系列活动中所消耗的人力、物力、财力的货币表现。其构成有人工费用、营运费用、财务费用、其他费用。

（2）制造企业的物流过程包括采购供应物流、生产物流、销售物流、回收物流、废弃物物流等。所以制造企业的物流成本是指企业在进行供应、生产、销售、回收等过程中所发生的费用。

（3）物流企业的成本费用包括营业税金及附加、经营费用、管理费用三大类。

①物流企业的营业税金及附加主要包括营业税、城市维护建设税和教育费附加等。

营业税的计算方法为：应交营业税 = 营业收入 × 适用营业税税率。

城市维护建设税的计算方法为：应交城建税 = 营业税税金总额 × 适用城建税税率。

教育费附加的计算方法为：应交教育费附加 = 营业税税金总额 × 适用教育费附加费率。

②经营费用是与企业的经营业务直接相关的各项费用，如运输费、装卸费、包装费、广告费、营销人员的人工费、差旅费等。

③管理费用是指企业为组织和管理整个企业的生产经营活动而发生的费用，包括行政管理部门管理人员的人工费、修理费、办公费、差旅费等。

（二）物流成本控制管理

JAC018 物流成本控制管理

现代物流的发展，促进了现代物流观的形成，现代物流观所关注的是如何把价值转移给客户并获得相应的利润，同时控制、降低成本。物流成本是指各项物流活动所需的费用，物流成本控制管理制度是为了控制企业的物流成本，维护企业的效益所制定的管理规定。

物流成本的控制内容分为绝对成本控制、相对成本控制。途径有合理运输、合理库存、合理装卸、合理包装配送。物流作业成本法是以作业为核心，将耗用资源成本计入企业有关作业，再根据作业成本动因，将作业成本分配给成本对象的成本计算方法。物流作业成本法为企业物流成本的核算提供了重要的成本信息，有效地促进了物流管理的发展。例如，要求特殊包装的产品会产生包装作业中更多的人工工时和机械工时，因此按照耗时的多少把包装作业成本分配到相应的产品或客户中去计算物流作业成本法。

（三）物流成本管理的意义

JAC002 物流成本管理的意义

降低物流成本与提高物流服务水平构成了企业物流管理的最基本内容。物流管理的最终目标是在保证物流服务水平的前提下实现物流成本的降低。所以，搞清物流成本的大小，就能够实施物流成本分析、编制物流成本预算、控制物流成本支出等。

在其他条件不变的情况下，降低物流成本意味着扩大了利润空间、提高了利润水平。

日本学者西泽修在 1970 年提出了"第三利润源"的说法，即物流成本是企业提高利润的第三利润源。但是，物流成本的管理与控制要有全局观念，要调整各要素之间的关系，使储运成本最小。物流成本管理的前提是物流成本计算。

物流成本管理的意义在于，通过对物流成本的有效把握，利用物流要素之间的效益背反关系，科学、合理地组织物流活动，加强对物流活动过程中费用支出的有效控制，降低物流活动中的物化劳动和活劳动的消耗，从而达到降低物流总成本，提高企业和社会经济效益的目的。

（四）物流标准化

JAC005 物流标准化的含义

物流标准化是指以物流系统为对象，围绕运输、储存、装卸、包装以及物流信息处理等物流活动制定、发布和实施有关技术和工作方面的标准，并按照技术编制和工作标准的配合性要求，统一整个物流系统的标准的过程。

物流标准化是以制定标准、贯彻标准并随着发展的需要而修订标准的活动过程，是一个不断循环，螺旋式上升的过程。制定、修订、贯彻物流标准是物流标准化的基本任务和主要内容，其中，贯彻实施物流标准是物流标准化的关键环节。

物流标准化是一个相对的概念。无论是单个标准，还是标准系统，随着客观情况的变化都要进行不断地调整。

物流标准化要求体现科学性、民主性、经济性、国际性。

物流标准化系统属于二次系统，也称后标准化系统。

四、供应链

GAD008 供应链的概念

GAD009 供应链的特征

供应链是生产与流通过程中将产品与服务提供给最终用户活动的上游企业与下游企业所形成的网链结构。供应链由所有加盟的节点企业组成，所有加盟的节点企业中，一般有一个核心企业，节点企业以资金流、物流、服务流为媒介实现整个供应链的不断增值。

物料在供应链上因加工、包装、运输等过程而增加其价值。供应链是一条连接供应商到用户的物料连、信息链、资金链、增值链；是一个包含供应商、制造商、运输商、零售商以及客户等多个主体的系统。

供应链的主要特征有复杂性、动态性、市场需求驱动、交叉性。

供应链是一个网链结构，节点企业和节点企业之间是一种需求与供应的关系。节点企业可以是这个供应链的成员，同时又是另一个供应链的成员，众多的供应链形成交叉结构，所以供应链的结构模式比一般单个企业的结构模式更为复杂。供应链管理因企业战略和适应市场需求变化的需要，节点企业需要动态地更新，用户的需求拉动是供应链中信息流、产品/服务流、资金流运作的驱动源。

（一）供应链管理的内涵

1. 定义

供应链管理是一种集成的管理思想和方法，它执行供应链中从供应商到最终用户的物流的计划和控制等职能。供应链管理是企业内部和企业之间的供给和需求管理的集成。从单一的企业角度来看，是指企业通过改善上、下游供应链关系，整合和优化供应链中的信息流、物流、资金流，以获得企业的竞争优势。

2. 内涵

> JAC015 供应链管理的内涵

（1）链内企业彼此之间由原来的市场竞争关系改变为合作伙伴关系。

（2）链内企业应树立共同的战略目标，加强各自的核心能力，实现优势互补，强强联合，并通过加强供应链内部的管理，有效地协调链内成员企业的生产经营管理活动。

（3）供应链管理的核心内容是把供应链内企业的全部生产过程经营活动集成起来，进行统筹规划，通过各环节的有效协调与配合，改善链内的物流、工作流、价值流、资金流和信息流。

3. 特点

> JAC016 供应链管理的特点

供应链管理的特点有：

（1）是一种基于流程的集成化管理模式。

（2）是全过程的战略管理。

（3）提出了全新的库存观念。

（4）以终端客户为服务中心。

（二）供应链的库存管理

> JAC017 供应链的库存管理

供应链的库存管理不是简单的需求预测与补给，而是要通过库存管理获得用户服务与利润的优化。最简单的供应链网络只有一个节点，同时担负制造、分销的功能，供应链的长度增加时，便增加了协调控制的难度。传统的库存管理，把库存分为独立需求和相关需求两种库存模式来进行管理。各自的库存控制策略不同产生的需求扭曲放大现象，促使市场需求一种联合库存管理模式，以便于分担库存管理风险。

（三）供应链管理

> JAC006 供应链管理的含义

Stevens 在 1989 年提出了供应链管理的概念，包括在企业内部集成和在企业外部集成的集成思想。

供应链管理是在现代科技条件下，产品极其丰富的条件下发展起来的管理理念，它拆除了企业的围墙，将各个企业独立的信息化孤岛连接在一起，建立起一种跨企业的协作，并且企业之间作为贸易伙伴，为追求共同经济利益的最大化而共同努力。

传统管理模式是以规模化需求、区域性的卖方市场为决策背景，通过规模效应降低成本，获得效益，所以传统的纵向一体化的管理模式体现出诸多弊端，而供应链管理是利用网络技术全面规划供应链中的商流、物流、信息流、资金流等，并进行计划、组织、协调与控制，供应链企业之间形成的是一种合作性竞争，是横向一体化的管理思想。供应链管理借助信息技术实现以顾客满意度作为目标的服务化管理。

供应链管理的实践始于供应链上末端的零售行业。

五、物流运输

（一）物流运输系统的构成

> ZAD001 物流运输系统的构成要素

物流运输系统，也称为物流运输体系，是以铁路、公路、水路、航空、管道五种主要运输方式构成的统一体。物流运输系统是一个由各种硬件和软件组成的庞大而又复杂的动态系统，主要有以下几方面要素构成。

（1）运载机具系统，主要包括各类运输工具和相关辅助机械两部分。

（2）运输对象系统，也称货流系统。各种运输方式的货流系统是一个既相互依存又相互影响，相互制约的动态系统。

（3）路网系统，主要是指由运输线路、港站、枢纽等固定设施组成的整体。

（4）运输管理系统，主要是指为了实现国家经济发展的总目标，作为国家政府的各级运输主管部门及其授权的管理机构，履行政府行政职能，对交通运输业的经济活动所进行的规划、协调、监督和服务工作的系统。

（5）运输生产组织系统，是指由各个运输生产者组成的系统。

（6）运输信息系统，是指操纵运输系统运转过程中与一切活动相关的信息的收集、传递的系统，由硬件与软件两大部分构成。

（二）物流运输成本

物流运输成本是指运输企业完成特定位移而消耗的物化劳动和活劳动的总和，是运输企业在进行运输生产过程中发生的各种消耗的总和，其货币表现就是各种费用的支出。具体而言，物流运输成本主要包括人工费用、运营费用、其他费用。

> ZAD002 物流运输成本的定义
>
> ZAD003 物流运输成本的构成

物流运输成本中，变动成本是指与每一次运输直接相关的运输费用，包括劳动成本、燃料费用、维修保养费用及其他运营费用等。固定成本是指不随着车辆行驶里程和运输量变化而变化的成本。端点成本是指在运输过程的起点与终点产生的费用。增量成本是指随某一特定决策而发生变化的成本。公共成本一般是指社会成员共同付出的显性或隐性成本。

物流运输成本主要由以下四项构成：基础设施成本、运转设施成本、营运成本、作业成本。物流运输成本也可以认为是由以下四项构成：固定成本、可变成本、公共成本、联合成本。

会计学上将物流运输成本分为显性成本和隐性成本，在我国现行的物流运输方式中，隐性成本占据了很重要的地位。隐性成本在物流运输过程中主要表现在返程或起程空驶、重复运输、迂回运输、对流运输、运力选择不当。

（三）配载运输

> ZAD004 配载运输的含义

配载运输是充分利用运输工具载重量和容积，合理安排装载的货物及载运方法，以求得合理化的一种运输方式。配载运输也是提高运输工具实载率的一种有效形式。配载运输往往是轻重商品的混合配载，在以重质货物运输为主的情况下，同时搭载一些轻泡货物，在不增加运力投入，不减少重质货物运输的情况下，解决了轻泡货物的运输。

（四）物流运输方式选择的原则

安全性、准确性、及时性、经济性是运输合理化所要实现的目标，也是选择运输方式的基本原则。

> ZAD005 物流运输方式选择的原则

（1）运输的安全性是首要的原则，包括人身安全、设备安全和被运货物的安全。

（2）运输的准确性是指运输的准点到货、不错发、不错送。

（3）运输的及时性是由运输速度和可靠性决定的，能否准确及时送达也是选择运输方式时要考虑的重要因素。

（4）经济性原则强调的是从运输费用上考虑选择运输成本低的运输方式，运输费用是影响物流系统经济效益的一项主要因素，因此经济性原则是选择运输方式所要遵循的主要原则。合理选择运输方式是保证运输质量、提高运输效益的一个重要方面，在选择运输方式时，应当以物流总成本为依据，而不仅仅是考虑运输成本。

（五）公路货物运输的方式

> ZAD006 公路货物运输的方式

按货物的运营方式划分，公路货物运输的方式有整车运输、零担运输、联合运输、集装箱运输。

按货物的类别划分，公路货物运输的方式有普通货物运输、特种货物运输。

按货物的运送速度划分，公路货物运输的方式有一般货物运输、快件运输、特快专运。

普通货物是指在运输、保管及装卸作业中没有特殊要求、不必采用专用汽车运输的货物。快件货运是指从货物受理的当天15时算起，300km 运距内，24h 以内运达；2000km 运距内，72h 以内运达的货运。

（六）影响运输成本的因素

> GAD003 影响运输成本的因素

影响运输成本的因素主要有距离、装载量、产品密度、配积载能力、装卸搬运、责任、市场因素等。其中，运输距离是影响运输成本的主要因素，一方面，运输距离的增加，会使运输总成本上升，另一方面，通常随运输距离的增加，单位距离的运输成本会降低。

配积载能力是指产品的具体尺寸及其对运输工具的空间利用程度的影响，每单位重量的运输成本随装载量的增加而减少，通常运输收费是按体积、重量收费的，所以一般情况下增加产品的密度，可以降低运输成本。

装卸搬运成本与货物的种类、包装、运输方式有关，也影响到运输成本。

不同运输方式对运输成本的影响与每种运输方式的固定成本、管理费用和载重量有关，物流运输质量主要包括物流运输人员素质、物流运输基础建设情况、物流运输服务水平等。

（七）不同运输方式的成本特征

> GAD004 不同运输方式的成本特征

（1）铁路运输的成本特征：铁路运输的固定成本很高，端点的可变成本也很高，线路成本相对较低，而且单位可变成本会随运量和运距的增加略有下降。

（2）公路运输的成本特征：公路运输的固定成本在所有运输方式中最低，而卡车运输的可变成本很高，因为公路建设和公路维护成本都以燃油费、养路费、公路收费、吨千米费的方式征收。

（3）水路运输的成本特征：水路运输的固定成本主要投放在运输设备和端点设施上。水运中常见的高端点成本在很大程度上被很低的线路费用所抵消。

（4）航空运输的成本特征：昂贵的固定成本和可变成本合在一起使航空运输成为最昂贵的运输方式。

（5）管道运输的成本特征：在所有运输方式中，管道运输的固定成本与总成本的比例是最高的。

（八）运输费率

> GAD005 运输费率的形式

运输费率是指在两地间运输某种具体产品时的每单位运输里程或每单位运输重量的运价。运输费率一般由承运人制定并罗列于费率中。运输费率的基本形式如下：

（1）基于重量的费率：这种费率随运输货物的重量变化，而不是随距离变化。

（2）基于距离的费率：这种费率随运输货物的距离和重量的变化而变化。

（3）和需求相关的费率：这种费率只和外部市场需求有关。

（4）契约费率：这种费率是在货主和承运商之间进行协商的费率。

（5）等级费率：这种费率是根据运输距离、商品类型来确定的。

（6）其他特殊费率：特殊费率是指在一定时期内，对某些特殊地区或商品实行的费率。

（九）运输定价

在运输定价中，行程费用一般由三种费用组成，即基于载重量的费用、时间费用、距离费用。即：行程费用＝每次装载费用＋每小时功能费用×运行时间＋每千米功能费用×里程。

运输定价的方法有基于成本的运输定价、基于市场的运输定价、二者相结合的运输定价三种。

（1）基于成本的运输定价方法，包含了下面三种定价方法，向客户收取发生运输服务的实际成本费用，按标准费用收取，收取边际费用。收取边际费用是指固定费用作为日常开支不考虑，只收取变动费用。

（2）基于市场的运输定价一般可用两种方式，一种是按市场上相竞争的承运人相似服务的费用收取，另一种是按调整后的市场价格进行收费。

（3）二者相结合的运输定价方式包括两种，一种是在运输组织和客户之间先签署一个协议价格，为了使协议更有效，必须有一个可以比较的市场价格，客户也有选择其他承运人的灵活性，另一种是根据运输组织的目标定价，在这种方法中价格等于实际或标准费用加上部门的目标利润。

空程费用的分配可按下述三种方法折算，把后面的空程距离加到本次载货运输距离上，把前面的空程距离加到本次载货运输距离上，前后两次空程距离的50%分别加到本次载货运输距离上。

（十）集装箱运输的优点

集装箱运输的特点如下：

（1）装卸速度快，提高了车船的周转率，减少港口拥挤，扩大港口吞吐量。

（2）可露天作业，露天存放，不怕风雨，节省仓库。

（3）可以减少运输环节，可进行"门到门"的运输，从而加快了货运速度，缩短了货物的在途时间。

（4）减少了运输开支，降低了运费，比普通件杂货运费低5%~10%。

（5）将装卸作业机械化，节省劳动力和减轻劳动强度。

（6）可节省商品包装材料，可保证货物质量、数量，减少货损货差。

（7）集装箱运输需要专门的车辆、轮船、装卸搬运机械、集装箱货运站、集装箱堆场等场所。

（十一）物流运输需求

1. 物流运输需求的含义

运输经济学认为，运输需求是指在一定的时期内、一定的价格水平下，社会经济生活在货物与旅客空间位移方面所提出的具有支付能力的需要。运输需求具有两个要素，具有实现位移的愿望和具备支付能力，缺少任何一个要素，都不能构成现实的运输需求。

物流运输需求是指一定时期内，社会经济活动对生产、流通、消费领域的原材料、成品和半成品、商品以及废旧物品、废旧材料等的配置作用而产生的对物在空间、时间和费用方面的要求，涉及运输、包装、库存、装卸搬运、流通加工以及与之相关的信息需求等物流活动的诸多方面。

货物运输需求要考虑的因素有流向、流量、流程、运价、流时和流速。流向，即货物位移需求的地理走向，表明货流的产生地和消费地；流量即运输需求的规模大小和数量多少，常用货运量或货运周转量表示；流程即运输需求的距离；运价指运输单位重量或体积的货物所需的运输费用；流时和流速反映运输需求的时间特征。

对于物流运输而言，反映运输需求的两个基本要素是货物的重量和移动的里程。因此，运输需求的测量单位通常用复合单位"t·km"表示。例如，1000t·km 的货物运输需求可以是指 1000t 的货物运输 1km，也可能是指将 500t 的货物运输 2km。

同样的吨千米数，会在运输方向、所需的运输设备及服务水平等方面有不同的运输要求。如 1000t·km 的运输需求，可能要求使用冷冻车辆运输，也可能是火车运输或汽车运输或其他运输。这说明相同的运输需求，可能会产生不同的运输成本或不同的客户服务需求。

<u>JAC004 物流运输需求的种类及计算</u>

2. 物流运输需求的种类

根据物流对象的类别、流程、流量、属性、时效性等要求的不同，可将物流运输需求划分成不同种类。

（1）根据一次运输的货物批量不同，物流运输需求可分为整车货运需求和零担货运需求。整车货运需求是指一次承运的货物至少要用一辆车来运送的运输需求；零担货运需求的特点是一次承运的货物批量小。

（2）根据物流对象的类别分类，物流运输需求可分为普通货物运输需求和特殊货物运输需求。特殊货物运输需求所运输的货物主要包括鲜活易腐货物、危险品、长大件；普通货物运输需求是指物流作业中没有特殊要求的普通货物的运输。

（3）根据物流对象的行业属性分类，物流运输需求可分为农产品运输需求和工业品运输需求。

（4）根据流程不同，物流运输需求可分为长途货运需求和短途货运需求。

（5）根据货物的时效性不同，物流运输需求可分为快件货运需求和普通货运需求。作为运输企业，在满足快件货运需求时，首先必须满足货主的时间要求。

【例1-4-1】 有一批纺织品总重为 56t，从上海火车站发往广州站，总里程 1816km。其中 48t 百货，用标重 50t 棚车以整车运输，剩余 8t 以零担运输。由铁路整车货物运价率表得知其运价率为 92.55 元/t，零担运价率为 1.335 元/10kg。请计算此批纺织品的运费。

解：由于棚车标重 50t＞货物重量 48t，因此以棚车标重计算运费：

运费 = 整车运费 + 零担运费 = 92.55×50+0.1335×8000=4627.5+1068=5695.5(元)

答：该批纺织品的运费共为 5695.5 元。

【例1-4-2】 运输公司要将一批电器从杭州运往上海，全程 265km，电器重量为 23400kg，用标重 40t 棚车以整车运输，由铁路整车货物运价率表得知其运价率为 29.50 元/t。请计算运输这批电器的运费。

解：由于棚车标重 40t> 货物重量 23.4t，因此以棚车标重计算运费：

运费 = 棚车标重 × 运价率 =40 × 29.5=1180（元）。

答：运输这批电器的运费为 1180 元。

六、配送管理

（一）配送的概述

1. 配送的概念

配送是指利用交通工具一次向多个目的地短距离地运送少量货物的移动。物流活动中，直接为终端客户服务的是配送。在市内运输中，由生产厂经由物流企业（如配送中心）为用户提供商品时，从配送中心到用户之间的物品空间移动称为配送。配送是以"配"为重点的物流活动组合体，是备货、储存、分拣、配组、包装、装卸等物流作业的整合配送与旧时的"送货"目的不同、内容不同、出发点不同、装备不同。配送成本具有隐蔽性，配送成本削减具有乘数效应，配送成本具有"二律背反"定律。配送服务包括定点配送、定量配送、定人配送、定户配送方式。其中定量配送服务的适合范围是用户对库存的控制不十分严格，不实行零库存，有一定的创新能力，施行保险储备、最低库存或季节储备。

2. 配送的特点

即时配送完全按照用户提出的时间要求和商品种类、数量的要求，及时地将商品送到指定的地点。

洲际配送和全球配送的出现体现了物流配送在配送区域方面的进步。配送作业流程的合理性，以及配送作业效率都会直接影响整个物流系统的正常运行。

车辆配载的依据是配送商品特性。货物输送作业流程包含制定计划、出货交接、车辆调度配装作业、运送、送达服务与交割和费用结算。配货时，分拣作业人员或机器必须直接接触并取货，因此缩短分拣配货过程中的行走和货物搬运距离是提高作业效率的关键。配送加工与包装是对不能适应供应要求的货物进行研磨分割、搭配重组、打包捆扎、分装换装、贴标贴码等作业。

3. 配送的基本环节

配送由备货、理货、送货三个基本环节组成。备货是准备货物的系列活动，它是决定配送的成败、规模的最基础环节，它包括集货、储存货物两个具体活动内容。配送过程中实现空间转换的中心环节是货物运输。

（二）商流、物流的配送模式

配送是指在经济合理区域范围内，根据用户要求，对物品进行拣选、加工、包装、分割。组配等作业，并按时送达指定地点的物流活动。一般送货是生产企业生产什么就送什么，而配送则是需要什么就送什么，通常在配送前进行根据物品的流量、流向及运输工具的载重量和容积，组织安排物品装载的组配作业。从送货的功能看配送，从事送货的是专制流通企业，配送是"中转"型送货，而不是直达型送货。

配送有商流、物流一体化和商流、物流相分离三种结构模式。同业间的配送是横向配送，而批发商和厂商之间的配送是走、纵向配送，对日内作业量变化不大的情况进行批组补货即可，若以时间为核心进行零库存配送则是当下物流服务倡导的增值服务。

1. 商流、物流一体化配送模式

[GAD011 商流物流一体化配送模式]

商流、物流一体化的配送模式（配销模式）下，配送的主体通常是销售企业或生产企业，也可以是生产企业的专门物流机构。配送主体主要经营行为是商品销售，配送是实现其经营策略的具体实施手段，不仅参与物流过程，同时还参与商流过程。国外大部分汽车配件中心开展的配送业务属于商流、物流一体化配送模式，商流、物流一体化配送模式对于行业主体来说，配送活动中能够形成拥有产品支配权、拥有产品所有权、资源优势、配送企业可直接组织到货源。缺点是不利于实现物流配送活动的规模经营、受到销售活动的制约、难以获得物流方面的优势。

2. 商流、物流相分离配送模式

[GAD012 商流物流相分离配送模式]

商流、物流分离，是指商流、物流在时间、空间上的分离。商流、物流相分离的配送模式下，配送的组织者不直接参与商品的交易活动。配送组织者的业务实质上属于物流代理。该模式优点是配送企业的业务活动单一，有利于专业化的形成，提高了物流服务水平，占用资金较少。

3. 商流、物流共同配送模式

[GAD013 共同配送模式]

商流、物流共同配送是物流配送发展的总体趋势，多个客户联合起来共同由一个第三方物流服务公司来提供配送服务。从货主的角度来看，可以降低配送成本，共同配送的组织形式有同产业间和异业间的共同配送，形式之一是由一辆配送车辆混载多货主货物的配送，一车多户，经济送货路线是共同配送的特点之一。节省零售企业的资本投入、提高客户服务水平、实现社会效益是共同配送的优点。

（三）配送中心

[CAD012 配送中心的概念]

1. 配送中心的作业

[ZAD011 配送中心的作业项目]

配送中心就是从事配送业务的物流场所或组织，是集货中心、分货中心、加工中心功能的综合。配送中心按经济功能分为供应型、销售型和储存型。配送中心的整个作业项目过程包括实物流、信息流和资金流，具有分拣、进货、送货等基本作业，有的配送中心还有存储功能，分拣按订单或出库单的要求，从储存场所选出物品，并放置在指定地点的作业。而配货作业要完成分货、配货检查、装车基本作业项目。

2. 配送中心的选址

[ZAD012 配送中心的布点原则]

配送中心在选址时根据客户和供应商分布、交通条件、土地条件、人力资源因素、地区或城市规划、自然条件等因素要重点考虑配送距离、配送时间、配送成本。配送中心布点应遵循适应性、协调性、经济性和前瞻性原则。为了便于工作，按职能部门、产品部门和区域部门三种方式划分组织结构也是较科学的。

3. 配送中心的功能

[ZAD013 配送中心的功能]

配送中心的主要功能是流通加工功能，流通加工部负责按客户的要求对货物进行包装和加工。配送中心的功能其次是分拣功能，分拣是物流配送中心依据顾客的订单要求或配送计划，迅速、准确地将商品从其储位或其他区位拣取出来，并按一定的方式进行分类、集中的作业过程。分拣方式有订单分别拣取、批量拣取和复合拣取三种方式。订单分别拣取适合订单差异较大、订单数量变化频繁、商品差异较大的情况，作业方法简单，接到订单可立即拣货，作业前置时间短，作业人员责任明确。批量拣取适合订单变化较小，订单数量稳定的配送中心和外形较规则、固定的商品出货，可以缩短拣取商品时的行走时间，增加单位时间的拣货量。

> ZAD014 配送中心的流程

配送企业不但可以依靠送货服务、销售经营取得效益，还可以通过流通加工增值取得效益。配送中心的一般流程是以中、小件杂货配送为代表，属于有存储功能的配送中心，理货、分类、配货、配装的功能较强；批量转换型配送中心是将大批量、较单一品种转换成小批量发货式的配送中心；流通型配送中心基本上没有长期储存功能，仅以暂存或随进随出方式进行配送货。若各用户需求的种类差别不大采用分货式配货工艺。

4. 配送中心的布局

（1）扇型布局、辐射型布局、吸收型布局、聚集型布局属于配送中心布局与配送服务网络体系布置。配送中心布局模式中，在运输主干线上，配送中心距离较近，下一配送中心的上风向区域恰好是上一配送中心合理运送区域时，比较适合采取扇型布局模式。

> GAD016 配送中心布局

（2）配送中心在使用动线布局法进行内部功能区布局时，经常采用的物流动线基本形式有 I 型（直线型）、L 型、U 型、S 型（锯齿型）、混合型组合。在采用动线布局法进行配送中心功能区布局时，首先进行布局的区域一般为面积较大且长宽比例不易改变的区域；最后进行布局的区域一般为行政管理与办公区域。

> JAC007 配送线路的确定原则

5. 配送中心的成本控制

> JAC008 配送中心的成本控制计算

配送中的成本控制包括加强配送的计划性、确定合理的配送路线、进行合理的车辆配载和量力而行建立计算机管理系统。在运输合理化的内部因素中，运输距离是最基本的因素。物品运输在途时间的长短由运输距离和运输方式决定，在运输方式确定的情况下，运输距离起着决定性的作用。配送路线确定的原则是效益最高、成本最低、吨公里最小、准时性最高、运力利用最合理、劳动消耗最低、路程最短。配送线路的基本类型有往复式行驶线路、环形行驶线路、汇集式行驶线路、星形行驶线路。

实现对配送成本的控制要进行配送成本核算，配送成本按照配送功能进行分类，大体可分为物品流通费、信息流通费、配送管理费。配送中的变动成本是指随配送量的变化而发生变化的成本，包括装卸作业费用，仓储费用，设备运行费用和场地仓库租金。该成本随着配送量的变化而发生变化。配送服务与成本合理化的策略包括混合策略、合并策略、差异化策略、延迟策略和标准化策略。

配送中心的成本控制应用举例如下：

【例 1-4-3】 配送中心 A 距配送点 D 和 E 的距离分别为 12km、20km，DE 的距离为 25km，则 A 一次向 D 和 E 配送比 A 分别向 D 和 E 配送可以节约多少公里里程（保留整数）。

解：$S = AD + AE - DE = 12 + 20 - 25 = 7 (km)$。

答：可以节约 7km 里程。

【例 1-4-4】 配送中心 A 商品分拣作业的标准工资率为 3.8 元/h，每单位 A 商品的标准分拣时间为 0.1h。该配送中心当月共分拣 A 商品 20000 件，实际耗工时 1800h，实际工资总额 7200 元。试分析该配送中心当月 A 商品的实际工资成本差异。

解：实际工资成本差异 = 直接人工效率差异 + 直接人工工资率差异

= [（实际工时 − 标准工时）× 标准工资率] + [（实际工资率 − 标准工资率）× 实际工时]

= [(1800−20000×0.1)×3.8] + [(7200÷1800−3.8)×1800]

=−760+360

=−400（元）

答：该配送中心当月 A 商品的实际工资成本差异为 −400 元。

> GAD014 配送服务成本合理化的策略

延迟策略特别适合重点、高价值的物品配送。混合策略是指配送业务的一部分由企业自身完成；差异化策略的指导思想是产品特征不同，顾客服务水平也不同；合并策略包含的两个层次是配送方法上的合并及共同配送。

> GAD015 配送中心的主要功能

配送中心在物流系统中处于末端，主要功能表现为配送功能，业务活动是以客户订单发出的订货信息作为驱动源。配送中心也可以看做是流通仓库，同保管型仓库相比，主要特点的是保管空间占一半、其他功能占一半空间、货物的状况与信息一致、多物流功能。因此储存功能属于配送中心的主要功能。为配送中心经营管理、政策制定、商品开发、商品销售政策的制定提供参考，并提供绩效管理、经营规划、配送资源计划的相关信息等，属于配送中心的信息功能。配送中心必须对物流信息情报的收集、汇总、储存、传递有灵敏性，完整的信息情报系统是保证配送中心业务顺利进行的关键。

项目二　物资包装

一、包装

（一）包装的含义

> CAD004 包装的含义

包装是在流通过程中为了保护产品，方便储运，促进销售，按一定的技术方法而采用的容器、材料及辅助物的总体名称，也是为在流通过程中保护产品，方便储运，促进销售，而采用容器、材料及辅助物的过程中施加一定技术方法的操作活动。在社会再生产过程中，包装既处于生产的终点，又是进入流通领域商品物流链的始点，包装在保证产品实现使用价值方面起着非常重要的作用，已成为物资运动和商品流转中不可或缺的物流功能和作业。在流通领域中，为了促销、方便储运也需要进行二次包装。

（二）包装的分类

> CAD005 包装的分类

包装按产品经营方式分为内销产品包装、出口产品包装和特殊产品包装，特殊产品包装又包括军用品、珍贵文物、工艺美术品等的包装。

包装按在流通过程中的作用分为单件包装、中包装和外包装等。

包装按功能分为运输包装、贮藏包装和销售包装等。

包装按容器的软硬程度分为硬包装、半硬包装和软包装等。

包装按使用次数分为一次用包装、多次用包装和周转包装等。

（三）常用包装材料

> CAD006 常用包装材料分类

现代包装的四大支柱材料是纸、塑料、金属、玻璃。

纸质包装材料具有质轻、易加工、成本低、废弃物易回收处理等特性，是现代包装工业的重要组成部分。纸包装材料主要有包装纸、蜂窝纸、纸袋纸、干燥剂包装纸、蜂窝纸板、牛皮纸、工业纸板、蜂窝纸芯等。

金属包装材料的特点是强度高，坚固，具有良好的综合保护性能。金属包装主要有马口铁材料容器、铝罐、喷雾罐。马口铁坚固、耐腐蚀、容易进行加工,而且防水、防潮、防摔,因而使用十分广泛。

塑料包装材料的特点是透明性好,耐腐蚀,防潮防水性能好,耐污染,耐热、耐寒、耐药品、耐油脂性能好。目前,塑料包装材料制品逐渐增多,聚乙烯、聚丙烯、聚苯乙烯、聚氯乙烯,已经成为了我国重要的包装材料。

玻璃或者陶瓷材料一般多制成瓶、罐、坛子,用来盛装饰品、饮料、酒类、药品等十分适宜。

木质包装材料一般用于外包装。

(四)常见的包装产品

常见的包装产品有包装箱、包装盒、包装袋、包装罐、包装瓶、集装箱等。

(1)包装箱的包装材料为刚性和半刚性材料,有较高强度且不易变形。包装箱的包装结构和包装盒相同。

(2)包装盒不适合做运输包装,而适合做商业包装。

(3)包装罐主要有三种:小型包装罐、中型包装罐、集装罐。

(4)集装箱是常见的包装箱产品之一。

(五)主要包装技术

包装按照技术方法分为防震包装、防湿包装、防锈包装、防霉包装等。

(1)防震包装的目的是克服冲击和振动对内装物的影响,防震包装方法一般分为全面防震包装、部分防震包装和悬浮缓冲包装三类。

(2)防锈包装一般有清洗产品、干燥去湿和防锈处理三道工序。

(3)防霉包装是在流通与储存过程中,为防止内装物长霉影响质量而采取一定防护措施的包装。除金属制品本身的特性对锈蚀有影响外,环境因素对锈蚀影响很大。

(六)运输包装标志

在商品包装上印有的具有特定含义的图形和文字称为商品包装标志。包装标志的作用是便于识别商品,便于准确、迅速地运输货物,避免差错,加速流转。包装标志主要分为运输包装标志,销售包装标志。运输包装收发货标志是在外包装上的商品分类图示标志及其他标志和文字说明的总称,通常是由简单的图形和一些字母、数字及简单的文字组成。包装储运图示标志又称指示标志或注意标志。指示标志的颜色一般为黑色,一般情况下不采用红色和橙色。用来标明对人体和财产安全有严重威胁的货物的专用标志是危险品标志,由图像、文字和数字组成。

(七)包装的功能与合理化

1.包装的功能

包装的功能是保护产品、方便储运、促进销售。其中,商品包装的保护功能是最基本最重要的功能,主要是保护商品在流通过程中其价值和使用价值不受到损害,增加商品价值。

包装标准化,能为商品的流转提供很多方便,能提高运输工具的转载能力,提高仓储的利用率,包装的空间方便性对降低流通费用至关重要。包装的促销功能以美感为基础,要求将"美化"的内涵具体化,是包装设计最主要的功能之一。

2. 包装合理化

<ZAD010 包装合理化>
包装需要和物流系统的其他环节综合考虑。包装合理化的要素包括包装轻薄化、包装的机械化与自动化、包装的单元化、包装的标准化、包装的环保性。包装单元化和标准化是现代化物流的重要标志。

（八）商业包装

<ZAD008 商业包装的含义>
按包装功能分类可以把包装划分为工业包装和商业包装两类。商业包装的目的是为了促进销售。讲究包装外形美观、有商业吸引力的包装是商业包装，印有作为商品的标记或说明等信息资料的是商业包装。单个包装作业一般属于销售领域活动，是商业包装，单个包装是物品送到使用者手中的最小单位。

（九）工业包装

<ZAD009 工业包装的含义>
工业包装也称为运输包装，着重于对物品的保护，其包装作业过程可以认为是物流领域内的活动。工业包装的目的是保持商品的数量和质量不变。内包装和外包装都属于工业包装，为了对物品及单个包装起保护作用，内包装时中间容器内有时采用一定措施，外包装是基于物品输送的目的，要起到保护作用并考虑输送搬运作业方法。

二、物资包装的要求

<GAC006 物资包装的要求>
物资包装的要求具体如下：

（1）物资包装必须适应物资的性能。物资包装需要用什么样的材料及装多少，应根据物资的自然属性确定。

（2）物资包装必须牢固、安全。这是减少物资损耗，保护物资的使用价值和保证物资储存、运输安全的重要条件。

（3）物资包装应标准化、通用化。应不断地研究改进包装的箱型、体积、容积、质量等，便于物资运输、保管和销售。

（4）质量完好，标志清楚。物资包装的质量要求是：包装材料适宜完好，包装内部垫实，外部牢固，装入的物资数量准确、质量完好，包装外部标志清楚。包装外部标志一般有：收货地点、收货单位、箱号、物资名称规格、供货单位等。此外，还要根据物资的性质，标明装卸搬运的注意标记（包括图案和文字），标志应完整、清楚、规范化。

（5）经济耐用，易加工制作。应简化包装规格，推行固定周转包装箱，提高包装物的利用率，努力节省包装材料，降低包装费用。同时，包装物应易制作，用后易处理。

三、物资包装标记和标志的要求

<GAC008 物资包装标记的要求>
（1）物资包装标记和标志必须严格按照国家有关部门的规定办理。

我国对物资包装的标记和标志所使用的文字、符号图形以及使用方法，都有统一规定标准，因此在使用物资包装标记和标志时，都必须按照国家有关部门的规定标准执行。对我国进出口物资的包装标记和标志，还须参照国家有关规章来办理，以防止出现货到港口不准靠岸，增加移泊，改港绕航，影响我国国际信誉等问题。

（2）物资包装标记和标志必须简明清晰，易于辨认。

选用文字要最少，图案要清晰，易于制作，使人一目了然，方便查对。标记与标志的文字、字母及数字号码的大小，应和包装件的标记与标志尺寸相称，笔画粗细要适当，以便于在机械吊装时,在离货物较远处也可辨认。出口货物包装的标记与标志,除了用汉字外,还须用进口国家所通用的文字加以标明。

(3)涂刷、拴挂或粘贴标记与标志的部位要适当。

所有标记与标志,都应位于搬运时容易看得见的地方。例如,箱装包装,应使标记与标志位于箱的四周,而不应在上盖或底面上,筒形包装应使标记与标志位于明显的一面,尽可能在同一包件上作两个相同的标记或标志,便于当一个标记或标志在运输途中被抹掉或看不清时,还有另一个可以辨认。

(4)要选用明显的颜色作标记与标志。

制作标记与标志的颜色,都应具有耐酸、耐晒、耐摩擦的性能,不致发生褪色、脱落。用在酸性、碱性、氧化物及其他腐蚀物的包装标记与标志的材料,应当选用具有抗腐蚀性能的,不致因受包装内物品的腐蚀而褪色的材料。

四、包装标准化

GAC007 物资包装的标准化体系和作用

(一)包装标准化的作用

包装标准化是指对同一类产品包装的类型、容积、器材、质量、技法、检验等作出统一规定并强制执行的技术措施。它包括统一器材、统一规格、统一造型、统一容量、统一标志、统一技法、统一检验标准等。

包装标准化是现代化产品生产和流通的必要条件,是对包装行业实行科学管理的重要组成部分,对整个国民经济将起巨大的作用,其重要作用如下:

1.显著提高经济效益

包装标准化,使包装型号规格统一,可以节约原材料,降低包装成本,如实行统一箱型后,可节约包装用纸 5%~20%。另外,由于包装容器划一,如箱型整齐,有利于包装物的合理排列,可大大提高仓容量和运载量,减少流通费用。

2.保证包装质量

包装标准中对包装的各项质量指标都作了明确的规定,使之有法可循,并按统一标准进行检验,有利于提高和保证包装质量,使产品在流通中减少损失。

3.有效地提高包装管理水平

包装标准化,需要制订一系列技术标准、工作标准和管理标准等,这样可以促使企业围绕这些标准进行设计、生产、检验等管理活动,有利于提高包装管理水平。

4.有利于机械化连续生产

包装标准化,简化了包装的规格型号,一种包装能适应多种需要,适应于大规模工业化生产,提高了劳动生产率,降低了生产成本,也保证了产品质量。

5.缩短生产周期

一个新包装的生产,包括市场调研、设计、生产准备和正式投产等一系列生产过程。由于包装标准化,使包装产品有各种标准可循,简化了生产过程,同时节约了原材料和减少了劳动消耗。

6.有利于提高出口能力

包装标准化,并不是我国自行制订标准,而是要求与国际包装标准接轨,尽量采用国际标准包装系列,这样,我国的出口产品便易于为国际上接受。如采用集装箱的集合包装,若不采用国际标准,则出口大受限制,难以加入国际经济大循环,难以冲破贸易壁垒。

7. 保证产品的流通安全

包装标准的制订,来源于生产实践,并经受了生产实践的考验,能有效地保护产品。另外,由于包装规格尺寸一致,极大的方便于贮运,便于码垛整齐,为安全流通提供了良好的条件,最大限度地减小了流通过程中的产品损失。

(二)包装标准化体系

我国目前的包装标准体系分为三层:包装基础标准、包装专业标准和产品包装标准。

1. 包装基础标准

包装基础标准包括工作导则、包装标志、包装尺寸、包装术语、包装件环境条件、运输包培育件试验方法、包装技术与方法、包装设计、包装质量保证、包装管理、包装回收利用等。由于运载工具如叉车尺寸等方面的标准与包装关系密切,作为包装标准体系的相关标准也列入第一层。第一层的标准适用于整个包装行业。

2. 包装专业标准

包装专业标准包括包装材料、包装容器、集装容器、包装装潢印刷、包装机械、包装设备。这一层标准只适用于包装行业的某一专业。

3. 产品包装标准

产品包装标准原则上按产品分类,结合我国当时的体制情况,分为机械、电子、轻工、邮电、纺织、化工、建材、医药、食品、水产、农业、冶金、交通、铁道、商业、能源、兵器、航空航天、物资、危险品等二十大类。

模块五 市场营销知识

项目一 营销渠道的基础知识

一、营销渠道的概念

> JAD001 营销渠道的概念

营销渠道是促使产品或服务顺利地被使用或消费的一整套相互依存的组织。营销渠道也称贸易渠道。

分销渠道是指当产品从生产者向最后消费者或产业用户移动时,直接或间接转移所有权所经过的途径。

严格地讲,市场营销渠道和分销渠道是两个不同的概念。一条市场营销渠道是指那些配合起来生产、分销和消费某一生产者的某些货物或劳务的一整套所有企业和个人。这就是说一条市场营销渠道包括某种产品的供产销过程中所有的企业和个人,如资源供应商、生产者,商人中间商,以及最后消费者或用户等。现在营销渠道和分销渠道两概念多混用。

一条分销渠道是指某种货物或劳务从生产者向消费者移动时取得这种货物或劳务的所有权或帮助转移其所有权的所有企业和个人。因此,一条分销渠道主要包括商人中间商(因为他们取得所有权)和代理中间商(因为他们帮助转移所有权)。此外,它还包括作为分销渠道的起点和终点的生产者和消费者,但是,它不包括供应商、辅助商等。

市场营销观念的重点是顾客导向、整体营销、顾客满意。

市场营销观念产生的客观依据如下:

(1)市场营销观念是在市场营销实践的基础上产生的。

(2)市场营销观念的产生和发展是由生产力发展水平和市场状况决定的。

(3)市场营销观念总是反映一定生产关系的性质。

二、市场营销渠道分类

> JAD002 市场营销渠道的分类

1. 按分销渠道层级分类

市场营销渠道按其包含的中间商购销环节即渠道层级的多少,可以分为零级渠道,一级渠道、二级渠道和三级渠道,据此还可以分为直接渠道和间接渠道、短渠道和长渠道几种类型。

(1)零级渠道又称直接渠道,意指没有中间商参与,产品由生产者直接售给消费者(用户)的渠道类型。直接渠道是产品分销渠道的主要类型。一般大型设备以及技术复杂、需要提供专门服务的产品,企业都采用直接渠道分销,如飞机的出售是不可能有中间商介绍的。在消费品市场，直接渠道也有扩大趋势。像鲜活商品，有着长期传统的直销习惯；新技术在流通领域中的广泛应用，也使邮购、电话及电视销售和因特网销售方式逐步展开，促进了消费品直销方式的发展。

（2）一级渠道包括一级中间商。在消费品市场，这个中间商通常是零售商；而在工业品市场，一级渠道可以是一个代理商或经销商。

（3）二级渠道包括两级中间商。消费品二级渠道的典型模式是经由批发和零售两级转手分销。在工业品市场，这两级中间商多是由代理商及批发经销商组成。

（4）三级渠道是包含三级中间商的渠道类型。一些消费面较宽的日用品，如肉类食品及包装方便面，需要大量零售机构分销，其中许多小型零售商通常不是大型批发商的服务对象。对此，有必要在批发商和零售商之间增加一级专业性经销商，为小型零售商服务。

据分销渠道的层级结构，可以得到直接渠道、间接渠道、短渠道、长渠道概念。渠道越长越难协调和控制。

（1）直接渠道是指没有中间商参与，产品由生产者直接销售给消费者（用户）的渠道类型。

（2）间接渠道是指有一级或多级中间商参与，产品经由一个或多个商业环节销售给消费者（用户）的渠道类型。

上述零级渠道即为直接渠道；一、二、三级渠道统称为间接渠道。为分析和决策方便，有些学者将间接渠道中的一级渠道定义为短渠道，而将二、三级渠道称为长渠道。显然，短渠道较适合在小地区范围销售产品（服务）；长渠道则能适应在较大范围和更多的细分市场销售产品（服务）。

2. 按分销渠道宽度分类

根据渠道每一层级使用同类型中间商的多少，可以划分渠道的宽度结构。若制造商选择较多的同类中间商（批发商或零售商）经销其产品，则这种产品的分销渠道称为宽渠道；反之，则称为窄渠道。

分销渠道的宽窄是相对而言的。受产品性质、市场特征和企业分销战略等因素的影响，分销渠道的宽度结构大致有下列三种类型：

（1）密集型分销渠道。密集型分销渠道是制造商通过尽可能多的批发商、零售商经销其产品所形成的渠道。密集型渠道常能扩大市场覆盖面，或使某产品快速进入新市场，使众多消费者和用户随时随地买到这些产品。

（2）选择性分销渠道。选择性分销渠道是制造商按一定条件选择若干个（一个以上）同类中间商经销产品形成的渠道。选择性分销渠道通常由实力较强的中间商组成，能较有效地维护制造商品牌信誉，建立稳定的市场和竞争优势。这类渠道多为费品中的选购品和特殊品、工业品中的零配件等。

（3）独家分销渠道。独家分销渠道是制造商在某一地区市场仅选择一家批发商或零售商经销其产品所形成的渠道，独家分销渠道是窄渠道，独家代理或经销，有利于控制市场。

3. 按分销渠道成员紧密程度分类

按渠道成员相互联系的紧密程度，分销渠道还可以分为传统渠道系统和整合渠道系统两大类型。

（1）传统渠道系统。传统渠道系统是指由独立的生产商、批发商、零售商和消费者组成的分销渠道。传统渠道系统成员之间的系统结构是松散的。由于这种渠道的每一个成员均是独立的,它们往往各自为政,各行其是,都为追求其自身利益的最大化而激烈竞争,甚至不惜牺牲整个渠道系统的利益。在传统渠化而激烈竞争,甚至不惜牺牲整个渠道系统的利益。在传统渠系统正面临严峻挑战。

(2)整合渠道系统。整合渠道系统是指在传统渠道系统中渠道成员通过不同程度的一体化整合形成的分销渠道。整合渠道系统主要包括:垂直渠道系统、平渠道系统、多渠道营销系统。

4. 计算

【例1-5-1】 某工厂在一次产品采购中,采购A产品共10000件,经检查有10件是不合格产品,并且进行了退货,按要求退货率不能超过0.3%,A产品是否超过了所要求的退货率?

解:退货率=(退货件数÷采购总件数)×100%
 =(10÷10000)×100%
 =0.1%<0.3%

答:A产品没有超过所要求的退货率。

【例1-5-2】 某工厂生产某产品,按照订单2016年共交货60次。交货的准时率为95%,求此产品在2016年准时交货的次数?

解:准时交货次数=交货准时率×总交货次数
 =95%×60
 =57(次)

答:此产品在2016年准时交货的次数是57次。

项目二 市场营销渠道的构成

一、直销的优缺点

> JAD003 直销的优缺点

直接营销法简称直销,是企业通过与用户直接接触将产品销售给用户的一种营销方式,常常是通过直销商、厂办商店、展销会、订货会、邮购等形式直接出售,而不经过批发、零售等任何中间环节。

(一)降低成本——有利于消费者

在传统销售方式下,销售某一商品要经过总代理、地区代理、批发、零售等诸多环节,才能到达消费者手里。根据利润平均化理论,每一环节,每一行业必然要获得一个平均利润,利润来自何方?无疑是"羊毛出在羊身上",利润只能来自于对商品的层层加价,最终由消费者承担;而直销将商品的生产者和消费者直接联系起来,省去许多中介环节,同时也就少掉了各子环节层层盘剥,从而让利于消费者。

(二)送货上门——方便消费者

从直销的媒体上划分,直销分面销、电话行销、电视行销和邮购行销,这四种直销不论通过什么过程,最终都是将消费者所需的商品送货上门。这样就大大节约了消费者时间,方便其购买。尤其是随着我国人口老化问题的出现,送货上门,负责安装,介绍性能,协助调试,深受老年消费者的欢迎。抛开老年的因素,当经济迅速发展,人们生活节奏不断加快，消费者不可能把闲暇都化在逛商场上，只能从琳琅满目的商品海洋中撷取一瓢饮。而直销的出现，恰恰解决了这一问题，消费者足不出户，便会有风度翩翩的先生或小姐将其所需的商品送上门来，十分方便。

（三）扩大销售——有利于生产者

直销能够扩大销售，能够满足人们对利润最大化的追求。理论上讲，直销能够扩大商品销售量，可以理解为：①直销改变了传统的"你卖我买"的被动销售方式，直销商将商品主动"塞"给消费者，并且一旦某一商品被用户相中并接受，就极易形成长期稳定的购买关系。一般而言，巩固老市场比，发展新市场更合算，更容易保持一定的销售规模。②每一个直销商首先是一个消费者，他先要吃掉公司的一部分商品，才能成为公司的直销商，这就保证了销售的基本规模。而且直销商的利益与其销售商品的数量、发展"小老鼠"的个数息息相关，所以他们只有不懈地努力，拓展自己的业务范围，也就是扩大销售量才能有利可图。③直销的销售渠道最短。在这种情况下，只要商品质量高价格适度，商品的流通速度加快。加之直销的资金回收迅速，少有坏账发生，所以一旦直销网络运作良好，商品销售量将会呈几何级数增长。

（四）反馈信息—取悦生产者

信息是企业的生命，特别是在市场经济条件下，企业只有了解市场，掌握行情，才能安排好生产。在传统的销售方式下，生产和销售相对割裂，生产者几乎是在"闭门造车"。即使不被隔离，由于从生产者到消费者要经过层层环节，信息反馈迟缓，企业产品往往形成积压，回天乏力。而直销商直接上门服务，直接听取消费者的呼声，其呼声将直接影响直销商销售商品的数量，所以他们必然积极地将这些意见反馈给生产者，从而为生产经营决策提供了有力的佐证。

二、网络销售渠道的优缺点

[JAD004 网络销售渠道的优缺点]

传统销售渠道的层次设计、相互匹配及全面管理是一件繁杂的工作。对于网络营销渠道而言，销售渠道已经变为网络这一单一的层次，其作用、结构和费用与传统营销渠道相比有很大的变革和进步。

网络直销渠道地作用是多方面的。第一，网络营销渠道是信息发布的渠道。企业的概况与产品的种类、规格、型号、质量、价格、使用条件等，都可以通过这一渠道告诉用户。第二，网络营销渠道是销售产品、提供服务的快捷途径。用户可以从网上直接挑选和购买自己所需要的商品，并通过网络方便地支付款。第三，网络营销渠道既是企业间洽谈业务、开展商务活动的场所，也是对客户进行技术培训和售后服务的园地。一方面，最有效地把产品即时提供给消费者，满足用户的需要；另一方面，也有利于扩大销售，加速物资和资金的流转速度，降低营销费用。

网络营销渠道短，可分为直接分销渠道和间接分销渠道。网络的直接分销渠道和传统的直接分销渠道都是零级分销渠道，这方面没有大的区别；而对于间接分销渠道而言，电子商务的网络营销中只有一级分销渠道，即只有一个信息中介商沟通买卖双方的信息，而不存在多个批发商和零售商的情况，所以也就不存在多级分销渠道。

网络营销渠道的结构比传统营销渠道结构大大减少了流通环节，因此网络营销渠道费用低廉，有效地降低了流通成本。

三、网络营销渠道的类型

网络营销可分为直接分销和间接分销两种渠道。

（一）网络直接分销渠道

1. 网络直接分销的方法

网络直接分销是指生产商通过网络直接销售渠道直接销售产品。目前通常方法有两种：一种方法是企业在因特网上建立自己的站点，申请域名，制作主页和销售网页，由网络管理员专门处理有关产品的销售事务；另一种方法是企业委托信息服务商在其网点发布信息，企业利用有关信息与客户联系，直接销售产品。

2. 网络直接分销的优点

网络直销有许多优点：第一，能够促成产需直接见面。企业可以直接从市场上收集到真实的第一手资料，合理安排生产。第二，网络直销对买卖双方都会产生直接的经济利益。由于网络营销使企业的营销成本大大降低，从而使企业能够以较低的价格销售自己的产品，同时，消费者也能够买到大大低于现货市场价格的产品。第三，营销人员可以利用网络工具，如电子邮件、公告牌等，随时根据用户的愿望和需要，开展各种形式的促销活动，迅速扩大产品的市场份额。第四，网络直销使企业能够及时了解用户对产品的意见、要求和建议，从而使企业针对这些意见、要求和建议向顾客提供技术服务，解决疑难问题，提高产品质量，改善企业经营管理。

> JAD005 网络营销渠道的类型

（二）网络间接销售渠道

1. 网络间接销售的方法

网络间接销售这种形式也将成为未来网上购物的主流，即正在兴起并蓬勃发展的网上商城。这种形式越来越为人们所欢迎，影响范围也在逐渐扩大。网络商城与现实世界中的商城一样，聚集了来自多个厂商的产品，供消费者选择。

网络商城有很多优越之处：一是商城的交通量较大，人们在商城内可以找到满足不同需求的产品。二是加入网络商城既能从技术上受惠，又能获得订单，直接产生利润。从技术上受惠是指商城拥有一批设计者可以雇用，从而实现企业网站的创建和更新。三是网络商城在提升技术版本时，费用由众多厂商分摊。所以，很多厂商都希望把产品放在网络商城中。但是，从另一方面分析，如果不能很好地管理商城，则对厂商造成的恶劣影响会更深，所以要慎重选择商城。一个好的网络商城能为其中的厂商提供良好的营销管理和安全服务。

2. 网络间接销售的优点

网络间接销售在网络商品交易机构起着传统营销渠道的中间商作用，简化了市场交易过程。

中介机构成为连接买卖双方的枢纽，使网络间接销售成为可能，中国商品交易中心、商务商品交易中心、中国国际商务中心等都属于此类中介机构。此类机构在发展过程中仍然有很多问题需要解决，但其在未来虚拟网络市场的作用是其他机构所不能替代的。从经济学的角度分析，网络商品交易中介机构的存在之所以成为必然，有以下七个原因：

（1）网络商品交易中介机构能够以最短的渠道销售产品，满足消费者对商品价格的要求。

（2）网络商品交易中介机构能够通过计算机自动撮合的功能，组织商品的批量订货，满足生产者对规模经济的要求。这种具有功能集约的商品流转程式的出现，为从根本上解决工业发展中组货与订货的难创造了先决条件。

（3）由于是虚拟市场，这种机构可以全天候地常年运转，避免了时间上和时差上的限制。

（4）买卖双方的意愿通过固定的表格统一和规范的表达，避免了相互摩擦。

（5）中介机构所属的配送中心分散在全国各地，可以最大限度地减少运输费用。

（6）网络交易严密的支付程序，使买卖双方彼此增加了信任感。显然，由于网络商品交易中介结构的规范化运作，减少了交易过程中大量的不确定因素，降低了交易成本，提高了交易成功。

（7）为信息的收集过程提供了便利。网络商品交易中介机构本身是一个巨大的数据库，其中聚集了全国乃全世界的众多广商，也聚集了成千上万种商品。这些厂商和商品实行多种分类，可以从各个不同的角度进行检索。买卖双方完全可以在不同的地区、不同的时间，在同一个网址上查询不同的信息，方便地交流不同意见。

四、营销渠道系统设计影响因素

> JAD006 营销渠道系统设计影响因素

营销渠道系统设计影响因素有商品因素、市场因素、竞争者、制造商、环境因素。

（一）商品因素

（1）价值大小。一般而言，商品单个价值越小，营销渠道越多，路线越长。反之，单价越高，路线越短，渠道越少。

（2）体积与重量。体积过大或过重的商品应选择直接或中间商较少的间接渠道。

（3）时尚性。对式样、款式变化快的商品，应多利用直接营销渠道，避免不必要的损失。

（4）技术性和售后服务。具有高度技术性或需要经常服务与保养的商品，营销渠道要短。

（5）产品数量。产品数量大往往要通过中间商销售，以扩大销售面。

（6）产品市场寿命周期。产品在市场寿命周期的不同阶段，对营销渠道的选择不同的，如在衰退期的产品就要压缩营销渠道。

（7）新产品。为了较快地把新产品投入市场、占领市场，生产企业应组织推销力量，直接向消费者推销或利用原有营销路线展销。

（二）市场因素

（1）潜在顾客的状况。如果潜在顾客分布面广，市场范围大，就要利用长渠道，广为推销。

（2）市场的地区性。国际市场聚集的地区，营销渠道的结构可以短些，一般区则采用传统性营销路线即经批发与零售商销售。

（3）消费者购买习惯。顾客对各类消费品购买习惯，如最易接受的价格、购买场所的偏好、对服务的要求等均直接影响分销路线。

（4）商品的季节性。具有季节性的商品应采取较长的分销路，要充分发挥批发商的作用，则渠道便长。

（5）竞争性商品。同类商品一般应采取同样的分销路线，较易占领市场。

（6）销售量的大小。如果一次销售量大，可以直接供货，营销渠道就短；一次销售量少就要多次批售，渠道则会长些。

在研究市场因素时，还要注意商品的用途，商品的定位，这对选择营销渠道结构都是重要的。

（三）竞争者

一般地说，制造商要尽量避免和竞争者使用一样的分销渠道。如果竞争者使用和控制着传统的渠道，制造商就应当使用其他不同的渠道或途径推销其产品。

其中，消费者的消费习惯主要指的是以下两点：

（1）费者对不同的消费品有不同的购买习惯，这也会影响分销渠道的选择。

（2）费者一般者是购买次数多，每次购买数量小。

（四）制造商

公司的"产品组合"之所以会影响分销渠道选择，那是因为在客观上存在着这种产销矛盾。从制造商方面说，销售批量要较大（假设产品都是单价不高的一般消费品）才比较合算，否则如果销售次数频繁，销售批量小，那就不合算。从零售商方面说，除少数大零售商外，一般中小零售商的进货，要多品种多规格，小批即产品的种类、型号规格多，制造商可能直接销售给各零售商，这种分销渠道是较短而宽的；反之，如果制造商的"产品组合"的宽度和深度小（即产品的种类、型号规格少），制造商只能过批发商、许多零售商转卖给最后消费者，这种分销渠道是较长而宽的。

（五）环境因素

1. 环境因素的分类

影响渠道结构和行为的环境因素既多又复杂，但可概括为如下几种，即社会文化环境、经济环境、竞争环境等。

（1）社会文化环境包括一个国家或地区思想意识形态、道德规范、社会风气、社会习俗、生活方式、民族特性等许多因素，与之相联系的概念可以具体到消费者的时尚爱好和其他与市场营销有关的一切社会行为。

（2）经济环境是指一个国家或地区的经济制度和经济活动水平，它包括经济制度的效率和生产率，与之相联系的概念可以具体到人口分布、资源分布、经济周期、通货膨胀、科学技术发展水平等。

（3）竞争环境是指其他企业对某分销渠道及其成员施加的经济压力，也就是使该渠道的成员面临被夺市场的压力。竞争会影响渠道行为。任何一个渠道成员在面临竞争时有两种基本选择：一是跟竞争对手进行一样的业务活动，但必须比竞争对手得更好；二是可以做出与竞争对手不同的业务行为。

2. 环境对渠道行为的具体影响

环境对渠道行为的影响一般表现在以下三个方面：

（1）环境因素中的消费需求变化因素和社会行为变化因素是直接影响渠道行为的因素，渠道成员应保持敏锐的观察力，从这些因素的变化中寻找市场机会。

（2）形成的社会价值观念是时时刻刻影响渠道行为的重要因素。社会价值观念所反映的思想观念、道德行为准则、社会习俗和风气，实质上代表了社会的意志和广大消费者的意志，任何渠道成员必须在符合社会价值观念下营运。

（3）渠道成员的业务行为符合社会价值观念，就会取得信誉，反而也就会赢得市场。

第二部分

初级工操作技能及相关知识

模块一　相关知识

项目一　处理账务

（一）Microsoft Office Word 2003 的创建文档

1. 认识 Office 2003 中文版
1）启动与退出 Word 2003 的方法
（1）启动 Word 2003 的方法。

CBA001 启动 Word

①单击 Windows 任务栏中的"开始"按钮，将鼠标指针移动到"所有程序"命令，再单击它的级联菜单中的"Microsoft Office Word 2003"即可启动 Word 2003 了。

②在 Windows XP 桌面上，双击"Microsoft Office Word 2003"的快捷方式，即可启动 Word 2003。

③单击"开始"菜单中"Microsoft Office Word 2003"快捷方式也可启动 Word 2003。

④在 Windows XP 桌面上，右击"Microsoft Office Word 2003"的快捷方式，单击打开命令，即可启动 Word 2003。

⑤使用运行命令：单击"开始"菜单中的"运行"命令，在"打开"列表框中输入"winword.exe"，单击"确定"按钮即可启动 Word 2003。

⑥使用已有 Word 文档：双击一个 Word 2003 文档，即可启动 Word 2003。

CBA002 退出 Word

（2）退出 Word 2003 的方法。
①单击标题栏上"关闭"按钮，即可退出 Word 2003。
②单击"文件"菜单中的"退出"命令，即可退出 Word 2003。
③使用"Alt+F4"组合键，即可退出 Word 2003。
④右击标题栏，然后选择"关闭"命令，即可退出 Word 2003。
⑤按下键盘上的 Alt 键，然后按 F 键，再按 X 键，即可退出 Word 2003。
⑥双击标题栏左边的"控制菜单"按钮，即可退出 Word 2003。
⑦单击标题栏左边的"控制菜单"按钮，再单击"关闭"命令，即可退出 Word 2003。

2）Word 2003 窗口的组成
Word 2003 窗口包括标题栏、菜单栏、工具栏、编辑区、标尺、滚动条、视图切换区、任务窗格及状态区等。

CBA003 Word 2003 操作界面的组成

（1）标题栏。
标题栏用来显示控制图标、当前所编辑文档的标题名称及当前所启动的应用软件名称。当 Word 2003 启动后，Word 2003 建立了一个新的名为"文档1"的空文档。单击标题栏左上角的"控制菜单"按钮，或在标题栏上右击，即可弹出一个对话框，对话框中包含了一些命令项，其功能如下：

① "还原"可将原本呈最大化或者最小化的窗口还原到未最大化（最小化）以前的状态。

② "移动"选择该菜单项后，用户可以通过键盘上的上下左右键来移动窗口的位置。

③ "大小"选择该菜单项后，用户可以通过键盘的上下左右键来改变窗口的大小。

④ "最小化"可将当前所启动的窗口最小化。可以将应用程序窗口缩小成一个图标显示在任务栏中，单击该图示，又可以恢复成原来的大小。

⑤ "最大化"可将当前所启动的窗口最大化。

⑥ "关闭"可关闭当前的 Word 2003 窗口。

CBA004 菜单栏的使用

（2）菜单栏。

① Word 2003 菜单栏由 9 个下拉菜单组成，它们分别是"文档""编辑""视图""插入""格式""工具""表格""窗口"和"帮助"。

在 Word 2003 中，为了满足不同用户的需求，Office 允许用户将自己常用的、分布在不同菜单下的菜单命令集中在一起，从而自定义个性化的菜单项。在 Word 2003 中，将鼠标指针移至相应的菜单选项上，单击鼠标左键即可执行相应的菜单命令。当下拉菜单中某个菜单项的后面有▶符号时，将鼠标指针移至该选项时即可打开它的级联菜单。要想打开菜单中折叠起来的菜单选项，可将鼠标指针移至"展开"按钮所在行，停顿数秒后即可显示全部菜单选项。

② 在 Word 2003 菜单中，当选择有省略号的菜单命令时，一般会打开一个对话框，一个对话框也可含有多个选项卡。对话框通常由标签、文本框、列表框、单选按钮、复选框、命令按钮组成。对每个需要从模板对话框中删除的选项卡，单击选项卡名称旁边的箭头，然后单击无法使用，再单击更新按钮，下次打开模板对话框时，被删除的选项卡就消失了。对话框中的单选按钮用于从一组相关选项中选择某一选项。在打开对话框要想使某些设置生效，需要单击"确定"按钮。

CBA005 工具栏的使用

（3）工具栏。

工具字段于菜单栏的下侧，由很多种工具按钮排列而成，分别对应着特定的操作功能。工具栏的使用可使 Word 2003 操作变得更方便简捷，用户可以通过单击鼠标左键来执行工具栏上各按钮相应的操作命令。在 Word 2003 中一共有 23 种工具栏，系统默认打开"常用"工具栏和"格式化"工具栏。其余的工具栏可以在需要时打开。有下列两种方法来打开所需要的工具栏：

① 可以通过打开"视图"中的"工具栏"选项，加载该项下一级菜单中的各选项。

② 将鼠标位于菜单栏或工具字段置，单击右键打开工具栏选择子菜单。在这个子菜单中同样可以加载需要的工具栏。处于显示状态的工具栏前有复选标记"√"号，没有复选标记的工具栏处于隐藏状态。

如果用户使用的显示器具有较高的分辨率，显示的按钮会变得太小，以致于看不清。此时，用户可以在"工具"菜单中使用"自定义"命令，在"选项"选项卡选择"大图标"复选框。用户不仅可以显示和隐藏不同类型的工具栏，也可以在工具栏上改变当前所显示在屏幕上的功能按钮，提供了极大的灵活性。

2. 文档的基本操作

1）创建新文档

（1）创建新文档的方法。

①通常情况下，启动 Word 2003 后系统都会自动地创建一个标题为"文档1"的新的空白文档，文档的扩展名是".doc"。

②单击常用工具栏中"新建空白文件"按钮，即可创建一个新的空白文档。

③使用"Ctrl+N"组合键创建一个新的空白文档。

④单击"文件"菜单中的"新建"命令，在打开的"新建文件"任务窗格中选择"空白文件"选项也可以创建一个新的空白文档。

⑤使用模板创建新文件：单击"文件"下的"新建"命令，在打开的"新建文件"任务窗格中选择"本机上的范本…"选项，在打开的"范本"对话框中，用户可以在不同的选项卡中选择自己需要的 Word 2003 预设范本，再单击"确定"按钮即可。

（2）输入文档。

①输入法的切换方法。

a. 用鼠标单击任务栏上的"输入法"图示，再选择想要的输入法即可进行输入法间的切换。

b. 使用"Ctrl+空格键"组合键能完成中/英文输入法的切换。

c. 使用"Ctrl+Shift"组合键可以进行输入法之间的切换。

d. 使用"Alt+Shift"组合键可以进行语种间的切换。

e. 单击任务栏中的"小键盘"图示，即可在不同的输入法之间切换。

f. 全角/半角的切换，使用"Shift+空格键"组合键来完成。

②插入与改写状态。

在 Word 2003 的文本输入方式中，按"Insert"键可以在"插入"和"改写"状态之间进行切换。当处于插入状态时，状态区上的改写框为灰色。输入想输入的文本，则原有的文本将向后移动，此时游标的位置将由覆盖在字符上变为显示在该字符前。在 Word 2003 插入模式下，按"Insert"键即切换为改写模式，状态区上的改写框为黑色。当键入文字的时候，插入点后边原有的文字消失了。

③插入符号。

Word 2003 "符号"对话框大小是可以改变的。Word 2003 中的插入"符号"命令在插入菜单中，可以使用"符号"对话框输入键盘上没有的符号。例如，要给"Microsoft"后加上其版权符号，应用"插入"菜单中的符号命令。在 Word 2003 中，特殊字符在"符号"对话框中，"符号"对话框中会显示近期使用过的 16 个符号。

④选取文档内容的方法。

在 Word 2003 中，在对文本或图形进行诸如移动、删除、格式化等操作之前，首先要选定文本内容或图形。常用的选定方法有以下几种：

a. 首先将鼠标指针"I"定位在需要选定文本的开始位置，然后按住鼠标左键不放将其拖动至要选定的文本的结束位置处释放鼠标左键即可。

b. 将鼠标指针移至，此时鼠标会变成斜向右上的箭头，若要选定一整行文本，可以将鼠标移到此行左侧的选定栏空白处，单击鼠标即可；可以用鼠标双击该段落的选定栏即可，也可以在该段内任意用位置三击鼠若要选定一段文本标左键；若要选定整篇文件，可以用鼠标三击选定栏即可。也可以使用"Ctrl+A"组合键。

　　c.选定连续的文本：可以将插入点游标首先定位在起始位置，然后按住 Shift 键不放，并在选定范围的末尾处单击鼠标左键即可。

　　d.选定不连续的文本：首先选中第一处文本的内容，然后按住 Ctrl 键不放，并使用鼠标拖动的方法依次选中其他需要选定的内容，选择完成后释放 Ctrl 键即可。

　　e.若要选定一块垂直的文本，先将鼠标移到这块文本区域的左上角，然后按住键盘上的 Alt 键并同时向下向右拖动鼠标就可以选中成块的文本。

　　f.若要选择一句文本，按住 Ctrl 键，再单击句子中的任意位置。

⑤文本的输入。

<u>CBA019 文本输入</u> a.在 Word 2003 中，要输入汉字，必须切换到中文输入法状态下。

b.在 Word 2003 中，要输入汉字，插入点指示输入文本将出现的位置，插入点从左到右移动。

c.打开一篇 100 页的 Word 2003 文档，要在第 80 页进行编辑输入，快速的将光标移到第 80 页，可以使用编辑菜单中的定位命令。

Word 2003"自动更正"功能可以自动检测和更正键入错误、错误拼写的单词和不正确的大写，比如，如果键入"This is theh ouse"和一个空格，"自动更正"将键入的内容替换为"This is the house"。

<u>CBA012 文本的插入</u> ⑥插入文本的方法。

当在输入文本的过程中，漏掉或增加某些内容时，就需要通过插入文本的功能来实现。将插入游标定位在需要插入文本的位置，待其变成"I"形状时单击鼠标左键，然后输入新的内容即可。也可按"Ctrl+Home"键，可将插入点快速移到文档的开头。按"Ctrl+End"键，可将插入点移到文档的快速末尾。

Word 2003 提供了输入当前系统日期和时间文本的功能，以尽可能减少用户的输入工作量。

<u>CBA008 打开文档</u> 2）打开文档的方法

（1）单击"文件"菜单中的"打开"命令，弹出"打开"对话框，在"查找范围"下拉列表框中选择要打开文件所在的位置，或者使用该对话框左侧的按钮直接打开文件所在的位置，在文件和文件夹窗口中选中需要打开的文档，单击"打开"按钮即可。或者在要打开的档上直接双击也可以打开此文档。

（2）使用常用工具栏上的"打开"按钮。

（3）使用快捷键"Ctrl+O"。

（4）在 Windows 资源管理器中，找到要打开的 Word 2003 文件，双击该文件图标，系统将自动打开该文档。

（5）打开最近使用过的 Word 2003 文档的最快方法是单击"文件"菜单中最近使用过的文档。

（6）在 Word 2003 在默认设置下，"文件"菜单中会显示 4 个最近使用的文档。

在 Word 2003 中，工具栏上的"打开"按钮、"文件"菜单的"打开"命令和快捷键"Ctrl+O"三者的功能完全相同。

<u>CBA009 保存文档</u> 3）保存文档的方法

（1）单击"文件"菜单的"保存"命令。如果用户正在保存的是一份新的文件，系

统将打开"另存为"对话框。在该对话框的"保存位置"列表框中选择一个保存文件的位置。或者用户也可以直接从"另存为"对话框左侧的按钮中选择保存位置,它能直接指向要保存的位置上,大大提高工作效率。在该对话框的"文件名"文本框中输入名称。单击"保存"按钮即可。

(2)使用常用工具栏上的"保存"按钮。

(3)使用快捷键"Ctrl+S"。

(4)依次打开三个 Word 2003 文档,每个文档都有修改,修改完后为了一次性保存这些文档,正确的操作是按住 Shift 键,同时单击"文件"菜单"全部保存"命令。

(5)Word 2003 具备自动保存功能,即在一定时间内能自动保存一次文档。

4)对话框的使用

(1)对话框的组成。

在 Word 2003 中,一个典型的对话框通常由标签、文本框、列表框、单选按钮、复选框、命令按钮组成。

(2)设置对话框。

在 Word 2003 菜单中,当选择有省略号的菜单命令时,一般会打开一个对话框。可以根据需要进行选择设置,设置完毕后单击"确定"按钮即可。

> CBA007 对话框的使用

5)文档的属性

在 Word 2003 中,自定义属性是由用户定义的属性,自动更新属性包括由 Microsoft Office 应用程序为用户维护的统计信息等。

> CBA010 文档的属性

(1)打开自定义属性对话框方法。第一步:打开文档,单击文件,出现下拉框;第二步:在下拉框中单击属性,在出现界面中,单击对话框的自定义属性,在此设置和修改自定义属性;最后单击确定按钮。

(2)自定义属性对话框包括:常规、摘要、统计、内容、自定义等选项卡。

3.修改文本

1)清除文本的方法

> CBA018 删除操作

在编辑文本的过程中,如果输入了错误的或者多余的文本,则需要将其删除。使用 Backspace 键可以删除插入点光标左边的文本,使用 Delete 键可以删除插入点游标右边的文本。当需要删除的文本内容很多时,可采用以下方法完成。

(1)选定要删除的文本内容,然后单击"编辑"菜单中的"清除"命令的子命令"内容",或者直接按下 Delete 键即可删除选定的文本内容。

(2)选定要删除的文本内容,然后直接单击"常用"工具栏上的"剪切"按钮(或者使用快捷键"Ctrl+X"),即可删除选定的文本内容。

2)撤销和恢复命令

> CBA016 撤销操作

即便是熟练的用户在编辑文本的过程中也不可避免地会出现一些错误的操作,例如,误删除一段文本或者改错了某个文字等,这时就需要使用撤销和恢复功能。

> CBA017 恢复操作

(1)撤销命令。

撤销操作是指将文档当前状态恢复到之前状态。常用的撤销操作主要有以下几种:

①使用组合快捷键"Ctrl+Z"。

②单击"常用"工具栏上的"撤销"按钮。

③单击"编辑"菜单中的"撤销"命令。

如果只想撤销一次操作，可以使用组合快捷键"Ctrl+Z"。撤销功能可以撤销多次最近的操作，具有悔改的功能。

（2）恢复命令。

恢复操作是撤销操作的反向操作，它将文档当前状态恢复到撤销操作之前的状态。常用的恢复操作主要有以下几种：

①使用组合快捷键"Ctrl+Y"。

②单击"常用"工具栏上的"恢复"按钮。

③单击"编辑"菜单中的"恢复"命令。

如果只想恢复一次操作，可以使用组合快捷键"Ctrl+Y"。恢复命令可以恢复最近多次的操作，具有悔改的功能。

3）剪切命令

常用的剪切操作主要有以下几种：

（1）使用组合快捷键"Ctrl+X"。

（2）单击"常用"工具栏上的"剪切"按钮。

（3）单击"编辑"菜单中的"剪切"命令。

（4）右击鼠标左键，选择"剪切"命令。

剪切命令和 Delete 键虽然都有删除选中文本的功能，但是它们有一定的区别。使用"Ctrl+V"组合键可将剪切到 Office 的剪贴板中文本粘贴回来，但 Delete 键删除的文本是粘贴不回来的。

4）复制与粘贴命令

（1）复制命令。

[CBA014 文本的粘贴] 常用的复制操作主要有以下几种：

①使用组合快捷键"Ctrl+C"。

②单击"常用"工具栏上的"复制"按钮。

③单击"编辑"菜单中的"复制"命令。

④右击鼠标左键，选择"复制"命令。

（2）粘贴命令。

常用的粘贴操作主要有以下几种：

①使用组合快捷键"Ctrl+V"。

②单击"常用"工具栏上的"粘贴"按钮。

③单击"编辑"菜单中的"粘贴"命令。

④右击鼠标左键，选择"粘贴"命令。

5）选择性粘贴命令

用户使用"选择性粘贴"功能可以有目的地对所复制内容进行格式、数值或公式的粘贴。

常用的选择性粘贴操作主要有以下几种：

（1）使用组合快捷键"Alt+E+S"。

（2）单击"编辑"菜单中的"选择性粘贴"命令。

例如，如果只需要源文件中的纯文字，不想要格式、图片等，只需打开"选择性粘贴"对话框，选中"无格式文本"，再单击"确定"按钮即可。

若将剪贴板中的内容以 HTML 格式粘贴到文中的游标处，只需打开"选择性粘贴"对话框，选中"HTML 格式"，再单击"确定"按钮即可。

如果在"选择性粘贴"对话框的"粘贴"区域中选择了"公式"，则只粘贴文本和公式，不粘帖字体、格式、边框、注释、内容校验等。

如果在"选择性粘贴"对话框中选择了"转置"，将被复制数据的列变成行，将行变成列。源数据区域的顶行将位于目标区域的最左列，而源数据区域的最左列将显示于目标区域的顶行。

6）移动文档与复制文档方法

（1）移动文档。

> CBA015 文本的移动

在编辑文档的过程中经常需要移动文本，将文本移动到指定的位置就不需要再次输入同样的文本了。常用的移动文本的方法主要有以下两种。

①使用鼠标拖曳。

通常在近距离内移动文本时使用鼠标拖曳的方法。

具体操作如下：首先选定要移动的文本，然后将鼠标指针移动到选定的文本上并按住鼠标左键不放，拖曳到目的地位置时再释放鼠标左键，即可将选定的文本内容移动到相应的位置。

②使用剪贴板。

要将文本从一个位置移动到另一个位置，也可以通过使用剪贴板的方法来实现。具体操作如下：

a. 选定要移动的文本，然后单击"常用"工具栏上的"剪切"按钮（或者按下"Ctrl+X"组合键，或者单击"编辑"菜单中的"剪切"命令，或者按"Shift+Delete"组合键），这样选定的文本内容就会从原位置上删除，并暂时保存到 Windows 的剪贴板中。

b. 将插入点游标移动至目的地位置，然后单击"常用"工具栏上的"粘贴"按钮（或者单击"编辑"菜单中的"粘贴"命令，或者按"Ctrl+V"组合键，或者按"Shift+Insert"组合键），即可将之前剪切掉的文本内容移动到当前位置。

（2）复制文档。

> CBA013 文本的复制

当文本中有大段内容相同时，可以通过复制与粘贴编辑文本。

①使用菜单命令。

首先选定要复制的文本，然后单击"编辑"菜单中的"复制"命令，将将插入点游标移动至目的地位置，然后单击"编辑"菜单中的"粘贴"命令。

②使用鼠标拖动。

通常在近距离内复制文本时使用鼠标拖动的方法。

具体操作如下：首先选定要复制的文本，然后按住 Ctrl 键不放，将鼠标指针移动到选定的文本上，按住鼠标左键不放，将其拖曳到目的地位置后释放即可。

③使用鼠标右键。

首先选定要复制的文本，然后按住鼠标右键不放，将其拖曳到目的地位置后释放，在弹出的快捷菜单中选择"复制到此位置"命令即可。

④使用工具按钮。

首先选定要复制的文本，然后单击"常用"工具栏上的"复制"按钮，将插入点游标移动至目的地位置，然后单击"常用"工具栏上的"粘贴"按钮即可。

⑤使用快捷键。

首先选定要复制的文本，按"Ctrl+C"组合键，将选定的文本保存到 Windows 的剪贴板中，将插入点游标移动至目的地位置，然后按"Ctrl+V"组合键即可将 Windows 的剪贴板中的文本内容复制到指定的位置。

4. 查找与替换

[CBA023 查找命令] 1）查找操作

（1）单击"常用"工具栏上的"查找"按钮（或者使用"Ctrl+F"组合键，或者单击"编辑"菜单中的"查找"命令，或者双击文件窗口的状态区，或者按 F5 键），打开"查找和替换"对话框，然后切换到"查找"选项卡。

（2）在"查找内容"文本框中输入需要查找的内容，然后单击"查找下一处"按钮，系统就会自动地在文档中依次查找，并将找到的结果以反白的方式显示在文件中。

（3）完成查找后，单击"取消"按钮（或者单击对话框右上角的关闭按钮），即可关闭"查找和替换"对话框。

Word 2003 的查找和替换功能十分强大，能够使用通配符进行复杂的查找。查找功能使用户能够迅速找出指定的文本、格式和样式等。在"查找和替换"对话框中，用户可在"查找内容"组合框中输入要查找的字符串，字符串最长为 255 个字符。

[CBA024 替换命令] 2）替换操作

（1）单击"常用"工具栏上的"查找"按钮（或者使用"Ctrl+H"组合键，或者单击"编辑"菜单中的"替换"命令，或者双击文件窗口的状态区，或者按 F5 键），打开"查找和替换"对话框，然后切换到"替换"选项卡。

（2）在"查找内容"文本框中输入需要查找的内容，然后在"替换为"文本框中输入需要替换的内容。

（3）此时如果单击"替换"按钮，系统会自动地替换当前找到的内容；如果单击"查找下一处"按钮，系统会忽略当前找到的内容，继续查找下一处符合替换的内容；如果单击"全部替换"按钮，系统就会自动地替换该文档中所有符合替换的内容，并在替换完成后弹出提示信息对话框。

[CBA025 字体设置] 5. 字符格式化

默认字体应用于基于活动模板的新文档。不同的模板可能会使用不同的默认字体设置。

1）字体的设置方法

（1）要改变字体，首先选定要修改的文字，然后在"格式"工具栏上，选择"字体"框内所需字体的名称。

（2）要改变字体，首先选定要修改的文字，然后在"格式"菜单上，选择"字体"命令，在"字体"对话框中字体框里所需字体的名称，单击确定按钮。

（3）选中要改变字体的文字右击鼠标，在弹出的菜单中选择字体命令，在"字体"对话框中字体框里所需字体的名称，单击确定按钮。字体对话框字体标签包括：中文字体、西文字体、字体颜色、效果等内容。

[CBA026 字号设置] 2）字号的设置方法

（1）要改变字号，首先选定要修改的文字，然后在"格式"工具栏上，选择"字号"

框内所需字号的名称。在字号框内还可以输入磅值。

（2）要改变字号，首先选定要修改的文字，然后在"格式"菜单上，选择"字体"命令，在"字体"对话框中字号框里所需字号，单击确定按钮。

（3）选中要改变字号的文字右击鼠标，在弹出的菜单中选择字体命令，在"字体"对话框中字号框里所需字号的名称，单击确定按钮。

3）字形的设置方法

字形包括常规、倾斜、加粗、加粗倾斜

> CBA027 字形设置

（1）要改变字形，首先选定要修改的文字，然后在"格式"工具栏上，单击"加粗"按钮，可将选中文本以粗体显示，其快捷键为"Ctrl+B"。

（2）要改变字形，首先选定要修改的文字，然后在"格式"菜单上，单击"倾斜"按钮，可将选中文本以斜体显示，其快捷键为"Ctrl+I"。

（3）选中要改变字号的文字右击鼠标，在弹出的菜单中选择字体命令，在"字体"对话框中字形框里所需字形，单击确定按钮。

（4）单击"下划线"按钮，可为选中文本加上下划线，其快捷键为"Ctrl+U"。若单击"下划线"按钮右侧的小三角按钮，则可打开一个下拉菜单，从中可选择下划线的线型号和颜色。

6. 设置字符间距、字符上下标

> CBA028 上下标的使用

1）设置字符间距

（1）调整字符间距的方法。

①对选中调整字符间距文本，在格式菜单中，单击"字体"命令，在字体对话框中，选择"字符间距"选项卡，单击"间距"框中的"加宽"等选项，并在"磅值"框中指定要调整的间距的大小。

②对选中调整字符间距文本，右击鼠标，在弹出的菜单中选择"字体"命令，在字体对话框中，选择"字符间距"选项卡，单击"间距"框中的"加宽"等选项，并在"磅值"框中指定要调整的间距的大小。

（2）字符间距选项卡中内容简介。

字符间距选项卡在字体对话框中，主要包括缩放、间距、位置。

①缩放：选定要缩放的文字，在缩放框下拉列表中可以选择其缩放比例，也可以自己输入缩放比例。

②间距：间距下拉框中包括标准、加宽、紧缩，根据实际需要可以在磅值框中输入相应的磅值调整字符间距。

③位置：位置下拉框中包括标准、提升、降低，根据实际需要可以在磅值框中输入相应的磅值调整字符位置。

2）设置字符上标或下标的方法

Word 2003 中，上标是比同一行中其他文字稍高的文字；下标是比同一行中其他文字稍低的文字，上下标通常用于科学公式中。

（1）选中要设置上下标的字符，在格式菜单中，单击"字体"命令，在字体选项卡中，把上标过下标的复选框选中，单击确定按钮。

（2）选中要设置上下标的字符，右击鼠标，在弹出的菜单中，单击"字体"命令，在字体选项卡中，把上标过下标的复选框选中，单击确定按钮。

（二）验收的概念

CBA029 物资验收的概念

物资经过接运到达仓库由仓库保管工签收后，即进入验收入库阶段。

在实际工作中，物资验收可分为入库物资验收、直达现场物资验收、进口物资验收、应急物资验收。本章主要讲述入库物资验收，其他类型验收可参考《物资到货质量检验管理规范》（Q/SY 1474—2012）相关规定。

验收是指仓库保管部门根据物资入库通知单及有关资料，按照合同以及有关技术标准，对入库物资进行数量点检和质量检查，以验证其是否符合规定的一项技术性工作。

入库物资质量检验分两个方面：

一是由仓库承担的一般性检验。在《物资到货质量检验管理规范》（Q/SY 1474—2012）中一般性检验的定义为：根据标准和要求，对到货物资的资料、数量、外观质量进行的检验。

二是由有资质的专业检验机构进行理化检验。《物资到货质量检验管理规范》（Q/SY 1474—2012）中理化检验的定义为：根据标准和要求，应用物理或化学的技术方法，采购理化检验的设备或化学物质，按一定的测量或试验要求对物资进行的检验。

（三）物资验收的程序和方法

CBA030 物资验收准备内容

物资验收作业按验收准备、核对证件、检验实物、填写记录、问题处理、制单登账、堆码上架就位，建卡建档的程序进行。

1. 验收准备

（1）根据所到物资的性质、形状、数量，确定存放的地点、位置、堆码垛形和保管方法。

（2）准备堆码、苫垫材料，准备装卸、搬运所需的设备、机具、人力，对特殊性物资还必须准备防护用品及采取必要的防护措施。

（3）准备校对合格的检测工具和计量仪器。

（4）收集、核对和掌握验收凭证、单据和有关资料。

（5）对必检物资、进口物资应及时通知物资检验和验收的部门，协同做好物资验收准备。

CBA031 物资验收核对证件的要求

2. 核对证件

所谓核对证件就是将供货单位提供的质量证明书、合格证、发货明细表等证件，与业务主管部门或存货单位提供的入库通知单和订货合同进行核实、查对，相符后才能进行实物验收。物资验收必须核对的有关证件和凭证有：

（1）业务主管部门或存货单位提供的入库通知单、订货合同或协议书等。入库通知单是仓库据以验收物资的凭证。订货合同是验收的依据，仓库保管工应严格按照合同规定和入库通知单进行验收。

（2）供货单位提供的质量证明书、合格证、说明书、装箱单、磅码单、发货明细表等。

（3）承运部门提供的运单、提运通知单。若在物资接运时，对在入库前发生物资残损和原损的，还应核对普通记录或商务记录。

CBA032 物资验收中数量检验的方法

3. 检验实物

检验实物是指收货单位在具备验收条件后，按照一定程序和手续，对入库物资进行数量和质量检查。各单位在实际工作中，按单位管理要求，执行中国石油天然气集团公司《物资到货质量检验管理规范》（Q/SY 1474—2012）、《物资　仓储技术规范》（Q/SY 13123—2017）、《物资仓储管理规范》（Q/SY 13281—2017）等标准及企业制度。

1）数量检验

数量检验是保证物资数量准确所不可缺少的步骤，它通常在物资质量检验前或同时进行。它是核对到库物资的品名、规格、型号、件数、重量、长度等与入库通知单、运单、发货明细表等资料是否相符的一项工作，通常由保管员负责进行。因此，在进行物资数量验收时，应按合同规定的计量方法验收。

（1）物资数量检验常用的方法。

①点件复衡法：对按标准重量包装的物资，验收时先点清件数，再按件数复验重量。

②整车复衡法：对大宗散装进库物资，如煤炭、砂、石、灰等，验收时将车皮引入专用的"轨道衡"复验重量。

③点件查数法：对按件、只、台等计量进库的物资的检数方法，即逐件、逐只、逐台进行点数加总求值。

④理论重量检尺换算法：对定尺的板材、管材及其他型材等进行检尺，然后根据理论计算公式换算成重量。

（2）全检和抽检。

CBA033 数量检验的全检与抽检方法

根据物资的供货状况、包装的完好程度、证件的完备程度及供方的质量保证等，对物资进行数量检验时，可分别采用全检和抽检。

①全检。对到库物资的数量全部进行复验和查对即为全检。在一般情况下，按重量交货的应全部检斤计量，国产计重物资一律按净重计算，数量可按磅码单进行复磅。

②抽检。根据到货情况，抽取其中一部分物资进行数量验收，据此推算出全部物资的数量。凡有下列情况之一者，可采取抽检方法：

a.国内产品与生产企业关系比较稳定，供货企业质量信誉较高，供货数量大，证件齐全，包装完整者。

b.包装严密，打开包装易损坏物资质量或不易恢复包装者。

c.理论换算的物资、规格整齐划一并且按件标明重量者。

（3）物资数量检验的具体要求。

①单台（件）、计件交货的物资。

CBA034 物资数量检验的具体要求

a.逐台（件）进行数量清点，相加求和。

b.带有附件的成套设备，应逐件清点主件、附件、零配件和随机工具是否配套齐全。

c.数量大、定量装物资，在包装完整无损的情况下，可抽样检验，抽样比例一般为20%，最少不低于5%（合同有约定的，按合同约定执行）。发现数量不符的，可扩大抽验比例，直至全部检验。

②计重交货的物资。

a.不带包装的物资检斤率为100%。

b.带包装的物资毛重检斤率为100%，清点件数为100%。

c.有标量（标量误差在标准规定范围之内）或标准定量包装的物资，按标量计算，并按物资属性参照相关标准规定抽检。抽检无问题，对包装完好的全部清点件数；抽检有差异时，应扩大抽检直至全部检验。

d. 理论换算计重的物资,定尺的检尺率为10%~20%;非定尺的检尺率为100%。

e. 贵重金属材料和剧毒物资100%称重。

③以体积为计量单位交货的物资检尺计算求得体积。

④对开箱或开包装后会影响存贮和质量性状、合同中未进行规定的物资,应与供应商、使用单位、检验机构协商抽检率。

CBA035 物资外观检验内容

2）质量检验

物资质量检验是一项技术性较强的业务,分为物资外观质量检验和物资内在质量检验。

(1) 物资外观质量检验。

物流外观质量检验是指查验物资表面有无水渍、潮湿、发霉、溶化、老化、生锈、异味、变质、变色、损伤等异状以及尺寸偏差等缺陷。

①物资外观检验内容。

a. 物资的包装物是否完好。

b. 物资是否被撞击、挤压而导致的破碎、变形等。

c. 金属材料的外表是否有锈蚀。

d. 物资是否因淋雨、雪等外部因素而出现受潮、霉变、虫蛀、老化及被污染。

e. 物资的整体外形、装饰是否有缺陷、损坏。

f. 物资的标牌、标志、合格证、生产日期、厂名、厂址等相关物资信息标识是否完整、清晰。

CBA036 物资外观检验要求

②物资外观检验要求。

a. 物资到库后,验收人员根据发货单位的原始资料和到货通知单、装箱单、质量证明书等,按大件核对产品名称、规格、型号、箱件数量,检查外包装是否完好;验收人员对大件核查无误后开箱验收,逐箱（件）清点数量。

b. 凡是入库物资一般都应进行外观检验。物资外观检验应按订货合同、检验规定或到货通知单进行。

c. 入库物资外观检验须按规定时间完成。零星料3天以内验收完,批量物资5天以内验收完,整车物资7天以内验收完,整列物资10天以内验收完。贵重物资和危险品应随到随验。

d. 带包装的金属材料,外观质量缺陷按合同和有关规定抽检,无规定的其抽检率为5%~10%;不带包装的要在检尺、检斤、点数过程中,注意目测外观质量缺陷。

e. 入库时在10台以内的机电产品,要开箱查看物资本体外观是否有锈蚀、水渍、缺件、残损,资料是否齐全等。检验率为100%;100台以内的抽检不得小于10台;起重运输设备外观缺陷检验率为100%。

f. 入库批量在100台以上的机电产品及定量包装的小件产品,要开箱检验物资表面缺陷,抽检率为10%。

g. 其他易于发霉、变质、受潮、变色、污染、虫蛀、机械性损伤、破损的物资抽检率为5%~10%。

h. 仪器仪表外观质量缺陷检验率为100%。

i. 尺寸偏差抽检率为2%~3%（企业有特殊要求的,按企业要求抽检）。

j. 对物资外包装质量缺陷检验率为100%。

在物资外观质量检验中发现的各种缺陷,应做详细记录,对于外观缺陷严重,影响到物资性能和使用的,不能正式码垛,要做好标记单独堆放保管,在处理之前不能动用。

(2)物资内在质量检验。

物资内在质量检验是指对物资的化学成分和物理性能的检验。通常由专业技术检验部门负责进行,由仓库保管人员按照产品质量检验的有关规定取样送检。

(四)物资验收记录及管理

> CBA037 建立物资验收记录

物资验收记录是物资验收入库时,对物资数量验收、质量检验等验收活动的综合记载。物资验收记录可作为索赔依据和入库凭证。

1. 物资验收记录的内容

验收记录包括以下内容:

(1)车号、运单号、合同号、发站、供货单位。

(2)物资的名称、规格型号、应收数量、实收数量。

(3)到库及验收时间。

(4)物资的计量及质检情况。

(5)责任人签章,如交料人、验收人等。

(6)验收中的问题及处理情况,如查询、报损、事故等。

验收记录是对退货、换货、拒付、拒收以及索赔查询的主要依据,验收记录由验收人填写。

2. 物资验收记录的管理

验收记录是物资保管基础资料之一,填写应齐全、准确,装订成册,并分类归档管理,以备质量查询。

(五)物资入库手续及账卡的建立

> CBA038 办理物资入库手续

物资一经验收完毕,就应办理签收、建账、立卡、建档等一系列入库手续。

1. 签收

物资经过验收合格或验收中的问题已处理完毕的,均要办理物资入库手续。经专职检验人员检验的物资由验收人员或技术管理部门填写入库通知单,并附检验记录单、磅码单、产品合格证、装箱单等有关资料凭证,一并交保管员验收。由保管人员验收的物资应由另一名指定人员核验,以证实该批物资已经验收合格或问题处理结束,可以正式入库保管。

2. 建账

物资入库时,首先要根据物资入库验收单和有关凭证,按照入库物资的类别、货主分别建立物资保管明细台账。物资保管明细账,又称物资明细账、物资保管账。

3. 立卡

料卡又称料签、货卡、保管卡。它是一种实物标签,上面标明库存物资的名称、规格、型号、级别、单价、库存数量、货位号等。料卡一般挂在上架物资的下方或放在堆垛物资的正面。

4. 建档

物资档案是各项入库物资的技术资料和出入库有关单据、资料的档案。建立物资档案的目的是为了更好地管理物资的技术资料,防止资料散失,方便查阅。同时,便于了解物资入库前后的活动全貌，有助于总结和积累物资保管经验，研究管理规律，提高科学管理水平。

物资建档工作要求：

（1）物资档案应一物一档。同批次、同规格、同生产厂生产的也可列为一档。

（2）物资档案应统一编号，并在保管台账上注明档案号，便于查阅。

（3）物资档案应妥善保管，在物资保管期间，除必要的技术证件必须随货同发不能抄发外，其余均应留在档案内。物资的出库证件、动态记录等资料也应整理好一并归档。当一批物资全部出库后，该批物资档案应由仓库物资档案室或指定专人统一管理。物资档案资料的保管期限，按照集团公司《物资仓储主要基础资料管理规范》(Q/SY 1050—2012)执行。

> CBA039 物资堆码应具备的条件

（六）物资堆码

1. 物资堆码的概念

在《物资仓储管理规范》(Q/SY 13281—2017)中物资堆码的定义为：物资堆码就是根据物资的包装形状、重量、数量及性能特点，结合地面负荷能力，储存时间等因素将物资按一定规律码成各种形状的货垛。

2. 物资堆码的作用

物资堆码是保管作业中的一个重要环节，它直接影响着物资的保管。合理的堆码，能保证物资不变形、不变质，便于作业，有利于提高仓容利用率，有助于盘点检查及维护保养和安全作业。

3. 堆码物资应具备的条件

（1）物资的数量、质量、规格、型号已彻底查清，验收合格。

（2）包装完好，标志清楚。

（3）包装外的尘土、雨雪、油污等已清扫干净。

（4）对受潮、锈蚀、残损、包装破损或已发生某些质量变化或质量不合格部分，已经过保养、加工修复或剔除。这部分物资应与合格品分开堆码。

> CBA040 物资堆码合理性的要求

4. 物资堆码的基本要求

当物资具备上述堆码条件后，可根据物资储存规划和物资保管要求进行物资的堆码工作。物资堆码的基本要求是：

> CBA041 物资堆码的基本要求

1）合理

对不同品种、规格、型号、牌号、等级、批次和不同货主的物资，均应分开堆码，不相混杂；选择的垛形，应适合物资性能特点，达到合理保管的目的。

库房内码垛应符合安全规范要求，一般规定：

（1）垛距：库房垛距不小于100cm。

（2）墙距：货物离没有窗户墙体的距离为内墙距，一般距离为不小于30cm；货物离有窗户墙体的距离为外墙距，一般距离为不小于50cm。

（3）顶距：一般为不小于30cm。

（4）垛高：堆码高度一般不超过300cm。

库房外码垛要距离建筑物150cm以外，并注意避开排水沟和屋檐水，堆垛时要注意物资进库的先后次序，以便贯彻"先进先出"的原则。

2）牢固

码垛要不偏不斜，不歪不倒，不压坏底层物资和地坪，要与屋顶、梁柱、墙壁保持一定距离，确保物资堆垛牢固安全。

3）定量

每行每层每方的物资数量力求成整数，五十成行，五十成方，过目知数。过磅物资不能成整数时，每层应明显分隔，标明重量，以便于清点，便于发货。

4）整齐

垛形要有一定规格，排列要整齐有序，横看成行、竖看成线。包装外有标志者，标志应朝外，要彻底清除沾污尘迹，以便给人以整齐、清洁、美观的感觉。

5）节省

堆码要节省仓位，提高仓库面积的利用系数，节省劳动力。

6）方便

垛位垛形符合装卸搬运、发放、检查等作业便利的要求。

【CBA042 库存物资在货位上摆放要求】

5. 库存物资在货位上摆放的具体要求

库存物资在货位上摆放的具体要求是：左整右零，后整前零，下整上零，上轻下重。

（1）左整右零：横向摆放的物资零头摆在右侧。

（2）后整前零：纵向摆放的物资零头摆在前面。

（3）下整上零：立体摆放的物资零头摆在上面。

成方立体摆放时，其零头应摆放在最右边的一行，最前面一摞的最上一层。

【CBA043 物资堆码的基本形式】

6. 堆码的基本形式

由于各种物资的性能、规格、包装各异，外形多种多样，因此，堆码成的垛形也就各不相同。基本形式有以下几种：

按物资底层的排列不同分：正方形、长方形、环形等。

按货垛纵断面形状分：方垛、梯形垛、三角形垛、矩形垛等。

按堆码方式和式样不同分：重叠式、纵横交错式、仰伏相间式、压缝式、鱼鳞式、行列式、通风式、截柱式、衬垫式、串连式等。各种式样还可结合使用。

一般常用堆码的垛形有：

【CBA044 常用堆码垛形】

1）重叠式码垛

逐件逐层向上重叠码高而成的货垛。对钢板、箱装物资等质地坚硬、占地面积较大、不会倒塌的可采用这种方法码垛，如图2-1-1所示。

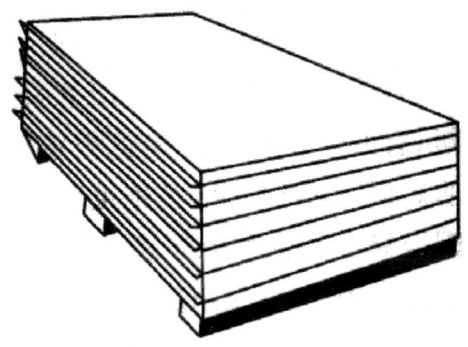

图2-1-1　重叠式码垛

2）纵横交错式码垛

将物资纵横交错上码，形成方形垛。此垛形适宜码大垛、高垛，垛形稳固整齐，如图2-1-2所示。

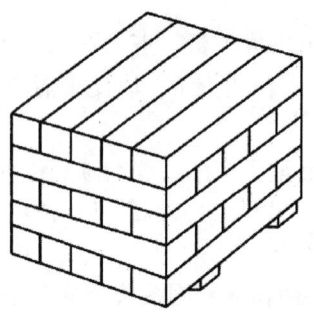

图2-1-2　纵横交错式码垛

3）仰伏相间式码垛

将物资仰放一层再伏放一层，仰伏相间而相扣，使堆垛稳固。也可伏放几层，仰放一层，或仰伏相间组成小组再码成货垛，这种码垛方法适用于金属材料中的型材（如槽钢、角钢等）和锭子（如锭铝）的码垛，如图2-1-3所示。

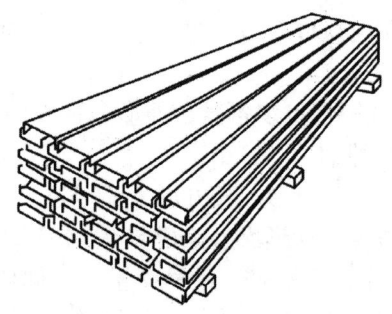

图2-1-3　仰伏相间式码垛

4）压缝式码垛

将底层排列整齐成方形、长方形或环形垛底，然后起脊压缝上码。方形或长方形垛底形成的货垛，其断面成屋脊形，也称起脊压缝式码垛，环形垛底形成货垛则是圆柱形，如图2-1-4所示。

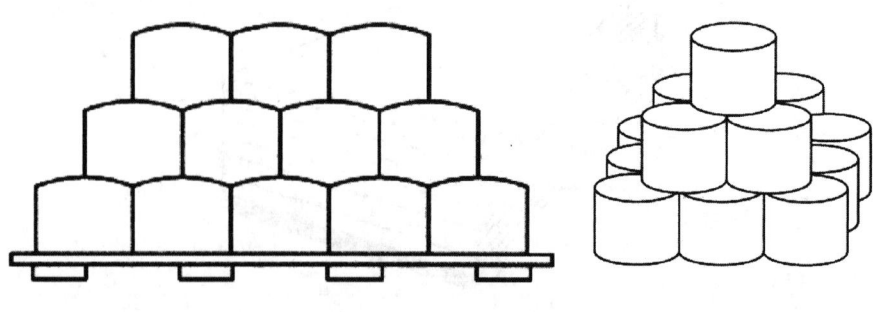

图2-1-4　压缝式码垛

5）鱼鳞式码垛

将圆圈形物资（如电线、盘条等）半卧，其一小半压在另一圈物资上，顺序排列，第一件和最后一件直立作柱或另放柱子，码第二层时，方法与第一层相同，方向相反，这种货垛稳固，花纹形状像鱼鳞一般，故称鱼鳞形码垛。

6）行列式码垛

有些物资体积大而且重，外形特殊，或需要经常查看其四周是否有渗透、变化情况的，不宜码成重叠或其他形式的垛，只排列成行，中间留有通道，以便检查，有利于通风，这种码垛方法称为行列式码垛。行列式码架适合于大型变压器、汽车、简装化工液体等。

7）通风式码垛

通风式码垛适用于需要通风保管的物资，堆码时每件物资之间都有一定空隙，以利通风，如图 2-1-5 所示。

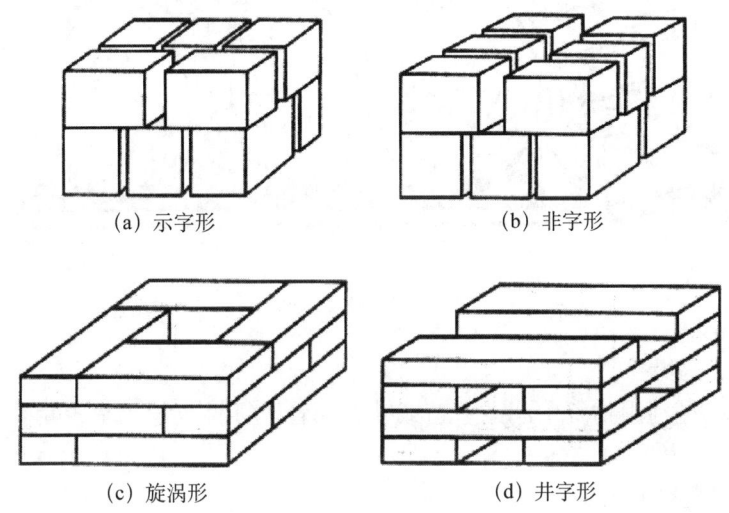

(a) 示字形　　(b) 非字形　　(c) 旋涡形　　(d) 井字形

图2-1-5　通风式码垛

8）载柱式码垛

载柱式码垛适用于金属材料中的长条形状（如棒材、管材等）的材料，在码垛时，与货垛两旁各栽两三对木柱或钢棒，然后将金属材料平铺于柱中间的货墩或墩架上，每层或隔几层在两侧相对的柱子上用铁丝或绳子拉紧，并标明每层的重量，如图 2-1-6 所示。

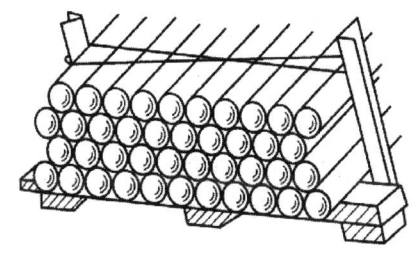

图2-1-6　载柱式码垛

9）衬垫式码垛

衬垫式码垛是对四面不整齐、不规则的裸体物资（如电动机、减速箱等）堆码时，每层间应加衬垫物，衬垫平整牢靠，才能上码。衬垫材料的形状须视物资的形体而定，如图2-1-7所示。

图2-1-7　衬垫式码垛

10）串连式码垛

串连式码垛是利用物资中间的管道或孔，如管子零件、轮胎等，用绳子按一定数量串连起来，再逐层码垛。

11）带托盘重叠式码垛

带托盘重叠式码垛是将袋装或盒装物资先整齐码在托盘上，然后带着托盘再逐层上码的一种堆码方式。

除上述提供的几种较定型的码垛方法外，各仓库可根据本库实际情况进行创新，但必须符合堆码垛的六项基本要求。

7. 物资的堆码方法

CBA045 物资堆码的方法

物资的堆码主要方法是"五五摆放"堆码法，也可因物、因地制宜采取"规格摆放"。

在《物资仓储管理规范》（Q/SY 13281—2017）中五五摆放的定义为：根据物资的形状，以"五"为基本计量单位，码成不同垛型的堆码方法。每一整垛为五或十的倍数。它的优点是美观、整齐，便于收发盘点，减少收发差错，提高作业效率。

规格摆放：根据物资的形状及场地大小，最大限度的使用仓容面积，码成不同垛型的堆码方法。它的优点是节约仓容。

常用的"五五摆放"堆码方式有平行五、重叠五、平方五、立方五、梅花五、压缝五、三二五等，如图2-1-8所示。

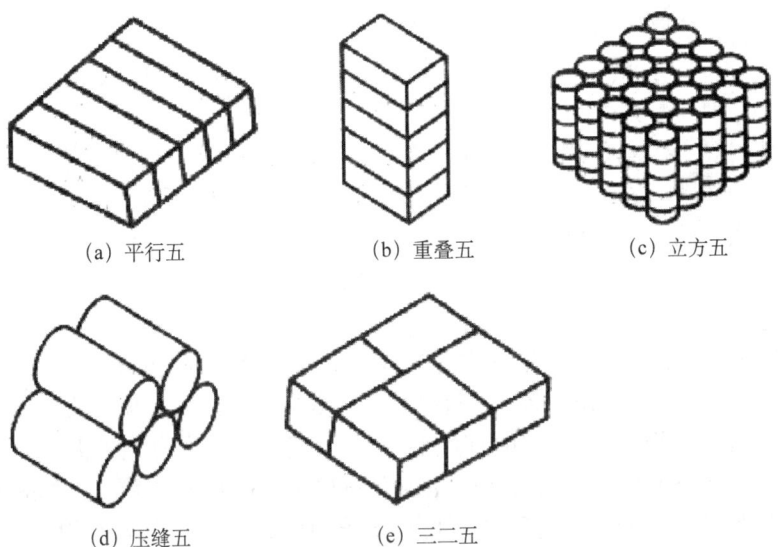

(a) 平行五　　(b) 重叠五　　(c) 立方五

(d) 压缝五　　(e) 三二五

图2-1-8　五五摆放码垛

（七）物资出库

物资出库是指根据物资出库凭证进行的核对、备料、点交、复核等作业活动的总称。

物资出库是仓库业务的最后一个环节，及时准确地做好物资出库工作，是储存管理工作为生产服务的主要体现，也是评价仓库管理水平高低的重要标志。

做好物资出库工作，既有利于生产建设，又有利于提高企业的经济效益。为此，保管人员必须树立全心全意为人民服务的思想，想用户所想，急用户所急，为用户排忧解难。

1. 物资出库的要求

为保证物资出库的质量，应做到：

（1）物资出库时，出库凭证和手续必须符合要求，非正式凭证一律不予发货。

（2）物资出库必须及时准确，严格复核，认真点交，以防差错。

（3）认真执行"先进先出"的原则，密切注意物资的保管期限和出厂日期。一般情况下，产品出厂日期早的先进库，按先进先出的原则应先发货。特殊情况，产品出厂日期早的，因多次转手却晚进库，出现这种情况时，后进库要先发货，生产日期因为物资都有保管期限，保管员要随时掌握，同型号同规格的产品，哪批出厂日期早，就先发哪批出库，以减少或避免超储积压。产品需要维修、保养或送验时，必须办理出库手续。

（4）出库物资必须符合运输的要求。对于包装损坏，产品损伤的，要修复并达到用户及承运单位的要求，才能发货出库。备货待发物资时要注意苫垫，避免物资受损。

2. 物资出库程序

物资出库应遵循一查库存、二动料签、三点交、四复核的程序进行。

1）出库准备

（1）核对库存数量。确保实物库存量符合出库要求，对库存少于出库量的应及时与业务部门联系。

（2）原件物资的包装整理。物资经过多次装卸、堆码和拆检，部分包装受损，对不适宜运输要求的，仓储部门应视情况进行加固包装和整理。

（3）零星物资的组配、分装。对需拆零出库和拼箱出库物资，仓储保管部门应做好挑选、分类、整理和配套等准备工作。

（4）包装材料、工具、用品的准备。对负责装、拼箱或改装业务的仓库，在发货前应根据性质和运输部门的要求，准备各种包装材料、衬垫物及相应的工具。

（5）待运物资的仓容及机具的安排调度。对于待出库物资，应留有必要的整理货场，准备必要的装卸搬运设备，以便运输人员提货发运。

【CBA048 审核出库凭证】2）审核凭证

（1）核对出库凭证。对出库单的内容要逐项审查，包括出库单的抬头、领料单位、印签、日期、开单人、大类、物资名称、规格型号、数量、单价、金额等是否真实、有效。

（2）特殊情况的物资出库，如抢险、救灾、应急等，应经领导批准，以生产调度签发的指令（即调度令）为准，先发货后在规定的时间内补办正式手续。对由于系统故障、价格调整、节假日以及特殊情况无法开具正式出库手续，用户急需使用，可凭主管领导签发的"临时物资出库单"（也叫物资应急出库单），先发料后补办正式出库手续。

【CBA049 物资出库备货包装】3）备货包装

（1）按出库凭证所列的大类、物资名称、规格型号、数量进行备料，做到"先进先出"。

（2）整批到货分批发放物资的出库计量以入库验收计量为准，依据磅码单发料。用户提出复验要求时，应予以复验。

（3）出库物资应附带有关技术证明，如合格证、说明书、质量证明书、检验报告等，对同批到达分批发出的应予以复印，原件留存仓库备查（特殊情况除外）。

（4）代运或送料到现场的物资，应打好包装，注明安全标识。

【CBA050 物资出库点交发运】4）点交发运

（1）仓库保管人员在备齐物资、复核无误后，应面向提料人或运输人按单逐件点交，办理交接手续。对委托代运和送料的，向负责代运和包装的部门和人员将物资点交清楚，由接收人签字盖章。具体包括：

①将出库物资及相关技术资料向提料人当面点交。

②对重要物资的技术要求、使用方法、注意事项等进行特别说明。

③物资移交后，提料人在出库凭证上签字确认，保管人员做好相应出库记录，拨动物资标签，更新标牌数量，做到卡实相符。

④物资出库后，仓储保管部门应及时将"物资出库相关凭证联"返回相关部门。

（2）在物资出库装车时，保管人员在现场进行监装。

【CBA051 物资出库复核清理】5）复核清理

（1）按出库单，核对结存数量。

（2）如该批物资全部出库，应核对账存数量，查实损耗情况，在合理损耗范围内的按规定进行核销，超合理损耗范围的查明原因，按规定进行专项处理。

（3）进行现场清理。清理库存物资、料场、货位，进行并垛、挪位、清扫现场。

（4）清查发货设备、工具，收集苫垫材料，整理好工具，妥善保管。

【CBA052 物资的出库方式】3. 物资出库方式

物资出库方式主要有三种：即用户自提、送货上门和代办托运。

1）用户自提

用户自提是指用料单位持出库凭证，到仓库直接提货。出库物资的交接手续在仓库内当即办理完毕。这种提货方式在石油企业中居多数。

2）送货上门

送货上门是受用户的委托，物资企业自备运输工具送货到需用单位指定的地点。这种出库方式手续简便，方便用户，应予推广。送货前仓库保管工要与送货人员办清交接手续，送货人员把货送到后，也应与收货人办好交接。

3）代办托运

代办托运是用户较远，委托物资企业办理提货，并通过铁路、公路、水路、民航或邮局，将货发运到用户指定的地点。物资出库时保管人员应与运输人员办清交接手续。

CBA053 包装储运图示标志的概念

（八）常用的物资包装储运图示标志

包装储运图示标志是用图形及符号来指示物资在运输、装卸及保管作业中要注意的事项，以保证物资的安全。包装储运图示标志由图形、名称及外框线组成。

1. 常用的物资包装储运图示标志

常用的物资包装储运图示标志见表2-1-1。

表2-1-1 常用物资包装储运标志名称和图形

序号	标志名称	图形符号	含义
1	易碎物品		表明运输包装件内装易碎物品，搬运时应小心轻放
2	禁用手钩		表明搬运运输包装件时禁用手钩
3	向上		表明该运输包装件在运输时应竖直向上
4	怕晒		表明该运输包装件不能直接照晒
5	怕辐射		表明该物品一旦受辐射会变质或损坏
6	怕雨		表明该运输包装件怕雨淋
7	重心		表明该包装件的重心位置，便于起吊
8	禁止翻滚		表明搬运时不能翻滚该运输包装件

续表

序号	标志名称	图形符号	含义
9	此面禁用手推车		表明搬运货物时此面禁止放在手推车上
10	禁用叉车		表明不能用升降叉车搬运的包装件
11	由此夹起		表明搬运货物时可用夹持的面
12	此处不能卡夹		表明搬运货物时不能用夹持的面
13	堆码重量极限		表明该运输包装件所能承受的最大质量极限
14	堆码层数极限		表明可堆码相同运输包装件的最大层数
15	禁止堆码		表明该包装件只能单层放置
16	由此吊起		表明起吊货物时挂绳索的位置
17	温度极限		表明该运输包装件应该保持的温度范围

2. 物资包装储运标志的尺寸和颜色

（1）物资包装储运标志外框为长方形，其中图形符号外框为正方形，尺寸一般分为4种。

（2）物资包装储运标志的颜色应为黑色。如果包装的颜色使得黑色标志显得不清晰，则应在印刷面上用适当的对比色，最好以白色作为图示标志的底色。

应避免采用易于同危险品标志相混淆的颜色。除非另有规定，一般应避免采用红色、橙色或黄色。

CBA054 危险货物包装标志的分类

（九）危险货物包装标志

危险货物包装标志是用来指示该种物资的化学物理性质及其危险程度，为在运输、装卸搬运、堆码及储存作业中注意操作，以保证装卸人员和物资的安全。

根据国家标准《危险货物分类和品名编号》（GB 6944—2012）的规定，凡具有爆炸、易燃、毒害、腐蚀、放射性等性质，在运输、装卸和贮存保管过程中，容易造成人身伤亡和财产损毁而需要特别防护的货物,均属危险货物。该标准将危险货物分为九类:爆炸品;气体(包括易燃气体、非易燃无毒气体、毒性气体);易燃液体;易燃固体、易于自燃的物质、遇水放出易燃气体的物质;氧化性物质和有机过氧化物;毒性物质和感染性物质;放射性物质;腐蚀性物质;杂项危险物质和物品,包括危害环境物质。

根据国家标准《危险货物包装标志》(GB 190—2009)的规定,危险货物包装标志分为标记和标签,标记分为危害环境物质和物品标记、方向标记(2个)、高温运输标记。4个,标签为26个,其图形分别标示了9类危险货物的主要特性。

项目二 管理金属材料

(一)金属材料的概述

> CBB019 金属材料的定义、分类、一般特性及决定因素

1. 金属材料的定义

金属材料是指金属元素或以金属元素为主构成的具有金属特性的材料统称,包括纯金属、合金、金属材料、金属间化合物和特种金属材料等。

2. 金属材料的分类

1)按金属材料的性质特点分

金属材料按性质特点分为钢铁材料(黑色金属材料)和有色金属材料两大类。

2)按金属材料的加工程度不同分

金属材料按加工程度不同分为金属冶炼产品和金属加工产品两大类。

3)按金属材料的组成成分不同分

金属材料按组成成分不同分为纯金属和合金。

3. 金属材料的一般特性

1)工艺性能

金属材料的工艺性能是指金属材料所具有的能够适应实际生产工艺要求的能力统称,具体指金属材料在铸造、压力加工、机械加工、热处理以及铆焊等一系列的工艺过程中的铸造性、锻造性、深冲性、弯曲性、切削性、焊接性、淬透性等。

2)使用性能

金属材料的使用性能是指金属材料的力学性能(机械性能)、抗腐蚀性能(化学性能)、电磁性能、耐热性能等。

4. 决定金属材料性能的基本因素

决定金属材料性能的基本因素有化学成分、组织和结构。其中,组织是指晶粒的大小、形状、种类以及各种晶粒之间的相对数量和相对分布;结构是指原子集合体中各原子的具体组合状态。金属材料的化学成分、结构和组织三者之间既相互区别,又相互渗透,并分别在不同程度上相互制约,它们的综合作用决定了金属材料的性能。

5. 金属材料的常用力学性能指标

力学性能也称机械性能,是指材料在外力作用下反映出来的强度、塑性、韧性、硬

度性能等。金属材料常用的力学性能指标包括：强度与塑性、弹性与刚度、冲击韧性、硬度、疲劳极限、断裂韧性。

（二）黑色金属材料的概述

1. 黑色金属材料的定义

黑色金属材料是指铁（密度是 7.86g/cm³）、锰、铬及它们的合金（如钢、钢材、生铁、铸铁），其外观多呈深黑色或灰黑色，又称为钢铁材料。

2. 黑色金属材料的特性

黑色金属材料的机械（力学）性能和加工性能，大都是由碳的含量及其存在的状态决定的。当碳在铁碳合金中含量大于 2.11%，即为脆、硬而不易加工成材的生铁；当碳含量小于 2.11%，即为钢；当碳含量小于 0.04%，即为工业纯铁。在碳钢基础上，如果有目的地加入一定品种和比例的其他合金元素，就可得到满足需要的合金钢材。

3. 常用的黑色金属材料

常用的黑色金属材料有钢、生铁、钢材和铸铁。

（三）铁的牌号

生铁是以铁为基础，以碳为主要添加元素，含碳量大于 2.11% 的铁碳合金。生铁是炼钢和生产铸铁件的原料。生铁的牌号是给每种具体生铁所取的名称。

铸造生铁是用于生产铸铁的原料。铸造生铁含硅较多，按用途不同分（普通）铸造用生铁、球墨铸铁用生铁、铸造用磷铜钛低合金耐磨生铁等。铸造用生铁牌号为铸 34、铸 30、铸 26、铸 22、铸 18、铸 14，代号为 Z34、Z30、Z26、Z22、Z18、Z14。

磷铁是一种含磷的合金生铁，按含磷量不同，分 FeP24、FeP21、FeP18、FeP16 四个牌号。常用作炼钢和铸造中的磷元素加入剂。磷可引发钢的冷脆性，在一般钢中被视为有害元素。

硅铁是由焦炭、钢屑、石英（或硅石）为原料，用电炉冶炼而成，冶炼硅铁的主要原料是石英或硅石（又称矽石）。在铁合金中，硅铁的牌号为 FeSi90Al1.5、FeSi90Al3、FeSi75Al0.5–A、FeSi75–B、FeSi45 等。

锰铁密度与铁相近，外观呈深灰色并带有蓝黄闪光彩色。电炉锰铁按含碳量多少，分为低碳、中碳、高碳锰铁三类，有 13 个牌号。

（四）铁合金的概念

铁合金是一种熔炼混合物，是一种或两种以上的金属或非金属元素与铁组成的合金，也称合金生铁。铁合金是不可以直接使用的金属材料，主要是作为钢铁生产的脱氧剂和合金剂的中间原料。

1. 钨铁

钨铁是钨和铁的铁合金。按钨及杂质含量的不同分 FeW80—A、FeW80—B、FeW80—C、FW75 四个牌号。用作炼钢和铸造的合金添加剂。钨是高速工具钢中重要的合金元素，最高可达 17.5%～19.0%，在钢中形成钨的碳化物，能阻止淬火加热时晶粒长大，提高钢的淬火加热温度，并通过提高回火稳定性和二次硬化，提高钢的红硬性，钨的碳化物还能提高钢的耐磨性。钨铁产品采用铁桶包装，每桶净重 100kg。

2. 钼铁

钼铁是钼和铁组成的铁合金，含钼 55%～75%，在炼钢和铸铁生产中，作为钼元素添加剂的还有氧化钼块,含钼48%～55%。钼在钢中能提高钢的淬透性,回火稳定性,在结构钢中可消除钢的回火脆性,在高速工具钢中具有二次硬化和提高红硬性的作用,并能代替钨。钼铁产品采用铁桶包装,每桶净重100kg,如需方对包装有特殊要求,可由供需双方协商解决。

3. 钛铁

钛铁是钛与铁的铁合金。按含钛量及杂质的不同,钛铁分为 FeTi30—A、FeTi30—B、FeTi40—A、FeTi40—B 四个牌号。钛铁主要用作炼钢的脱氧剂和除气剂及合金添加剂。钛与溶解在钢水中的氮结合成稳定的氮化钛,可以消除氮对钢水的不良影响。钛铁采用铁桶、乳胶袋、木箱包装,分50kg和100kg两种。

(五)铁合金的验收要求

> CBB002 铁合金的验收要求

铁合金以篷车装运,如遇敞车装运又未加苫盖者,接卸前应检查货物是否雨淋受潮。如发现受雨,须取得铁路记录。若有严重质变应及时反映给有关部门,并按有关部门的意见处理。若无质变也不宜长期存放,先发为宜。

验收前应详细核对产品质量证明书、订货合同、货运单与实物是否相符,并分车、分批、按牌号分别验收,不得混淆。不同品种的铁合金,其外观情况差异较大,易于鉴别。但同一品种、不同牌号的铁合金,外观差异就小,很难区别。一旦混淆,不易挑选,会给炼钢生产造成困难。铁合金的堆装发运,必须随车皮在明显处有质量证明书。不同牌号合金装在同一车皮发运时,必须设法隔开,保证不发生混淆。

铁合金验收时均应全部称重计量。

(六)化学元素对钢性能的影响

> CBB004 常存元素对钢性能的影响

1. 常存元素对钢性能的影响

1)氧(O)

钢中的氧元素对钢的力学性能有不利的影响,是有害元素。但氧元素在冶炼过程中和炼制沸腾钢和半镇静钢时对炼钢和钢材有一定的有利作用。

2)硫(S)

一般认为钢中的硫元素是残存的有害元素之一。它会降低钢的延展性和韧性,损害钢的抗蚀性,且有热脆性,对焊接也有不利的影响。所以在优质钢中,其含量控制在0.045%以下,就是在普通钢中也不得大于0.055%(在侧吹碱性转炉钢中,含量放宽为不大于0.065%)。它对钢性能唯一有利影响是可以改善其切削性能。

3)磷(P)

磷元素在钢中能全部溶于铁素体中,虽然其固溶强化效果好,可显著提高钢的强度和硬度。但与此同时也会显著降低钢的塑性和韧性,并使其脆性转变温度升高,从而导致钢在低温下变脆,此现象称为冷脆。而由于磷元素在钢的结晶过程中产生偏析,从而形成局部富磷区,这种冷脆现象就更为严重。冷脆将大大恶化钢的冷压力加工性能和焊接性能。因此对大多数钢来说,磷元素和硫元素一样同属于有害元素,必须严格控制其含量。

2. 合金元素对钢性能的影响

> CBB005 合金元素对钢性能的影响

1)钼(Mo)

钼元素在钢中能提高淬透性和热强性,防止回火脆性,增加剩磁和矫顽力以及在某些介质中（如硫化氢、氨、一氧化碳、水等介质）的抗蚀性和防止点蚀倾向等。故在结构钢、弹簧钢、轴承钢、工具钢、不锈耐酸钢、耐热钢、磁钢等一系列的钢中，得到广泛的应用。由于钼元素会增加钢的热强性，所以钼元素含量较高时，会增加锻轧热加工的困难。

2）钒（V）

钒元素与碳元素、氮元素、氧元素有极强的亲和力，与之形成相应的稳定化合物。钒元素在钢中主要以碳化物的形态存在。少量的不到0.5%的钒元素，能细化钢的组织和晶粒，提高钢的强度、屈服比和低温韧性，改善钢的焊接性能，增加钢的热强性和对蠕变的抗力，此外钒元素对碳元素的固定作用，还可以提高钢在高温高压下的抗氢侵蚀。但是，钒元素总是和其他合金元素如锰、铬、钨、钼等配合使用的。

3）铬（Cr）

铬元素加入钢中能显著提高钢的抗氧化性能，增加钢的抗腐蚀能力，如抗硫化氢、氨、二氧化碳、水、氧化性酸（硝酸）、高温高压氢腐蚀及大气腐蚀能力（但不能增强钢抗碱腐蚀能力，也不能抗氯化物和硝酸盐溶液的腐蚀—形成孔状腐蚀），并能提高钢的强度和耐磨性。

（七）钢的用途

[CBB009 钢的用途]

1. 合金结构钢

合金结构钢是在优质碳素结构钢的基础上，适当加有一种或数种合金元素制成的结构钢，简称合结刚。广泛用于制造机械零件和工程结构。合金结构钢主要用来制造具有较高切削速度及形状复杂的刀具，不能制造铣刀、铰刀。

2. 合金工具钢

合金工具钢简称合工钢，钢号用合金元素符号及代表含量的一般以百分之几的数字表示，个别低铬合金钢的铬含量以千分之几表示，但在含铬量前加一个"0"，如Cr06。钢号中一般不表示含碳量，只有含碳量<1.00%时，才在牌号首部用一位数字表示（以千分之几计），如4CrW2Si、9CrWMn。合金工具钢广泛用于碳工钢性能所不能满足要求的各种工具，按用途性能的不同分为刃具钢、模具钢、量具钢等。

3. 滚动轴承钢

滚动轴承钢是制造轴承套圈、滚珠、滚柱的专用钢，还可以制造其他零件或工具。

（八）钢材的尺寸测量部门

[CBB006 钢材的尺寸测量部位]

1. 板材

钢板距顶角的最小距离100mm，距边缘的最小距离20mm。

2. 管材

外径在距管端500mm处，如管端有螺纹、加厚、卷口等，应在距离螺纹、加厚、卷口末端300mm处。内径在管端或用卡钳适当深入管端内部测量。大尺寸管材可直接测量壁厚。

3. 圆钢

直径在距管端部500mm处，相互垂直方向各测一次。

4. 方钢、扁钢

在距端部500mm处的同一断面上，测其相邻两边的宽度。

5. 六角钢、八角钢

在距端部 500mm 处各测两组对边距离。

6. 工字钢、槽钢、角钢

在距端部不小于 300mm 处，测工字钢、槽钢的高、腿宽和腰厚，测角钢边宽和边厚。

7. 钢丝绳、钢绞线

在距端部 500~1500mm 之间的任何一个位置上，测量不少于两次。

（九）钢材的保管保养要求

[CBB007 钢材保管要求]

1. 选择适宜的场地和库房

应选择在清洁干净、排水畅通的场地或仓库，远离有害气体或粉尘。露天料场应平整、坚实、无杂草、不积水、不得与酸、碱、盐、水泥等有侵蚀性的材料混存。钢材库房的相对湿度应在 60% 以下，防止金属材料表面凝结水分，减少电化学腐蚀。

2. 合理堆码苫垫

应按品种、规格堆码，防止混淆；垛底应垫高、坚固、平整，防止材料受潮或变形。露天堆放的型钢，下面必须有木垫或条石，垛面略有倾斜，以利排水；露天堆放角钢和槽钢应俯放，即口朝下；工字钢应立放，以免积水生锈；堆垛高度，一般人工作业不超过 1.2 米、机械作业不超过 1.5m，垛宽不超过 2.5m；垛底垫高，若库房水泥地面，垫高 0.1m 即可，若露天料场，水泥地面垫高 0.3~0.5m，沙泥面垫高 0.5~0.7m。

3. 堆放定额

输送油气焊管的堆放定额根据钢管的壁厚、弯曲度而定，一般每平方米堆放不超过 3t；流体输送管道用钢管堆放定额根据钢管壁厚、弯曲度及圆度不变形而定，一般每平方米堆放 0.8~3t，保管期限不超过一年半为宜。

4. 加强质量检查

材料入库时，要清除掉材料表面的水渍、油污等。储存过程中，应进行定期的（以半年为宜）临时性的季节性的质量检查，对生锈的金属材料应及时进行除锈处理，根据锈蚀情况，可采用手工除锈、机械除锈或化学除锈。

（十）钢材的防锈法

[CBB008 钢材的防锈方法]

金属的锈蚀主要是由于电化学腐蚀而引起的。保持库房的相对湿度应在 60% 以下，防止金属材料表面凝结水分，减少电化学腐蚀，从而达到防锈目的。

钢材的防锈方法就是根据金属锈蚀的原因，采取相应的措施，防止或减缓金属的锈蚀。金属材料常用的缓蚀防护层有防锈油脂、气相缓蚀剂、可剥性塑料。气相防锈方法简单，效果良好，有效期长。但必须保持密封状态，否则气体外溢，会影响防锈效果，缩短有效时间。磷酸酸洗后在金属表面会生成具有一定防护作用的钝化薄膜，而且，磷酸性质较为缓和，对金属的腐蚀较弱，因此也是一种较为有效的化学除锈方法，但成本较高，因此实际中使用较少。

（十一）石油专用管材概述

[CBB011 螺纹管的代号]
[CBB012 钻具的特点]

石油专用管材是石油钻探和开发油气田的一种主要材料，用量大、质量要求高，从钻井到采油之间的每个工序，都离不开专用钢管（也称石油钻采用钢管）。由于我国石油专用管材的区分细致，所以不同型号、不同用途都有明确的标志代号，如钻杆接头螺纹左旋代号为 LH，右旋代号为 RH。套管螺纹类型代号 P 代表平端、SC 代表短圆螺纹、LC 代表长圆螺纹、BC 代表偏梯形螺纹；XC 代表直连型。

石油专用管材除了油套管外还包括钻具。钻具是由备有接头的钻杆所组成的钻柱和其他附件构成的，其主要是方钻杆、钻杆和钻铤三部分，用于传动钻头旋转。其中钻铤的特点是直径粗、壁厚且重，所以钻铤的壁厚为钻杆壁厚的 4~6 倍。钻铤两端的螺纹型为三角形，也有梯形螺纹。中间钻铤两端的螺纹是一端为外螺纹，一端为内螺纹。在重钻井液钻井中，使用螺旋钻铤可以减少钻铤同井壁间的接触面积，一般比常规钻铤减少 40%，从而也就减少了压差卡钻的可能性。

> CBB010 石油专用管材的规格类型

钻具其上端为左旋内螺纹接头，与水龙头的接头连接，下端为右旋外螺纹接头，与钻杆接头连接。钻柱的作用是利用钻柱完成起下钻头，传递扭力，循环钻井液并对钻头施压等工作。钻柱是指水龙头以下，钻头以上的全部钻具。

钻具中方钻杆外观质量要求为弯曲度每米不超过 0.5mm。方钻杆接头螺纹类型有 IF（内平型）和 REG（正规型）。根据有关标准，钢级中 E—75 用于制造钻杆。

套管是油气井固井专用的钢管。在钻探和开采过程中固定井壁，用于封隔油、气、水层保护井壁，防止井壁倒塌。套管按照用途分为表层套管、中间套管和油层套管。

油管用于油井内采取石油及天然气，在使用中主要承受管柱本身的重量，以及采油和技术作业时管内油（气）、水、酸的内压力。60.3mm（$2\frac{3}{8}$）油管有 4.24mm、4.83mm、6.45mm、7.49mm 四种壁厚。油管的结构形式主要有管端加厚、管端不加厚和特殊螺纹无接头油管。油管管体用 H—40、J—55、C—75、N—80 和 P—110 钢制造。常用油管的规格有 $2\frac{3}{8}$ in、$2\frac{7}{8}$ in、$3\frac{1}{2}$ in、4in、$4\frac{1}{2}$ in、五种。

（十二）有色金属的概念、分类及验收

> CBB013 有色金属的分类

1. 有色金属的概念

除铁、锰、铬属于黑色金属外，其他金属习惯上都称为有色金属。之所以称为有色金属，也是由于它们存在着不同的颜色，这也是最直观的判断方法，例如，铜是紫红色，锌是淡灰色，铅是青灰色，铝锡镍是银白色。有色金属共有 80 多种。在实际应用中，有色金属分为稀有金属和普通有色金属。有色金属成材有棒材、线材、板材、管材、条材、箔材等。

> CBB015 有色金属的用途

2. 有色金属的分类及用途

有色金属的分类形式有很多，按物理特性的不同可分为轻金属（密度≤4.5g/cm³）、重金属（密度＞4.5g/cm³）、贵金属、半金属和稀有金属。

根据其所含成分不同可分为铜和铜合金、铝和铝合金、锡和锡合金、镍及电解镍、汞、镁、锑以及硬质合金等。由于它们所含成分不同，所以它们的用途也各不相同。如铜线材主要用于电力工业、作导线、漆包线、铜焊条等。铜箔主要用于电子工业、无线电、电讯工程及仪表。铝板适于制造较大的制件，多用于建筑、轻工、交通、航空和国防等工业部门。铝箔主要用于电容器、食品包装、商品包装。铝管主要用作工业上输酸、输油管及散热器。因变形铝合金的塑性变性能力好，故可制成各种铝合金材。制造飞机起落架和大梁等承载零件可选用超硬铝。锻铝由于热塑好，故适合进行锻造加工，以制成零件或零件毛坯。锡的合金用于机械、军事工业、宇航工业及其他尖端技术。用锌配制的合金多用于机械、国防、印刷等工业。

3. 有色金属的验收保管

铜材等验收时如抽验，其抽验量应为 20%。若总量少于 100kg 时，应抽验 20 根以上。

镁锭应按产品牌号和熔炼批号分别验收，并按生产日期分别堆放。镁锭验收时须按 20% 的比例抽检实重，以判定一批镁锭发货重量是否正确。必要时扩大抽检比率和全部检取毛重，根据抽检的皮重进行回皮判定。镁锭有三种包装形式，由于镁锭在空气中极易氧化生成氧化膜，其中密封桶装的可保管一年半；箱装的保管不超过一年；草袋包装的保管不超过六个月。

锡锭验收时表面应洁净、无腐蚀、无锡疫、无毛刺和外来夹杂物。锑锭应按产品牌号和熔炼批号分批验收，按 20% 的比率抽检实重。各品号锑以锭状或水淬粒状产出，锭状锑为截角锥六面体，锭重不大于 25kg，粒锑无定型，不应含有外来夹杂物。锭状锑用木箱包装，加打包铁皮。每箱净重 100kg，也可用麻袋包装，每袋装一锭。水淬粒状锑用双层麻袋包装，每袋净重 100kg。

（十三）有色金属的保管保养要求

1. 阴极铜

阴极铜可于露天存放保管，单位有效面积存放量每平方米 5t 左右。按品号和批号分别堆放，垫底不低于 300mm。阴极铜保管期限不超过二年。

2. 铜管

铜管要选择干燥的普通库房保管，严格掌握库房温度及湿度，尽可能使库内相对湿度控制在 70% 以下。

3. 铝材

铝材的边缘应切齐，无毛刺，表面不允许有裂纹、裂边、腐蚀、穿通气孔等缺陷。铝板应放在干燥库房内，严禁与酸、碱、盐等物资同库存放。铝板不能直接堆放在泥土地面上，应垫底平码，防止表面碰伤擦毛，长期存放表面要涂油或用纸覆盖。受潮铝板不宜擦，只宜日光晒。铝材的储存期一般在一年左右。若发生锈蚀，可用棉纱头或清洁布擦除，再加涂工业用凡士林。

4. 锡锭

保管锡锭应选择适当的库房。保管期在一个月以内者，库房温度应不低于 -20℃。若长期保管（保管期在一个月以上的）则应选择保温库房保管。库房温度应不低于 12℃。在保温库里保管的锡锭，保管期限不超过一年半。

（十四）硬质合金及其制品

1. 硬质合金

硬质合金是一种具有高硬度、良好耐磨性、热硬性和一定抗弯强度的硬质材料，是用难熔硬质金属的碳化物（碳化钨、碳化钛、碳化铬、碳化铌等）作基体，以铁族金属（常用钴、铁、镍）作黏结剂，加压成型后，经烧结而成。在金属切削加工、地质勘探、金属成型等方面应用广泛。

（1）钨钴类：钨钴类硬质合金，符号为 YG，主要成分为碳化钨和钴。石油钻井用刮刀钻头常用这类合金。

（2）钨钴钛类：钨钴钛类硬质合金，符号为 YT，主要成分为碳化钨、碳化钛和钴。主要用于钢材的切削加工。

（3）通用合金类：通用合金类硬质合金，符号为YW，主要成分为碳化钨、碳化钛、碳化锶（或碳化铌）和钴。用于加工合金钢、铬镍不锈钢等。

（4）碳化钛基类：碳化钛基类硬质合金，符号为YN，主要成分为碳化钛、镍、钼或碳化二钼。适合钢材加工，刀具使用寿命长。

（5）钢结硬质合金：钢结硬质合金，符号为YE，是一种新型硬质合金，以碳化钛或碳化钨为硬质相，以碳钢、铬钼钢或高速钢、镍铬不锈钢为黏结相，用粉末冶金方法制成的一种新工具材料。

（6）铸造碳化钨硬质合金：铸造碳化钨（YZ）是以金属钨粉和碳化钨粉为原料，按一定比例配成混合料，装入石墨舟皿中，在温度3000℃左右熔炼，钨被碳化并形成WC和W_2C的共晶。在熔化状态下，保持3~4min，冷却后即成为块状铸造碳化钨。主要用于镶焊破碎式牙轮钻头的牙轮和齿面和镶嵌油井钻井用的切削式刮刀钻头。

CBB017 硬质合金的用途

2. 硬质合金制品

硬质合金切削刀片一般用于切削加工。用来镶装切削工具的硬质合金，种类很多，共分A、B、C、D、E、F六类。每类又各分3~5个型号，如A类又分A_1、A_2等四个型号，而每个型号又按形状分多种不同尺寸和左、右向（或a、b型）例如，A_1型分有a型19种，b型17种尺寸号数，型号表示为A_{101}~A_{138}，A_1后的两位数代表尺寸大小，一般单数指a型，双数指b型。同一型号的a型尺寸与下一型号的b型尺寸相同，但形状稍有差异。如A_{113}（a型）与A_{114}（b型）的尺寸相同但形状稍差。有方向性的刀片，分左向、右向。在表示尺寸的两位数中，单数指右向，双数指左向。右向型号尺寸与下一号的左向型号尺寸相同但方向相反，如A_{407}（右向）与A_{408}（左向）尺寸相同方向相反。

合金切削刀片的主要用途如下：

（1）A_1~A_4型，制造直头与弯头外圆车刀、镗刀、切超槽刀、深孔镗刀、和平面切道等；

（2）B_1~B_4型，制造内、外圆、倒角、环形等成型车刀；

（3）C_1~C_4型，制造精车刀和各种螺纹车刀、切刀和切槽刀等；

（4）D_1~D_4型，制造各种铣刀、滚齿刀等；

（5）E_1~E_5型，制造各种钻头及铰刀等；

（6）F_1~F_3型，制造耐磨零件及可卸镗刀等。

项目三　管理非金属材料

（一）工业化工产品

CBC001 工业化工产品的概念和物理性质

1. 工业化工产品的概念

工业生产中所使用的各类化工产品统称为工业化工产品，物资流通领域习惯上把工业化工产品称为化工原材料。化工原材料又分为化工原料和化工材料两大类：

（1）化工原料是指工业生产中所使用的化学原料。例如，酸、碱、盐等。

（2）化工材料主要指橡胶、塑料、纤维及其制品等。

2. 工业化工产品的物理性质

工业化工产品的物理性质是指物质不需要依赖相互间的化学反应就能表现出来的性

质。主要指颜色、状态、气味、熔点、沸点、密度、升华以及是否具有挥发性等。按照各种化工产品的物理性质可以区分出物资品种、质量，为验收、保管化工产品提供条件。

化工产品具有固态、液态和气态三种状态，对应的包装方式分别为：固态化工产品一般用两层塑料编织袋包装，液态化工产品用塑料桶包装，气态产品用钢瓶罐装。

（二）无机化工产品

1. 无机化工产品的分类

无机化工产品按化学性质可分为纯净物构成的化工产品和混合物构成的化工产品两大类。纯净物构成的化工产品又可分为单质和化合物两大类。由一种元素原子组成的物质称为单质，由不同种元素组成的纯净物称为化合物。混合物构成的化工产品中也有无机物与有机物相混合的情况。

2. 石油工业常用无机化工产品

1）酸类

化学上把离解时所生成的阳离子全部是氢离子的化合物称为酸。

（1）盐酸（俗名氢氯酸），分子式为HCl。石油工业上用于配制油井酸化液、以脂肪酸皂为主剂的乳状压裂液破乳剂和结垢管线的清洗液。

（2）氢氟酸，分子式为HF。为氟化氢气体的水溶液。无色透明液体。剧毒，若吸入其蒸气可致死。具强酸性，极易挥发。对金属和玻璃有强烈的腐蚀性。能烧伤皮肤并有渗透至骨骼的危险。

石油中用于配制油井酸化液；电镀上用于镀铝、镀铜电解质；清除生铁铸件附着的型砂；玻璃工业中用来侵蚀玻璃。

（3）硝酸，分子式为HNO_3。属一级无机酸性腐蚀物品，为无色至淡黄色透明液体，具有刺鼻的窒息气味，腐蚀性强。在常温下会分解放出NO_2，呈红棕色。是一种强氧化剂，在空气中猛烈发烟并吸收水分，可与许多金属发生剧烈作用。与金属粉末、电石、硫化氢、松节油等猛烈反应，发生爆炸。可溶于水。

2）盐类

盐是由金属离子和酸根结合而成的化合物。

例如，氯化钾，分子式为KCl。无色或白色结晶体，易溶于水，不溶于浓盐酸、丙酮。有吸湿性，易结块。

3）氧化物类

由氧和另一种元素组成的二元化合物统称为氧化物。

例如，氧化锌，分子式为ZnO。白色或浅黄色粉末。在空气中易吸收二氧化碳，为两性氧化物，溶于稀酸、浓碱、氨水和氨盐溶液；不溶于水和乙醇。在橡胶工业中主要用作天然胶、合成胶及胶乳的硫化活性剂，也可作补强剂和着色剂，还可用作氯丁胶硫化剂及增加导热性能的配合剂。

3. 石油工业常用无机化工产品的保管要求

（1）氯化钠：存放于库内，不可与其他有毒、易污染的物品及液体化工产品共储共运，防止受潮结块或潮解，保持库内通风干燥。

（2）氢氧化钾：氢氧化钾属于无机碱性腐蚀物品，应储存于通风干燥的料棚或库房，不能与酸类共存。氢氧化钾的腐蚀性极强,操作时防止触及眼睛和皮肤。如不慎接触时,一般用大量清水冲洗,然后请医生治疗。

(3)盐酸:不宜存放于室内和水泥地坪上,宜存放在室外阴凉通风良好的砂石地面。装卸搬运时穿戴防护用品,轻搬轻放,搬时必须配有木箱,内衬充实,坛口要密封,确无摇晃撞击,才可搬运。

(4)硝酸:储运时应严防破损泄漏,存放在阴凉、通风良好、不受阳光照射的地方。须与金属粉末、电石、硫化氢、松节油、有机酸等隔绝。加强个人防护措施,穿戴规定的防护用品。一旦接触应迅速以清水冲洗。

(5)电石:在运输与装卸中应轻搬轻放,避开桶的两端,运输必须有防雨、防水设备。

(6)硫酸、盐酸、硝酸、氢氟酸等包装外面应有腐蚀性物品标志。

(三)有机化工产品

CBC006 石油常用有机化工产品的概念和特性

1. 有机化工产品的概念

分子中含碳元素或碳氢元素的物质及其衍生物的化工产品称为有机化工产品。

2. 有机化工产品的特性

有机化工产品难溶于水,易溶于有机溶剂;熔点较低,一般不超过400℃,受热易分解也易燃烧;大多数有机化工产品为非电解质,不易导电;反应速度慢,通常要加热,或加催化剂,反应复杂,副反应多;特性与它的分子结构有密切联系。

3. 石油工业常用有机化工产品

1)三氯甲烷

三氯甲烷分子式为 $CHCl_3$,为无色透明、易挥发液体,微带甜味有麻醉性,不易燃烧,能与醇、醚、苯、石油醚等有机溶剂任意混合,在光的作用下能和空气中的氧反应生成剧毒的"光气"。

2)丙酮

丙酮分子式为 CH_3COCH_3。无色透明液体,有特殊的芳香气味;有毒、有麻醉性;极易挥发,易燃,其蒸气与空气可形成爆炸性混合物。

CBC007 石油常用有机化工产品的储存保管要求

4. 石油工业常用有机化工产品的保管要求

(1)三氯甲烷:储存于阴凉、干燥、通风的库房,隔绝热源,库温在28℃以下为宜,不可以与食品、酸、碱等物共存。三氯甲烷加入稳定剂后,储存期自出厂日起为3个月。

(2)甲醇:储存于阴凉、通风的库房中,远离火种、热源。不可与氧化剂等共储,储存期不宜超过6个月。灭火时,可选用砂土、干粉、抗醇泡沫或二氧化碳灭火。

(3)乙醇:储存于阴凉、通风的库房,乙醇着火时,可选用砂土、干粉、抗醇泡沫或二氧化碳灭火。

(4)丙酮:储存在干燥、通风、温度保持在35℃以下的防火、防爆的仓库内。远离热源、火种,严禁与食品、火药、毒物、放射性物质、氧化性物质、有机过氧化物等共储。装运时应防止猛烈撞击,避免日晒、雨淋。中毒时会出现呼吸不正常或面色发青,可用含5%二氧化碳的氧气帮助呼吸,防止呕吐,保持温暖或给予热茶。灭火可用泡沫、二氧化碳、四氯化碳灭火机、砂土。着火时用水灭火无效,只能用以冷却火场容器。

(5)石油苯:盛装石油苯的容器,桶口要严密,禁止滚桶,不能使用能产生火花的工具开闭容器。应储存于阴凉、通风低温库房,禁止接触火种,防止日光照射。石油苯有毒,长期吸入会引起慢性中毒。因其极易挥发,不宜久存,储存期不超过6个月。灭火可用干粉、泡沫、二氧化碳、四氯化碳灭火机和黄砂,用水灭火无效。

(6)甲苯:属易燃液体,储存容器须洁净、无油及杂质,储存于阴凉、通风低温库房,禁止接触火种,防止日光照射。甲苯着火时应用干粉、干砂、泡沫和二氧化碳扑救。

(四)危险化学品

1. 常用危险化学品的特点

(1)乙醇:无色而有特殊香味的透明、易挥发、易燃液体。

(2)氢氧化钠:是石油工业常用的碱,俗称烧碱、火碱、苛性钠,属一级无机碱性腐蚀物品。

(3)黄磷:自燃点为34℃,属自燃物品。化学性质非常活泼,在常温下与空气中的氧作用而自燃,必须保存在水中。

(4)红磷:别名赤磷,自燃点为260℃,属易燃物品。

(5)液氨(NH_3):无色液体,易挥发,有极强的刺鼻性臭味。剧毒气体,易溶于水,水溶液呈碱性。在氧气中易燃烧,遇火星可引起燃烧爆炸,有油类存在时会增加燃烧的危险性。

(6)液氯(Cl_2):黄绿色剧毒气体,液化后成油状液体。可和大多数元素和化合物起反应,在阳光下与易燃气体混合时会燃烧爆炸,有助燃性。易溶于水和碱溶液。

2. 危险化学品的储存保管

(1)氧化剂、剧毒品、易燃品不得与非危险品混存,在库内应划定单独的储存空间;若属于同类危险化学品,但性质互相抵触的也不可混存。

(2)储存装有可燃气体瓶的库房,应放置可靠的避雷装置。剧毒气体与氧化剂不可以同库存放。存放压缩气体和液化气瓶的库房内的照明装置和换气装置必须采用防爆电器装备,其开关和熔断器应安装在室外。

(3)爆炸品、一级易燃品、一级氧化剂在码垛时,要注意不宜使用水泥条、块石等衬垫,要使用方木条等衬垫。

(4)按照危险化学品储存规定,各种炸药与点火器材不可以同储。射孔弹、雷管、胶质炸药、导爆索、导火索不可以同库存放。

(5)按危险化学品储存规定,各种氧化剂、自燃物品,各种炸药、起爆药及其他爆炸品不可以同储。

(6)爆炸品、剧毒品、放射性物品必须实行双人双锁保管,收发时手续单据齐全,否则拒绝收发。

(7)进入爆炸品和氧化剂的库房,要穿戴防止静电的服装。

(8)碱类物品与有机物、引火物接触可能发生火灾,不能同储在一个库房。碱类物品与酸类物品可以发生化学反应,也不可以同库存放。

(9)爆炸品装卸搬运时不得穿带铁钉的鞋,不能使用铁制工具,防止产生火花引起爆炸。

（五）压缩气体和液化气体

<ins>CBC008 石油常用压缩液化气体的性质</ins>

1. 压缩气体和液化气体的分类

按照气体的组分，可将压缩和液化气体分为两组，即工业纯气（单一气体）和工业混合气。

（1）工业纯气：按其物理特性和瓶内状态，以临界温度为基准分为四类，永久气体、高压液化气体、低压液化气体、溶解乙炔。

（2）工业混合气：包括自然合成和人工配制的混合气。按其瓶内状态又可分为气态混合气和液态混合气。

2. 石油工业常用气体

石油工业常用气体包括氧气、乙炔气、二氧化碳、液氨、液氯、氟里昂等。

1）氧气（O_2）

性质：氧气是无色、无味、透明气体，液态氧是淡蓝色液体，在高温下，能与几乎所有的单质化合生成氧化物，能支持燃烧。

2）氮气（N_2）

（1）性质：氮气是空气的主要成分，约占空气体积的78%，是无色、无味、难溶于水的气体。

（2）保管要求：空气中氮含量增高时，人会因缺氧而窒息，故不允许氮气排放于库内。在有大量氮气存在的场所工作时，应佩戴氧气呼吸器。

（六）橡胶及制品

<ins>CBC009 橡胶制品的种类</ins>

<ins>CBC010 橡胶制品的储存保管要求</ins>

1. 橡胶

橡胶的分类：橡胶按来源分为天然橡胶和合成橡胶两大类。国产标准橡胶用代号"SCR"表示，其中"S"代表标准。标准橡胶有SCR5、SCR10、SCR20和SCR50四个级别代号。

2. 轮胎

1）轮胎的分类

轮胎按胎体结构不同分为充气轮胎和实心轮胎两种基本类型。

（1）充气轮胎按用途分为：载重车轮胎、乘用车轮胎、拖拉机轮胎、摩托车轮胎、特种车轮胎、人力车轮胎。

（2）充气轮胎按胎面花纹分为：普通花纹轮胎、混合花纹轮胎、越野花纹轮胎。

（3）充气轮胎按结构分为：普通结构轮胎、子午线轮胎、带束斜交轮胎。

2）轮胎规格的表示方法

（1）斜交轮胎规格用 $B-d$ 表示。B 表示轮胎名义断面宽度，d 表示轮辋名义直径。载货汽车斜交轮胎和轿车斜交轮胎的尺寸 B 和 d 都用 in 表示。

示例：9.00-20 表示轮胎名义断面宽度为9in，轮辋名义直径为20in。

（2）子午线轮胎的标记是以英文字母R来标记，其规格表示方法与普通轮胎基本相同，区别在于需在断面宽和轮辋直径间加入子午线结构及轮胎速度级别代号。

3）轮胎的储存保管要求

（1）轮胎应存放于干燥的库房内，避免阳光直射，不宜经常通风，平日除酌情开启部分窗户进行短时间通风，调节库内的空气外，应将门窗关闭。

（2）库房温度一般应保持在0～25℃之间，最高不宜超过35℃，最低不宜低于-10℃。相对湿度以50%～80%为宜。

（3）库房不应接近有发电设备或其他可能产生臭氧的地方，以防轮胎加速老化。

（4）轮胎切忌接触各种油类、水分、易燃物及有腐蚀性化学药品，并隔绝热源与火种。宜专库专用。

（5）保管期间应定期进行检查，每半个月检查一次。检查内容为：

①检查轮胎花纹内左右有无龟裂，表面是否有裂纹，如有龟裂就说明橡胶已硬化。

②检查硬度用手捏或用木棒敲击听其声音。

③检查有无反白、反硫和发霉现象。

④内、外胎有无发黏现象，内胎压板有无生锈现象。

⑤在霉潮季节，特别注意垛底潮湿情况，发现有汗珠现象，应及时用清洁布擦干。

⑥堆码半年以上的外胎，应倒垛并将外胎转换90°，以防重压受损。

⑦严格掌握先进先出的原则，保管期不超过三年。

4）轮胎的码垛

轮胎码垛的基本要求是直立堆码，不能平放重叠堆码。

3. 胶管

胶管按结构可分为全胶管、夹布胶管、吸引胶管、编织胶管、缠绕胶管、针织胶管六大类。

（1）全胶管：全部用橡胶制成的胶管，多用于小规格及不超过0.1MPa的压力下作用。

（2）夹布胶管：是应用比较广泛的一种普通胶管，它的强力层是由挂胶平纹帆布一层一层卷绕在内层上，然后包上外胶层而成。夹布胶管耐压强低，只适于压力不太高的条件下使用。

（3）吸引胶管：是在负压下进行工作的，因而除了需用夹布作骨架并增加管壁厚度外，还在管体夹布层内增加一层或两层金属螺旋线，以增大管壁强度，以免因大气压作用而压扁。吸引胶管又分露线式和埋线式两种。

（4）编织胶管：是以纤维或钢丝直接编织在管坯上作为强力层的一种胶管。编织胶管又可分为棉纤维和钢丝编织两种。

（5）缠绕胶管：是用单线、合股线、线绳或钢丝、钢丝绳按理想的角度呈螺旋状缠绕在管坯上作为强力层的一种胶管。

（6）针织胶管：强力层为针织结构，采用针织机在胶管成型过程中直接织在管坯上，目前针织胶管采用的针织组织有平织、锁织、钻石和吊线四种。

4. 钻井水龙带

钻井水龙带是石油钻井工程中用于钻机水龙头与立管弯头的连接、输送钻井液、传递水力动力的专用胶管。钻井水龙带能承受极高的压力，高压下管体几何形状变化小，并具有较好的挠曲使用性能。钻井水龙带进行压力试验时的压力应大于工作压力。

5. 丁腈橡胶

1）特性

丁腈橡胶外观为黄褐色或浅黄色带状或碎块胶，是丁二烯和丙烯腈的共聚物，也包括添加第三单体的改性品种。

2）保管要求

（1）丁腈橡胶应储存于阴凉、干燥、清洁、通风的库房。库温25℃左右为宜，库内相对湿度为50%～80%。

（2）要经常检查霉变情况，若发生霉点，应擦干净并撒滑石粉。并要掌握相对湿度，开库房门、窗进行通风。

（3）勿于易燃物、氧化剂、强酸、粉末飞扬的物资及金属屑共储。

（4）如发现有异状。应及时倒垛检查。

6. 丁苯橡胶

1）特性

丁苯橡胶是以丁二烯和苯乙烯为单体的共聚物，还有添加第三单体改性的品种。

2）保管要求

（1）存放时，应成垛成行堆放整齐，保持一定行距；堆放高度不大于10层。

（2）应存放在常温、通风、清洁、干燥的仓库中，严禁露天堆放和日光直接照射。不得雨淋和污染，不得与易燃品共储混运。

（3）储存期一般不超过两年。

（4）运输时应注意防潮、防雨、防晒。

7. 运输带

1）分类

运输带按用途分为强力型、普通型和耐热型三种。

2）储存保管

（1）运输带在运输和储存中，应避免阳光直射，雨雪浸淋。应保持清洁，禁止与酸、碱、油类和有机溶剂等物质相接触，并应距离热源1m以外。

（2）储存时，库房内的温度应保持在-5～40℃之间，相对湿度应保持在50%～80%之间。

（3）储存期间不应堆码过高，须成卷码放。不得折叠，在储存期间每季翻动一次。

（4）运输带自制造之日起储存期为一年。

> CBC011 塑料制品的储存保管要求

（七）塑料制品

1. 硬聚氯乙烯树脂及制品的储存保管要求

（1）应储存于阴凉、干燥的库房内。一般不得露天存放。库内窗玻璃应涂白色，以防日光直晒，加速塑料老化，引起有色制品变色。

（2）应保持适当的库温，以15～40℃为宜。过热会使制品加速老化；过冷则发脆，易造成机械损伤。特别是骤冷骤热更易加速老化。距离库内热源应在1m以上。

（3）应保持库内干燥，一般用相对湿度为50%～80%，注意防潮、防水、防雨淋。

（4）远离明火和火源。

（5）避免接触有机溶剂（特别是含有卤素的有机溶剂）矿物油类以及浓度在50%以上的硝酸。

（6）温度在0℃或0℃以下时，严禁摔撞和重压。

2. 软聚氯乙烯制品的储存保管要求

（1）应存于阴凉、干燥的库房内，库温一般以-10～32℃为宜，不要超过40℃。应防止日晒。

（2）软聚氯乙烯管可以盘放，盘状直径不宜小于管径的24倍，最小盘状直径不得小于400mm。

（3）软聚氯乙烯制品不可重压，码垛高不要超过1.5m，避免造成管、板制品变形。

（4）应防止虫蛀、鼠咬。

（5）注意塑料制品的储存期限，一般以半年至一年为宜。

（6）注意防潮。因制品中某些添加剂是微生物的养料，因此会发生霉变。

（7）远离火源，禁止明火。制品在库内距离热源至少1m以上。

（8）避免接触有溶剂、矿物油类，以及浓度在50%以上的硝酸。

3. 聚丙烯树脂及制品的储存保管要求

（1）聚丙烯制品应保存在整洁、干燥的库房内，库温一般在 -10~30℃之间，不要超过40℃，不能受强光直射。

（2）应远离火源，制品距离热源大于2m。

（3）储存期限从生产日期起不应超过半年，避免与有机溶剂、矿物油类同库存放。

（4）运输时应小心轻放，防止机器碰撞和日晒雨淋。

4. 聚乙烯树脂及制品的储存保管要求

（1）聚乙烯制品应保存于整洁、阴凉、干燥的库房内，应堆放整齐，不得使制品挤压变形或损伤。

（2）距热源不少于1m。

（3）储存期限从生产日期起不得超过一年。

（八）油田化学试剂

1. 钻井液材料

常用钻井液材料有造浆材料、加重材料、降黏剂、其他处理剂。

1）造浆材料

（1）钻井液用膨润土。

①用途：在钻井液中，加入造浆率高的膨润土，可以增加钻井液的黏度和动切力，从而提高悬浮钻屑的能力。使用膨润土还能降低钻井液的滤失量，这是因为地层中的黏土颗粒较多，故可以改善钻井液的滤失性能。

②验收方法：对于袋装的膨润土，应先检查内外层包装袋是否符合要求，包装外的品名、生产厂名、出厂批号、商标、净重等是否标记清晰、齐全。开包检查有无受潮、结块现象。每批产品应附有生产厂提供的质量证明书，其证书批号是否与实物相符。

袋装的膨润土到货后，数量检验时应在每批产品中抽检50袋，每袋平均值不少于25kg。

③保管要求：应存放于阴凉、通风、干燥的库房或料棚中，下垫。防止受潮结块，防止包装破损。

（2）凹凸棒抗盐土。

①用途：多用于咸水和饱和盐水钻井液的配浆材料。它能改善水基钻井液在环空中的流型，提高携带钻屑的能力。

②验收方法：外层为聚丙烯编织袋，内层为塑料薄膜袋。每袋重25kg。对于袋装凹

凸棒抗盐土，应先检查内外层包装袋是否符合要求，包装外的品名、生产厂名、出厂批号、商标、净重等是否标记清晰、齐全。开包检查有无受潮、结块现象。每批产品应附有生产厂提供的质量证明书，其证书批号是否与实物相符。

袋装的凹凸棒抗盐土到货后，数量检验时应在每批产品中抽检 50 袋，每袋平均值不少于 25kg。

③保管要求：应存放于通风、干燥的库房或料棚中，免受潮、雨淋。

2）加重材料

（1）钻井液用重晶石粉。

①用途：加入钻井液中，以悬浮状态增加钻井液的密度。可将钻井液密度调到 $2.00g/cm^3$ 以上。

②验收方法：对于袋装的钻井液用重晶石粉，应先检查内外层包装袋是否符合要求，包装外的品名、生产厂名、出厂批号、商标、净重等是否标记清晰、齐全。开包检查有无受潮、结块现象。每批产品应附有生产厂提供的质量证明书，其证书批号是否与实物相符。

袋装的钻井液用重晶石粉到货后，数量检验时应在每批产品中抽检 50 袋，每袋平均值不少于 25kg。

③保管要求：应存放于阴凉、通风、干燥的库房或料棚中，下垫，防止受潮结块，防止包装破损。

（2）钻井液用氧化铁粉。

①用途：加入钻井液中作加重剂。

②验收方法：对于袋装的钻井液用氧化铁粉，应先检查内外层包装袋是否符合要求，包装外的品名、生产厂名、出厂批号、商标、净重等是否标记清晰、齐全。开包检查有无受潮、结块现象。每批产品应附有生产厂提供的质量证明书，其证书批号是否与实物相符。

袋装的钻井液用氧化铁粉到货后，数量检验时应在每批产品中抽检 50 袋，每袋平均值不少于 25kg。

③保管要求：应存放于阴凉、通风、干燥的库房或料棚中，下垫。防止受潮结块，防止包装破损。

（3）钻井液用钒钛铁矿粉。

①特性：钒钛铁矿机械加工成为细度适宜的粉末。颜色为褐色。具有密度大、耐研磨、不溶于水，部分能和盐酸发生反应。不易吸水，但受潮后易结块。

②用途：加入钻井液中作加重材料。

③验收方法：包装应有足够的强度，外层为聚丙烯编织袋，内层为高强度聚乙烯薄膜袋。每袋重 25kg±5%。验收时应在每批产品中任意抽检 50 袋，每袋平均值不少于 25kg。

④保管要求：应存放在通风、干燥的库房内，避免潮湿和雨淋。

（4）钻井液用石灰石粉。

①特性：别名为碳酸钙。纯品为白色粉末，含杂质制品可呈灰色、灰白色、黑色、浅黄色或浅红色等。

②用途：常用于油基站钻井液或完井液的加重剂，以减轻对油层的伤害。

3）钻井液用降黏剂

（1）用途：用作钻井液的降黏剂。

（2）验收方法：外层为编织袋，内层为高强度塑膜袋，以达到防水和不易破损的要求，每袋净重25kg±5%。先检查包装是否符合标准的要求，有无破损、漏失。包装上的标志和标记是否醒目齐全。打开包装后检查其外观是否为淡蓝色颗粒或白色粉末状，有无受潮、结块、污染现象。数量验收可采取在每批产品中任意抽检40袋，每袋平均值应不少于25kg。

4）其他处理剂

（1）钻井液用羧甲基纤维素钠盐（代号：CMC）。

①验收方法：打开包装检查其是否为自由流动的粉末状，进一步检查有无受潮、有无污染、变质。产品质量证明书上的批号是否与实物相符。

检查数量时，在每批产品中任意抽检50袋，每袋平均值不少于25kg即为到货单重合格。

②保管及运输：防止储存运输过程中受潮发黏、变质。发现进水受潮时，均要清理出来。

（2）钻井液用磺甲基酚醛树脂（代号：SMP—1）。

①验收方法：采用铁桶包装，每桶重200kg。先检查包装桶有变形、破裂、膨胀、漏失现象。再检查包装外的标志和标记是否清楚、齐全。发现问题时应做好验收记录，并分情况处理。打开包装桶盖，搅拌后目测其是否为棕红色黏稠液体，有无沉淀、结块等现象。核对其产品质量证明书上的批号是否与实物相符。

数量检验采取抽检单重，每批产品不少于20%。

②运输及保管：应存放于阴凉干燥处，储存期限为一年（从生产之日起计算）。若超过储存期，须重新检验，合格后方可使用。运输中应注意防止碰坏包装造成损失，装卸时应轻拿轻放，不得摔坏包装。

2. 单宁酸

（1）用途：用于油气井固井时油井水泥的缓凝剂。也可以作钻井液材料。

（2）验收方法：工业单宁酸用塑料袋作内包装，外包装为麻袋或编织袋。规定每袋重25kg或50kg。验收方法与钻井液用膨润土相同。

（3）保管要求：由于其易受光的作用，易吸潮结块，故在保管时应储存于避光、干燥的库房中。

（九）木材

1. 木材的分类及性能

1）木材的分类

木材一般按树种、用途和材质三种方法分类。木材按用途分为原条、原木、锯材三类，原条包括杉条、脚手杆等；原木包括直接使用原木、加工用原木等；锯材包括普通锯材、枕木等。

2）木材的性能

（1）质轻、密度小（绝大部分木材的密度都小于$1g/cm^3$）。

（2）耐热、隔声及电绝缘性好。

（3）可以胶合或用螺钉及嵌接器结合。

（4）吸水性强，因而会改变其尺寸、形状和性质。

（5）质地较软，不适于高强度和重载荷的工程用途。

2. 原条和原木

原条是指树木伐倒后，仅砍去枝杈，但未经截断的带梢木或去梢木。原条进一步按规格截成的圆形木段，称为原木。

1）原条的长度检量

原条（杉原条）的长度起点在标准中规定为 5m。其长度应从根部锯口（或斧口）量起，至梢径 6cm 处，其长度足 5m，即认为合乎原条规格，如果长度小于 5m 时按原木处理。原条的长度进位，根据木材标准的规定，以 1m 进位，不足 1m 者舍去，如 7.9m 的原条也按 7m 计。

2）原木的尺寸检量

（1）长度检量。

原木的长度检量（包括干形弯曲和断面偏斜者），应自大头断面至小头断面拉成一直线检量。

（2）直径检量。

原木的直径检量部位在原木小头断面，以通过小头断面中心的最小直径为检尺径（带皮的去掉树皮厚度部分），以 2cm 为一个进级单位，满 1cm 者进位，不足 1cm 者舍去。实际量得的尺寸经过进舍后得出的直径才称为检尺径。这样原木的检尺径只有偶数，如 6cm，8cm，10cm，12cm……

3）原条和原木的验收方法

（1）根据入库通知单和供方发货明细表进行验收。保管员还应准备有关技术标准，以备有疑问时查找依据。

（2）原条、原木的质量以木材缺陷的种类和多少来衡量，并以此作为等级的依据。因此，原条、原木的质量应符合对木材缺陷的限制规定。

原木的等级由生产单位在原木两端断面或两端侧面以号印作出标志，其符号为一等"△"，二等"☰"等。

（3）数量检验：原条、原木均以材积计量，单位为立方米（m^3）。在检量原木的中央直径和材长后，通过查阅有关材积表，则可得到材积。

4）原条和原木保管方法

木材在保管期间主要易发生菌虫蛀蚀和变形开裂两种损坏变质现象。避免的方法为使木材保持高度的含水率（高于纤维饱和点）或将木材含水率降低到 20% 以下。

保管的主要方法有干存法、湿存法和水存法。水存法也称水浸保管法，即是将原木浸泡在江、河、湖泊、水塘中。

5）木材的防护

木材在保管阶段，对于过夏或保管期较长的，除了合理堆垛以外，还需要喷洒防腐药剂。为了防止木材腐朽、虫蚀和开裂，除了采用物理方法（干存法、湿存法、水存法、合理堆垛等）外，可采用化学方法，用防腐、防虫药剂处理木材，使之能抵抗菌虫侵害，这种方法称为木材防腐处理。

3. 锯材

加工用原木经过纵横割据后产品称为锯材。

检验时板材按材积（m³）计算：材积＝长×宽×厚。普通枕木按根计量，桥梁枕木和道岔枕木同样按材积计量。

储存锯材时，因堆积不良或因干燥不均匀，容易造成锯材弯曲。

4. 人造板材

人造板材常用的有胶合板、纤维板、刨花板等。

胶合板是由原木旋切成单板或木刀刨切成薄木，再经胶合而成三层或三层以上的板材。普通胶合板又可分为三合板、五合板、七合板、九合板等。

人造板垛层采用顺码式交叉叠码，散装的每5张或每10张错一次头，以便计数。

CBC016 玻璃纤维的质量要求和验收保管要求

（十）玻璃及玻璃纤维

玻璃是由石英砂、纯碱、长石及石灰石等在1500～1600℃高温下熔融后经拉制或压制而成。分为普通平板玻璃（或称一般平板玻璃）和高级平板玻璃（又称浮法玻璃）。

1. 玻璃的质量标准

1）普通平板玻璃

普通玻璃平板应符合国家标准的要求，其主要的质量指标如下。

（1）厚度误差符合表2-1-2的规定。

表2-1-2　普通平板玻璃厚度误差

单位：mm

厚　度	允许误差范围
2	±0.15
3	±0.20
4	±0.20
5	±0.25
6	±0.30

（2）玻璃板应为矩形，长度比不得大于2.5mm。2mm、3mm玻璃尺寸不得小于400mm×300mm，4mm、5mm、6mm玻璃尺寸不得小于600mm×400mm。

（3）弯曲度不得超过0.3%。

（4）尺寸偏差（包括偏斜）不得超过±3mm。

（5）边部凸出或残缺部分不得超过3mm，一片玻璃只许有一个缺角，沿原角等分线测量不得超过5mm。

（6）透光率：厚度为2mm的不小于88%，3mm、4mm的不小于86%，5mm、6mm的不小于82%。

（7）玻璃不允许有裂子，压口和破坏性的耐火材料结石疵点。

2）浮法平板玻璃

浮法平板玻璃应符合国家标准的要求，主要质量指标如下。

（1）厚度偏差应符合表2-1-3的规定。一片玻璃薄差不得大于0.3mm。

表2-1-3　浮法平板玻璃厚度偏差

单位：mm

厚　度	允许偏差
3、4	±0.20
5、6	+0.20；−0.30
8、10	±0.35
12	±0.40

（2）尺寸偏差（包括偏斜）应符合表2-1-4的规定。

表2-1-4　浮法平板玻璃尺寸偏差

单位：mm

厚　度	允许偏差	
	≤1500	>1500
3、4、5、6	±3	±4
8、10、12	±4	±5

（3）弯曲度不得超过0.3%。

（4）边部凸出或残缺部分及缺角深度不得超过表2-1-5的规定。

表2-1-5　浮法平板玻璃边部凸出或残缺及缺角深度

单位：mm

厚　度	凸出或残缺	缺角深度
3、4、5、6	3	5
8、10、12	4	6

2. 玻璃的验收、保管

（1）根据入库通知单或发货单与实物箱上注明的品种、规格等级核对相符，然后清点实有箱数，按每箱标明的数量计算到货总数。平板玻璃的计量单位以重量箱或实际箱来计量。

①重量箱。

普通平板玻璃的计量单位一般以"重量箱"来计算，它是计算平板玻璃用料及成本的计量单位。一个重量箱等于2mm厚的平板玻璃10m^2（约50kg）。

②实际箱。

实际箱又称"包装箱"，分木箱和集装架两种。即一个木箱或一个集装架包装的玻璃称为一个实际箱或者一包装箱。

（2）检查包装是否符合出厂标准要求，如未按标准要求装箱而造成玻璃损坏，需向供货单位提出索赔并追查责任。

（3）储存时应注意防潮，防止与其他腐蚀性化工产品同库储存，仓库应干燥通风。

（4）入库时要按厚度规格等级堆码，先进先出。

（5）玻璃箱码垛时必须立放，靠紧防止倾倒。

（6）各类玻璃纤维布和涂覆制品必须放置在干燥、通风的库房内保管，严禁日晒和雨淋。

（十一）沥青

1. 沥青的分类

根据来源不同，沥青分为天然沥青、石油沥青、煤沥青三类。

2. 沥青的验收、保管

（1）沥青到货后，应根据入库通知单或发货单核对实物的品种、规格、厂别。

（2）沥青均应过磅计量。

（3）外观验收：

①半固体沥青应是胶状体，能拉成细丝，拉得越细越长，质量越好。

②液体沥青黏性足、有光泽，没有沉淀和杂质，用木条插入桶内提起时，成为细长丝的质量较好。

（4）液体及半固体沥青多用铁桶储存装运，固体沥青用衬纸包裹，运输用荆条篓，内衬蒲席包装。桶装沥青宜直立放置，以免沥青流失。在运输、储存中要防止混入杂质、砂和水分，以免降低沥青的质量。

（5）沥青材料和溶剂应分开储放，远离火源。应先进先出，避免长期积压，以免变质。

（6）堆放时，应有通道，以便检查。露天堆放，场地应平坦、干净，上面搭棚遮盖，使沥青免受大气、雨水和阳光的直接影响。

> CBC017 沥青产品的验收保管要求

（十二）石棉制品

1. 石棉橡胶板的储存保管要求

（1）石棉橡胶板应按不同品种、规格平放在货架上，如无货架应下垫木板，远离热源、火源存放，避免日光直射。

（2）成捆的包装可以立放，如平放，垛不应高于1.5m，储存期为两年。

2. 石棉填料的分类及表示方法

1）分类

石棉填料按制造方法不同可分为油浸石棉填料和橡胶石棉填料两种。

油浸石棉填料是用润滑油和石墨浸渍过的石棉线（或铜丝石棉线）编制或扭制而成。

橡胶石棉填料是用石棉布或石棉线以橡胶为结合剂卷制或编织而成。

2）规格型号及表示方法

油浸石棉填料（YS）和橡胶石棉填料（XS）都分为三个牌号，其表示方法相同。

每个牌号的填料有方、圆和扭制三种，分别用汉语拼音字母大写F、Y、N表示。有的里面加铜丝用T加括弧表示，例如，牌号YSF（T）450，表示适用于蒸汽温度450℃，压力为6MPa的油浸石棉铜丝方填料。

3. 石棉水泥制品的验收要求

（1）根据入库通知单或发货单核对实物的品种、规格是否相符，并清点数量。

（2）石棉板厚度要均匀。加工好的石棉板应切直角，未加工的允许四边为毛边。表面应平整光滑，不许有裂纹、孔洞和起层现象。

> CBC018 石棉制品的验收保管要求

（十三）砖

1. 砖的分类

砖按所用原料不同将砖分为黏土砖和非黏土砖。

> CBC019 红砖的验收保管要求

2. 砖的验收、保管

（1）外观质量检验尺寸应一律整齐，棱角应完整无缺，棱成直线，角成直角，一般不应有裂缝；断面组织应细密一致，无粗大空隙，不含碎石等物质、不分层。

（2）按标准要求进行抽检，每次取样 200 块，分两组进行，两组样品中检查出的不合格砖数量之差，一等砖不得超过五块，二等砖不得超过七块，否则须再复查一次。

（3）砖应按不同品种、规格、标号分别堆放，定量保管。

（4）砖是脆性材料，堆放时要求地基坚实、平坦、干净，以保证堆垛稳固。

（5）各类砖要求堆放整齐，普通黏土砖在堆放后，用灰在砖面上注明数量，做好标记，以防丢失。

（6）砖的垛法要求一是稳固，二是便于计数。堆放时以侧放为宜，一般四块砖侧放在一起，称为"一批"，每层四批，每 12 层之上平放 8 块（分二堆）为一垛，计 200 块或 15 层上平放 10 块（分二堆），计 250 块。

（7）在装卸过程中应轻拿轻放。严禁上下抛掷以保持棱角整齐。

（十四）砂

CBC020 砂的分类

1. 砂的定义

天然岩石经风化或人工破碎，粒径为 5mm 的颗粒状物统称为砂。

2. 砂的分类

1）按矿物成分分类

（1）普通砂：是指自然山砂、河砂而言，它是由坚硬的天然岩石经自然风化逐渐形成的疏散颗粒的混合物。

（2）石英砂：二氧化硅（SiO_2）含量在 90% 以上的砂称石英砂，它又可分天然石英砂和人工石英砂两种。

（3）长石砂：以长石含量为主的砂，一般经人工破碎制成。

（4）方解石砂：将方解石或较纯石灰石经人工破碎而制成的砂。

（5）黏土砂：是黏土含量较多的石英砂。

2）按砂的形状分类

按砂的形状分类，可分为圆形砂、多角形砂、尖角形砂。

3）按砂的用途分类

按砂的用途分为建筑砂、铸造砂、工业用砂三种。

3. 建筑用砂

建筑用砂也称普通砂。即：河砂、海砂，用于建筑工程中配制砂浆混凝土。它分为一般砂和级配砂两种，级配砂是砂的颗粒大小按一定比例搭配而成的较密实的砂。

（十五）石

CBC021 石料的验收保管要求

石主要有天然石材、人造石材以及天然石材制品。

1. 天然石材

由天然岩石开采而得的毛料，或经加工而成块状或板状的石材，统称天然石材。主要有毛石、块石、整形石、碎石和砾石、异性石。

天然石材的验收方法：

（1）碎石、砾石数量验收时，应选择平坦的场地将碎石、砾石堆成整齐的梯形，表面取平，丈量后求其体积。

（2）毛石、块石进行量方验收，即在平坦的场地上尽可能紧密地堆成方形，用尺测量边长计算出体积。

（3）碎石、砾石外观验收时，应查看其中黏土、杂物、软弱颗粒及针片状颗粒含量是否超出要求。

2. 保管要求

（1）可露天存放，场地坚硬平整，料堆位置应尽量靠近使用处，以减少搬运距离。

（2）运输前应检查运输工具是否干净、完好。

（3）对碎石、砾石、米厘石等石材要防止规格混杂和杂物的混入。

（十六）石膏

1. 石膏的定义

石膏是由含有结晶水的硫酸钙（$CaSO_4$）所形成的一种沉积型的天然矿物。

2. 石膏的分类

石膏按来源分为天然石膏和工业废石膏（如氟石膏、磷石膏和盐石膏等）。天然石膏又分为石膏和硬石膏。

石膏按颜色分有白石膏、黑石膏。

（十七）耐火材料

CBC022 耐火材料的验收保管要求

耐火材料主要用于砌筑高温窑炉，做高温防护内衬。包括耐火砖及耐火可塑料两大类，耐火可塑料又分耐火泥（土）及耐火水泥两种。

耐火制品砌筑时，应使用与耐火制品相同品种的耐火泥，不同品种的耐火制品和耐火泥不能混用。

1. 验收方法

（1）袋装耐火泥在验收时要检查包装是否完好，如有破袋应及时处理，此外，还应检查是否受潮。

（2）入库耐火砖的尺寸允许公差及等级要求，要符合质量标准。

2. 保管要求

（1）耐火砖的堆放应按种类、用途、砖号和等级分别堆放，堆放应平稳、牢实，防止倒塌造成事故。

（2）耐火砖垛应标明品种、规格、砖型、生产厂及其他应记事项。

（3）耐火泥应按袋堆垛，码放整齐，垛高以便利堆垛与卸垛为宜，垛间需留出不小于 0.6m 宽的走道。

（4）每一批耐火砖内，每一砖号，只允许有一个不完整的砖垛。

（十八）防水卷材

CBC023 防水卷材的验收保管要求

防水卷材是以植物、矿物或动物纤维浸渍沥青而制成的防水建筑材料，包括油毡和油纸。

1. 油毡的验收方法

油毡的验收包括数量、包装和外观质量三个方面。

（1）成卷油毡宜卷紧、卷齐，卷筒两端厚度差不超过 5mm，端面里进外出不超过 10mm。

（2）成卷油毡在环境温度10～45℃时，应易于展开，不应有破坏毡面长度为10mm以上的黏结和距卷芯1000mm以外长度在10mm以上的裂纹。

（3）纸胎必须浸透，不应有未被浸透的浅色斑点；涂盖材料宜均匀密致地涂盖油纸两面，不应有油纸外露和涂油不均。

（4）毡面不应有孔洞、硌（楞）伤，长度20mm以上的疙瘩、浆糊状粉浆或水渍，距卷芯1000mm以外长度100mm以上的折纹、折皱；20mm以内的边缘裂口或长50mm、深20mm以内的缺边不应超过4处。

（5）每卷油毡中允许有一处接头，其中较短的一段长度不应少于2500mm，接头处应剪切整齐，并加长150mm备作搭接。优等品中有接头的油毡卷数不得超过批量的3%。

（6）数量验收时，先要对每卷油毡的重量进行检查，可用精度为0.1kg的台秤称量每卷油毡的重量。

2．油毡的保管要求

（1）储存保管油毡时应注意防火，远离火源和热源，不得与其他易燃、可燃物品混存。

（2）油毡存放时间不宜过长，一般不超过1年。

（十九）劳动防护用品的分类

1．劳动防护用品的概念

劳动防护用品是指生产经营单位为从业人员配备的，使其在劳动过程中免遭或者减轻事故伤害及职业危害的防护用品。劳动防护用品也称为劳动保护用品，简称劳保用品。

2．劳动防护用品的分类

按照国家《劳动防护用品分类和代码》（LD/T 75—1995），采用以人体防护部位作为分类标准，可分为九大类：头部防护用品、呼吸器官防护用品、眼面部防护用品、听觉器官防护用品、手部防护用品、足部防护用品、躯体防护用品、护肤用品、防坠落用品。

1）头部防护用品

头部防护用品根据防护功能要求，主要有防护帽、防尘帽、安全帽、防静电帽、防水帽、防寒帽、防高温帽、防电磁辐射帽、防昆虫帽九大类。

2）呼吸器官防护用品

呼吸器官防护用品主要分为防尘口罩和防毒口罩（面具）两类，按功能可分为过滤式和隔离式两类。

3）眼面部防护用品

眼面部防护用品根据防护功能，可分为防尘、防水、防冲击、防高温、防电磁辐射、防射线、防化学飞溅、防风沙、防强光灯九类。

4）听觉器官防护用品

听觉器官防护用品主要有耳塞、耳罩和防噪声耳帽。

5）手部防护用品

手部防护用品按照防护功能可分为十二类，即一般防护手套、防水手套、防寒手套、防毒手套、防静电手套、防高温手套、防X射线手套、防酸碱手套、防油手套、防振手套、防切割手套、绝缘手套。

6）足部防护用品

足部防护用品按照防护功能分为防尘鞋、防水鞋、防寒鞋、防足趾鞋、防静电鞋、防高温鞋、防油鞋、防烫脚鞋、防滑鞋、防刺穿鞋、电绝缘鞋、防振鞋十二类。

7）躯体防护用品

躯体防护用品根据不同功能，分为一般防护服、防水服、防寒服、防砸背心、防毒服、阻燃服、防静电服、防高温服、防电磁辐射服、耐酸碱服、防油服、水上救生衣、防昆虫服、防风沙服十四类。

8）护肤用品

护肤用品按照防护功能，分为防毒、防腐、防射线、防油漆及其他类。

9）防坠落用品

防坠落用品主要有安全网和安全带两种。

（1）安全网根据安装形式和目的分为立网和平网。

（2）安全带按使用方式，分为围杆安全带和悬挂、攀登安全带两类。

项目四　管理机电产品

CBD001 机电产品的分类

机电产品是机械产品、电工产品和电子产品的总称，其内容包括主体、部件、备品及配件。它主要包括：通用设备、电气设备、交通运输设备、阀门、轴承、消防器材、焊接材料、量刃磨具、小型工具、紧固件、电工材料、通信设备、电子电器产品、仪器仪表及其配件等。

（一）机械设备的分类

机械设备的门类繁多，其分类方法主要有以下两种：

（1）按机械设备的用途可分为通用机械设备（如压缩机、冷冻机等）和专用机械设备（如石油化工机械、冶金机械等）。

（2）按机械设备的能量转换方式可分为：产生机械能的设备（如蒸汽机、内燃机等）、机械能转换成非机械能的变换机械设备（如水泵、风机等）和使用机械能工作的机械设备（如金属切削机床、锻压机械、起重机械等）。

（二）电气设备的分类

电气设备又称电工设备。它是发电，变电、输电、配电、用电和容电的设备、装置和某些材料，以及那些用电磁学原理工作的机械的通称。

电气设备产品种类甚多，归纳起来可分为以下几种：

1. 发电设备

将其他形式的能量转换成电能的设备称为发电设备。包括各种发电机组，如汽轮发电机组、水轮发电机组、内燃发电机组等。

2. 输电设备、变电设备、配电设备

输送、变换，分配电能的设备分别称为输电设备、变电设备和配电设备，主要有变压器（升压、降压变压器）、高低压电器等。

3. 用电设备

将电能转换成其他形式能量的设备称为用电或受电设备。如将电能转换成机械能的电动机，将电能转换成热能的电炉及其他电热设备等。

4. 控制设备、保护设备、调节设备

在电能生产、输送、变换、分配和使用过程中，起着开关、控制、保护、调节非电过程和非电装置的电气设备，都称为控制、保护、调节设备。主要有高压成套电器、低压成套电器、继电器、互感器、避雷器等。

（三）机电产品的包装规定

机电产品同其他物资一样，在流通过程中都须包装及储运。

1. 包装形式

机电产品在运输、储存和管理中，都要采取一定形式的包装，以保护其质量和数量不受损失。包装分内包装和外包装两类：

（1）内包装：内包装一般不适合陆路和水陆运输及装载。但内包装一般能起到保护质量，防止破损，便于点数，防止丢失，便于携带、使用和管理的作用。内包装材料一般使用防潮纸（袋）、塑料薄膜（袋）、塑料盒（筒）、精制木盒（箱）和瓦楞纸盒、纸箱等，特殊的还设防震弹簧装置。

（2）外包装：外包装（以下简称包装）要牢固可靠，以适合陆路和水陆运输及装载，一般是根据物体的大小和轻重，并考虑装卸作业的方式进行设计，以便能够承受一定的压力，经得起磕、碰、挤、勒、颠等，其上还应有装卸运输和保管标志。包装所用的材料要根据箱体的大小和轻重，正确合理地选用。

2. 包装箱

包装箱根据体积大小及制作规定，分为四种箱型，小型箱、中型箱、大型箱、特大型箱。小型箱的体积在 $0.1m^3$ 以下，中型箱的体积为 $0.1\sim1.0m^3$，大型箱的体积为 $1.0\sim8.0m^3$，特大型箱的体积要求在 $8.0m^3$ 以上。

（四）机电产品验收的一般要求

1. 验收执行单位工作范围

（1）采购部门向仓库部门、质检部门提供订货合同或协议书（抄件）。

（2）仓库部门负责设备包装、数量（含随机附件）和外观质量的验收。

（3）质检或使用部门负责产品性能的检验。

2. 验收流程

（1）根据合同及物资到货通知单。物资到库后，仓库部门进行包装、数量（含随机附件）和外观质量的验收。

（2）需要做产品性能检验的物资，由仓库部门通知质检部门检验。

（3）质量合格后仓库部门验收并开入库验收单。

3. 验收内容

（1）验收凭证及资料核查。

根据入库验收单、订货合同或协议书，对质量证明书、合格证、说明书、材质证、装箱单、计重单、发货明细表、货运单（含商务记录或普通记录）及随机图纸等进行核对。

（2）数量验收。

①计重物资按净重计算或按订货合同计算。定尺或按件标明重量的物资可以抽检，抽检比例按国家有关标准的规定，即检查水平Ⅱ（IL=Ⅱ）合格质量水平1.5（AQL=1.5）

的抽检方案进行验收。

②对有包装、捆扎的物资，抽检比例按国家有关标准即检查水平 S—2 的抽检方案进行验收。对于拆包装后难以恢复包装的物资，可按供货部门标明的数量验收。

③对于进口物资，发现短缺时，需用同供货部门、采购部门、计量部门，按商检确认的检验方法进行复检。

④计件物资应全部清点件数。定量包装的小件物资，应按批量总数不低于5%的比例抽检。

4. 包装和外观质量验收

（1）根据入库凭证及资料，核对产品名称、规格、型号、牌号、批号、供货单位、生产厂名、包装标志等。

（2）检查包装是否符合合同规定或包装标准。包装标志应明显、清楚，与实物相符。包装若受潮、破损，则应拆包头检查。

（3）外观质量的验收应按有关标准规定的机电产品外观质量验收具体要求进行验收，见表2-1-6。

表2-1-6　机电产品外观质量验收具体要求

验收产品名称或部位	验收的具体要求
漆层	应光洁均匀，色调一致，应无剥落、起皮、流痕、皱纹、黏附、气泡、龟裂、杂物和漏喷等现象
电镀层	应光滑明亮，应无锈蚀、斑点、起皮、剥落、氧化泛白以及其他缺陷
镜头、反光镜及玻璃制品	应平整光洁，透视和观测清晰无瑕，应无裂痕、波纹、破碎、发乌等现象，镜头的水准泡应无影响观测的曲线
焊缝	应无开焊、裂缝、变形、损伤、锈蚀、焊穿、焊渣、溅渣、夹渣和气孔等现象
金属件及铸件	应无划伤、硬伤、损伤、锈蚀、变形、行刺、裂纹、裂痕、扭曲、砂眼及氧化皮等
绞线及钢丝绳	应紧密绞合，应无压扁、散股、松散、断丝、硬伤、擦伤、锈蚀、凹陷、层迭以及扭曲等现象
液压系统、管路及油水箱	应无渗油、漏油和滴油等现象
转动部分	应灵活、无杂声、跳动、卡住、过松、过紧以及失灵等现象
塑料及橡胶	表面应光滑，均匀有光泽，应无气泡、裂纹、斑点、凹凸不平、黏合不严、畸形、龟裂及老化等现象
电器及仪表	应无受潮、发霉、损坏以及水迹等现象
刻度盘及表指针	刻度线粗细均匀，刻度清晰、醒目、字迹清楚、准确无误；指针正直、摆动灵敏，并能归到零位，应无弯曲、变形及卡针等现象
紧固螺栓	各部位应拧紧，不得松动，螺纹部分完好
电瓷件	应无生烧过火、氧化起泡、断裂、破碎、裂缝、裂痕、裂纹及影响产品质量等缺陷

5. 产品性能检验

根据订货合同及有关标准，同质检部门负责组织和进行机械、理化性能等检验。检验结果应通知采购部门及仓库部门。

6. 进口物资检验

根据订货合同和有关标准,按照商品检验部门的规定检验。

7. 验收记录

机电设备验收时,必须及时做记录。验收记录包括以下内容:

(1) 设备产品名称、规格、数量。

(2) 入库件数及包装情况。

(3) 到库是日期及验收日期。

(4) 供货部门提供证件情况。

(5) 实物验收情况。

(6) 抽查的数量。

(7) 验收结果。

(8) 验收人员签字。

8. 验收中的问题处理

(1) 到库物资证件不全或不符,作为待验物资处理。并应及时催促有关部门解决。

(2) 数量不符并且其损溢超过规定计量允许时,经核实后填写查询单,提交采购部门查询处理。

(3) 品种、规格错发,应将错发部分的情况提交采购部门与供货部门交涉处理。

(4) 外观质量和产品性能不合格,应将不合格情况、残损程度做出记录,提交采购部门和检部门向供货部门交涉处理。

(5) 物资入库前已有残损短缺情况,但如有商务记录或普通记录等证件者,可按实际验收情况填写验收记录;若在记录范围外或无货运部门记录时,应查明责任暂不办入库手续。

(6) 凡不予入库待验的物资,仓库均应妥善保管,单独存放,不得动用,并通知有关部门拒付货款。

(7) 进口物资数量短少,质量、包装不合格,应在索赔期内,按有关规定和办法处理。

(8) 机电产品验收时,对拆包装后难以恢复包装的物资,可按供货部门标明的数量进行验收。

CBD004 机电产品保管的一般要求

(五) 机电产品保管的一般要求

(1) 在库房存放机电产品,应铺地板或放置垫木,以防止受地潮;在露天货场存放应采取妥善苫垫、封闭、棚架等措施。

(2) 存放机电产品的库房,相对湿度一般应控制在70%以下。

(3) 机电产品在保管中,空气中的水气是造成金属表面锈蚀的主要原因,也是使绝缘材料降低品质的原因之一。

(4) 存放机电产品的场所不能同时存放化学物品,以免腐蚀设备。

(5) 凡不予入库待验的机电产品,仓库均应妥善保管,单独存放,不得动用,并通知有关部门拒付货款。

(6) 有些机电设备在出厂前未进行实验,已将水注入机器内部,在验收时,要注意检查机器内部的水是否完全放净。

（六）泵的分类

1. 泵的概述

泵是用来输送液体或使液体增加动能的机器。它是把原动机的机械能转化为被输送液体的动能，以使液流达到规定的压力和流量。泵的用途极广，是工农业生产和人们生活不可缺少的重要设备。广泛用于给排水和机械制造、冶金、石油、化工、电力、造纸等部门的生产中。

2. 泵的分类

（1）泵按其工作原理不同分为叶片泵、容积式泵、其他类型泵。

①叶片泵。叶片类泵是指依靠叶轮旋转时的离心力、轴向力或离心—轴向力将能量传给液体，并使液体增压而输送液体的一类泵。结构不同的叶片类泵又分离心泵、轴流泵、混流泵和旋涡泵等，离心泵按叶轮吸入方式可分为单吸泵和双吸泵，井泵分为深井泵和潜水泵，主要用于低于水位深井中抽水、石油或其他液体，属于立式单吸式多级离心泵。

②容积式泵。容积式泵是依靠工作室容积的改变来使液体获得能量而输送液体的泵。按结构不同容积式泵又分往复泵和回转泵。往复泵有活塞泵、隔膜泵等，试压泵是往复泵中的一种，按驱动方式不同分为电动和手动两种。回转泵有齿轮泵、螺杆泵（螺杆泵主要由泵体、泵套、主动螺杆、从动螺杆、轴封等部件组成）、滑片泵、凸轮泵、罗茨泵、偏心转子泵、三转子泵、摆线转子泵、柱塞泵（径向、轴向柱塞泵）等。

③其他类型泵。其他类型泵是指利用流体本身动能或电磁力作用使流体获得能量来输送液体的泵。有喷射泵、水锤泵、电磁泵等，注水泵主要是向、油层、煤层注水用。

（2）泵按其输送介质不同分为清水泵、污水泵、油泵、杂质泵、液氨泵、耐酸泵、耐碱泵。

（3）泵按其工作压力不同分为低压泵、中压泵、高压泵、超高压泵等。

（4）泵按其用途不同可分为工业用泵、农业用泵。

工业用泵又可分为化工泵、钻井泵、给排水泵、锅炉给水泵、冷凝水泵、污水泵、计量泵、电站用泵等。

（5）泵按结构和使用范围不同分为一般用途泵、特殊场合用泵、特殊用途泵等。

3. 风机气体压缩机的分类

（1）风机按其工作原理不同可划分为离心风机和轴流风机。

（2）风机按其排出的风能不同可划分为高压风机、中压风机、低压风机。一般来说，风压值小于或等于10Pa的风机称为低压风机，风压值在10~30Pa范围的称为中压风机，风压值在30~150Pa范围的称为高压风机。

（3）气体压缩机按工作原理分为透平式气体压缩机和容积式气体压缩机两大类。透平式气体压缩机利用叶轮和导轮进行工作。根据叶轮的不同又有离心式和轴流式之分，它们与相应的离心风机和轴流风机的结构及工作原理相同。容积式气体压缩机通过改变压气室（缸）的工作容积进行工作，它们又分往复活塞式和回转式两种类型，往复活塞式应用最广泛。

（4）气体压缩机按压缩气体的性质不同可分为空气压缩机、煤气和石油气压缩机、稀有气体性缩机、氧气压缩机、氮气压缩机、氨气和氟里昂气体压缩机等。其中氨气和氟里昂气体压缩机是制冷用压缩机，属制冷设备。

（5）气体压缩机按生产能力分为大型排气量（$Q \geqslant 100\text{m}^3/\text{min}$）、中型排气量（$10\text{m}^3/\text{min} \leqslant Q < 100\text{m}^3/\text{min}$）、小型排气量（$1\text{m}^3/\text{min} \leqslant Q < 10\text{m}^3/\text{min}$）和微型排气量（$Q < 1\text{m}^3/\text{min}$）。

（6）气体压缩机按排出压力分为低压气体压缩机［排出压力 P（MPa），$0.2 < P \leqslant 1$］、中压气体压缩机［排出压力 P（MPa），$1 < P \leqslant 10$］、高压气体压缩机［排出压力 P（MPa），$10 < P \leqslant 100$］、超高压气体压缩机［排出压力 P（MPa），$100 < P$］。

4. 叉式起重设备

> CBD007 叉式起重设备的分类和保管要求

叉式超重设备是指叉车，又称铲车。它是一种高效，方便的工业搬运车辆，分属于超重运输机械中的搬运车辆类。

1）叉车的分类

叉车种类很多，按动力装置可分为内燃叉车和电瓶叉车两大类；按构造特点分为平衡式叉车、插腿式叉车，前移式叉车、四向行走式叉车、侧面式叉车和跨车多种。其中，平衡重式叉车是叉车中数量最多（占叉车总量80%左右），最为典型的构造形式。平衡重式内燃叉车一般采用柴油、汽油、液化石油气燃料，载荷能力0.5～45t，10t以上多为柴油叉车。集装箱内燃叉车采用柴油发电机作为动力，是用来装卸集装箱的一种吊车。承载能力45t。侧面式叉车采用发动机作为动力，承载能力为3.0～6.0t。

2）叉车的保管

（1）叉车应放在干燥通风的库房内保管，库内温度不高于35℃，不低于0℃，相对湿度不得大于80%。

（2）叉车不得与酸碱物质及化学药品等混存一库。并应防止有害气体或蒸气、氯气、煤烟（靠近工业厂房的仓库尤应注意）等侵入。

（3）叉车的电动机、电器等部分如有油泥尘土，应作擦除保养。如绝缘性能降低，应作干燥浸漆处理，未喷漆的金属部件应涂黄甘油防锈。

（4）机械润滑部分应经常保持润滑良好，若油脂干涸不足，应加油保养。

（5）凡灌入电解液的蓄电池组应经常充电保养，以防腐蚀变质造成废品。不能随车包装。

5. 压缩气体钢瓶的概念

> CBD008 压缩气体钢瓶的概念

压缩气体钢瓶是一种压力容器。工业，农业，科研，教学，医疗等行业需要的各种高压气体或液化气体，为了便于运输，储存与使用，所需用的气体必须经过压缩减小其体积。压缩气体钢瓶就是储存各种压缩气体的容器总称。一般属三类压力容器。

无论是哪种压缩气体钢瓶，在钢瓶肩部刻钢印的位置上，一律喷上白色的薄漆。氧气钢瓶的外表面应涂天蓝色，字样"氧"字用黑色。二氧化碳气钢瓶外面涂黑色，字样"二氧化碳"用黄色。氨气钢瓶外表面涂黄色，字样"氨"用黑色。为区分各种压缩气体钢瓶，其表面需涂不同颜色的标志，涂色标志必须符合国家有关部门统一规定的颜色及字样。

6. 阀门的作用

> CBD009 阀门的作用

阀门是安装在管道、设备或容器上，用来控制流体的流量，压力或改变流向的部件的总称，是石油，化工及工农业生产和人们日常生活中不可缺少的通用机械产品。

阀门的作用有以下几个方面：

（1）接通或截断管路中的流体通道。

（2）防止管路中流体倒流。

（3）调节管路中流体的压力和流量。

（4）分配或混合管路中流体介质。

（5）防止管路内的流体压力超值而引起的破坏作用，以保证管路上设备的安全运行。

7. 常见管路配件

管路配件是用于管路敷设时，管子与管子及管子与阀门之间连接用的连接件。主要包括法兰、弯头、外接头、内接头、三通、四通等。

> CBD010 常见管路配件的概念

1）法兰

法兰用来焊接在管子两端，以便与其他带法兰的管子、阀门、管件相对应连接。常用的法兰主要分为三种类型：平焊法兰、对焊法兰和螺纹法兰。法兰的主要技术参数为公称直径（用字母 DN 表示）。

2）弯头

弯头是指管道安装牛拐弯处的连接件。连接两根直径相同或不同的管子是根据弯道不同的角度来选配适当角度的弯头的。常用的弯头主要有月弯、半弯、异径弯等。

使用管路配件的主要作用是便于安装和拆卸。

8. 轴承的分类

> CBD011 轴承的分类

轴承按运动体表面摩擦种类的不同，可分为滚动轴承和滑动轴承两大类。

1）滚动轴承

（1）按轴承所承受的负载的方向不同可分为向心轴承（主要用以承受径向负荷）和推力轴承（仅能承受轴向负荷）。

（2）按滚动体的种类可分为球轴承（滚动体为钢球的滚动轴承）和滚子轴承（滚动体为滚子的滚动轴承），按滚子种类还可分为圆柱滚子轴承、滚针轴承、圆锥滚子轴承，调心滚子轴承。

（3）按滚动体的列数可分为单列轴承（具有一列滚动体的轴承）、双列轴承（具有两列滚动体的轴承）和多列轴承（具有多于两列滚动体并承受同一方向载荷的轴承，如三列、四列）。

（4）按轴承的调心性能可分为调心轴承（具有调心性能的轴承）和非调心轴承（不具有调心性能的轴承）。

2）滑动轴承

（1）按能承受载荷的方向可分为径向（向心）滑动轴承和推力（轴向）滑动轴承两类。

（2）按润滑剂种类可分为油润滑轴承、脂润滑轴承、水润滑轴承、气体轴承、固体润滑轴承、磁流体轴承和电磁轴承七类。

（3）按润滑膜厚度可分为薄膜润滑轴承和厚膜润滑轴承两类。

（4）按轴瓦材料可分为青铜轴承、铸铁轴承、塑料轴承、宝石轴承、粉末冶金轴承、自润滑轴承和含油轴承等。

（5）按轴瓦结构可分为圆轴承、椭圆轴承、三油叶轴承、阶梯面轴承、可倾瓦轴承和箔轴承等。

9. 消防器械

CBD012 消防器械的概念

消防器械是指连接消防设备的一些专用管配件，包括水龙带、接扣、滤水器、分水器、集水器、闷盖、水枪等。消防工具是指在灭火过程中所使用的一种专用工具，包括消防斧、消防火钩等。

滤水器的用途：装置在进水管底部，用以阻止水藻、石子、杂草等吸入水泵，保障水泵正常运转。口径100mm带有底阀的滤水器，可以防止进水管内的水倒流，以免水泵在停止后复用时重新引水。

分水器用途：将一路水流分成二路或三路。使用时可根据需要，用一路出水或同时几路出水，其接口形式为内扣式。

集水器的用途：将两路水流汇集成一路水流。如将两个小出球口径的消火栓与大进水口径的消防车连接起来，可使消火栓集中向消防车供水。

闷盖用途：出水闷盖供封盏消火栓、消防车上的出水口用，接口形式为内扣式，进水闷盖供封盖消防车上的进水口用，接口形式为内螺纹式。

水枪用途：扑灭一般物质火灾时，装在水带接扣上，起射水作用。直流水枪（水住式水枪）喷射的水流为实心水柱。开关水枪（调节式水枪）喷射的水流也为实心水柱，因枪身中装有旋塞，可控制水流大小或关断水流。开花水枪可单独喷射出或同时喷射出实心水柱或伞状开花水帘，也可关断水。喷雾水枪（雾化水枪）可喷射出雾状水流，除用于扑救一般物质的火灾外，也可用于扑救油罐、油槽、电气线路等的火灾。其接口形式全为内扣式。

10. 灭火剂的分类

CBD013 灭火剂的分类

能够有效地破坏燃烧条件，使燃烧中止的物质称为灭火剂。按平时存在的形态，灭火剂可以分为液体灭火剂，气体灭火剂和固体灭火剂三大类。

1）液体灭火剂分类

液体灭火剂绝大多数属于多种化合物水溶液的混合物，包括三种类型：水、水添加剂、泡沫灭火剂。

（1）水及水添加剂。

①水：水是使用范围最广泛的天然灭火剂，也是绝大多液体灭火剂的重要组成部分。

②水添加剂：在水中添加少量的有机物或无机物可以改进水的流动性能、分散性能、润湿性能和附着性能等，进而提高水的灭火效率。在水中加入少量的添加剂后可以得到润湿水、强化水、增黏水、防冻水等。

水和水添加剂主要用于扑救A类火灾。

（2）泡沫灭火剂。

泡沫灭火剂由化学物质，水解蛋白或由表面活性剂和其他添加剂的水溶液组成，以浓缩液的形式存在。这种泡沫灭火剂通过专用的设备与水按规定的比例混合、稀释后再与空气（或其他气体）混合形成无数泡沫的集聚状态，最后以泡的形式灭火。

泡沫灭火剂按产生泡沫的机制可以分为机械泡沫灭火剂化学泡沫灭火剂两种类型，按泡沫发泡倍数可以分为低倍数泡沫灭火剂，中倍数泡沫灭火剂和高倍数泡沫灭火剂三种类型，按其用途可以分为普通型泡沫灭火剂和多功能泡沫灭火剂（抗溶泡沫灭火剂）两种类型。

2）气体灭火剂

气体灭火剂在标准状态下以气体或液态的形式存在，以气体形式灭火。气体灭火剂主要有不燃性气体和卤代烷灭火剂两种。

（1）不燃性气体灭火剂。

不燃性气体主要包括二氧化碳、氮气等不燃性气体，以及化学元素周期表中的惰性气体。二氧化碳灭火剂是使用较广泛的一种，主要灭火作用是窒息作用，对火焰还有一定的冷却作用。二氧化碳灭火剂是一种易制造、价格低、最清洁灭火剂，对环境不会造成污染。

（2）卤代烷灭火剂。

卤代烷是由低级的烷烃（甲烷，乙烷等）分子中的氢被氟、氯、溴等卤族原子取代而得到的产物。卤代烷的灭火过程是一个化学抑制过程，其作用是通过夺去燃烧链式反应中的活泼自由基来完成的。灭火效率高，不污染环境。

3）固体灭火剂

固体灭火剂在标准状况下为固态，是一些固体粉末的混合物。这类灭火剂包括干粉灭火剂、粉末灭火剂和烟雾灭火剂三种类型。

11. 电焊条

电焊条是焊接材料的一部分，是由金属焊芯和涂料组成。金属焊芯的化学成分与焊件的化学成分相适应。涂料是由某些矿石、铁合金、化学药品等按一定比例配合而成混合涂料，一般是在焊条外层。涂料的作用是改善焊缝质量和提高电弧焊的稳定性。

> CBD014 焊条的分类和验收保管要求

1）分类

（1）电焊条按材质可分为结构钢焊条、不锈钢焊条、堆焊焊条、低温钢焊条、铸铁焊条、铂耐热钢焊条以及其他特殊焊条。

（2）电焊条按焊接工艺可分为电弧焊条、气体保护焊条等。

（3）电焊条按涂料的酸碱性分为酸性电焊条和碱性电焊条。

（4）电焊条按涂料的化学成分组成分为钛型焊条、钛钙型焊条、钛铁型焊条、氧化铁型焊条、低氢型焊条、纤维素型焊条、铁粉焊条。

2）碳钢焊条

碳钢焊条主要用于一般低碳结构钢即碳素结构钢，某些品种也可用于低合金结构钢。

碳钢焊条按熔敷金属的抗拉强度分为 E43 系列 [即抗一拉强度 σ_b 为 43kgf/mm^2（1kgf/mm^2=9.8MPa）] 和 E50 系列（即抗拉强度 σ_b 为 50kgf/mm^2）。

规格用直径 ϕ 表示，具体规格有 1.6mm、2.0mm、2.5mm、3.2mm、4.0mm、5.0mm、6.0mm、8.0mm 几种。长度在 200~650mm 之间。

3）验收和保管

（1）检查焊条涂料的完整性，是否受潮、损伤、脱落。用手轻敲焊条，听其是否有硬而脆的金属声，无硬而脆的金属声即受潮。

（2）焊条贮存库内，应设置温度计、湿度计。低氢型焊条室内温度不低于 5℃，相对空气湿度低于 60%。

（3）焊条应按种类、牌号、批次、规格、入库时间（含生产时间）、分类堆放，垛有标志，以防混乱。垛或货架离地面高度不小于 300mm 离墙距离不小于 300mm，架下应放干燥剂，严防受潮；特殊焊条贮存与保管要求应高于一般焊条。

12. 钎料

<small>CBD015 钎料的概念</small>

钎料是指钎焊时用的填充金属。钎焊是指采用比母材熔点低的金属材料，将焊件和钎料加热到高于钎料熔点，低于母材熔点的温度，利用液态钎料润湿母材，填充接头间隙，并与母材相互扩散实现连接焊件的方法。

（1）钎料按自然属性分为铜基、银基、铝基、锰基等，常用钎料有铜基、银基、锰基等。

（2）钎料按熔点分为硬钎料和软钎料两种：硬钎料是指熔点高于450℃的钎料；软钎料是指熔点低于450℃的钎料。

（3）钎料牌号中第一个字母B表示为软钎料及硬钎料的代号，DHL表示电子用钎料。

（4）铜基钎料按化学成分分为铜及铜合金两大类。

（5）银基钎料按化学成分分为银铜、银铝、银铜锂、银铜锌、银铜锡、银铜锌镉、银铜锌锡、银铜锌锰等。

13. 量具的验收保管

<small>CBD016 量具的验收保管要求</small>

量具是指用于测量和检查物件的尺寸大小、几何精度及表面粗糙度的计量工具的统称。

1）量具的验收

（1）量具各部件、附件应完整无缺，表面无毛刺、锈迹、弯曲变形，刻度应整齐、清晰，线条粗细均匀，工作面应平滑、无划痕和刻痕，而且光亮，机械运动部分应灵活，精度等级应与合格证相符。

（2）游标卡尺的刃口合缝应严密且不错位，游标在移动时无晃动和有卡阻等现象。

（3）千分尺的活动套管转动应平稳，全量程转动时无摩擦现象。量杆不应有用手感觉到的轴向窜动和径向摆动，紧固手柄应紧固可靠。

（4）千分表的表面玻璃应无划痕、气泡或透视失真等现象，指针应平直并转动灵活，千分表在自由状态或装夹固定状态时，其测杆都应灵活移动。

（5）量块、量规、角度规及其他量具的表面应无水迹、刻痕、裂纹、损伤等缺陷，量规应有清晰的尺寸、精度等级的标志。

（6）冬季精密量具入库检查，应在室内放置若干小时后，等到箱内温度逐渐转为室温后再进行，以免水气凝结在量具上。开箱的环境应清洁无尘，无有害气体存在，并不得用手直接触摸以防锈蚀。

2）量具的保管

（1）量具应存放在防尘、防潮、防震、干燥通风的房内保管。

（2）严禁把量具同酸、碱、盐及有害气体、化工产品同存于一库。

（3）量具在收发保管过程中，不得用手直接触摸，以防汗水浸入而发生锈蚀。

（4）量具应定期进行检查，发现问题如水痕、霉斑、锈蚀、油脂干脱或变质等情况，应及时保养和维护。

（5）零星小型量具应随同包装一起上货架保管，但不宜重叠过高。

（6）用箱包装的大型量具，若重量较轻，箱皮坚固且箱内衬垫好的可重叠码垛，但不应超过2m高。其垛形应平稳端正，在垛下应垫底防潮。

（7）成套量具一律不准拆组拆套分散保管，以防附件失落和规格混乱。

（8）量具的光学部分，不允许用粗布擦拭或沾上油污。

（9）在定期（半年）检查和维护保养时，不允许加热清洗。量具的储存期从出厂日算起一般为一年。

（10）量具在搬运时要注意包装上的指示和标志，按所规定的要求进行装卸、搬运、堆码，严禁振动和摔掷。

14. 常用孔加工刀具

> CBD017 钻头的分类

在切削加工中直接用于切削金属工件的工具称为金属切削刀具，简称刀具。钻头是实体材料上加工圆柱形孔或把原有的孔扩大的刀具。主要用于各种孔的粗加工、半精加工、精加工之前的预钻孔。钻头的种类很多，有麻花钻头、深孔钻头、中心钻头、扁钻头、扩孔钻头、锪钻等。

麻花钻头用于在实体材料上钻出精度较低的孔，以利于进行扩孔、铰孔、镗孔和攻螺纹等。麻花钻头由切削部分（刀头）导向部分、容屑槽尾部、颈部和柄部组成。起切削作用的是切削部分，它具有横刀刃、主刀刃、前刀面、后刀面等刀具元。其中横刀刃起作初进刀和定心作用。导向部分起导向和修边作用，也是备磨部分。容屑槽是导出切屑用的。颈部是制造钻头时的退刀槽。柄部装夹用刀柄。此外它的后刀面为锥面，锥顶角大致在 90°～150° 之间变化。容屑槽的螺旋角大致在 25°～32° 之间。

麻花钻头的分类及常用品种如下：

（1）按柄形分有直柄麻花钻和锥柄麻花钻，前者钻头直径较小，后者钻头直径较大。

（2）按导向部分长度分有长杆麻花钻和短杆麻花钻。

（3）按柄部长度分有一般麻花钻和长杆麻花钻。

（4）按螺旋线旋向分有常用的右旋麻花钻和焊接用左旋麻花钻。

（5）按材质分有常用的高速钢制麻花钻和高速钻削时用的硬质合金（刀头）麻花钻。

麻花钻上述分类特征可从具体品种名称上反映出来。麻花钻的规格采用钻头直径（mm）表示。最小的麻花钻头直径仅 0.2mm，最大的可达 125mm。

麻花钻的全称包括：品种名称＋规格。例：直柄短麻花钻 $\phi20$、锥柄麻花钻 $\phi32$、硬质合金直柄麻花钻 $\phi14$ 等。

15. 磨料

> CBD018 磨料的用途、种类、粒度及验收保管要求

磨料是一种颗粒尺寸小，硬度高且锋利的磨削材料。

1）磨料的用途和分类

（1）磨料的用途：磨料是制造各种磨具和研磨膏的主要材料。它的性能决定了磨具的基本性能。

（2）磨料的分类按照 GB/T 2476—2016 规定，分为刚玉系、碳化物系、高硬磨料系、软磨料系四个系共 16 个种类。天然金刚石代号为 JT，人造金钢石代号为 JR。

磨料的种类代号与特性见表 2-1-7。

表2-1-7　磨料的种类代号与特性

系　列	代　号	名　称	特　性
刚玉系	A	棕刚玉	棕褐色、硬度高、韧性大、价格便宜
	WA	白刚玉	白色、硬度比棕刚玉高、韧性比棕刚玉低
	PA	铬刚玉	玫瑰色或紫红色，硬度与白刚玉接近，韧性比白刚玉高
	ZA	锆刚玉	黑褐色、强度高、耐磨性好
	SA	单晶刚玉	浅黄色或白色，硬度和韧性比白刚玉高
	MA	微晶刚玉	颜色与棕刚玉相似，强度高、韧性和自锐性好

续表

系列	代号	名称	特性
碳化物系	C	黑碳化硅	黑色有光泽，硬度比棕刚玉高，性脆而锋利，有良好导热导电性
	GC	绿碳化硅	绿色，硬度和脆性比黑碳化硅高，有良好的导热导电性
	BC	碳化硼	灰黑色，硬度比黑碳化硅、绿碳化硅高，耐磨性好
	SC	立方碳化硼	淡绿色、立方晶体结构，强度比黑碳化硅高，磨削力较强
高硬磨料系	JT	天然金刚石	硬度高、强度高、导热性好，但价格高
	JR	人造金刚石	硬度高、强度高、导热性好，比天然金刚石略脆，但价格略低
		立方氮化硼	黑色或淡白色，硬度略低于金刚石，强度高、耐热性和对铁的化学稳定性高，自锐性能好
软磨料系		氧化铁	显微硬度低，不易擦伤工件，抛光能力氧化铈最强，氧化铁最软
		氧化铈	
		氧化铬	

2）磨料的粒度

磨料的粒度是表示磨粒的大小程度，它直接影响磨具的性能。磨料根据其颗粒大小分为磨粒和磨粉两类。磨粒颗粒大于 40μm 时称为磨粒，小于 40μm 时称为磨粉。按《磨料粒度及其组成》（GB 2477—1983）规定磨料的粒度号共 37 个，F4～F220 为粗磨粒，F230～F1200 为微粉，号数越大磨粒的颗粒越小。

3）磨料的验收方法

（1）在磨料的包装物表面上应有，磨料名称、粒度、化学成分、重量、生产厂名、出厂日期等标志。验收时要仔细核对复查所有标志，特别注重产品名称与实物是否相符，严格复检其重量。

（2）磨料的包装要求应符合国家的规定。磨料的包装应坚实牢固（袋装、盒装、桶装），确保在运输、搬运、保管中不破损、不受潮、不油污和泄漏。

4）磨料的保管要求

（1）磨料应按品种、规格分别存入通风干燥的库房料架上。

（2）对价值昂贵的天然金刚石、人造金刚石、立方氮化硼磨料，应用透明塑料袋进行包封，并且注明品种、规格、数量和重量，存入能锁的料柜中或保险柜内。

（3）当大量收发时，对天然金刚石、人造金刚石、立方氮化硼等磨料，应选择安全、洁净场所进行，以防失落。

（4）砂布、砂纸用防潮纸包好存放于干燥通风的货架上，防止受潮发霉脱砂。若受潮应逐张打开晾干，切勿在阳光下暴晒和进行烘烤。

5）长方油石和长方珩磨油石的表示方法

长方油石和长方珩磨油石的规格以宽度 × 高度 × 长度表示。

6）砂布和砂纸

砂布和砂纸统称为砂皮，是将天然磨料或人造磨料用结合剂均匀地粘在布底或纸底上，固化而成的一种工件进行加工的研磨磨具。砂布为页状，分为水磨砂纸和干磨砂纸。有 0 号、1 号、2 号、3 号、4 号、5 号品种。

16. 一般工具

1）分类

一般工具的品种繁多，型号各异，规格不等，一般工具按驱动方式分为手动、电动、气动、液动；按用途可分为木工工具、金属加工工具和电工、焊工、钳工工具等；按特性和用途分为以下九类。

（1）土石泥木工具。

土石泥木工具包括锹、十字钢镐、锤、钢钎、撬棍、抹子、压子、分格器、缝溜子、缝扎子、铁锤，砌刀、砌铲、砖刀、据、钻、刨、木工台虎钳、木工夹、木工角夹、木工铸头、锉、凿子、斧和油灰刀25类工具。

土石泥木工具主要用于土建工程、筑路升矿、碎石打孔、安装维修、地质勘探、建筑工程等。

（2）手工具。

手工具包括钳子、扳手、旋具、手动打包机和钢头五类工具。

手工具主要用于夹持金属或其工件进行旋拧操作、包扎或打印字母或数字。

（3）电动工具。

电动工具包括钻、锯切工具、修整磨光工具、风塑料焊枪、电动绕接枪、混凝土振动器、电刨、套丝工具、电动螺丝刀、电扳手和多用电动工具等工具。

电动工具主要用于钻孔、锯切、剪切、切割、磨光焊缝、水泥板及模具修整、去锈抛光、焊接塑料、消除气孔、捣实物件、加工内外螺纹以及无线电修理等。

（4）钳工工具。

钳工工具包括虎钳、锉刀、刮刀、划规、划针盘、钻、螺纹切削工具、锤和锯条锯架等工具。

钳工工具主要用于夹持工件、锉削或修整金属工件，在金属表面划圆或弧、分度、划线定位、手摇钻孔、加工维修附件等。

（5）管子工具。

管子工具包括管子台虎钳、管钳、管子割刀、扩管器、弯管器、管子铰板、金属管道钻孔机和手动式圆锥管螺纹套丝机等工具。

管子工具主要用于对金属钢管的各种加工，如锯切、弯曲、攻制外管螺纹等以及管子的上、卸扣用。

（6）电工工具。

电工工具包括钳、真空镊子、电工刀、测电器、集成块测试夹、双列式集成电路起拔钳、脱焊器和高压测电器等工具。

电工工具主要用于内外线电工架设电线、电站线或广播线以及电工各种室内检修等。

（7）测量工具。

测量工具包括刻度尺（钢直尺、钢卷尺、布卷尺、木折尺、量油尺）和卡钳（卡钳、弹簧卡钳）两类工具。

测量工具主要用于对工件的一般测量。

（8）气动、液动工具。

气动、液动工具包括剪切工具、扭力工具、拉压工具、弯曲工具、扳动工具、切削、修整工具、充气枪、洗涤枪和吸尘器等工具。

气动、液动工具主要用于剪切铜铝导线、薄板、钢芯铝绞线、钢丝绳、切断铸铁管、装卸螺栓或螺母、铆接压接、输电线路维修、更换瓷瓶及拉紧导线，冷弯碳素钢管、合金钢管和有色金属管等。

（9）其他工具。

其他工具包括铁砧、白铁剪、硬质合金拉伸模坯、中心规、木工平尺、漆工工具、喷笔、皮风箱、金刚石工具、钢匙开牙机、手摇油泵、无活塞手压水泵，射钉工具枪、顶拔器、防爆扳手和防爆锤等。

2）其他工具验收及保管

一般工具进货验收工作按机电产品验收规定进行。一般工具应存放在干燥的库房内，摆放在货架上，若批量较大时也可装箱码垛。在保管期内应定期检查防止锈蚀。成套工具应按规格成套存放保管，不得拆散。带刃工具应注意刃口防护，不得残损。其他工具按机电产品保管要求进行保管。

17. 标准紧固件

1）螺栓

[CBD032 螺栓的用途]

（1）六角头螺栓使用广，根据产品质量和公差大小分为 A、B、C 三个产品等级。C 级螺栓主要用于表面粗糙、精度要求不高的连接处，A 级和 B 级螺栓主要用于表面光洁、精度要求高的部位。细牙螺栓自锁性好，用于受较大冲击、振动或交变载荷的部位。六角法兰面螺栓防松性好，用于对防松要求高的部位。方头螺栓与六角螺栓相同，由于方头尺寸更大些，扳手更容易卡住，也用于 T 形槽内，可调位置。

六角头螺栓与小六角头螺栓分为精制和粗制两种。六角头螺栓（精制）常被称为光六角头螺栓、光螺栓；六角头螺栓（粗制）常被称为毛六角头螺栓、毛螺栓、黑铁螺栓。

（2）方头螺栓有毛头方螺栓、毛方螺栓、方黑螺栓。普通粗制方头螺栓的用途与粗制六角头螺栓相同，小方头螺栓与小六角头螺栓的用途相同。

（3）方颈螺栓有毛半圆头方颈螺栓、马车螺栓、马车螺栓、圆头方身螺栓。用于铁木结构连接，如汽车车身、纺织机械、面粉机械、救生艇及铁驳船的连接等。

（4）T 形槽用螺栓主要用在机床、机床附件上的 T 形槽内，其特点是不完全卸下螺栓即可将连接件（或工件）拧紧或松脱。

（5）地脚螺栓专供埋于地基中，用来紧固机械或电器设备的底座。

（6）双头螺栓它分为 A 型和 B 型。其常用有双头螺栓、司搭子螺栓、螺柱。两端都制有螺纹，用于被连接件之一不能安装带头的螺栓的场合，例如，汽车、拖拉机等的汽缸与汽缸盖之间常采用这种螺柱连接。

[CBD020 标准紧固件的验收保管要求]

2）验收与保管

（1）验收。

①标准紧固件的包装应完好无损。

②紧固件的表面应无锈蚀、斑点并涂有防锈油。

③批量进货的紧固件，应按比例均匀抽检其外观质量及数量，抽检率为 1%～2%。

④炼油化工装置用合金螺栓、螺钉、螺母，应进行材质检验。

（2）保管。

①紧固件应存放在干燥通风的库房内，库内不得进入腐蚀性气体。

②紧固件应带包装堆码，垛位整齐平稳，以防倒塌。垛底要适当垫高以利通风，垛高适当，防止倒垛并便于发货。

③炼油化工装置用合金螺栓、螺钉、螺母应按不同材质分别存放，不得混淆。发生混放不能辨别材质时，不得发放，应重新检验确定材质后方可发放。

④紧固件的储存期一般为一年（从出厂日期计算）。

⑤库存的紧固件发现有锈蚀时，应进行除锈及涂油保养。

3）普通螺纹的代号及表示方法

螺栓的长度用 L 表示，可根据需要选用。粗牙普通螺纹规格用字母 M 及公称直径表示；细牙普通螺纹规格应用字母 M 及公称直径 × 螺距表示，其中尺寸单位"毫米"或"mm"不需注明；当螺纹为左旋时，在规格后加注字母"LH"。例：M10 表示公称直径为 10mm 的粗牙普通螺纹；M24×1.5 表示公称直径为 24mm，螺距为 1.5mm 的细牙普通螺纹；M24×1.5-LH 表示公称直径为 24mm，螺距为 1.5mm 的左旋细牙普通螺纹。

M14×1.25 螺纹仅用于火花塞；M35×1.5 螺纹仅用于滚动轴承锁紧螺母。

18. 电动机

将电能转换成机械能的电机称为电动机。常用电动机的产品系列有三种：基本系列、派生系列和专用系列。

一般电动机主要由定子和转子两个部分组成，此外还有其他构件。电动机的定子是固定部分的总称，它主要由机座、铁芯和绕组或磁铁等组成。铁芯用硅钢片叠成。转子是电动机旋转部分，由铁芯、绕组和转轴组成。根据构造分成鼠笼和绕组两种形式。

电动机的外壳保护型式不同，其适应工作环境也不同。石油工业常用的有防护型交流异步电动机、封闭型三相异步电动机和防爆型异步电动机。

（1）离护型电动机的外壳装有遮盖装置，能防水滴、铁屑或其他杂物在与垂直方向成 45℃ 以内落于电动机内部。配水泵用和配鼓风机用的电动机，多采用防护型电动机。

（2）封闭型电动机内部与外界隔离，能防止灰尘、水滴或其他飞扬物侵入电动机内部。

（3）防爆型电动机有严密的封闭结构，它的外壳又有较强的机械强度，一旦有爆炸性气体侵入电动机内部发生爆炸时，电动机外壳能承受爆炸时的压力，火花不会窜到外面来以致引起外面气体再爆炸。

19. 变压器

变压器是一种能够把交流电电压升高或降低而不改变频率的静止电气设备。主要用于电力输配系统中升高或降低交流电压，也常用来调节电网中的电压和改变其他设备的电流和电压。

（1）变压器按用途分类可分为电力变压器、调压变压器、仪表用变压器、矿用变压器、试验用变压器和特殊用变压器六类（特殊用变压器又包括：电炉变压器、自耦变压器、互感变压器、整流变压器、防爆变压器、中频变压器等）。

（2）变压器按相数可分为单相变压器、三相变压器和多相变压器等。

（3）变压器按冷却方式可分为油浸式变压器、干式变压器、充气式变压器等。

20. 电工材料

在输电、变电、用电和传递信息的线路中使用的材料及制造各种电气设备所用的一些材料，称为电工材料。

电工材料包括常用的各种电线、电缆、电瓷产品、绝缘材料等。

电线是传输电能,传递信息的一种电工线材产品。常用的电线有裸电线、绕组线和布电线等。

1) 裸电线

裸电线是指只有导体,没有绝缘层、保护层的电线,它是电线电缆中最基本最简单的线材。

裸电线按材质分为裸铜线、裸铝线、裸铝合金线等;按形状和结构可分为圆单线、裸绞线、软接线和形线等。

裸电线的型号由类别、特征和派生三部分组成。例如,LGJJF—L 表示铝线,G 表示钢芯,J 表示绞线,J 表示加强型,F 表示防腐,该产品的名称为防腐加强型钢芯铝绞线。

裸电线的保管要求如下:

(1) 裸线怕受潮和化学腐蚀,应存放在干燥、通风的库房内,严禁与酸物质和有腐蚀性固体、气体同库存放。库内相对湿度不得大于70%。

(2) 不得将无包装的铜线和铝线重叠在一起,以免发生电化学作用使铝线遭受腐蚀。

(3) 如品质不合要求,或已经损坏而尚能使用的裸线,不得与合格品混码在一起,应分开存放。

(4) 小型、小批的裸线应上货架保管,包装成批的可连同包装重叠码垛,垛高不得超过 1.5m,以防底层重压变形,每隔三月倒垛一次。

(5) 裸线保管要勤检查,以出厂保险期为储存期限,最长不超过一年。

2) 布电线

建筑工程或一般工业的低压动力系统和照明系统以及日常生活中作分布电能用的绝缘电线称为布电线。

布电线一般都由导体和绝缘层构成,有些产品在绝缘层外用橡皮、聚氯乙烯塑料护套或植物纤维、人造纤维等编织成保护层。布电线的导体是由各种金属材料制成,如铜、铝线等。绝缘层大多数是橡皮或塑料。

布电线按用途不同分为通用绝缘电线和专用绝缘电线两类。通用绝缘电线包括橡皮绝缘电线、塑料绝缘电线、橡皮、塑料绝缘软线和塑料绝缘屏蔽线等。专用绝缘电线包括电机引接线,汽车和拖拉机用电线,飞机用绝缘电线,电焊机软接线,橡套软接线等。

布电线验收时,除按裸电线的要求进行外,还应特别注意:

(1) 绝缘电线的每一包装,应附有产品检验合格证,包括制造厂名、电线型号、芯线数、标称截面、额定电压、长度、重量、制造日期及电工专业标准等内容的标签。

(2) 各种绝缘电线的导电线芯表面应光滑、无锈,无伤、线径应与所标规格相符。

(3) 橡皮绝缘层应厚度均匀,不得有老化、龟裂、僵硬等现象。棉纱编织层应浸透防腐涂料,其表面无发黄或发黏现象。

(4) 涂蜡、沥青的电线,必须使蜡涂得发光、沥青要浸透。

(5) 塑料线的塑胶表面应色调一致,无槽纹、气泡、杂质、变色、老化、开裂、偏心、凹凸异状、薄厚不均、机械损伤等缺陷。

3) 常用的石油专用电缆

常用的石油专用电缆有地球物理探测电缆、油井加热电缆、地震电缆、潜油泵电缆、七芯铠装电缆、油矿探测电缆、射孔电缆及单芯过油电缆等。

（1）探测电缆。

探测电缆有地球物理用野外探测电缆、矿井探测电缆、野外用轻型电缆和海上无磁性勘探电缆等。探测电缆类产品型号的编制，多以字母 W 列为首位。例如，WJH-0.3，W 表示地球物理用探测电缆，J 表示钢铜混绞型线芯，H 表示橡皮护套，0.3 表示能承受的总拉断力为 0.3kgf。

（2）油井加热电缆。

油井加热器用的电缆，一般为三芯，标称截面 16mm^2 或 18mm^2。例如，型号为 WAMA，名称为油井加热电缆是固定敷设于油井作加热清蜡用的专用电缆，规格为 3×16mm^2 或 3×18mm^2。

油井加热电缆的结构中线芯数和标称截面大小不同，其质量和用途也不同。

（3）地震电缆。

地震电缆主要供地面地震仪勘探时联接检波器，并传送微弱的地震信号至地震勘探仪之用。其型号类别代号为 WTM。如塑料护套地震检波电缆的型号是 WTMV。氯丁护套地震检波器电缆的型号为 WTMH。

（4）油矿用其他电缆。

油、气井除用上述电缆外，还使用潜油泵电缆、射孔电缆、电钻电缆和测井电缆等。这些电缆一般用型号、结构规格表示，其规格用"线芯根数 × 标称截面"表示。如：三芯深井射孔电缆，型号为 WSB-6220V，规格为 3×1.0mm^2。

单芯过油管射孔电缆，型号有 WGSB-3、WGSB-3-3 和 WGSB-3-2，规格分别是 1×1.33mm^2、1×1.0mm^2 和 1×1.93mm^2。

井下电钻电缆型号 UZ，井下各种移动电器设备屏蔽用橡套软电缆型号为 UP。

电动潜油泵电缆型号为 WBEYL 型、WBEBL 型、WBS 型及 WBHY20 型等。

4）电瓷产品

电瓷产品又称绝缘子，其种类很多，常见的分类方法有以下几种：绝缘子按其用途可分为电站绝缘子，电器绝缘子和线路绝缘子三种；绝缘子按其额定电压分为：高压绝缘子和低压绝缘子；绝缘子按其安装的场所可分为户内绝缘子和户外绝缘子。

各种绝缘子的用途及保管条件如下：

（1）高压线路绝缘子是用来固定架空输、配电导线和户外配电装置软母线，并使它们与接地部分绝缘。高压支柱绝缘子用于高压电站、变电所配电装置以及高压开关设备中，作高压导电部分的绝缘支持物。

高压穿墙套管用于高压电站，变电所及配电装置中，供导体穿过隔板（墙壁或楼板）或其他接地物时作绝缘子和支柱用。电器用套管绝缘子作为高压引线的对地绝缘物。

（2）低压绝缘子用于电压在 1200V 及以下的电路中，作绝缘和固定导线用。

（3）通信线路针式绝缘子用于架空通信线路中的绝缘和固定导线。型号为 P-6W 代表的是线路绝缘子。

（4）低压线路蝶形绝缘子用于 1200V 及其以下配电线路终端及转角杆上，作为绝缘和固定导线用，也广泛被用作线路悬式绝缘子相配合，作为线路金属具中的一个元件。

（5）绝缘材料应保管在湿差不宜过大的库房内。适宜的温度为 10~35℃，空气相对湿度在 80% 以下，地面应为干燥的水泥地或木板地。库房内禁止大量洒水或洗刷地面，库房绝对禁止生火。

（6）绝缘材料应分设专门库保管，不得与化学药品、化工原材料及粉末金属等混存一室。

（7）绝缘材料应分品种、分规格存放，并应标出各种材料的出厂日期及有效期限，保证先进先出。

（8）搬运、盘点、发放时要小心谨慎，不使绝缘材料受到机械损伤，应使包装物保持良好。

（9）绝缘漆在贮存时，每隔两个月应将漆桶翻一次，且垛高不宜超过三层。层压制品堆码时，每张纸板应隔垫薄纸，以免表面磨损，云母制品应存放在库房中的料架上，层间以纸隔开。薄膜材料均为成卷包装，外面包有防潮纸，应入架存放，只准堆放一层。如大量贮存时可原箱存放。

（10）绝缘材料自生产日期起储存期限如下：浸渍纤维材料6个月，酚醛纸、布板及棒18个月；酚醛纸、布管6个月，云母制品2~3个月；聚酯薄膜1年；聚酰亚胺薄膜2年。

CBD024 电缆的概念和保管要求

5）电缆的保管。

（1）电缆暴晒后会缩短电缆的使用寿命，塑料电缆过冷即硬化，会降低绝缘能力，在-10℃时，橡皮绝缘容易老化发脆。因此电缆应存放在库内或四周有遮蔽的货棚内保管，并应防止日晒、雨淋、过冷、过热。

（2）橡皮电缆及聚氯乙烯电缆不能与酸类及矿物油等接触。

（3）电缆可以重叠码垛，垛高应以立码两盘为宜。垛形为立放压缝，在垛的底层两端必须用三角形的木块卡住，以防滚动翻码。垛底可根据地面防潮情况适当垫高，以利通风不受地潮。

（4）如电缆零星切割发货，应先在切割点的两端约相距15cm的地方，用铁丝扎紧后，方能切割，以免电缆护层松散。铅包电缆切割后，应立即将端头用铅皮妥善包裹，严密焊封，以免漏油后降低电缆的耐电压性能。焊封端头的焊药应用松香或松香膏，不得采用盐酸等。其他电缆必须用绝缘胶布、胶带严密封包。

（5）电缆在保管期间，应每隔半年滚动一次，即将向下存放的铁盘或木盘边滚翻朝上。

（6）有护层的电缆或无钢带铠装的电缆，若发现沥青熔化、钢带生锈时应立即用5号沥青涂上。

（7）矿用电缆的外包钢丝容易生锈，应涂上机油保护。

（8）通信电缆内有气体，如零星切割，必须送厂，不得自行切断，以免电缆漏气变质。

CBD026 电工仪器仪表的概念、表示方法及验收保管要求

21. 电工仪器仪表

电工仪器仪表是指利用电子技术测量有关的电学量和磁学量，而且可以将温度、压力、流量、速度等非电量变换为电量再加以测量的仪器仪表。它具有测量准确度高、测量速度快等特点，并便于实现自动检测和远距离测量。

电工仪器仪表按用途可分为标准型和实用型两种。标准型电工仪器仪表精度较高，主要用来检验校准各种有标高的测量仪表，如直流电位差计、交流电桥等。供实际测量用的仪表称实用测量仪表，如电流表、电压表等。电工仪器仪表还有如下分类：按测量方法分直读式仪表和比较式仪表；按作用原理分磁电式仪表、电磁式仪表、电动式仪表、感应式仪表、铁磁电动式仪表、流比计仪表、振动式仪表、电子式仪表等。

安装式指示仪表由五部分组成，如图2-1-9所示，用途代号见表2-1-8，系列代号见表2-1-9。

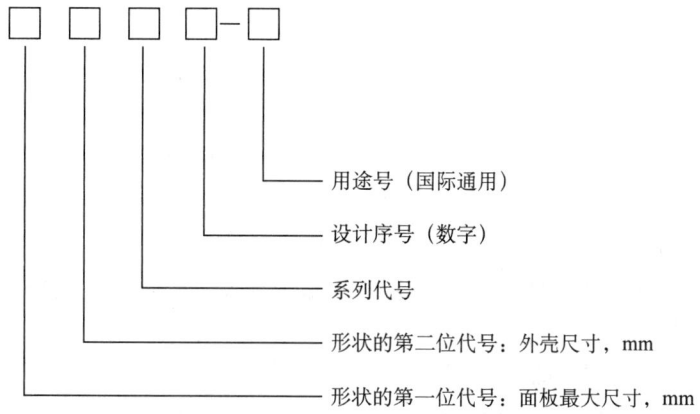

图2-1-9 安装式指示仪表型号表示方法

表2-1-8 用途代号

符 号	名 称	符 号	名 称
A、mA、μA、kA	电流表	Q	电量表
V、mV、μV、kV	电压表	V–AV、V–A–Ω	多用表
W、kW、MW	有功功率表	Hz、MHz	频率表
var、kvar、Mvar	无功功率表	ϕ	相位表
Ω、mΩ、μΩ、kΩ、MΩ	欧姆表	$\cos\phi$	功率因数表

表2-1-9 系列代号

代 号	名 称	代 号	名 称
C	磁电式	T	电磁式
D	电动式	U	光电式
E	热点式	Z	电子式
G	感应式	S	双金属式
L	整流式	R	热线式
Q	静电式	B	谐振式

各类仪器仪表的验收保管方法大致相同,具体要求如下。

1)验收

(1)开箱时应注意不能使用铁锤敲箱,避免震坏仪表。开箱后取出包装盒先清扫尘埃,再开盒看表,避免尘土落入表内。精密仪表冬季到货,应先在库内放置两小时后方可开箱,避免温差太大使潮气浸入表内。

(2)刻度盘的刻度应清晰醒目,不得有脏迹、模糊、不平等现象。指针转动应灵敏。

(3)仪表接线柱及所有旋钮,不能残缺和松动。

2）保管

（1）仪器仪表必须放在干燥通风的封闭式仓库内，环境温度不得有剧烈变化，最好能控制在 5～30℃ 之间，相对湿度在 70% 以下。

（2）库内不得有腐蚀性气体存在，不允许有任何化学药品和酸性物质存在。库房周围应防震、防磁。

（3）仪表最好放在特制的料柜内，每个仪表均应有防潮纸并放在纸盒内。若存放在普通料架上，则应挂布帘防止潮气及尘埃的侵染。对于 0.5 级以上的精密仪表必须存入料柜。

（4）在料架内存放，纸盒不能堆放过高，以防底层压坏。

（5）仪表在搬运和码垛时，严禁翻滚、摔掷、侧卧、倒置。必须轻搬、轻放，注意包装上的标志，以免损坏仪表。

（6）仪表在保管期间，必须严防受潮。一旦发现受潮，立即将仪表取出，待干燥并加防潮剂后，再将仪表包装入盒或入箱。

（7）仪表及其附件、备件要防止锈蚀，仪表外面有螺纹的金属部分应涂中性凡士林。如发现外观有发霉等情况，可用汽车蜡擦亮。要及时发现问题，及时解决。

（8）仪表要按入库时间不同，分别摆放，一定做到先进先出。

（9）仪器仪表出库前应由专业技术人员进行校验。

（10）仪器仪表储存期一般最长为一年。

22. 地质震勘探仪器仪表

> CBD027 地质勘探仪器仪表的种类

石油专用仪器仪表主要包括地质勘探仪器仪表、钻采仪器仪表、石油产品分析仪器等。

石油地质勘探专用仪器仪表主要是指物探类与测井类的仪器仪表，其他地质勘探中使用的仪器仪表如罗盘、经纬仪等测量仪属地质调查用的通用仪器。

地球物理勘探在石油勘探中具有极重要的位置。物探仪器仪表分为地震勘探仪器仪表、非地震勘探仪器仪表及辅助仪器仪表三大部分。

1）地震勘探仪器仪表

地震勘探是利用人工地震激发的地震波在地下岩层中传播的规律来分析地质结构的一种寻找石油构造的方法。地勘探仪器就是用来采集、记录和处理地震波产生的信息。

（1）地震仪器根据其控制和记录方式可以分为模拟磁带地震仪、数字地震仪和遥测数控地震仪。近年来又发展了工程勘探（或浅层勘探）领域中使用的工程地震仪，垂直地震剖面测量中的 VSP 和开发地震中的井间地震系统。

（2）数字地震仪是利用检波器将输出的信息进行放大、滤波并数字化后，按一定格式记录在磁带上的一种地震勘探仪器。数字地震仪有车载式、便携式或两者兼容三种，其所接收的地震道数通常有 48 道、96 道、120 道。它们主要用于地震二维勘探。

（3）遥测数控地震仪由若干分布在排列上的采集站和中央控制系统、数字磁带机等组成。通过电缆或无线传输，把各采集站的数字化地震数据传输到中央处理系统，进行记录和回收。它可进行单线和多线采集，满足三维勘探的需要。每线记录道数达 120 道以上，以车载型式为主。

垂直地震剖面（VSP）井下三分量检波器主要用于垂直地震剖面法测量，井下三分量检波器被置于井下被测层段最低点，沿垂直方向逐点上提，接收来自地面激发的地震波，研究井周围地质构造及岩石变化。

2）非地震勘探仪器

非地震勘探的物探方法有重力、电法和磁法勘探，它们分别利用自然重力场、磁力场和人工激发的电磁波在地层中传播的信息，获得和了解地层结构。

（1）重力勘探仪器分金属弹簧重力仪，石英弹簧重力仪和海洋重力仪。近年来国外又发展了航空重力仪和井下重力仪。从测量精度又可分为毫伽（10^{-5}m/S²）与微伽（10^{-8}m/S²）级重力仪。重力仪在石抽勘探中多用于地质构造的普查。

（2）磁法勘探仪器主要有CHHK1-68型海空核子旋进磁力仪和IGS2/MP4型质子磁力仪，它们多应用于配合重力勘探，对探区的基岩、沉积岩厚度进行判断，测量精度不大于±2nT（2×10^{-9}T）。

（3）电法勘探仪器包括大地电磁测深仪、激发电位仪，磁偶源频率测深仪和电场差分仪。这些仪器多用于油气田普查中对大地构造的勘察。它们分别利用于天然源场信号或人工建立的电磁场，测量电磁场在地层中的变化，以获得地层和构造的情况，是地震勘探难以获得资料的地区进行勘探时使用的一种方法。

非地震勘探仪器也属于高精度测量仪器，按其特性及使用要求有车载型和便携型。

3）物探辅助仪器仪表

物探辅助仪器仪表是指在地球物理勘探中，配合野外施工使用的各种仪器仪表。它包括：用于数据采集的检波器、可控震源的电子扫描器、相关叠加器、爆炸机、采集站、交叉站、电源站、定位仪、解释工作站、现场处理机，对检波器和配套电缆进行检测的仪器及用于信息处理的计算机和辅助设备等。物探辅助仪器仪表的品种及型号繁多，下面介绍主要的几种：

（1）地震检波器。

检波器是地震勘探中的一种仪表，它捡拾由地下传来的微弱地震信号，送入地震仪器进行处理。检波器按其结构分为动圈式、涡流式和压电式三种。目前常用的为数字级检波器，其自然频率由2.5～100Hz多种系列，普遍使用的为10Hz。检波器按其使用环境可分为地面检波器、沼泽检波器、井下检波器海洋检波器、三分量检波器等。

在勘探中一般采用多个检波器组合形式使用，通常有9～12个检波器以不同的串、并方式组成检波器串。每个检波器间用组合电缆相互连接，并有一定的组合间距，以便抑制地震勘探中的干扰信号。

（2）遥测地震仪器野外站（采集站、交叉站，电源站）。

遥测地震仪器野外站中的采集站是遥测地震仪数据采集的必备设备。检波器接收的地震信号，通过采集站处理并数字化后，由数传电缆送入遥测地震仪。

遥测地震仪器野外站中的交叉站是遥测地震仪在进行三维勘探用多线接收时的一种辅助设备，它串插在各条测线上，汇集一条测线中各采集站数据，进行必要的处理后，将数据送向遥测地震仪，以达到多线观测的能力。

遥测地震仪器野外站中的电源站是向采集站提供电源的一种装置。

4）其他物探辅助仪器仪表

（1）地震震源控制仪器仪表。

①爆炸机。爆炸机按其功能分为有线爆炸系统和无线遥控爆炸系统；按起爆电压的大小有200V、300V、500V、600V等。对于无线遥控爆炸系统，为了遥爆指令的安全无线传输，专门设置了编码器和译码器，现常用的型号为：SBD—600，SSS—200，SSS—300型。

②可控震源电子扫描器。它是进行可控震源激发地没信号施工时的辅助仪表，用它对可控震源的扫描频率、扫描长度进行控制。

（2）定位仪。

定位仪用于野外施工中测线的测量定位工作。通常使用的有经纬仪、测距仪等，目前已较广泛使用全球卫星定位系统（GPS）。

（3）数据处理仪器仪表。

数据处理仪器仪表包括各种现场数据处理设备，地震信号相关叠加器以及用于室内资料处理的各种型号计算机、解释工作站等。

由于物探仪器仪表均属于电子、通信等类设备，其入库验收及仓库保管要求与电子及通信设备的要求相同。

CBD028 常用采油仪器仪表的结构及工作原理

23. 采油仪器仪表

采油仪器仪表种类繁多，品种复杂，按其用途可分为高压试井仪器及低压试井仪器两大类。高压试井仪器用于生产井井下参数的测试，如井下温度计、井下压力计、井下流量计和取样器等仪器。低压试井仪器用于在地面测试采油井况参数，如测量液面深度的测深仪、井口温度计、井口压力计等仪器。

1）机械式井下压力计

根据感压元件和记录方式的不同，机械式井下压为计分为弹簧管式、弹簧式及其他型式井下压力计三种。

（1）弹簧管式井下压力计。

①用途：主要用于测量各种电、水、气井的井下压力变化情况，可测流压、静压和压力恢复曲线。

②结构：一般由外壳、记录部分、感压部分和最高温度计四部分组成。

③原理：仪器采用多圈式椭圆形弹簧管作压力测量元件，用毛细管连通波纹管和弹簧管，其内腔充满传压介质。被测压力作用于波纹管上，波纹管压缩，容积变小，由于传压介质不可压缩，使弹簧管自由端随压力变化而成比例伸展，并带动装在自由端的记录笔在水平方向旋转，在记筒内的记录卡片上划出印痕，同时记录筒在钟机的带动下匀速移动，这样就可得到压力记录卡片。根据卡片上的印痕位置测出被测点的压力值。

（2）弹簧式井下压力计。

①用途：用于测量油、气、水井的井下压力。

②结构：与弹簧管式井下压力计相同，区别在于感压元件为弹簧。

③原理：在压力作用下，经活塞杆作用于弹簧上，缸力变化弹簧产生相应形变，带动记录笔在记录机构上纵向移动，记录井下压力。

（3）其他类型的机械式压力计。

①用途：主要用于测量油井井底压力的微小变化。适用于油田井间干扰测试和压力恢复曲线的测试。

②工作原理：这种仪器以气体（空气、氮气）为工作介质，事先在地面从上阀往仪器室中充入高压气体，以此气体的压力为比较压力，仪器下入井里后，气室压力与井下压力平衡，当井内压力变化时，与气室压力形成压力差，推动感压系统的活塞在缸套中移动，通过记录系统记录活塞移动的距离，而测得井下压力的微小变化。

2）电子压力计测试系统

井下电子压力计测试系统，除井下压力传感器外，还配有信息转换、计算机、绘图仪、打印机等。其测量精度高于机械式压力计，故有高性能压力测量系统之称。

电子压力计测试系统按其工作方式不同可分为地面直读式电子压力计测试系统和井下存贮式电子压力计测试系统。

（1）地面直读式电子压力计测试系统。

①结构：一般由井下电子压力计、单芯或多芯铠装电缆和地面压力测读系统等三部分组成。

②原理：利用物理原理制成的各种类型的压力传感器（应变式、压电式、电容式、振弦式、固态压阻式等），常附带有温度传感器，用单芯或多芯电缆下入井内预定深度，通过压力传感器将被测压力转换成相应的电信号，温度传感器将被测温度转换成相应的电信号，两种电信号经电极传输至地面，由地面压力测读系统将信号放大、实时显示、处理、打印和绘图，同时可将数据记录在磁盘上。

（2）井下存储式电子压力计测试系统。

①结构：此种仪器一般由一次仪表和二次仪表两大部分组成。一次仪表由压力/温度传感器、电子存储器、电源（电池组和供电器）等三部分组成。二次仪表由地面回放设备组成。

②工作原理：将已编程的井下仪器（包括压力/温度传感器、电子存储器和电源等），用录井钢丝下入井内预定深度，传感器将被测的压力和温度转换成相应的频率信号，存储在电子存储器中。测试完毕，仪器提出井后，通过地面回放设备，将电子存储器内的数据回放出来，进行打印、处理和解释。

3）机械式井下温度计

（1）用途及分类：井下温度计用于测量油、气、水井的井下各点温度。机械式井下温度计一般分为温包式和双金属片式两种。

（2）结构：其结构与机械式CY613型井下压力结构基本相同，只是用温包或双金属片代替波纹管做感温元件。

（3）工作原理：

①温包式井下温度计的工作原理。当被测温度发生变化时，温包中的感温液体（甲苯）的体积发生变化，经毛细管使多圈弹簧管内腔压力增高，弹簧管自由端产生角位移，角位移的大小与温度的变化成比例，自由端带动记录笔，在记录纸上划出曲线，根据记录曲线即可得到被测温度。

②双金属片式井下温度计的工作原理。将加工成条形的双金属片绕成直径为8.4mm，螺距为6mm，约20圈的直螺旋柱，一端固定在仪器本体上，另一自由端连接记录笔，当被测温度变化时，双金属片螺旋管的自由端产生相应的角位移，同时带动记录笔在记录纸上记录出被测温度。

CBD029 井下测试仪器仪表的概念及验收保管要求

24. 井下流量测试仪器

井下测试仪器仪表是油气田勘探与开发的主要工具之一，所测资料是地层评价、油藏描述的主要资料来源。井下流量测试仪器品种繁多，型号复杂，按其结构和记录信号模式可分为模拟测井仪器、数字测井仪器和计算机测井仪器（又称数控测井仪器）。按其用途可分为地球物理测井（裸眼井测井仪器仪表），用于地层参数的测试；生产井测井仪器仪表，用于产液剖面、注入剖面的测试；工程测井仪器仪表，用于套管质量、井径等参数的测试。因工程测井与生产测井结合密切，在油田有时统称为生产测井。裸眼井测试仪器仪表是由地面系统设备、下井仪器和辅助设备组成。通过利用多种井下仪器测量井孔不同地层的声、光、电、核辐射特性信息，通过电缆将信息输到地面仪器记录处理，得到地层的电阻率、孔隙率、渗透率、岩石密度和含水饱和度以及含油饱和度等参数，结合地质资料分析并判别计算出油井和区块油田原油的地质流量和产能。油田常用的裸眼井测试仪器仪表有 JD581 多线电测仪、数字测井设备和数控测井仪。

井下测试仪器仪表的验收及保管要求：

（1）成套仪器一般直接发往用户，开箱组装后由使用单位技术人员进行室内和现场的验收试验。一般应实测三口井方可认为仪器验收合格。

（2）单件仪器和部件应按装箱单逐项清点仪器及附件。随机文件和有关试验数据资料应齐全完好。

（3）仪器包装应完好无损，箱外应有明显标志。仪器表面及金属件应无损坏、锈蚀，无缺件。

（4）仪器应按系统（地面仪器与井下仪器）成套存放在 15～35℃ 的干燥库房内；库房内相对湿度不大于 85%，且无腐蚀性介质存在。

（5）对放射性仪器应将仪器和放射源分开存放、放射源必须锁在放射源库（带屏蔽保护的库房）内，由专人保管。

（6）仪器存放期一年，但每半年应进行检查，并进行防潮防锈处理。

25. 液压元件

`CBD030 液压元件的分类`

机械设备的传动方式有多种，液压传动是其中的一种。所谓液压传动，就是在密封的容器内利用受压液体传递压力能，再通过执行机构把压力能转换成机械能而做功的传动方式。靠压力油传递能量的系统称为液压传动系统。在液压传动系统中能独立起到某种作用的组合件，称为液压元件。

一个完整的液压传动系统，由动力部分、执行部分、控制部分、辅助装置四个部分组成。而每一个部分又是由一个或若干个液压元件组成。

液压传动系统的动力部分是液压油泵。它是由电动机或内燃机带动，把机械能变成液压能，向传动系统各个回路供油，它是推动整个液压系统工作的主要元件。

1）液压油泵

液压油泵按其结构类型分类见表 2-1-10。

表2-1-10　液压油泵按其结构类型

名　称	分　类		基本代号
液压油泵	齿轮油泵	单级齿轮油泵	CB
		多联齿轮油泵	2CB、3CB
	叶片油泵	单叶片油泵	YB
		双级叶片油泵	Y2B
		双联叶片油泵	YYB
		变量叶片油泵	YBN
	柱塞油泵	径向柱塞油泵	JB
		轴向柱塞油泵	ZB

（1）CB 型齿轮泵压力为 10MPa，转速为 1300～1625r/min，适用于推土机、铲运机、装载机、挖掘机等机械。

CB-B 型齿轮油泵属于低压油泵，具有结构简单、性能稳定等特点。它适用于金属切削机床和其他低压液压系统和润滑系统。

CB-F 型单级齿轮油泵结构简单，工作可靠，对冲击负荷适应性好，多用于工程机械、矿山机械、农业机械及机床等方面。该泵额定压力为 14MPa，转速为 1800r/min，属于中高压齿轮油泵，又可作液动机。

（2）叶片油泵由转子、定子、叶片、转子轴、泵体、配油盘等组成。叶片油泵分为单作用式和双作用式两种。转子每转一周只能完成一次吸油和压油过程，称为单作用式，转子每转一周有两次吸油和压油过程的，称为双作用式。

YB 型叶片泵适用于一般机床设备的主传动和控制之用，或用于挖掘机、油压机等。叶片油泵的工作压力为 603MPa。

（3）柱塞油泵又称柱塞泵。柱塞泵是通过柱塞的往复运动，使电动机输出的机械能转换为液压能的装置。柱塞泵分为径向柱塞泵和轴向柱塞泵两种。主要由定子、转子、配油盘、衬套、柱塞组成。

JB 型径向柱塞泵是不可逆转的液压元件，不能当马达用。泵的排量不可变。用于矿山工程、起重、运输等机械作压力能源。

ZB 型轴向柱塞泵（油马达）是一种可逆转的液压元件，使用时同一元件既可作油泵，又可以作为油马达。广泛用于工程机械、起重机械、运输、建筑以及机床，船舶、矿山、冶金、锻压等各种机械。

2）液压执行器

液压传动系统的执行部分又称为液压执行器。其作用是将液压油泵输出的液压能转换为机械能进行工作。液压执行器主要分为液马达和油缸两类。

叶片式油马达是由油泵供给压力油，根据进油方向的不同，获得正转和反转，以驱动机械的回转运动。如注射机的注射杆、磨床的磨头及其他机械的传动。

齿轮马达由油泵供给工作压力油，依据进油方向的不同获得正转和反转，输出扭矩和转速。此泵扭矩较小、转速较高。多用于工程机械、农业机械等。

JM 型径向柱塞马达是不可逆转的液压元件，不能当油泵用，是一种定量马达。适用于转速要求低，扭矩要求大的场合。

DZM 型轴向柱塞马达是将液压能变为机械能的能量转换装置。该马达转速低、扭矩大，转动平稳，噪声小，适用于工程机械、起重运输机械的回转机构及行走机构中。同时也适用于冶金、石油行业等要求转速低、扭矩大的场合。大扭矩轴向柱塞液马达 DZM-4-36 表示四柱塞，柱塞直径 36mm。

3）液压控制阀

液压控制阀在液压系统中控制整个液压系统，调节液压系统工作压力的高低、油量的大小、液压执行机构运动的方向和速度，以及进行功率放大和起保护整个回路安全的作用。

液压控制阀分类及基本代号见表 2-1-11。

表2-1-11　液压控制阀分类及基本代号

名称	分类		基本代号
液压控制阀	压力阀	溢流阀	YF
		减压阀	JF
		顺序阀	XF
	流量阀	节流阀	LDF
		流量控制阀	QDFT
		单项减压阀	CDF
	方向阀	单向阀	DF
		电磁阀	
		换向阀	

压力阀是油路压力控制阀门。其主要作用是控制和调节油路的压力，保护整个系统的安全。主要分为溢流阀、减压阀和顺序阀。

（1）减压阀（JF）是使阀门出口的压力低于进口油路的压力调节阀门，它可以将较高的进口油压降为所需的油压后输出，达到稳定油路工作压力的作用，使油路不受油泵压力及其他阀门工作压力波动的影响。

减压单向阀（JDF）是由减压阀和单向阀组成。其作用与减压阀相同。但油流反向时，减压阀停止工作，而油流可以经单向阀或单向元件自由通过。

（2）顺序阀是直接压力弹簧平衡式的压力控制阀门，顺序阀直接利用进口油路的压力来控制液压系统中各液压元件动作的先后顺序，以实现油路系统的自动控制。顺序阀内部装有单向元件时称为顺序单向阀，可以在油流反向通过时，不受顺序阀的控制。

模块二　操作技能

项目一　操作计算机录入物资数量验收检验比率标准

（一）准备工作

1. 设备

计算机（数量由鉴定站根据考生人数及教室大小自行确定），打印机1台。

2. 工具、用具

Word 1套，各种输入法1套。

3. 人员

穿戴劳动保护用品。

（二）操作规程

（1）输入下面所给文章。

物资数量验收检验比率标准

1. 不带包装的物资检斤率为100%。
2. 带包装的物资毛重检斤率为100%，清点件数为100%。有标量或标准定量包装的化工产品，按标量计算。
3. 理论换算计量的钢材检尺率为：定尺交货检尺率为10%~20%；非定尺检尺率为100%。
4. 一些开箱困难的材料其开箱抽检率应同存货单位商定。
5. 贵重金属材料100%过净重。

（2）设置。

①设置行间距为25磅、每段首行缩进两个汉字宽度。

②设置标题为黑体、一号、字体颜色为红色、居中对齐。

③设置正文为仿宋、四号、倾斜。

（3）打印。

设置用A4纸、纵向、打印一份。

项目二　操作计算机录入汉字、英文混合文章

（一）准备工作

1. 设备

计算机（数量由鉴定站根据考生人数及教室大小自行确定），打印机1台。

2. 工具、用具

Word 1 套，各种输入法 1 套。

3. 人员

穿戴劳动保护用品。

（二）操作规程

（1）输入下面所给文章。

目前的显卡市场是以 nVidia TNT2 系列为主。技嘉科技自近期推出 GA-660、GA-660 plus TNT2 显卡两款 TNT2 显卡之后，又将推出全新系列的显卡新品种。

有许多 PC 玩家都知道，显卡晶片除了 TNT2 之外，3Dfx 的 Voodoo 3 系列及 Matrox 的 G400 都是属于当前最先进的产品，其产品性能也非常不错，各有特色，深受广大用户的好评。但遗憾的是这些显卡都是由晶片厂商自行生产制造，或是由厂商提供晶片给主板制造商集成在主板上，制成整合型主板。

（2）设置。

①行间距为 25 磅。

②每段首行缩进两个汉字宽度。

③文字为宋体、四号。

（3）打印。

设置用 A4 纸、纵向、打印一份。

项目三　操作计算机实现字体设置

（一）准备工作

1. 设备

计算机（数量由鉴定站根据考生人数及教室大小自行确定），打印机 1 台。

2. 工具、用具

Word 1 套，各种输入法 1 套。

3. 人员

穿戴劳动保护用品。

（二）操作规程

（1）输入下面所给文章。

并联电路

把几个导体并列地连接起来，就组成了并联电路。并联电路的基本特点是：①电路中各支路两端的电压相等；②电路的总电流强度等于各支路的电流强度之和。例 $I=I_1+I_2+I_3$ 我们也从这两个基本特点出发，来研究并联电路的几个性质。

（1）并联电路总电阻的倒数，等于各个导体的电阻的倒数之和。

即：$1/R=1/R_1+1/R_2+\cdots+1/R_n$

（2）并联电路中通过各个电阻的电流强度跟它的阻值成反比。

即：$I_1R_1=I_2R_2=\cdots=I_nR_n=U$

（3）并联电路中各个电阻消耗的功率跟它的阻值成反比。

即：$P_1R_1=P_2R_2=\cdots=P_nR_n=U^2$

（2）设置。

①首行为黑体、三号字，其他为宋体、四号字。

②基本特点①②里的内容为斜体、加粗、着重号。

③"$I=I_1+I_2+I_3$"为加粗。

④性质（1）、（2）、（3）内容分别加波浪线、单下画线和双下画线。

⑤整篇文章的字符间距为加宽1.5磅。

（3）打印。

设置用A4纸、纵向、打印一份。

项目四　填写验收记录

（一）准备工作

1. 材料

验收记录1份。

2. 工具、用具

计算器1个，笔1支。

3. 人员

穿戴劳动保护用品。

（二）操作规程

（1）根据所给资料及实物确定实收数量。

（2）填写验收记录。

①填写年月、到货日期、供货单位、发站。

②填写车号、运单号。

③填写合同号、单据到达日期、物资的名称、规格型号、计量单位。

④填写应收数量、实收数量。

⑤填写验收时间、验收单号。

⑥填写计量数、计量抽检比例。

⑦填写合格数、不合格数、质检抽检比例。

⑧填写填写交料人、验收人、查询单号、情况记载等。

（三）技术要求

单据应填写规范。

（四）例题

【例2-2-1】　某供应站仓库2017年3月27日接到沈阳市五金工具总汇发来的250mm的活动扳手，厂家发运数量为10只，计划单价30元/只，发站：沈阳，到站：大庆，车号1756321，运单号56321，合同号2017-35。保管员当日验收发现实到数量为9只，经外观验收全部合格，上述物资原库存为零，当月第一笔业务。请根据所给条件填写验收记录。

验收记录填写见表2-2-1。

2017 年 4 月

表2-2-1 验 收 记 录

到货时间	供货单位	发站	车号	运单号	调拨单号	合同号	单据到达时间	物资名称及规格	计量单位	数量 应收	数量 实收	验收时间	验收单号	计量情况 计量数	计量情况 抽检比例(%)	质检情况 合格数	质检情况 不合格数	质检情况 抽检比例(%)	交料人	验收人	查询单号	报损单号	不能验收单号	事故单号	情况记载
3.27	沈阳市五金工具总汇	沈阳	1756321	56321		2017-35	3.27	活动扳手 250mm	只	10	9	3.27	4-1	9	100	9	0	100	×××	×××	4-1				缺少1只查询

项目五 发放临时出库物资

(一) 准备工作

1. 材料

物资应急出库单(即物资临时出库单)1份,物资出库证1份。

2. 工具、用具

计算器1个,笔1支。

3. 人员

穿戴劳动保护用品。

(二) 操作规程

(1) 根据所给资料及实物确定实发数量。

(2) 填写物资临时出库单。

①填写发料编号。

②填写实发数量。

③填写发料人、发料日期、提料人、提料日期。

(3) 填写物资出库证。

①填写领料单位、发料单编号、物资名称、规格型号。

②填写数量。

③填写运输方式、车号、发料组别、领料人、发料人、签发时间。

(三) 技术要求

单据应填写规范。

(四) 例题

【例2-2-2】 2017年8月3日井下提料员王立君持下面物资应急出库单到电料库提日光灯管,提料员所带车辆为蓝色东风卡车,车号为:黑E23417,发料时间为当日下午3点27分。该项料现库存为10盒,每盒10只,且为待验物资,物资应急出库单见表2-2-2。

表2-2-2 (待验)物资应急出库单

开单编号:8-1　　　　　　　　　　　　　　　　　　　　发料编号:

用料单位:井下　　　　2017年 8月 2日　　　　　　　　发 料 库:电料库

序号	物资名称规格型号	计量单位	数量		单价	应收金额	有效日期	开单原因
			应发	实发				
1	日光灯管 40W	只	15		8.00	80.00	8月8日	待验物资,生产急用

主管部门(盖章):机电公司　批准人:×××　经办人:×××　发料人:　　　领料人:

日　期:8月2日　　　　日　期:8月2日　　日　期:8月2日　　日　期:　　　日　期:

请根据所给条件进行发料并分别填写"物资应急出库单"和"物资出库证"。

物资应急出库单填写见表2-2-3。

表2-2-3　(待验)物资应急出库单

开单编号：8-1　　　　　　　　　　　　　　　　　　　　　　发料编号：8-1

用料单位：井下　　　　　2017年 8月 2日　　　　　　　　　发料库：电料库

序号	物资名称规格型号	计量单位	数量		单价	应收金额	有效日期	开单原因
			应发	实发				
1	日光灯管　40W	只	15	15	8.00	80.00	8月8日	生产急用

主管部门（盖章）：机电公司　批准人：×××　经办人：×××　发料人：×××　领料人：王立君

日　　期：8月2日　　　日　期：8月2日　日　期：8月2日　日　期：8月3日　日　期：8月3日

物资出库证填写见表2-2-4。

表2-2-4　物资出库证

编号：No．

领料单位：井下	发料单编号：8-1
物资名称规格：日光灯管　40W	数量：1盒零5只或15只
运输方式：蓝色东风卡车	车号：黑 E23417
发料组别：电料库	领料人：王立君
发料人：×××	签发时间：2017年8月3日15时27分

项目六　识别包装储运图示标志（一）、危险货物包装标志（一）、安全禁止标志（一）

（一）准备工作

1．材料

1）识别包装储运图示标志（一）

名　称	规　格	数　量	备　注
"易碎物品、怕雨、堆码质量极限、向上、重心、堆码层数极限、怕晒、由此夹起、由此吊起"包装储运标志图		1套	

2）识别危险货物包装标志（一）

名　称	规　格	数　量	备　注
"方向标记、爆炸性物质或物品、易燃气体、非易燃无毒气体、毒性气体、易燃液体、易于自燃的物质、遇水放出易燃气体的物质、氧化性物质、有机过氧化物、毒性物质"危险货物包装标志图		1套	

3）识别安全禁止标志（一）

名　称	规　格	数　量	备　注
"禁止吸烟、禁止烟火、禁止带火种、禁止用水灭火、禁止放置易燃物、禁止堆放、禁止启动、禁止合闸、禁止转动、禁止叉车和厂内机动车辆通行"安全禁止标志图		1套	

2．工具、用具
笔1支。

3．人员
穿戴劳动保护用品。

（二）操作规程

根据所给资料填写标志图名称。

标志图名称分别见表2-2-5、表2-2-6、表2-2-7。

表2-2-5　包装储运图示标志（一）

序号	标志名称	图形符号	序号	标志名称	图形符号	序号	标志名称	图形符号
1	易碎物品		4	向上		7	怕晒	
2	怕雨		5	重心		8	由此夹起	
3	堆码质量极限		6	堆码层数极限		9	由此吊起	

表2-2-6 危险货物包装标志(一)

序号	标志名称	图形	序号	标志名称	图形	序号	标志名称	图形
1	方向标记		3	易燃气体		8	遇水放出易燃气体的物质	
			4	非易燃无毒气体		9	氧化性物质	
2	爆炸性物质或物品		5	毒性气体		10	有机过氧化物	
			6	易燃液体		11	毒性物质	
3	易燃气体		7	易于自燃的物质				

表2-2-7 安全禁止标志（一）

序号	标志名称	图形	序号	标志名称	图形	序号	标志名称	图形
1	禁止吸烟		5	禁止放置易燃物		9	禁止转动	
2	禁止烟火		6	禁止堆放		10	禁止叉车和厂内机动车辆通行	
3	禁止带火种		7	禁止启动				
4	禁止用水灭火		8	禁止合闸				

（三）技术要求

填写应规范。

项目七　验收铸铁管件、轮胎、砖、开关

（一）准备工作

1. 材料

物资入库验收单1份。

2. 工具、用具

计算器1个、笔1支。

3. 人员

穿戴劳动保护用品。

（二）操作规程

（1）根据所给资料及实物确定实收数量。

（2）填写物资入库验收单。

①填写供货单位、到货日期、验收日期、制单日期及验收单号。

②填写序号、物资的名称、规格型号、代码、计量单位及单价。
③填写物资应收、实收的数量及金额。
④填写合同号、资料到达日期、合格证份数、查询单号。
⑤填写发站、到站、车数、车号、运单号。
⑥填写验收单位、保管员、备注。

（三）技术要求

单据应填写规范。

（四）例题

【例2-2-3】 2017年5月8日钢材组收到鞍山钢铁集团发来的铸铁法兰300mm，厂家发出数量为30件，发站：鞍山；到站：大庆，附带3份质量证明书。该批料的详细情况见表2-2-8。

表2-2-8 物资到货记录

物资名称及规格	物资代码	单价	合同号	订货数量（件）	车号	运单号
铸铁法兰300mm	011001078800267491	50元/件	2017-007	30	1756325	54238

到货次日经保管员仔细验收发现实到数量为26件。
请根据所给条件进行验收并填写"物资入库验收单"。
物资入库验收单填写见表2-2-9。

表2-2-9 物资入库验收单

供货单位：鞍山钢铁集团　　　　　　　　　　　　到货日期：2017年5月8日
验收单号：5-1　　　　　　制单日期：2017年5月9日　　　验收日期：2017年5月9日

序号	物资代码	物资名称规格型号	计量单位	计划单价	应收 数量	应收 金额	实收 数量	实收 金额
1	011001078800267491	铸铁法兰 300mm	件	50.00	30	1,500.00	26	1,300.00

合同号	2017-007		附质量证明书	附计量单	附合格证	不能验收单号	查询单号	质检编号	运损（计量差）单号
资料到达日期	5.8		3份	份	份		5-1		
发站	到站	车数	车号	1756325					
鞍山	大庆	1	运单号	54238					
验收单位：钢材组	组长：		保管员：×××		稽核员：	备注	缺少4件查询		

【例2-2-4】 2017年5月8日橡胶组收到山东成山轮胎股份有限公司发来的轮胎，

厂家发出数量为 120 套，发站：济南；到站：大庆，每套附带 1 份合格证。该批料的详细情况见表 2-2-10。

表2-2-10　物资到货记录

物资名称及规格	物资代码	单　价	合同号	订货数量（套）	车　号	运单号
工业车辆轮胎 650in 10in 10 成山	1402010888401833348	500元/套	2017-005	120	1756325	54238

到货次日经保管员仔细验收发现实到数量为 115 套。
请根据下面所给条件进行验收并填写"物资入库验收单"。
物资入库验收单填写见表 2-2-11。

表2-2-11　物资入库验收单

供货单位：山东成山轮胎股份有限公司　　　　　　　　　到货日期：2017年5月8日
验收单号：5-1　　　　制单日期：2017年5月9日　　　　验收日期：2017年5月9日

序号	物资代码	物资名称规格型号	计量单位	计划单价	应收 数量	应收 金额	实收 数量	实收 金额
1	1402010888401833348	工业车辆轮胎 650in 10in 10 成山	套	500.00	120	60,000.00	115	57,500.00

合同号	2017-005		附质量证明书	附计量单	附合格证	不能验收单号	查询单号	质检编号	运损（计量差）单号
资料到达日期	5.8		份	份	115 份		5-1		
发站	到站	车数	车号	1756325					
济南	大庆	1	运单号	54238					
验收单位：橡胶组	组长：		保管员：×××		稽核员：	备注	缺少5套查询		

【例 2-2-5】 2017 年 5 月 8 日电料组收到德力西控股集团发来的墙壁开关，厂家发出数量为 220 只，发站：杭州；到站：大庆，随物每只附带 1 份合格证。该批料的详细情况见表 2-2-12。

表2-2-12　物资到货记录

物资名称及规格	物资代码	单　价	合同号	订货数量（只）	车　号	运单号
墙壁开关 10A-250V	340801090001268066	6元/只	2017-021	220	2763218	42138

到货次日经保管员仔细验收发现实到数量为 213 只。
请根据下面所给条件进行验收并填写"物资入库验收单"。
物资入库验收单见表 2-2-13。

表2-2-13 物资入库验收单

供货单位：德力西控股集团　　　　　　　　　　　　　　到货日期：2017年5月8日
验收单号：5-1　　　　　　制单日期：2017年5月9日　　验收日期：2017年5月9日

序号	物资代码	物资名称规格型号	计量单位	计划单价	应收 数量	应收 金额	实收 数量	实收 金额
1	3408010900001268066	墙壁开关 10A-250V	只	6.00	220	1,320.00	213	1,278.00

合同号	2017-021	附质量证明书	附计量单	附合格证	不能验收单号	查询单号	质检编号	运损（计量差）单号
资料到达日期	5.8		份	份	213份	5-1		

发站	到站	车数	车号	2763218
杭州	大庆	1	运单号	42138

验收单位：电料组	组长：	保管员：×××	稽核员：	备注	缺少7只查询

项目八　发放螺纹钢、水泥、电池

（一）准备工作

1. 材料

物资调拨单1份，物资出库证1份。

2. 工具、用具

计算器1个，笔1支。

3. 人员

穿戴劳动保护用品。

（二）操作规程

（1）根据所给资料及库存数量确定实发数量。

（2）填写物资调拨单。

①填写发料单编号。

②填写实发数量及金额。

③填写发料人、发料日期、提料人、提料日期。

（3）填写物资出库证。

①填写领料单位、发料单编号、物资名称、规格型号。

②填写数量。

③填写运输方式、车号、发料组别、领料人、发料人、签发时间。

（三）技术要求

（1）在填写物资出库证数量时，需把吨数和捆数或根数同时填上。

（2）单据应填写规范。

(四)例题

【例 2-2-6】 2017 年 5 月 9 日采油二厂提料员李丽持下面调拨单到钢材组提螺纹钢,提料员所带车辆为红色东风卡车,车号为:黑 E54418,发料时间为当日下午 1 点 47 分。该项料现库存为 32 捆(注:需整捆发放),每捆 3t,调拨单见表 2-2-14。

表2-2-14 金属公司物资(调)拨单

物资类型:库存　　　　　　　　　　　　　　　　　　　　发料编号:
用料单位:采油二厂　　　　　　2017 年 5 月 8 日　　　　发 料 库:钢材库

单号	物资代码	物资名称规格型号	计量单位	数量 应发	数量 实发	计划单价	金额	实售单价	金额
5-2	0302033300000290807	小螺纹钢 16-HRB335	t	25		3,200.00		3,200.00	80,000.00
	合　　计								

工程项目名称编号		合同号	结算证号	增值税率 %	增值税额	收款金额	
供货厂商							
配拨: BG	收款人:FH 5月8日	发料人: 月　日		提料人: 月　日		备注	

请根据所给条件进行发料并分别填写"物资调拨单"和"物资出库证"。

物资调拨单填写见表 2-2-15。

表2-2-15 金属公司物资(调)拨单

物资类型:库存　　　　　　　　　　　　　　　　　　　　发料编号:5-1
用料单位:采油二厂　　　　　　2017 年 5 月 8 日　　　　发 料 库:钢材库

单号	物资代码	物资名称规格型号	计量单位	数量 应发	数量 实发	计划单价	金额	实售单价	金额
5-2	0302033300000290807	小螺纹钢 16-HRB335	t	25	24	3,200.00	76,800.00	3,200.00	80,000.00
	合　　计								

工程项目名称编号		合同号	结算证号	增值税率 %	增值税额	收款金额	
供货厂商							
配拨: BG	收款人:FH 5月8日	发料人:××× 5月9日		提料人:李丽 5月9日		备注	

物资出库证填写见表 2-2-16。

表2-2-16 物资出库证

编号：No．

领料单位：采油二厂	发料单编号：5-1
物资名称规格：小螺纹钢　16-HRB335	数量：24t/8捆
运输方式：红色东风卡车	车号：黑E54418
发料组别：钢材	领料人：李丽
发料人：×××	签发时间：2017年5月9日13时47分

【例2-2-7】 2017年5月10日采油八厂提料员张三持下面调拨单到建工组提水泥，提料员所带车辆为红色东风卡车，车号为：黑E55417，发料时间为当日下午2点42分。该项料现库存为430袋，每袋50kg，调拨单见表2-2-17。

表2-2-17 建材公司物资（调）拨单

物资类型：库存　　　　　　　　　　　　　　　　　　　　　　　　发料编号：
用料单位：采油八厂　　　　　　2017年5月9日　　　　　　　　　　发料库：建工库

单号	物资代码	物资名称规格型号	计量单位	数量 应发	数量 实发	计划单价	金额	实售单价	金额
5-2	10010108880068 2939	复合硅酸盐水泥 32.5# 袋装	t	22		400.00		400.00	8,800.00
合　计									

工程项目名称编号		合同号	结算证号	增值税率	增值税额	收款金额
供货厂商				%		
配拨：BG	收款人：FH 5月9日	发料人： 月　日		提料人： 月　日	备注	

请根据所给条件进行发料并分别填写"物资调拨单"和"物资出库证"。

物资调拨单填写见表2-2-18。

表2-2-18 建材公司物资（调）拨单

物资类型：库存　　　　　　　　　　　　　　　　　　　　　　　　发料编号：5-1
用料单位：采油八厂　　　　　　2017年5月9日　　　　　　　　　　发料库：建工库

单号	物资代码	物资名称规格型号	计量单位	数量 应发	数量 实发	计划单价	金额	实售单价	金额
5-2	10010108880068 2939	复合硅酸盐水泥 32.5# 袋装	t	22	21.5	400.00	8,600.00	400.00	8,800.00
合　计									

工程项目名称编号		合同号	结算证号	增值税率	增值税额	收款金额
供货厂商				%		
配拨：BG	收款人：FH 5月9日	发料人：××× 5月10日		提料人：张三 5月10日	备注	

物资出库证填写见表2-2-19。

表2-2-19 物资出库证

编号：No.

领料单位：采油八厂	发料单编号：5-1
物资名称规格：复合硅酸盐水泥 32.5# 袋装	数量：21.5t/430袋
运输方式：红色东风卡车	车号：黑E55417
发料组别：建工	领料人：张三
发料人：×××	签发时间：2017年5月10日14时42分

【例2-2-8】 2017年5月10日采油五厂提料员李力持下面调拨单（表2-2-20）到电料组提电池，提料员所带车辆为红色东风卡车，车号为：黑E25412，发料时间为当日下午2点12分。该项料现库存为14盒整零13只，每盒内装50只。

表2-2-20 机电公司物资（调）拨单

物资类型：库存　　　　　　　　　　　　　　　　　　　　　　　发料编号：
用料单位：采油五厂　　　　　　2017年5月9日　　　　　　　　　发料库：电料库

单号	物资代码	物资名称规格型号	计量单位	数量		计划单价	金额	实售单价	金额
				应发	实发				
5-5	330601018800053796	普通电池 7#	只	720		4.00		4.00	2,880.00
合　　计									
工程项目名称编号			合同号			结算证号	增值税率 %	增值税额	收款金额
供货厂商									
配拨：BG	收款人：FH 5月9日		发料人： 月 日			提料人： 月 日	备注		

请根据所给条件进行发料并分别填写"物资调拨单"和"物资出库证"。

物资调拨单填写见表2-2-21。

表2-2-21 机电公司物资（调）拨单

物资类型：库存　　　　　　　　　　　　　　　　　　　　　　　发料编号：5-1
用料单位：采油五厂　　　　　　2017年5月9日　　　　　　　　　发料库：电料库

单号	物资代码	物资名称规格型号	计量单位	数量		计划单价	金额	实售单价	金额
				应发	实发				
5-5	330601018800053796	普通电池 7#	只	720	713	4.00	2,852.00	4.00	2,880.00
合　　计									
工程项目名称编号			合同号			结算证号	增值税率 %	增值税额	收款金额
供货厂商									
配拨：BG	收款人：FH 5月9日		发料人：××× 5月10日			提料人：李力 5月10日	备注		

物资出库证填写见表2-2-22。

表2-2-22 物资出库证

编号：No．

领料单位：采油五厂	发料单编号：5-1
物资名称规格：普通电池 7#	数量：14盒零13只（或713只）
运输方式：红色东风卡车	车号：黑E25412
发料组别：电料	领料人：李力
发料人：×××	签发时间：2017年5月10日14时 12分

项目九 填写角钢、碎石、灯管存货盘点明细表

（一）准备工作

1. 材料

存货盘点明细表1份。

2. 工具、用具

计算器1个，笔1支。

3. 人员

穿戴劳动保护用品。

（二）操作规程

（1）根据所给资料及盘点情况确定盈亏数量。

（2）填写存货盘点明细表。

①填写填报单位、日期、盘点人。

②填写序号（2项）、物资代码（2项）、物资名称（2项）、规格型号（2项）。

③填写计量单位（3项）、单价（2项）。

④填写账存数量（2项）、账存金额（2项）、实存数量（2项）、实存金额（2项）。

⑤填写盈亏数量（2项）、盈亏金额（2项）。

⑥填写合计账存数量、账存金额、实存数量、实存金额、盈亏数量、盈亏金额。

（三）技术要求

单据应填写规范。

（四）例题

【例2-2-9】 2017年4月25日材料库钢材组保管员对其所管物资进行了盘点，盘点情况见表2-2-23。

【例2-2-10】 2017年3月25日材料库砂石组保管员对其所管物资进行了盘点，盘点情况见表2-2-23。

表2-2-23 物资盘点明细表

序号	物资代码	物资名称规格型号	计量单位	单价（元/t）	账存数量	实存数量
1	0302032199005420233	小等边角钢 30×3mm Q215	t	4000	650	649
2	0302032188006653140	小等边角钢 40×4mm Q235B	t	4500	90	92

请根据盘点情况填写"存货盘点明细表"。

存货盘点明细表填写见表2-2-24。

表2-2-24 存货盘点明细表

2017年4月25日

填报单位：材料库钢材组　　　　　　　　　　　　　　　　　金额单位：元

序号	物资代码	物资名称规格型号	计量单位	单价	账存		实存		盈亏		备注
					数量	金额	数量	金额	数量	金额	
1	0302032199005420233	小等边角钢 30×3mm Q215	t	4000	650	2,600,000.00	649	2,596,000.00	-1	-4,000.00	
2	0302032188006653140	小等边角钢 40×4mm Q235B	t	4500	90	405,000.00	92	414,000.00	2	9,000.00	
	合 计				740	3,005,000.00	741	3,010,000.00	1	5,000.00	

主管：　　　　　　　　　　监督人：　　　　　　　　　　盘点人：×××

表2-2-25 物资盘点明细表

序号	物资代码	物资名称规格型号	计量单位	单价（元/t）	账存数量	实存数量
1	09040202000000742787	碎石 10～15mm	t	60	2500	2495
2	09040202000000742794	碎石 20～40mm	t	60	2400	2408

请根据盘点情况填写"存货盘点明细表"。

存货盘点明细表填写见表2-2-26。

表2-2-26 存货盘点明细表

2017年3月25日

填报单位：材料库砂石组　　　　　　　　　　　　　　　　　　金额单位：元

序号	物资代码	物资名称规格型号	计量单位	单价	账存		盘亏		实存		备注
					数量	金额	数量	金额	数量	金额	
	合计				4900	294,000.00	3	180.00	4903	294,180.00	
1	09040202000000742787	碎石 10～15mm	t	60	2500	150,000.00	-5	-300.00	2495	149,700.00	
2	09040202000000742794	碎石 20～40mm	t	60	2400	144,000.00	8	480.00	2408	144,480.00	

主管：　　　　　　　　　　　　　监督人：　　　　　　　　　　　　　盘点人：×××

【例2-2-11】 2017年3月25日材料库电料组保管员对其所管物资进行了盘点，盘点情况见表2-2-27。

表2-2-27 物资盘点明细表

序号	物资代码	物资名称规格型号	计量单位	单价（元/只）	账存数量	实存数量
1	34070330000698806	日光灯管 20W	只	10	80	75
2	34070330000698805	日光灯管 30W	只	15	90	98

请根据盘点情况填写"存货盘点明细表"。
存货盘点明细表填写见表2-2-28。

表2-2-28 存货盘点明细表

2017年3月25日

填报单位：材料库电料组　　　　　　　　　　　　　　　　　　　　　　　金额单位：元

序号	物资代码	物资名称规格型号	计量单位	单价	账存		盘亏		实存		备注
					数量	金额	数量	金额	数量	金额	
	合计		只		170	2,150.00		70.00	173	2,220.00	
1	34070330000698806	日光灯管 20W	只	10	80	800.00	-5	-50.00	75	750.00	
2	34070330000698805	日光灯管 30W	只	15	90	1,350.00	8	120.00	98	1,470.00	

主管：　　　　　　　　　　　监督人：　　　　　　　　　　　　盘点人：×××

项目十　码放无缝管、角钢、安全帽、电池、轴承

（一）准备工作

1. 材料

（1）码放无缝管：无缝管（10根以上）、料签1份、号码条2根。

（2）码放角钢：角钢（10根以上）、料签1份、号码条2根。

（3）码放安全帽：安全帽（10个以上）、料签1份、号码条2根。

（4）码放电池：电池（10节以上）、料签1份、号码条2根。

（5）码放轴承：轴承（10个以上）、料签1份、号码条2根。

2. 工具、用具

笔1支。

3. 人员

穿戴劳动保护用品。

（二）操作规程

（1）根据所给实物及要求进行码放。

①确定码放位置。

②按照码放方式码放。

a. 无缝管：按照平行五或压缝五码放。

b. 角钢：按照重叠五码放。

c. 安全帽：按照平行五码放。

d. 电池：按照平行五或平方五码放。

e. 轴承：按照梅花五、平行五或重叠五码放。

③按照左整右零、后整前零、下整上零要求码放。

（2）填写料签。

①填写名称、规格型号、四号定位。

②拖拽号码条。

③摆放料签。

（三）技术要求

（1）码放紧凑。

（2）码放整齐。

（3）码放达到规定数量。

项目十一　识别金属材料

（一）准备工作

1. 材料

板材、钢材、管材、型材等，随机抽取 10 项。

2. 工具、用具

笔 1 支。

3. 人员

穿戴劳动保护用品。

（二）操作规程

（1）根据所给物资分别进行识别。

（2）写出每项物资的名称。

（3）写出每项物资的规格型号。

第三部分

中级工操作技能及相关知识

模块一　相关知识

项目一　处理账务

（一）Microsoft Office Word 2003 段落对话框的应用

1. 打开段落对话框的方法
（1）单击格式菜单，选择"段落"命令。
（2）选中一个或几个段落，右击鼠标，在弹出的菜单中选择"段落"命令。

> ZBA001 段落的对齐方式

2. 段落对齐方式

段落对齐方式有：两端对齐、居中对齐、左对齐、右对齐、分散对齐，可以通过段落对话框设置对齐方式，也可以通过格式工具栏上"两端对齐、居中对齐、左对齐、右对齐、分散对齐"五个按钮设置对齐方式。

3. 段落缩进方式

段落缩进方式有：左缩进、右缩进、首行缩进、悬挂缩进。缩进决定了段落到左右页边距的距离。在页边距内，可以增加或减少一个段落或一组段落的缩进。还可以创建反向缩进（即凸出），使段落超出左边的页边距。还可以创建悬挂缩进，即段落中的首行文本不缩进。

4. 段落缩进的方法
（1）选中要缩进的段落，通过格式菜单打开"段落对话框"，在缩进与间距选项卡中设置缩进字符量，还可以设置特殊的缩进格式和度量值。
（2）选中要缩进的段落，通过标尺上有四个段落缩进图标（即左缩进、右缩进、首行缩进、悬挂缩进），进行所需要的缩进。

> ZBA002 行距的设置

5. 行间距的设置
（1）"行间距"是从一行文字的底部到另一行文字底部的间距。行间距的选择有单倍行距、多倍行距、固定值、最小值、1.5 倍行距、2 倍行距。默认状态下，段落中行与行之间的距离为单倍行距
（2）行间距的设置方法：首先，选中需要调整行距的段落，然后打开段落对话框，在弹出的"段落"框中找到"间距"中的"行距"，在下拉按钮中选择合适的参数，行距选择确定后，单击"确定"按钮即可完成行距设置。

6. 段落间距设置方法
（1）段间距是指相邻两段间的间隔距离，段间距包括段前间距和段后间距两种。段前间距是指段落上方的间距量，段后间距是指段落下方的间距量，因此两段间的段间距

应该是前一个段落的段后间距与后一个段落的段前间距之和。

（2）段落间距设置方法：选中要设置的段落，打开段落对话框，在弹出的"段落"框中的段前或段后框里设置合适的参数，单击"确定"按钮即可完成段落间距设置。

7.段落对话框中的换行与分页标签选项卡的应用

（1）控制孤行，孤行是指单独打印在一页顶部的某段的最后一行或者单独打印在一页底部的某段的第一行，在默认状态下，段落对话框中"行控制选项"于启用状态。

孤行控制的方法是：选定需要加以控制的孤行段落，单击格式段落对话框中的换行与分页标签菜单中的"段落"，再单击"换行和分页"选项卡，然后选中"孤行控制"复选框，单击"确定"按钮。

（2）设置段中不分页的方法是：选定不希望段中分页的段落，单击格式菜单中的段落，再单击"换行和分页"选项卡，然后选中"段中不分页"复选框。

（二）Microsoft Office Word 2003 表格基本操作

1.创建表格

[ZBA003 创建表格] 1）创建表格的方法

（1）单击"表格"——"插入"——"表格"，然后在表格尺寸下键入所需的"列数"和"行数"，单击"确定"。

（2）单击工具栏上的"表格"——"绘制表格"——"表格和边框"窗口中的"绘制表格"，这时鼠标的指针变成笔，进行绘制表格。

（3）在"常用"工具栏上，单击"插入表格"——拖动鼠标确定所需的"列数"和"行数"，单击即可。

[ZBA004 选定表格的方法] 2）选定表格的方法

（1）选定整个表格。

①要选定整个表格，将鼠标指针停留在表格的左上角上，出现十字箭头形时，表格移动控点，单击表格移动控点，就可选定整个表格。

②如果想选择整个表格，可以将插入点放在表格的任一单元格中，选择"表格"菜单中的"选定表格"命令。

（2）选定表格中行或列。

①要选定表格的某整列时，将指针停留在表格要选定列的上方边缘上，当指针变成黑色向下箭头时，单击可选定该列。

②要选定表格的某整行时，将指针停留在表格的该行左侧时单击即可。

[ZBA005 表格边框的设置] 2.表格设置

[ZBA006 表格底纹的设置] 1）表格边框和底纹设置

边框可以应用于文字、段落、单元格和表格，也可以使用表格"自动套用格式"功能的多种边框、字体和底纹来使表格具有精美的外观。

（1）边框和底纹的设置方法。

①选中需要添加边框和底纹的表格，鼠标单击格式，在弹出的对话框里，选择边框和底纹命令，进入边框和底纹对话框按要求进行设置。

②选中需要添加边框和底纹的表格，单击鼠标右键，在弹出的对话框里，选择边框

和底纹命令，进入边框和底纹对话框按要求进行设置。

③选中需要添加边框和底纹的表格，单击鼠标右键，在弹出的对话框里，选择表格属性，再在表格属性里选择边框和底纹命令，进入边框和底纹对话框按要求进行设置。

（2）边框和底纹的删除方法。

选中需要删除边框和底纹的表格，然后进入边框和底纹对话框，在边框和底纹选项卡中按要求选择无边框或无填充色，就可以删除边框和底纹。若要不显示表格框，也可以在"表格"菜单上，单击隐藏虚框。

2）表格行高及列宽设置

在表格中，当输入的文字达到表格的行高和列宽限制时，文字将自动换行，当前行高自动加宽。

> ZBA011 调整表格行高列宽的方法

（1）调整表格的行高和列宽时，要将行高和列宽更改为特定的值，单击行中的单元格。单击"表格"菜单中的"表格属性"命令，再单击"行"和"列"选项卡中可以设置"行高"和"列宽"。

（2）调整表格的行高和列宽时，需将指针停留在要更改其高度的行的边框上或列的边框上，直到指针变为上下双箭头形或左右双箭头时，然后拖动边框，直到得到所需的行高和列宽为止。

（3）调整表格的行高和列宽时，要在垂直和水平标尺上显示行高和列宽的数值，选中单元格，然后在拖动标尺标记的同时按住 Alt 键，直到得到所需的行高和列宽为止。

3. 插入与删除单元格

> ZBA007 插入单元格的方法

1）插入单元格

首先单击该单元格，然后单击"表格"菜单中的插入命令，在"插入单元格"对话框四个选项（活动单元格向右移、活动单元格向下移、整行插入、整列插入）中按要求选择，然后确定即可。在插入单元格对话框中选活动单元格向右移，会在该列向右凸出一个单元格；选活动单元格向下移，会补充一行。

2）单元格删除

（1）首先单击该单元格，然后单击"表格"菜单中的删除命令，在"删除单元格"对话框四个选项中按要求选择，然后确定即可。在删除单元格对话框中选活动单元格向左移，会在该列向右凹进一个单元格；选活动单元格向上移，单元格个数没有变化，只是该单元格中的内容被删除，下方所有单元格的内容向上移动了。

（2）首先右击该单元格，选择"删除单元格"命令，在打开的"删除单元格"对话框中按要求选择，然后确定即可。

4. 插入与删除行

> ZBA008 插入行的方法

1）插入行的方法

（1）选中表格中的某一行，单击常用工具栏上的"插入行"按钮，默认插入行的位置是当前行前面。

（2）在选中某行后，单击右键，执行"插入行"命令，就在该行上边插入一行。

（3）在某一行前插入一行的方法是：单击该行任意一个单元格，选择"表格"菜单，指向插入，再选择"行（在上方）"命令即可。

（4）在某一行后插入一行的方法是：单击该行任意一个单元格，选择表格菜单，指向插入，再选择"行在下方"命令即可。

ZBA009 删除行的方法 2）删除行的方法

（1）删除某一行的方法是、选中该行，单击鼠标右键在弹出的菜单中单击"删除行"，即可删除当前"行"。

（2）将光标置于要删除行的任意一个单元格，单击右键，执行"删除单元格"命令，在弹出的对话框中，单击"删除整行"就删除了该行。

（3）删除某一行的方法是：单击该行任意一个单元格，选择"表格"菜单，指向删除，再选择"行"命令即可。

ZBA010 单元格的合并方法
ZBA012 拆分单元格的方法 5. 单元格合并与拆分方法

在表格中，只能将同一行或同一列中的两个或多个相邻的单元格合并为一个单元格，合并单元格时，把原来单元格的文本作为新单元格中单独的段。在表格中，所要拆分的单元格目前占有左边上单元格的行数是 X 行，那么拆分这个单元格时，拆分的行数必须是 X 的约数。

1）单元格合并方法

（1）选中要合并的单元格，再单击"表格"菜单中的"合并单元格"命令即可。

（2）选中要合并的单元格，再单击"表格与边框"工具栏上"合并单元格"按钮即可。

2）单元格拆分方法

（1）右键单击要拆分的单元格，并在打开的快捷菜单中选择"拆分单元格"命令。在打开的"拆分单元格"对话框中，分别设置要拆分成的"列数"和"行数"，并单击"确定"按钮。

（2）将光标定为在要拆分的单元格，单击"表格"菜单，选择"拆分单元格"命令。在打开的"拆分单元格"对话框中，分别设置要拆分成的"列数"和"行数"，并单击"确定"按钮。

（三）Microsoft Office Word 2003 表格文档格式化

ZBA013 表格的自动套用格式功能 1. 表格设置

1）表格自动套用格式的使用

设置表格的格式有多种方法，其中最为快捷的方法是使用表格的自动套用格式功能进行设置。

（1）使用表格自动套用格式功能的方法。

①将光标定位于表格中的某一单元格，单击"表格"，选择"表格自动套用格式"命令，打开"表格自动套用格式"对话框。

②在"表格自动套用格式"对话框中选择"表格自动套用格式"类别，共有三种类别供选择，分别是：使用中的表格样式、所有表格样式、用户定义的表格样式。

③在"表格样式"列表框中选择需要套用的表格格式，Word 2003 中内置了 45 种表格自动套用格式。

④在"将特殊格式应用于"选项区中，有"标题行""末行""首列""末列"点选按钮，选中则表示将该表格格式应用于所需的表格行列上。上述设置可在预览框中看到设置效果。

⑤如果内置的 45 种表格自动套用格式不符合需求，可以新建自动套用格式，具体方

法为：单击对话框中的"新建"按钮，弹出"新建样式"对话框，在该对话框中设置表格的边框线形状及颜色，也可以设置填充表格的颜色以及字体颜色等。

⑥完成以上操作后，单击的"表格自动套用格式"对话框下方的"应用"按钮，即可完成表格自动套用格式的功能。

（2）打开"表格自动套用格式"对话框的方法。

①单击"表格"，选择"表格自动套用格式"命令，打开"表格自动套用格式"对话框。

②单击工具栏中"表格和边框"按钮，打开"表格自动套用格式"对话框。

2）表格中文字排列方向与数据对齐方式设置

（1）文字排列方向设置。

Word 2003 表格中，文字排列方向有 4 种，默认的文字排列方向是横向从左到右，不同的单元格可以设置不同的文字方向，设置文字方向排列方法如下：

①单击包含要更改的文字的表格单元格，在"格式"菜单上，在"文字方向"对话框中，再单击所需的文字方向，然后确定即可。

②单击包含要更改的文字的表格单元格，在"常用"工具栏上，在"文字方向"对话框中，再单击所需的文字方向，然后确定即可。

ZBA014 表格中文字对齐方式

（2）文字或数据对齐方式设置。

在表格的单元格中的文字对齐方式有：靠上左对齐、靠上居中对齐、靠上右对齐、中间左对齐、中间居中对齐、中间右对齐、靠下左对齐、靠下居中对齐、靠下右对齐九种。设置对方式的方法如下：

①右键单击单元格，再右键菜单中选择"单元格对齐方式"中的某一种样式即可。

②右键单击单元格，再右键菜单中选择"单元格对齐方式"中的某一种样式即可。

③选中整个表格，单击鼠标右键—表格属性，切换到"单元格"选项卡，设置对齐方式即可。

④选中整个表格，单击鼠标右键，在"单元格对齐方式"中的找到单元格对齐方式。

⑤选择表格中的文字，在"表格与边框"工具栏中选择对齐方式中即可。

⑥选择表格中的文字，单击"格式"菜单，在"单元格对齐方式"中的找到单元格对齐方式即可。

ZBA015 表格中数据排序的方法

2. 表格中数据排序的方法

可以将 Word 2003 表格中的文本、数字、数据或日期按升序或者降序进行排序，排序的类型包括：笔画、数字、日期、音标。

排序方法如下：

第一步：将鼠标光标放在表格的任何位置，或者选择需要排序的某一行或某一列，单击表格，选择"排序"命令，进入排序对话框。

第二步：在排序对话框中，在主关键字下拉列表中选择需要排序的数据，类型下拉列表中选择指定排序依据的值的类型，分别有按笔画排序、按拼音排序、按数字排序、按日期排序。

第三步："升序"和"降序"两个单选按钮，升序表示从小到大排列，降序表示从大到小排列。排序依据总共分为三级，主要关键字、次要关键字、第三关键字。可根据实际情况选择。

第四步：设置完成，单击确认按钮，关闭排序对话框，完成排序操作。

3. 文档排版

> ZBA018 分栏排版的方法

1）分栏排版

分栏即根据排版和美观的需要将一段和几段文字分成几栏显示，但不能将页眉页脚中的文本进行分栏排版。

（1）全文分栏方法。

①执行菜单栏中的"格式"/"分栏"命令。

②在会弹出"分栏"对话框中，根据自己的需要设置分栏数、宽度、栏间距。

（2）部分文档分栏方法。

①选中要分栏的部分文档。

②执行菜单栏中的"格式"/"分栏"命令。

③在会弹出"分栏"对话框中，根据自己的需要设置分栏数、宽度、栏间距，还可以设置分割线。

2）版面设置

> ZBA016 页面设置

Word 2003 允许修改版面的设置，如页边距、纸张大小及方向等。

（1）设置页面的边界距离：单击"文件"菜单下的"页面设置"命令。在"页面设置"对话框中打开"页边距"选项卡，在"页边距"选项组中分别有上、下、左、右和装订线5个微调框，用户可以在这里以"厘米"为单位输入页边距参数。若文件需要装订线，用户可在"装订线位置"进行选择。若文档不需要装订线，可以在"装订线"微调框中输入"0"，再单击"确定"按钮。每行中的字符数会随着"页边距"的变化而改变。

（2）选择纸型：单击"文件"菜单下的"页面设置"命令。在"页面设置"对话框中打开"纸张"选项卡。在"纸张大小"下拉列表框中选择所需的纸张类型，再单击"确定"按钮。

（3）选择页面方向：单击"文件"菜单下的"页面设置"命令。在"页面设置"对话框中打开"页边距"选项卡，在"方向"选项组中用户可以通过鼠标左键单击的操作在两个选项上选择，再单击"确定"按钮。

4. 分页符、页码、页眉和页脚的设置

> ZBA017 页眉和页脚的设置

1）分页符的设置

通常有编辑文件时系统会将文件自动分页。但在实际应用中根据需要也可以采用手动分页的方法。分页符用于分隔文档页面，手动分页是一种强制分页的手段。

（1）设置手动分页的方法。

①移动鼠标指针到要换行的位置，单击"插入"菜单中的"分隔符号"命令，打开"分隔符号"对话框。在"分隔符号"对话框中的"分隔符号类型"选项区中选中"分页符"单选项，再单击"确定"按钮即可完成在插入点游标所在位置将文件强制分页的操作设置。

②将插入点游标移至需要分页的位置，按"Ctrl+Enter"组合键也可以实现文档的强制分页。

（2）删除人工插入分页符的方法。

在普通视图、Web 版式视图、页面视图、大纲视图中显示人工插入的分页符，在阅读版式视图下，不显示人工插入的分页符。

①如果要删除人工插入的分页符，在普通视图（或者 Web 版式视图，或者页面视图，或者大纲视图）中，选中分页符线，按 Delete 键（或者 Backspace 键），即可删除该分页符。

②如果要删除人工插入的分页符，在普通视图视图（或者 Web 版式视图，或者页面视图，或者大纲视图）中，选中分页符线，单击"常用"工具栏中的"剪切"按钮，即可删除分页符。

2）页码的设置

页码可以使用户在阅读文件的过程中更好地定位，是文档中必不可少的部分。在页面视图、全屏显示和打印预览下才能看到页码。

(1) 添加页码的操作。

①单击"插入"菜单中"页码"命令，打开"页码"对话框。

②在"位置"下拉列表框中选择页码所在文件中的位置。

③在"对齐方式"列表框中选择页码的对齐方式。

④若选中"首页显示页码"复选框，则可在文件的第一页显示页码。若不选中此复选框，则表示首页不显示页码。

⑤单击"格式"按钮，打开"页码格式"对话框，在"数字格式"框中选择所需的页码格式。

⑥单击"确定"按钮，返回到"页码"对话框，再单击"确定"按钮。

(2) 修改页码的操作。

如想在页码前后加上修饰符，可以在页码上双击，出现"页眉或页脚区"，此时页码周围有一个图文框，移动插入点，插入所需修饰符。或双击页码，根据所需对页码进行修改。

3）页眉和页脚的设置

页眉和页脚是指标注在书籍和杂志页面的顶部和底部的信息。用来显示一些备注信息，比如书名、章节名、文档的页码、章标题、日期和作者姓名等内容。页眉出现在每一页顶端，页脚则出现在每一页的底端，是由文字或图形组成。

(1) 创建每页都相同的页眉和页脚。

①单击"视图"菜单下的"页眉和页脚"命令，出现页眉或页脚区，并打开"页眉和页脚"工具栏，此时处于页眉和页脚编辑状态。

②可直接输入页眉信息。单击"页眉和页脚"工具栏上的"自动图文集"按钮，可以插入页码、作者、文件名、日期或时间等。

③在"页眉和页脚"工具栏上单击"设置页码格式"按钮，在打开的"页码格式"对话框中设置页码的格式。

④单击"在页眉和页脚间切换"按钮，可以将页眉编辑状态转换到页脚编辑状态。使用与设置页眉相同的方法对页脚进行设置。

⑤将页眉和页脚全部设置完成后，单击"关闭"按钮，返回文件编辑状态。

(2) 为奇偶页和首页创建不同的页眉或页脚。

①单击"视图"菜单下的"页眉和页脚"命令，出现页眉或页脚区，并打开"页眉和页脚"工具栏，此时处于页眉和页脚编辑状态。

②在"页眉和页脚"工具栏上,单击"页面设置"按钮,在打开的"页面设置"对话框中打开"版式"选项卡。

③在该选项卡的"页眉和页脚"选项组中,如果选中"奇偶页不同"复选框,则可以为奇偶页设置不同的页眉和页脚,如果选中"首页不同"复选框,则可以为文档首页设置与其余页不同的页眉和页脚。

④单击"确定"按钮,保存设置并关闭当前对话框。

⑤在"页眉和页脚"工具栏上,单击"显示前一项"或"显示下一项"按钮以移动到奇数页或偶数页的页眉和页脚区域。

⑥在"奇数页页眉"或"奇数页页脚"区域为奇数页创建页眉和页脚;在"偶数页页眉"或"偶数页页脚"区域为偶数页创建页眉和页脚。

(3)修改页眉和页脚。

双击页眉或页脚,出现页眉或页脚区,可根据所需对页眉或页脚进行修改。

(四)Microsoft Office Excel 2003 创建表格

> ZBA019 Excel 2003的启动
> ZBA020 Excel 2003的退出

1. 启动与退出 Excel 2003

1)启动 Excel 2003 的方法

(1)单击 Windows 任务栏中的"开始"按钮,将鼠标指针移动到"所有程序"命令,再单击它的级联菜单中的"Microsoft Office Excel 2003"即可启动 Excel 2003。

(2)在 Windows XP 桌面上,双击"Microsoft Office Excel 2003"的快捷方式,即可启动 Excel 2003。

(3)单击"开始"菜单中"Microsoft Office Excel 2003"快捷方式也可启动 Excel 2003。

(4)在 Windows 桌面上,右击"Microsoft Office Excel 2003"的快捷方式,单击打开命令,即可启动 Excel 2003。

(5)使用已有 Excel 工作簿:双击一个已有的 Excel 2003 工作簿,即可启动 Excel 2003。

2)退出 Excel 2003 的方法

(1)单击标题栏上"关闭"按钮,即可退出 Excel 2003。

(2)单击"文件"菜单中的"退出"命令,即可退出 Excel 2003。

(3)使用"Alt+F4"组合键,即可退出 Excel 2003。

(4)双击标题栏左边的"控制菜单"按钮,即可退出 Excel 2003。

(5)单击标题栏左边的"控制菜单"按钮,再单击"关闭"命令,即可退出 Excel 2003。

(6)打开多个工作簿,当单击当前工作簿标题栏右上角的关闭按钮时,即可退出 Excel 2003 应用程序。

2. Excel 2003 简介

(1)工作簿:工作簿是 Excel 2003 存储数据和运算结果的文件,工作簿文件的扩展名为 .xls。

①Excel 2003 应用程序最适合制作大型数据表,如工资表、学生成绩单等。

②启动 Excel 2003 后,系统将自动新建并打开名为"Book1"的新工作簿。

（2）工作表：工作表是工作簿内进行组织和分析数据的主要文档，是显示在工作簿窗口中的表格。

①一个工作簿最多可包含 255 个工作表。

②一个工作簿默认有 3 个工作表，工作表名称分别为 Sheet1，Sheet2，Sheet3，其中 Sheet1 是当前活动的工作表。

③可以根据需要添加和删除工作表。每个工作表都有 256 列。

> ZBA021 单元格的概念

（3）单元格：行和列交叉处称为一个单元格，是 Excel 最小的组成单位。每个单元格的名字取决于它所在的行号和列标，以"列标 + 行号"显示，如第 C 列第五行单元格的名称用"C5"来表示。

（4）活动单元格：选中任意一个单元格后，该单元格即成为活动单元格。

①活动单元格所在的行号和列标都将突出显示。

②活动单元格的单元格引用将显示在工作表左上角的"名称框"中。

③同时选定两个空白单元格，输入文字之后按回车键，只有一个单元格中显示刚刚输入的文字。

3. 工作簿的基本操作

1）创建新工作簿的方法

> ZBA022 创建新工作簿的方法

（1）通常情况下，启动 Excel 2003 后系统都会自动地创建一个标题为"Book1"的新的空白工作簿，工作簿的扩展名是".xls"。除此之外还可以使用"新建"命令创建新的工作簿文件。当前是 Book1，当单击"新建"按钮时，会出现一个新的工作簿，标题栏上的名称为 Book2。

（2）单击常用工具栏中"新建"按钮，即可创建一个新的空白工作簿。

（3）使用"Ctrl+N"组合键创建一个新的空白工作簿。

（4）单击"文件"菜单中的"新建"命令，在打开的"新建工作簿"任务窗格中选择"空白工作簿"选项也可以创建一个新的空白工作簿。

（5）右击桌面，在弹出的快捷菜单上选择"MicrosoftExcel 工作表"，同样可以创建一个新的工作簿。

2）打开工作簿的方法

> ZBA023 打开已有的工作簿的方法

（1）单击"文件"菜单中的"打开"命令，弹出"打开"对话框，找到要打开的工作簿，单击"打开"按钮，或者直接双击要打开的工作簿。在"打开"对话框中可以选择"以只读方式打开"。

（2）使用常用工具栏上的"打开"按钮。

（3）使用快捷键"Ctrl+O"。

（4）在 Windows 资源管理器中，找到要打开的 Excel 工作簿，双击该工作簿图标，系统将自动打开该工作簿。

（5）打开最近使用过的 Excel 工作簿的最快方法是单击"文件"菜单中最近使用过的工作簿。在默认设置下，Excel 2003 的"文件"菜单中会显示 4 个最近使用的工作簿。

3）保存工作簿的方法

> ZBA024 保存工作簿的方法

（1）单击"文件"菜单的"保存"命令。

（2）单击常用工具栏上的"保存"按钮。

（3）使用快捷键"Ctrl+S"。

（4）如果用户正在保存的是一份新的工作簿，系统将打开"另存为"对话框。在另存为对话框中，可以新建文件夹，以便将自己的文件保存到指定的位置。如果保存已有文件名的文件，单击"保存"命令，就不会出现"另存为"对话框了。

（5）在"另存为"对话框中的保存类型中选择模板，可以将当前工作簿保存为模板。

（6）Excel 2003 具备自动保存功能，就是在一定时间内能自动保存一次工作簿。

（7）"另存为"命令和"保存"命令的功能是不一样的。

> ZBA025 关闭工作簿的方法

4）关闭工作簿的方法

（1）当打开多个工作簿时，只想关闭当前工作簿，可选择"文件"菜单中的"关闭"命令。

（2）当打开多个工作簿时，想同时关闭所有工作簿却不退出 Excel 2003 应用程序，可按住 Shift 键的同时选择"文件"菜单中的"全部关闭"命令。默认的情况下文件菜单中的是没有"全部关闭"命令的，只显示"关闭"命令。当按下 Shift 键时，"关闭"命令变成"全部关闭"命令。

（3）用快捷键"Ctrl+W"关闭当前活动工作簿。

（4）标题栏上的"关闭"按钮是退出 Excel 2003 程序，"关闭窗口"按钮是关闭当前工作簿。

（5）可以通过单击活动窗口右上角的"关闭窗口"按钮来关闭当前活动工作簿文件。

> ZBA026 编辑栏的使用

5）编辑栏和名称框的概念

（1）编辑栏：编辑栏用来显示和编辑活动单元格中的数据和公式。输入数据到某一单元格时，数据会同时显示在两个地方，即单元格和编辑栏的编辑区。

①有时需要隐藏编辑栏，单击视图菜单中的编辑栏命令，可以显示或隐藏编辑栏。

②当向活动单元格中输入数据时，编辑栏就出现"×取消""√输入"和"f_x 插入函数"三个按钮。按"取消"按钮，取消当前输入；按"输入"按钮，确认输入完成。

③当用户在某个单元格中输入的文字过多，超过了单元格宽度，若右边相邻的单元格已存储数据，则超出单元格宽度的部分不显示，但在编辑栏中仍显示全部内容。

（2）名称框：编辑栏左边的名称框用来显示单元格标识和编辑单元格的名称。名称框和编辑栏绑定在一起，隐藏编辑栏，名称框也同时隐藏。当前工作簿窗口中没有显示名称框，要想显示"名称框"，需选择"视图"菜单中的"编辑栏"命令。

①在名称框中直接输入某单元格地址，可以快速访问该单元格。如果快速激活第 AH 列第 88 行交叉的单元格，可以在名称框中直接输入该单元格的名称 AH88，然后按回车键。

②当按回车键后，单击格向下移。当前活动单元格是 A8，当按回车键后，在名称框中显示 A9。

③按 Tab 键时，单击格向右移。当前活动单元格是 D3，当按 Tab 键时，在名称框中显示 E3。

④选择某单元格区域，在名称框中显示该区域左上角单元格名称。

> ZBA027 物资验收的作用

（五）物资验收的作用

（1）物资验收可以明确供货方、运输方与企业保管方之间的责任，维护本企业利益。

物资验收直接关系到供货方、承运方与保管方的经济责任和经济利益。物资一经验收入库，其一切后果均由保管方负责。通过验收，将数量不足、规格不符、质量不合格、配套不全等情况做好详细记录，分清责任，据此向有关责任单位提出换货、退货、拒付或索赔，维护本企业不受损失。

（2）物资验收是做好物资保管和使用的前提。

对到库物资进行严格验收，是做好物资保管的主要保证。因为入库物资经过长途运输和多次装卸搬运后，包装容易损坏，包装内的物资容易散失，没有包装的物资容易受外界因素的影响，发生一些程度不同的变化，如金属材料雨淋后生锈，机电设备、仪器仪表、化工产品等受潮后会影响其性能，甚至失去使用价值。这些变化既影响物资的保管，也将影响物资的使用。因此，只有在入库前将物资的实际状况弄清楚，在入库后的保管过程中，针对存在的问题，有的放矢地采取措施，才能确保其原有使用价值不变，为使用单位提供质量完好，数量准确的物资，从而保证生产建设的正常进行。所以，对入库物资必须认真细致地做好验收工作，避免造成物资保管中的混乱和损失。

（3）物资验收对生产资料的社会生产起监督和促进作用。

产品出厂时虽然要进行数量和质量检查，但也难免有漏洞。另外，物资经过运输及多次装卸、搬运，到达仓库后很可能发生数量或质量的变化，通过验收将到库物资的数量和质量情况反馈给供货企业，对生产企业来说起到监督和促进作用。它是对产品的质量、包装和运输等情况进行的一次全面性考察，对保证企业的优质、高产、低消耗起一定的推动作用。

（4）物资验收对供应部门是否按合同进货，避免积压物资进货起监督作用。

在物资验收时，严格按合同验收，对超交、错交及质量不符合合同规定的物资不予验收入库。同时，对已列为积压的物资，虽有合同，在到货时应拒绝验收，并及时报告，待有关部门批示后按批示处理。这样通过信息反馈，互相制约，减少漏洞，对物资采购工作起着监督作用。

（六）进口物资检验

ZBA028 进口物资的检验与国内物资的检验区别

进口物资的检验工作，是维护国家权益、保障社会主义建设所不可缺少的一项重要工作。对一切进口物资都要进行严格检验，未经验收的不准调拨、不准使用、不准销售。而且要抢时间在合同规定的索赔期内检验完毕。

进口物资的检验内容和方法，原则上与国内物资的检验相同，但下列内容应与国内物资检验加以区别：

（1）进口物资检验必须根据订货合同和有关标准资料，按照保险部门的规定，对物资进行严格细致的检验。到库物资及其资料必须与订货合同相一致，产品质量、包装必须符合合同规定。

（2）进库物资的数量，一般要全部检验，但对到货规格整齐划一包装完整者，也可按10%~20%的比例进行抽检。如抽检结果在磅差范围内，则按正常手续办理验收入库。

（3）进口计重物资按合同规定计重；无论用什么方法进行重量检验，发现短重时，需会同货主（或代理部门）、商检部门，按商检确认的检验方法进行复验。

（4）进口物资外观质量检验原则上与国内产品相同。但检验中发现外观有缺陷时，则应扩大抽验比率，抽检比例为20%~30%，以最后检验结果为判定依据。进口物资一律要进行内在质量检验。由专业检验机构或由商检部门进行，保管人员应做好取样的配合工作。

（5）进口物资验收应关注验收的时效性，进口物资合同有要求时，应在规定时间内完成必要的检验项目。

ZBA029 物资保管的概念

（七）物资保管的概念及内容

1. 物资保管的概念

物资保管就是对储存物资进行合理的保存和科学的管理。物资保管是物资储存管理的核心内容和技术作业的中心环节。储存是保管的前提，保管是储存的要求和手段。物资保管的好坏，直接影响着生产、消费和物资企业的经济效果。

物资在流通过程中要经过购买、运输、储存、销售四个基本环节。在这四个环节中，物资购、销是物资流通的起点和终点，物资储、运处于流通的中间环节，而物资保管则是储存管理核心内容，它在物资流通过程中与购、运、销紧密联系，处于中介地位。

ZBA030 物资保管的内容

2. 物资保管的内容

物资保管业务，是指从物资入库开始，经过物资的堆码、苫垫、维护保养、检查盘点，一直到物资发出为止所进行的一系列业务活动的全部过程。物资保管的主要内容，是为物资提供必备的储存保管条件，进行科学的维护保养，做好物资的安全防护工作，同时，做好与物资保管有关的各种技术证件、单据、凭证、账册、记录等资料的建立与管理。

ZBA031 物资保管的作用

（八）物资保管的作用及任务

1. 物资保管的作用

（1）物资保管是保证及时供应生产建设物资的前提。

物资在储存过程中，必须进行妥善的保管保养和发放工作，使被保管的物资质量合格、数量准确，保证其及时、齐备、按质、按量供应给生产建设单位。

（2）物资保管是保持库存物资原有使用价值的重要手段。

物资在储存过程中，由于自身性质以及自然的、社会的因素影响，可能导致物资的使用价值大大降低或完全丧失。如果物资失去了使用价值，也就丧失了储存它的意义，阻止或减少物资使用价值丧失的重要手段就是物资保管。

（3）搞好物资保管，可以节约费用开支，缩短物资流通时间，加快物资周转。

物资一旦出现暂时停滞状态，不仅会延长物资的运动时间，而且使整个资金的循环速度减慢，为了保护物资的使用价值在时间和空间上的安全转换，必须要消耗一定的物化劳动和活劳动，产生一定量的费用支出。对于这种费用，应该在保证物资使用价值不变的前提下，支出的越少越好，这就有赖于科学的物资保管。

物资保管负责物资验收、入库、保管、保养、发放、出库等项工作，这些工作的快慢程度直接影响着物资的流通时间和周转速度。因此，物资保管在缩短物资流通时间、加快物资周转方面也起着一定作用。

ZBA032 物资保管的任务

2. 物资保管的任务

根据企业物资部门的经营目标和任务，按照物资保管工作的指导思想和原则，物资保管的任务有：储存多、进出快、保管好、损耗少、费用省、保安全。

1）储存多

物资保管应按科学的储存规划，实现最大的库容量。由于各种物资对保管要求不尽一致，因此，既要分类存放，又要按规格分垛；既要便于进、出库，又要多储存。这就要求保管员随时掌握物资的变动规律，对有限的地面和空间，进行科学合理规划，充分利用库容，提高库容利用率，最大限度地多储存物资。

2）进出快

保证物资实体和信息运动处理速度要快，在物资进库过程中，要加快接货、验收、堆码等作业的速度；在物资保管过程中，要科学规划，为物资快进快出提供便利条件；在物资出库过程中，为物资出库创造充分条件。信息处理过程中，各种信息处理要及时，传递流程要合理，手续要简化，账、卡、单、证要齐备、核对要准确，要与物资实体运动紧密配合，时刻保持账、卡、物相符。

3）保管好

做好物资库存期的科学管理和技术养护工作。物资在储存期间，除物资本身的变化外，还受自然条件、保管场所、保管设施、包装状况、堆码高度、垛型选择、保管时间长短等因素的影响。保管员要针对物资的不同特性，采取必要的措施，创造必要的条件，以适应不同物资的储存要求。要加强维护保养，排除影响物资恶化的因素，确保储存期间，物资数量准确，质量完好，不降低使用价值，随时准备以良好的状态出库。

4）损耗少

将物资在保管期间的损耗降到最低限度，一是要严格把好入库验收关，使验收的数量准确，质量合格，为确保降低库耗创造条件。二是在装卸搬运作业中，做到合理作业，提高其作业效率。同时禁止野蛮装卸，爱护包装，合理进行堆码苫垫，以减少物资损失。三是改善储存条件，减少自然损耗。四是做好防锈蚀、防虫害、防霉烂变质工作。五是注意物资的保管期限，坚持先进先出的原则，防止物资过期失效，把库耗降到最低限度。

5）费用省

节省物资的进库费、保管费、出库费，降低储运成本。

6）保安全

做好防火灾、防盗窃、防破坏、防工伤事故、防自然灾害、防物资霉变残损等工作，确保物资、设备、仓储设施和人身安全。

（九）物资保管的原则及指导思想

ZBA033 物资保管的原则

1. 物资保管的原则

物资保管的原则是：准确、及时、经济、安全。

1）准确

保证物资保管的准确性，是保管人员的首要职责。物资保管的准确性包括分类准确、计量准确、上架（垛）就位准确，各项资料及账册数据准确，物资收、发准确等内容。只有每项工作都准确，才能保证库存物资数量准确、质量合格。

2）及时

配合各业务部门，做好生产建设物资的及时供应是物资保管工作的主要任务之一。如果供应不及时，生产建设就会受到影响。因此，物资保管部门必须与各部门协作配合，根据出库凭证及时地把物资发或运到用户，以保证生产建设顺利进行。

3）经济

节约是社会主义的基本原则之一，在物资保管中贯彻这一原则尤为重要。由于保管不善而造成物资损坏和变质，不仅浪费物资，也会直接影响生产建设的正常进行。因此，物资保管工作应在保证物资质量的前提下，加强经济核算，节约各项费用，降低消耗，合理利用仓容，提高工作效率，讲求服务质量，达到提高经济效益的目的。

4）安全

安全是物资保管的基本条件，是完成物资保管任务的前提。在物资保管过程中，要遵守安全操作规程，严格执行物资技术保管规程。同时要采取行之有效的措施，杜绝物资保管工作中的不安全因素，防止发生人身、机械事故以及物资丢失、损坏、变质事故等。做好防火、防盗、防破坏、防自然灾害工作。没有这些安全工作作保障，物资保管工作就会受到影响。因此，必须坚持"管物资必须管安全"的原则，贯彻"安全第一，预防为主"的安全生产方针。

2. 物资保管的指导思想

物资保管的指导思想是：从企业经营目标出发，讲求实际效果，力求周转快、服务好、费用省、消耗低，积极配合购销业务部门做好物资管理工作，保证生产建设的物资供应，为实现企业经营目标做贡献。

（十）物资的检查与盘点

> ZBA034 物资检查的种类

物资的检查和盘点是物资保管过程中不可缺少的一项工作。只有通过检查和盘点，才能掌握物资在保管期间的变化情况，掌握影响物资变化的各种因素，及时采取措施，以确保物资数量全、质量好。

1. 物资检查

1）检查的种类

物资保管过程中的检查有经常性、定期性和临时性检查三种。

（1）经常性检查。

经常性检查是仓库保管工日常工作的重要内容之一。由仓库保管工自行进行检查，在每日上班后和下班前，仓库保管工要对所管物资的安全情况、保管状况、计量工具的管理情况、库房和料场的清洁整齐及门窗安全状况等进行检查。

（2）定期检查。

定期检查是指根据实际情况，由仓库领导组织有关方面的专业人员对在库物资进行的检查。例如，每季进行盘点检查，半年进行普遍检查，年终进行彻底清查盘点。

（3）临时性检查。

在风、雨、雪天气前后及有灾害性气象预报时，或是根据工作中发现的问题而决定进行的临时性检查。例如，在暴雨、台风到来前，要检查建筑物是否承受住风雨袭击，水道是否畅通，露天货场苫盖是否严密牢固，雨、雪后检查物资的损失情况，并及时排水、除雪等。

> ZBA035 物资检查的内容

2）检查的内容

（1）查质量。

查质量是指查库存物资的质量有无变化。包括是否发生锈蚀、霉变、潮解、鼠咬、虫蛀等情况，必要时可进行化验或技术检验。查物资质量的同时还要检查有无超过保管期限和长期积压。

（2）查数量。

查数量包括查物资的数量是否准确，核对账、卡、物是否一致，同时检查规格有无混串。

（3）查保管条件。

查保管条件包括检查堆垛是否稳固，苫垫是否符合要求，库温是否适宜，库房有无漏雨，场地有无积水，门窗是否良好，通风设备是否有效，保管条件与各种物资的保管是否符合要求，清洁卫生是否符合要求等。

（4）查计量工具。

查计量工具包括检查计量工具完好是否准确，使用与保养是否合理。

（5）查安全。

查安全是指检查各种安全设施与消防设备工具是否符合安全要求。

3）检查的方法

物资检查的方法有抽查和全查两种。

（1）抽查。

一般性检查采用抽查的方法进行。

（2）全查。

一般在每季度末、半年和年终盘点时，以及临时性检查采用全查方法进行。

2. 物资盘点

1）物资盘点的概念 〔ZBA036 物资盘点的概念〕

在《物资仓储管理规范》（Q/SY 13281—2017）中对各类盘点的定义为：

（1）盘点：对储存物品的品种、规格、数量进行清点对账。

（2）永续盘点：也称动态盘点，即在收、发料的同时进行清查盘点。

（3）循环盘点：按物资逐区、逐类、分批、分期、分库连续盘点，或者在某类物资达到最低存量时即加以盘点。

（4）重点盘点：对进出库频率高、价值高、易损耗的物资进行盘点。

（5）全面盘点：对在库所有物资进行盘点。

2）物资盘点的方法

（1）永续盘点法。 〔ZBA037 物资盘点的方法〕

永续盘点法的特点是盘点工作量少，能有效防止差错并及时查找差错原因。

（2）循环盘点法。

循环盘点法的特点是节约人力，经济方便，但需要的时间长。

（3）重点盘点法。

重点盘点法的特点是时间性强，要求严格。

（4）全面盘点法。

全面盘点法盘点法常与年终盘点一起进行。数量盘点、质量检查和安全检查是全面检查的重点，其特点是工作量大、盘点彻底。

（十一）物资苫垫

在《物资仓储管理规范》（Q/SY 13281—2017）中对物资苫垫的定义为：根据物资

的性能及保管要求，按垛形尺寸和负荷轻重，在物资的垛上和垛底加上遮盖物和衬垫物。物资的上苫下垫，是防止物资受潮及受损的必要措施。

ZBA038 垫垛的要求

1. 垫垛

根据物资的性能及保管要求的不同，按垛形尺寸和负荷轻重，在垛底放置适当的衬垫物料。如石墩、石条、水泥条、木板、枕木等，有利于垛底通风，以减少地面潮气对物资的不良影响。

露天料场一般是在料场地坪上用水泥修筑垛基，无垛基时，也可先垫一层石块或利用废旧轨道、水泥制件或其他代用品。垫垛的高度以保证通风防潮为基本要求，一般应距地平面30cm。潮湿和土质松软的场地要适当加高。条件好的露天料场，可适当降低垫高高度，但不得低于15cm。

库房和货棚内的垫垛应根据地坪和物资防潮要求而定，垫垛高度一般为20cm。库房和货棚的地坪湿度大或物资有防潮要求时，垫垛应加高，并在垫木或垫板上加垫防潮层。条件好的库房和货棚，可适当降低垫高高度，但室内最低不能低于10cm，货棚不低于15cm。库房及货棚地面有防潮处理的及物资包装本身有防潮处理的，可不下垫。

ZBA039 垫垛的注意事项

垫垛时要注意以下几点：

（1）下垫必须保证不受水浸或潮湿，通风要良好。

（2）露天料场的地面要铺平夯实，以免码垛后地面下沉造成货垛倾斜倒塌。

（3）下垫材料要铺平放正，计算每块和每条垫板的负重，堆垛货物的重量不得超过下垫材料和地坪的负重限额。

（4）根据堆垛货物的特性合理选择和使用下垫材料，注意经常回收保管。

具体堆码苫垫有特殊要求的物资按《常用物资保管保养管理规范》（Q/SY 1033—2012）执行。

ZBA040 苫盖的方法

2. 苫盖

料场上的货垛，为了避免直接受日晒和风、雨、露、雪的侵蚀，上面都必须遮盖适宜的苫盖物。在库房、料棚内，某些物资为了防止大气污染，也应加以苫盖。

根据储存物资性质的不同，保管要求和垛形不同，要采用不同的苫盖材料和苫盖方法。在易燃易爆物资仓库里，不得使用易燃的苫盖材料。

在苫盖时，垛顶料必须平整，以免积水而渗入垛内。垛底的垫木、石墩不可露在苫盖材料的外面，以防止雨水顺延流入垛内。苫盖物苫好后，要拴扎牢靠，以防掀起。

苫盖方法一般有以下几种：

1）就垛苫盖法

就垛苫盖法适用于屋脊形垛和大件包装物资的苫盖。它是将苫盖材料直接苫盖在物资上面。临时苫盖时，一般用油布、苫布苫盖，使用时要爱护，用后晾晒放好。

2）鱼鳞式苫盖法

鱼鳞式苫盖法是将苫盖材料自货垛的底部逐渐向上围盖，上层的苫盖材料下部应压在下层苫盖材料上部的外面，从外形看呈鱼鳞状。

ZBA041 仓库物资的储存设施

（十二）仓库物资的储存设施

为保证各种物资的储存质量，满足各种不同物资对储存条件的要求，仓库必须配置相应的储存设施。仓库物资的储存设施包括：库房、料棚、料场、储罐以及货架等。

1. 库房

在《物资仓储管理规范》(Q/SY 13281—2017)中对库房的定义为：储存物资的有屋顶和围护结构的封闭式建筑物。具有隔热保温、防火防潮、防风吹日晒、防尘防有害气体、防盗防破坏等功能，库房有单层、多层、半地下库房。

ZBA042 库房、料棚的概念

2. 料棚

料棚，也称"货棚"，在《物资仓储管理规范》(Q/SY 13281—2017)中对料棚的定义为：储存物资的有顶棚且未完全封闭的建筑物。其主要功能是防自然降水和太阳光辐射对物资的不良影响，与库房相比，结构简单，造价低廉，但防护功能差，料棚有多种类型。按结构特点，可分为全敞开式料棚和半敞开式料棚，按结构材料，可分为单一结构料棚和混合结构料棚。存入料棚的物资，主要是那些怕日晒、雨淋但对温度、湿度条件要求不严的耐火材料、优质木材、中型钢材、电缆等。

ZBA043 料场的概念

3. 料场

在《物资仓储管理规范》(Q/SY 13281—2017)中对料场的定义为：储存物资的露天场地。主要用于存放不怕风吹、日晒、雨淋的大宗物资，如煤炭、大型钢材、原木、砖瓦、砂石等，如有良好的垛基和苫垫条件，也可临时存放其他物资。料场地面可分为软地面（弹性地面）和硬地面（刚性地面）。软地面具有良好的渗水性和一定的弹性，造价低廉维修方便。硬地面有良好的排水性能，便于机械化作业，能防止杂草丛生，具有一定的防潮性能，但易损坏，不易维修，造价高。对料场的基本要求是：地势高，横断面成人字坡度，以利排水，地面有足够的承载能力，有方便的交通条件等。

4. 储罐

储罐是由金属、钢筋混凝土或玻璃钢等材料制造。用于储存液体物资，如油类、酸碱类以及散装水泥等粉料。储罐有地上、地下及半地下式三种，从放置方式可分为立式和卧式。

5. 货架

ZBA044 货架的种类

1) 搁板式仓储货架

搁板式仓储货架有金属料架、木制料架等。由框架和层板构成，结构简单，适用性大。主要用于人工存取较轻乱货物，以力手工搬运、存储及拣选作业为主。可与塑料周转箱配合存放多品种小件产品，在企业仓库中被普遍采用。

2) 横梁式仓储货架

横梁式仓储货架属于重型货架，又称货位式货架，以立柱片加横梁形式的全组装结构。可根据储存单元集装设备的特性加装，如隔挡、钢层板、仓储笼导轨、油桶加等功能附件，满足不同单元集装设备形式的货物存储。

3) 贯通式货架

贯通式货架又称通廊式货架或驶入式货架，是一种不以通道分割，连接一体的整体性货架。采用托盘存取模式，适用于品种少、批量大类型的货物存储。由于取消位于各排货架之间的巷道，将货架合并在一起，仓库中空间利用率可提高30%以上，是存储效率最高的货架。

4) 悬臂式货架

悬臂式货架主要由立柱片、悬臂梁、连接件等组成，适用于存放长物料、环形物料、板材、管材及不规则货物。悬臂可以是单面或双面，该货架具有结构稳定、载重能力好、空间利用率高等特点。

5）重力式货架

重力式货架又称流利式货架，是一种利用存储货物自身重力来达到在存储深度方向上使货物运动的存储系统。货物在重力作用下向下滑动，可实现先进先出，一次补货，多次拣货，是最佳的先进先出的存储方式。特别适用于易损货物和大批量、同品种、短时期储存的货物。仓库利用率高，运营成本较低，但对通道物流布局有特殊要求。

6）阁楼式货架

阁楼式货架是在已有的工作场地或货架上建一个中间阁楼，以增加存储空间的货架。

7）抽屉式货架和橱柜式货架

抽屉式货架和橱柜式货架皆属于封闭式料架，它们的结构与层架相似，区别在于层格中有抽屉或在层格外面有橱门封闭。主要用于存放比较贵重的小件物品。如刃量具、精密仪器仪表、无线电元件等。其优点是能起到良好的防尘作用。

8）组合式货架

组合式货架是由标准的构件或单元体根据使用要求组装而成，方便拆卸。

9）其他货架

此外，为便于储存某些难堆垛的物资，还有U型货架、A型货架、悬臂型料架、轮胎料架、气体钢瓶料架等。

6. 自动化立体仓库

自动化立体仓库，是物流仓储中出现的新概念。其特点如下：

（1）利用立体仓库设备可实现仓库高层合理化、存取自动化、操作简便化；自动化立体仓库是当前技术水平较高的形式。

（2）自动化立体仓库的主体由货架、巷道式堆垛起重机、入（出）库工作台和自动运进（出）及操作控制系统组成。货架是钢结构或钢筋混凝土结构的建筑物或结构体，货架内是标准尺寸的货位空间，巷道式堆垛起重机穿行于货架之间的巷道中，完成存、取货的工作。

（3）管理上采用计算机及条形码技术。

（4）多应用在医药生产，汽车生产等领域。

（十三）影响储存物资质量的因素

影响物资质量变化的因素很多，主要有人为因素和客观因素两大类。

1. 人为因素

人为因素是指人们在物资储运过程中没有按物资保管的客观要求或违反操作规程，而使物资的质量受到影响。如包装不善、装卸不慎、堆垛不当、苦垫不适、物资长期积压或突然的机械事故等都会影响物资的质量。

2. 客观因素

客观因素即自然因素，是指由于物资本身的物理化学性质和物资储存环境的自然因素（如空气、温度、湿度、日光等）的影响，使物资变化受损。影响储存物资的客观因素一般概括为三个方面，即物资本身理化性质的影响、自然因素的影响和物资储存期的影响。

（1）物资本身理化性质的影响。

物资本身所具有的物理化学性质是物资发生质变和数量损耗的重要原因，它对物资保管条件和保管方法起主导作用。也是决定仓库合理布局、分区分类、堆码方法、保养技术的重要因素。

（2）自然因素的影响。

自然因素是影响储存物资变化的外因。了解和掌握自然因素的特点和规律以及它们与物资理化变化之间的关系，不仅可以防止物资遭受自然因素的影响，而且还可以利用自然因素来改善物资的储存环境。

（3）物资的储存期。

物资的储存期，决定于物资的有效期限和物资的供货周期。物资的有效期限是保证储存物资使用价值不失效的时间。所谓供货周期，就是两次供货的间隔时间，这个时间还受物资生产周期、运输周期、物资消耗的特点等因素的影响。供货周期越短，消耗量越大，货源越充足，则物资储存期就越短。

物资的储存期对储存物资的质量变化也有一定的影响。由于各种物资的自然属性不同，其质量变化的快慢程度也不同，物资的储存期也就不同。因此，仓库保管工必须注意物资的储存期，坚持先进先出的原则；物资临近储存期，仓库保管工应向有关部门及时反馈信息。对于超过储存期限就会失效变质的物资，要在储存期限内发出；对于储存期限长或超过储存期不会失效变质的物资，仓库应按照物资进库时间的长短坚持先进先出；若发现有长期多余积压的物资，仓库保管工应向有关部门及时反馈信息，以便采取措施，妥善处理，以减少或避免库存物资损失。

（十四）常用物资的维护保养方法

1. 包装的维护

库存物资如有包装损坏、渗漏、锈蚀、受潮、沾污，应及时予以恢复、加固、拭锈、干燥、除污或调换包装。把对霉腐微生物具有抑制或杀灭作用的化学药剂喷洒在物资上，以防霉腐。

2. 金属的除锈

在金属材料的储存过程中，应以防锈为主。但是，一旦防锈失败或入库时已发生锈蚀，就应对生锈的金属材料或制品进行及时的除锈处理。在除去金属表面的锈蚀物时，不能影响它们原有的使用价值。

除锈方法可分为手工除锈、机械除锈和化学除锈。

1）手工除锈

手工除锈是最简便的方法，多半用在其他方法不便或不能采用的情况下使用。如对于一些体大笨重的制件或部件，或一些粗糙的工具、零件等，使用砂布、刮刀、铲、锤、锉、钢丝刷、钢丝束等简易手工工具，进行擦、刷、磨等方法除锈。

2）机械除锈

机械除锈即借助机械力对金属表面进行除锈工作。它主要用于除去大面积锈蚀物或严重的锈蚀。机械除锈对金属的尺寸、形状改变较大，其效率较高。仓库用除锈机械品种较多，如板材除锈机、槽钢除锈机和线材除锈机喷砂、除锈等。

3）化学除锈

金属的锈蚀产物主要是金属的氧化物。化学除锈是用酸溶液与这些金属氧化物发生化学反应，使其溶解在酸溶液中，达到将锈蚀物从金属表面除去的目的。化学除锈主要用以除去轻锈。

3. 涂油脂

涂防锈油脂是物资维护保养的主要措施之一，它可有效地防止物资的锈蚀。

1）防锈油脂的防锈机理

利用防锈油脂的特性，将防锈油脂喷涂在金属的表面，使金属与空气隔绝，防止在金属表面形成水膜和氧化，以达到防锈的目的。

防锈油脂是在矿物油中加入适量的油溶性缓蚀剂和添加剂，使其能够牢固地附着于金属表面。

2）防锈油脂的主要成分

（1）缓蚀剂。防锈油脂保护金属的原理，实质上是基于油溶性缓蚀剂吸附于金属表面，降低水膜到达金属表面的能力，有时还能置换残留在金属表面的腐蚀物。

（2）基础油。基础油在防锈油脂中所占的比例最大。基础油在防锈油脂中的作用是溶化缓蚀剂，能够堵塞缓蚀剂在金属表面的缓蚀剂孔隙，使油膜更加完整严密，并增加油膜的厚度；保护吸附在金属表面的缓蚀剂分子层。

（3）添加剂。添加剂的作用是使防锈油脂具有较全面的性能，这些添加剂有：抗氧化剂、分散剂和调黏剂。

4. 气相防霉

气相防霉是在密闭的空间内，利用气相缓蚀剂所挥发出来的气体，减缓金属腐蚀的一种有效方法。其特点是不需要成膜物质，不影响制品的外观和使用，防锈期较长，防锈效果较好，特别是对形状和结构复杂，难以涂覆防锈油膜的金属制品最为合适。多用于个体包装及内包装密闭防锈。

（十五）常用的除湿剂

[ZBA049 库房中常用的除湿剂]

除湿指利用物理或化学方法将库内潮湿空气中的部分水汽除去，以降低空气湿度的一种有效方法。目前，除湿的主要方法为：一种是利用制冷装置，将潮湿空气冷却到露点温度以下，使水汽凝结成水滴被排出，从而降低空气湿度；另一种是利用吸收剂吸收空气中的水汽，以降低空气中的湿度。在物资仓库里主要是利用后者。

仓库常用的吸湿剂有：生石灰、氯化钙、硅胶、干木炭等。

1. 生石灰（氧化钙）

生石灰具有吸湿性强，吸湿速度较快的特点，其料源充足，价格便宜，因此使用比较普遍。生石灰属于碱性物资，具有一定腐蚀性，吸湿后会释放一定热量并膨胀松散。

2. 氯化钙

氯化钙是一种白色的多孔性固体。吸湿率较高，但吸湿后便溶化为液体，因此使用时，应将氯化钙放在竹筛里，下接瓦盆等容器。氯化钙溶液加热熬煮后，仍可结晶，继续使用。

3. 硅胶

硅胶又名矽胶，是无色透明的颗粒状固体。它具有良好的吸湿性，而且理化性质稳定，吸湿后仍为固体，不潮、不溶、不沾污物资，也没有腐蚀性。

4. 干木炭

在有干木炭的地方，也可利用木炭除湿。其吸湿率取决于木炭含水的多少。一般100kg 木炭能吸收 5kg 水分。使用时可将条状干木炭盛在箩筐或直接放在垛底、垛旁，经一定时间取出晒干后，也能继续使用。

（十六）物资退库

物资退库是指物资出库后，经业务主管部门批准，退回原发料仓库的业务活动。

物资退库是物资供应工作中常见的业务,各级仓库都应把这一工作认真抓好,不能刁难冷淡或推托延误。及时办理退库业务,有利于物资的现场管理,有利于准确核销,避免散失浪费。

物资退库有两种形式,一种是实物退库,另一种是实物不退库,只办理退库手续,称为"假退料"。

1. 物资退库的范围

（1）错发、错领的物资。

（2）工程项目计划变更,已出库又不需要的物资。

（3）工程竣工后剩余的物资。

（4）因其他原因不符合用户要求,要求退货的物资。

退库的物资应保持其完好无损,附件、工具、技术资料齐全完整,包装完好。收料仓库在接收时应认真检查,必要时须经过维护保养后再验收入库。物资退库范围不包括用户已安装使用后回收的废旧物资。

2. 退库物资手续的办理

（1）退料单位提出"申请",注明退库原因,经主管部门审批后,业务部门开退料单。

（2）退料单位凭退料单向原发出仓库退料。

（3）保管人员按物资入库验收标准进行验收,其中必检物资必要时应重新报验。

（4）仓库保管人员对验收合格部分办理退料入库手续。

3. 假退料

假退料是生产建设单位在工程结束后,将剩余物资转入下一工程时所办理的一种退料方式。假退料只办理退料手续,不进行实物退库,而实物直接转移到下一工程。退料时,一般同时办理下一工程的物资出库手续。

假退料的目的是为加强物资管理工作,使成本核算更加准确可靠,避免散失浪费,同时为物资的核销及消耗定额的制定提供了可靠的依据。

（十七）物资包装储运标志的使用方法

1. 标志的打印

可采用印刷、粘贴、拴挂、钉附及喷涂等方法打印标志。印刷时,外框线及标志名称都要印上,喷涂时,外框线及标志名称可以省略。出口货物可省略中文标志名称和外框线。

2. 标志的数目和位置

（1）一个包装件上使用相同标志的数目,应根据包装件的尺寸和形状决定。

（2）标志应标注在显著位置上,下列标志的使用应按如下规定：

①"易碎物品"应标在包装件所有的端面和侧面的左上角。

②"向上"应标在标在"易碎物品"标志相同的位置。当标志"易碎物品"和标志"向上"同进使用时,标志"向上"应更接近包装箱角。

③"重心"应尽可能标在包装件所有六个面的重心位置上,否则至少也应标在包装件两个侧面和两个端面上。

④"由此夹起"只能用于可夹持的包装件上,标注位置应为可夹持位置的两个相对

面上,以确保作业时标志在作业人员的视线范围内。

⑤ "由此吊起"至少应标注在包装件的两个相对面上。

项目二　管理金属材料

(一) 铁的组成及保管要求

1. 铁的组成

> ZBB001 铁的组成

1) 生铁

生铁是以铁矿石、熔剂(石灰石、萤石)、燃料(焦炭)为主要原料,由高炉冶炼出来的。常用的生铁含碳量一般为2.5%~4.5%。此外还含有少量的硅、锰、硫、磷等杂质。储存生铁每平方米堆放量一般为4~5t。

2) 铬铁

铬铁按不同含碳量分为高碳铬铁(包括装料级铬铁)、中碳铬铁、低碳铬铁、微碳铬铁四种。微碳铬铁是用于不锈钢、耐酸钢、耐热钢以及各种电热元件的重要材料。低、中碳铬铁用于生产合金结构钢。铬能提高钢的淬透性,在渗碳时可使表面硬度增高。高碳铬铁通常用于要求含碳量高的钢,如滚珠轴承钢和工具钢,它可以提高其硬度。铬铁主要用做炼钢的合金添加剂。常用的还有氮化铬铁、硅铬合金和金属铬等。

> ZBB002 铁的保管

2. 铁的保管要求

铸造用生铁含硅量较高,含硅量为1.25%~3.60%,含硫量稍低,含硅量不大于0.06%,它促进了碳的石墨化,故碳在铁中主要以石墨状态存在,断口呈灰色,也称灰口铁。其硬度低于炼钢生铁,适宜于切削加工,但脆性很大,不能压力加工成型。铸造生铁熔点低(1100~1150℃),富流动性,有良好的铸造性、耐磨性和消震性,主要用作生产各种铸铁件的原料。当生铁铸成块状时,各号生铁均应铸成单重2~7kg的小块。交货中,每批大于7kg与小于2kg的铁块之和应不超过总质量的10%。根据需方要求,也可供应单量不大于40kg的铁块,同时铁块上应有1~2道深度不小于铁块厚度三分之一的凹槽。

钒铁主要用于冶炼合金钢,在炼钢或合金材料中作为钒元素加入剂用。钒铁以块状供货,最大块重不得超过8kg,钒铁块交货中10mm×10mm以下的碎块不得超过该批总重量的3%。钒铁用铁桶包装,每桶净重分50kg和100kg两种。

> ZBB006 生铁的牌号

(二) 生铁牌号的表示方法

生铁牌号表示方法有两种,一种是汉字牌号,另一种是字母牌号(或称代号)。字母牌号书写标记简便,习惯上所说的牌号,一般指字母牌号。生铁的汉字牌号用汉字与两位阿拉伯数字相结合的方法表示,字母牌号(代号)则用汉语拼音字母与两位阿拉伯数字相结合的方法表示。牌号中的汉字或汉语拼音字母表示生铁的种类(铁种),后面的两位阿拉伯数字表示该铁号生铁平均含硅量的千分数。铁种(即生铁名称)的命名符号如炼钢用生铁为"炼",符号为"L";铸造用生铁为"铸",符号为"Z";球墨铸铁用生铁为"球",符号为"Q"。灰铸铁的符号是"HT"。可锻铸铁的符号是"KT"。

铸造生铁共有六个牌号，各牌号之间硅含量的级差为 0.4%。各牌号又按含锰量的不同分为三组，按含磷量的不同分为五级，按含硫量的不同分为三类。随组、级、类的序号数字的增大，相应的杂质元素含量就越多。牌号用汉语拼音字母 Z（铸）及平均含硅量千分之几的数字表示。如 Z30 表示平均含硅量为 3.0% 的铸造生铁。

炼钢生铁按平均含硅量的不同划分为三个牌号。各牌号又按含锰量的不同分为三组，按含磷量的不同分为四级，按含硫量的不同分为四类。随组、级、类序号数字的增大，其锰、磷、硫的含量也相应增加。牌号用"炼"字的汉语拼音字头"L"及平均含硅量千分之几的数字表示，如 L04、L08、L10 三个牌号，分别表示平均含硅量为 0.4%、0.8%、1.0% 的炼钢生铁。

（三）铁合金的作用

ZBB007 铁合金在炼钢中的作用

1. 硅铁

硅铁在储运过程中易于粉化，这是因为含硅 34% 左右和含硅 50%～60% 的 FeSi 和 $FeSi_2$ 的相变引起体积膨胀所造成的。杂质中的硫、磷、钙、铝以及潮湿的大气会促使硅铁粉化，硅铁锭缓冷时由于偏析也易导致粉化。硅铁粉化时放出氢气、磷化氢和砷化氢等气体，可引起爆炸，后两种气体有毒，所以硅铁储运必须通风良好、防止受潮，不宜长期存放。此外，硅铁也是冶炼各种硅钢（如电工硅钢及含硅的低合金结构钢、合金结构钢、弹簧钢、轴承钢、耐热钢）和合金铸铁、有色金属的合金剂。它在钢铁生产中用量很大，硅铁在炼钢生产中主要作为还原剂。其产量在铁合金总量中占 $1/3$ 左右。硅铁遇碱液能产生氢气，有爆炸燃烧的危险。

2. 钼铁

钼铁中的钼有利于提高钢的再结晶温度、耐热性和高温强度，提高不锈耐酸钢对含氯离子的介质及其他强腐蚀性介质的耐蚀性，提高磁钢的剩磁及矫顽力。主要用以生产结构钢、弹簧钢、工具钢、不锈钢、耐热钢和磁钢。在炼钢生产中主要作为氧化剂。

3. 锰铁

锰铁是以锰矿石（含锰 40%～50%）为原料，在高炉或电炉中熔炼而成。密度较大，外表有一层黑皮，断面为银白色，并带有金黄闪光彩色，脆性和硬度都很大。由于锰和氧的亲和力较大，故锰铁是炼钢生产中钢液的脱氧剂。锰和硫能生成不溶于钢液的硫化锰，故它可做除硫剂，以消除或降低硫在钢中的有害作用，提高钢的硬度、耐磨性、延展性和韧性。

（四）铸铁管

铸铁管又称生铁管，是用普通铸铁铸造生铁浇铸成型，具有良好的防腐蚀性能，在给水及排水等工程方面应用广泛，但表面粗糙，较硬脆，不能承受较高压力。

ZBB003 铸铁管的分类

1. 铸铁管的分类

铸铁管按制造方法的不同可分为砂型离心铸铁管、金属型离心铸铁管和连续铸铁管；按耐压能力的不同分为高压铸铁管、普压铸铁管、低压铸铁管，一般都供应普压管；按管端接头处形状的不同分为承插式铸铁管和盘式铸铁管两种，承插式铸铁管又分承插铸铁管、双承铸铁管、双插铸铁管等几种。

ZBB005 铸铁管的规格型号表示方法

2. 铸铁管的规格型号表示方法

铸铁管的规格以公称口径（mm）表示，公称口径即是内径的近似值。目前国内生产的铸铁管,公称直径为 75~1200mm。铸铁直管按定尺长度供货,其有效长度为 4m、5m、6m。有效长度是指其在管路中能用于输送流体的实际长度,承插直管的有效长度等于铸铁管全长减去承口部分的长度。法兰盘式直管的有效长度等于其全长。

> ZBB004 铸铁管的验收保管要求

3. 铸铁管的验收和保管

铸铁管的验收和保管要求如下:

(1) 铸铁管有点件验收和检重验收两种。点件验收是由于其每根的尺寸和重量固定、基本一致,则可以采取定量码垛查清根数,然后以单根质量乘以根数得出总质量。非定尺铸铁管则按不同规格分别点数计重验收。

(2) 铸铁管的表面质量和涂覆质量按标准规定进行检查。

(3) 每批铸铁管应有质量证明书。应在承口处铸出制造厂名称或商标、出厂日期及厚度级符号。

(4) 铸铁管可以露天存放,地面应平坦松软,硬地面应下垫枕木或枕石。小口径应分层纵横交互堆垛,承插口两头颠倒交错平放。较大口径的应分层顺码,每层间加横垫。管垛高度一般不超过 3m,垛旁设支柱或防护装置,防止管材滚动或堆垛垮塌。吊装堆码注意不要碰损法兰盘式铸铁管盘口。

> ZBB008 钢的分类方法

(五) 钢的分类方法

1. 按钢的品质分类

根据钢的冶炼品质,主要是以硫、磷的含量来进行区分,硫和磷含量越少则钢的质量越好。钢按质量可分为普通钢、优质钢、高级优质钢等。其硫、磷最高允许含量大致划分如下:

(1) 普通钢——钢中含杂质元素较多,含硫量一般 $\leq 0.05\%$,含磷量 $\leq 0.045\%$,如碳素结构钢、低合金结构钢等。

(2) 优质钢——钢中含杂质元素较少,含硫及磷量一般均 $\leq 0.04\%$。

(3) 高级优质钢——钢中含杂质元素极少,含硫量一般 $\leq 0.03\%$,含磷量 $\leq 0.035\%$,如合金结构钢和工具钢等。高级优质钢在钢号后面,通常加符号"A"或汉字"高"以便识别。

2. 按化学成分分类

按钢的化学成分不同,通常将钢分为碳素钢和合金钢两大类。

1) 碳素钢

碳素钢又名碳钢,是以铁碳为主,含有少量的硅(不大于 0.4%)、锰(不大于 1%)、磷、硫等常存元素,不含或只含极少合金元素的钢。一般碳素钢中含碳量越高则硬度越高,强度也越高,但塑性降低。按含碳量不同,碳素钢又可分为:

低碳钢——含碳量一般小于 0.25%。

中碳钢——含碳量一般在 0.25%~0.60% 之间。

高碳钢——含碳量一般大于 0.60%。

2) 合金钢

合金钢是在钢中除含铁、碳及少量常存元素外,为获得所需组织和性能加入一定种类和数量的合金元素而炼成的钢,如铬钢、锰钢、铬锰钢、铬镍钢等。根据钢中合金元素总含量的多少可分为:

低合金钢——合金元素总含量一般小于 5%。

中合金钢—合金元素总含量一般在5%~10%之间。

高合金钢—合金元素总含量一般大于10%。

3. 按冶炼设备分类

钢按照冶炼设备的不同，可以分为平炉钢、转炉钢和电炉钢三大类。根据所用炉衬材料的不同，每一大类又可分为酸性和碱性两种。

4. 按浇注前脱氧程度的不同分类

（1）沸腾钢—属脱氧不完全的钢，浇注时在钢锭模里产生沸腾现象。一般用于轧制碳素结构钢的型钢和钢板。

（2）镇静钢—属脱氧完全的钢，浇注时在钢锭模里钢液镇静，没有沸腾现象。一般合金钢和优质碳素结构钢都为镇静钢。

（3）半镇静钢—脱氧程度介于镇静钢和沸腾钢之间的钢，因生产较难控制，目前产量较少。

5. 按用途分类

根据钢的用途不同，可将钢分为：

（1）结构钢—指作建筑结构、机器零件等用的钢（切削加工、热加工）。

（2）工具钢—指作工具、模具、量具等用的钢。

（3）特殊性能钢—指作特殊用途和具有特殊性能的钢，如不锈钢、耐酸钢、耐热钢、磁钢等。

（4）专业用钢—指各个工业部门专业用途的钢，如汽车用钢、航空用钢、化工机械用钢、锅炉用钢、电工用钢和焊条用钢等。

6. 按制造加工形式分类

按钢的制造加工形式的不同，可分为：

（1）铸钢—指采用铸造方法而生产出来的一种钢铸件。主要用于制造一些形状复杂、难于进行锻造或切削加工成形而又要求较高的强度和塑性的零件。

（2）锻钢—指采用锻造方法而生产出来的各种锻材和锻件。凡是一些重要的机器零件应当采用锻钢件。

（3）热轧钢—指用热轧方法而生产出来的各种热轧钢材。大部分钢材都是采用热轧轧成的，热轧常用来生产型钢、钢管、钢板等大型钢材，也用于轧制线材。

（4）冷轧钢—指用冷轧方法而生产出来的各种冷轧钢材。冷轧常用来轧制薄板、钢带和钢管。

（5）冷拔钢—指用冷拔方法而生产出来的各种冷拔钢材。冷拔主要用于生产钢丝，也用于生产直径在50mm以下的圆钢和六角钢，以及直径在76mm以下的钢管。

（六）钢的牌号及表示方法

ZBB009 钢牌号的数字含义

通过钢的牌号可以了解其类别，平均含碳量，合金元素及其大致含量，冶炼质量等。钢中含碳量的多少，不仅会影响钢的机械性能，而且会影响钢的工艺性能。

ZBB017 钢的牌号

1. 碳素工具钢

用字母T和平均含碳量的数字表示碳素工具钢。例如，碳素工具钢"T45A"中，其钢的含碳量为4.5%。T7号钢中的"7"表示钢的含量是0.65%~0.74%、平均含碳量为0.70%的碳素工具钢。钢号GCr15中"15"表示钢中含铬为1.5%。

2. 电工硅钢

电工硅钢的钢号以汉语拼音字母及数字表示。汉语拼音字母表示产品名称，阿拉伯数字表示典型产品的最大铁损值［W/（kg×100）］及厚度值的100倍（mm）。DR代表电工用热杂硅钢；电工用硅钢牌号为JDR540—50是家用电器用热扎硅钢；电工用硅钢牌号为DW360—50中数字"50"表示厚度。电工用硅钢牌号尾部加符号"G"者表示在高频率下检验的。DW360—50中表示最大单位铁损为3.60W/kg。

3. 弹簧钢

牌号头数字表示平均含碳量的万分之几，化学元素符号及含量以百分之几表示。

（七）钢的性能

> ZBB012 优质碳素钢、合金结构钢、高速工具钢的性能及用途

1. 优质碳素结构钢

优质碳素结构钢通常简称碳结钢。45号及45Mn号钢在生产中用得最多，广泛用于中等以下尺寸的零件制造。45号钢是中碳优质碳素结构钢。40，40Mn，45，50，50Mn等钢号是调质钢。合金调质钢由于合金元素的加入，提高了淬透性，故调质钢具有良好的综合机械性能。

2. 合金结构钢

合金结构钢由于其含有一定种类及数量的合金元素，故比碳结钢强度高，塑、韧性好，更能耐磨。特别是淬透性和回火性较高。按其含碳量，合金结构钢属于低碳钢（含碳量为0.12%～0.25%）和中碳钢（含碳量为0.30%～0.50%）。前者经渗碳、淬火及低温回火后，获得"表硬里韧"的性能，称为合金渗碳钢；后者经淬火及高温回火后，获得很高的综合机械性能，称为合金调质钢。

3. 高速工具钢

高速工具钢简称高工钢或高速钢，俗称风钢或锋钢，是一种适于高速切削的高碳高合金工具钢。高工钢性能特点是具有很高的热硬性，当刀具韧部温度高达600℃左右时其硬度仍能保持为HRC60。所以高速工具钢刀具能保证高速切削连续进行。按用途和成分不同，高工钢可分为钨系、钨钼系、超硬性高工钢等。W6Mo5Cr4V2AI是超硬型高工钢。

> ZBB016 易切削结构钢的概念

4. 易切削结构钢

易切削结构钢（简称易切钢），是含有少量易切削元素而具有良好被切削加工性能的钢种。可以用来改善切削加工性能的元素有硫、铅、钙、硒、磷等，由于这些元素的加入，可以延长刀具使用寿命，降低切削抗力及加工工件表面粗糙度，有利于提高加工效率，因而获得良好的被切削加工性能，适于自动金属切削机床进行高度切削、加工批量大的、对性能要求不很高的零件，如手表、照相机零件等。由于具有易切削性能，不能用于制作切削刀具。

> ZBB013 冷弯型钢的概念

5. 冷弯型钢

采用普通碳素钢钢板或钢带经一定的冷弯成型制成的型钢，称为冷弯型钢。冷弯型钢是制作轻型结构钢的主要材料。冷弯型钢的生产工艺比较简单，它不仅能制成薄壁的，且可生产许多用轧制无法生产的各种异型型钢。以其代替普通热轧型钢制成的钢结构，具有经济合理（据建筑部门统计，可节约钢材近40%）和轻便灵活的特点。对一些受力不太大的钢结构，积极采用冷弯型钢在节约金属材料、降低成本及减轻结构自重方面无疑均具有重要意义。对盘条质量的工艺性能要求为保证180°冷弯试验合格。

（八）钢管

1. 钢管的分类

钢管是具有一定断面形状和尺寸的中空长条形钢材。钢管按制造方法分无缝钢管和焊接钢管两大类；按断面形状分圆形钢管和异形钢管。

1）无缝钢管

（1）分类。

无缝钢管按生产方式分为热轧无缝钢管、冷轧或冷拔无缝钢管等；按钢管材质分为碳素钢管和合金钢管；按连接方式分为车丝管和光管；按用途及工作条件分为结构管、流体输送管、锅炉管、地质管、石油裂化管、油井管、管线管、复合管、镀层管等。

（2）长度范围。

通常结构用、输送流体用热轧无缝钢管长度为 3~12m；结构用冷轧无缝钢管长度为 2~10.50m，输送流体用冷轧无缝钢管长度为 3~10.50m。

2）焊接钢管

焊接钢管也称焊管，是用钢板或钢带剪成要求宽度，采用不同工艺卷弯成圆筒状，经焊接制成的钢管。

焊接钢管按焊缝形式分直缝焊管和螺旋焊管；按用途分一般焊管、镀锌焊管、吹氧焊管、电线套管、公制焊管、托辊管、深井泵管、汽车用管、变压器管、电焊薄壁管、电焊异形管和螺旋焊管。

2. 钢管等级和钢级

（1）PSL1 钢管的钢管等级与钢级（用钢名表示）相同，由用于识别钢管强度水平的字母或字母与数字混排的牌号构成，钢级与钢的化学成分有关。钢管等级/钢级有：L175/A25，L175P/A25P，L210/A；L245/B；L290/X42，L320/X46，L360/X52，L390/X56，L415/X60，L450/X65，L485/X70。

以 L175P/A25P 牌号为例介绍 PSL1 钢管等级/钢级中字母数字含义：

L175P 牌号采用 SI 制单位（国际惯用单位），L 表示产品强度水平代号，175 表示产品规定最小屈服强度为 175MPa，P 表示产品含磷。

（2）PSL2 钢管由用于识别钢管强度水平的字母或字母与数字混排的牌号构成，且钢名（表示为钢级）与钢的化学成分有关。牌号还包括由单个字母（R、N、Q 或 M）组成的后缀，后缀字母表示交货状态。钢管等级/钢级有：L245R/BR，L290R/X42R；L245N/BN，L290N/X42N，L320N/X46N，L360N/X52N，L390N/X56N，L415N/X60N；L245Q/BQ，L290Q/X42Q 等；L245M/BM，L290M/X42M 等；L625M/X90M，L690M/X100M，L830M/X120M。

以 L290R/X42R 牌号为例介绍 PSL2 钢管等级/钢级中字母数字含义：L 表示产品强度水平代号，290 表示产品规定最小屈服强度为 290MPa；X 表示产品强度水平代号，42 表示产品规定最小屈服强度为 42×10^3psi，R 表示交货状态。

石油天然气工业管线输送系统用钢管牌号由 PSL（产品规范水平）加钢管等级/钢级组成。后缀由表示交付状态的字母（N、Q 或 M）和表示服役情况的第二个字母（O）组成。如，L290NO/X42NO。

3. 钢管的验收

钢管的外观验收除按金属材料的一般要求执行外，还应注意：

（1）钢管表面或坡口面上，周向长度＞6.4mm（0.2501in）的任何分层或夹杂应判为缺陷。

（2）摔坑深度是指凹陷的最低点与钢管正常轮廓延伸部分之间的间距。摔坑在任何方向上的长度应≤0.5D。

（3）深度≤0.125t，且不影响最小允许壁厚的缺欠，应判为可以接受的缺陷，可采用修磨方法修整磨除处置；深度＞0.125t，未影响最小允许壁厚的缺欠，应判为缺陷。

（4）"影响最小允许壁厚的缺欠"是指在表面缺欠下的壁厚小于最小允许壁厚，影响到最小允许壁厚的缺欠应判断为缺陷。直度偏差，钢管全长相对于直线的总偏离应≤0.2%。

（九）钢丝绳

钢丝绳是用钢丝或钢丝与绳芯按一定方法捻制而成的绳索。与其他绳索、铁链比较，钢丝绳具有自重轻、强度高、韧性好、使用安全方便等特点，广泛用于提升起重、捆绑悬挂等方面。

1. 钢丝绳的构造（ZBB010 钢丝绳的构造）

钢丝绳由钢丝组成的股和绳芯构成。

（1）钢丝是构成股的单元，根据表面状态不同，目前主要分为光面钢丝和镀锌钢丝两种。制绳用钢丝一般为优质高碳钢丝，是由直径6.5mm左右的盘条通过冷拉而形成圆形（或异性）丝材，丝径一般在0.20~4.40mm之间，弹性模量在200GPa左右。

（2）股（也称股绳或绳股）是由钢丝捻制而成的螺旋状结构，是构成钢丝绳的基本单元。根据股的断面形状有圆股和异型股之分。钢丝在股中的排列方式就是股的结构。

（3）钢丝绳的绳芯有纤维芯和钢芯（或称金属芯）两种。纤维芯有天然或合成之分；钢芯又分为钢丝绳芯（绳芯是独立的钢丝绳）和钢丝股芯（股芯是独立的股）。绳芯的主要作用是支撑和固定股的位置，减少股间的压力。

2. 钢丝绳的保管保养要求（ZBB029 钢丝绳的保管保养要求）

（1）料棚内存放，保持料棚通风、干燥、清洁。

（2）长期存放的钢丝绳应绕滚筒轴上，绳头要固定，筒轴直立放置，并定期转动，防涂油下沉。原包装的成捆钢丝绳应包装完整，平放在垫木上。钢丝绳在切断前要扎牢切口两端，一般扎结3~4道。

（3）钢丝绳应涂油防锈，涂油之前除去绳上的污物，在60℃以下涂专用干油或中性黄油。卷鼓和滑轮面也应涂有足够的润滑油。

（4）钢丝绳轴严禁沿钢丝绳缠绕反方向转动。装卸作业中，应以铁杆插入轴心，或专用装卸工具，严禁直接将吊绳穿入轴心挂吊，保障卷线盘完整无损。

（十）钢材的加工方法（ZBB011 钢材加工的方法）

钢材是由炼钢炉冶炼出来的钢水浇注成钢锭或钢坯，再经轧制、锻造、拉拔、挤压等加工制成的具有一定形状和尺寸的黑色金属材料。在钢材的压力加工中，根据加工温度是高于还是低于钢的再结晶温度而分为热加工和冷加工两种方法。钢的热加工温度一般在1000℃以上。钢锭（或钢坯）应加热到1150~1300℃进行轧制。通过热处理可以改善钢的切削加工性能，为提高钢的易切削性，除常加入硫、铅外，还常加有磷、钙。钢材的弯曲程度是指条材、管材的弯曲程度。

（十一）钢材的涂色标记

ZBB015 钢材的表示方法

钢材的种类涂色标记见表3-1-1。

表3-1-1 钢材的涂色标记

钢材种类		端面涂色标记
普通碳素钢	1号钢	蓝
	2号钢	黄（特类钢还应加涂铝白色一条）
	3号钢	红
	4号钢	黑
	5号钢	绿
	6号钢	白+黑
	7号钢	红+棕
优质碳素钢	05–15	白
	20–25	棕+绿
	30–40	白+蓝
	45–85	白+棕
	15Mn–40Mn	白二条
	45Mn–70Mn	棕+绿

（十二）钢材的除锈方法

ZBB014 钢材的除锈方法

（1）金属除锈方法可分为物理方法和化学方法。化学方法除锈主要是利用酸溶液与金属表面锈蚀产物发生化学反应，使不溶性的锈蚀产物变成可溶性物质，脱离金属表面溶入溶液中，达到除锈的目的。酸洗除锈时应注意掌握酸液的浓度和酸洗时的温度；严格按酸洗工艺过程进行；对涂有防锈油脂的金属，酸洗前应进行脱脂处理。

（2）涂油防锈是在金属表面喷涂一层具有缓蚀作用的防锈油脂。

（3）喷砂除锈是用压缩空气将石英砂或钢砂喷射到金属表面，靠冲击摩擦除锈。

（4）人工除锈是靠人工使用细丝刷、钢丝刷、砂纸、砂布等打磨锈蚀物表面除掉锈层的方法。

（十三）石油专用管材的分类

ZBB018 石油专用管材的分类

石油专用管材按用途分为钻具、套管和油管三类。

我国石油专用管材基本执行美国石油学会 API Spec7、API Spec 5CT、API Spec 5B 等标准，特殊工况井所使用的油套管，还应订立相关补充技术协议，确定专门的采购标准。

1．钻具

钻具是钻井用的下井工具的统称，主要指方钻杆、钻杆和钻铤等基本钻柱部分。

1）方钻杆

方钻杆按驱动部分的断面形状分四方方钻杆（国产代号为FZGS）和六方方钻杆（国产代号为FZGL）。方钻杆的断面是外方内圆。

2）钻杆

钻杆根据机械特性分普通钻杆和特种钻杆，特种钻杆又包括铝合金钻杆、钛合金钻杆、高强度系列和抗硫系列钻杆等；钻杆根据结构分普通平台肩钻杆（俗称直台肩钻杆）、斜台肩钻杆和加重钻杆等；钻杆根据用途分右旋螺纹钻杆（代号为 RH）和左旋螺纹钻杆（代号为 LH），前者用于正常钻进，后者用于处理井下事故。

3）钻铤

钻铤在钻井中的作用是加强钻柱强度，使钻头获得较大钻压而提高钻速。

2. 套管

套管是石油钻井工程中油、气井固井专用的钢管。套管的作用是封隔油、气、水层，保护井壁，防止垮塌。

按照石油开采过程中的用途，套管分为表层套管（外径为 339.73mm）、中间套管（也称技术套管、外径为 244.48mm）和生产套管（也称油层套管、外径为 177.80mm）。

3. 油管

油管是井内开采石油及天然气的专用钢管，也是实现洗井、压井、酸化、压裂等措施的工具。

油管按结构型式分为管端加厚、管端不加厚、特殊螺纹无接头的油管。此外，还有一些特殊钢级、材质、用途的耐腐蚀合金油管等。

（十四）石油专用管材的规格表示

> ZBB021 石油专用管材的规格表示

1. 方钻杆的结构及规格表示

方钻杆由驱动部分和上下接头等组成。其上端为左旋内螺纹接头，与水龙头的接头连接；下端为右旋外螺纹接头（螺纹型式一般为内平扣，代号 IF），与钻杆接头连接。方钻杆的规格是指方钻杆驱动部分为正方形或六边形的对边距。

方钻杆的规格型号表示方法为：四方或六角形状 × 对面距尺寸（mm）× 上下两端连接接头螺纹类型 × 长度（m）× 生产国别。

2. 钻杆的结构及规格表示

钻杆由管体和接头两部分组成。钻杆的管体是轧制的无缝钢管，为增强管体与接头的连接强度，在钻杆管体两端镦粗加厚，加厚形式分内加厚、外加厚和内外加厚三种。

钻杆的规格型号表示方法为：公称外径尺寸（mm）× 壁厚（mm）× 加厚形式 × 长度（m）× 钢级 × 螺纹类型（右旋或左旋）× 生产国别。

API 标准规定的钻杆长度范围分为三类：第一类长度为 5.49~6.71m；第二类长度为 8.23~9.14m；第三类长度为 11.58~13.72m。

API 钻杆接头代号由接头制造厂打在公接头根部，标明公司商标、接头对焊月份和年份、制造厂代号和钻杆钢级。国产钻杆接头代号的内容由接头螺纹代号、钻杆公称外径代号、钻杆重量代号和钻杆钢级代号组成。

3. 钻铤的结构及规格表示

普通钻铤为圆形截面，中心有水眼，其壁厚较大，水眼较小，单位长度的重量比同尺寸的钻杆大 4~5 倍。钻铤的规格型号表示方法为：形状公称外径尺寸（mm）× 内径尺寸（mm）× 两端连接接头类型 × 长度（m）× 生产国别。

4. 套管的规格表示

套管的规格型号表示方法为：外径尺寸（mm）× 壁厚（mm）× 螺纹类型 ×

钢级×生产国别。

API 标准规定套管的长度范围分为三类：第一类长度 4.88~7.62m；第二类长度 7.62~10.36m；第三类长度 10.36~14.63m。

生产一般采用单根长度为 7.62~11.15m。

API 标准的套管螺纹类型代号：SC—短圆螺纹套管、LC—长圆螺纹套管、BC—偏梯形螺纹套管、XC—直连型套管。

5. 油管的规格型号表示

油管的规格型号表示方法为：外径尺寸（mm）×壁厚（mm）×钢级×管端形式（螺纹类型）×生产国别。

API 标准规定油管长度范围分为三类：第一类长度为 6.10~7.32m；第二类长度为 8.53~9.75m；第三类长度为 11.58~12.80m。

（十五）石油专用管材的验收及保管

1. 石油专用管材的验收

石油专用管材入库验收按钢材的一般规定外，还应注意：

1）套管、油管

（1）管体、接箍、螺纹、外观几何尺寸、壁厚、长度、重量、表面标记、防腐涂层、无损探伤和静水压试验等项目的检验。

（2）管体的内外表面不得有折叠、发纹、离层、裂纹、轧折和结疤存在。如有缺欠，允许清除，但清除深度不得超过公称壁厚的 12.5%，凡未超过壁厚负偏差的其他缺欠允许存在。

2）钻杆

钻杆的检验项目有长度，平直度，管体外径，壁厚，端面垂直度，台肩倒角直径，接头外径，公母接头大钳卡紧长度、加厚处最大直径、紧密距、公接头内径、端面至台肩面长，母接头内螺纹锥部长度，外径偏心度，椭圆度等外观质量。对成品钻杆的抽验比例为 2%。

3）方钻杆

（1）方钻杆的驱动部位尺寸应符合标准规定与合同的要求。

（2）方部和圆角要光洁平整。

（3）方钻杆内孔应使用最小长度为 3.05m 的通径规测量，通径规的直径不小于方钻杆公称内径减去 3.2mm 通径规检测。

（4）内外表面不得有裂缝、折叠、轧折、离层和结疤存在。

（5）任何部位不允许焊补。

（6）上下端接头螺纹不得有损伤、撕破、断螺纹以及影响螺纹连续性的其他缺陷存在。

（7）管端的螺纹应涂防锈油并应配带内外螺纹保护帽。

（8）为防止弯曲变形，方钻杆应装入两端封闭、尺寸合适的钢质套管内。

2. 石油专用管材的保管要求

1）合理选择储存场地

石油专用管材的储存场地应选择地势高、场地平整、清洁无杂草和杂物、坚实承压的地坪和通风条件好的露天货场。场地附近无酸、碱、盐等腐蚀性物质。

2）储存管（墩）架

石油专用管材的料场管（墩）架顶面离地0.3m，管（墩）架要有两条以上架墩，架墩应在同一水平面上，墩脚坚实，防下部管子产生挠度弯曲。

3）堆垛的方式及层数

石油专用管材堆垛的方式一种是压缝式码垛，另一种是交错式（井字型）码垛。压缝式码垛可直接压缝或每层管材间至少有两处均匀的隔离垫木（规格一般为60mm×100mm）或垫杠（规格一般≥φ60mm），垫木或垫杠应与管材呈直角并位于架墩的正上方。每层管材的两侧必须卡紧挡牢，应用掩木掩住或用 8# 铁丝绑牢钢管，防止上部受重压发生滚落垮塌。每一码垛高度应根据地坪承载能力、管径大小、管材壁厚和方便装卸综合考虑，堆垛高度一般不超过1.6m，单位面积每平方米堆放货物一般不超过2t。

4）存放耐腐蚀合金油套管的特殊事项

存放耐腐蚀合金油套管应远离碳钢管，防止铁屑污染；尽量保持原包装存放，包装拆卸后的管材采用每层间有隔离垫木的压缝式码垛；采用尼龙吊带、布质或塑料绳套吊装，禁止直接使用金属绳套吊装。

5）维护保养

（1）油、套管体内外表面如有缺陷允许清除，但清除深度不得超过公称壁厚的12.5%。

（2）油、套管的破坏性检验包括化学成分、抗拉强度、屈服强度、硬度、延伸率、冲击韧性、压扁试验等。

（3）油、套管一般按6个月为一个检查周期，抽样20%进行检查。

（4）检查管体防腐层，局部破损喷涂防腐专用涂料；检查螺纹油脂及螺纹保护帽，油脂不足要补充，油脂失效要将螺纹除锈，清洗干净，重新涂抹合格油脂，并戴好内外螺纹保护帽。装卸过程中，螺纹保护帽应保持完好，防止损坏螺纹。钻具螺纹部分、台肩面和端面必须涂中性防护油，戴软垫圈及钢制保护环。管体外表面涂绿色或蓝色防锈漆。

（十六）高纯金属

<small>ZBB023 高纯金属的种类</small>

高纯金属品种有多种，常用的有高纯铜、高纯锌、高纯锡、高纯金、高纯银、高纯锑、高纯钴。石油工业科研部门用高纯金属种类较多，但用量不大。

1. 高纯金属的品类

（1）高纯铜（Cu-05）主成分Cu含量达99.999%，相对原子质量为63.54，熔点为1083℃，沸点为2580℃。质软，有延展性，电热性能好，空气中易氧化，超低温有良好的非磁性。用于电器、电讯工业材料，特种高级合金原料，优质氧化铜整流器元件原料，大型电子管封焊材料，超微型变压器绕组，金属研究样标。

（2）高纯铅（Pb-05）主成分Pb含量达99.999%，相对原子质量为207.21，熔点为327.3℃，沸点为1750℃。性质柔软，可塑性大，超低温下是优良的超导体。用于高效能温差电偶元件、半导体化合物、无线电和晶体管焊料。

（3）高纯锌（Zn-05）的主成分锌含量达99.999%，相对原子质量为65.38，熔点为419.5℃，沸点为907℃。蓝白色金属，室温下质脆，空气中表面氧化呈致密的氧化膜，起保护作用。用于半导体化合物、还原剂、合金、汽车工业中精密铸件作原料。

（4）高纯锡（Sn-05）主成分Sn含量达99.999%，相对原子质量为118.7，熔点为 231.91℃，沸点为 2690℃。呈银灰色光泽，有良好的延展性。它有三种变体。在 $100×10^3Gs$ 磁场下是良好的超导体。晶体管基极渗透扩散性质较强。用作电子管、晶体管及精密仪器作焊料，半导体合金、原子反应堆重的包套材料。

（5）高纯金（Au-05）主成分 Au 含量达 99.999%，相对原子质量为 197.0，熔点为 1063℃，沸点为 2965℃。呈金黄色，富有延展性，电热良导体，高温下也不易氧化，不受腐蚀。用作合金的接点，电温计，微波反射材料，半导体合金等。

（6）高纯银（Ag-05）主成分 Ag 含量达 99.999%，相对原子质量为 107.88，熔点为 960.8℃，沸点为 2210℃。质软、延展性好，是金属中最佳的电导体。用作半导体合金、电子管、晶体管焊接材料，精密仪器、仪表接点材料，光电转换元件，银化合物原料，计测研究用的温标。

（7）高纯锑（Sb-05）主成分 Sb 含量达 99.999%，相对原子质量为 121.76，熔点为 630.5℃，沸点为 1440℃，呈银白色光泽，质脆而硬，常温下不易氧化。锑粉有毒。用作Ⅲ-Ⅴ族化合物半导体，硅、锗单晶掺杂剂，电子制冷元件，半导体合金等。

（8）高纯钴（Co-05）主成分 Co 含量达 99.999%，相对原子质量为 58.94，熔点为 1492℃，沸点为 2870℃。熔点高，硬度大，有金属光泽。用于合金和机械制造方面。

2. 高纯金属的保管要求

（1）高纯金属应专库储存，专人负责。

（2）保管高纯金属的仓库应具备密闭防尘性能好，相对温度低的保温库房。

（3）高纯金属应储存在玻璃柜式的货架上，在玻璃容器中封装严密并应采取相应的安全保管措施。

（4）经常检查物资包装情况，发现有开封情况，及时做好热合密封。

（十七）金属锈蚀等级

金属锈蚀等级是根据金属锈蚀程度、面积大小、色泽深浅以及形状的不同划分的。

1. 黑色金属

1）轻锈（或称浮锈）

轻锈呈黄色或淡红色，细粉末状，用麻布或棕刷擦拭即可除掉。去锈后仅轻微损伤氧化膜层。

2）中锈（或称迹锈）

中锈的表现为部分氧化膜脱落，呈红褐色或淡赭色，成堆粉末状。要用硬棕刷或金属丝刷才能刷掉，去锈后表面粗糙，甚至留存锈痕。

3）重锈（或称层锈）

重锈的表现为锈层凸起呈片状，一般为褐色或红黄色，用硬铜丝刷或钢丝刷才能除掉，去锈后呈麻坑状。

4）水渍

水渍为黑色金属受雨水或海水浸蚀，尚未起锈，仅在表面呈灰黑色或暗红色的水纹印迹，轻者可用麻布擦去，但已深入氧化膜者仍有纹印。

2. 镀覆的黑色金属

1）粉末锈

粉末锈的表现为镀层表面被氧化后，形成的白色或灰色粉末状的锈层，虽能用麻布擦去，但擦净后大多数表面留有锈痕或呈现粗糙面。

2）破锡（锌）锈

破锡锈的表现为镀覆在基体金属上的锡（锌）由于锈蚀而破坏，使基体金属暴露，轻者虽镀层破坏，但基体金属未发生锈蚀；重者基体金属也发生重锈。

3. 有色金属（主要是铜材和锌、铝材）

1）铜材的锈蚀等级

（1）水纹印：金属表面生褐色平滑水纹暗印。

（2）迹锈：钢材凸起水纹黑锈，表面不平，或呈淡绿色锈，表面平滑。

（3）绿锈：钢材表面呈斑点或层状深绿色凸起锈蚀，擦掉后呈现麻坑。

2）锌、铝材的锈蚀等级

（1）白浮锈：金属表面生成一层白色细粉末，用布擦去后，呈平滑暗灰色锈印。

（2）白迹锈：锌、铝材呈水纹或点白锈，用布擦后，仍留白色锈迹，表面稍呈粗糙。

（3）重白锈：锌、铝材凸起白色锈蚀，擦掉后呈现小坑。

项目三 管理非金属材料

ZBC001 化工产品的性质

（一）化工产品

1. 化工产品的性质

化工产品的种类繁多，各种类化工产品的性质各不相同，但无论哪个种类的化工产品都可以概括为物理性质和化学性质两个方面。

1）物理性质

物理性质是指物质不需要发生化学变化就能表现出来的性质。例如，密度、颜色、状态、气味、熔点、沸点及是否具有挥发性等。

（1）颜色：是指物质发射、反射或透过的光波通过视觉所产生的印象。例如，水在常温、常压下是无色无味纯净的透明液体等。

（2）状态：一般是指物质在常温、常压下表现出来的形态。一般的物质在常温、常压下都只呈现出一种状态，但在温度和压强变化时化工产品都有三种状态，即：气态、液态和固态。

（3）气味：是指鼻子可以闻到的气味。

（4）沸点：液体表面和内部同时发生汽化现象时的最低温度称为沸点。在压强一定的情况下一般物质的沸点是一定的。

（5）密度：是指常温、常压下单位体积物质的质量。一般单位为 g/cm^3。

2）化学性质

化学变化是一种物质的分子在变化过程中，由于原子的重新组合，而生成的其他物质的分子。物质在化学变化中所表现出来的性质称为化学性质。如：碳在氧气中燃烧生成二氧化碳。

严格地讲，每一种化工产品都具有不同的化学性质和物理性质。而每一类化工产品又具有大致相同的化学性质和物理性质。由于各类化工产品的性质不同，就对验收、保管、发放等各个环节提出了不同的要求。例如，在保管化工产品时，可以把物理性质和化学性质相近的物资分在相同的环境下保管。

2. 常用酸的性质

（1）硫酸：无水硫酸为无色油状液体，能与水及醇任意混合并放出大量热，暴露在空气中能迅速吸收水分。具有强氧化性和酸性，遇有机物能发生燃烧，与大部分金属接触能放出氢气。

（2）盐酸：是氯化氢的水溶液。纯净盐酸是无色液体，工业上用的盐酸因含有杂质而显黄色。盐酸常温下易挥发，刺激性强，具有腐蚀性。

（3）硝酸：为无色或淡黄色透明液体。在空气中猛烈发烟并吸收水分，它是强氧化剂，能强烈腐蚀、灼烧皮肤，可以使植物氧化而引起燃烧。

（4）氢氟酸：无色透明液体，有剧烈刺激性气味，在空气中发烟。

3. 化学危险品贮存的基本要求

（1）贮存化学危险品必须遵照国家法律、法规和其他有关的规定。

（2）化学危险品必须贮存在经公安部门批准设置的专门的化学危险品仓库中，经销部门自管仓库贮存化学危险品及贮存数量必须经公安部门批准。未经批准不得随意设置化学危险品贮存仓库。

（3）化学危险品露天堆放，应符合防火、防爆的安全要求，爆炸物品、一级易燃物品、遇湿燃烧物品、剧毒物品不得露天堆放。

（4）贮存化学危险品的仓库必须配备有专业知识的技术人员，其库房及场所应设专人管理，管理人员必须配备可靠的个人安全防护用品。

4. 化学危险品出入库管理方法

（1）贮存化学危险品的仓库，必须建立严格的出入库管理制度。

（2）化学危险品出入库前均应按合同进行检查验收、登记，验收内容包括：数量、包装和危险标志。经核对后方可入库、出库，当物品性质未弄清时不得入库。

（3）进入化学危险品贮存区域的人员、机动车辆和作业车辆，必须采取防火措施。

（4）装卸、搬运化学危险品时应按有关规定进行，做到轻装、轻卸。严禁摔、碰、撞、击、拖拉、倾倒和滚动。

（5）装卸对人身有毒害及腐蚀性的物品时，操作人员应根据危险性，穿戴相应的防护用品。不得用同一车辆运输互为禁忌的物料。

（6）修补、换装、清扫、装卸易燃、易爆物料时，应使用不产生火花的铜制、合金制或其他工具。

5. 常用无机化工产品的保管要求

（1）工业硫酸：工业硫酸应装于专用的槽车（船）内运输，槽车（船）应定期清理。工业硫酸也可装于其他耐酸包装容器（如塑料桶）内运输，其容器大小视需要而定，容器应用耐酸材料的盖密封。工业硫酸应与易燃物和可燃物、还原剂、碱类、金属粉末等分开存放，不可混贮。

（2）盐酸：搬运时应轻搬轻放，搬时一定要配有木箱，内衬充实，坛口密封，无摇晃摇出，并应穿戴防护用品。不宜存放于室内和水泥地面上，宜存放在室外阴凉通风良好的砂石地面。

（3）氯化钙：白色立方结晶，吸湿性极强，应储存在阴凉干燥库房中，容器必须密闭，与潮解性物品要分开堆放。

（4）氰化钠：在收发氰化物时不可喝水、吸烟，皮肤有伤口不可接触氰化物。氰化钠及其他氰化物造成环境污染时，进行现场通风。随即用硫代硫酸钠液洒在污染处，再用热水及常温水冲洗。

ZBC020 烃的概念

6. 烃类

仅由碳和氢两种元素所组成的有机化合物称为烃，又称碳氢化合物。这一类有机化工产品的来源主要是天然气、石油和煤的加工产物。例如，甲烷、丙烷、丙烯、乙炔、苯等。分子中含碳元素或碳氢元素及其衍生物的化工产品称为有机化工产品。

烃的衍生物可以看成是烃分子中的一个或几个氢原子，被其他元素的原子或原子团所取代后的生成物。例如，三氯甲烷、甲醇、乙醇、甲醛、丙酮、乙酸、苯酚、硝基苯、正丁醇、苯胺等。

ZBC021 石油苯的概念

7. 石油苯

（1）石油苯分子式：C_6H_6。

（2）性质：石油苯是无色、透明、易挥发的一级易燃液体，有芳香气味。石油苯有麻醉性及毒性，其蒸气与空气形成爆炸性混合气体。

（3）用途：用于生产苯乙烯、苯酚、合成洗涤剂，炼油中还可作为提高汽油辛烷值的掺和剂，润滑油脱蜡的溶剂。工业苯可作塑料的增塑剂、医药上的消毒剂，也可作树脂、溶剂等原料。工业苯在石油工业上用作制造石油产品添加剂的原料。

（4）保管：应储存于阴凉、通风低温库房，禁止接触火种，防止日光照射。因其极易挥发，不宜久存，储存期不超过6个月。

ZBC022 甲醛的概念

8. 甲醛

（1）甲醛分子式：HCHO。

（2）性质：常温下甲醛为无色有毒气体，其水溶液为无色澄清的液体，pH值为3，有窒息性刺激臭味，有极强的杀菌力，能刺激眼膜，对有机物具有腐蚀性和毒害性，接触皮肤能使组织坏死。如露置空气中可逐渐变成甲酸。

（3）用途：甲醛是重要的有机原料之一。广泛用于制取聚甲醛树脂、酚醛树脂等的原料。可作消毒剂、防腐剂。石油工业中用作钻井液的防腐剂等。它的水溶液又称福尔马林。

（4）保管：储于干燥通风的库房中，储存温度8~40℃，防止日晒、雨淋。渗入水、或长期储存都会发生聚合。储存期为6个月。接触皮肤时用大量清水冲洗，并移至新鲜空气处。

ZBC023 甲醇的概念

9. 甲醇

（1）甲醇俗称木精，分子式为CH_3OH。

（2）性质：无色透明液体，具有乙醇气味。易挥发，易燃烧，有剧毒。

（3）用途：基本有机化工原料之一。石油工业加入液体燃料中作抗冻剂。

（4）保管：储存于阴凉、通风的库房中，远离火种、热源。不可与氧化剂等共储，储存期不宜超过6个月。

ZBC024 乙醇的概念

10. 乙醇

（1）乙醇俗称酒精，分子式为C_2H_5OH。

（2）性质：无色透明液体，易燃烧，易挥发，按《危险货物运输规则》列为一级易燃液体。具有特殊香味和辛辣味道。分为食用、医用、工业用和工业合成用四种，除食用酒精外,其他酒精均含有甲醇,饮用后可能导致失明和死亡。

(3)用途:石油工业中用于润滑油脱蜡的溶剂。

11. 乙酸

> ZBC025 乙酸的概念

(1)无水乙酸又称冰醋酸、冰乙酸,分子式为 $C_2H_4O_2$。

(2)性质:无色透明液体,有强烈刺鼻酸味。具有腐蚀性,接触皮肤引起刺痛,发水泡。与铬酸、过氧化物、硝酸或其他氧化剂接触有爆炸危险。

(3)用途:是最重要的有机酸之一。石油工业中用于配制油井压裂液。

(4)保管:乙酸属有机酸性腐蚀物品。储存于阴凉、通风的库房或货棚,寒冷季节,保持库温在16℃以上,不使冰冻。隔绝火种,避免与皮肤接触,与氧化剂不能共储运。储存期限6~12个月。接触皮肤后可用大量清水冲洗,或用小苏打溶液洗涤。

12. 氢氧化钠

> ZBC026 烧碱的概念

(1)氢氧化钠俗称烧碱、苛性钠、火碱,分子式为 NaOH。

(2)性质:固体呈白色不透明块状,有很强的吸湿性,吸收水分和二氧化碳后生成碳酸钠。有较强的腐蚀作用,能破坏纤维素、腐蚀皮肤,在高温下对碳钢腐蚀严重,能溶于水、醇及甘油。

(3)用途:石油工业中用于精制石油产品,钻井中用作钻井液材料。

(二)橡胶制品

> ZBC005 橡胶制品的特性、用途

1. 合成橡胶

(1)分类:合成橡胶按用途分为通用橡胶和特种橡胶两大类。

(2)特性:合成橡胶除具有天然橡胶良好弹性和优良的电气绝缘性以及耐碱性的特点以外,各类合成橡胶分别具有耐磨、耐高温、耐低温、耐老化、耐油、耐光、耐臭氧、耐酸、耐溶剂、耐燃烧、耐曲挠的性能。合成橡胶在物理机械性能上也优于天然橡胶。

2. 丁腈橡胶

(1)特性:丁腈橡胶外观为黄褐色或浅黄色带状或碎块胶,是丁二烯和丙烯腈的共聚物,也包括添加第三单体的改性品种。

(2)用途:石油工业中大量使用丁腈橡胶制造钻采配件和橡胶密封件等。

3. 烟片胶

烟片胶是橡胶工业的基本原料,广泛用于各种橡胶制品,如轮胎、胶带、胶管、电缆、胶鞋、手套和雨衣等。

4. 胶管

胶管的结构:各种胶管除全胶管外,大体都由三部分组成,即内胶层、强力层和外胶层。

(1)内胶层是胶管的主要工作面,直接与输送介质接触,长期受输送介质浸泡、腐蚀和冲击,同时也起着保管强力层的作用,因而要求内胶层具有一定的抵抗输送介质的侵蚀性和密封性。

(2)强力层(也称骨架层或增强层)是胶管的骨架,是胶管承受压力的部位,因而要求具有一定的强度和刚度。胶管的强力层是用各种纤维材料或金属材料制成的,压力较低的一般使用各种纤维材料;压力门市的通常使用金属材料。

（3）外胶层是胶管的外保护层，用以保护强力层和内胶层在使用时不受外界的损伤和侵蚀，因而要求外胶层要具有一定的耐日光老化等性能。

ZBC006 橡胶制品的保管要求

5. 橡胶制品的保管要求

（1）橡胶库内不得同时存放橡胶溶剂、油类和对橡胶有损害的化工原料。胶包要避免与铜、锰、铁等有害金属接触。

（2）顺丁橡胶在运输过程中应采取防护措施，防止雨淋、水泡，不得与易燃物共储运。储存期为两年。

（3）轮胎保管期间应定期进行检查，每半个月检查一次。

（4）如果轮胎的内胎放在外胎里边存放时，在内胎的外面与外胎的里面均需撒上滑石粉，将内胎略充气，以免受潮、热而发黏。

（5）胶管应平放或卷盘平放，下垫方木或木板，垛高不超过1m，底层胶管不得重压变形，小口径的胶管可以上货架，既防止重压又可提高仓库利用率。储存期内每三个月倒垛一次。

ZBC007 塑料制品的分类、特性和用途

（三）塑料制品

1. 塑料的分类

塑料按受热后性能表现的不同可分为：热塑性塑料和热固性塑料。

（1）热塑性塑料：这一类塑料的特点是受热时软化或熔化，冷却变硬。这一过程可反复进行多次，树脂的化学结构不变。常用的热塑性塑料有聚乙烯、聚丙烯、聚氯乙烯、聚苯乙烯、有机玻璃、聚甲醛等。这类塑料的优点是加工成型简便，具有较高的机械性能；缺点是耐热性和刚性比较低。

（2）热固性塑料：这一类塑料的特点是在一定温度下容易变成黏流状态，但经过一定时间的加热，由于化学变化的结果，转变为不溶不熔的固态。这一过程不能反复出现，如再继续加热不再软化，不再具有可塑性。主要热固性塑料有酚醛塑料、氨基塑料、有机硅塑料等。这类塑料具有耐热性高，受压不易变形等优点；缺点是机械强度一般。

2. 塑料的特性

（1）质轻：塑料一般都比较轻，除了各种光洁塑料外，一般相对密度在0.9~2.3之间，聚乙烯、聚丙烯比水还轻，最重的聚四氟乙烯也比金属铝轻。

（2）可调性好：为了满足使用要求，塑料的各种性能可以通过不同途径来调整和改性。

（3）电绝缘性好：大多数塑料都具有优良的电绝缘性能。它的介电常数小，介电损耗低，耐电弧优良，可与陶瓷、橡胶等相媲美。

（4）耐腐蚀性好：一般塑料对酸、碱等普通化学药品有抗腐蚀能力。在塑料中，化学稳定性最好的是聚四氟乙烯。

（5）易加工成型：塑料的加工成型比较容易，方法比较简单，速度也较快，不像金属加工那样需要复杂的车、铣、刨等工序。塑料的成型方法主要有：模压、注射、浇注、层压、吹塑、挤出、烧结、涂层、机械加工。

（6）优良的消声和隔热作用：塑料具有优良的消声和隔热作用。在机器上装用塑料齿轮和轴承，可以减少噪声，提高运转速度。光洁塑料可用来作隔音、隔热或保温材料。

（7）优良的耐磨性和良好的自润滑性：塑料的摩擦系数很小，用它制造的摩擦零件

可以在无润滑剂的情况下有效地工作。

（8）聚氯乙烯的缺点是耐热性差，一般使用温度不超过60℃。耐寒性也不好，在0℃左右就发硬，在-16℃变脆。

3. 塑料的用途

（1）硬聚氯乙烯硬管主要用作输水管和石油化学工业上的各种管道。聚氯乙烯硬板广泛用作石油化学工业上各种储槽的衬里以及建筑物的瓦楞板、门窗结构、墙壁装饰等建筑用材。

（2）酚醛塑料粉主要适于模塑机电、仪器仪表零件，尤其适于形状复杂、表面光泽好的绝缘制品。如壳体、手柄等。

（3）可发性聚苯乙烯泡沫塑料石油工业中大量用于管道防腐保温材料。

4. 塑料制品的保管要求

（1）硬聚氯乙烯树脂及制品应储存于阴凉、干燥的库房内，一般不得露天存放。库内窗玻璃应涂白色，以防日光直晒，加速塑料老化，引起有色制品变色。

（2）软聚氯乙烯制品不可重压，码垛高不要超过1.5m，避免造成管、板制品变形。

（3）聚丙烯制品储存期限从生产日期起不应超过半年。

（4）聚乙烯制品储存期限从生产日期起不得超过一年。

（5）酚醛塑料粉应储存于通风、干燥的库房内，温度不超过35℃，不得靠近火源、暖气和受阳光直射，特别要注意防潮和防止受热。

（6）硬质聚醚型聚氨酯泡沫塑料应储存在通风干燥的库房内，不得靠近火源。

（四）煤的分类及保管

1. 煤的分类

根据干燥无灰基挥发分等指标，将煤炭分为无烟煤、烟煤和褐煤；再根据干燥无灰基挥发分及黏结指数等指标，将烟煤划分为贫煤、贫瘦煤、瘦煤、焦煤、肥煤、1/3焦煤、气肥煤、气煤、1/2中黏煤、弱黏煤、不黏煤及长焰煤。各类煤的名称可用汉语拼音字母及代号表示：WY—无烟煤；YM—烟煤；HM—褐煤；PM—贫煤；PS—贫瘦煤；SM—瘦煤；JM—焦煤；FM—肥煤；1/3JM—1/3焦煤；QF—气肥煤；QM—气煤；1/2ZN—1/2中黏煤；RN—弱黏煤；BN—不黏煤；CY—长焰煤。

2. 煤的保管

1）贮存条件

煤储存的场地，一般要求地势较高、地面干燥、平坦、地基坚实、周围排水良好。场内要留出车行道路，一般在4m以上；垛位间隔1~1.5m，堆垛要离开建筑物2m，距围墙1m以上。

2）堆码苫垫

（1）煤垛的方向，要注意南北长，东西短，以减少日晒面积。煤垛的形状，要求上下、前后、左右的长度、宽度和坡度，都应相互对称，做到线条端直，边角整齐，四棱见方，斜面平整，顶面一般可采取平顶或成畦田状，便于采取打眼、压实等措施。

（2）煤堆不宜过大，煤堆应堆到作业机械所允许的堆存高度，一般为8~10m为宜；易自燃的煤堆存高度应为3~4m为宜。

3）装卸搬运

应避免在大风天气装卸煤炭。

4）保管期限

无烟煤、贫煤的存放时间不宜超过4个月。

（五）木材的检验及保管

> ZBC012 木材的质量检验方法

1. 木材的检验方法

原条直径的检量是检量其检尺长的中央部位直径（简称中径），以2cm为单位，不足2cm时，凡满1cm者进位，不足1cm者舍去尾数。例如，量得原条中央断面直径为17cm，根据上述规定，其检尺径为18cm；量得直径为18.9cm时则应按18cm计。

原木的实际长度如大于原木标准规定的长度，而又不是较大一级的规定尺寸时，其多余部分不计。如实际长度为6.7m，而原木标准规定的长度为6.5m和7.0m，则原木长度按6.5m计算。

直接使用的原木，在检尺长范围内不许有虫眼。

原木的长级是以墨色蜡笔用阿拉伯数字写在小头断面上，直径在14cm以下的原木写在大头断面上。

> ZBC013 木材的保管要求

2. 木材的保管要求

（1）原木均存放在露天料场保管。

（2）木材保管期间主要易发生菌虫蛀蚀和变形开裂两种损坏变质现象。

（3）木材防腐处理所用的防腐剂可分为油类防腐剂、水溶防腐剂和其他防腐剂等。

（4）木材的防腐处理法可分为无压处理法和加压处理法两大类。

（5）木材质量标准中规定检验的项目有漏节、边材腐朽、心材腐朽、虫眼、外夹皮、弯曲、外伤及偏枯。

（6）运输锯材时应按树种、材种、等级、尺寸分别装卸。如为混装，必须设立标志，以免混淆。

（六）水泥

> ZBC014 水泥的验收保管要求

1. 水泥的概念

水泥是一种水硬性胶凝材料，可以和砂、石、钢筋等胶结成牢固的整体，制备砂浆和各种混凝土，在国民经济中占有重要的地位，是基本建设三大材料之一，广泛用于石油、建筑、水利、道路、桥梁、电力架线和国防等工程。

2. 水泥的验收保管要求

（1）水泥分为散装和袋装两种。散装水泥以t为计量单位，袋装水泥以t或袋为计量单位。

（2）库房要求干燥，库房地面高出室外地面20cm。如果地面没有良好的防潮层，应下垫铺设地面。

（3）袋装水泥堆垛不宜过高，以10层为宜。

（4）袋装水泥垛与墙壁及窗户保持适当距离，一般需在30cm以上。堆垛时设立标示牌，注明厂名、品种、标号、出厂日期、进库日期等。

（5）过期水泥必须重新检定标号，按实测标号使用。水泥垛用塑料薄膜封装，可适当延长储存期。

（七）玻璃的验收、保管

> ZBC015 平板玻璃的验收保管要求

（1）普通平板玻璃的尺寸偏差（包括偏斜）不得超过 ±3mm。

（2）边长尺寸大于1500mm，厚度为8~12mm的浮法平板玻璃，其边长尺寸允许偏差为±5mm。

（3）3mm厚度的平板玻璃重量箱的指标系数为1.5，6mm厚度的平板玻璃重量箱的指标系数为3.0。

（4）3mm厚度的浮法平板玻璃的透光率应达到87%。

（5）平板玻璃入库时要按厚度规格等级堆码，先进先出。

（八）沥青的验收、储运

ZBC016 沥青的验收储运要求

1. 沥青的验收

石油沥青和煤沥青的鉴别方法主要是在颜色、气味、密度、锤击、燃烧、变形、辨色等方面。

（1）颜色：石油沥青呈黑褐色，有光；煤沥青呈黑色，浑亮。

（2）气味：石油沥青较淡；煤沥青较强烈。

（3）密度：石油沥青密度约为1.0g/cm³，较轻；煤沥青密度约为1.25g/cm³，较重。

（4）锤击：石油沥青韧性好，有弹性感，声哑，断口整齐，呈贝壳状；煤沥青韧性差，性脆，声清脆，断口不整齐，有碎末。

（5）燃烧：石油沥青烟无色，略有石油味；煤沥青烟呈黄色，有刺激性臭味。

（6）变形：石油沥青受较小荷重不变形；煤沥青受较小荷重时变形。

（7）辨色：石油沥青置于报纸上，滴洒汽油纸上呈现褐色斑点，若置于酒精中，溶液无色；煤沥青按石油沥青的方法试验，其结果纸上呈青色斑点，在酒精溶液中显黄色，并带有蓝绿荧光。固体沥青敲裂后，断口黑色发亮的质量较好，暗淡的较差。

2. 沥青的储运

（1）液体及半固体沥青在运输、储存中要防止混入杂质、砂和水分，以免降低沥青的质量。液体及半固体沥青多用铁桶储存装运。

（2）沥青应储存在阴凉、通风、温度适中、干燥、远离热源、火源的仓库内，仓库地面应铺木板，以防受潮，同时可避免沥青蒸发影响保管人员的健康。

（3）沥青有毒性，特别是煤沥青含萘、蒽、酚等有毒性物质，使用及搬运时必须采取保护措施，严格执行操作规程，穿戴防护用具。

（九）砖的质量指标

ZBC017 砖的质量指标

1. 砖的强度

通常以普通黏土砖的抗压强度来确定砖的标号，分为50，75，100，150及200五个标号，50号砖的强度指标只限于手工砖使用。

2. 砖的质量等级

（1）普通黏土砖一等品的两个面厚度相差不大于3mm。

（2）普通黏土砖一等品的厚度尺寸偏差不大于±3mm。

（3）砖的混等率是本等级中混有该等级以下的各级砖的百分率。

3. 砖的外观质量检验

（1）砖的尺寸应一律整齐。

（2）砖的棱角应完整无缺，棱成直线，角成直角。

（3）一般不应有裂缝（如有极细小）。

(4)砖的断面组织应细密一致,无粗大空隙,不含碎石等物质,不分层,以手指按断面不致成块下落。

(5)火候区别:欠火红砖呈淡红色或黄色,强度小,质轻,吸水率在25%以上,敲击声哑;过火红砖呈铁锈色,甚至有结疤现象(俗称瘤红砖),呈弯曲状,火候适当的砖无过深或过浅的色彩,无斑迹纹路,敲击后发出清脆的金属声音。

(十)砂、石的验收及保管

> ZBC018 砂的保管要求

1. 砂的保管

(1)砂应堆放于露天、平坦、结实的场地,应避免积水。袋装砂应于库房或料棚内堆放。

(2)料堆的位置应尽量靠近用料处,以减少搬运的工作量,堆放应远离垃圾及生活区,以防混入脏物降低砂的质量。

(3)不同品种、规格及产地的砂应分别堆放,特殊用途的级配砂应单独保管。

(4)为防止砂被风吹散失,储存期稍长的砂应采取一定的保护措施,例如,在砂堆上平铺一层砖或砂堆四周放置临时拦阻物等,也可在砂上浇一层稀白灰水,使表面凝成防风壳。

(5)为防止级配砂改变级配,堆放砂时勿从顶部连续卸料,应从侧面顺序堆放。

(6)装运应用槽帮车辆装运,如用平板车装运,应以芦席围四周,以防散失。

(7)袋装的铸造用砂应入库保管,堆垛不宜过高,以防将下部袋压破。

(8)压裂石英砂应入库保管,防止受潮和污染。

> ZBC019 石材的验收保管方法

2. 石材的验收、保管

(1)碎石、砾石的数量验收,应选择平坦的场地,将碎石、砾石堆成整齐的梯形,表面取平、丈量后求其体积。

(2)外观验收碎石、砾石应查看其中黏土、杂物、软弱颗粒及针片状颗粒含量是否超出要求,如有怀疑,需按项目进行测定。

(3)花岗石板材入库验收时,收货仓库可抽样检验。抽样数量占总批量块数的10%,不足100块时,不得少于20块,如发现不合格品,可加倍抽查检验,不足20块者逐块检查,如不符合标准,则不予收货。

(4)天然大理石建筑板材宜于直立码放,光面相对,其倾斜度不应大于15°,垛高以1.6m为宜,底层及层间必须用木条或其他有弹性材料支垫。不能直立码放的产品,平放时应光面相对,地面必须平整,层间支垫点应在一个垂直线上,垛高以1m为宜。包装后的产品,可以码2m高。在储存保管中间要注意防潮,一般应在库内存放,如存放室外,则应遮盖。

(5)石灰应尽量储存于仓库或料棚中,要防止直接受潮,取用或发运时,应从边部顺序进行,防止破坏灰堆上部的保护层。

项目四　管理机电产品

（一）机械的基础知识

> ZBD001 机械设备常用传动方式

1. 机械传动

机械设备常用的传动方式有机械传动、电气传动、液压传动和气压传动四种形式。

（1）机械传动是由皮带轮、齿轮、轴等机械零件组成的传动机构。机械传动主要有皮带传动、链传动、齿轮传动等形式。

（2）采用电力设备和电器元件，通过调整其电路参数（电压、电流、电阻等）来实现运动和动力传递的传动形式，称为电气传动。电气传动的效率高，控制灵活，易于自动控制和远距离控制。

（3）采用液压元件，利用密封容器内的液体作为工作介质，以液体的压力能来转换和传递机械能的传动形式，称为液压传动。它即可以用于动力传动，又可以用于控制系统的传动。它能传递较大的功率，传动平稳，工作安全可靠，是近代机械制造中大有发展前途的一种传动形式。

（4）采用气压元件，利用气体作为工作介质，以气体的压力能来转换和传递机械能的传动形式，称为气压传动。工作原理与液压传动相似。气压传动动作灵敏，调整方便，无污染，结构简单，易实现自动控制。但其稳定性差，效率较低，常用于机床的定位、夹紧系统、汽车刹车系统等。

以上各种传动方式在机械设备中可单独使用，也可用两种或多种方式配合使用，目前仍以机械传动应用最多最广。

> ZBD002 机电产品的包装要求

2. 机械包装

机械设备在运输、储存和管理过程中，都要采取一定形式的包装，以保护机械产品的质量和数量不受损失。包装分为内包装和外包装两类：

内包装：一般不适合于陆路和水路运输及装载要求。但内包装一般能起到保护质量，防止破损、便于点数、防止丢失；便于携带、使用和管理的作用。内包装材料一般使用防潮纸（袋）、塑料薄膜（袋）、塑料盒（筒）、精制木盒（箱）和瓦楞纸盒、纸箱等。特殊的还设防震弹簧装置。

外包装：外包装要牢固可靠，以适合陆路和水路运输及装载要求，要根据物体大小、轻重和考虑装卸作业的方式进行设计，以便承受一定压力。包装应经得起一般磋、碰、挤、勒、颠等。这里指的是外包装要求，在装卸运输和保管过程中还应按指示标志操作。包装所用材料要根据箱件的大小和轻重，正确合理地选用。

机械包装根据包装箱的体积大小及制作规定，分为四种箱型，见表3-1-2。

表3-1-2　包装箱的体积大小及制作规定

箱型	体积，m³	制做规定							
		裹边	打腰	包角	框架	支撑	底托	气眼	开门
小型箱	0.1以下	▲	▲	—	—	—	—	—	—
中型箱	0.1~1.0	△	▲	—	△	△	△	△	—

续表

箱型	体积，m³	制做规定						
		裹边	打腰	包角	框架	支撑	底托	气眼	开门
大型箱	1.0~8.0	—	—	▲	▲	▲	▲	▲	△
特大型箱	8.0以上	—	—	▲	▲	▲	▲	▲	▲

注：▲表示必须照规定制作，△表示根据需要制作。

3.常用机电产品的验收

机电产品验收内容包括：验收凭证及资料核查、数量验收、包装和外观质量验收、产品性能检验及进口物资检验。

（二）金属机械加工设备

机械加工设备是指用于金属切削、锻压、铸造等机器设备的总称，包括金属切削机床、锻压机械、铸造设备等。

1.金属切削机床型号表示方法

[ZBD003 机床的类代号]

我国的金属切削机床型号表示方法按《金属切削机床型号编制方法》（GB/T 15375—2008）要求，由基本部分和辅助部分组成，中间用"/"隔开，前者统一管理，后者是否纳入型号由企业确定，型号构成如图3-1-1所示。

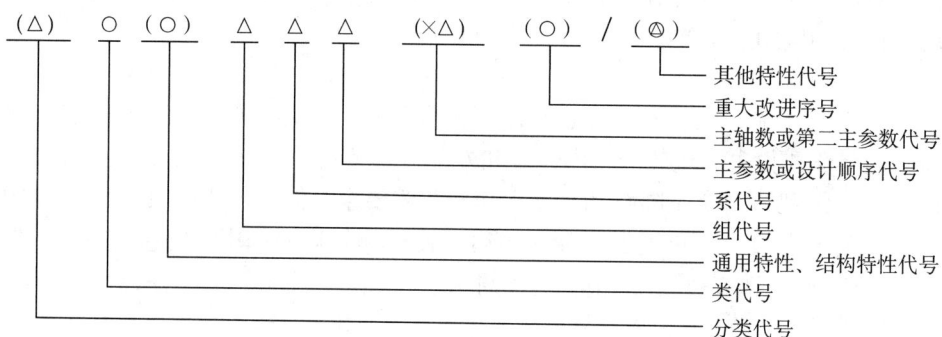

图3-1-1 通用机床型号构成

1）类、组、系划分

机床分为11类，类代号用大写的汉语拼音字母表示，如车床用"C"表示。若有分类代号，则分类代号在类代号的前面，用阿拉伯数字表示。对于有两种功能的机床，编号时主要功能应放后面，次要功能放前面。机床的类代号见表3-1-3。

表3-1-3　机床类代号表

类别	车床	钻床	镗床	磨床			齿轮加工机床	螺纹加工机床	铣床	刨插床	拉床	锯床	其他机床
代号	C	Z	T	M	2M	3M	Y	S	X	B	L	G	Q
参考读音	车	钻	镗	磨	二磨	三磨	牙	丝	铣	刨	拉	割	其

2）通用特性及结构特性代号

（1）通用特性代号。

所谓通用特性，是指机床在精度、自动化、型式等方面的不同特征。机床的通用特性及代号用大写汉语拼音字母表示，详见表3-1-4。通用特性代号有统一的固定含义，在各类机床型号中表示的含义相同。这个代号仅适用于普通型式而又有某种通用特性的机床。

表3-1-4　机床通用特性代号表

通用特性	高精度	精密	自动	半自动	数控	加工中心-自动换发	仿形	轻型	加重型	简式或经济型	柔性加工单元	数显	高速
代号	G	M	Z	B	K	H	F	Q	C	J	R	X	S
读音	高	密	自	半	控	换	仿	轻	重	简	柔	显	速

（2）结构特性代号。

机床的结构特性是指某类机床的主参数相同而结构、性能不同的机床。结构特性代号用除通用特性代号和"I""O"以外的大写汉语拼音字母表示。结构特性代号为机床制造企业自定代号。

在机床型号中有时可能会同时出现几种通用特性或出现既有通用特性又有结构特性的代号，其格式规定为通用特性代号排列于结构特性代号左侧；在几种通用特性代号中，最主要的通用特性代号应排列在最左侧。

3）组、系代号

在机床型号的编制方法中，按机床结构性能及使用范围基本相同的原则，将每类机床分为十个组；在同一组机床中主参数、工件及刀具本身和相对运动特点基本相同，基本结构及布局型式相同的机床划为同一系，每个组又分十个系。组系代号用二位阿拉伯数字组成，前为组，后为系，分别用0~9表示。机床的类代号、组系代号一起共同组成机床的标准规定名称。

4）主参数或设计顺序代号

（1）主参数。

主参数是机床各参数中最主要的一个或两个参数，它反映了该机床的加工能力，是确定机床主要零、部件尺寸的依据。如车床上加工工件的最大回转直径，便是车床常用的主要参数。主参数采用折算值表示，即主参数的实际值（mm）乘以1/10或1/100等折算系数以后写于型号中。当折算值大于1时取整数表示，折算值前均不加0；当折算值小于1时，则以主参数表示，并在前面加0。

(2)设计顺序代号。

设计顺序代号是指某些通用机床无法用一个主参数表示时,则机床型号中采用设计顺序号来表示。它是由 1 开始,当设计顺序号小于 10 时则在设计顺序号之前加"0"。

5)第二主参数代号。

第二主参数代号是除主参数外的另一个表示机床加工能力的补充参数,用"×"号与主参数分开,读作"乘"。如车床上车削工件的长度便是车床采用的第二主参数。当第二主参数的变化引起机床结构较大变化时采用,第二主参数的折算系数一般是:对于长度用 1/100 折算,对于直径、深度、宽度等用 1/10 折算,对于模数、厚度等采用实际值。

6)重大改进顺序号

重大改进顺序号是指机床的结构、性能有重大改进及提高,并按新产品重新设计、试制和鉴定的顺序号。它按汉语拼音字母 A、B、C 等的顺序选用(I、O 除外),以此区别于原机床品种的型号。

7)同一型号的变型代号

同一型号的变型代号是指为了适应不同加工需要,在机床基本型式的基础上,仅仅改变机床的部分性能和结构时为了与原型机床区别而采用的代号。用数字 1、2、3 等的顺序表示,并用"/"分开,读作"之"。

2. 金属切削机床的分类

(1)金属切削机床按照重量分为一般机床、重型机床、大型机床、超重型机床。

(2)金属切削机床按机床的加工精度分为普通机床、精密机床和高精度机床。

(3)金属切削机床按自动化程度分为一般机床、半自动机床、自动机床。

(4)金属切削机床按使用上的万能性程度,可以分为通用机床、专用机床和专门化机床。

(5)金属切削机床按机床控制方式分为一般机床、仿形机床、程控机床,数控机床。

(6)金属切削机床按机床的加工方式和用途分为车床、钻床、镗床、磨床、齿轮加工机床、螺纹加工机床、铣床、刨插床、拉床、锯床和其他机床。

(三)工业泵

泵的基本性能参数是反映各种泵工作时所具有的共性参数。反映了泵在工作状态变化时,其基本性能参数之间的变化规律和性能变化曲线,是泵工作性能的重要反映。

1. 泵的主要参数

1)流量(Q)

流量是泵在单位时间内输送液体的体积或质量。体积流量用 Q 表示,单位为 L/s、L/min、m³/h。质量流量用 G 表示,单位为 kg/s、kg/min、t/h。流量是反映泵工作能力大小的一个重要参数,在泵铭牌或说明书上标出的流量,是泵在其介质为清水状态下高效工作的流量,也称为额定流量。

2)扬程

扬程也称为压头,是指每千克的液体通过泵后所增加的机械能。扬程用 H 表示,单位为米水柱或帕(Pa)(1 米水柱≈ 10^4Pa)。一般情况下,泵的扬程由吸上扬程和压出扬程两部分组成。在铭牌上标出的扬程值,是反映泵在其介质为清水状态下高效工作的扬程值,也称为额定扬程,它与额定流量相匹配。

3）功率（P）

功率表示泵在单位时间所做功的大小，用 P 表示，单位为千瓦（kW）。泵的功率分输出功率（P_u）、轴功率（P_a）、原动机输入功率或称配套功率（P_{gr}）。一般 P_{gr}=（1.1～1.3）P_a。

4）效率（η）

效率是指泵输出功率（P_u）与轴功率（P_a）之比（用百分数表示），它表示轴功率的利用程度。效率越高，泵的使用越经济。一般在泵铭牌上标出的效率是泵的最高效率。

5）转速（n）

转速是指泵在原动机的拖动下每分钟旋转的次数，用 n 来表示。

2. 离心泵的表示方法

1）IS 型单级单吸离心泵

IS 型单级单吸离心泵是按国际标准 ISO 2858 所规定的尺寸、性能与我国泵行业进行联合设计生产的新型泵，已有很多个品种。IS 系列泵性能范围：流量 Q 为 6.3～400m³/h，扬程 H 为 5～125m。IS 型单级单吸离心泵的表示方法如图 3-1-2 所示。

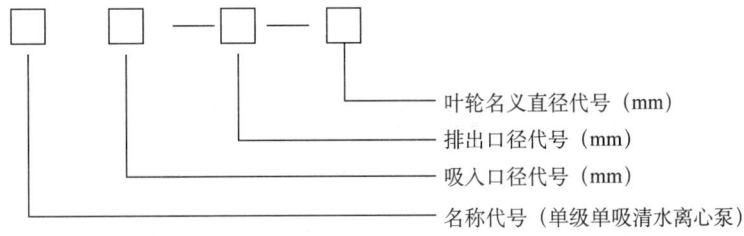

图3-1-2　IS型单级单吸离心泵表示方法

例如，IS80—50—250 表示：吸入口径为 80mm，排出直径为 50mm，叶轮名义设计标准直径为 250mm 的单级单吸清水离心泵。

2）一般单级双吸式离心泵

单级双吸式离心泵主要用于输送液温不超过 80℃ 的清水和物理化学性质类似水的液体。其性能范围：流量 Q 为 160～180m³/h，扬程 H 为 11～125m。该泵的特点是有一个双吸式叶轮，可从叶轮的两侧同时吸入液体以增加大流量。

单级双吸式离心泵由泵体、泵盖、叶轮、泵轴、密封环、轴套、填料套、填料、填料环、水封管、填料压盖、抽套螺母、机座、电动机等主要零部件组成。

单级双吸式离心泵型号编制方法如图 3-1-3 所示。

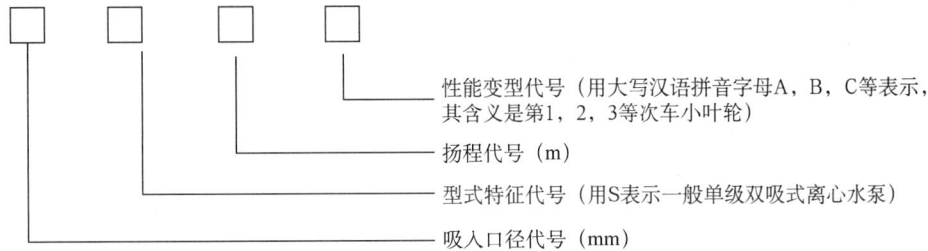

图3-1-3　单级双吸式离心泵型号表示方法

例如，250S65B 表示吸入口直径为 250mm，扬程为 65m，经过第二次切割叶轮外径的一般单级双吸离心水泵；400S100B 表示吸入口直径为 400mm、扬程为 100m，经过第一次切割叶轮外径的一般单级双吸离心水泵。

3）一般多级离心泵

一般多级离心泵用于输送液温不高于 800℃ 的清水或物理化学性质类似水的其他液体。其适用于高层建筑的供水和矿山排水。多级离心泵的性能范围：流量为 $10\sim720\text{m}^3/\text{h}$，扬程为 $23\sim630\text{m}$。该泵的结构是将多个单级叶轮串联在一根泵轴上，液体依次从前一级叶轮的出口通过导轮压入下一级叶轮的入口，每经过一级叶轮，液体的压力增加一次，级数越多，液体增加的压力越大，扬程越高。在通常情况下，叶轮级数不超过 13 级，当前多级离心泵趋向于高转速、少级数。

多级离心泵型号有以下两种表示方法，第一种是流量—扬程（Q–H）表示方法，如图 3–1–4 所示。

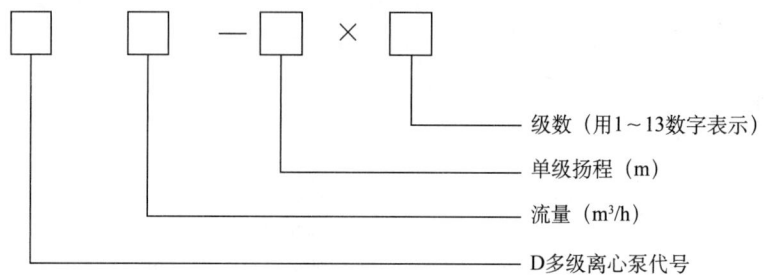

图 3–1–4　多级离心泵流量—扬程（Q–H）表示方法

第二种为吸入口径—扬程（d–H）表示方法，如图 3–1–5 所示。

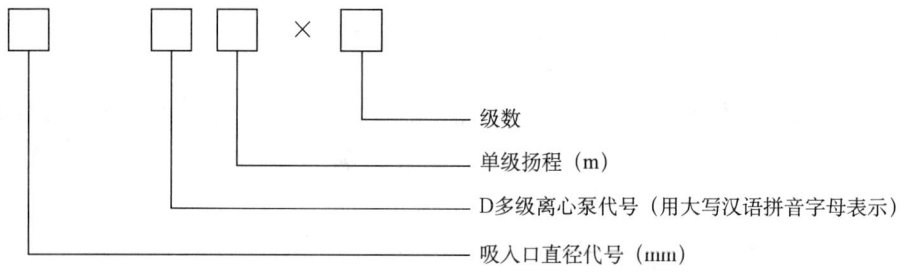

图 3–1–5　多级离心泵吸入口径—扬程（d–H）表示方法

例如，D155—67×4 表示流量为 $155\text{m}^3/\text{h}$，单级扬程 67m，共有 4 级叶轮，总扬程为 268m（67m×4=268m）的分段式多级离心泵。

4）小型潜水电泵

潜水电泵是专用泵，主要用于从井中提水或浅水排灌、矿山给排水或物理化学性质类似清水的液体。该类泵性能范围：流量为 $1.5\sim250\text{m}^3/\text{h}$，扬程为 $3\sim55\text{m}$。根据国家有关规定，该泵为单级或多级立式外装型，其按结构及配装方式分为五种型式：有单相干式下泵型电泵、干式下泵型电泵、干式上泵型电泵、充油上泵型电泵和充水上泵型电泵。小型潜水电泵型号表示方法如图 3–1–6 所示。

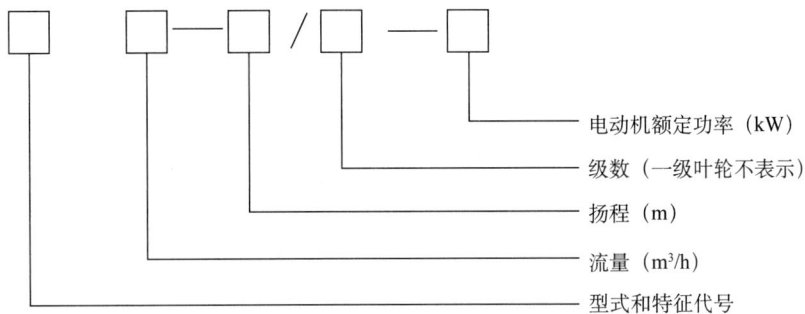

图3-1-6 小型潜水电泵型号表示方法

小型潜水电泵型号说明：型式和特征代号用大写汉语拼音字母表示，"Q"表示小型潜水电泵；"D"表示单相电动机（三相电动机不表示）；"Y"表示充油式电动机；"S"表示充水式电动机；"X"表示下泵式（上泵式不表示）。流量：用数字表示，单位为 m³/h。扬程：单级或多级扬程；用数字表示，单位为 m。级数用数字表示，单级不表示。电动机额定功率用数字表示，单位为 kW。

例如，Q40—28/2—3 表示流量为 40m³/h，总扬程为 28m，2 级电动机，额定功率 3kW 的三相干式上泵小型潜水电泵。

5）离心式污水潜水电泵

离心式污水潜水电泵主要用于输送含污物、纤维、固体颗粒的液体。该泵为单级单吸立式，泵与电动机共轴，叶轮分为开式、半开式、闭式三种。该类泵性能范围：流量 Q 为 $2\sim600\mathrm{m^3/h}$，扬程 H 为 $5\sim30\mathrm{m}$。按排出液体的方式分为外装式、内装式、半内装式三种型式。离心式污水潜水电泵型号表示方法如图 3-1-7 所示。

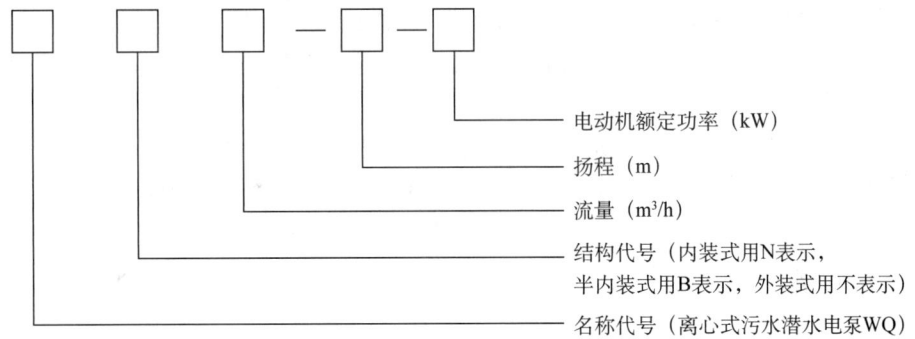

图3-1-7 离心式污水潜水电泵型号表示方法

例如，WQ32—15—4 表示流量为 32m³/h，扬程为 15m，电动机功率为 4kW 的外装式离心式污水潜水电泵；WQN32—20—5 表示流量为 22m³/h，扬程为 20m，电动机额定功率为 5kW 的内装式离心式污水潜水电泵。

（四）风机和压缩机的验收

1. 风机的验收

风机的验收要求如下：

（1）叶片应均匀分布在叶轮上，可用手转动主轴，其叶轮旋转时叶片不得触及机壳。

（2）风机外表油漆层应光洁，色调一致，无流痕及脱落等缺陷。

（3）机壳内部表面、叶轮、盖板及节流装置等均应涂红丹防锈漆。

（4）电动机应无受潮、发霉现象。

2. 压缩机的验收

压缩机的验收要求如下：

（1）凡运转部分必须光滑灵活，不得过紧过松。表面无斑点，无损伤，并应涂有防锈油层。

（2）风冷式散热片不得凸凹或碎裂。

（3）管路连接部分要牢固，不得松脱或断裂．铜管不得有瘪进和裂纹等现象。

（4）压力表。温度表和其他指示仪表的表壳和表盘不得碎裂，刻度指示针必须灵活准确。

（5）电动机及其开关不得受潮发霉，必要时应采用仪表测量其绝缘性能。

（五）阀门的分类

> ZBD007 阀门的分类

阀门是安装在管道、设备或容器上，用来控制流体的流量、压力或改变流向的部件的总称，是石油、化工及工农业生产和人们日常生活中不可缺少的通用机械产品。

阀门的品种规格多，结构形式种类繁杂，但一般阀门都是由阀体、阀盖、密封装置（填料）阀杆、驱动装置、启闭件（阀芯或称阀瓣）阀座等主要部件组成。

（1）阀门按结构和使用范围不同分为闸阀（Z）、截止阀（J）、节流阀（L）、球阀（Q）、蝶阀（D）、隔膜阀（G）、旋塞阀（X）、止回阀（H）、安全阀（A）、减压阀（Y）和疏水阀（S）11大类。

（2）阀门按承受的压力可分为真空阀、低压阀、中压阀、高压阀和超高压阀。

（3）阀门按控制作用可分为截断类阀门、调压类阀门、分流类阀门、止回类阀门和安全类阀门5大类。

（4）阀门按工作温度分为常温阀门、中温阀门、高温阀门、低温阀门和超低温阀门。

（5）阀门按阀门与管道连接形式不同分为内螺纹连接阀门、外螺纹连接阀门、法兰连接阀门、焊接连接阀门、对夹连接阀门、卡箍连接阀门和卡套连接阀门7大类。

（6）阀门按驱动方式不同可分为自动阀门和他动阀门。

（六）管路配件

> ZBD008 法兰的分类

1. 法兰

法兰连接就是把固定在两个管口上的一对法兰中间放入垫片，然后用螺栓拉紧使其接合起来。

（1）按法兰的连接方式分平焊法兰、对焊法兰、螺纹法兰、承插焊法兰和松套法兰。

（2）按法兰的密封面形式分为平面、突面、凹凸面、榫槽面和环连接面等。

（3）按法兰的材料分为铸铁法兰、钢法兰、塑料法兰、铜法兰等。

（4）按法兰的结构形式分为整体法兰、带颈螺纹法兰、对焊法兰、带颈平焊法兰、带颈承插焊法兰、对焊环带颈松套法兰、板式平焊法兰、对焊环板式松套法兰、平焊环板式松套法兰、翻边环板式松套法兰、法兰盖等（图3-1-8）。常用的法兰主要有平焊法兰、对焊法兰和螺纹法兰。

①平面法兰（FF），这种法兰密封面主要用于低压管道系统中，对应的垫片材质多为石棉橡胶等非金属软性材质。

②突面法兰（RF），这种法兰密封面所对应的垫片外径正好与螺栓内切圆直径相当，安装时可借助螺栓使垫片位置固定在法兰中央。适合在一般操作条件下使用，不适合在较严峻的操作条件下（如高温、高压、易渗漏）使用。突面密封是应用量最大、用途最广泛的密封面。

③凹凸面法兰（MF），这种法兰密封面所对应的垫片嵌在凹面的凹槽中，减少了垫片被冲出的可能，安装时也便于对中，使用工作压力较平面、突面高，常用于操作条件较严峻、密封要求较高的场所。但两密封面不一致，使用范围受到限制，拆卸维修不便；使用过程中，破碎的垫片易进入管道系统。

④榫槽面法兰（TG），这种法兰密封面的密封性能与凹凸面相似，又优于凹凸面，所对应的垫片在凹槽内受两侧金属的限制，可防止垫片变形而被挤入管路中。由于垫片不与管内介质直接接触，较少遭受介质的侵蚀或腐蚀，故可用于高压、易燃易爆、有毒有害等密封要求较严的场所。但这种法兰密封面加工比较困难，更换垫片时易损伤密封面，而且安装和拆卸时必须在轴向将法兰分开。

⑤环连接面法兰（RJ），这种法兰密封面有着较好的密封性能，对安装要求也不很严格，适用于高温高压介质输送管路。与榫槽面法兰一样，在安装和拆卸时必须在轴向将法兰分开。

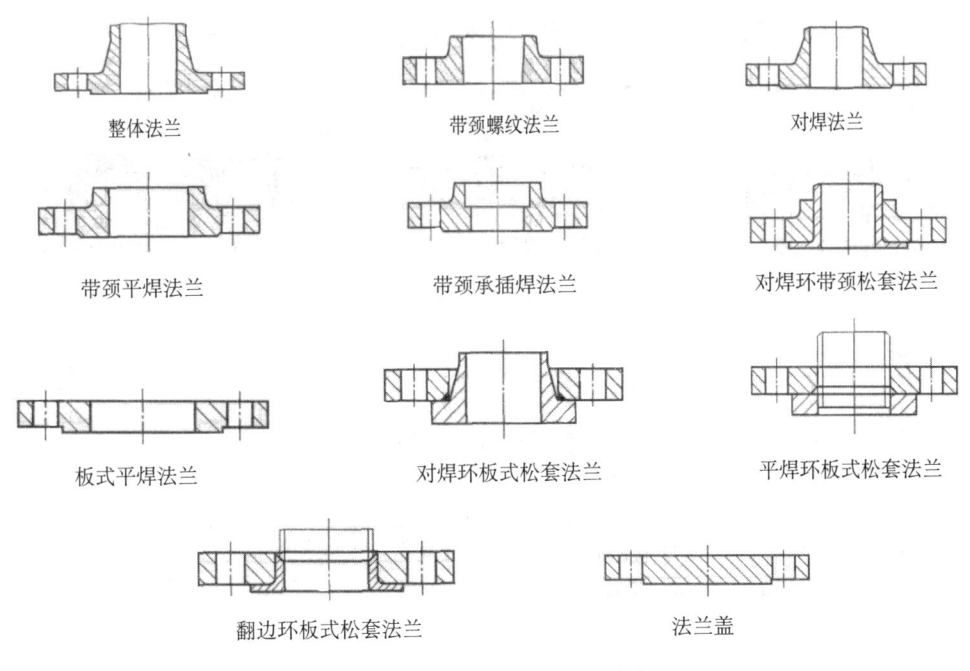

图3-1-8 法兰的结构形式分类

2. 锻钢制螺纹管件

管子与管子的连接方式采用螺纹连接，工艺采用模锻成型和切削加工或利用型材直接加工等方法制造的管件称为锻钢制螺纹管件。常用品种有：弯头［其中，弯头包括内、外螺纹的月弯弯头、异径弯头、直角弯头（角度均为90°），半弯弯头（角度为45°）；

弯头的连接方式有内螺纹、外螺纹和焊接三种形式）]、等径三通、异径三通、等径四通、异径四通、双接口管箍、单接口管箍、管帽、四方头管塞、六方头管塞、圆头管塞、六角头内外螺纹接头、无头内外螺纹接头等。

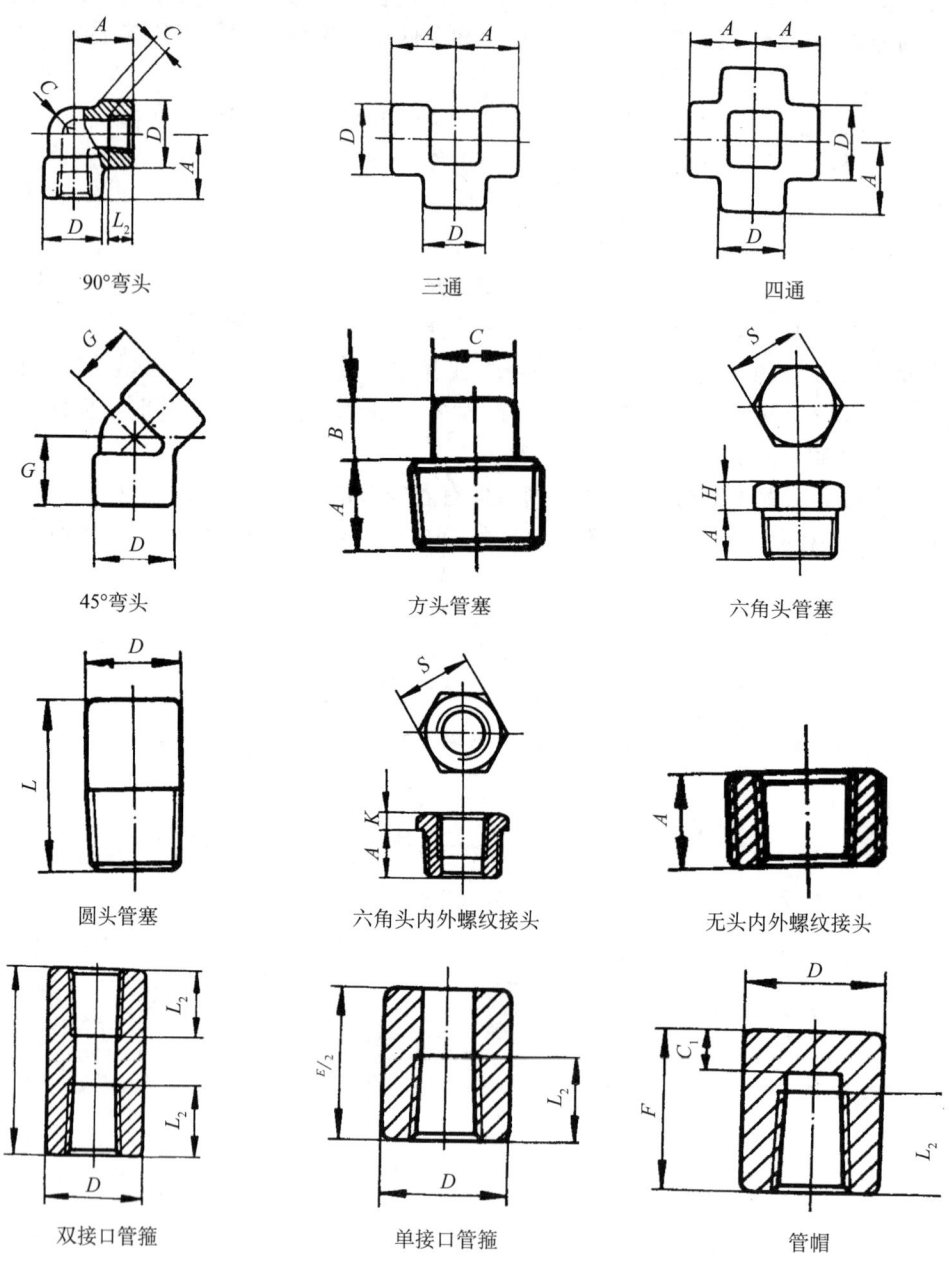

图3-1-9 常用锻钢制螺纹管件

ZBD011 常用对焊无缝管件品种

3. 钢制对焊无缝管件

管件与管件的连接方式采用对焊连接，称为对焊管件。在对焊管件中，通常采用无缝钢管推制加工而成的称为对焊无缝管件。

常见管件种类和代号见表3-1-5。

表3-1-5 管件的种类和代号

品种		类别	代号
45°弯头		长半径	45E（L）
90°弯头	同径弯头	长半径	90E（L）
		短半径	90E（S）
	异径弯头	长半径异径	90E（L）R
180°弯头		长半径	180E（L）
		短半径	180E（S）
异径接头		同心	R（C）
		偏心	R（E）
三通		等径	T（S）
		异径	T（R）
四通		等径	CR（S）
		异径	CR（R）
管帽			C
松套法兰翻边短节		长型	SE（L）
		短型	SE（S）
对焊支管座		标准型	BOF（S）
		加强型	BOF（E）
		特加强型	BOF（ES）

4. 钢板制对焊管件

在对焊管件中，除无缝对焊管件外，管件采用钢板或钢带经过冷加工或热加工成形。根据公称尺寸和制造方法的不同，允许在壳体上有一条或两条以上纵向焊缝的焊件，称为钢板制对焊管件。与无缝对焊管件相比，这种管件的规格较大。

常用的品种有 $DN150 \sim DN1200$mm 的长半径弯头、90°短半径弯头、等径三通和四通、异径三通和四通、大小头、管帽等。

（七）密封件

ZBD009 密封件的分类

密封件是指在机器、设备中防止泄漏，起密封作用的配件（包括金属件及非金属件）。较复杂的密封件称为密封系统或密封装置。

密封件可分为静密封件和动密封件两大类。

1. 静密封件

相对静止的结合面之间的密封件称为静密封件。密封垫片是法兰接头中很重要的一个组成部分。法兰接头在管道装置中应用十分广泛，仅一个大型炼油厂的法兰接头用量

就达 2×10^5 个以上。静密封件主要包括非金属软垫片、金属复合垫片、金属垫片、密封胶和胶黏剂四个类型（图3-1-10）。

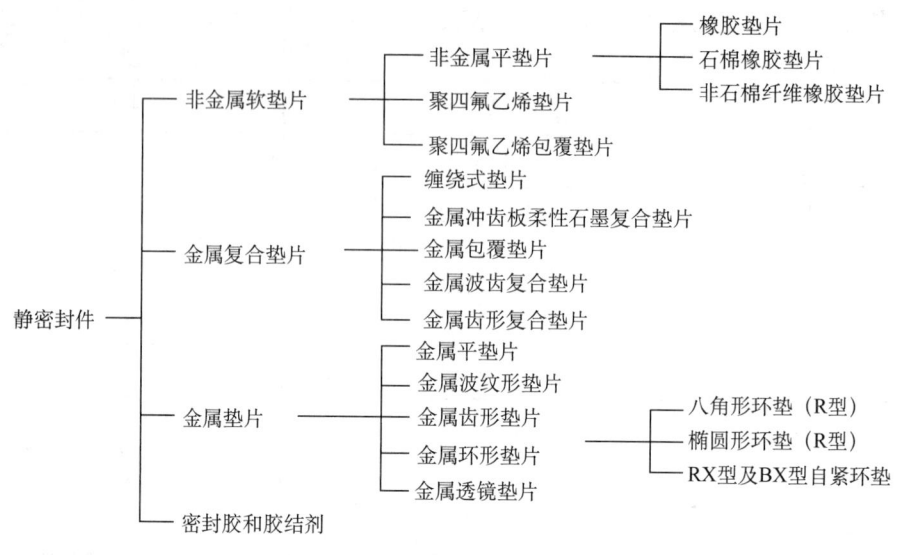

图3-1-10　静密封件的分类

1）非金属软垫片

非金属软垫片是指用非金属密封材料加工制作的垫片。主要由石棉橡胶板、纯聚四氟乙烯、非石棉纤维橡胶板和橡胶裁制成的垫片等。非金属软垫片主要包括非金属平垫片、聚四氟乙烯垫片和聚四氟乙烯包覆垫片三种。由非金属材料制成的平垫片在垫片产品中占有很重要的地位，它有橡胶垫片、石棉橡胶垫片和非石棉纤维橡胶垫片三种。

2）金属复合垫片

金属复合垫片虽然具有很好的柔软性、压缩性和所需螺栓载荷低等的优点，但耐高温、高压性能均不如金属垫片，为结合金属材料强度高、回弹性好、能承受高温的特点，制成了具有两者组合结构的垫片，即金属复合垫片或半金属垫片。

金属复合垫片用途较广，品种多种多样。典型金属复合垫片包括缠绕式垫片、金属包覆垫片、金属冲齿板柔性石墨复合垫片、金属波齿复合垫法和金属齿形复合垫法5类。

3）金属垫片

基于金属的特点，在高温、高压及载荷变化频繁等苛刻的操作条件下，可以首选金属材料制成密封垫片。

标准金属垫片主要包括金属波纹型垫片、金属环形垫片、金属齿形垫片、金属透镜垫片和金属平垫片。金属环形垫片又可细分为八角形环垫和椭圆形环垫以及 RX 型和 BX 型自紧环垫等。

4）密封胶和胶黏剂

密封胶和胶黏剂并无严格区分，两者所用原材料大体相同。但应用侧着点不同。

密封胶着重于密封，密封连接可拆；胶黏剂虽也起密封作用，但着重于强度，密封连接通常不可拆。在某些情况下，密封胶也起胶黏作用，密封胶可视为胶黏剂的一部分。

（1）密封胶。

密封胶是用于机械产品静密封部分的一种新型高分子密封材料，也称液态垫片。密封胶是作为一种填充填料加在设备各部件的接合面之间起密封作用，具有耐高压、耐介质性好，适用温度范围广、不会因密封材料疲劳引起界面泄漏等优点。

密封胶主要有两类，即液态密封胶和厌氧密封胶。密封胶通常可按化学成分、应用范围、固化特性、强度及涂膜特性予以分类。

（2）胶黏剂。

胶黏剂又称胶接剂和黏合剂。胶黏剂具有良好的胶接功能，能把两种相同或不相同的固体材料胶接在一起，可部分代替焊接、铆接、螺纹连接、套接及机械装配等连接方法，能减轻工作重量、简化工作工艺、降低制造成本、提高产品质量和劳动生产率，还可用作密封、堵漏的密封剂。

按胶黏剂的使用性能和用途可分为结构型胶黏剂、非结构型胶黏剂和特种胶黏剂。

①结构型胶黏剂有：酚醛－缩醛胶（包括酚醛－缩醛－有机硅胶）、酚醛－尼龙胶、酚醛－丁腈胶、环氧胶（胺类、酸酐、咪唑等固化的未改性环氧胶）、环氧－聚酰胺（低分子）胶、环氧－尼龙胶、环氧－聚砜胶、环氧－缩醛胶、环氧－丁腈胶、不饱和聚酯和丙烯酸聚脂胶、丙烯酸树脂胶（包括氰基丙烯酸酯胶）、聚酸亚胺和聚苯并咪唑胶。此外，无机胶也是一种常用的结构型胶黏剂。

②非结构型胶黏剂（或称通用型胶粘剂），主要用于胶接力不受力或受力较小的部件。它对力学性能的要求不如结构胶严格，但其他性能必须满足一定的要求。

③特种胶黏剂，主要用于某些有特殊性能要求的连接件，例如，导电胶、点焊胶、光敏胶、压缩胶、应变胶、水下用胶、厌氧胶及液态密封胶等。

2. 动密封件

相对运动的结合面之间的密封件称为动密封件（图3-1-11）。

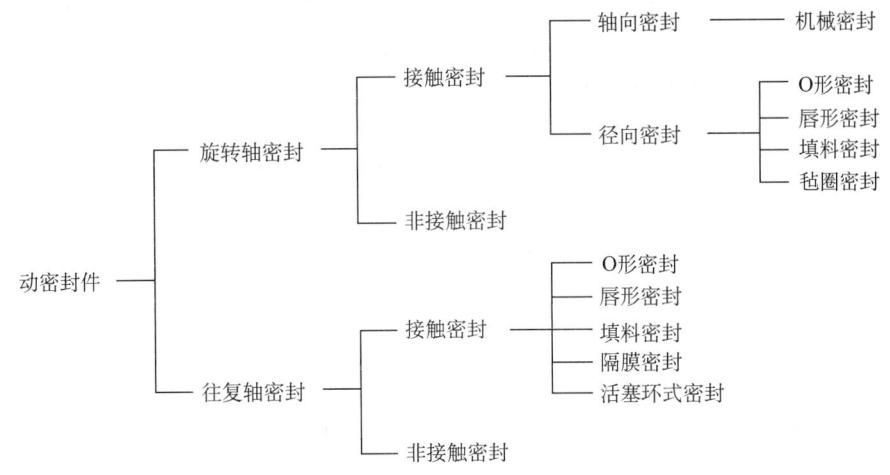

图3-1-11　动密封件的分类

现简要介绍常用的五种动密封件。

1）机械密封

机械密封是为各种主机配套的重要通用基础件，由至少一对垂直于旋转轴线的端面，在流体压力和补偿机构弹力或磁力的作用下以及辅助密封的配合下保持贴合相对滑动面构成的防止流体泄漏的装置。由于主要密封面是端面，因此也称为端面密封。机械密封是一种旋转轴用动密封，但在静止时也同样起密封作用的装置。

机械密封是一种由静环、动环、弹簧补偿机构（包括推环、弹簧、弹簧座、固定螺钉、传动销）、辅助密封（动环密封圈和静环密封圈）等元件组成的动密封结构。防转销固定在压盖上，用以防止静环转动。

机械密封按应用的主机分为泵用、釜用、透平压缩机用、风机用、潜水电动机用、冷冻机用及其他主机用等机械密封。

2）填料密封

以填料作密封件的密封称为填料密封。填料密封又称压盖填料密封（俗称盘根），它靠压盖产生压紧力，从而压紧填料，迫使填料压紧在密封表面（轴的外表面和密封腔）上，产生密封效果的径向力，因而起密封作用。填料密封是动密封中的一种传统的接触式密封，广泛应用于石油、化工、石油化工、电力及原子能等工业的泵、阀、压缩机、反应釜和储存、输送流体介质的机械装置中，可作为防止流体介质泄漏的密封件。

填料是获得密封效果的关键，在填料采用的原料中，纤维类的有天然纤维（如棉、麻、毛等）、矿物纤维（如石棉）及合成纤维（如四氟乙烯纤维、碳素纤维、耐焰纤维及石墨纤维等碳纤维、酚醛纤维、陶瓷和金属纤维等），箔带类有高分子材料、柔性石墨及金属箔（铅、锡、铝、铜等）。多数的填料都采用复合型材料，如柔性石墨编织填料，就是由各种纤维（如棉、碳纤维、金属丝等）增强的柔性石墨线（捻）编织而成的；而石棉编织填料，则多数浸有橡胶、聚四氟乙烯、石墨等。金属填料也多与石棉/橡胶等包覆层复合。

填料密封按其结构一般分为：编织填料、压制成型的塑性填料及金属填料三类。编织填料是填料密封主要采用的形式。编织填料主要包括聚四氟乙烯编织填料、碳化纤维/聚四氟乙烯混编材料、碳（化）纤维浸渍聚四氟乙烯编织填料和柔性石墨填制填料等。金属填料也多与石棉/橡胶等包覆层复合。

3）往复用橡胶密封圈

往复用橡胶密封圈主要分为单向密封橡胶密封圈、双向密封橡胶密封圈、橡胶防尘密封圈。

根据橡胶圈的结构形式，单向密封橡胶密封圈分为Y形橡胶密封圈、蕾形橡胶密封圈和V形组合橡胶密封圈；双向密封橡胶密封圈分为鼓形橡胶密封圈和山形橡胶密封圈；橡胶防尘密封圈分为A形防尘圈、B形防尘圈和C形防尘圈。

4）旋转轴用唇形密封圈

旋转轴用唇形密封圈通常又称油封。它的结构通常由三个部分组成，即橡胶密封部分，金属骨架或金属壳体，金属弹簧圈。

旋转轴用唇形密封圈的基本类型共有以下6种：

(1)类型1（B形）：内包骨架型。
(2)类型2（W形）：外露骨架型。
(3)类型3（Z形）：装配型。
(4)类型4（FB形）：带副唇内包骨架型。
(5)类型5（FW形）：带副唇外露骨架型。
(6)类型6（FZ形）：带副唇装配型。

5）O形橡胶密封圈

O形橡胶密封圈是一种小截面的圆环形密封元件，其常用面是圆形的，也有方形、X形、H形等异形截面。O形密封圈通常是用合成橡胶制造的。它主要安装在常用的矩形沟槽和端面倒角槽中使用，也有安装在燕尾槽、偏矩形槽等异形沟槽中使用。

O形橡胶密封圈广泛用于液压、空压系统和真空设备中，也用作容器压盖的衬垫或管道接头的密封件。它还是机械密封、浮动环密封等其他密封形式的重型配件。

O形橡胶密封圈按照密封方式来分，有常用密封（包括静密封、往复动密封）和特殊密封（包括转动密封、滑动密封、浮动密封、开关密封）两种。

常用密封在往复运动情况下，O形密封圈的一般结构形式有外装式结构和内装式结构两种。通常外装式结构用于活塞密封，以隔离液压缸的内部腔室，因此又称内部密封；内装式结构用于活塞杆密封，因此又称外部密封。

3. 密封件的验收和保管

1）密封件的验收

除通用验收要求外，密封件在验收时应注意以下几点：

(1)垫片表面要求平整、光滑、厚度均匀、无翘曲变形，无裂纹、气泡，不得有孔眼、皱褶及夹渣等可能影响使用性能的缺陷。

(2)金属复合垫片的表面不允许有影响密封性能的径向贯通的划痕、空隙、凹凸不平及锈斑等缺陷；垫片的填充带应均匀，并适当高出金属带，层间纹理清晰，不应显露金属带；焊点应在金属带"V"形截面的对称面上，焊点间距离应均匀，不应有未融合或过融等缺陷；内环和定位环表面不应有毛刺、凹凸不平、锈斑等缺陷；内环与密封元件间应紧密固定。

(3)金属垫片的密封面不得有锈斑、划痕、磕痕、裂纹和凹陷。

(4)橡胶密封圈不允许有轴向划痕；夹织物橡胶密封圈不允许有断线、离层，对于分型面在工作面的夹织物橡胶密封圈，其胶边高度、宽度和修损深度不得大于0.2mm。橡胶制密封件的橡胶表面应无发硬、发黏、龟裂等老化现象。

2）密封件的保管

密封件的保管要求如下：

(1)密封件应存放在清洁、干燥通风、防尘的库房内。

(2)橡胶制密封件应防晒、防高温、防潮，不得与石油、油脂或汽油接触。

(3)石棉制垫片不得压、摔，不得与油脂接触。

(4)填料密封应防晒、防潮、防压。

(5)密封件存放时应避免阳光直射，远离热源1m以上。

（八）非金属管件

> ZBD010 非金属管件的分类

1. 非金属管件

非金属管件按内衬材质分主要有 PVC 管件、PE 管件、PP 管件、ABS 管件、PB 管件、PA 管件等。

按《衬塑钢管和管件选用系列》（HG/T 20538—2016）规定，非金属管件的型号标记内容主要有公称通径、公称压力、材料、制造厂名称或商标。其中材料以缩写代号表示：CS—碳钢；PP—聚丙烯；PE—聚乙烯；PVC—聚氯乙烯。

例如，偏心异径管，公称通径 $DN50 \times 40$，压力为 2.0MPa 衬聚丙烯碳钢管件，标记为：50×40–2–PP/CS。

验收及保管：（1）管件表面应光滑、平整，不允许有裂纹、气泡、脱皮和明显杂质以及严重的冷斑、色泽不匀、分解变色等缺陷。（2）管件应存放室内，远离热源，合理放置。装卸、搬运时，严禁抛摔、翻滚、剧烈撞击，防止受损。

2. 复合材料管件

复合材料管件按其组成分为金属与金属复合材料、非金属与金属复合材料、非金属与非金属复合材料管件。目前大量使用的为非金属与金属管件。

验收及保管：（1）复合材料管件表面应色泽均匀，无明显划痕，无气泡、针眼，无脱皮和明显杂质等缺陷。内表面应平滑、无斑点异物，无针眼、裂痕。（2）管件应避免长时间露天暴晒，储存在远离热源、油污和化学品污染、地面平整、通风良好的库内。装卸、搬运时不得抛摔、避免划伤和受到油污、化学品污染。

（九）轴承

> ZBD012 轴承的表示方法及代号

轴承按运动元件的摩擦性质不同，可分为滚动轴承和滑动轴承两大类。

滚动轴承是指相对运动表面的摩擦为滚动摩擦，带有滚动体。具有对转速和负荷的适应范围大、旋转精度高、润滑油耗量少等优点，相对于滑动轴承的突出优点是摩擦阻力小、转动灵活、节约动力、效率高。滚动轴承应用非常广泛。

1. 滚动轴承的型号表示方法

滚动轴承的型号由前置代号、基本代号和后置代号三部分构成（不包括滚针轴承），如图 3–1–12 所示。

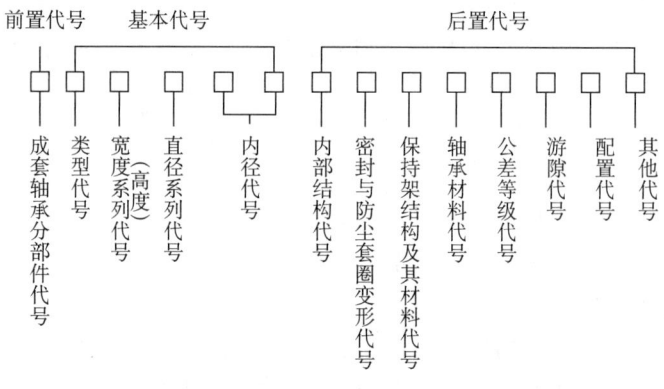

图3–1–12 滚动轴承的型号表示方法

1）滚动轴承前置代号

用字母表示，代号及含义见表3-1-6。

表3-1-6 滚动轴承的前置代号及含义

代号	含 义	示 例
L	可分离轴承的可分离内圈或外圈	LN207
R	不带可分离内圈或外圈的轴承（滚针轴承仅适用于NA型）	RNU207
K	滚子和保持架组件	K81107
WS	推力圆柱滚子轴承轴圈	WS81107
GS	推力圆柱滚子轴承座圈	GS81107

2）滚动轴承基本代号

是滚动轴承代号的基础，由类型代号、尺寸系列代号、内径代号构成。

（1）类型代号：由数字或字母组成，见表3-1-7。

表3-1-7 滚动轴承的类型代号

类型代号	轴承类型	原标准代号	类型代号	轴承类型	原标准代号
O	双列角接触球轴承	6	N	圆柱滚子轴承	2
1	调心球轴承	1	NN	双列或多列圆柱滚子轴承	2
2	调心滚子轴承	3	U	外球面球轴承	0
2	推力调心滚子轴承	9	QJ	四点接触球轴承	6
3	圆锥滚子轴承	7	—	—	—
4	双列深沟球轴承	0	—	—	—
5	推力球轴承	8	—	—	—
6	深沟球轴承	0	—	—	—
7	角接触球轴承	6	—	—	—
8	推力圆柱滚子轴承	9	—	—	—

注：在表中代号后或前加字母或数字表示该类轴承中的不同结构。

（2）尺寸系列代号：由宽度（高度）尺寸系列和直径尺寸系列代号组成。

向心轴承、推力轴承尺寸系列见表3-1-8。

表3-1-8 向心轴承、推力轴承尺寸系列

直径系列代号	向心轴承								推力轴承			
	宽度系列代号								高度系列代号			
	8	0	1	2	3	4	5	6	7	9	1	2
	尺寸系列代号											
7	—	—	17	—	37	—	—	—	—	—	—	—

续表

直径系列代号	向心轴承									推力轴承			
	宽度系列代号									高度系列代号			
	8	0	1	2	3	4	5	6	7	9	1	2
	尺寸系列代号											
8	—	08	18	28	38	48	58	68	—	—	—	—
9	—	09	19	29	39	49	59	69	—	—	—	—
0	—	00	10	20	30	40	50	60	70	90	10	—
1	—	01	11	21	31	41	51	61	71	91	11	—
2	82	02	12	22	32	42	52	62	72	92	12	22
3	83	03	13	23	33	—	—	—	73	93	13	23
4	—	04	—	24	—	—	—	—	74	94	14	24
5	—	—	—	—	—	—	—	—	—	95	—	—

向心轴承直径系列、宽度系列新、旧代号对照见表3-1-9。

表3-1-9 向心轴承直径系列、宽度系列代号

直径系列		宽度系列		直径系列		宽度系列	
新标准	原标准	新标准	原标准	新标准	原标准	新标准	原标准
7	超特轻7	1 3	正常1 特宽3			0 1	窄7 正常1
		0 1	窄7 正常1	1	特轻7	2 3 4	宽2 特宽3 特宽4
8	超轻8	2 3 4 5 6 0	宽2 特宽3 特宽4 特宽5 特宽6 窄7	2	轻2 轻宽5	8 0 1 2 3 4	特窄8 窄0 正常1 宽0 特宽3 特宽4
9	超轻9	1 2 3 4 5 6	正常1 宽2 特宽3 特宽4 特宽5 特宽6	3	中3 中宽6	8 0 1 2 3	特窄8 窄0 正常1 宽0 特宽3
0	特轻1	0 1 2	窄7 正常0 宽2	4	重4	0 2	窄0 宽2

续表

直径系列		宽度系列		直径系列		宽度系列	
新标准	原标准	新标准	原标准	新标准	原标准	新标准	原标准
0	特轻1	3 4 5 6	特宽3 特宽4 特宽5 特宽6				

推力轴承直径系列、高度系列新、旧代号对照见表3-1-10。

表3-1-10 推力轴承直径系列、高度系列代号

直径系列		宽度系列		直径系列		宽度系列	
新标准	原标准	新标准	原标准	新标准	原标准	新标准	原标准
0	超轻9	7 9 1	特低7 低9 正常1	3	中3	7 9 1 2	特低7 低9 正常0 正常0
1	特轻1	7 9 1	特低7 低9 正常1	4	重4	7 9 1 2	特低7 低9 正常0 正常0
2	轻2	7 9 1 2	特低7 低9 正常0 正常0	5	特重5	9	低9

尺寸系列说明：轴承是标准制造件，其特定的尺寸系列代表特定的尺寸。宽度系列和直径系列中的数字代表的含义见表3-1-9，例如，调心滚子轴承22310中的"23"中的"3"表示直径系列属中型，其直径的具体长度为110mm；"2"表示宽度系列属宽型，具体长度为40mm。直径和宽度尺寸是相互对应的，不同直径系列相同宽度系列或相同直径系列不同宽度系列的两个轴承，其直径和宽度的尺寸都不一样，可以通过《轴承手册》查找轴承宽度系列和直径系列的具体尺寸。

（3）内径代号：表示轴承内径尺寸的大小，用数字表示，见表3-1-11。

表3-1-11 内径代号表

轴承公称内径, mm		内径代号	示例
0.6～10（非整数）		用公称内径毫米数直接表示，在其与尺寸系列代号之间用"/"分开	深沟球轴承618/2.5： 内径为2.5mm
1～9（整数）		用公称内径毫米数直接表示，对深沟球轴承与角接触球轴承7、8、9直径系列，内径与尺寸系列代号之间用"/"分开	深沟球轴承619/5：内径为5mm
10～17	10	00	深沟球轴承61801：内径为12mm
	12	01	

续表

轴承公称内径，mm		内径代号	示例
10~17	15	02	深沟球轴承61801：内径为12mm
	17	03	
20~480(22、28、32除外)		公称内径除以5的商数，若商数为个位数，需在商数左边加"0"，如05	角接触球轴承7205：内径为25mm
大于或等于500及22、28、32		用公称内径毫米数直接表示，在与尺寸系列之间用"/"分开	调心滚子轴承230/500：内径为500mm；深沟球轴承62/22：内径为22mm

（4）常用滚动轴承基本代号的省略。

在表示滚动轴承的基本代号时，某些特定的尺寸系列会省略类型代号，或某些特定的直径系列会省略宽度系列的数字，具体见表3-1-12。

表3-1-12　常用滚动轴承基本代号省略方式表

轴承类型	类型代号	尺寸系列	轴承代号示例	轴承类型	类型代号	尺寸系列	轴承代号示例
双列角接触球轴承	(0)	32	3200	装有球缺口的有保持架深沟球轴承	(6)	(0)2	200
	(0)	33	3300		(6)	(0)3	300
调心球轴承	1	(0)2	1200	角接触球轴承	7	(1)0	7000
	(1)	22	2200		7	(0)2	7200
	(1)	(0)3	1300		7	(0)3	7300
	(1)	23	2300		7	(0)4	7400
双列深沟球轴承	4	(2)2	4200	外圈无挡边圆柱滚子轴承	N	(0)2	N200
	4	(2)3	4300		N	(0)3	N300
深沟球轴承	16	(0)0	16000		N	(0)4	N400
	6	(1)0	6000	外圈单挡边圆柱滚子轴承	NF	(0)2	NF200
	6	(0)2	6200		NF	(0)3	NF300
	6	(0)3	6300	四点接触球轴承	QJ	(0)2	QJ200
	6	(0)4	6400		QJ	(0)3	QJ300

注：a. 表中括号"（）"中的数字是型号表示时省略掉了。

　　b. 当尺寸系列为"（0）0"时，深沟球轴承的类型代号用"16"表示。

　　c. 圆柱滚子轴承中的内圈无挡边圆柱滚子轴承NU型、内圈单挡边滚子轴承NJ型、内圈单挡边并带平挡圈圆柱滚子轴承NUP型的尺寸系列省略情况同外圈无挡边圆柱滚子轴承N型。

3）滚动轴承后置代号

滚动轴承后置代号用数字或数字加字母表示。它由内部结构、密封与防尘套圈变形、保持架结构及其材料、轴承材料、公差等级、游隙、配置及其他八组代号组成。

（1）内部结构代号：用字母表示，见表3-1-13。

表3-1-13　内部结构代号

代　号	含　义
A，B，C，D，E	ⅰ表示内部结构改变； ⅱ表示标准设计，其含义随不同类型、结构而异
AC D ZW	角接触球轴承，公差接触角 α=25°； 剖分式轴承； 滚针保持架组件，双列

（2）密封与防尘套圈变形代号：用数字加字母表示，见表3-1-14。

表3-1-14　密封与防尘套圈变形代号

代号	含　义	代号	含　义
K	圆锥孔轴承，锥度1:12（外球面球轴承除外）	RSZ	轴承一面带骨架式橡胶密封圈（接触式），一面带防尘盖
K30	圆锥孔轴承，锥度1:30	RZZ	轴承一面带骨架式橡胶密封圈（非接触式），一面带防尘盖
R	轴承外圈有止挡边（不适用于内径小于10mm的深沟球轴承）	ZN	轴承一面带防尘盖，另一面外圈上有止动槽
N	轴承外圈上有止动槽	ZNR	轴承一面带防尘盖，另一面外圈上有止动槽并带止动环
NR	轴承外圈上有止动槽，并带止动环	ZNB	轴承一面带防尘盖，同一面外圈上有止动槽
RS	轴承一面带骨架式橡胶密封圈（接触式）	2ZN	轴承两面带防尘盖，外圈有止动槽
2RS	轴承两面带骨架式橡胶密封圈（接触式）	U	有调心座圈的外调心推力球轴承
RZ	轴承一面带骨架式橡胶密封圈（非接触式）	D	双列角接触球轴承，双内圈，接触角 α=45° 双列圆锥滚子轴承，无内隔圈，端面不修磨
2RZ	轴承两面带骨架式橡胶密封圈（非接触式）	DI	双列圆锥滚子轴承，无内隔圈，端面修磨
Z	轴承一面带防尘盖	X	滚轮滚针轴承外圈表面为圆柱面
2Z	轴承两面带防尘盖		

（3）轴承保持架结构及其材料代号具体见《滚动轴承代号方法的补充规定》（JB/T 2974—2004）规定。例如，Q 表示青铜实体保持架；TN 表示工程塑料模注保持架；TN1 表示尼龙保持架。

（4）轴承材料代号具体见 JB/T 2974—2004 规定。如 /HN 表示套圈、滚动体由耐热钢制造；/HU 表示套圈、滚动体和保持架或仅是套圈和滚动体由可淬硬不锈钢 1Cr18Ni9Ti 制造。

（5）轴承公差等级代号用数字加字母表示，具体见 JB/T 2974—2004 规定。如 /P6 表示公差等级符合标准规定的 6 级、/P2 表示公差等级符合标准规定的 2 级。

（6）游隙代号用字母表示，具体见 JB/T 2974—2004 规定。如 /C1 表示游隙符合标准规定的 1 组、/C2 表示游隙符合标准规定的 2 组。

（7）配置代号用字母表示，如 /DB 表示成对背对背安装、/DF 表示成对面对面安装、/DT 表示成对串联安装。

（8）其他代号具体见 JB/T 2974—2004 规定，对轴承的振动、噪声、摩擦力矩、工作温度、润滑等有特殊要求时，采用这个代号，如 /Z1 表示振动加速度级极值符合标准规定的 Z1 组；/W33 表示轴承外圈上有润滑油槽和 3 个润滑油孔。

注：a. 对于尺寸系列中的宽度（高度）和外径代号，若外径代号为 0，则可将其简化，即不出现该部分，因此尺寸系列的代号部分将只有一位代表宽度或高度的数字，例如，6312，第一位"6"表示深沟球轴承，后两位"12"表示轴承内径为 $12\times5=60mm$，则表示尺寸系列的代号只有一位数字"3"，实际上应为"30"，即宽度代号为"3"，外径代号为"0"，此处将外径代号为"0"省略了。

b. "双边有 2"是指两面都具有防尘密封装置的，其字母代号前加一个数字"2"，例如，6210—2Z；"单边无"则是说只有一面有防尘密封装置的，其字母代号前不加数字，例如，6210—Z。

c. "V 是无"是说该轴承无保持架，即滚道中满装滚动体。

> 轴承结构部分。
> 轴承代号有规定，三个部分来组成。
> 前置、基本和后置，各自内容都不同。
> 前置表示分部件，一般代号不使用；
> 基本代号为主体，通常只用此部分；
> 后置代号为辅助，表示内容七八种。

> 轴承基本代号部分。
> ①系列代号。
> 基本代号要记清，一般包含三内容。
> 结构类型第一个，比较常用有七种。
> 圆锥滚子代号 3；5 为推力球轴承；
> 深沟向心球为 6；7 为角接球轴承；
> 推力圆柱代号 8；N 为向心柱轴承；
> NU 单列短圆柱；内圈无挡较常用。
> ②尺寸代号。
> 尺寸系列在正中，表明宽高和外径。
> 出现数字为两位，前为宽高后直径。
> 若出数字为一位，外径代号应是零。
> ③内径尺寸代号。
> 内径代号在最后，相对复杂要分清。
> 20 以下最难记，10 至 17 分四等：
> 03、02 和 01，还有一个是 00，
> 17、15、12、10，依次排列相对应；
> 20 以上到 500，内径除 5 来标明，
> 所除得商一位数，前面加上一个 0；
> 500 以上用实数，前加斜杠来分清；
> 23、28 和 32，标写规定与上同。

轴承后置代号部分。
后置代号有时有，有无都要搞清楚。
内部结构保持架，密封、游隙和精度。
①密封装置代号。
防尘密封符号 Z；RZ 骨架非接触；
骨架接触 RS。双边有 2 单边无。
②游隙代号。
游隙使用符号 C，后跟数字表级数，
从 0 到 5 共六种，0 级符号不标出；
其他 C1 到 C5，前加斜杠来分出。
③精度等级代号。
精度等级符号 P，常跟数字 0 到 6，
标出规定同游隙，两者都标 C 不出。
④保持架材料代号。
材料代号保持架，一到两个英字母，
青铜 Q 黄 M；钢铁冶金为 F；
L 为铝 T 酚醛；N 塑料 V 是无。

2. 轴承的保管保养

1）轴承的保管

ZBD013 轴承的保管保养

轴承保管过程的基本任务是防尘、防锈，保证其精密度，因此，对存放轴承的库房及其周围的环境要求较高。

（1）轴承应存放在防尘、防潮、干燥、通风的库房里，库内温度应保持在 5~25℃之间，24h 内温差不得超过 5℃。库内相对湿度不得大于 65%。

（2）应防止酸、碱、水蒸气及有害气体侵入库内。更不得与化学药品及化工原料同库存放。

（3）仓库内要保持地面、料架、垛顶、窗台等处无积尘。清扫仓库时，避免尘土飞扬。

（4）轴承禁止裸露存放，更不得赤手直接触及轴承表面。

（5）除大型（外径 200~430mm）、特大型（外径 440mm 及以上）轴承外，其余均应上架按系列、型号、精度分类摆放。货架与库房的墙壁应保持一定的距离，并远离水管、蒸气管、暖气片。

（6）大型，特大型轴承可以就地摆放，但地面应做防潮处理，并在轴承下面垫木板，垫高 30~50mm，以保证垛底通风良好。

（7）推力轴承不得拆散存放。对开式轴瓦应成对存放。

（8）搬运轴承时不得摔抛、磕碰。

（9）轴承的储存期为一年。保管期内应定期进行检查，发现有锈迹或每隔 10~12 个月，须重新进行清洗、油封维护保养。

2）滚动轴承的维护保养

（1）存放 10~12 个月的滚动轴承，要按启封—清洗—涂防锈油—包装工序进行维护保养。

（2）我国对滚动轴承的清洗液及防锈材料作了具体规定。对滚动轴承进行维护保养时，要按该标准规定选用清洗液及防锈材料。滚动轴承清洗的方法及步骤如下：

①防锈油封存的滚动轴承，用干净的汽油或煤油清洗，边清洗边用手旋转其外圈，直至将防锈油全部清洗干净，然后将轴承取出，放在干净的纸上，使其干燥。

②防锈脂及厚油封存的轴承，应将轴承浸入温度为 95～100℃ 的 10 号机油或变压器油中，摆动 5～10min，直至防锈脂全部溶化完，取出待油流尽冷却后，再用汽油或煤油清洗。

③用气相剂、防锈水及其他水溶性防锈材料封存的轴承，用油酸钠皂水溶液或 664 清洗剂进行清洗，清洗后用水漂洗，然后进行脱水干燥处理。清洗液的清洗温度、清洗时间见表 3-1-15。

表3-1-15　清洗液的清洗温度、清洗时间

清洗液	温度	清洗时间
664 清洗剂	第一次 75～80℃，第二次室温	2～3min
油酸钠皂清洗剂	第一次 80～90℃，第二次室温	

ZBD014 电机的种类

（十）电机

1. 电机

电机的基本型号由产品代号、规格代号、特殊代号和补充代号四个部分组成。其编排顺序如图 3-1-13 所示。

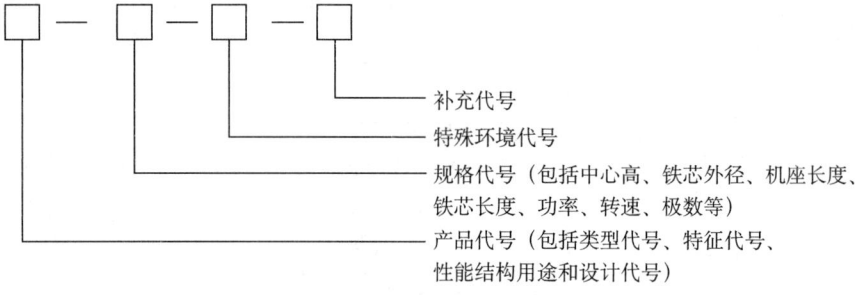

图3-1-13　电机型号表示方法

电机的类型代号用汉语拼音字母表示，异步电动机用 Y 表示；同步发电机用 TF 表示；汽轮发电机用 QF 表示；水轮发电机用 SF 表示；同步电动机用 T 表示；直流电动机用 Z 表示；直流发电机用 ZF 表示；测功机用 C 表示。

例：ZF432/320—ZF 表示直流发电机；432 表示电枢铁芯外径 432mm；320 表示铁芯长度为 320mm。

2. 发电机

将机械能转换成电能的电机称为发电机。发电机是一种作为电源的发电设备。发电机和电动机一样，基本结构的主要部分是由定子和转子组成。此外还有励磁机构、冷却机构和机壳等部分。发电机的定子作为电枢，而转子作为磁极。转子有凸极式和隐极式两种。

将机械能转换成直流电能的发电机称直流发电机,将机械能转换成交流电能的发电机称交流发电机。

发电机按用途可分为汽轮发电机(QF)、水轮发电机(SF)、柴油发电机、中频发电机(频率范围为100~10000Hz);发电机按产生的电流种类分为直流发电机(ZF)和同步发电机(TF);发电机按磁极的形式分为凸极式和隐极式发电机;发电机按冷却方式分为空气冷却、氢气冷却和液体冷却式同步电机;发电机按励磁方式分为自励和他励发电机。

3. 常用发电机的种类

发电机是成套电设备的配套产品之一。常用的发电机有以下四种:

(1)TF2-S-24-4 表示一般同步发电机,第二次设计,三次谐波励磁,功率24kW,4极。

(2)ZF432/320 直流发电机,电枢铁芯外径为 432mm,铁芯长度为 320mm。

(3)SFW2000-8/1730 表示功率为 2000kW,8极,定子铁芯外径为 1730mm 的卧式水轮发电机。

(4)QF-0.5-2 表示功率为 500kW,2极,空冷式的汽轮发电机。

4. 电机的验收保管

1)电机的验收要求

(1)电机轴伸应无弯曲,换向器铜片无氧化成凹凸现象。电机外表应无裂痕、变形、损伤、锈蚀、砂眼。

(2)检查电机机械部分的坚固性、灵活性和接触的严密性。电机所有紧固螺栓不得松动,出线端接线完好。用手拨动转子转动,转子要灵活,无杂声。电刷与换向器的接触良好,不跳动。对深井水泵用的三相异步电动机,还应观察风扇风叶转动方向是否符合技术规定的方向。

(3)用兆欧表测量电机的绝缘电阻值,一般绝缘电阻可按绕组的额定电压,即每 1kV 不少于 1MΩ 为合格。

2)电机的保管要求

(1)电机应保管在干净的库内,库内温、湿度应适宜,并无剧烈变化,温度在 5~35℃ 之间,相对湿度不高于80%。库内无酸碱物品和强酸蓄电池。

(2)无外包装的电机在超重和扛抬时绳索应系在吊环上,而不准系在转轴上。

(3)大型电机要用帆布等盖好。电机转子轴的伸出部分应涂上工业凡士林,并用布或纸包好,炭刷取出放在一小盒内保管,滑环(或整流子)也用纸包住保管。

(4)电机线圈上积有干燥的灰尘时,可用清洁的布或软纸去擦。要严防虫,鼠咬蚀电机的绝缘材料。

(5)电机的储存期限一般不超过一年。长时间储存的电机,应每半年由专业技术人员测量一次绝缘电阻。

(十一)变压器的型号

变压器的型号由系列型号和品种型号两部分组成。系列型号由产品类别、相数、冷却方式和其他结构方式特征四部分组成,品种型号由设计序号、额定容量、高压绕组的电压等级系数三部分组成。其编排如图 3-1-14 所示。

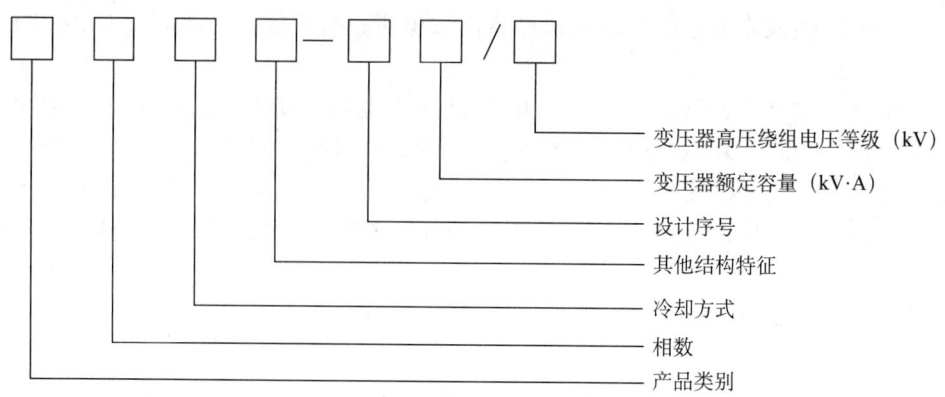

图3-1-14 变压器型号表示方法

变压器的系列型号代号由汉语拼音字母表示（表3-1-16）。

表3-1-16 变压器的系列型号代号

产品类别		相数		其他结构特征	
代号	含义	S	三相	S	三绕组式
O	自耦变压器	D	单相	—	双绕组式
H	电弧炉变压器	—	—	K	带电抗
BH	封闭电弧炉变压器	—	—	Z	带有载荷分接开关
ZU	电阻炉变压器	—	—	A	感应式
G	感应电炉变压器	—	—	L	铝线
Z	整流变压器	—	—	—	铜线
HU	化成变压器	—	—	N	农村用
K	矿用变压器	—	—	C	串联式
Y	试验变压器	—	—	T	成套式
D	低压大电流变压器	—	—	D	移动式
T	调压变压器	—	—	H	防火式
TN	电压调整器	—	—	Q	加强式
TX	移相器	—	—	—	—
BX	焊接变压器	—	—	—	—
J	电压互感器	—	—	—	—
L	电流互感器	—	—	—	—
—	电力变压器	—	—	—	—

型号示例：

（1）SFPSZL-63000/110—S 表示三相；FP 表示强迫油循环风冷；S 表示三绕组；Z 表示铝线；63000 表示额定容量为 63000kV·A；110 表示高压绕组电压为 110kV 级。

（2）JDF-25—J 表示电压互感器；D 表示单相；F 表示油浸冷风；25 表示电压等级为 25kV。

（十二）高压电器

高压电器是额定电压在 3000V 及其以上的电器。高压电器主要用于发电厂、配电所和变电站中，起着控制、保护和安全隔离三个方面的作用。保护电器包括熔断器、避雷器和接地开关。

ZBD017 避雷器的分类

1. 避雷器

避雷器是用来保护线路和设备，免受瞬时过电压的损害，限制续流的持续时间和幅值的一种装置。电力系统的过电压是由于大气中的雷电或电力系统内部的操作过程所产生的。前者为大气过电压，后者为操作过电压。大气过电压一般为几百万伏，甚至上亿伏，操作过电压也会达到数倍的额定电压。无论是大气过电压，还是操作过电压，对设备和绝缘都可能造成损坏，或使设备寿命缩短，或立即造成停电事故。因此在电力系统中广泛使用各种避雷器来限制过电压，以便对设备和线路进行可靠的保护。

1）分类

避雷器按结构和应用范围分为管型避雷器和阀型避雷器两类。阀型避雷器又分为碳化硅避雷器和金属氧化物避雷器，一般安装在发电厂与变电所内，以便保护发电机、变压器和各种高压电器的绝缘。管型避雷器又分为纤维管式避雷器和无续流管式避雷器，主要用于输电线路保护，也可用于小容量的配电变压器。一般管型避雷器的性能不如阀型避雷器好。

阀型避雷器的基本组成元件是火花间隙和阀性电阻。为了防止受潮和外界条件的影响，火花间隙和阀性电阻都装在一只密封得很好的瓷筒中。使用中，阀型避雷器与受它保护的绝缘并联。在正常情况下，火花间隙有足够的绝缘强度，不会被正常工作电压击穿。

管型避雷器构造简单，由灭弧管、内、外间隙三部分组成。灭弧管是由纤维或有机玻璃材料制成的，这些材料在电弧作用下能产生大量气体。它的工作原理是：当雷击时内、外间隙都被击穿，把雷电泄入大地。雷电过后，由于仍有工频短路电流在管内产生电弧。在电弧的作用下，管内产生大量气体、形成较大的压力，迅速向管外排出，把电弧熄灭，消除短路状态，使线路恢复正常工作。

2）避雷器的型号

避雷器的型号表示方法如图 3-1-15 所示。

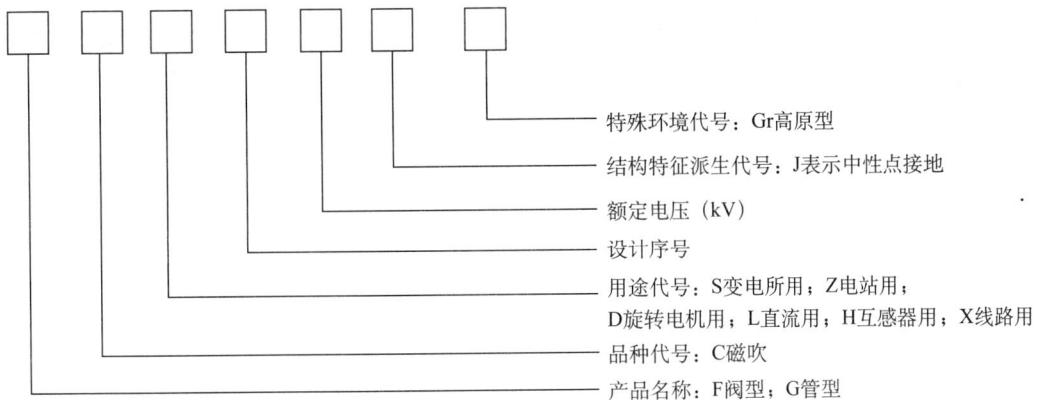

图 3-1-15　避雷器型号表示方法

例如,(1) FS1-0.5 表示变电所用阀型避雷器,额定电压为 0.5kV。

(2) GXW35/(0.7-3) 表示纤维管型,线路用纤维管型避雷器,额定电压 35kV,电流下限为 0.7kA,电流上限为 3kA。

ZBD018 高、低压开关柜型号表示方法及验收保管要求

2. 开关柜

1) 高压开关柜

高压开关柜属于配电用的高压成套电器,它的型号有多种,其结构均由高压一次线路、二次线路、绝缘瓷瓶、金属台架等部分组成。

高压开关柜按柜子特点可分为开启式和封闭式;按元件固定特点分为固定式、手车式;按母线分为单母线式和双母线式;按安装地点可分为户内式和户外式。

高压开关柜的型号由基本型号和规格组成,具体如图 3-1-16 所示。

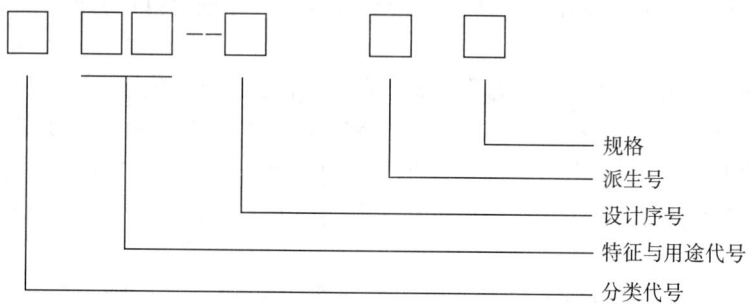

图 3-1-16 高压开关柜型号表示方法

高压开关柜型号中类别代号、型式特征及用途代号和断路器、操作机构形式代号都用汉语拼音字母表示,规格用数字表示,详细含义见表 3-1-17。

表 3-1-17 高压开关柜型号中类别代号、型式特征及用途代号的含义

类别代号		特征与用途代号		派生代号		断路器操动机构形式	
代号	含义	代号	含义	代号	含义	代号	含义
G	高压开关柜	B	防爆式	A	第一次改进	S	手动
		C	手车式	B	第二次改进	D	电动
		F	封闭式	C	第三次改进		
		G	固定式				
		K	矿用控制用				
		S	双母线				
		W	户外				
		N	户内				
		R	高压电熔器柜				

例如,GG-1A-03D—G 表示高压柜;G 表示固定式;1 为设计序号;A 为第一次改进;03 为一次线路方案编号;D 断路器操动机构形式为电动。

2) 低压开关柜

低压开关柜是用于发电厂、变电所低压交(直)流配电和工矿企业车间配电所配电

的低压成套电器。额定工作电压为交流 500V 以下，直流 400V 以下。

低压开关柜按用途分控制屏（台）及保护屏、动力配电箱和照明配电箱；按结构分户内式、户外式、固定式、手车式（抽屉式）、开户式和封闭式；按操作位置和维修位置分单面操作和双面操作。

低压开关柜的骨架都是用角钢和钢板焊接而成，主要分屏式和箱式两种结构。

低压开关柜所用的元件很多，最主要的有自动开关、接触器、闸刀开关、转换开关、低压熔断器、继电器、测量仪表、互感器、组合开关等电器元件。

低压开关柜的型号由基本型号加规格代号组成。基本型号采用汉语拼音字母及阿拉伯数字表示，具体情况如图 3-1-17 所示。

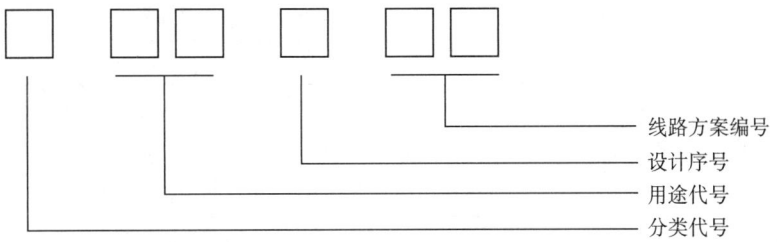

图3-1-17　低压开关柜型号表示方法

低压开关板型号常用字母及含义见表 3-1-18，低压开关板型号组合及含义见表 3-1-19。

表3-1-18　低压开关板型号常用字母及含义

汉语拼音字母	分类代号	形式特征及用途代号
B	板（低压板）	变（变电站）
C		抽（抽屉式）
D		单（单面维护）；电镀用
F		封（封闭式）；发（发电机）
G		固（固定式）
H		火（火电）
J		静（静电容器）
K		开（开启式）；控（控制用）
L		力（动力）
M		照（照明）
P	屏（控制屏）	
PT	屏台（控制屏台）	
R		入（嵌入式）
S		双（双面维护）；水（水电）
T		同（同期，同步）
W		外（户外式）
X	箱（动力箱、照明箱、控制箱）	
Z		直（直流）
Y		移（移动式、移动电容器）

表3-1-19　低压开关板型号组合及含义

型号	型号组合含义	型号	型号组合含义
PGL	低压配电屏	XLF	防尘式动力配电箱
BDL	单面维护低压配电屏	XLW	户外动力配电箱
BN	户内固定式农用配电屏	JX	控制箱
BFC	抽屉式低压开关柜	JT	控制台
BJ	低压静电电容器柜	XK	户内动力控制箱
BJF	封闭式低压静电电容器柜	XLK	户内动力控制箱
BJZK	开启式自动控制静电电容器柜	XW	户外端子箱
BZ	户内开启式直流配电屏	XJ	户外端子箱
BKZ	户内开启式直流控制屏	XM	户内挂墙式照明配电箱
BD	电镀用控制板	XMR	户内入墙式照明配电箱
PK	控制屏（电站用）	CKA	合闸电源装置
PTK	控制屏台（电站用）	BZGN	镉镍电池直流屏
PT	同期屏	GBJ	功率因素自动补偿电容器屏
XL	封闭式动力配电箱	GCK	抽屉式低压开关柜

3）低压电器型号举例

低压配电屏：BSL-1-02—B 表示低压配电屏；S 表示双面维护；L 表示动力用；1 表示第一设计；02 表示一次线路方案编号 02。

控制屏台：PTK-1-001/61—PT 表示屏台组合；K 表示控制用；1 表示第一次设计；001 表示第 001 号方案；61 表示统一设计年份。

4）开关柜的验收与保管

（1）开关柜的验收要求。

①开关柜的骨架底脚应平稳，成组并列使用的高压开关柜应整齐，柜与柜间不应有显著的缝隙。

②开关柜应有接地装置，并有明显的接地符号，柜门应有锁，门转动灵活，操作把手应灵活。

③高压柜的两侧，柜与柜之间，断路器与主母线之间，断路器与隔离开关之间应有隔板隔开。

④金属零件的镀层应牢固，紧固件应有防腐层。

⑤骨架与板面焊接牢固，无脱焊、焊穿、夹渣、裂缝等现象。螺钉应紧固，操作手柄安装正确。

⑥各电器元件、仪表、母线、连接线应完好无损，连接牢固，接触良好。

（2）开关柜的保管要求。

①开关柜一般应放在库房内保管，库房要通风防潮、干燥、防尘，温度在 5~35℃，相对湿度不超过 80%。

②存放高压开关柜的库房内必须断绝火源，防止振动。

③开关柜不能重叠码垛，要直立平放，不许倾斜，防止变形。

④低压开关柜必须成套保管,对一些需要拆开单独保管的元件和附件,一定要写明分箱号码,并做好标记。

⑤开关柜内瓷件及仪表应防震、防撞击。

⑥开关柜储存期最长不宜超过一年半。

(十三) 电工材料

1. 电线的验收保管

1) 电线的验收要求

(1) 裸圆线必须粗细均匀,扁线必须宽窄一致,厚薄均匀边缘不应有锯齿状缺陷。裸线表面应光滑,不得有斑痕、毛刺、裂口、伤痕、散股、断丝、锈蚀以及氧化变质等现象。

(2) 硬圆铜线、铝单线不得焊接,整轴整卷应为一整根。每卷应用软线捆扎三处以上。

(3) 绞线应紧密整齐绞合,不应有断丝、松股、层迭擦伤等缺陷。成盘的裸绞线及电车线的内外两端应分别固定在绞盘的外侧和内侧。

(4) 验收质量合格证和说明书。包装上应有厂名、规格、型号、重量、技术标准等标签。

2) 电线的保管要求

(1) 裸线怕受潮和化学腐蚀,应存放在干燥、通风的库房内,严禁与酸物质和有腐蚀性固体,气体同库存放。库内相对湿度不得大于 70%。

(2) 不得将无包装的铜线和铝线重叠在一起,以免发生电化学作用使铝线遭受腐蚀。

(3) 如品质不合要求,或已经损坏而尚能使用的裸线,不得与合格品混码在一起,应分开存放。

(4) 小型,小批的裸线应上货架保管,包装成批的可、以连同包装重叠码垛,垛高不得超过 1.5m,以防底层重压变形,每隔 3 个月倒垛一次。

(5) 裸线保管要勤检查,以出厂保险期为储存期限,最长不超过一年。

2. 电缆的分类

电缆是用来传输电力、传递信号的一种电工材料。电缆由导体、绝缘层和保护层三个部分组成。导体主要有铜芯和铝芯,绝缘层分绝缘纸、橡皮、塑料(聚乙烯、聚氯乙烯及交联聚乙烯)绝缘,保护层分内护层和外护层。

电缆的种类很多,按绝缘层不同可分为:油浸纸绝缘电缆、橡皮绝缘电缆、聚氯乙烯塑料绝缘电缆、聚乙烯及交联聚乙烯塑料电缆。按电缆的保护层不同可分:裸铝包电缆、钢丝或钢带铠装电缆、橡塑护套电缆等。按电缆的线芯数目不同可分:单芯、双芯、三芯、四芯及多芯电缆。按电缆用途不同可分为;电力电缆、控制电缆、通信电缆以及专用电缆等。

(1) 电力电缆是指电力系统中用于传输和分配较大功率电能用的电缆。它广泛应用于发电厂、变电所、工矿企业的动力引入或引出线中,还用于跨越江河海峡的电力输送电路。电力电缆有油浸纸绝缘、塑料绝缘、橡皮绝缘等,目前使用最广泛的是各种塑料绝缘电力电缆。控制、信号、通信电缆都是多芯电缆,两者在结构上无显著的差别,在一定范围内可以通用。

(2) 控制电缆的电压等级为交流 500V,线芯截面有 0.75mm^2、1.0mm^2、1.5mm^2、2.5mm^2、4mm^2、6mm^2 和 10mm^2 等几种,除 10mm^2 的是由 $7×\phi1.33$ 的单线绞合外,其

余均是由每芯一根的软铜线构成,线芯数最多达 37 根。控制电缆可以通过较大的控制电流,主要用于配电装置中连接仪表和仪器,也可以固定敷设,作为操作回路和保护回路中的电器、仪表接线用。

(3)通信电缆是传输电话、电报、广播和数据等电信息用的绝缘电缆,按其元件结构类型通信电缆可分为对称和同轴电缆两种。目前公共通信网中的通信电缆分为三大类:市内通信电缆、长途对称通信电缆和同轴(干线)通信电缆。

(4)信号电缆大多数是交流 220V 的,线芯均为单芯软铜线,截面仅有 $0.5mm^2$、$0.75mm^2$ 两种,芯数多达 61 根。信号电缆主要用于传输信号,如铁路信号、电报及自动化机械的线路装置信号等。

(十四)抽油杆

[ZBD021 抽油杆的参数]

抽油杆是抽油系统中的重要组成部分,它起着连接抽油机和抽油泵并传递动力的作用,是俗称的"三抽设备"之一,抽油杆的作用是连接、传递动力和驱动柱塞泵。

1. 抽油杆种类

抽油杆分为普通抽油杆(C、D、K、KD 级抽油杆)、高强度抽油杆(H 级,分为 HY 和 HL 两种类型)、特种抽油杆(空心抽油杆:钢制杆)、连续抽油杆(钢制杆)、螺杆泵专用抽油杆(锥螺纹抽油杆、插接式抽油杆)、玻璃钢抽油杆(纤维增强塑料抽油杆)、柔性抽油杆(碳纤维复合材料抽油杆、钢丝绳抽油杆)和其他类型抽油杆(电热抽油杆)。

2. 抽油杆的参数

抽油杆的参数包括:抽油杆长度(mm)、抽油杆等级及类型(C、D、K、KD、HL、HY)、杆体标称直径(mm)、钢制抽油杆代号(CYG)。

(十五)防喷器

[ZBD22 防喷器的型号表示方法]

防喷器又称封井器。防喷器安装在钻台下面的井口上,用于防止地下油气及地下水从井口喷出或外溢,还可以用于压油、气井边喷边钻作业和强行起下钻。

防喷器封井可采用手动方式或液压操作方式,由于手动操作关井速度慢,现在已不采用。

液压防喷系统由防喷器组、液压控制系统、防喷系统等三部分组成。钻井普遍采用的液压防喷器有三种基本类型,即闸板防喷器、多效能防喷器和旋转防喷器。防喷器组可以由一种液压防喷器组成,也可由两种或三种防喷器共同组装而成,具体组合根据现场情况决定。

液压控制系统分遥控与非遥控两种。用于进行遥控的装置称为远程控制台。

防喷器的型号表示方法如图 3-1-18 所示。

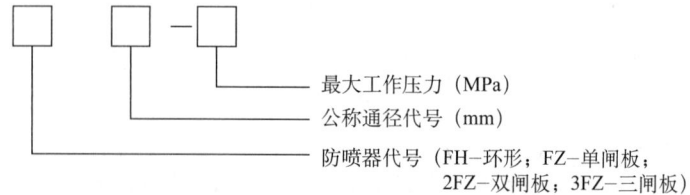

图 3-1-18 防喷器型号表示方法

（十六）石油钻井设备及配件

石油钻井设备是用于石油钻井工程全部机械的总称。钻机是石油钻井设备中最主要的设备。钻机是由多种系统和设备组成的成套联合机组，按其用途分为八大部件，即动力设备，传动系统，提升系统，旋转系统，循环系统，井架和底座、控制系统及配套设备。

> ZBD025 井架的型号表示方法

1. 井架

钻机的井架用于安装和悬挂提升设备与工具，以及起下存放钻杆。它的顶部安装有天车，中间部位有二层平台，供靠放钻具和钻工操作用。因此，对井架的要求应有足够的承载能力和有效高度及空间，并应便于拆装、运移和维修。井架按结构分类有塔型井架、A 型井架、桅型井架和 K 型井架。

井架型号表示方法如图 3-1-19 所示。

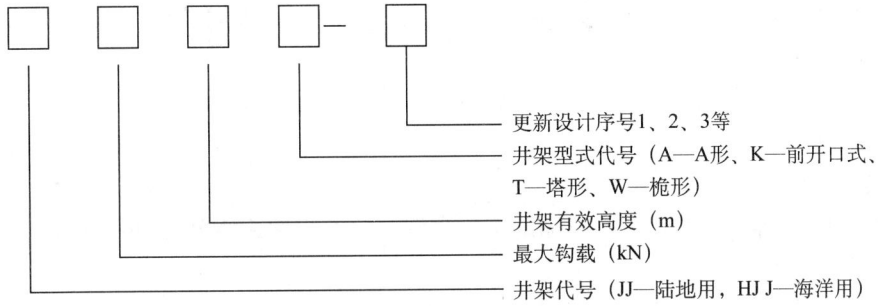

图 3-1-19　井架型号表示方法

例如，JJ225/42-A-2 井架表示陆地用井架，最大钩载为 2250kN，井架有效高度为 42m，井架型式为 A 形，更新设计序号为 2。

> ZBD023 井架底座的型号表示方法

2. 井架底座

井架底座为钢质框架结构。井架底座上面称为钻台，供安装转盘、绞车、钻杆盒、司钻控制柜、指重表。井架底座中部用于安装套管头和防喷器。井架底座固定在井场的基础上。

国产井架底座型号表示方法如图 3-1-20 所示。

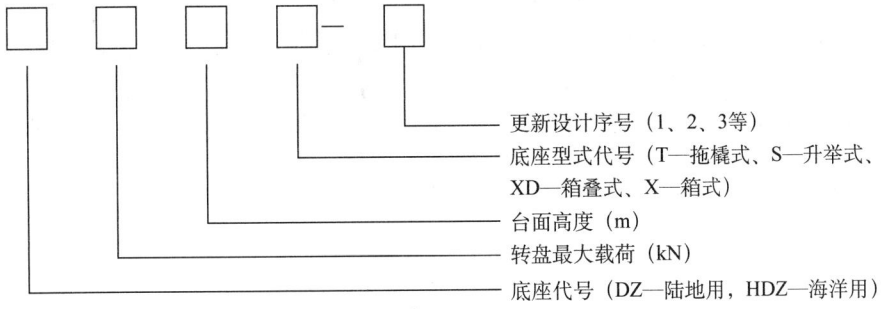

图 3-1-20　国产井架底座型号表示方法

例如，D2225/4.5-XD 2 底座表示陆地用底座，转盘最大载荷为 2250kN，钻台面高 4.5m，底座型式为箱叠式，更新设计序号为 20。

3. 柴油机

[ZBD026 钻机用柴油机的型号表示方法]

柴油机作为钻井动力设备具有功率大、效率高、运移方便等特点。现有钻机大多数采用柴油机驱动。

国内现在使用的钻机用柴油机主要有济南柴油机厂生产的190系列柴油机，美国卡特彼勒公司生产的300系列柴油机（D399TA等）和3400系列天然气发动机（3412TA等）。

例如，（1）PZ12V190 B 表示缸径为190mm、缸数为12、额定功率为882kW、额定转速为1500r/min、燃料类别柴油。

（2）P212V190B—1 表示缸径为190mm、缸数为12、额定功率为629kW、额定转速为1200r/min、燃料类别柴油。

（3）P212V190—2 表示缸径为190mm、缸数为8、额定功率为331kW、额定转速为1000r/min、燃料类别柴油。

（4）D399TA 表示缸径为158.8mm、缸数为12、额定功率为348kW、额定转速为1400r/min、燃料类别柴油。

（5）3412TA 表示缸径为137.16mm、缸数为12、额定功率为629kW、额定转速为1200r/min、燃料类别天然气。

4. 提升系统结构

[ZBD024 钻井提升设备]

提升系统包括绞车、天车、游动滑车、大钩，它们之间用钢丝绳和提环连接。

1）绞车

绞车用于起下钻具、下套管，在钻进过程中控制钻压，并用于井架的整体起立。国产石油钻机的绞车型号表示方法如图3-1-21所示。

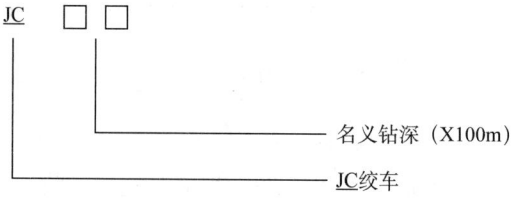

图3-1-21 绞车型号表示方法

例如，JC-60 表示钻井名义深度为6000m的国产绞车。

2）天车

天车固定在井架顶部的天车台上，起着定滑轮的作用，并将大钩和游动滑车传来的提升负荷通过天车台传给井架。国产天车型号表示方法如图3-1-22所示。

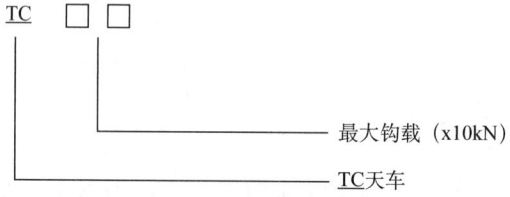

图3-1-22 天车型号表示方法

例如，TC350 表示最大钩载为 3500kN 的国产天车。

3）游动滑车

游动滑车简称游车，其作用是将大钩传来的提升负荷通过钢丝绳传递到天车上。游动滑车在钻台的上方作上下运动，起动滑轮的作用。游动滑车的型号表示方法与天车表示方法类似，如图 3-1-23 所示。

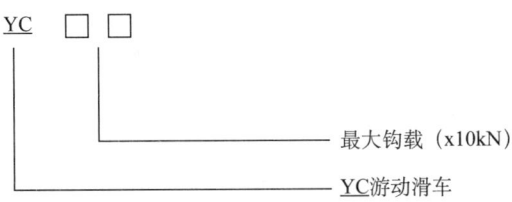

图3-1-23　游动滑车型号表示方法

例如，YC315 表示最大钩载为 3150kN 的国产游动滑车。

4）大钩

大钩是钻机提升系统的组成部分之一。根据其是否与游动滑车组成一个整体部件，大钩可分为普通大钩与游车大钩。

普通大钩的型号表示方法如图 3-1-24 所示。

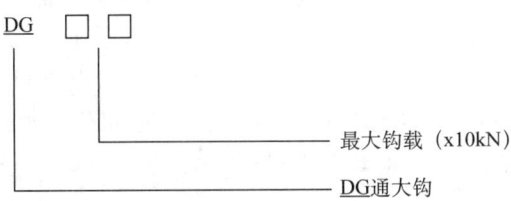

图3-1-24　普通大钩型号表示方法

例如，DG250 表示最大钩载为 2500kN 的国产普通大钩。

游车大钩的型号表示方法如图 3-1-25 所示。

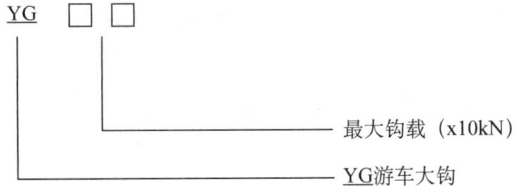

图3-1-25　游车大钩型号表示方法

例如，YG135 表示最大钩载为 1350kN 的国产游车大钩。

5. 钻井泵

钻井泵可以使钻井液（钻井液）增加能量，并使其不断进行循环。

1）钻井泵的分类

钻井泵的分类有以下三种方法：

> ZBD027 钻井泵的型号表示方法

（1）钻井泵按缸数分为双缸、三缸；
（2）钻井泵按结构分为活塞式和柱塞式；
（3）钻井泵按作用原理分为单作用和双作用。
2）钻井泵的型号及国产钻井泵型号表示方法

油田常用的钻井泵主要型号有：NB8-600，2PN-1250，F 系列 F-800，F-1000，F-130.0 和 3NB 系列 3NB800，3NB1000，3NB1300，3NB1600 等。

国产钻井泵的型号表示方法如图 3-1-26 所示。

图3-1-26　钻井泵型号表示方法

例如，3NB1300 表示额定输入功率为 1300 马力（约 956kW）的国产三缸单作用活塞式钻井泵。

（十七）抽油机

ZBD028 抽油机的型号表示方法

抽油机是有杆泵采油设备的地面机械传动装置。根据抽油机的结构和工作原理可分为游梁式抽油机和无游梁式抽油机。游梁式抽油机按其平衡重的安置位置又可分为常规式抽油机和前置式抽油机，游梁式抽油机按其平衡方式分为曲柄平衡式和气平衡式。无游梁式抽油机又分为长冲程钢丝绳抽油机、液压抽油机和链条抽油机。

国产游梁式抽油机表示方法如图 3-1-27 所示。

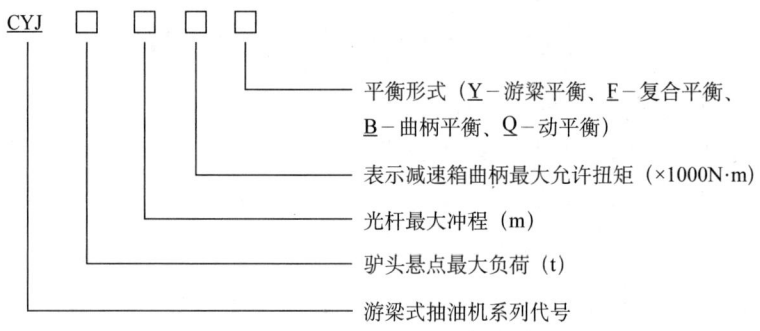

图3-1-27　游车大钩型号表示方法

（十八）抽油泵

ZBD029 有杆式抽油泵的型号表示方法

抽油泵又称为深井泵。抽油泵下到油井中并沉没在液面以下的一定深度，靠抽油泵的抽汲作用可将油液不断排出井口。

抽油泵分为有杆泵和无杆泵两大类。有杆泵又分为杆式和管式两种，与抽油机配合使用。

管式泵与杆式泵结构基本相同，区别主要在乎泵筒的固定方式。管式泵的泵筒装在油管柱的下端，随油管一起下入井内，杆式泵则是将整个泵作成一体，接在抽油杆下端，泵筒固定在油管中。

公称直径为44mm。泵筒长度为3m的厚壁筒，金属柱塞长1.2m，顶部机械式固定的杆式泵标记如下：

有杆式抽油泵型号表示方法如图3-1-28所示。

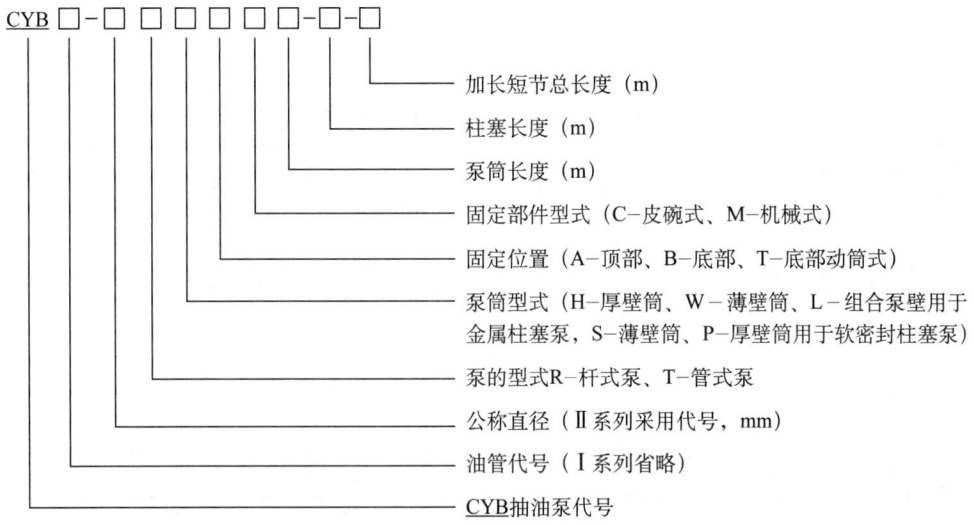

图3-1-28 有杆式抽油泵型号表示方法

例如，CYB-44RHAM3-1.2表示公称直径为44mm。泵筒长度为3m的厚壁筒，金属柱塞长1.2mm，顶部机械式固定的杆式泵。

（十九）钻头

钻头在钻井工程中用于破碎岩层。

钻头包括全面钻进钻头、取芯钻头。全面钻进钻头包括刮刀钻头、金钢石钻头、牙轮钻头。

金钢石钻头包括天然金刚石钻头、人造金钢石钻头。

牙轮钻头包括钢齿钻头、镶齿钻头。

钻头型号由直径号和分类号两部分组成，如图3-1-29所示。

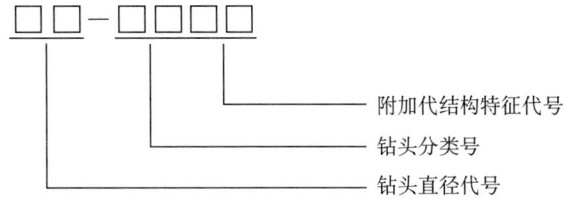

图3-1-29 钻头型号表示方法

三牙轮钻头附加结构代号表见表3-1-20。

表3-1-20　三牙轮钻头附加结构代号表

代 号	附加代结构特征代号	代 号	附加代结构特征代号	代 号	附加代结构特征代号
C	中心喷嘴	G	附加保径	X	楔形镶齿
D	定向控制	J	喷嘴偏射	Y	圆锥镶齿
E	加长喷嘴	R	加强焊缝		
Z	其他镶齿	S	标准齿		

三牙轮钻头直径代号见表3-1-21。

表3-1-21　三牙轮钻头直径代号

钻头直径，mm	直径代号，in	钻头直径，mm	直径代号，in
95.2	$3\frac{3}{4}$	222.2	$8\frac{3}{4}$
104.8	$4\frac{1}{3}$	241.3	$9\frac{1}{2}$
107.9	$4\frac{1}{4}$	244.5	$9\frac{5}{8}$
120.6	$4\frac{3}{4}$	250.8	$9\frac{5}{8}$
142.9	$5\frac{5}{8}$	269.9	$10\frac{5}{8}$
149.2	$5\frac{7}{8}$	298.4	$11\frac{3}{4}$
152.4	6	311.1	$12\frac{1}{4}$
158.7	$6\frac{1}{4}$	342.9	$13\frac{1}{2}$
165.1	$6\frac{1}{2}$	374.6	$14\frac{3}{4}$
171.4	$6\frac{3}{4}$	393.7	$15\frac{1}{2}$
190.5	$7\frac{1}{2}$	444.5	$17\frac{1}{2}$
200.0	$7\frac{7}{3}$	508.0	20
212.7	$8\frac{3}{8}$	609.6	24
215.9	$8\frac{1}{2}$	660.4	26

三牙轮钻头分类代号见表3-1-22。

表3-1-22　三牙轮钻头分类代号

钻头类别	适地用层			结构特征及代号						
	系列	岩性	分级	普通滚动轴承 1	空气冷却轴承 2	滚动轴承保径 3	密封滚动轴承 4	密封滚动轴承保径 5	密封滑动轴承 6	密封滑动保径 7
铣齿钻头	1	低抗压强度高可钻性的软地层	1							
			2							
			3							
			4							
	2	高抗压强度的中到中硬地层	1							
			2							
			3							
			4							

续表

钻头类别	适地用层			结构特征及代号						
	系列	岩性	分级	普通滚动轴承 1	空气冷却轴承 2	滚动轴承保径 3	密封滚动轴承 4	密封滚动保径 5	密封滑动轴承 6	密封滑动保径 7
铣齿钻头	3	半研磨性及研磨性的硬地层	1							
			2							
			3							
			4							
	4	低抗压强度高可黏性的极黏地层	1							
			2							
			3							
			4							
	5	低抗压强度软到中等地层	1							
			2							
			3							
			4							
	6	高抗压强度中硬地层	1							
			2							
			3							
			4							
	7	半研磨性及研磨性的硬地层	1							
			2							
			3							
			4							
	8	高研磨性的极硬地层	1							
			2							
			3							
			4							

（二十）套管头

ZBD031 套管头的分类及型号表示方法

1. 套管头的作用和组成

套管头安装在套管柱上端，用来悬挂套管和密封套环形空间。它由套管头本体、套管悬挂器和密封组件组成。

2. 套管头的分类

（1）套管头按悬挂套管层数分为单级套管头（悬挂一层套管），双级套管头和三级套管头。

（2）套管头按本体联接型式分为卡箍式和法兰式。

（3）套管头按本体的组合型式分为单体式（一个本体内装一个套管悬挂器）和组合式（一个本体装多个套管悬挂器）。

（4）套管头按套管悬挂器的结构型式分为卡瓦式和螺纹式。

3. 套管头的型号表示方法

套管头型号表示方法如图3-1-30所示。

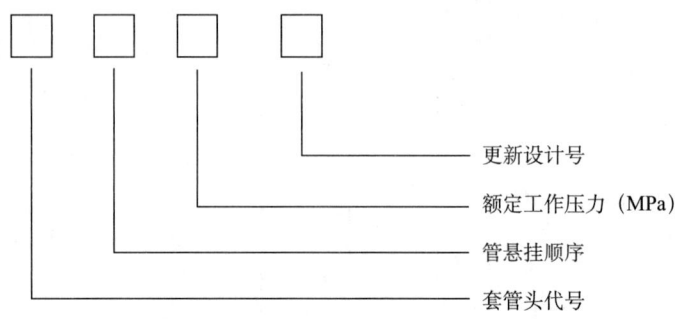

图3-1-30　套管头型号表示方法

例如，T133/8X95/8X7-35套管头表示其联接套管外为$13\frac{3}{8}$in，悬挂套管外径为7in和5in，额定工作压力为35MPa。

（二十一）钻杆对焊接头

ZBD032 钻杆接头的型号表示方法

1. 作用

钻杆对焊接头简称接头，它包括公接头和母接头。它一端用链杆接头螺纹将钻杆连接成钻柱，另一端与钻杆本对焊连接。

2. 接头的螺纹类型

接头螺纹应制成数字型（代号NC）、贯眼型（代号为FH）、内平型（代号IF）和正规型（代号REG）。

螺纹一般制成右旋，即正扣，代号为H，特殊要求可制成左旋，即反扣，代号为LH。

3. 接头代号表示方法及螺纹代号

（1）接头代号表示方法如图3-1-31所示。

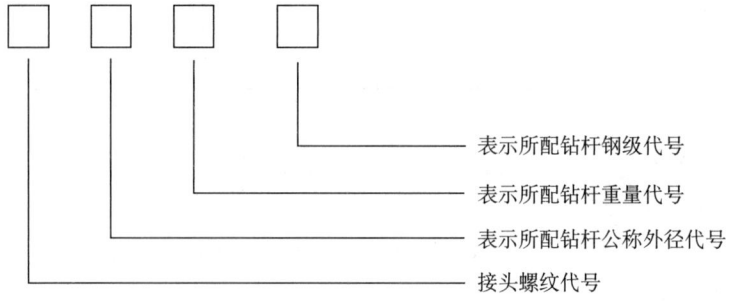

图3-1-31　钻杆对焊接头型号表示方法

接头螺纹代号见表3-1-23。

表3-1-23 接头螺纹代号

接头螺纹名称接头螺纹代号	接头螺纹代号
数字型23	NC23
数字型26	NC26
数字型31	NC31
数字型35	NC35
数字型38	NC38
数字型40	NC40
数字型44	NC44
数字型46	NC46
数字型50	NC50
数字型56	NC56
数字型61	NC61
数字型70	NC70
数字型77	NC77
正规型 $5^1/_2$	$5^1/_2$FH
正规型 $2^3/_8$	$2^3/_8$REG
正规型 $2^7/_8$	$2^7/_8$REG
正规型 $3^1/_2$	$3^1/_2$REG
正规型 $4^1/_2$	$4^1/_2$REG
正规型 $5^1/_2$	$5^1/_2$REG
正规型 $6^5/_8$	REG
正规型 $7^5/_8$	REG
正规型 $8^5/_8$	REG

（2）钻杆公称外径和重量代号见表3-1-24。

表3-1-24 钻杆公称外径和重量代号

公称外径，mm/in	公称外径代号	公称重量，kg/m	壁厚，mm	公称重量代号
60.3（$2^3/_8$）	1	7.2	4.83	1
		9.91	7.11	2
73.0（$2^7/_8$）	2	10.2	5.51	1
		15.51	9.19	2
88.9（$3^1/_2$）	3	14.1	6.45	1
		19.81	9.35	2
		23.1	11.40	3
101.6（4）	4	17.6	6.65	1
		20.81	8.38	2
		23.4	9.65	3

续表

公称外径，mm/in	公称外径代号	公称重量，kg/m	壁厚，mm	公称重量代号
114.3（4 1/2）	5	20.5	6.88	
		24.71	8.56	
		29.8	10.92	
		34.0	12.70	
		36.7	13.97	
		38.0	14.64	
127.0（5）	6	24.2	7.52	
		29.01	9.19	
		38.1	12.7	
139.7（5 1/2）	7	28.6	7.72	
		32.6	9.17	
		36.8	10.54	

（3）钻杆钢级代号（表3-1-25）。

表3-1-25　钻杆钢级代号

钢级	代号
E-75	E
X-95	X
G-105	G
S-135	S

例如，代号为 NC50-63G 的钻杆接头，其代号表示该接头的螺纹为数字型，其代号为 NC50，所配钻杆的公称外径为 127mm，公称重量为 38.1kg/m，钢级为 G-105。

模块二　操作技能

项目一　操作计算机用 Word 制"库存物资盈亏申请表""存货盘点明细表""物资调拨单"

（一）准备工作

1. 设备

计算机，打印机（数量由鉴定站根据考生人数及教室大小自行确定）。

2. 工具、用具

（1）库存物资盈亏申请表 1 份、各种输入法 1 套。

（2）存货盘点明细表 1 份、各种输入法 1 套。

（3）物资调拨单 1 份、各种输入法 1 套。

3. 人员

穿戴劳动保护用品。

（二）操作规程

（1）插入表格并录入文字数据。

①录入表头文字内容。

②根据行列多少插入表格。

③合并单元格。

④进行数据录入。

（2）选择设置。

①选择字号、字体、下划线。

②选择页面设置。

③确定行宽和列宽。

④选择对齐方式及字符间距。

（3）打印。

根据条件打印 1 份。

（4）例题。

【例 3-2-1】 用 Word 制"库存物资盈亏申请表"。

说明：(1) 请按照横线下面所给的表格（表 3-2-1）格式和内容用 Word 制表，并填入数据，最后打印一份。
(2) "库存物资盈亏申请表"为三号字，其余全部小五号字。
(3) 字体："库存物资盈亏申请表"为黑体，其余全部为仿宋-GB2312，所有字符间距为加宽 1.5 磅。
(4) 表格行高为 0.8cm，列宽根据表格形式自行调整，但必须与给定的格式内容相同。
(5) 纸型为 A4 横向。

表 3-2-1　**库存物资盈亏申请表**

2018 年 4 月 25 日

填报单位：电料组　　　　　　　　　　　　　　　　　　　　　　　　　　　　　　　　　　　　　　　第 34 大类

序号	器材名称及规格	单位	单价	账存		实存		盘盈		盘亏		盈亏原因
				数量	金额	数量	金额	数量	金额	数量	金额	
1	节能灯管 20W	只	8.20	42	344.40	36	295.20			6	49.20	工作不细

【例 3-2-2】 用 Word 制"库存物资盘点清册"。

说明：(1) 请按照横线下面所给的表格（表 3-2-2）格式和内容用 Word 制表，并填入数据，最后打印一份。
(2) "库存物资盘点清册"为 3 号字，其余全部为 5 号字。
(3) 字体"库存物资盘点清册"为黑体，其余全部为宋体，所有字符间距为加宽 1.5 磅。
(4) 表格行高为 0.7cm，列宽根据表格形式自行调整，但必须与给定的格式内容相同。
(5) 纸型为 A4 横向。

表3-2-2 **库存物资盘点清册**

2018 年 4 月 26 日

填报单位：砂石组　　　　　　　　　　　　　　　　　　　　　　　　　　　　　　　　　　　　　　第 09 大类

序 号	器材名称及规格	单 位	单 价	本期结存		盈（+-）亏		备 注
				数量	金额	数量	金额	
1	碎石 10～30mm	m³	67.25	308	20,713.00	-3	-201.75	

【例3-2-3】 用Word制"物资调拨单"。

说明：（1）请按照横线下面所给的表格（表3-2-3）格式和内容用Word制表，并填入数据，最后打印一份。
（2）"物资调拨单"为3号字，其余全部为5号字。
（3）字体"物资调拨单"为黑体，其余全部为末体，所有字符间距为加宽1.3磅。
（4）表格行高为0.8cm，列宽根据表格形式自行调整，但必须与给定的格式内容相同。
（5）纸型为A4横向。

表3-2-3　**物资调拨单**

2018年4月26日

发料编号：5-1
发料仓库：钢材库

物资类别：库存
用料单位：采油二厂

| 器材编码 | 器材名称及规格 | 单位 | 数　　量 | | 计划单价 | 金额 | 备注 |
			应发	实发			
030203210000736979	小等边角钢 40×4	t	54.46	54.46	5347.00	291,197.62	

项目二 填写物资明细账

（一）准备工作

1. 材料

物资明细账 1 份。

2. 工具、用具

计算器 1 个，笔 1 支。

3. 人员

穿戴劳动保护用品。

（二）操作规程

根据所给资料填写物资明细账。

（1）填写四号定位、代码号、物资名称、规格、计量单位、单价、单重。

（2）填写上年结转（或承前页）项的日期、摘要。

（3）填写上年结转（或承前页）项的结存数量、金额。

（4）填写验收项的日期、编号、摘要。

（5）填写验收项的收入数量、金额及结存数量、金额。

（6）填写发出项的日期、编号、摘要。

（7）填写发出项的收入数量、金额及结存数量、金额。

（8）填写月计项的日期、摘要及月计线。

（9）填写月计项的收入数量、金额，发出数量金额及结存数量、金额。

（三）技术要求

单据应填写规范。

（四）例题

【例 3-2-4】 水泥组 2017 年复合硅酸盐水泥的相关数据见表 3-2-4。

表3-2-4 复合硅酸盐水泥库存信息

物资名称规格	代码	单价（元/t）	单重（kg/袋）	计量单位	存放地点	上年结转数量
复合硅酸盐水泥 32.5# 袋装	1001010888006829 39	400.00	50	吨	1库2区1排1位	200

复合硅酸盐水泥的收发情况见表 3-2-5。

表3-2-5 复合硅酸盐水泥收发明细表

验收情况				发出情况			
日期	验收编号	验收数量	供货单位	日期	发料编号	验收数量	领料单位
1月2日	1-1	50	哈水	1月8日	1-3	100	井下
1月10日	1-9	500	亚泰	2月21日	2-15	200	一厂

请根据所给条件填写物资明细账。

物资明细账填写见表3-2-6。

表3-2-6 物资明细账

储备定额		最高			四号定位：	1库 场2区1排1层1位号					
		最低			物资代码号：	100101088800682939					
主要附机		名称			名称：	复合硅酸盐水泥					
		规格			规格：	32.5# 袋装					
单重：50kg/袋					计量单位：	t 计划单价：400.00					

2017年		凭证编号	摘要	收入		发出		结存		稽核员核对签章	备注
月	日			数量	金额	数量	金额	数量	金额		
1	1		上年结转*					200	80,000.00	×××	*代表红字
1	2	1-1	哈水	50	20,000.00			250	100,000.00	×××	
1	8	1-3	井下	500	200,000.00	100	40,000.00	150	60,000.00	×××	
1	10	1-9	亚泰	550	220,000.00	100	40,000.00	650	260,000.00	×××	
1	25		月计*					650	260,000.00	×××	*代表红字
2	21	2-15	一厂			200	80,000.00	450	180,000.00	×××	
			过次页								

项目三 退料入库

（一）准备工作

1. 材料

物资退料单1份，物资明细账1份。

2. 工具、用具

计算器1个，笔1支。

3. 人员

穿戴劳动保护用品。

（二）操作规程

（1）根据所给条件确定退料数量。

（2）填写物资退料单。

①填写退料单编号。

②填写实退数量、金额。

③填写收料人、日期，稽核人、日期，退料人、日期。

（3）填写物资明细账。

①填写单重、四号定位、代码号、计量单位、单重及单价。

②填写物资名称、规格。

③填写日期、摘要、结存数量及金额。

④填写退料日期、编号、摘要内容。

⑤填写发出及结存的数量、金额。

（三）技术要求

单据应填写规范，退料下账在发出栏用红笔填写。

（四）例题

【例3-2-5】 2017年5月10日钻井一公司提料员王军持下面退料单（表3-2-7）到钢材库退螺纹钢，保管员接到退料实物核实符合退库条件，当日为其办理了退库手续。2017年5月10日退料前该项料库存（即账存）为50t，在此次退料前无收发业务，该项料存放在4库1区1排2位。

表3-2-7 物资退料单

2017年5月9日

退料单位：钻井一公司　　　　　　　　　　　　　　　　　　　　　退料编号：
　　　　　　　　　　　　　　　　　　　　　　　　　　　　　　　原发料库：钢材库

单 号	物资代码	物资名称规格型号	计量单位	数　量		计划单价	金　额	退库原因
				申请	实退			
5-5	030203330000291170	小螺纹钢 18-HRB335	t	23		4,000.00		工程剩余
合计								
配拨：××× 稽核人：××× 收料人：　　　月　日								
5月10日　　　　　　　　　　　退料人：　　　月　日								
							备 注	

请根据所给条件分别填写"物资退料单"和"物资明细账"。
物资退料单填写见表3-2-8。

表3-2-8 物资退料单

2017年5月9日

退料单位：钻井一公司　　　　　　　　　　　　　　　　　　　　　退料编号：5-1
　　　　　　　　　　　　　　　　　　　　　　　　　　　　　　　原发料库：钢材库

单 号	物资代码	物资名称规格型号	计量单位	数　量		计划单价	金　额	退库原因
				申请	实退			
5-5	030203330000291170	小螺纹钢 18-HRB335	t	23	23	4,000.00	92,000.00	工程剩余
合计								
配拨：××× 稽核人：××× 收料人：×××　月　日								
5月10日　　　　　　5月10日　　　退料人：王军　5月10日								
							备 注	

物资明细账填写见表3-2-9。

表3-2-9 物资明细账

单重：_____
储备定额 最高_____ 最低_____
主要附机 名称_____ 规格_____

四号定位：4库 架 层 场1区1排2位号
物资代码号：030203330000291170
物资名称：小螺纹钢
规格：18-HRB335
计量单位：t 计划单价：4,000.00

2017年		凭证编号	摘要	收入		发出		结存		稽核员核对签章	备注
月	日			数量	金额	数量	金额	数量	金额		
5	10		承前页					50	200,000.00	×××	
5	10	5-1	钻井一公司			23*	92,000.00*	73	292,000.00	×××	*代表红字
			过次页								

项目四　识别包装储运图示标志（二）、危险货物包装标志（二）、安全禁止标志（二）、安全警告标志（一）

（一）准备工作

1. 材料

1）识别包装储运图示标志（二）

名　称	规　格	数　量	备　注
"禁用手钩、此面禁用手推车、禁止堆码、怕辐射、禁用叉车、温度极限、禁止翻滚、此处不能卡夹"包装储运标志图		1套	

2）识别危险货物包装标志（二）

名　称	规　格	数　量	备　注
"危害环境物质和物品标记、高温运输标记、易燃固体、感染性物质、一级放射性物质、二级放射性物质、三级放射性物质、裂变性物质、腐蚀性物质、杂项危险物质和物品"危险货物包装标志图		1套	

3）识别安全禁止标志（二）

名　称	规　格	数　量	备　注
"禁止乘人、禁止靠近、禁止入内、禁止推动、禁止停留、禁止通行、禁止跨越、禁止攀登、禁止跳下、禁止伸出窗外"安全禁止标志图		1套	

4）识别安全警告标志（一）

序号	名　称	规　格	数　量	备　注
1	"注意安全、当心火灾、当心爆炸、当心腐蚀、当心中毒、当心感染、当心触电、当心电缆、当心自动启动、当心机械伤人、当心塌方、当心冒顶、当心坑洞"安全警告标志图		1套	

2. 工具、用具

笔1支。

3. 人员

穿戴劳动保护用品。

（二）操作规程

根据所给资料填写标志图名称。

标志图名称分别见表3-2-10、表3-2-11、表3-2-12、表3-2-13。

表3-2-10 包装储运图示标志（二）

序号	标志名称	图形符号	序号	标志名称	图形符号	序号	标志名称	图形符号
1	禁用手钩		4	怕辐射		7	禁止翻滚	
2	此面禁用手推车		5	禁用叉车		8	此处不能卡夹	
3	禁止堆码		6	温度极限				

表3-2-11 危险货物包装标志（二）

序号	标志名称	图形	序号	标志名称	图形	序号	标志名称	图形
1	危害环境物质和物品标记		5	一级放射性物质		9	腐蚀性物质	
2	高温运输标记		6	二级放射性物质		10	杂项危险物质和物品	
3	易燃固体		7	三级放射性物质				
4	感染性物质		8	裂变性物质	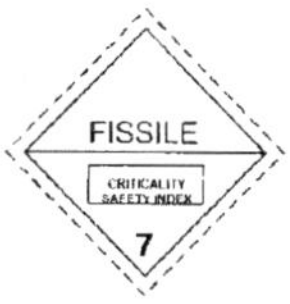			

表3-2-12 安全禁止标志（二）

序号	标志名称	图形	序号	标志名称	图形	序号	标志名称	图形
1	禁止乘人		5	禁止停留		9	禁止跳下	
2	禁止靠近		6	禁止通行		10	禁止伸出窗外	
3	禁止入内		7	禁止跨越				
4	禁止推动		8	禁止攀登				

表3-2-13 安全警告标志（一）

序号	标志名称	图形	序号	标志名称	图形	序号	标志名称	图形
1	注意安全		6	当心感染		11	当心塌方	
2	当心火灾		7	当心触电		12	当心冒顶	
3	当心爆炸		8	当心电缆		13	当心坑洞	
4	当心腐蚀		9	当心自动启动				
5	当心中毒		10	当心机械伤人				

（三）技术要求

填写应规范。

项目五　验收无缝管、扁钢、地砖、工业盐、扳手、轴承

（一）准备工作

1. 材料

物资入库验收单 1 份，物资明细账 1 份。

2. 工具、用具

计算器 1 个，笔 1 支。

3. 人员

穿戴劳动保护用品。

（二）操作规程

（1）根据所给资料及实物确定实收数量。

（2）填写物资入库验收单。

①填写供货单位、到货日期、验收日期、制单日期及验收单号。

②填写序号、物资名称、规格型号、代码、计量单位及单价。

③填写应收、实收的数量及金额。

④填写合同号、资料到达日期、质量证明书份数、计量单份数、合格证份数、查询单号、发站、到站、车数、车号、运单号、验收单位、组长、保管员、稽核员、备注。

（3）填写物资明细账。

①填写四号定位、代码号、物资名称、规格、计量单位及单价。

②填写日期、编号、摘要内容。

③填写收入及结存的数量、金额。

（三）技术要求

单据应填写规范。

（四）例题

【例 3-2-6】 2017 年 5 月 10 日管材组收到天津钢管集团发来的无缝管，厂家发出数量为 67t，发站：天津；到站：大庆，附带 3 份质量证明书。该批料的详细情况见表 3-2-14。

表3-2-14 物资到货记录

物资名称及规格	物资代码	单价	订货数量，t	合同号	车号	运单号
无缝管33×3 20#	0309010190000009565	5100元/t	67	2017-001	1756333	54233

到货次日经保管员仔细验收发现实到数量为63t，该项料存放在2料区3排1位。请根据所给条件进行验收并分别填写"物资入库验收单"和"物资明细账"。物资入库验收单填写见表3-2-15。

表3-2-15 物资入库验收单

供货单位：天津钢管集团　　　　　　　　　　　　到货日期：2017年5月10日
验收单号：5-1　　　　　　　　　　　　　　　　验收日期：2017年5月11日
制单日期：2017年5月11日

序号	物资代码	物资名称规格型号	计量单位	计划单价	应收 数量	应收 金额	实收 数量	实收 金额	运损（计量差）单号
1	0309010190000009565	无缝管33×3 20#	t	5,100.00	67	341,700.00	63	321,300.00	
合同号	2017-001		附质量证明书	3份	附计量单	份	附合格证	份	查询单号 5-1
资料到达日期	5.10								
发站	天津		车号					1756333	不能验收单号
到站	大庆		车数	1	运单号			54233	质检编号
验收单位：管材组	组长：×××	保管员：×××		稽核员：×××			备注：缺少4吨查询		

物资明细账填写见表3-2-16。

表3-2-16 物资明细账

单重：_____

储备定额	最高		四号定位：	2场5区3排1位号		库	架	层
	最低		物资代码号：	030901019000009565				
主要附机	名称		物资名称：	无缝管				
	规格		规格：	33×3 20#				
			计量单位：	t	计划单价：	5,100.00		

2017年		凭证编号	摘要	收入		发出		结存		稽核员核对签章	备注
月	日			数量	金额	数量	金额	数量	金额		
5	11	5-1	天津钢管集团	63	321,300.00			63	321,300.00	××	
			过次页								

【例3-2-7】 2017年8月10日建工组收到广州石材厂发来的地砖，厂家发出数量为80箱，每箱内装30块，发站：广州；到站：大庆，每箱附带1份合格证。该批料的详细情况见表3-2-17。

表3-2-17 物资到货记录

物资名称及规格	物资代码	单价	合同号	订货数量，块	车号	运单号
地砖 500×500	0909030290000000527	40元/块	2017-007	2400	3756333	24233

到货次日经保管员仔细验收发现实到数量为2400块，但有12块损坏，该项料存放在4库2架2层2位。请根据下面所给条件进行验收并分别填写"物资入库验收单"和"物资明细账"。物资入库验收单填写见表3-2-18。

表3-2-18 物资入库验收单

供货单位：广州石材厂　　　　　　　　　　　制单日期：2017年8月11日
验收单号：8-1　　　　　　　　　　　　　　　到货日期：2017年8月10日
　　　　　　　　　　　　　　　　　　　　　　验收日期：2017年8月11日

序号	物资代码	物资名称规格型号	计量单位	计划单价	应收		实收		质检编号	查询单号	运损（计量差）单号
					数量	金额	数量	金额			
1	0909030290000000527	地砖 500×500	块	40.00	2,400	96,000.00	2,388	95,520.00	8-1		
合同号	2017-007	附质量证明书	附计量单	附合格证	不能验收单号						
资料到达日期	8.10	份	份	80份							
发站	广州	到站	大庆	车数	1	车号	3756333				
						运单号	24233				
验收单位：建工组		组长：×××		保管员：×××		稽核员：×××		备注	损坏12块查询		

物资明细账填写见表 3-2-19。

表 3-2-19 物资明细账

单　重：＿＿＿＿

储备定额	最　高		主要附机	名　称		四号定位：	4 库 2 架 2 层
	最　低			规　格		物资代码号：	090903029000000527
						物资名称：	地砖
						规　格：	500×500
						计量单位：	块　　计划单价：40.00

2017 年		凭证编号	摘　要	收　入		发　出		结　存		稽核员核对签章	备注
月	日			数量	金额	数量	金额	数量	金额		
5	11	8-1	广州石材厂	2,388	95,520.00			2,388	95,520.00	××	
			过次页		95,520.00						

【例 3-2-8】 2017 年 6 月 10 日电料组收到天津电器厂发来的三相插头，厂家发出数量为 60 盒，每盒内装 30 只，发站：天津；到站：大庆，每盒附带 1 份合格证。该批料的详细情况见表 3-2-20。

表3-2-20 物资到货记录

物资名称及规格	物资代码	合同号	单价	订货数量，只	车号	运单号
三相插头 10A	340802069000013286	2017-005	3元/只	1800	1756333	54233

到货次日经保管员仔细验明收发现实到数量为1789只，该项料存放在2库5架2层2位。请根据所给条件进行验收并分别填写"物资入库验收单"和"物资明细账"。物资入库验收单填写见表3-2-21。

表3-2-21 物资入库验收单

供货单位：天津电器厂　　　　　　　　　　　　　　　　到货日期：2017年6月10日
验收单号：6-1　　　　　　　　　　　　　　　　　　　　验收日期：2017年6月11日
　　　　　　　　　　　　　　　　　　　制单日期：2017年6月10日

序号	物资代码	物资名称规格型号	计量单位	计划单价	应收		实收		附质量证明书	附计量单	附合格证	查询号	不能验收单号	质检编号	运损（计量差）单号
					数量	金额	数量	金额							
1	340802069000013286	三相插头 10A	只	3.00	1800	5,400.00	1789	5,367.00	份	份	60份	6-1				

合同号	2017-005				
资料到达日期	6.10				1756333
发站	天津	到站	大庆	车号	
				车数	1	运单号	54233
验收单位：电料组	组长：×××　　保管员：×××　　稽核员：×××　　备注：缺少11只查询

物资明细账填写见表 3-2-22。

表3-2-22 物资明细账

单 重：_____

储备定额	最 高		
	最 低		
主要附机	名 称		
	规 格		

四号定位：	2库 5架 2层
物资代码号：	34080206900013286
物资名称：	三相捅头
规 格：	10A
计量单位：只	计划单价：3.00

年 份			2017年			
收入数量						
发出数量						

月	日	凭证编号	摘 要	收 入		发 出		结 存		稽核员对章
				数量	金额	数量	金额	数量	金额	稽核签章 / 备注
6	11	6-1	天津电器厂	1789	5,367.00			1789	5,367.00	×××
			过次页							

项目六　发放圆钢、石粉、灯管

（一）准备工作

1. 材料

物资调拨单 1 份，物资明细账 1 份。

2. 工具、用具

计算器 1 个，笔 1 支。

3. 人员

穿戴劳动保护用品。

（二）操作规程

（1）根据所给资料及实物确定实发数量。

（2）填写物资调拨单。

①填写发料单编号。

②填写实发数量、金额。

③填写发料人、发料日期、提料人、提料日期。

（3）填写物资明细账。

①填写单重、四号定位、代码号、计量单位及单价。

②填写物资名称、规格。

③填写日期、摘要、结存数量及金额。

④填写发料日期、编号、摘要内容。

⑤填写发出及结存的数量、金额。

（三）技术要求

单据应填写规范。

（四）例题

【例 3-2-9】　2017 年 5 月 11 日油建公司提料员李莉持下面调拨单（表 3-2-23）到钢材组提小圆钢。2017 年 5 月 11 日发料前该项料库存（即账存）为 84 捆，每捆 400kg，账存计量单位为 t，该料不允许拆捆发放，在此次发料前无收发业务，该项料存放在 2 料场 1 料区 1 排 3 位。

表3-2-23 金属公司物资(调)拨单

物资类型：库存 发料编号：
用料单位：油建公司 发料库：钢材库

2017年5月10日

单号	物资代码	物资名称规格型号	计量单位	数量 应发	数量 实发	计划单价	金额	增值税率	金额	实售单价	金额
5-5	030203310000737195	小圆钢 12-A3	t	21		4,400.00				4,400.00	92,400.00
合 计											

工程项目名称编号		合同号		结算证号		增值税额	
供货厂商						收款金额	
配拨：BG		提料人： 月 日		备注			

收料人：FH 发料人： 月 日
5月10日

请根据所给条件进行发料并分别填写"物资调拨单"和"物资明细账"。

物资调拨单填写见表3-2-24。

表3-2-24 金属公司物资（调）拨单

2017年5月10日

物资类型：库存
用料单位：油建公司
发料编号：5-1
发料库：钢材库

| 单号 | 物资代码 | 物资名称规格型号 | 计量单位 | 数量 | | 计划单价 | 金额 | 实售单价 | 金额 |
				应发	实发				
5-5	030203310000737195	小圆钢 12-A3	t	21	20.8	4,400.00	91,520.00	4,400.00	92,400.00
合计									

工程项目名称编号		合同号		结算证号		增值税率	%	增值税额	收款金额
供货厂商									
配拨： BG		发料人：×××　5月11日		提料人：李莉　5月11日		备注			

收款人：FH　5月10日

物资明细账填写见表3-2-25。

表3-2-25 物资明细账

单 重: 400kg/捆

储备定额	最高		
	最低		
主要附机	名称		
	规格		

四号定位: 2场1区1排3位号
物资代码号: 03020331000737195
物资名称: 小圆钢
规格: 12—A3
计量单位: t　计划单价: 4,400.00

2017年		凭证编号	摘要	收入		发出		结存		稽核员核对签章	备注
月	日			数量	金额	数量	金额	数量	金额		
5	11		承前页					33.6	147,840.00	×××	
5	11	5-1	油建公司			20.8	91,520.00	12.8	56,320.00	×××	
			过次页								

【例3-2-10】 2017年5月10日钻井一公司提料员王军持下面调拨单（表3-2-26）到建工组提重晶石粉。2017年5月10日发料前该项料库存（即账存）为860袋，每袋25kg，账存计量单位为t，在此次发料前无收发业务，该项料存放在4库1区1排2位。

表3-2-26 建材公司物资（调）拨单

物资类型：库存
用料单位：钻井一公司
发料编号：
发料库：建工库

2017年5月9日

单号	物资代码	物资名称规格型号	计量单位	数量 应发	数量 实发	计划单价	金额	实售单价	金额
5-5	12021802000365820	重晶石粉 200 目特级－密度 4.25 以上	t	23		700.00		700.00	16,100.00
合 计									

工程项目名称编号		合同号		结算证号		增值税率	%	增值税额	收款金额
供货厂商		发料人：		提料人：		备注			
配拨：BG		收款人：FH 5月9日		月 日		月 日			

请根据所给条件进行发料并分别填写"物资调拨单"和"物资明细账"。

物资调拨单填写见表 3-2-27。

表3-2-27 建材公司物资（调）拨单

物资类型：库存 发料编号：5-1
用料单位：钻井一公司 发料库：建工库
2017年5月9日

单 号	物资代码	物资名称规格型号	计量单位	数量		计划单价	金 额	实售单价	金 额
				应发	实发				
5-5	12021802000236582O	重晶石粉200目特级-密度4.25以上	t	23	21.5	700.00	15,050.00	700.00	16,100.00
合 计									

工程项目名称编号		合同号		结算证号		增值税率	增值税额	收款金额
供货厂商						%		
配拨：BG	收款人：FH 5月9日	发料人：××× 5月10日		提料人：王军 5月10日		备 注		

物资明细账填写见表3-2-28。

表3-2-28　物资明细账

单重：25kg/袋

储备定额	最高										
	最低										
主要附机	名称										
	规格										

四号定位：4库 架 层 场1区1排2位号
物资代码号：12021802000265820
物资名称：重晶石粉
规格：200目特级—密度4.25以上
计量单位：t　计划单价：700.00

2017年		凭证编号	摘要	收入			发出			结存			稽核员	备注
月	日			数量	金额		数量	金额		数量	金额		核对签章	
			承前页							21.5	15,050.00		×××	
5	10	5-1	钻井一公司				21.5	15,050.00		0	0		×××	
5	10		过次页											

【例3-2-11】 2017年4月19日测井公司提料员赵四持下面调拨单（表3-2-29）到电料组提灯管。2017年4月19日发料前该项料库存（即账存）为15盒零9只，每盒内装10只，账存计量单位为只，在此次发料前无收发业务，该项料存放在5库1架4层3位。

表3-2-29 机电公司物资(调)拨单

2017年4月18日

物资类型：库存 发料编号：
用料单位：测井公司 发料库：电料库

单号	物资代码	物资名称规格型号	计量单位	数量		计划单价	金额	实售单价	金额
				应发	实发				
4-5	34070330880018l604	日光灯管 30W	只	160		8.00		8.00	1,280.00
合计									

工程项目名称编号		合同号		结算证号		增值税率	%	增值税额	收款金额
供货厂商		发料人：		提料人：		备注			
配拨 BG	收款人：FH 4月18日		月 日		月 日				

请根据所给条件进行发料并分别填写"物资调拨单"和"物资明细账"。

物资调拨单填写见表3-2-30。

表3-2-30 机电公司物资(调)拨单

物资类型：库存　　　　　　　　　　　　　　　　　　　　　　　发料编号：4-1
用料单位：测井公司　　　2017年4月18日　　　　　　　　　　　发料库：电料库

单号	物资代码	物资名称规格型号	计量单位	数量		计划单价	金额	增值税率	实售单价	金额
				应发	实发					
4-5	34070330880018160	日光灯管 30W	只	160	159	8.00	1,272.00	%	8.00	1,280.00
合　计								增值税额		
工程项目名称编号			合同号			结算证号		收款金额		
供货厂商										
配发：	发料人：×××		提料人：赵四			备注				
BG	收款人：FH	4月19日	4月19日							
	4月18日									

物资明细账填写见表3-2-31。

表3-2-31 物资明细账

单重：_____

储备定额	最高		四号定位：	5库1架4层
	最低		场 区：	
主要附机	名 称		物资代码号：	340703088018160 4
	规 格		物资名称：	日光灯管
年 份			规 格：	30W
收入数量			计量单位：	只
发出数量			计划单价：	8.00

2017年		凭证编号	摘 要	收入		发出		结存		备注
月	日			数量	金额	数量	金额	数量	金额	
										稽核员核对签章
4	19		承前页					159	1,272.00	
4	19	4-1	测井公司			159	1,272.00	0	0	
			过次页							

项目七 填写角钢、方钢、水泥、纯碱、灯泡、电池不能验收报告单

（一）准备工作

1. 材料

进库物资不能验收报告单1份。

2. 工具、用具

计算器1个，笔1支。

3. 人员

穿戴劳动保护用品。

（二）操作规程

（1）根据所给条件确定不能验收的数量及原因。

（2）填写进库物资不能验收报告单。

①填写供货单位、到货日期、制单日期、编号。

②填写物资名称、规格型号、物资代码、计量单位。

③填写车号、运单号。

④填写数量。

⑤填写不能验收原因。

⑥填写上报单位、保管员、日期。

（三）技术要求

单据应填写规范。

（四）例题

【例 3-2-12】 2017年5月8日材料库钢材组收到沧州钢铁公司发来的小等边角钢56捆，每捆为2t。到货次日经保管员外观检验发现有3捆（6t）边厚超过标准规定偏差，其余全部合格，质量证明书齐全，发站：沧州，到站：大庆。该批料的详细情况见表3-2-32。

表3-2-32 物资到货记录

物资名称及规格	物资代码	合同号	订货数量，t	车号	运单号
小等边角钢 45×5-Q235A	030203210000289392	2017-019	80	8256328	36535

请根据所给条件进行判定并填写"进库物资不能验收报告单"。

进库物资不能验收报告单填写见表3-2-33。

表3-2-33 进库物资不能验收报告单

供货单位：沧州钢铁公司　　　　　　　　　　　　　　　单据编号：5-1
到货日期：2017年5月8日　　　　　　　　　　　　　　　制单日期：2017年5月9日

物资名称型号规格		小等边角钢		45×5-Q235A	物资代码		030203210000289392	
计量单位	t	数量	32	不能验收原因		超合同，且有3捆（6t）边厚超过标准规定偏差		
上级批复意见								
运单号		36535						
车　号		8256328						
上报单位： 材料库钢材组		保管员：××× 5月9日			批复单位：		批复人： 　　　月　日	

【例3-2-13】 2017年5月9日材料库钢材组收到鞍山钢铁集团发来的小等边角钢48捆，每捆为2t。到货次日保管员核对到货数量与厂家发运数量相等，但核对账目及资料发现该批料无合同，且为积压料。质量证明书齐全，发站：鞍山，到站：大庆。该批料的详细情况见表3-2-34。

表3-2-34 物资到货记录

物资名称及规格	物资代码	车号	运单号
小等边角钢　45×4-Q235	030203210000737148	4756326	34235

请根据所给条件进行判定并填写"进库物资不能验收报告单"。
进库物资不能验收报告单填写见表3-2-35。

表3-2-35 进库物资不能验收报告单

供货单位：鞍山钢铁集团　　　　　　　　　　　　　　　单据编号：5-2
到货日期：2017年5月9日　　　　　　　　　　　　　　　制单日期：2017年5月10日

物资名称型号规格		小等边角钢		45×4-Q235	物资代码		030203210000737148	
计量单位	t	数量	96	不能验收原因		无合同、积压		
上级批复意见								
运单号		34235						
车　号		4756326						
上报单位： 材料库钢材组		保管员：××× 5月10日			批复单位：		批复人： 　　　月　日	

【例3-2-14】 2017年9月6日材料库化工组收到营口兴业化工有限公司发来的纯碱680t，到货次日经保管员仔细验收发现，厂家发运数量与实到数量相等，但经核对资料发现该批料为积压料，且无合同。发站：营口，到站：大庆。该批料的详细情况见表3-2-36。

表3-2-36　物资到货记录

物资名称及规格	物资代码	车号	运单号
纯碱　工业用	170210060000784428	8455328	35236

请根据所给条件进行判定并填写"进库物资不能验收报告单"。

进库物资不能验收报告单填写见表3-2-37。

表3-2-37　进库物资不能验收报告单

供货单位：营口兴业化工有限公司　　　　　　　　单据编号：9-1

到货日期：2017年9月6日　　　　　　　　　　　制单日期：2017年9月7日

物资名称型号规格	纯碱　工业用		物资代码	170210060000784428
计量单位	t	数量　680	不能验收原因	积压、无合同
上级批复意见				
运单号	35236			
车　号	8455328			
上报单位：材料库化工组	保管员：×××　9月7日		批复单位：	批复人：　　月　日

【例3-2-15】　2017年11月8日材料库电料组收到长春灯具厂发来的灯泡8件，每件箱标100只，合格证齐全，到货包装完好，件数相符。到货次日保管员打开包装仔细验收发现，到货数量相符，但有7只灯泡已损坏。发站：长春，到站：大庆。该批料的详细情况见表3-2-38。

表3-2-38　物资到货记录

物资名称及规格	物资代码	合同号	订货数量，只	车号	运单号
普通灯泡　100W	3407030100000102064	2017-011	580	2756326	64235

请根据所给条件进行判定并填写"进库物资不能验收报告单"。

进库物资不能验收报告单填写见表3-2-39。

表3-2-39　进库物资不能验收报告单

供货单位：长春灯具厂　　　　　　　　　　　　单据编号：11-1

到货日期：2017年11月8日　　　　　　　　　　制单日期：2017年11月9日

物资名称型号规格	普通灯泡　100W		物资代码	3407030100000102064
计量单位	只	数量　220	不能验收原因	超合同，且有7只损坏
上级批复意见				
运单号	64235			
车　号	2756326			
上报单位：材料库电料组	保管员：×××　11月9日		批复单位：	批复人：　　月　日

【例 3-2-16】 2017年10月10日机电库电料组收到深圳灯具厂发来的灯泡25件，每件箱标50只，合格证齐全，到货包装完好，件数相符。到货次日保管员打开包装仔细验收发现，到货数量相符，但经核对账目，该项料为积压料。发站：深圳，到站：大庆。该批料的详细情况见下表3-2-40。

表3-2-40 物资到货记录

物资名称及规格	物资代码	合同号	订货数量，只	交货期限	车号	运单号
普通灯泡 150W	3407030100000102032	2017-027	1250	2017年8月30日前	6556326	32235

请根据所给条件进行判定并填写"进库物资不能验收报告单"。

进库物资不能验收报告单填写见表3-2-41。

表3-2-41 进库物资不能验收报告单

供货单位：深圳灯具厂　　　　　　　　　　　　单据编号：10-1

到货日期：2017年10月10日　　　　　　　　　制单日期：2017年10月11日

物资名称型号规格	普通灯泡 150W		物资代码	3407030100000102032	
计量单位	只	数量	1250	不能验收原因	积压、超期到货
上级批复意见					
运单号	32235				
车　号	6556326				
上报单位： 机电库电料组	保管员：××× 10月11日		批复单位：	批复人： 　　　　月　日	

项目八　识别非金属材料

（一）准备工作

1. 材料

砂石、燃料、建筑材料、化工产品、劳动防护用品、橡胶及制品等，随机抽取10项。

2. 工具、用具

笔1支。

3. 人员

穿戴劳动保护用品。

（二）操作规程

（1）根据所给物资分别进行识别。

（2）写出每项物资的名称。

（3）写出每项物资的规格型号。

理论知识试题

初级工理论知识试题及答案

一、单项选择题（每题有4个选项，只有1个是正确的，将正确的选项号填入括号内）

1. AA001 《中华人民共和国产品质量法》通过时间是1993年（　　）。
   A. 2月22日　　　B. 3月12日　　　C. 3月22日　　　D. 3月23日
2. AA001 1993年2月22日第七届全国人民代表大会常务委员会第（　　）次会议通过了《中华人民共和国产品质量法》。
   A. 十三　　　B. 三十　　　C. 三十三　　　D. 四十三
3. AA001 根据2000年7月8日第九届全国人民代表大会常务委员会第（　　）次会议《关于修改〈中华人民共和国产品质量法〉的决定》进行第一次修正。
   A. 五　　　B. 六　　　C. 十五　　　D. 十六
4. AA002 《中华人民共和国产品质量法》的第二章是（　　）。
   A. 产品质量的监督　　B. 损害赔偿　　C. 罚则　　D. 附则
5. AA002 《中华人民共和国产品质量法》的第六章是（　　）。
   A. 产品质量的监督　　B. 损害赔偿　　C. 附则　　D. 罚则
6. AA002 《中华人民共和国产品质量法》的第七章是（　　）。
   A. 产品质量的监督　　B. 损害赔偿　　C. 罚则　　D. 附则
7. AA003 《中华人民共和国产品质量法》所称产品是指经过加工、制作，用于（　　）的产品。
   A. 销售　　　B. 食用　　　C. 使用　　　D. 生产
8. AA003 生产者、销售者应当建立健全内部产品质量管理制度，严格实施岗位质量规范、质量责任以及相应的（　　）。
   A. 管理办法　　B. 考核办法　　C. 安全生产　　D. 文明生产
9. AA003 《中华人民共和国产品质量法》规定，禁止伪造或者冒用（　　）标志等质量标志。
   A. 安全　　　B. 环保　　　C. 认证　　　D. 生产
10. AA004 《中华人民共和国产品质量法》规定，（　　）以上地方人民政府有关部门在各自的职责范围内负责产品质量监督工作。
    A. 省级　　　B. 市级　　　C. 县级　　　D. 乡镇级
11. AA004 各级地方人民政府和其他国家机关有包庇、放纵产品生产、销售中违反《中华人民共和国产品质量法》规定的行为的，依法追究其主要（　　）的法律责任。
    A. 负责人　　B. 违法者　　C. 生产者　　D. 法人
12. AA004 《中华人民共和国产品质量法》规定，产品质量监督部门和有关部门应当为检举人保密，并按照省、自治区、直辖市人民政府的规定给予（　　）。

A. 鼓励　　　　　B. 表扬　　　　　C. 保护　　　　　D. 奖励

13. AA005　《中华人民共和国产品质量法》规定，可能危及人体健康和人身、财产安全的工业产品，必须符合保障人体健康和人身、财产安全的国家标准、（　　）。

A. 准入标准　　　B. 国际标准　　　C. 行业标准　　　D. 省级标准

14. AA005　国家参照国际先进的产品标准和技术要求，推行产品（　　）制度。

A. 环保节能　　　B. 安全环保　　　C. 环保认证　　　D. 质量认证

15. AA005　禁止生产、销售不符合保障人体健康和人身、财产安全的（　　）和要求的工业产品。

A. 标准　　　　　B. 规定　　　　　C. 说明　　　　　D. 使用

16. AA006　《中华人民共和国合同法》规定，当事人行使权利、履行义务应当遵循（　　）的原则。

A. 认真细致　　　B. 坚持原则　　　C. 诚实信用　　　D. 脚踏实地

17. AA006　《中华人民共和国合同法》规定，依法成立的合同，对当事人具有（　　）约束力，受法律保护。

A. 公众　　　　　B. 法律　　　　　C. 民众　　　　　D. 社会

18. AA006　《中华人民共和国合同法》规定，当事人依法享有自愿订立合同的（　　），任何单位和个人不得非法干预。

A. 权力　　　　　B. 义务　　　　　C. 责任　　　　　D. 要求

19. AA007　《中华人民共和国合同法》规定，当事人依法可以委托（　　）订立合同。

A. 代理人　　　　B. 亲属　　　　　C. 父母　　　　　D. 被代理人

20. AA007　《中华人民共和国合同法》规定，当事人订立合同，有（　　）、口头形式和其他形式。

A. 信函形式　　　B. 文件形式　　　C. 书面形式　　　D. 条例形式

21. AA007　《中华人民共和国合同法》规定，法律、行政法规规定或者当事人约定采用（　　）订立合同，当事人未采用书面形式但一方已经履行主要义务，对方接受的，该合同成立。

A. 口头形式　　　B. 合同形式　　　C. 其他形式　　　D. 书面形式

22. AA008　《中华人民共和国合同法》规定，合同的内容包括质量、数量、（　　）、解决争议的办法等。

A. 承诺　　　　　B. 参数　　　　　C. 标的　　　　　D. 要约

23. AA008　《中华人民共和国合同法》规定，当事人可以参照各类合同的（　　）订立合同。

A. 示范文本　　　B. 内容纪要　　　C. 情况记载　　　D. 文本参数

24. AA008　《中华人民共和国合同法》规定，合同的内容条款有履行期限、地点和（　　）。

A. 标的　　　　　B. 住所　　　　　C. 方法　　　　　D. 方式

25. AA009　《中华人民共和国合同法》规定，要约人依法（　　）要约，要约失效。

A. 撤回　　　　　B. 撤销　　　　　C. 注销　　　　　D. 通知

26. AA009　《中华人民共和国合同法》规定，要约邀请是希望他人向自己发出（　　）的意思表示。

A. 承诺　　　　　B. 申请　　　　　C. 邀请　　　　　D. 要约

27. AA009 《中华人民共和国合同法》规定,要约是一方当事人向另一方当事人提出( )的条件。
   A. 邀请　　　　　B. 申请　　　　　C. 订立合同　　　　D. 承诺
28. AA010 《中华人民共和国合同法》规定,承诺生效的地点为( )的地点。
   A. 居住　　　　　B. 合同成立　　　C. 营业　　　　　D. 合同履行
29. AA010 《中华人民共和国合同法》规定,受要约人超过( )发出承诺的,除要约人及时通知受要约人该承诺有效的以外,为新要约。
   A. 承诺期限　　　B. 要约期限　　　C. 合同期限　　　D. 通知期限
30. AA010 《中华人民共和国合同法》规定,要约人不得在事先未声明的情况下撤回或变更( )。
   A. 合同　　　　　B. 条件　　　　　C. 承诺　　　　　D. 要约
31. AA011 经营者为( )提供其生产、销售的商品或者提供服务,应当遵守《中华人民共和国消费者权益保护法》。
   A. 消费者　　　　B. 销售者　　　　C. 批发商　　　　D. 零售商
32. AA011 保护消费者的合法权益是全社会的共同( )。
   A. 希望　　　　　B. 理想　　　　　C. 感悟　　　　　D. 责任
33. AA011 《中华人民共和国消费者权益保护法》规定,全社会都有责任保护( )的合法权益。
   A. 公民　　　　　B. 销售者　　　　C. 消费者　　　　D. 妇女
34. AA012 《中华人民共和国消费者权益保护法》规定,消费者在购买、使用商品和接受服务时,享有其人格尊严、民族风俗习惯得到( )的权利。
   A. 借鉴　　　　　B. 遵守　　　　　C. 执行　　　　　D. 尊重
35. AA012 《中华人民共和国消费者权益保护法》规定,消费者依法享有( )维护自身合法权益的社会组织的权利。
   A. 获得　　　　　B. 成立　　　　　C. 尊重　　　　　D. 取得
36. AA012 《中华人民共和国消费者权益保护法》规定,消费者享有获得有关消费和消费者权益( )方面的知识的权利。
   A. 保护　　　　　B. 维护　　　　　C. 放弃　　　　　D. 起诉
37. AA013 《中华人民共和国消费者权益保护法》规定,经营者应当听取消费者对其提供的商品或者服务的意见,( )消费者的监督。
   A. 参考　　　　　B. 接受　　　　　C. 听取　　　　　D. 参与
38. AA013 《中华人民共和国消费者权益保护法》规定,经营者不得对消费者进行侮辱、诽谤,不得搜查消费者的身体及其携带的物品,不得( )消费者的人身自由。
   A. 取消　　　　　B. 侵略　　　　　C. 侵犯　　　　　D. 顾及
39. AA013 《中华人民共和国消费者权益保护法》规定,经营者应当( )其真实名称和标记。
   A. 标明　　　　　B. 讲明　　　　　C. 说明　　　　　D. 告知
40. AA014 《中华人民共和国消费者权益保护法》规定,有关国家机关应当依照法律、法规的规定,惩处( )在提供商品和服务中侵害消费者合法权益的违法犯罪行为。

A. 顾客　　　　　B. 消费者　　　　　C. 经营者　　　　　D. 运输者

41. AA014　《中华人民共和国消费者权益保护法》规定，工商行政管理部门和其他有关行政部门应当依照法律、法规的规定，在各自的（　　）范围内，采取措施，保护消费者的合法权益。

A. 措施　　　　　B. 权力　　　　　C. 能力　　　　　D. 职责

42. AA014　《中华人民共和国消费者权益保护法》规定，消费者在购买、使用商品或者接受服务时，其合法权益受到损害，因原企业分立、合并的，可以向变更后承受其权利义务的（　　）要求赔偿。

A. 经营者　　　　B. 企业　　　　　C. 个人　　　　　D. 服务者

43. AA015　《中华人民共和国消费者权益保护法》规定，受理消费者的投诉，并对投诉事项进行调查、调解是（　　）的职能。

A. 消费者　　　　B. 消费者协会　　C. 工商部门　　　D. 政府部门

44. AA015　《中华人民共和国消费者权益保护法》规定，消费者投诉事项涉及商品和服务（　　）问题的，消费者协会可以提请鉴定部门鉴定，鉴定部门应当告知鉴定结论。

A. 质量　　　　　B. 诚信　　　　　C. 水平　　　　　D. 安全

45. AA015　《中华人民共和国消费者权益保护法》规定，消费者协会和其他消费者组织是依法成立的对商品和服务进行社会监督的保护消费者合法权益的（　　）。

A. 民间组织　　　B. 执法机关　　　C. 政府部门　　　D. 社会组织

46. AA016　《中华人民共和国消费者权益保护法》规定，消费者和经营者发生消费者权益争议的，可以请求（　　）调解。

A. 法院　　　　　B. 地方政府　　　C. 工商部门　　　D. 消费者协会

47. AA016　《中华人民共和国消费者权益保护法》规定，消费者在接受服务时，其（　　）受到损害的，可以向服务者要求赔偿。

A. 特殊要求　　　B. 长远利益　　　C. 合法权益　　　D. 合法利益

48. AA016　《中华人民共和国消费者权益保护法》规定，消费者和经营者发生消费者权益争议的，可以根据与（　　）达成的仲裁协议提请仲裁机构仲裁。

A. 服务者　　　　B. 经营者　　　　C. 生产企业　　　D. 管理者

49. AA017　《中华人民共和国消费者权益保护法》规定，对国家规定或者经营者与消费者（　　）包修、包换、包退的商品，经营者应当负责修理、更换或者退货。

A. 要求　　　　　B. 履行　　　　　C. 约定　　　　　D. 争议

50. AA017　《中华人民共和国消费者权益保护法》规定，依法经有关行政部门认定为不合格的商品，消费者要求退货的，经营者应当负责（　　）。

A. 查验　　　　　B. 包修　　　　　C. 包换　　　　　D. 退货

51. AA017　《中华人民共和国消费者权益保护法》规定，经营者提供商品或者服务不符合商品说明、实物样品等方式表明的质量状况应承担（　　）责任。

A. 民事　　　　　B. 包修　　　　　C. 包换　　　　　D. 退货

52. AA018　《中华人民共和国劳动法》规定，国家通过（　　）和社会发展，创造就业条件，扩大就业机会。

A. 计划组织　　　B. 促进经济　　　C. 抑制流动　　　D. 抑制发展

53. AA018 《中华人民共和国劳动法》规定,在录用职工时,不得以性别为由(　　)录用妇女或者提高对妇女的录用标准。
    A. 实行　　　　B. 试用　　　　C. 计划　　　　D. 拒绝
54. AA018 《中华人民共和国劳动法》规定,劳动者就业,不因民族、种族、性别、宗教信仰不同而受(　　)。
    A. 歧视　　　　B. 优待　　　　C. 录用　　　　D. 认同
55. AA019 《中华人民共和国劳动法》规定,用人单位应当保证劳动者每周至少休息(　　)。
    A. 6h　　　　　B. 12h　　　　 C. 1d　　　　　D. 2d
56. AA019 《中华人民共和国劳动法》规定,(　　)不得违反规定,延长劳动者的工作时间。
    A. 用人单位　　B. 企业法人　　C. 组织　　　　D. 工会
57. AA019 《中华人民共和国劳动法》规定,用人单位由于生产经营需要,经与工会和劳动者协商后可以延长工作时间,一般每日不得超过(　　)。
    A. 4h　　　　　B. 3h　　　　　C. 2h　　　　　D. 1h
58. AA020 《中华人民共和国劳动法》规定,国家实行(　　)工资保障制度。
    A. 最高　　　　B. 平均　　　　C. 特殊　　　　D. 最低
59. AA020 《中华人民共和国劳动法》规定,工资应当以货币形式按(　　)支付给劳动者本人。不得克扣或者无故拖欠劳动者的工资。
    A. 月　　　　　B. 季度　　　　C. 半年　　　　D. 年
60. AA020 《中华人民共和国劳动法》规定,劳动者在法定休假日和婚丧假期间以及依法参加社会活动期间,用人单位应当依法(　　)工资。
    A. 扣除　　　　B. 减少　　　　C. 支付　　　　D. 增加
61. AB001 石油物资分为(　　)个大类。
    A. 60　　　　　B. 59　　　　　C. 52　　　　　D. 31
62. AB001 物资按其使用方向分类可分为生产用物资、基本建设用物资和(　　)。
    A. 原材料　　　B. 经营维修用物资　C. 生产维修用物资　D. 计划分配物资
63. AB001 物资按其在生产中的地位可分为原材料、(　　)、燃料、设备、配件及工具等。
    A. 金属材料　　B. 化工产品　　C. 辅助材料　　D. 生产用物资
64. AB002 仓库的储运定额、定员编制及人员调配的管理是(　　)。
    A. 仓库财务管理　B. 仓库质量管理　C. 仓库劳动管理　D. 仓库计划管理
65. AB002 仓库质量管理是在物资储运全过程中对物资质量、工作质量、服务质量的(　　)。
    A. 全面性管理　B. 单一性管理　C. 间隔性管理　D. 全员性管理
66. AB002 对仓库中固定资金、流动资金及费用的管理是(　　)。
    A. 仓库劳动管理　B. 仓库财务管理　C. 仓库计划管理　D. 仓库质量管理
67. AB003 仓库保管工应熟悉物资(　　)及各项仓储管理制度。
    A. 安全制度　　B. 技术保管规程　C. 保管常识　　D. 分类知识
68. AB003 仓库保管工应熟悉物资(　　)业务流程及各业务环节的质量要求。
    A. 采购　　　　B. 保养　　　　C. 维护　　　　D. 仓储
69. AB003 仓库保管工应熟悉掌握物资仓储的业务环节,并能正确处理物资收发和(　　)

中的问题。

　　A. 采购　　　　　B. 保养　　　　　C. 保管　　　　　D. 仓储

70. AB004　仓库技术作业流程是以物资（　　）为中心所开展的一系列业务管理活动。

　　A. 购销　　　　　B. 收发业务　　　C. 储运保管　　　D. 保管保养

71. AB004　仓库技术作业流程分为（　　）个环节。

　　A. 2　　　　　　B. 3　　　　　　C. 4　　　　　　D. 5

72. AB004　仓库技术作业流程三个阶段中的第一阶段应为物资的（　　）阶段。

　　A. 入库　　　　　B. 保管保养　　　C. 发放　　　　　D. 接运

73. AB005　库房内货位规划一般有（　　）类型。

　　A. 两种　　　　　B. 三种　　　　　C. 四种　　　　　D. 五种

74. AB005　货垛或货架与库房的侧墙垂直排列指的是（　　）。

　　A. 横列式　　　　B. 纵列式　　　　C. 混合式　　　　D. 纵横交错式

75. AB005　横列式和纵列式混合在同一库房布局指的是（　　）。

　　A. 横列式　　　　B. 纵列式　　　　C. 混合式　　　　D. 纵横交错式

76. AB006　根据分管物资的保管要求，不断提高（　　）技术水平。

　　A. 装卸作业　　　B. 验收入库　　　C. 质量检验　　　D. 保管保养

77. AB006　坚持定期和经常盘点检查库存物资，做到（　　）、质量完好是保管员应履行的职责之一。

　　A. 装卸作业　　　B. 计量检验　　　C. 储运保管　　　D. 数量准确

78. AB006　严格执行仓储管理各项规章制度，及时做好物资的（　　）、保管保养和出库工作是保管员应履行的职责。

　　A. 入库验收　　　B. 核对证件　　　C. 检验实物　　　D. 制单登账

79. AB007　在物资的（　　）过程中，随时掌握每类物资的流转规律，做好货位调整工作，随时整垛、并垛、腾出空位，多储物资。

　　A. 验收　　　　　B. 储存保管　　　C. 保养　　　　　D. 发放

80. AB007　货物离有窗户墙体的距离为外墙距，一般距离不小于（　　）。

　　A. 100cm　　　　B. 80cm　　　　C. 30cm　　　　D. 50cm

81. AB007　在制定库房、货场规划时，既要充分利用储存物资的（　　），也要留有合理的垛距和墙距。

　　A. 面积　　　　　B. 体积　　　　　C. 有效面积　　　D. 容积

82. AB008　物资储运是指（　　）资料在流通过程中的储存与运输。

　　A. 生产　　　　　B. 生活　　　　　C. 日用　　　　　D. 建筑

83. AB008　物资储运仓库的基本任务之一是：加强仓库（　　）管理，不断降低储运生产成本。

　　A. 安全　　　　　B. 质量　　　　　C. 财务　　　　　D. 经营

84. AB008　保持储运物资原有的（　　）是储运仓库的基本任务之一。

　　A. 价值　　　　　B. 特性　　　　　C. 使用价值　　　D. 物理性质

85. AB009　仓储增值服务功能主要包括流通加工、配送、配载、（　　）等功能。

　　A. 发放　　　　　B. 接运　　　　　C. 保管　　　　　D. 交易中介

86. AB009　仓储是社会生产顺利进行的（　　）。

A. 基础　　　　　B. 必要条件　　　　C. 依据　　　　　D. 要求

87. AB009　仓储的基本功能主要有存储功能、调节功能、检验功能、（　）功能。
    A. 盘点　　　　　B. 验收　　　　　C. 保养　　　　　D. 记账

88. AB009　仓储工作具备劳动力、劳动资料和劳动对象三要素；仓储活动要消耗活劳动和物化劳动；（　）是产品的生产过程在流通领域的继续。
    A. 物资储运　　　B. 物资保养　　　C. 物资验收　　　D. 物资保管

89. AB010　仓库的（　）管理是仓储管理的一项重要内容，它不仅关系到仓储物资和机械设备的安全，也影响人的健康和安全。
    A. 治安　　　　　B. 安全　　　　　C. 物资　　　　　D. 经济

90. AB010　仓库四防工作的主要内容是：（　）、防盗、防灾害和防破坏。
    A. 防水　　　　　B. 防虫害　　　　C. 防抢　　　　　D. 防火

91. AB010　对储存危险品的重点仓库和国家重要物资仓库，均应配备（　）执勤。
    A. 保管员　　　　B. 保安　　　　　C. 武装警卫　　　D. 军人

92. AB011　巡回检查实行"三定"，即定人员、定时间、内容，定（　）。
    A. 料场　　　　　B. 库房　　　　　C. 路线　　　　　D. 地点

93. AB011　巡回检查做到每日班前班后各检查（　）次，并做好记录。
    A. 一　　　　　　B. 两　　　　　　C. 三　　　　　　D. 四

94. AB011　巡回检查时仓库保管工负责检查自己所管库房、料棚、（　）。
    A. 仓库　　　　　B. 料场　　　　　C. 筒仓　　　　　D. 站台

95. AB012　仓库应根据本库的面积，（　）的数量和性质，周围环境和人员等实际情况，配备专职消防人员和群众性的消防组织。
    A. 储存物资　　　B. 精密仪器　　　C. 带电设备　　　D. 化工产品

96. AB012　在发生火灾时，能否发挥作用及时扑救，主要靠平时的思想教育、健全的组织、明确的分工和过硬的（　）。
    A. 消防系统　　　B. 消防工具　　　C. 消防技术　　　D. 消防组织

97. AB012　专职的消防人员是消防工作的（　），平时一方面要做好消防的宣传工作，另一方面要熟悉消防技术。
    A. 精神支柱　　　B. 坚强后盾　　　C. 辅助力量　　　D. 骨干力量

98. AB013　将燃烧物及其周围的（　）隔离或转移，燃烧因缺少可燃物就会停止。
    A. 非可燃物　　　B. 可燃物　　　　C. 氮气　　　　　D. 木柴

99. AB013　阻止空气流入燃烧区域，使燃烧物缺少（　），燃烧就会停止。
    A. 助燃物　　　　B. 火源　　　　　C. 氮气　　　　　D. 非可燃物

100. AB013　阻止空气流入燃烧区域，使燃烧物缺少助燃物质而熄灭，该方法为灭火方法中的（　）。
    A. 隔离法　　　　B. 冷却法　　　　C. 窒息法　　　　D. 阻止法

101. AB014　在灭火中，水具有显著的（　）作用。
    A. 灭火　　　　　B. 冷却　　　　　C. 隔离　　　　　D. 阻燃

102. AB014　在灭火中，水能使燃烧物质的温度降低至（　）以下，阻止燃烧。
    A. 燃点　　　　　B. 溶点　　　　　C. 沸点　　　　　D. 闪点

103. AB014　最常用、最廉价、最方便的灭火剂是（　　）。
　　　A. 泡沫　　　　B. 二氧化碳　　　　C. 水　　　　D. 沙子
104. AB015　凡是能帮助和支持（　　）燃烧的物质，即能与可燃物发生氧化反应的物质，称为助燃物。
　　　A. 着火源　　　B. 空气　　　　　　C. 阻燃物　　D. 可燃物
105. AB015　凡能引起可燃物与（　　）发生燃烧反应的能量来源，称为着火源。
　　　A. 阻燃物　　　B. 助燃物　　　　　C. 可燃物　　D. 空气
106. AB016　由外来热源将可燃物加热，使其温度达到自燃温度，未与明火接触就发生燃烧，称为（　　）。
　　　A. 受热自燃　　B. 本身自燃　　　　C. 着火　　　D. 爆炸
107. AB016　易燃、可燃液体挥发出的蒸气或可燃固体受热挥发出的（　　）与空气混合后，遇火源发生一闪即灭的燃烧，这种燃烧现象称为闪燃。
　　　A. 水蒸汽　　　B. 蒸气　　　　　　C. 液体　　　D. 空气
108. AB016　闪燃发生时常常伴有一（　　）即灭的现象发生。
　　　A. 过　　　　　B. 亮　　　　　　　C. 幌　　　　D. 闪
109. AB017　导热性能好的物质不利于控制火情，因为热量可以通过导热物体向其他部分传导，导致与其接触的（　　）物质起火燃烧，这也是火灾蔓延的原因之一。
　　　A. 可燃　　　　B. 金属　　　　　　C. 建筑　　　D. 大量
110. AB017　火灾蔓延的原因之一是当可燃物燃烧形成火焰时，便大量地向周围传播热能，火势越猛，辐射热能（　　），导致火灾蔓延。
　　　A. 越弱　　　　B. 越强　　　　　　C. 减弱　　　D. 递减
111. AB017　热对流是指通过（　　）介质将热量从空间的一处传到另一处的现象，它是影响火灾早期发展蔓延的主要因素。
　　　A. 凝固　　　　B. 气态　　　　　　C. 固体　　　D. 流动
112. AB018　C类火灾是指（　　）燃烧引起的火灾。
　　　A. 普通固体　　B. 可燃气体　　　　C. 油脂　　　D. 可燃液体
113. AB018　D类火灾是指（　　）燃烧引起的火灾。
　　　A. 普通固体　　B. 可燃气体　　　　C. 油脂　　　D. 可燃金属
114. AB018　火灾按损失严重程度可分为（　　）种类型。
　　　A. 六　　　　　B. 五　　　　　　　C. 四　　　　D. 三
115. AB019　容易自燃的物品必须（　　）空气存放。
　　　A. 接触　　　　B. 混合　　　　　　C. 隔绝　　　D. 消除
116. AB019　用砖石水泥代替木料建造房屋，是（　　）的燃烧。
　　　A. 消除着火源　B. 控制可燃物　　　C. 隔绝助燃物　D. 消除阻燃物
117. AB019　在可燃气体管道上装阻火器、安全水封是（　　）。
　　　A. 消除着火源　B. 控制可燃物　　　C. 隔绝助燃物　D. 消除阻燃物
118. AB020　冷却灭火法是灭火的一种主要方法，常用水和（　　）作灭火剂冷却降温灭火。
　　　A. 一氧化碳　　B. 二氧化碳　　　　C. 二氧化硅　　D. 空气
119. AB020　灭火剂在灭火过程中不参与燃烧过程中的化学反应，这种方法属于（　　）灭火方法。

A. 直接 B. 间接 C. 化学 D. 物理

120. AB020 窒息灭火法是阻止空气流入燃烧区或用不燃物质冲淡空气，使燃烧物得不到足够的（ ）而熄灭的灭火方法。

A. 氮气 B. 氢气 C. 氧气 D. 空气

121. AB021 灭火器是以各种不同化学灭火剂作为灭火物质的设备，是仓库消防工作中必备的（ ）。

A. 消防器材 B. 报警装置 C. 仪器仪表 D. 电器设备

122. AB021 二氧化碳灭火器主要用于扑救贵重设备、档案资料、（ ）、600V 以下电气设备及油类的初起火灾。

A. 钾 B. 仪器仪表 C. 钠 D. 镁

123. AB021 干粉灭火器适用扑救石油、石油产品、油漆、有机溶剂、天然气及电气设备的初起火灾，不能扑救（ ）火灾。

A. 轻金属 B. 精密仪器 C. 带电设备 D. 油类

124. AB022 二氧化碳灭火剂的灭火作用主要是（ ）作用，从而达到灭火的目的。

A. 冷却 B. 隔离 C. 抑制 D. 窒息

125. AB022 干粉灭火剂的灭火作用是对燃烧的（ ）作用，从而达到灭火的目的。

A. 冷却 B. 隔离 C. 抑制 D. 窒息

126. AB022 下列属于固体灭火剂的是（ ）。

A. 干粉 B. 1211 C. 二氧化碳 D. 化学泡沫

127. AB023 干粉灭火剂主要适用于扑救易燃、可燃液体火灾及（ ）火灾。

A. 易燃固体 B. 易燃液体 C. 易燃气体 D. 电气设备

128. AB023 干粉灭火剂灭火速度快，但易（ ）。

A. 复燃 B. 燃烧 C. 浇灭 D. 熄灭

129. AB023 储存大量浓硫酸、浓硝酸、盐酸等场所发生火灾时，不能用（ ）扑救。因为，它与酸液接触会引起酸液发热飞溅或流出。

A. 二氧化碳灭火剂 B. 泡沫灭火剂 C. 干粉灭火剂 D. 直流水

130. AB024 灭火器必须注意（ ），应定期更换灭火剂。

A. 保管 B. 保养 C. 使用 D. 喷射

131. AB024 使用二氧化碳灭火器时，在室内窄小空间使用的，灭火后操作者应迅速（ ），以防窒息。

A. 卧倒 B. 下蹲 C. 匍匐 D. 离开

132. AB024 二氧化碳灭火器要注意在使用时不能直接用手抓住喇叭筒外壁或金属连接管，防止手被（ ）。

A. 冻伤 B. 夹伤 C. 烫伤 D. 腐蚀

133. AC001 到铁路车站取货属于（ ）。

A. 专用线接货 B. 供货单位送货
C. 到供货单位提货 D. 到承运部门提货

134. AC001 厂方带车送货到库属于（ ）。

A. 专用线接货 B. 供货单位送货
C. 承运部门送货 D. 到供货单位提货

135. AC001 供货单位委托交通运输部门送货到库属于（　　）。
    A. 承运部门送货　B. 供货单位送货　C. 到供货单位提货　D. 专用线接货

136. AC002 发货单位自行派人押运的货物发生短少或损坏时，可要求承运部门编制（　　）。
    A. 装车记录　B. 普通记录　C. 卸车记录　D. 商务记录

137. AC002 到铁路车站提货时，发现物资损失属铁路方面责任时，要求铁路出具（　　）。
    A. 商务记录　B. 货损证明　C. 普通记录　D. 验收记录

138. AC002 货物运单内容与实物不相符时，应要求铁路出具（　　）。
    A. 验收记录　B. 货运证明　C. 普通记录　D. 商务记录

139. AC003 物资接运工作是仓库承担（　　）责任的开始。
    A. 运输　B. 记账　C. 保管　D. 发料

140. AC003 物资接运工作的主要任务是及时准确地从（　　）部门接取到货物资。
    A. 铁路　B. 承运　C. 水运　D. 公路运输

141. AC003 物资接运工作是仓储业务管理的第（　　）道工序。
    A. 四　B. 三　C. 二　D. 一

142. AC004 起重设备主要包括（　　）起重机、桥式起重机、汽车起重机等。
    A. 叉车式　B. 门式　C. 抓管式　D. 装载式

143. AC004 搬运设备主要包括（　　）、重载汽车、平板托车和抓管机等。
    A. 叉车　B. 汽车起重机　C. 桥式起重机　D. 门式起重机

144. AC004 装卸搬运辅助工具包括索具、（　　）等。
    A. 叉车　B. 抓管机　C. 装载机　D. 工具

145. AC005 台秤也称磅秤，包括机械台秤和（　　）。
    A. 案秤　B. 地中衡　C. 电子台秤　D. 吊勾秤

146. AC005 衡器泛指除天平以外的各种秤，是专门称量物资（　　）（重量）的器具。
    A. 质量　B. 数量　C. 净重　D. 毛重

147. AC005 地中衡也称地磅，是一种大型的（　　）。
    A. 吊勾秤　B. 磅秤　C. 机械秤　D. 案秤

148. AC006 千克的单位符号是（　　）。
    A. km　B. kg　C. g　D. mg

149. AC006 立方米的单位符号是（　　）。
    A. m^3　B. m^2　C. kg　D. m

150. AC006 开尔文的单位符号是（　　）。
    A. s　B. A　C. K　D. cd

151. AC007 1m=（　　）。
    A. 1000mm　B. 100mm　C. 10mm　D. 1mm

152. AC007 1m^3=（　　）。
    A. 1000cm^3　B. 10000cm^3　C. 1000000cm^3　D. 10000000cm^3

153. AC007 1mL=（　　）。

A. 0.000001L B. 0.0001L C. 0.01L D. 0.001L

154. AC008　物资保管基础资料是整个仓储作业全过程中所建立的各种（　　）、单据、凭证、账册、报表等。
A. 封面 B. 资料 C. 原始记录 D. 台账

155. AC008　用于（　　）的单据，主要有物资查询单、不能验收报告单等。
A. 问题处理 B. 出库 C. 入库 D. 信息传递

156. AC008　反映库存情况资料的主要有（　　）和物资盘点清册等。
A. 事故报告单 B. 物资明细账 C. 验收单 D. 规格调整单

157. AC009　在填制物资运输损耗报告单时，首先要根据（　　）确定标准损耗数量。
A. 损耗情况 B. 损耗标准 C. 到货情况 D. 计量标准

158. AC009　由于供货单位责任造成的物资短少、溢余、损坏、质差、规格不符以及超过规定损耗标准，与供货单位进行交涉时所使用的一种书面形式指的是（　　）。
A. 进库物资不能验收报告单　　　B. 物资运损损耗报告单
C. 仓库物资到货申请查询报告单　　D. 物资冲销单

159. AC009　到货物资（　　）交货时，应填报进库物资不能验收报告单。
A. 丢失 B. 无合同、超合同 C. 部分损坏 D. 溢余

160. AC010　电子计算器的存储数据显示键是（　　）。
A. CE B. ON C. OFF D. MR

161. AC010　电子计算器的功能很多，其操作随其（　　）的增加而越来越复杂。
A. 规格 B. 体积 C. 功能 D. 式样

162. AC010　电子计算器的置数清除键是（　　）。
A. CE B. MR C. AC D. CM

163. AC011　国务院计量行政部门负责建立各种计量基准器具，作为统一全国（　　）的最高依据。
A. 量值 B. 重量 C. 质量 D. 长度

164. AC011　计量基准器具检定必须按照（　　）计量检定系统表进行。
A. 市级 B. 省级 C. 行业 D. 国家

165. AC011　非经（　　）计量行政部门批准，任何单位和个人不得拆卸、改装计量基准，或者自行中断其计量检定工作。
A. 国务院 B. 市 C. 省 D. 县

166. AC012　长度单位厘米的符号是（　　）。
A. dm B. hm C. km D. cm

167. AC013　1m² 等于（　　）。
A. 10dm² B. 100dm² C. 1000dm² D. 10000dm²

168. AC014　1dm³ 等于（　　）。
A. 1000mm³ B. 10000mm³ C. 1000000mm³ D. 100000000mm³

169. AD001　物流是指物品从供应地向接收地的（　　）流动过程。
A. 实体 B. 气体 C. 液体 D. 固体

170. AD001　我国的物流概念是从（　　）引进的。
A. 美国 B. 英国 C. 日本 D. 德国

171. AD001 平原直在日本被称为（　）。
　　　A. "管理之父"　　B. "经济之父"　　C. "流通之父"　　D. "物流之父"
172. AD002 流通企业购入商品的物流过程称为（　）。
　　　A. 回收物流　　B. 销售物流　　C. 供应物流　　D. 生产物流
173. AD002 供应物流是按照物流系统的（　）进行分类的。
　　　A. 作用　　B. 属性　　C. 空间范围　　D. 目的
174. AD002 消费者购入商品的物流过程称为（　）。
　　　A. 回收物流　　B. 销售物流　　C. 生产物流　　D. 供应物流
175. AD003 工厂购进原材料，经过加工，形成产品销售出去形成的物流称为（　）。
　　　A. 行业物流　　B. 企业物流　　C. 社会物流　　D. 销售物流
176. AD003 一个运输公司按客户要求将货物输送到指定地点形成的物流是（　）。
　　　A. 社会物流　　B. 销售物流　　C. 行业物流　　D. 企业物流
177. AD003 在企业经营范围内由服务活动所形成的物流系统称为（　）。
　　　A. 企业物流　　B. 销售物流　　C. 行业物流　　D. 社会物流
178. AD004 包装是为在流通过程中保护产品，方便储运，促进销售，按一定的技术方法而采用的（　）、材料及辅助物的总体名称。
　　　A. 纸箱　　B. 机械　　C. 容器　　D. 玻璃器皿
179. AD004 在社会再生产过程中，包装既处于生产的（　），又是进入流通领域商品物流链的始点。
　　　A. 端点　　B. 节点　　C. 始点　　D. 终点
180. AD004 包装在保证产品实现（　）方面起着非常重要的作用。
　　　A. 使用价值　　B. 商业价值　　C. 流通价值　　D. 储运价值
181. AD005 包装按照在流通过程中的作用可分为单件包装、中包装和（　）等。
　　　A. 销售包装　　B. 硬包装　　C. 外包装　　D. 内包装
182. AD005 包装按照功能可分为（　）、贮藏包装和销售包装等。
　　　A. 运输包装　　B. 危险品包装　　C. 中包装　　D. 周转包装
183. AD005 包装按照使用次数可分为一次用包装、多次用包装和（　）等。
　　　A. 小包装　　B. 大包装　　C. 中包装　　D. 周转包装
184. AD006 现代包装的四大支柱是纸、塑料、金属、（　）。
　　　A. 玻璃　　B. 陶瓷　　C. 布匹　　D. 木材
185. AD006 金属包装材料主要有马口铁材料容器、（　）、喷雾罐。
　　　A. 铁罐　　B. 铜罐　　C. 铝罐　　D. 金属罐
186. AD006 金属包装材料的特点是（　）。
　　　A. 耐腐蚀　　B. 坚固性　　C. 成本低　　D. 易加工
187. AD007 常见的包装产品有包装箱、包装盒、包装袋、包装罐、（　）、包装管等。
　　　A. 包装瓶　　B. 纸板　　C. 塑料　　D. 金属箔
188. AD007 包装盒不适合做运输包装，而适合做（　）包装。
　　　A. 流通　　B. 仓储　　C. 商业　　D. 储运
189. AD007 包装罐主要有三种：小型包装罐、中型包装罐、（　）。

A. 大型包装罐　　B. 超大型包装罐　　C. 微小型包装罐　　D. 集装罐

190. AD008　防锈包装一般有清洗产品、（　）和防锈处理三道工序。
A. 干燥去湿　　B. 严密封严　　C. 控制霉菌　　D. 真空充气

191. AD008　除金属制品本身的特性对锈蚀有影响外，（　）对锈蚀影响很大。
A. 生产因素　　B. 工艺因素　　C. 质量因素　　D. 环境因素

192. AD008　防霉包装是在流通与储存过程中，为防止内装物（　）影响质量而采取一定防护措施的包装。
A. 结露　　B. 返潮　　C. 长霉　　D. 锈蚀

193. AD009　包装标志主要分为运输包装标志，（　）包装标志。
A. 储运　　B. 销售　　C. 危险品　　D. 识别

194. AD009　指示标志的颜色一般为（　）。
A. 黑色　　B. 橙色　　C. 黄色　　D. 红色

195. AD009　用来标明对人体和财产安全有严重威胁的货物的专用标志是（　）。
A. 储运图示标志　　B. 指示标志　　C. 收发货标志　　D. 危险品标志

196. AD010　配送是指在经济合理区域范围内，根据用户要求，对物品进行挑选、加工、（　）等作业，并按时送达指定地点的物流活动。
A. 包装、分割、组配　　B. 安装、切割、组配
C. 安装、分割、分配　　D. 包装、切割、分配

197. AD010　组配是指配送前，根据物品的（　）及运输工具的载重量和容积，组织安排物品装载的作业。
A. 流量、流速　　B. 流速、流向　　C. 流量、流向　　D. 数量、流速

198. AD010　一般送货是生产企业生产什么就送什么，而配送则是（　）什么就送什么。
A. 有　　B. 采购　　C. 推销　　D. 需要

199. AD011　下列属于纵向共同配送的内容是（　）。
A. 同产业间的共同配送　　B. 批发商与厂商间的物流共同化
C. 异产业间的共同配送　　D. 共同集配

200. AD011　批组补货适用于（　）。
A. 紧急插单较多的情况　　B. 分批拣货时间固定的情况
C. 一日内作业量变化不大的情况　　D. 每批次拣取量较小的情况

201. AD011　下列属于以时间为核心的增值服务是（　）。
A. 金属剪裁服务　　B. 宅急便　　C. 为配送商品贴标　　D. 零库存配送

202. AD012　配送中心就是从事（　）的物流场所或组织。
A. 配送业务　　B. 送货业务　　C. 组培业务　　D. 收发业务

203. AD012　配送中心按经济功能分为供应型、销售型和（　）。
A. 自有型　　B. 储存型　　C. 公共型　　D. 合作型

204. AD012　按社会化程度划分的配送中心是（　）。
A. 城市配送中心　　B. 保管型配送中心　　C. 第三方配送中心　　D. 公共配送中心

205. BA001　单击 Windows 任务栏中的"开始"按钮，将鼠标指针移动到（　）命令，再单击它的级联菜单中的"Microsoft Word"可启动 Word。

A. 文档　　　　　　B. 程序　　　　　　C. 搜索　　　　　　D. 运行

206. BA001　Word 2003 启动后,屏幕上出现一个空白的文本区,其标题名默认为是(　　)。

　　　A. 文档1　　　　　B. 空白文档　　　　C. Word1　　　　　D. 文档

207. BA001　对桌面上的已经建立的 Word 2003 快捷方式图标,进行(　　),可启动 Word 2003。

　　　A. 单击鼠标左键　B. 单击鼠标右键　　C. 双击鼠标左键　　D. 双击鼠标右键

208. BA002　要退出 Word 2003 窗口,可按(　　)。

　　　A. Shift+F4　　　B. Ctrl+F4　　　　C. F4　　　　　　　D. Alt+F4

209. BA002　在 Word 2003 中,(　　)标题栏,然后选择"关闭"命令,可退出 Word 2003。

　　　A. 单击　　　　　B. 右击　　　　　　C. 双击　　　　　　D. 双击右键

210. BA003　Word 2003 中,垂直滚动条在窗口的(　　)边。

　　　A. 上　　　　　　B. 下　　　　　　　C. 左　　　　　　　D. 右

211. BA003　Word 2003 中的标尺分为(　　)标尺。

　　　A. 水平　　　　　B. 垂直　　　　　　C. 水平和垂直　　　D. 左、右

212. BA003　在 Word 2003 窗口中,不包含(　　)。

　　　A. 任务栏　　　　B. 菜单栏　　　　　C. 标题栏　　　　　D. 工具栏

213. BA004　创建一篇新的 Word 2003 空白文档的"新建"命令,在(　　)菜单中。

　　　A. 格式　　　　　B. 编辑　　　　　　C. 视图　　　　　　D. 文件

214. BA005　表格和边框命令按钮在(　　)上。

　　　A. 常用工具栏　　B. 格式工具栏　　　C. 绘图工具栏　　　D. 状态栏

215. BA005　在 Word 2003 中,根据工作需要可以使用"自定义"命令来创建自己的工具栏,"自定义"命令在(　　)菜单里。

　　　A. 文件　　　　　B. 编辑　　　　　　C. 视图　　　　　　D. 工具

216. BA006　Word 2003 文档的扩展名是(　　)。

　　　A. .xls　　　　　B. .dot　　　　　　C. .doc　　　　　　D. .dat

217. BA006　单击 Word 2003 文件菜单中的"新建"命令,会打开(　　)。

　　　A. 新建文档的任务窗格　B. 新建文档的摸板　C. 对话框　　　　　D. 空白文档

218. BA006　新建 Word 2003 文档方法之一是:在桌面空白处(　　)。

　　　A. 单击鼠标左键 → 新建 → Microsoft Word 2003

　　　B. 双击鼠标左键 → 新建 → Microsoft Word 2003

　　　C. 单击鼠标右键 → Microsoft Word 2003

　　　D. 单击鼠标右键 → 新建 → Microsoft Word 2003

219. BA007　在打开对话框要想使某些设置生效,需要单击(　　)按钮。

　　　A. 取消　　　　　B. 确定　　　　　　C. 关闭　　　　　　D. 设置默认值

220. BA007　在 Word 2003 中,对话框中的下拉列表框用于从一组相关选项中选择(　　)选项。

　　　A. 多个　　　　　B. 第一个　　　　　C. 某一　　　　　　D. 最后一个

221. BA008　在 Word 2003 中,打开一个先前存在的文档,可单击常用工具栏上的(　　)按钮来实现。

　　　A. 创建　　　　　B. 保存　　　　　　C. 打开　　　　　　D. 拷贝

222. BA008 一个 Word 文档不能（　　）打开。
    A. 用浏览器　　　　B. 以只读方式　　　　C. 以副本方式　　　　D. 直接
223. BA008 Word 2003 在默认设置下，"文件"菜单中会显示（　　）个最近使用的文档。
    A. 3　　　　　　　B. 4　　　　　　　　C. 5　　　　　　　　D. 6
224. BA009 Word 2003 在保存文档时，可以保存为（　　）格式。
    A. 声音文件　　　　B. Web 页　　　　　C. 图片模板　　　　　D. 图形文件
225. BA009 依次打开三个 Word 2003 文档，每个文档都有修改，修改完后为了一次性保存这些文档，按（　　）键，同时单击"文件"菜单"全部保存"命令
    A. Shift　　　　　B. Ctrl　　　　　　　C. Alt　　　　　　　　D. Ctrl+V
226. BA009 将一个 Word 2003 文档打开，修改后存入另一文件夹，最简单有效的办法是（　　）。
    A. 单击工具栏上的"保存"按钮　　　　B. 只能将此文档复制到一新文档再保存
    C. 单击"文件"菜单中的"保存"命令　　D. 单击"文件"菜单中的"另存为"命令
227. BA010 在 Word 2003 中，修改文档的自定义属性方法是（　　），再进行修改，确定后即可。
    A. 文件 → 属性 → 自定义属性　　　　B. 编辑 → 属性 → 自定义属性
    C. 格式 → 自定义属性　　　　　　　　D. 编辑 → 自定义属性
228. BA010 在 Word 2003 中，要查看文档的创建时间、修改时间、编辑的总时间、字数、段落、页数等信息，方法是（　　）。
    A. 工具 → 字数统计　　　　　　　　　B. 编辑 → 属性 → 统计
    C. 文件 → 属性 → 统计　　　　　　　D. 编辑 → 字数统计
229. BA010 在 Word 2003 中，要查看文档的标题、主题、作者等信息，方法是（　　）。
    A. 编辑 → 属性 → 摘要　　　　　　　B. 文件 → 属性 → 摘要
    C. 工具 → 统计信息　　　　　　　　　D. 编辑 → 摘要信息
230. BA011 将"中国（北京）微软 TAC 管理中心"中的"中国"和"管理"两个词同时选定，可先选定"中国"，然后（　　）来实现。
    A. 用鼠标拖动选定"管理"
    B. 按住 Shift 键，再用鼠标拖动选定"管理"
    C. 按住 Alt 键，再用鼠标拖动选定不连续文本中的其他部分
    D. 按住 Ctrl 键，再用鼠标拖动选定"管理"
231. BA011 在 Word 2003 中，使用快捷键（　　）可以选中全文。
    A. Ctrl+A　　　　B. Ctrl+C　　　　　C. Ctrl+V　　　　　　D. Shift+A
232. BA011 在 Word 2003 中，在一段中的任意位置（　　），选定整个这一段。
    A. 单击鼠标左键　B. 双击鼠标左键　　C. 三击鼠标左键　　　D. 单击鼠标右键
233. BA012 在 Word 2003 中，使用快捷键 Ctrl+C 命令对要插入的文字进行复制，然后将插入点置于要输入的地方，再使用快捷键（　　）可以实现插入文本。
    A. Ctrl+Z　　　　B. Ctrl+A　　　　　C. Ctrl+X　　　　　　D. Ctrl+V
234. BA012 在 Word 2003 文本中插入 Word 2003 文本步骤是：单击（　　），找到想插入的文件 → 单击"插入"。
    A. "插入"菜单 → 单击"对象"　　　　B. "插入"菜单 → 单击"文件"
    C. "文件"菜单 → 单击"打开"　　　　D. "文件"菜单 → 单击"文件搜索"

235. BA012　在 Word 2003 表格中插入 Word 2003 文本步骤是：选中目标单元格，单击（　　），找到想插入的文件→单击"插入"。
A．"插入"菜单→单击"文件"　　　　B．"插入"菜单→单击"对象"
C．"文件"菜单→单击"打开"　　　　D．"文件"菜单→单击"文件搜索"

236. BA013　在 Word 2003 中，使用快捷键（　　），可以实现对选中的文本文字进行复制。
A．Ctrl+V　　B．Ctrl+A　　C．Ctrl+C　　D．Ctrl+Z

237. BA013　在 Word 2003 中，用（　　）键来复制文本时，在状态栏中会出现"复制到何处？"的提示信息。
A．Shift+F2　　B．Shift+F3　　C．Shift+F4　　D．Shift+F5

238. BA014　在 Word 2003 中，使用快捷键（　　），可以实现对复制的文本文字进行粘贴。
A．Ctrl+V　　B．Ctrl+A　　C．Ctrl+C　　D．Ctrl+Z

239. BA014　在 Word 2003 中，粘贴按钮在（　　）工具栏中。
A．表格和边框　　B．格式　　C．绘图　　D．常用

240. BA014　如果直接把网页中的内容复制、粘贴到 Word 2003 文档中，而且还要去掉粘贴内容中的表格、边框、字体、段落设置等数据，那么使用（　　）命令。
A．复制　　B．粘贴　　C．选择性粘贴　　D．剪切

241. BA015　在 Word 2003 中，要进行文本移动，先选定文本，按工具栏中的（　　）按钮，然后在指定位置粘贴即可移动文本。
A．剪切　　B．复制　　C．格式刷　　D．粘贴

242. BA015　在 Word 2003 中，要进行文本移动，先选定文本，使用快捷键（　　），然后在指定位置再使用快捷键 Ctrl+V 即可移动文本。
A．Ctrl+S　　B．Ctrl+X　　C．Ctrl+A　　D．Ctrl+Z

243. BA015　在 Word 2003 中，选中需要移动的文本内容，将鼠标指针指向被选中的文本区域，按住左键拖动文本到目标位置，松开鼠标左键即可实现文本移动，拖动鼠标时，鼠标指针下方出现一个（　　）形状。
A．十字　　B．漏斗　　C．圆　　D．长方形

244. BA016　在 Word 2003 中撤销操作正确的叙述（　　）。
A．可以撤销 8 步　　　　　　　　B．可以撤销 16 步
C．可以自行设定撤销次数　　　　D．可以撤销 20 步

245. BA016　撤销操作的快捷键是（　　）。
A．Ctrl+S　　B．Ctrl+Z　　C．Ctrl+X　　D．Ctrl+A

246. BA016　在使用 Word 2003 编辑文档的过程当中，在删除文本时误删除了不应该删除的文本。在这种情况下，用户可以利用 Word 2003 提供的（　　）功能恢复被误删除的文本。
A．撤销　　B．复制　　C．粘贴　　D．编辑

247. BA017　恢复 Word 2003 默认菜单命令的方法是：单击"工具→自定义"命令，打开"自定义"对话框，在该对话框中单击（　　）选项卡，然后单击"重新设置"按钮，在打开的"重新设置工具栏"对话框中选择"normal"后，单击"确定"按钮。
A．选项　　B．命令　　C．工具栏　　D．恢复

248. BA017 恢复操作的快捷键是（　　）。
    A. Ctrl+Y　　　　B. Ctrl+S　　　　C. Ctrl+X　　　　D. Ctrl+A
249. BA018 删除一整段的内容时，先选中这个段落，然后按一下（　　）键，就可以把选中的这个段落全部删除了。
    A. Shift　　　　B. Ctrl　　　　C. Alt　　　　D. Del
250. BA018 在 Word 2003 中，删除一个空白页的方法是：将鼠标放在前一页的最后，用（　　）键删除。
    A. Alt　　　　B. Backspace　　　　C. Del　　　　D. Shift
251. BA018 在 Word 2003 中，如果分页符很多，造成了多个空白页，删除这些空白页的方法是（　　）。
    A. 文件 → 替换 → 高级 → 特殊字符 → 手工分页符 → 全部替换
    B. 编辑 → 替换 → 高级 → 特殊字符 → 手工分页符 → 全部替换
    C. 文件 → 替换 → 高级 → 特殊字符 → 手工分页符 → 替换
    D. 编辑 → 替换 → 高级 → 特殊字符 → 手工分页符 → 替换
252. BA019 在 Word 2003 的文本输入方式中，（　　）键可以在"插入"和"改写"状态之间进行切换。
    A. Alt　　　　B. Shift　　　　C. Ctrl　　　　D. Ins
253. BA019 在 Word 2003 中，要输入汉字，插入点指示输入文本将出现的位置，插入点从（　　）移动。
    A. 左到右　　　　B. 右到左　　　　C. 上到下　　　　D. 下到上
254. BA019 Word 2003 "自动更正"功能可以自动检测和更正键入错误、错误拼写的单词和不正确的大写，比如，如果键入"This is theh ouse"和一个空格，"自动更正"将键入的内容替换为"This is（　　）"。
    A. house　　　　B. the house　　　　C. theouse　　　　D. thehhouse
255. BA020 要给"Microsoft"后加上其版权符号，应用"插入"菜单中的（　　）命令。
    A. 对象　　　　B. 批注　　　　C. 分隔符　　　　D. 符号
256. BA020 Word 2003 中，特殊字符在（　　）对话框中。
    A. 符号　　　　B. 字体　　　　C. 特殊符号　　　　D. 对象
257. BA020 Word 2003 中的插入"符号"命令在（　　）菜单中。
    A. 视图　　　　B. 格式　　　　C. 插入　　　　D. 编辑
258. BA021 用（　　）能完成中/英文输入法的切换。
    A. Ctrl+空格键　　B. Shift+空格键　　C. Alt+空格键　　D. Shift+Alt
259. BA021 在 Word 2003 中，全角/半角的切换，使用（　　）来完成。
    A. Ctrl+空格键　　B. Shift+空格键　　C. Alt+空格键　　D. Shift+Alt
260. BA021 在 Word 2003 中，（　　）可以进行语种间的切换。
    A. Alt+W　　　　B. Ctrl+空格键　　C. Ctrl+Shift　　D. Alt+Shift
261. BA022 打开 Word 2003 文档窗口后，默认的文本输入状态为（　　）状态。
    A. 改写　　　　B. 扩展　　　　C. 修订　　　　D. 插入
262. BA022 如果打开 Word 2003 文档窗口后，输入状态处于改写，（　　）状态栏中的改写,那么就使输入状态变为默认的文本输入状态。

  A. 单击   B. 双击   C. 右击   D. 右键双击

263. BA023 在 Word 2003 中,单击编辑菜单中的"查找"命令,可打开"查找与替换"对话框,该对话框包含选项卡是(　　)。

  A. 查找、替换、编辑   B. 查找、定位、编辑
  C. 定位、替换、编辑   D. 查找、替换、定位

264. BA023 在 Word 2003 "查找与替换"对话框中,单击查找选项卡里高级按钮,可以打开(　　)。

  A. 编辑选项   B. 搜索选项   C. 修订选项   D. 定位选项

265. BA023 在 Word 2003 "查找与替换"对话框中,单击查找选项卡里高级按钮,可以打开搜索选项,该选项中包含区分大小写、区分半角、(　　)、查找单词的所有形式(英文)复选框。

  A. 全字匹配、使用通配符、同音(英文)
  B. 全字匹配、使用通配符、同音(中文)
  C. 全文匹配、使用通配符、同音(英文)
  D. 全文匹配、使用通配符、同音(中文)

266. BA024 在一篇 Word 2003 文档中,如果要统一替换某一个字最快速操作是(　　)。

  A. 用"对象"命令   B. 用插入光标逐字查找,分别改正
  C. 单击"复制",再在插入点单击"粘贴"   D. 用"编辑"菜单中的"替换"命令

267. BA024 在 Word 2003 中,(　　)命令,可打开"查找与替换"对话框。

  A. 全选   B. 选择性粘贴   C. 定位   D. 粘贴

268. BA025 在 Word 2003 中,要进行设置字体操作,首先必须(　　),再进行设置。

  A. 打开菜单,以便选择相应的命令   B. 选中要进行操作的文字
  C. 将光标放在要进行操作文字前   D. 将光标放在要进行操作文字后

269. BA025 在 Word 2003 中,"字体"框位于(　　)工具栏上。

  A. 常用   B. 绘图   C. 格式   D. 表格与边框

270. BA025 在 Word 2003 中,把选中的文字设置成隶书,该操作是进行(　　)设置。

  A. 字体   B. 字号   C. 字形   D. 字体效果

271. BA026 在 Word 2003 中,要进行改变某些文本的字号,首先(　　),然后在格式工具栏"字号"下拉列表框中选择所需要的字号。

  A. 打开菜单,以便选择相应的命令   B. 选中要改变字号的文字
  C. 将光标放在要进行操作文字前   D. 将光标放在要进行操作文字后

272. BA026 把选中的某些文字改变大小,在 Word 2003 "字体"对话框中(　　)下拉列表框中选择字号。

  A. 中文字体   B. 西文字体   C. 字号   D. 字形

273. BA026 "字体"对话框在 Word 2003(　　)菜单中。

  A. 文件   B. 视图   C. 工具   D. 格式

274. BA027 要把 Word 2003 一段文字变为粗体字,只需选中该段文字,然后使用组合键(　　)来实现。

A. Ctrl+B　　　　B. Ctrl+I　　　　C. Ctrl+U　　　　D. Alt+B

275. BA027　在Word 2003"字体"对话框"字符间距"选项卡中的"缩放"下拉列表用于设置选定文字字符的（　　）。
A. 字号　　　　B. 字体　　　　C. 字符间距　　　　D. 纵横比例

276. BA027　在Word 2003中，把选中的文字设置成"加粗、倾斜"，该操作是进行（　　）设置。
A. 字号　　　　B. 字体　　　　C. 字形　　　　D. 字体效果

277. BA028　在Word 2003中，x^2+y^2中的"2"的文字效果是通过（　　）实现的。
A. 字体缩放　　　　B. 上标　　　　C. 下标　　　　D. 字符间距

278. BA028　在Word 2003中，等式$M_A=cm$中的"A"的文字效果是通过（　　）实现的。
A. 下标　　　　B. 上标　　　　C. 字体缩放　　　　D. 字符间距

279. BA028　在Word 2003中，利用（　　）对话框，可以把选中的字符设置成上标。
A. 段落　　　　B. 符号　　　　C. 定位　　　　D. 字体

280. BA029　物资经过接运到达仓库由仓库保管工签收后，即进入（　　）阶段。
A. 保管　　　　B. 验收入库　　　　C. 发放　　　　D. 保养

281. BA029　在实际工作中，物资验收可分为入库物资验收、直达现场物资验收、（　　）物资验收、应急物资验收。
A. 代销　　　　B. 直销　　　　C. 国产　　　　D. 进口

282. BA029　验收是指仓库保管部门根据（　　）及有关资料，按照合同以及有关技术标准，对入库物资进行数量点检和质量检查，以验证其是否符合规定的一项技术性工作。
A. 物资入库通知单　　　　B. 发货明细表　　　　C. 装箱单　　　　D. 质量证明书

283. BA030　验收准备要求根据所到物资的性质、形状、数量，确定存放的地点、位置、堆码垛形和（　　）。
A. 发放方式　　　　B. 接运方式　　　　C. 保养方法　　　　D. 保管方法

284. BA030　验收准备要求收集、核对和掌握（　　）、单据和有关资料。
A. 验收凭证　　　　B. 发货明细表　　　　C. 装箱单　　　　D. 入库通知单

285. BA030　在验收准备时，对必检物资、进口物资应及时通知（　　）部门，协同做好物资验收准备。
A. 验收　　　　B. 物资检验　　　　C. 物资检验和验收　　　　D. 管理

286. BA031　订货合同是（　　）的依据，仓库保管工应严格按照合同规定和入库通知单进行验收。
A. 整理资料　　　　B. 验收　　　　C. 保管　　　　D. 发料

287. BA031　核对证件时，要核对业务主管部门或存货单位提供的入库通知单、订货合同或（　　）。
A. 合格证　　　　B. 质量证明书　　　　C. 运单　　　　D. 协议书

288. BA031　验收时要核对承运部门提供的运单、（　　）。
A. 提运通知单　　　　B. 发货明细表　　　　C. 装箱单　　　　D. 入库通知单

289. BA032　检验实物是指收货单位在具备验收条件后，按照一定程序和手续，对入库物资进行（　　）。
A. 数量检验　　　　B. 质量检验　　　　C. 清点件数　　　　D. 数量和质量检查

290. BA032 在进行物资数量验收时，应按（　）规定的计量方法验收。
　　　A. 供方　　　　　B. 合同　　　　　C. 国家　　　　　D. 需方
291. BA032 对按标准重量包装的物资，验收时先点清件数，再按件数复验重量，该方法为（　）。
　　　A. 点检查数法　　B. 整车复衡法　　C. 点件复衡法　　D. 理论检尺换算法
292. BA033 数量检验的全检是指对到库物资的（　）全部进行复验和查对。
　　　A. 件数　　　　　B. 吨数　　　　　C. 质量　　　　　D. 数量
293. BA033 在一般情况下，按重量交货的应（　）检斤计量。
　　　A. 全部　　　　　B. 50%　　　　　C. 10%　　　　　D. 20%
294. BA033 理论换算的物资、规格整齐划一并且按（　）标明重量者，可采取抽检的方法进行数量检验。
　　　A. 根　　　　　　B. 件　　　　　　C. 张　　　　　　D. 箱
295. BA034 计重交货的物资，带包装的物资毛重检斤率为100%，清点件数为（　）。
　　　A. 5%　　　　　　B. 10%　　　　　C. 20%　　　　　D. 100%
296. BA034 计重交货的物资，不带包装的物资检斤率为（　）。
　　　A. 100%　　　　　B. 20%　　　　　C. 10%　　　　　D. 5%
297. BA034 理论换算计重的物资，定尺交货检尺率为（　）。
　　　A. 1%～5%　　　　B. 5%～10%　　　C. 10%～20%　　　D. 10%～30%
298. BA035 物资外观检验内容要求查验物资的（　）是否完好。
　　　A. 数量　　　　　B. 包装物　　　　C. 质量　　　　　D. 性能
299. BA035 物资外观检验内容要求查验金属材料的外表是否有（　）。
　　　A. 雨淋　　　　　B. 污染　　　　　C. 霉变　　　　　D. 锈蚀
300. BA035 物资的内在质量检验通常由（　）部门负责进行。
　　　A. 管理　　　　　B. 安全　　　　　C. 专业技术检验　　D. 试验
301. BA036 入库物资外观检验须按规定时间完成，零星料（　）以内验收完。
　　　A. 1天　　　　　　B. 2天　　　　　C. 3天　　　　　D. 5天
302. BA036 带包装的金属材料，外观质量缺陷按合同和有关规定抽检，无规定的其抽检率为（　）。
　　　A. 5%～10%　　　B. 5%～15%　　　C. 10%～20%　　　D. 10%～30%
303. BA036 物资外观检验要求，尺寸偏差抽检率为（　）。
　　　A. 1%～3%　　　　B. 2%～3%　　　　C. 5%～10%　　　　D. 100%
304. BA037 验收记录是退货、换货、拒付、拒收以及（　）的主要依据。
　　　A. 报损　　　　　B. 索赔查询　　　C. 质量检验　　　D. 入库交接
305. BA037 物资验收记录是物资（　）时，对物资数量验收、质量检验等验收活动的综合记载。
　　　A. 出库　　　　　B. 发放　　　　　C. 使用　　　　　D. 验收入库
306. BA037 验收记录由（　）填写。
　　　A. 组长　　　　　B. 稽核员　　　　C. 验收人　　　　D. 检验员
307. BA038 物资入库时应按照物资类别、（　）分别建立物资保管明细账。

A. 数量   B. 供货单位   C. 货主   D. 货位

308. BA038 在办理物资入库手续过程中，料卡一般挂在上架物资的下方或堆垛物资的（　　）。

A. 正面   B. 右侧   C. 左侧   D. 背面

309. BA038 由保管人员验收的物资应由（　　）核验，以证实该批物资已经验收合格或问题处理结束，可以正式入库保管。

A. 稽核员   B. 另一名指定人员   C. 库主任   D. 检验员

310. BA039 物资包装完好，（　　）是堆码物资应具备的条件之一。

A. 标志清楚   B. 质量完好   C. 标记清晰   D. 数量准确

311. BA039 受潮、锈蚀、残损、（　　）或已发生某些质量变化或质量不合格部分，已经过保养、加工修复或剔除。这部分物资应与合格品分开堆码。

A. 熔化   B. 包装破损   C. 老化   D. 变色

312. BA039 堆码物资的（　　）、规格、型号已彻底查清，验收合格，是堆码物资应具备的条件之一。

A. 批号   B. 牌号   C. 重量   D. 数量、质量

313. BA040 库房垛距应不小于（　　）。

A. 30cm   B. 50cm   C. 100cm   D. 150cm

314. BA040 货物离没有窗户墙体的距离为内墙距，一般距离为不小于（　　）。

A. 30cm   B. 50cm   C. 100cm   D. 150cm

315. BA040 库房外码垛应距离建筑物（　　）以外，并注意避开排水沟和屋檐水，堆垛时要注意物资进库的先后次序，以便贯彻"先进先出"的原则。

A. 30cm   B. 50cm   C. 100cm   D. 150cm

316. BA041 码垛应不偏不斜，不歪不倒，不压坏底层物资和地坪，要与屋顶、梁柱、墙壁保持一定距离指的是物资堆码基本要求（　　）。

A. 牢固   B. 合理   C. 稳固   D. 整齐

317. BA041 堆码时每行每层每方的物资数量力求成整数，五十成行，五十成方，过目知数，指的是堆码基本要求的（　　）。

A. 五五化   B. 定量   C. 规格摆放   D. 整齐

318. BA041 堆码时垛形应有一定规格，排列应整齐有序，横看成行、竖看成线，指的是堆码基本要求的（　　）。

A. 节省   B. 定量   C. 整齐   D. 对齐

319. BA042 纵向摆放的物资零头摆在前面指的是（　　）。

A. 后整前零   B. 左整右零   C. 下整上零   D. 前整后零

320. BA042 成方立体摆放时，其零头应摆放在最（　　）的一行。

A. 前边   B. 后边   C. 左边   D. 右边

321. BA042 横向摆放的物资其零头摆放应做到（　　）。

A. 后整前零   B. 左整右零   C. 下整上零   D. 右整左零

322. BA043 物资堆码按物资底层的排列不同可分为（　　）、长方形、环形等。

A. 正方形   B. 方垛   C. 梯形垛   D. 重叠式

323. BA043 方垛、梯形垛、三角形垛、矩形垛等是按（ ）划分的。
    A. 物资底层的排列不同　　　　　　　　B. 堆码方式和式样不同
    C. 货垛横断面形状　　　　　　　　　　D. 货垛纵断面形状
324. BA043 纵横交错式堆码垛形是按（ ）划分的。
    A. 堆码方式　　　　　　　　　　　　　B. 式样不同
    C. 堆码方式和式样不同　　　　　　　　D. 物资底层的排列不同
325. BA044 逐件逐层向上重叠码高而成的货垛为（ ）。
    A. 重叠式码垛　　　　　　　　　　　　B. 纵横交错式码垛
    C. 仰伏相间式码垛　　　　　　　　　　D. 压逢式码垛
326. BA044 将物资纵横交错上码，形成方形垛，此种码垛垛形为（ ）。
    A. 压逢式码垛　　B. 行列式码垛　　C. 重叠式码垛　　D. 纵横交错式码垛
327. BA044 将物资仰放一层再伏放一层，仰伏相间而相扣，使堆垛稳固，此种码垛垛形为（ ）。
    A. 重叠式码垛　　B. 仰伏相间式码垛　　C. 压逢式码垛　　D. 纵横交错式码垛
328. BA045 物资的堆码主要方法是（ ）堆码法。
    A. 四四摆放　　B. 五五摆放　　C. 三二摆放　　D. 四一摆放
329. BA045 物资的堆码除采用"五五摆放"堆码法外，也可因物、因地制宜采取（ ）。
    A. 三二摆放　　B. 四一摆放　　C. 整齐摆放　　D. 规格摆放
330. BA045 五五摆放要求每一整垛为五或（ ）的倍数。
    A. 二十　　　　B. 十五　　　　C. 十　　　　　D. 二
331. BA046 物资出库是指根据物资（ ）进行的核对、备料、点交、复核等作业活动的总称。
    A. 调拨单　　　B. 出库凭证　　C. 移拨单　　　D. 价拨单
332. BA046 物资出库要求，认真执行"先进先出"的原则，密切注意物资的保管期限和（ ）。
    A. 到货日期　　B. 交料日期　　C. 生产日期　　D. 出厂日期
333. BA046 物资出库要求，特殊情况，产品出厂日期早的，因多次转手却晚进库，出现这种情况时应（ ）。
    A. 后进库先发货　　　　　　　　　　　B. 后进库后发货
    C. 先进库先发货　　　　　　　　　　　D. 先进先出
334. BA047 物资出库应遵循一查库存、二动料签、三点交、四（ ）的程序进行。
    A. 审核　　　　B. 发运　　　　C. 复核　　　　D. 清理
335. BA047 物资出库准备要求进行原件物资的包装整理。物资经过多次装卸、堆码和拆检，部分包装受损，对不适宜运输要求的，仓储部门应视情况进行（ ）。
    A. 加固包装　　B. 整理　　　　C. 拆掉包装和整理　　D. 加固包装和整理
336. BA047 物资出库准备要求，对需拆零出库和拼箱出库物资，（ ）部门应做好挑选、分类、整理和配套等准备工作。
    A. 仓储保管　　B. 仓储分拣　　C. 仓储管理　　D. 检验
337. BA048 抢险时的物资出库，应经领导批准，以生产调度签发的（ ）为准，先发货后在规定的时间内补办正式手续。

A. 调拨单　　　　　B. 调度令　　　　　C. 临时物资出库单　　D. 物资应急出库单

338. BA048　救灾时的物资出库，应经领导批准，以（　）签发的指令（即调度令）为准，先发货后在规定的时间内补办正式手续。

A. 生产调度　　　　B. 安全生产　　　　C. 生产部门　　　　D. 主管领导

339. BA048　对由于系统故障无法开具正式出库手续，用户急需使用，可凭主管领导签发的（　），先发料后补办正式出库手续。

A. 调度令　　　　　B. 领导批条　　　　C. 临时物资出库单　　D. 调拨单

340. BA049　整批到货分批发放物资的出库计量以入库验收计量为准，依据（　）发料。

A. 发料单　　　　　B. 磅码单　　　　　C. 验收单　　　　　D. 计量单

341. BA049　出库物资应附带有关技术证明，如（　）、说明书、质量证明书、检验报告等，对同批到达分批发出的应予以复印，原件留存仓库备查（特殊情况除外）。

A. 磅码单　　　　　B. 生产许可证　　　C. 装箱单　　　　　D. 合格证

342. BA049　物资出库备货包装要求，按出库凭证所列的（　）、物资名称、规格型号、数量进行备料。

A. 大类　　　　　　B. 种类　　　　　　C. 中类　　　　　　D. 小类

343. BA050　物资出库的点交发运要求，仓库保管人员在备齐物资、复核无误后，应面向（　）或运输人按单逐件点交，办理交接手续。

A. 发运人　　　　　B. 送料人　　　　　C. 提料人　　　　　D. 现场员

344. BA050　物资出库的点交发运要求，对委托代运和送料的，将（　）及相关技术资料向提料人当面点交。

A. 库存物资　　　　B. 验收物资　　　　C. 保管物资　　　　D. 出库物资

345. BA050　物资出库的点交发运要求，对委托代运和送料的，对重要物资的（　）、使用方法、注意事项等进行特别说明。

A. 使用要求　　　　B. 技术要求　　　　C. 保管方法　　　　D. 化学性质

346. BA051　物资出库的复核清理要求，按出库单，核对（　）数量。

A. 发出　　　　　　B. 结存　　　　　　C. 验收　　　　　　D. 账存

347. BA051　物资出库的复核清理要求，如该批物资全部出库，应核对（　）数量。

A. 结存　　　　　　B. 发出　　　　　　C. 账存　　　　　　D. 验收

348. BA051　物资出库的复核清理要求，如该批物资全部出库，应查实（　）情况，在合理损耗范围内的按规定进行核销，超合理损耗范围的查明原因，按规定进行专项处理。

A. 计量差　　　　　B. 盈余　　　　　　C. 亏损　　　　　　D. 损耗

349. BA052　送货上门的物资，送货前仓库保管工应与（　）人员办清交接手续。

A. 提料　　　　　　B. 送货　　　　　　C. 运输　　　　　　D. 用户接收

350. BA052　代办托运的物资，物资出库前保管人员应与（　）人员办清交接手续。

A. 提料　　　　　　B. 送料　　　　　　C. 运输　　　　　　D. 用户接收

351. BA052　用户较远，委托物资企业办理提货，并通过铁路、公路、水路、民航或邮局，将货发运到用户指定地点的出库方式是（　）。

A. 用户自提　　　　B. 送货上门　　　　C. 运输人员自提　　D. 代办托运

352. BA053　包装储运图示标志共有（　）种。
　　　A. 9　　　　　　B. 16　　　　　　C. 17　　　　　　D. 19
353. BA053　包装储运图示标志的颜色一般为（　）。
　　　A. 黑色　　　　　B. 白色　　　　　C. 红色　　　　　D. 黄色
354. BA053　包装储运图示标志由图形、名称及（　）组成。
　　　A. 内框线　　　　B. 外框线　　　　C. 框线　　　　　D. 线条
355. BA054　危险货物包装标志的标准将危险货物分为（　）类。
　　　A. 4　　　　　　B. 6　　　　　　　C. 8　　　　　　　D. 9
356. BA054　在危险货物的标准中，"爆炸品"为第（　）类。
　　　A. 一　　　　　　B. 二　　　　　　C. 三　　　　　　D. 四
357. BA054　危险货物包装标志中的方向标记有（　）个。
　　　A. 1　　　　　　B. 2　　　　　　　C. 3　　　　　　　D. 4
358. BB001　钼铁用铁桶包装，每桶净重（　），如需求方对包装有特殊要求，可由供需双方协商解决。
　　　A. 35kg　　　　　B. 50kg　　　　　C. 80kg　　　　　D. 100kg
359. BB001　钛铁采用铁桶、乳胶袋、木箱包装，分50kg和（　）两种。
　　　A. 60kg　　　　　B. 70kg　　　　　C. 80kg　　　　　D. 100kg
360. BB001　钨的碳化物能提高钢的（　）。
　　　A. 抗压性　　　　B. 耐磨性　　　　C. 腐蚀性　　　　D. 淬透性
361. BB002　铁合金的堆装发运，必须随车皮在明显处有（　）。
　　　A. 标记　　　　　B. 批号　　　　　C. 质量证明书　　D. 数量
362. BB002　铁合金到库数量验收时，应（　）称重计量验收。
　　　A. 抽验10%　　　 B. 全部　　　　　C. 抽验25%　　　 D. 抽验50%
363. BB002　不同牌号合金装在同一车皮发运时，必须设法隔开，保证不发生（　）。
　　　A. 破损　　　　　B. 丢失　　　　　C. 混淆　　　　　D. 受潮
364. BB003　含碳量大于（　）的铁碳合金称为生铁。
　　　A. 2.11%　　　　 B. 0.5%　　　　　C. 1.2%　　　　　D. 1.05%
365. BB003　铸18的代号为（　）。
　　　A. L18　　　　　 B. KT18　　　　　C. ZZ18　　　　　D. Z18
366. BB004　在钢中常存元素对钢的性能影响中，（　）在钢中能全部溶于铁素体中，且固溶强化效果好，可显著提高钢的强度和硬度。
　　　A. 氧　　　　　　B. 磷　　　　　　C. 硫　　　　　　D. 硅
367. BB004　除硫、磷外，影响钢的质量的常存元素还有（　），需严格控制。
　　　A. 氧　　　　　　B. 硅　　　　　　C. 锰　　　　　　D. 铝
368. BB004　在钢中常存元素对钢的性能影响中，一般认为钢中的（　）是残存的有害元素之一。它降低钢的延展性和韧性，损害钢的抗蚀性，且有热脆性。
　　　A. 氢　　　　　　B. 磷　　　　　　C. 氧　　　　　　D. 硫
369. BB005　在钢中含少量的不到（　）的钒，能改善钢的焊接性能，增加钢的热强性和对蠕变的抗力。

A. 0.3% B. 0.4% C. 0.5% D. 10%

370. BB005 在钢中合金元素中对钢的性能影响中，（ ）可防止回火脆性，增加剩磁和矫顽力以及在某些介质中（如硫化氢、氨、一氧化碳、水等介质）的抗蚀性和防止点蚀倾向等。
    A. 钼 B. 钒 C. 铬 D. 铝

371. BB005 钒与（ ）、氮、氧有极强的亲和力，与之形成相应的稳定化合物。
    A. 氢 B. 氯 C. 硫 D. 碳

372. BB006 管材的尺寸测量规定，外径在距管端（ ）处，如管端有螺纹、加厚、卷口等，应在距离螺纹、加厚、卷口末端300mm处。
    A. 100mm B. 300mm C. 400mm D. 500mm

373. BB006 圆钢的尺寸测量规定，直径在距管端部（ ）处，相互垂直放心各测一次。
    A. 100mm B. 500mm C. 600mm D. 800mm

374. BB006 扁钢的尺寸测量规定，在距端部（ ）处的同一断面上，测其相邻两边的宽度。
    A. 100mm B. 300mm C. 500mm D. 1000mm

375. BB007 钢材库房的相对湿度应在（ ）以下，防止金属材料表面凝结水分，减少电化学腐蚀。
    A. 50% B. 55% C. 60% D. 70%

376. BB007 钢材堆垛高度，一般机械作业不超过（ ）。
    A. 1.5m B. 1.8m C. 2m D. 2.5m

377. BB007 存放钢材的垛底垫高，若库房水泥地面，垫高（ ）即可，若露天料场，水泥地面垫高0.3～0.5m，沙泥面垫高0.5～0.7m。
    A. 0.05m B. 0.08m C. 0.1m D. 0.2m

378. BB008 金属经（ ）酸洗后，在金属表面会生成具有一定防护作用的纯化薄膜。
    A. 硫酸 B. 磷酸 C. 盐酸 D. 硝酸

379. BB008 气相防锈方法简便，但（ ），否则会影响效果。
    A. 必须保持密封状态 B. 在干燥状态下进行
    C. 在室内进行 D. 在常温下进行

380. BB008 保持库房相对湿度在（ ）以下，可防止金属材料表面凝结水分，以减少电化学腐蚀，从而达到防锈目的。
    A. 90% B. 80% C. 70% D. 60%

381. BB009 合金结构钢主要用来制造具有较高切削速度及形状复杂的刀具，不能制造（ ）、铰刀。
    A. 车刀 B. 切刀 C. 铣刀 D. 滚齿刀

382. BB009 合金工具钢简称（ ），钢号用合金元素符号及代表含量的一般以百分之几的数字表示。
    A. 合工钢 B. 合金钢 C. 结构钢 D. 碳素钢

383. BB009 合金工具钢按用途性能的不同分为刀具钢、（ ）、量具钢等。
    A. 高工钢 B. 工具钢 C. 结构钢 D. 模具钢

384. BB010 油管管体用H—40钢、J—55钢、C—75钢、N—80钢和（ ）制造。

A. E—75 钢　　　　B. P—110 钢　　　　C. S—135 钢　　　　D. C—95 钢

385. BB010　在方钻杆接头螺纹类型中，（　）代表内平型，REG 代表正规型。

A. FI　　　　　　B. NP　　　　　　　C. PX　　　　　　　D. IF

386. BB011　在套管螺纹类型中，（　）代表平端。

A. P　　　　　　B. S　　　　　　　　C. L　　　　　　　　D. B

387. BB011　"SC"是（　）套管螺纹的代号。

A. 短梯　　　　　B. 短圆　　　　　　C. 长梯　　　　　　D. 偏梯

388. BB011　在套管螺纹代号中，"XC"表示（　）。

A. 短圆螺纹　　　B. 长圆螺纹　　　　C. 偏梯形螺纹　　　D. 直连型

389. BB012　钻铤的特点是直径粗、壁厚且重，钻铤的壁厚为钻杆壁厚的（　）倍。

A. 1~2　　　　　B. 2~4　　　　　　C. 4~6　　　　　　D. 5~7

390. BB012　中间钻铤两端的螺纹为（　）。

A. 一端为外螺纹，一端为内螺纹　　　B. 两端均为外螺纹

C. 两端均为内螺纹　　　　　　　　　D. 两端均无螺纹

391. BB012　在重钻井液钻井中，使用螺旋钻铤可以减少钻铤同井壁间的接触面积，一般比常规钻铤减少（　），从而也就减少了压差卡钻的可能性。

A. 10%　　　　　B. 20%　　　　　　C. 30%　　　　　　D. 40%

392. BB013　密度不大于（　）的有色金属被称为轻有色金属。

A. 3.5g/cm³　　　B. 4.5g/cm³　　　　C. 5.5g/cm³　　　　D. 6.5g/cm³

393. BB013　实际应用中，有色金属分为稀有有色金属和（　）有色金属。

A. 普通　　　　　B. 常用　　　　　　C. 贵重　　　　　　D. 一般

394. BB013　按蕴藏状况和物理特性的不同有色金属分为轻金属、重金属、贵金属、半金属和（　）。

A. 特殊金属　　　B. 普通金属　　　　C. 一般金属　　　　D. 稀有金属

395. BB014　在保温库里保管的锡锭，保管期限不超过（　）。

A. 三个月　　　　B. 半年　　　　　　C. 一年　　　　　　D. 一年半

396. BB014　阴极铜可于露天存放保管，单位有效面积存放量为每平方米（　）左右。

A. 2t　　　　　　B. 5t　　　　　　　C. 10t　　　　　　　D. 15t

397. BB014　铜管要选择干燥的普通库房保管，严格掌握库房温度及湿度，尽可能使库内相对湿度控制在（　）以下。

A. 90%　　　　　B. 80%　　　　　　C. 70%　　　　　　D. 50%

398. BB015　因变形铝合金的（　），故可制成各种铝合金材。

A. 塑性变性能力好　B. 延展性能好　　　C. 易切削性能　　　D. 易压力加工

399. BB015　制造飞机起落架和大梁等承载零件可选用（　）。

A. 铝合金　　　　B. 镍合金　　　　　C. 超硬铝　　　　　D. 铜镍合金

400. BB015　主要用于电容器、食品包装和商品包装的是（　）。

A. 铝箔　　　　　B. 铝锭　　　　　　C. 铝排　　　　　　D. 铝板

401. BB016　铜管等验收时，若总量少于100kg时，应抽验（　）以上。

A. 30 根　　　　　B. 20 根　　　　　　C. 10 根　　　　　　D. 15 根

402. BB016 锡锭验收时表面应（　　）、无锡疫、无毛刺和外来夹杂物。
　　A. 凹坑　　　　　B. 锈蚀　　　　　C. 变形　　　　　D. 洁净、无腐蚀

403. BB016 镁锭验收时如抽验，其抽验量应为（　　）。
　　A. 40%　　　　　B. 30%　　　　　C. 20%　　　　　D. 10%

404. BB017 制造各种铣刀、滚齿刀等需用（　　）型硬质合金刀片。
　　A. B　　　　　　B. A　　　　　　C. D　　　　　　D. F

405. BB017 制造各种钻头及铰刀等需用（　　）型硬质合金刀片。
　　A. D　　　　　　B. E　　　　　　C. A　　　　　　D. F

406. BB017 制造耐磨零件及可卸镗刀等需用（　　）型硬质合金刀片。
　　A. E　　　　　　B. A　　　　　　C. D　　　　　　D. F

407. BB018 钨钴钛类硬质合金的符号为（　　）。
　　A. YG　　　　　B. YT　　　　　C. YN　　　　　D. YV

408. BB018 钨钴类硬质合金的符号为（　　）。
　　A. YG　　　　　B. YT　　　　　C. YN　　　　　D. YV

409. BB018 碳化钛基类硬质合金的符号为（　　）。
　　A. YG　　　　　B. YT　　　　　C. YE　　　　　D. YN

410. BB019 金属元素或以金属元素为主构成的具有金属特性的材料的统称为（　　）。
　　A. 非金属材料　　B. 金属材料　　　C. 金属　　　　　D. 机电产品

411. BB019 决定金属材料性能的基本因素是（　　）、组织和结构。
　　A. 电磁性能　　　B. 力学性能　　　C. 化学成分　　　D. 物理性能

412. BB019 金属材料中的力学性能也称机械性能，是指材料在外力作用下反映出来的强度、（　　）、硬度性能等。
　　A. 耐压性　　　　B. 电磁性　　　　C. 耐热性　　　　D. 塑性、韧性

413. BB020 黑色金属材料特别是机械（力学）性能和加工性能，大都是由（　　）的含量及其存在的状态决定的。
　　A. 碳　　　　　　B. 铁　　　　　　C. 锰　　　　　　D. 铬

414. BB020 在（　　）基础上，如果有目的地加入一定品种和比例的其他合金元素，就可得到合乎需要的合金钢材。
　　A. 钢材　　　　　B. 生铁　　　　　C. 碳钢　　　　　D. 铸铁

415. BB020 常用的黑色金属材料有钢、生铁、钢材和（　　）。
　　A. 钾　　　　　　B. 镁　　　　　　C. 锰　　　　　　D. 铸铁

416. BC001 颜色、状态、气味、熔点、沸点、密度等是化工产品的（　　）性质。
　　A. 固有　　　　　B. 物理　　　　　C. 化学　　　　　D. 外观

417. BC001 工业生产中可使用的各类化工产品称为（　　）化工产品。
　　A. 工业　　　　　B. 民用　　　　　C. 常用　　　　　D. 日用

418. BC001 物资流通领域习惯上把工业化工产品称为化工（　　）。
　　A. 原料　　　　　B. 材料　　　　　C. 原材料　　　　D. 物资

419. BC002 硝酸的分子式是（　　），属于一级无机酸性腐蚀物品。
　　A. HCO_3　　　B. H_2SO_4　　C. HNO_3　　　D. $CaCO_3$

420. BC002　氢氧化钠是石油工业常用的碱，俗称烧碱、火碱、苛性钠，属（　）级无机碱性腐蚀物品。
　　　A. 四　　　　　　B. 三　　　　　　C. 二　　　　　　D. 一
421. BC002　氢氟酸的分子式是（　）。
　　　A. HFO_3　　　B. HF　　　　　C. HNO_3　　　D. HCO_3
422. BC003　碱类物品与有机物、引火物接触可能引起（　）。
　　　A. 爆炸　　　　　B. 中毒　　　　　C. 火灾　　　　　D. 腐蚀
423. BC003　按照化工危险品储存规定，各种炸药与点火器材（　）同储。
　　　A. 不可以　　　　　　　　　　　　B. 可以
　　　C. 留有1m以上间距可以　　　　　D. 留有2m以上间距可以
424. BC003　爆炸品装卸搬运时不得穿带（　）的鞋，防止产生火花引起爆炸。
　　　A. 木制品　　　　B. 铝钉　　　　　C. 橡胶　　　　　D. 铁钉
425. BC004　盐酸在石油工业上用于配制油井酸化液，它的分子式是（　）。
　　　A. HF　　　　　B. HCl　　　　C. C_6H_6　　　D. KCl
426. BC004　构成无机化工产品的单质物质的分子是由（　）元素组成的。
　　　A. 一种　　　　　B. 多种　　　　　C. 金属　　　　　D. 非金属
427. BC004　氧化锌的分子式是（　）。
　　　A. CuO　　　　B. MgO　　　　C. K_2O　　　　D. ZnO
428. BC005　硫酸、盐酸、硝酸、氢氟酸等包装外面应有（　）标志。
　　　A. 腐蚀性物品　　B. 易燃物品　　　C. 品名　　　　　D. 危险物品
429. BC005　氯化钠存放于库内，不可与其他有毒、易污染的物品及液体化工产品共储共运，防止受潮结块或潮解，保持库内（　）。
　　　A. 密封　　　　　B. 恒温　　　　　C. 干燥通风　　　D. 密闭恒温
430. BC005　氢氧化钾腐蚀性极强，操作时禁止触及眼睛和皮肤。如不慎接触时，一般用大量（　）冲洗。
　　　A. 小苏打　　　　B. 硼砂水　　　　C. 稀醋酸　　　　D. 清水
431. BC006　丙酮是无色透明液体，有毒，有麻醉性，极易挥发，易燃，其蒸气与空气可形成（　）性混合物。
　　　A. 有毒　　　　　B. 爆炸　　　　　C. 腐蚀　　　　　D. 窒息
432. BC006　有机化工产品的特性与它的（　）有密切关系。
　　　A. 物理结构　　　B. 化学成分　　　C. 分子结构　　　D. 制造工艺
433. BC006　三氯甲烷的分子式为（　）。
　　　A. CHI_3　　　B. CH_3Cl　　　C. CHC_3　　　D. $CHCl_3$
434. BC007　装石油苯的容器，桶口应密封不漏，禁止滚筒，禁止使用会产生（　）的工具开闭容器。
　　　A. 静电　　　　　B. 划伤　　　　　C. 火花　　　　　D. 破裂
435. BC007　丙酮着火时，用（　）灭火是无效的，只能用来冷却火场容器。
　　　A. 泡沫　　　　　B. 二氧化碳　　　C. 四氯化碳　　　D. 水
436. BC007　三氯甲烷加入稳定剂后，储存期限自出厂日起为（　）个月。

A. 3　　　　　　B. 6　　　　　　C. 9　　　　　　D. 12

437. BC008　氮气属于（　）气体。
A. 易燃　　　　B. 不燃　　　　C. 自燃　　　　D. 易爆

438. BC008　按照气体的组成成分，可将压缩气体和液化气体分为两组，即（　）和工业混合气。
A. 永久气体　　B. 高压液化气体　　C. 工业纯气　　D. 低压液化气体

439. BC008　液态氧是（　）色液体。
A. 白　　　　　B. 无　　　　　C. 淡蓝　　　　D. 蓝

440. BC009　橡胶制品中的全胶管是全部用橡胶制成的胶管，多用于小规格及不超过（　）压力下使用。
A. 0.1MPa　　　B. 0.5MPa　　　C. 1MPa　　　　D. 1.5MPa

441. BC009　橡胶制品中的子午线轮胎的标记是以英文字母（　）来表示的。
A. E　　　　　　B. S　　　　　　C. R　　　　　　D. Q

442. BC009　橡胶制品中的丁腈橡胶是（　）和丙烯腈的共聚物，也包括添加第三单体的改性品种。
A. 丙二烯　　　B. 丁三烯　　　C. 苯乙烯　　　D. 丁二烯

443. BC010　轮胎储存码垛的基本要求是（　）堆码。
A. 直立　　　　B. 平放　　　　C. 斜放　　　　D. 重叠

444. BC010　轮胎保管要严格掌握先进先出的原则，轮胎保管期限不超过（　）。
A. 1年　　　　　B. 2年　　　　　C. 3年　　　　　D. 4年

445. BC010　储存轮胎的库房温度一般应保持在0～25℃之间，最高不宜超过（　）。
A. 29℃　　　　B. 30℃　　　　C. 31℃　　　　D. 35℃

446. BC011　储存硬聚氯乙烯及其制品的库房温度应保持在15～40℃，远离明火和火源，距离库内热源在（　）以上。
A. 1m　　　　　B. 1.5m　　　　C. 2m　　　　　D. 3m

447. BC011　聚丙烯树脂及其制品应保存在整齐、干燥的库房内，库温一般为（　）之间，不要超过40℃。
A. 0～20℃　　　B. -10～30℃　　C. -20～40℃　　D. -10～40℃

448. BC011　当温度为（　）以下时，严禁摔撞和重压硬聚氯乙稀制品。
A. 10℃　　　　B. 5℃　　　　　C. 0℃　　　　　D. 15℃

449. BC012　在油田化学剂中，钻井液用氧化铁粉加入钻井液中作（　）。
A. 加重剂　　　B. 降凝剂　　　C. 减稠剂　　　D. 杀菌剂

450. BC012　在油田化学剂中，重晶石粉在钻井液中主要起（　）作用。
A. 造浆　　　　B. 降黏　　　　C. 增黏　　　　D. 加重

451. BC012　在油田化学剂中，单宁酸在油气井固井时对油井水泥起（　）作用。
A. 加凝　　　　B. 降黏　　　　C. 缓凝　　　　D. 减稠

452. BC013　到货的每批膨润土粉应附有生产厂提供的（　）证书，并核对证书批号是否与实物相符。
A. 生产　　　　B. 产品　　　　C. 质量　　　　D. 经营

453. BC013 钻井液用高温降滤失剂磺甲基酚醛树脂，数量检验采取抽验单重，每批产品不少于（　　）。
    A. 50%　　　　　B. 15%　　　　　C. 10%　　　　　D. 20%
454. BC013 钻井液用磺甲基酚醛树脂的储存期限从生产之日起计算为（　　）个月。
    A. 12　　　　　B. 6　　　　　C. 3　　　　　D. 24
455. BC014 胶合板是由原木旋切成单板或木刀刨切成薄板，再经胶合而成的（　　）层以上的板材。
    A. 2　　　　　B. 3　　　　　C. 4　　　　　D. 5
456. BC014 原木的等级由生产单位在原木两端断面或两端侧面以号印作出标志，如二等原木的符号是（　　）。
    A. △　　　　　B. ◇　　　　　C. ☰　　　　　D. ☲
457. BC014 原条的长度起点在标准中规定为（　　）。
    A. 3m　　　　　B. 4m　　　　　C. 5m　　　　　D. 6m
458. BC015 验收普通枕木的数量是按（　　）计量。
    A. 立方米（m³）　B. 吨（t）　　　C. 根　　　　　D. 立方厘米（cm³）
459. BC015 将原木浸泡在江、河、湖泊、水塘中的保管方法称为（　　）法。
    A. 湿存　　　　B. 隔绝　　　　C. 膨胀　　　　D. 水存
460. BC015 储存锯材时，因堆积不良或因干燥不均匀，容易造成锯材（　　）。
    A. 弯曲　　　　B. 腐蚀　　　　C. 开裂　　　　D. 虫害
461. BC016 厚度为3mm的普通平板玻璃，其厚度误差允许范围是（　　）。
    A. ±0.20mm　　B. ±0.25mm　　C. ±0.30mm　　D. ±0.5mm
462. BC016 浮法平板玻璃按照国家有关质量标准要求，厚度为3mm和4mm时，其厚度误差允许范围为（　　）。
    A. ±0.10mm　　B. ±0.20mm　　C. ±0.25mm　　D. ±0.35mm
463. BC016 玻璃箱码垛时必须（　　）。
    A. 平放　　　　B. 斜放　　　　C. 平放或立放　　D. 立放
464. BC017 沥青到货后均应（　　）计量。
    A. 点数　　　　B. 量尺　　　　C. 过磅　　　　D. 换称
465. BC017 液体及半固体沥青多用桶储存装运，桶装沥青宜（　　）放置。
    A. 倾斜　　　　B. 微斜　　　　C. 横卧　　　　D. 直立
466. BC017 液体及半固体沥青多用（　　）桶储存装运。
    A. 铁　　　　　B. 铝　　　　　C. 铜　　　　　D. 铅
467. BC018 到货石棉板（　　）应均匀，表面应平整光滑，不许有裂纹、孔洞和起层现象。加工好的石棉板应切直角。
    A. 材质　　　　B. 色泽　　　　C. 结构　　　　D. 厚度
468. BC018 石棉橡胶板应按不同品种、规格平放在货架上，如无货架应下垫木板，垛不应高于（　　）。
    A. 1.5m　　　　B. 2.0m　　　　C. 2.5m　　　　D. 3.0m

469. BC018 油浸石棉方填料的汉语拼音字母代号是（　　）。
    A. YSY B. YSF C. YSN D. XSF
470. BC019 砖的垛法要求一是稳固，二是便于（　　），堆放时以侧放为宜。
    A. 搬运 B. 计数 C. 保管 D. 检查
471. BC019 砖是脆性材料，堆放时要求（　　）坚实、平坦、干净，以保证堆垛稳固。
    A. 地基 B. 下垫 C. 堆垛 D. 地面
472. BC019 到货砖应按标准要求进行抽检，每次取样（　　）。
    A. 50块 B. 100块 C. 150块 D. 200块
473. BC020 岩石经风化或人工破碎，粒径在（　　）以下的颗粒物统称为砂。
    A. 3mm B. 5mm C. 8mm D. 10mm
474. BC020 二氧化硅含量在（　　）以上的砂称石英砂。
    A. 98% B. 96% C. 95% D. 90%
475. BC021 碎石、砾石于露天存放，场地坚硬平整，料堆位置应尽量靠近（　　）。
    A. 铁路 B. 公路 C. 仓库 D. 使用处
476. BC021 毛石、块石到库进行量方验收，在平坦的场地上尽可能紧密地堆成（　　），用尺测量边长后计算出体积。
    A. 方形 B. 矩形 C. 梯形 D. 锥形
477. BC021 石膏按颜色分类，一般分为白石膏和（　　）石膏。
    A. 雪花 B. 透明 C. 黑 D. 杂色
478. BC022 每一批耐火砖内，每一砖号，只允许有（　　）个不完整的砖垛。
    A. 1 B. 2 C. 3 D. 4
479. BC022 入库耐火砖的尺寸允许公差及等级要求，要符合（　　）标准。
    A. 设计 B. 生产 C. 使用 D. 质量
480. BC022 耐火泥应按袋堆垛，码放整齐，垛高以便利堆垛与卸垛为宜，垛间需留出不小于（　　）宽的走道。
    A. 0.5m B. 0.6m C. 1.0m D. 1.5m
481. BC023 储存保管油毡要注意（　　），远离火源和热源，不得与其他易燃、可燃物品混存。
    A. 防火 B. 防水 C. 防潮 D. 防腐
482. BC023 防水卷材是以植物、矿物或动物纤维浸渍（　　）而制成的防水建筑材料。
    A. 涂料 B. 焦油 C. 塑料 D. 沥青
483. BC023 油毡存放时间不宜过长，一般不超过（　　）。
    A. 3个月 B. 6个月 C. 1年 D. 2年
484. BC024 下列防护用品中，属于头部防护用品的是（　　）。
    A. 安全帽 B. 安全带 C. 防噪声耳帽 D. 防水手套
485. BC024 下列防护用品中，属于手部防护用品的是（　　）。
    A. 防水鞋 B. 防护服 C. 防冰手套 D. 防寒手套
486. BC024 防坠落用品主要有（　　）和安全带两种。
    A. 立网 B. 安全网 C. 平网 D. 安全绳

487. BD001　机械设备的种类繁多，按用途可分为通用机械设备和（　　）设备。
　　　A. 专用机械　　　　B. 发电　　　　C. 冶金机械　　　　D. 运输机械
488. BD001　机械设备按（　　）可分为：产生机械能设备、机械能转换成非机械能设备和使用机械能工作的机械设备等三类。
　　　A. 结构　　　　B. 传动方式　　　　C. 用途　　　　D. 能量转换方式
489. BD001　专用机械设备和通用机械设备是按（　　）进行分类的。
　　　A. 能量转换方式　　B. 传动方式　　　C. 用途　　　　D. 结构
490. BD002　包装箱按结构、用材规定和包装注意事项可分为（　　）类。
　　　A. 2　　　　B. 3　　　　C. 4　　　　D. 6
491. BD002　包装箱箱型的体积及制作规定，要求小型箱的体积在 0.1m³ 以下，大型箱的体积为（　　）。
　　　A. 0.1～1.0m³　　B. 0.5～2.0m³　　C. 1.0～3.0m³　　D. 1.0～8.0m³
492. BD002　包装箱箱型的体积及制作规定，要求小型箱的体积在 0.1m³ 以下，特大型箱的体积要求在（　　）。
　　　A. 8.0m³ 以上　　B. 6.0m³　　　　C. 3.0～5.0m³　　D. 5.0～7.0m³
493. BD003　机电产品需对产品性能检验的物资，由仓库部门通知（　　）部门检验。
　　　A. 管理　　　　B. 安全　　　　C. 质检　　　　D. 保管
494. BD003　物资到库后，仓库部门进行对包装、数量（含随机附件）和（　　）的验收。
　　　A. 外观质量　　B. 产品性能　　C. 质量证明书　　D. 装箱单
495. BD003　验收计件机电物资时，应全部清点件数，定量包装的小件物资，应按批量总数不低于（　　）的比例抽检。
　　　A. 20%　　　　B. 15%　　　　C. 10%　　　　D. 5%
496. BD004　在库房存放机电产品，应铺地板或放置垫木，以防止受地潮；在露天货场存放应采取（　　）措施。
　　　A. 专人负责，加强保养　　　　B. 限短期存放
　　　C. 喷涂防护层　　　　　　　　D. 妥善苫垫、封闭、棚架等
497. BD004　存放机电产品的库房，相对湿度一般应控制在（　　）以下。
　　　A. 50%　　　　B. 65%　　　　C. 70%　　　　D. 75%
498. BD004　机电产品在保管中，空气中的（　　）是造成金属表面锈蚀的主要原因，也是使绝缘材料降低品质的原因之一。
　　　A. 水汽　　　　B. 氧　　　　C. 有害气体　　　　D. 杂质
499. BD005　井泵分为（　　），主要用于低于水位深井中抽水、石油或其他液体，属于立式单吸式多级离心泵。
　　　A. 深井泵和浅井泵　　　　B. 深水泵和浅水泵
　　　C. 深井泵和潜水泵　　　　D. 清水泵和污水泵
500. BD005　试压泵是往复泵中的一种，按驱动方式不同分为（　　）两种。
　　　A. 电动和手动　　B. 液动和气动　　C. 高压和低压　　D. 单作用和双作用
501. BD005　离心泵按叶轮吸入方式可分为（　　）。
　　　A. 单级泵和双级泵　　　　B. 单吸泵和双吸泵

C. 双口泵和多口泵　　　　　　　　D. 深井泵和浅井泵

502. BD006　风机按其原理分类，可分为（　　）和轴流风机。
A. 离散风机　　B. 干燥风机　　C. 鼓风机　　D. 离心风机

503. BD006　气体压缩机按工作原理的不同可分为透平式和（　　）两大类。
A. 往复式　　B. 活塞式　　C. 容积式　　D. 回转式

504. BD006　风机的金属加工表面或主轴生锈，可用（　　）砂纸除锈，再用汽油清洗，然后涂防锈油，用防潮纸包好。
A. 0号　　B. 1号　　C. 2号　　D. 3号

505. BD007　集装箱叉车采用柴油发电机作为动力，是用来装卸集装箱的一种吊车，其承载能力为（　　）。
A. 45t　　B. 35t　　C. 25t　　D. 15t

506. BD007　叉式起重设备是指叉车，又称铲车，分属于（　　）中的搬运车辆类。
A. 起重机械　　B. 运输机械　　C. 起重运输机械　　D. 施工机械

507. BD007　平衡重式内燃叉车一般采用柴油、汽油、液化石油气燃料，载荷能力为0.5~45t，（　　）以上多为柴油叉车。
A. 2t　　B. 5t　　C. 10t　　D. 15t

508. BD008　压缩气体钢瓶无论储存哪种气体，在钢瓶肩部刻钢印位置上，一律喷上（　　）油漆。
A. 黄色　　B. 白色　　C. 红色　　D. 棕色

509. BD008　压缩气体钢瓶是一种压力容器，属于（　　）压力容器。
A. 3类　　B. 2类　　C. 1类　　D. 普通

510. BD008　为区分各种压缩气体钢瓶，其表面需涂不同颜色的标志，涂色标志必须符合（　　）统一规定的颜色及字样。
A. 石油行业　　B. 生产厂　　C. 名省有关部门　　D. 国家有关部门

511. BD009　阀门标志主要内容包括：公称压力（PN）或工作压力（PT）值、公称通径（DN）值、工作温度值（用1/10折算后表示）以及（　　）。
A. 手轮转动方向　　　　　　B. 介质在阀门中流动方向的示意箭头
C. 安装方式　　　　　　　　D. 阀体材料

512. BD009　阀门阀体材料为灰铸铁HT25-47时，其阀体材料代号是（　　）。
A. Q　　B. V　　C. Z　　D. Y

513. BD009　阀门的基本性能参数有：公称压力、公称通径及（　　）。
A. 适用介质　　B. 适用温度　　C. 连接方式　　D. 衬里材料

514. BD010　三通、四通和其他管路配件的主要作用是（　　）。
A. 多路连接　　B. 便于安装和拆卸　　C. 多路控制　　D. 改变管径

515. BD010　管路配件中的弯头是用来安装管道中拐弯处的连接件，连接两根直径相同或不同的管子时根据弯道不同的（　　）来选配适当的弯头。
A. 角度　　B. 连接方式　　C. 卡箍　　D. 直径

516. BD010　板式平焊法兰用字母（　　）表示。
A. IF　　B. SO　　C. WN　　D. PL

517. BD011　轴承按运动体表面摩擦种类的不同，可分为（　　）两大类。
　　　A. 滚动轴承和滑动轴承　　　　　　　B. 正压力轴承和倾压力轴承
　　　C. 固定轴承和转动轴承　　　　　　　D. 重载轴承和轻载轴承

518. BD011　滚动轴承按滚动体的种类分为球轴承和（　　）。
　　　A. 圆柱滚子轴承　　B. 滚针轴承　　　C. 滚子轴承　　　　D. 调心滚子轴承

519. BD011　滚动体为钢球的滚动轴承是（　　）。
　　　A. 滚针轴承　　　B. 调心轴承　　　　C. 滚子轴承　　　　D. 球轴承

520. BD012　消防器械是指连接消防设备的一些专用管配件，包括水龙带、接扣、滤水器、
　　　　　　分水器、集水器、闷盖及（　　）等。
　　　A. 消防斧和消防火钩　　B. 消防栓　　C. 增压泵　　　　　D. 水枪

521. BD012　消防水枪装在水带接扣上，起射水作用，用于扑救（　　）火灾。
　　　A. 一般　　　　　B. 远距离　　　　　C. 棉布、木材　　　D. 高层建筑

522. BD012　消防滤水器安装在进水管底部，用以阻止水藻、石子、杂草等物吸入（　　）。
　　　A. 消防管网　　　B. 水枪　　　　　　C. 水泵　　　　　　D. 给水管线

523. BD013　液体灭火剂包括水及水添加剂、泡沫灭火剂和（　　）灭火剂。
　　　A. 抗溶　　　　　B. 金属皂型　　　　C. 高倍数泡沫　　　D. 抗冻剂

524. BD013　二氧化碳灭火剂的主要优点是（　　）。
　　　A. 灭火效率高　　　　　　　　　　　B. 适用范围广，宜灭各种火灾
　　　C. 对火源隔绝空气，灭火后不易复燃　D. 易制造，价格低，清洁，不污染环境

525. BD013　使用范围最广泛的天然灭火剂是（　　）。
　　　A. 水　　　　　　B. 砂　　　　　　　C. 二氧化碳　　　　D. 干粉

526. BD014　电焊条按焊接工艺可分为电弧焊条、（　　）等。
　　　A. 结构钢焊条　　B. 不锈钢焊条　　　C. 氧化铁型焊条　　D. 气体保护焊条

527. BD014　焊丝按制造工艺可分为（　　）。
　　　A. 实心焊丝和药芯焊丝　　　　　　　B. 金属焊丝和有色金属焊丝
　　　C. 自动焊焊丝和手工焊焊丝　　　　　D. 气焊丝和电焊丝

528. BD014　电焊条按药皮的酸碱性分为酸性电焊条和（　　）。
　　　A. 电弧焊条　　　B. 碱性电焊条　　　C. 气体保护焊条　　D. 不锈钢焊条

529. BD015　钎料按熔点不同分为硬钎料和软钎料两种，其熔点高于（　　）为硬钎料。
　　　A. 350℃　　　　B. 400℃　　　　　C. 450℃　　　　　D. 500℃

530. BD015　钎料牌号第一项字母 B 表示软钎料或硬钎料，HDL 表示（　　）钎料。
　　　A. 其他　　　　　B. 特殊　　　　　　C. 保护焊　　　　　D. 电子用

531. BD015　锰基钎料按化学成分的不同分为锰锡镉、锰锡钴、（　　）。
　　　A. 锰锡铜　　　　B. 锰锡锌　　　　　C. 锰锡铝　　　　　D. 锰锡铁

532. BD016　量具是指用于测量和检验物件尺寸大小、几何精度及（　　）的计量工具的统称。
　　　A. 几何形状　　　B. 表面粗糙度　　　C. 水平度　　　　　D. 曲线尺寸

533. BD016　成套量具在保管中要求（　　），以防附件失落和规格混乱。
　　　A. 不允许无包装保管　　　　　　　　B. 一律不准拆包装保管
　　　C. 在货位设标签标明成套件数和规格　D. 一律不准拆组拆套分散保管

534. BD016　量具在定期（半年）检查和维护保养时，不允许（　　）。
　　　A. 加热清洗　　　B. 拆卸保养　　　C. 摔掷　　　D. 用手直接触摸
535. BD017　钻头主要用于在实体材料上加工圆柱形孔或把原有的孔扩大，钻头的种类主要有麻花钻头、深孔钻头、扁钻头、扩孔钻头、锪钻及（　　）。
　　　A. 中心钻头　　　B. 偏心钻头　　　C. 长柄钻头　　　D. 直柄钻头
536. BD017　麻花钻头用于在实体材料上钻出精度较低的孔，麻花钻头分为（　　）。
　　　A. 长柄麻花钻头、短柄麻花钻头　　　B. 直柄麻花钻头、锥柄麻花钻头
　　　C. 大麻花钻头、小麻花钻头　　　D. 碳钢麻花钻头、合金钢麻花钻头
537. BD017　麻花钻头的规格是以钻头（　　）表示的。
　　　A. 直径和柄长　　　B. 柄长　　　C. 直径　　　D. 直径和钻头材质
538. BD018　磨料是一种颗粒尺寸小、硬度高且锋利的（　　）材料。
　　　A. 磨削　　　B. 研磨　　　C. 磨光　　　D. 砂轮
539. BD018　磨料中的天然金刚石和人造金刚石的代号分别是（　　）。
　　　A. MA，SA　　　B. SA，SC　　　C. HG，EJ　　　D. JT，JR
540. BD018　长方油石和长方珩磨油石的规格以（　　）表示。
　　　A. 边长×长度　　　B. 宽度×高度×长度
　　　C. 边长×边长×长度　　　D. 边长×边长×宽度
541. BD019　一般工具按它们的特性和用途分为土石泥木工具、手工具、电动工具、钳工工具、（　　）、电工工具、测量工具、气动及液动工具及其他工具等九类。
　　　A. 焊接工具　　　B. 消防工具　　　C. 通信工具　　　D. 管子工具
542. BD019　一般工具的品种繁多，以驱动方式主要分为手动、电动和（　　）等。
　　　A. 自动和半自动　　　B. 土木和机加工　　　C. 气动和液动　　　D. 加工和维修
543. BD019　工具扳手属于（　　）。
　　　A. 电工工具　　　B. 手动工具　　　C. 测量工具　　　D. 土石泥木工具
544. BD020　存放标准紧固件的库房，应要求（　　）。
　　　A. 无日光直接照射　　　B. 干燥通风、没有腐蚀性气体
　　　C. 没有油脂类及化学物品　　　D. 库房周围无剧烈振动
545. BD020　批量进货的标准紧固件，应按比例均匀抽检其外观质量及数量，抽检率为（　　）。
　　　A. 1%～2%　　　B. 2%～3%　　　C. 3%～4%　　　D. 4%～5%
546. BD020　光螺母也称为（　　）。
　　　A. 圆螺母　　　B. 方螺母　　　C. 六角螺母　　　D. 蝶形螺母
547. BD021　电动机是一种将（　　）进行相互转换的旋转机械。
　　　A. 磁能和机械能　　　B. 电能和机械能　　　C. 动能和势能　　　D. 机械能和热能
548. BD021　常用电动机产品有基本系列、派生系列和（　　）三种。
　　　A. 专用系列　　　B. 配套系列　　　C. 工业系列　　　D. 农用系列
549. BD021　一般电动机主要由（　　）组成。
　　　A. 机芯和机座　　　B. 磁极和绕组　　　C. 转子和定子　　　D. 线圈和碳刷
550. BD022　变压器按（　　）的不同可分为：电力变压器、调压变压器、仪表用变压器、

矿用变压器、实验用变压器和特殊用变压器。
A. 用途　　　　B. 冷却方式　　　　C. 相数　　　　D. 作用

551. BD022　在变压器的分类中，（　）可分为：电炉变压器、自耦变压器、互感变压器、整流变压器、防爆变压器和中频变压器。
A. 电力变压器　　B. 实验用变压器　　C. 特殊用变压器　　D. 仪表用变压器

552. BD022　变压器按冷却方式分为油浸式变压器、（　）变压器、充气式变压器。
A. 芯式　　　　B. 湿式　　　　C. 干式　　　　D. 壳式

553. BD023　裸电线按材质不同可分为（　）。
A. 电车线、钢（铁）线、铝镁合金线　　B. 铝线、母线、电刷线
C. 裸铜线、裸铝线、裸铝合金线　　D. 铜线、铝线、铁线

554. BD023　布电线按用途不同分为（　）两类。
A. 橡皮绝缘电线和塑料绝缘电线　　B. 通用绝缘电线和专用绝缘电线
C. 有保护层电线和无保护层电线　　D. 有绝缘层电线和无绝缘层电线

555. BD023　常用的电线有裸电线、电磁线和（　）等。
A. 布电线　　B. 裸铜线　　C. 软接线　　D. 裸铝线

556. BD024　常用的电缆有电力电缆、控制电缆、（　）和专用电缆。
A. 探测电缆　　B. 通信电缆　　C. 输电电缆　　D. 油矿电缆

557. BD024　电缆型号 WJH−0.3 中，J 表示（　）。
A. 钢铜混绞型线芯　　B. 铜　　C. 复合物　　D. 耐油橡套

558. BD024　表示为铝线芯的各种电线、电缆的代号是（　）。
A. T　　B. LX　　C. V　　D. L

559. BD025　电瓷产品按其用途可分为电站绝缘子、电器绝缘子和（　）绝缘子三种。
A. 支柱　　B. 拉紧　　C. 线路　　D. 吊线

560. BD025　绝缘漆在储存时，应每隔（　）将漆桶翻转一次，且垛高不宜超过三层。
A. 1 年　　B. 6 个月　　C. 3 个月　　D. 2 个月

561. BD025　电磁件储存期限一般不宜超过（　）。
A. 1 年　　B. 1.5 年　　C. 2 年　　D. 3 年

562. BD026　电工仪器、仪表是利用电子技术测量有关的（　）。
A. 温度、湿度　　B. 压力、流量
C. 马力、速度　　D. 电学量、磁学量

563. BD026　电工仪器、仪表具有（　）等优点，便于实现自动检测和远距离测量。
A. 测量准确度高、测量速度快　　B. 项目多、测量范围大
C. 操作简单、便于掌握　　D. 可以显示和记录

564. BD026　电工仪器仪表按测量方法分为：直读式仪表和（　）。
A. 感应式仪表　　B. 电磁式仪表　　C. 比较式仪表　　D. 电动式仪表

565. BD027　大地电磁测探仪、激发电位仪、磁偶原频率测探仪和电场差分仪，属于非地震勘探的（　）仪器。
A. 电法勘探　　B. 重力勘探　　C. 磁法勘探　　D. 大地测量

566. BD027　数字地震仪有车载式、便携式和（　）。

A. 拖挂式　　　　　B. 车载、便携兼容式　C. 二维式　　　　　　D. 手提式

567. BD027　在地震勘探中一般采用多个检波器组合使用，通常由（　）个检波器以不同的串联、并联方式组成检波器串。
A. 6～9　　　　　　B. 4～7　　　　　　C. 5～8　　　　　　D. 9～12

568. BD028　弹簧式井下压力计用于测量油气水井的井下压力，其感压元件是（　）。
A. 压力传感器　　　B. 弹簧　　　　　　C. 温包　　　　　　D. 压敏金属

569. BD028　机械式井下温度计用于测量油、气、水井的井下各点温度，它分为温包式和双金属片式两种，其结构与CY613型井下压力计基本相同，感温元件是（　）。
A. 弹簧　　　　　　B. 感温器　　　　　C. 双金属片和温包　D. 仪器外壳

570. BD028　根据感应元件和记录方式不同，机械式井下压力计分为（　）。
A. 直读式、笔录式　　　　　　　　　　B. 涡轮式、弹簧式
C. 深井式、浅井式　　　　　　　　　　D. 弹簧管式、弹簧式、其他型式

571. BD029　油田常用的裸眼井测试仪器、仪表有JD581多线电测仪、数字测井设备、数控测井仪、（　）等。
A. 侧向测井仪　　　　　　　　　　　　B. 进口数控测井设备
C. 电报系测井仪　　　　　　　　　　　D. 自然伽马测井仪

572. BD029　井下测试仪器中，对放射性仪器应将仪器和放射源分开存放，放射源必须（　），由专人保管。
A. 放在柜里加锁　　　　　　　　　　　B. 放在屏蔽罐内
C. 远离人群存放　　　　　　　　　　　D. 锁在放射源库内

573. BD029　井下测试仪器仪表，按结构和记录信号模式可分为模拟测井仪器、数字测井仪器和（　）。
A. 裸眼井测井仪器仪表　　　　　　　　B. 生产用仪器仪表
C. 计算机测井仪器　　　　　　　　　　D. 工程测井仪器仪表

574. BD030　液压执行元件液马达分为四种：叶片式油马达，代号为YM；齿轮式油马达，代号为CM；径向柱塞马达，代号为JM；（　）。
A. 离心式油马达，代号为LM　　　　　　B. 轴向柱塞马达，代号为ZM
C. 推力式油马达，代号为TM　　　　　　D. 单柱塞油马达，代号为DM

575. BD030　在液压元件中，多路手动控制换向阀的代号为（　）。
A. ZFD　　　　　　B. ZSF　　　　　　C. ZFS　　　　　　D. ZFA

576. BD030　液压元件型号DZM-4-36表示为四柱塞，柱塞直径36mm，名称是（　）。
A. 大扭矩轴向柱塞马达　　　　　　　　B. 径向柱塞液马达
C. 叶片油马达　　　　　　　　　　　　D. 离心式液马达

577. BD031　紧固件的螺纹为M12，其中12表示（　）。
A. 外螺纹　　　　　B. 公称直径　　　　C. 螺栓长度　　　　D. 螺栓

578. BD031　紧固件的螺纹为M20，其中M表示（　）。
A. 普通粗牙螺纹　　B. 普通细牙螺纹　　C. 螺栓的螺距　　　D. 螺栓的硬度

579. BD031　紧固件的螺纹为M20×1，其中1表示的是（　）。
A. 外螺纹　　　　　B. 公称直径　　　　C. 螺栓长度　　　　D. 螺距

580. BD032　C 级螺栓主要用于（　　）的联接处。
　　A. 表面粗糙、精度要求不高　　　　B. 表面光滑、精度要求不高
　　C. 表面粗糙、精度要求高　　　　　D. 表面光滑、精度要求高

581. BD032　A 级和 B 级螺栓主要用于（　　）的部位。
　　A. 表面粗糙、精度要求不高　　　　B. 表面光洁、精度要求不高
　　C. 表面光洁、精度要求高　　　　　D. 表面光滑、精度要求高

582. BD032　细牙螺栓自锁性好，用于受较大冲击，（　　）的部位。
　　A. 振动或大载荷　B. 振动或静载荷　C. 振动或小载荷　D. 振动或交变载荷

二、判断题（对的画"√"，错的画"×"）

（　　）1. AA001　为了加强对产品质量的监督管理，提高产品质量水平，明确产品质量责任，保护消费者的合法权益，维护社会经济秩序，制定了《中华人民共和国产品质量法》。

（　　）2. AA002　《中华人民共和国产品质量法》共有七章。

（　　）3. AA003　国家鼓励推行科学的质量管理方法，采用先进的科学技术，鼓励企业产品质量达到并且超过行业标准、国家标准和国际标准。

（　　）4. AA004　任何单位和个人有权对违反本法规定的行为，向产品质量监督部门或者其他有关部门检举。

（　　）5. AA005　《中华人民共和国产品质量法》规定，产品质量应当检验合格，不得以不合格产品冒充合格产品。

（　　）6. AA006　《中华人民共和国合同法》规定，合同当事人的法律地位不平等，一方可以将自己的意志强加给另一方。

（　　）7. AA007　《中华人民共和国合同法》规定，当事人订立合同，应当具有相应的民事权利能力或民事行为能力。

（　　）8. AA008　《中华人民共和国合同法》规定，合同的内容由当事人约定。

（　　）9. AA008　《中华人民共和国合同法》规定，违约责任不属于合同的内容。

（　　）10. AA009　《中华人民共和国合同法》规定，要约邀请是希望和他人订立合同的意思表示。

（　　）11. AA010　《中华人民共和国合同法》规定，承诺应当在要约确定的期限内到达要约人。

（　　）12. AA011　《中华人民共和国消费者保护法》规定，经营者与消费者进行交易，可以不遵循自愿、平等、公平、诚实信用的原则。

（　　）13. AA012　《中华人民共和国消费者保护法》规定，消费者享有知悉其购买、使用的商品或者接受的服务的真实情况的权利。

（　　）14. AA013　《中华人民共和国消费者保护法》规定，租赁他人柜台或者场地的经营者，不必标明其真实名称和标记。

（　　）15. AA014　国家制定有关消费者权益的法律、法规和政策时，不采纳消费者的意见和要求。

（　　）16. AA015　《中华人民共和国消费者权益保护法》规定，消费者组织可以从事商

品经营和营利性服务，可以向社会推荐商品和服务。

( ) 17. AA016 《中华人民共和国消费者权益保护法》规定，广告的经营者不能提供经营者的真实名称、地址的，不用承担法律责任。

( ) 18. AA017 经营者生产国家明令淘汰的商品或者销售失效、变质的商品的，除消费者权益法另有规定外，还应承担民事责任。

( ) 19. AA018 《中华人民共和国劳动法》规定，妇女享有与男子平等的就业权利。

( ) 20. AA019 《中华人民共和国劳动法》规定，用人单位在节日期间应当依法安排劳动者休假。

( ) 21. AA020 《中华人民共和国劳动法》规定，工资分配应当遵循按劳分配原则，实行同工同酬。

( ) 22. AB001 凡人们从事生产劳动中消费的一切物质资料，称为生活资料。

( ) 23. AB002 仓储设备管理是对仓储设备的合理选择使用，设备的维护保养和检修等的管理。

( ) 24. AB003 掌握计算机使用常识是仓库保管工的政治素质之一。

( ) 25. AB004 科学的业务流程对于简化手续、提高工作效率起到了积极的作用。

( ) 26. AB005 库房内货位规划一般有横列式、纵列式和纵横交错式三种类型。

( ) 27. AB006 时刻保持高度警惕，严守国家机密，做好防火、防盗、防破坏、防止各种灾害事故的发生，确保人身、物资、设备及货场（或库房）安全。

( ) 28. AB007 垛距是指同一库房或货场内堆垛的分界道，也是作业物资进出和维护保养作业的通道。

( ) 29. AB008 及时、准确地把物资供应给供货单位是物资储运仓库的基本任务之一。

( ) 30. AB009 仓储增值服务是衔接好仓储环节与生产运输环节，实现物品"无缝"流转，提高成本，缩短产品在流通环节的总时间，加速产品价值的实现。

( ) 31. AB010 仓库安全管理包括仓库的保卫、消防以及安全技术管理等内容。

( ) 32. AB011 巡回检查的班前检查为：库房门窗有无启动，物资有无异状，消防用具、物资是否完好，有无不安全因素，货架、场地是否整洁。

( ) 33. AB012 群众性的消防组织是不脱产的消防队伍，能发挥人人防火，个个灭火的积极性。

( ) 34. AB013 凡能帮助和支持燃烧的物质是可燃物质。

( ) 35. AB014 水是最方便的灭火剂，水灭火没有任何局限性，所有的火灾都能用水扑救。

( ) 36. AB015 燃烧是指可燃物与氧或氧化剂作用发生的释放热量的化学反应，通常伴有火焰和烟雾。

( ) 37. AB016 火源有直接火源和间接火源两种。

( ) 38. AB017 燃烧产生的热效应使燃烧点周围的可燃物受热发生分解、着火和自燃，如此往复，火势便迅速地向周围蔓延开去。

( ) 39. AB018 木材燃烧引起的火灾属于B类火灾。

( ) 40. AB019 预防火灾，就是要消除产生燃烧的条件，最终达到防火的目的。

( ) 41. AB020 窒息灭火法是将化学灭火剂喷入燃烧区参与燃烧反应，终止连锁反应，而使燃烧反应停止。

(   ) 42. AB021　灭火器按充装灭火剂的类型可分为手提式灭火器和推车式灭火器。

(   ) 43. AB022　在一般情况下，冷却是水的主要灭火作用。

(   ) 44. AB023　沉积粉尘被水流冲击后，悬浮在空气中，易引起粉尘溶解。

(   ) 45. AB024　二氧化碳灭火器使用时，拔出保险销，一只手握住喇叭筒的手柄，另一只手紧握启闭阀的压把。

(   ) 46. AC001　去供货厂家提货是专用线接货。

(   ) 47. AC002　承运的物资全部或部分丢失、损坏，承运部门应编制普通记录。

(   ) 48. AC003　码头接货时，物资交接对象是港方和船方。

(   ) 49. AC004　装卸、搬运的基本要求是：按时、保质、保量地完成装车、卸车、搬运、堆码工作，提高工作效率。

(   ) 50. AC005　在使用台秤时因称量不足，可以利用两台秤搭接进行称量检斤。

(   ) 51. AC006　s 是时间单位符号。

(   ) 52. AC007　1g=0.01kg。

(   ) 53. AC008　物资出入库凭证包括：物资入库验收单、调拨单、退料单、查询单等。

(   ) 54. AC009　收（发）料计量差核销单是在物资收、发过程中，因检斤、检尺计量出现的计量差，凡在规定的计量差标准范围内，按损耗核销的一种凭证。

(   ) 55. AC010　计算器的 M+ 是存储加键。

(   ) 56. AC011　计量基准的量值应当与国际上的量值保持一致。

(   ) 57. AC012　dm 不是长度单位的符号。

(   ) 58. AC013　dm^2 是面积单位的符号。

(   ) 59. AC014　$1m^3$ 等于 1000L。

(   ) 60. AD001　物流是社会经济的基础活动。

(   ) 61. AD002　生产企业购入原材料、零部件的物流过程是生产物流。

(   ) 62. AD003　企业是为社会提供产品或某些服务的一个经济实体。

(   ) 63. AD004　在流通领域中，不需要进行包装。

(   ) 64. AD005　包装的分类按产品经营方式可分为内销产品包装、出口产品包装。

(   ) 65. AD006　木材包装具有质轻、易加工、成本低、废弃物易回收处理等特性。

(   ) 66. AD007　包装箱的包装材料为刚性和半刚性材料，有较高强度但易变形。

(   ) 67. AD008　防震包装的目的是克服冲击和振动对内装物的影响。防震包装方法一般分为全面防震包装、部分防震包装和悬浮缓冲包装三类。

(   ) 68. AD009　在商品包装上印有的具有特定含义的图形和文字称为运输包装标志。

(   ) 69. AD010　从送货的功能看配送，配送是"直达"型送货，而不是中转型送货。

(   ) 70. AD011　配送有商流、物流一体化和商流、物流相分离两种结构模式。

(   ) 71. AD012　配送中心是集货中心、分货中心、制造中心功能的综合。

(   ) 72. BA001　通过新建 Office 文档，可以启动 Word 2003。

(   ) 73. BA002　单击标题栏上关闭按钮，即可退出 Word 2003 应用程序。

(   ) 74. BA003　Word 2003 的操作界面主要包括标题栏、菜单栏、工具栏、任务窗格、标尺、滚动条、工作区、和状态栏。

(   ) 75. BA004　在 Word 2003 中，菜单中的命令后边有"…"，表示该命令单击后会打开一个下拉菜单。

( ) 76. BA005　在 Word 2003 自定义对话框打开的前提下，右击工具栏上的任意按钮会打开快捷菜单。通过该快捷菜单可完成按钮的重命名、删除等相关操作。

( ) 77. BA006　在 Word 2003 中"新建"命令的快捷键是"Ctrl+S"。

( ) 78. BA007　在 Word 2003 中，单击某一菜单命令，打开一个对话框，可以根据需求进行设置。

( ) 79. BA008　在 Windows 资源管理器中，找到要打开的 Word 2003 文档，双击该文档图标，系统将自动打开该文档。

( ) 80. BA009　Word 2003 具备自动保存功能，就是在一定时间内能自动保存一次文档。

( ) 81. BA010　在 Word 2003 中，自动更新属性包括由 Microsoft Office 应用程序为用户维护的统计信息。

( ) 82. BA011　在 Word 2003 中，按住 Alt 键，单击文档中的一个地方，鼠标单击处的整个句子就被选取。

( ) 83. BA012　在 Word 2003 中插入一个的方法是：单击"插入"菜单里"对象"命令，打开一个对话框，选择"由文件创建"选项卡，再单击"浏览"按钮找到要插入的文件，确定即可。

( ) 84. BA013　在 Word 2003 中，先选定文本，然后按工具栏中的剪切按钮，把插入点定在指定位置，再按工具栏中的粘贴按钮可实现文本的复制。

( ) 85. BA014　在 Word 2003 中，完成粘贴文本后，"粘贴选项"按钮显示在粘贴文本的下面。单击这个按钮，将会显示一个列表，让用户确定如何将信息粘贴到文档中。

( ) 86. BA015　在 Word 2003 中，要进行文本移动。先选定文本，然后按工具栏中的"剪切"按钮，在指定位置粘贴即可。

( ) 87. BA016　Word 2003 "文件"菜单中的"撤销"命令也可以实现撤销操作。

( ) 88. BA017　撤销和恢复是相对应的，撤销是取消上一步的操作，而恢复就是把撤销操作再重复回来。

( ) 89. BA018　在 Word 2003 中，要删除光标前的一个文字可按 Delete 键。

( ) 90. BA019　在 Word 2003 中，要输入汉字，在任意输入法状态下都可以进行。

( ) 91. BA020　Word 2003 "符号"对话框和一般的对话框一样其大小是不能改变的。

( ) 92. BA021　在 Word 2003 中，"Ctrl+ 空格"键可以进行输入法之间的切换。

( ) 93. BA022　在 Word 2003 中，当处于改写状态时，状态栏上的"改写"为灰色。

( ) 94. BA023　Word 2003 的查找功能仅能找出某个文本的所在的位置。

( ) 95. BA024　在 Word 2003 中，替换功能是在找到某个文本之后，并可用新文本进行取代。

( ) 96. BA025　默认字体应用于基于活动摸板的新文档。不同的模板所使用默认字体设置相同。

( ) 97. BA026　Word 2003 当中改变字号的大小，只能在"字号"列表框内选择，不能在"字号"列表框内键入其他磅值。

( ) 98. BA027　对选取的 Word 2003 文本进行水平缩放的操作是：在"格式"菜单中，

单击"字体",再单击"字符间距"选项卡,在"缩放"框中,输入想要的百分比。

( ) 99. BA028　Word 2003 中上标是比同一行中其他文字稍高的文字。

( ) 100. BA029　入库物资的理化检验是指根据标准和要求,应用物理或化学的技术方法,采购理化检验的设备或化学物质,按一定的测量或试验要求对物资进行的检验。

( ) 101. BA030　物资验收程序中的验收准备之一是准备校对合格的检测工具和计量仪器。

( ) 102. BA031　物资验收程序中的核对证件要求物资接运时,对在入库前发生物资残损和原损的,还应核对普通记录或商务记录。

( ) 103. BA032　数量检验是保证物资质量可靠所不可缺少的步骤。

( ) 104. BA033　包装严密,打开包装易损坏物资质量或不易恢复包装者应采取全检方法。

( ) 105. BA034　单台(件)、计件交货的物资,应逐台(件)进行数量清点,相加求和。

( ) 106. BA035　物资质量检验分为外观质量检验和内在质量检验。

( ) 107. BA036　物资外观检验要求,入库批量在 100 台以上的机电产品及定量包装的小件产品,要开箱检验物资表面缺陷,抽检率为 5%。

( ) 108. BA037　验收记录是物资保管基础资料之一,填写应齐全、准确。

( ) 109. BA038　物资档案应一物一档。同批次、同规格、同生产厂生产的也可列为一档。

( ) 110. BA039　堆码物资时,物资包装外的尘土、雨雪、油污等应清扫干净。

( ) 111. BA040　堆码时选择的垛形,应适合物资性能特点,达到合理发放的目的。

( ) 112. BA041　堆码基本要求的节省是指要节省仓位,提高仓库容积的利用系数,节省劳动力。

( ) 113. BA042　库存物资在货位上摆放的具体要求是:上轻下重,左整右零,后整前零,下整上零。

( ) 114. BA043　压缝式堆码垛形是按堆码方式和式样不同划分的。

( ) 115. BA044　带托盘重叠式码垛是指将袋装或盒装物资先整齐码在托盘上,然后带着托盘再逐层上码。

( ) 116. BA045　五五摆放的优点是美观、整齐,便于收发盘点,减少收发差错,减少作业效率。

( ) 117. BA046　物资出库必须及时准确,严格复核,认真点交,以防差错。

( ) 118. BA047　物资出库准备应做好包装材料、机具、用品的准备。

( ) 119. BA048　对由于节假日无法开具正式出库手续,用户急需使用,可凭主管领导签发的调度令,先发料后补办正式出库手续。

( ) 120. BA049　代运或送料到现场的物资,应打好包装,注明安全标识。

( ) 121. BA050　物资出库的点交发运要求,在物资出库装车时,保管人员在现场进行监装。

( ) 122. BA051　物资出库的复核清理要求有:清查发货设备、工具,收集苫垫材料,整理好工具并妥善保管。

( ) 123. BA052　送货上门是受用户的委托,物资企业自备运输工具送货到用料单位指定的地点。

( ) 124. BA053　包装储运图示标志外框为长方形,其中图形符号为正方形,尺寸一般分为3种。

( ) 125. BA054　危险货物包装标志中的标签有30个。

( ) 126. BB001　钼在钢中能提高钢的淬透性、回火稳定性，在结构钢中可消除钢的回火脆性，在高速工具钢中具有二次硬化和提高红硬性的作用，并能代替钨。

( ) 127. BB002　铁合金以篷车装运，如遇敞车装运又未加苫盖者，接卸前应检查货物是否雨淋受潮。如发现受雨，须取得铁路记录。

( ) 128. BB003　电炉锰铁按含碳量多少，可分为低碳、中碳和高碳锰铁3类，有12个牌号。

( ) 129. BB004　磷在钢中能全部溶于铁素体中，固溶强化效果好，可显著提高钢的强度和硬度。

( ) 130. BB005　钼在结构钢、弹簧钢、轴承钢、工具钢、不锈耐酸钢、耐热钢、磁钢等一系列的钢中，得到广泛的应用。

( ) 131. BB006　钢丝绳、钢绞线的尺寸测量规定，在距端部500～1500mm之间的任何一个位置上，测量不少于两次。

( ) 132. BB007　钢材在储存过程中，应进行定期的（以半年为宜）临时性的季节性的质量检查。

( ) 133. BB008　金属材料常用的缓蚀防护层有防锈漆、塑料和气相缓蚀剂。

( ) 134. BB009　滚动轴承钢是制造轴承套圈、滚珠、滚柱的专用钢，不宜制作其他零件或工具。

( ) 135. BB010　钻柱的作用是利用钻柱完成起下钻头，传递扭力，循环钻井液并对钻头施压等工作。

( ) 136. BB011　套管偏梯形螺纹代号为BC。

( ) 137. BB012　钻杆用于传动钻头旋转。

( ) 138. BB013　除铁、锰、铬外，其他金属习惯上均称为有色金属。

( ) 139. BB014　铝板可以直接堆放在泥土地面上，应垫底平码，防止表面碰伤擦毛，长期存放表面应涂油或用纸覆盖。

( ) 140. BB015　铜线材主要用于电力工业，做导线、漆包线、铜焊条等。

( ) 141. BB016　草袋包装的镁锭保管期限不超过三个月。

( ) 142. BB017　用于镶装切削刀具的硬质合金分为A、B、C、D、E、F 6类，每类又分3～5个型号。

( ) 143. BB018　通用合金类硬质合金的符号为YW。

( ) 144. BB019　金属材料的化学成分、结构和组织三者之间既相互区别，又相互渗透，并分别在不同程度上相互制约，它们的综合作用决定了金属材料的性能。

( ) 145. BB020　当碳在铁碳合金中含量小于2.11%，成为脆、硬而不易加工成材的生铁。

( ) 146. BC001　橡胶、塑料、纤维及其制品属于化工原料。

( ) 147. BC002　液氨、液氯属于有毒气体。

( ) 148. BC003　进入爆炸品和氧化剂库房，应穿防止中毒的服装。

( ) 149. BC004　氢氟酸具有强酸性，能烧伤人体皮肤并有渗透至骨骼的危险。剧毒，若吸入其蒸气可以致死。石油工业中常用于配制油井酸化液。

（　）150. BC005　电石在运输与装卸中应轻搬轻放，避开桶的两端，运输必须有防火设备。

（　）151. BC006　三氯甲烷为无色透明易挥发液体，微带甜味有麻醉性，不易燃烧。

（　）152. BC007　甲醇、乙醇着火时，可选用砂土、干粉、抗醇泡沫或二氧化碳灭火。

（　）153. BC008　空气中氮含量增高时，人会因缺氧而窒息。

（　）154. BC009　橡胶按其来源可分为天然橡胶和合成橡胶两大类。

（　）155. BC010　丁苯橡胶应存放在常温、通风、清洁、干燥的仓库中，可以露天堆放和日光直接照射。

（　）156. BC011　聚乙烯制品应保存于整洁、阴凉、干燥的库房内，应堆放整齐，不得使制品挤压变形或损伤。

（　）157. BC012　钒钛铁矿粉具有密度大、耐研磨、不溶于水的特性，可加入钻井液中作为加重材料。

（　）158. BC013　钻井液用膨润土粉应存放于阴凉通风、干燥的库房或料棚中，不需下垫。

（　）159. BC014　普通胶合板分为二合板、四合板、六合板、八合板等。

（　）160. BC015　木材在保管阶段，对于过夏或保管期较长的，除了合理的堆垛之外，需要喷洒防腐药剂。

（　）161. BC016　各类玻璃纤维布和涂覆制品可以放置在干燥、通风的料场内保管，严禁日晒和雨淋。

（　）162. BC017　到货半固体沥青应是胶状体，能拉成细丝，拉得越细越长质量越差。

（　）163. BC018　石棉填料按制造方法不同分为油浸石棉填料和橡胶石棉填料。

（　）164. BC019　砖应按不同品种、规格、标号分别堆放，定量保管。

（　）165. BC020　普通砂是指自然山砂、河砂而言，它是由坚硬的天然岩石经自然风化逐渐形成的疏散颗粒的混合物。

（　）166. BC021　碎石、砾石数量验收时，选择平坦的场地将碎石、砾石堆成整齐的梯形，表面取平、丈量后求其体积。

（　）167. BC022　耐火砖垛应标明牌号、砖号、砖型、生产厂及其他应记事项。

（　）168. BC023　油毡的验收工作包括数量、包装、外观质量三个方面。

（　）169. BC024　安全带按使用方式可分为高空作业安全带和悬挂、攀登安全带两类。

（　）170. BD001　电气设备又称电工设备，它是发电、变电、输电、配电、用电和容电的设备、装置和某些材料，以及那些用电磁学原理工作的机械的通称。

（　）171. BD002　机电产品在运输、储存和管理中都要求采取一定形式的包装。包装一般可分为内包装、中包装和外包装。

（　）172. BD003　机电产品验收时，对拆包装后难以恢复包装的物资，可按供货部门标明的数量进行验收。

（　）173. BD004　凡不予入库待验的机电产品，仓库均应妥善保管，单独存放，不得动用，并通知有关部门拒付货款。

（　）174. BD005　螺杆泵主要由泵体、泵套、主动螺杆、从动螺杆、轴封等部件组成。

（　）175. BD006　气体压缩机按其排出压力的不同可分为低压、中压、高压和超高压压缩机。

（　）176. BD007　叉车的机械润滑部分应经常保持润滑良好，若油脂干涸或不足，应加油保养。

( ) 177. BD008　二氧化碳气钢瓶外面涂黄色，字样"二氧化碳"用白色。
( ) 178. BD009　阀门的标志采用直接铸造或打印在阀体的正常中心位置。
( ) 179. BD010　管路配件主要包括：阀门、弯头、外接头、内接头、三通、四通等。
( ) 180. BD011　滚动轴承按轴承的调心性能分为调心轴承和球轴承。
( ) 181. BD012　消防工具是指在灭火过程中所使用的一些专用工具，它包括消防斧、消防火钩等。
( ) 182. BD013　不同类型的火灾应使用不同类型的灭火剂，同一类型的火灾必须使用同一类型的灭火剂。
( ) 183. BD014　特殊焊条的储存与保管要求与一般焊条相同。
( ) 184. BD015　钎料按自然属性分为铜基、银基、锰基、铝基等。
( ) 185. BD016　游标卡尺是用来测量工件精度的工具。
( ) 186. BD017　牙轮钻头主要用于中地层和硬地层的钻井。
( ) 187. BD018　砂布和砂纸统称砂皮，它是将天然磨料或人造磨料用黏合剂均匀地粘在布底或纸底上固化而成的一种研磨磨具。
( ) 188. BD019　手工工具包括：钳子、扳手、旋具、钻头、手动打包机和钢头。
( ) 189. BD020　平头机螺钉就是沉头螺钉，六角头螺栓就是日常所说的光螺栓。
( ) 190. BD021　转子根据构造分成鼠笼和绕组两种形式。
( ) 191. BD022　变压器是一种能够把直流电电压升高或降低而不改变频率的静止电气设备。
( ) 192. BD023　通用绝缘电线包括橡皮绝缘电线，塑料绝缘电线，橡皮、塑料绝缘软线和塑料绝缘屏蔽线等。
( ) 193. BD024　电缆应存放在库房内或四周有遮蔽的货棚内保管，防止日晒、雨淋、过冷、过热。
( ) 194. BD025　绝缘材料应保管在湿度适宜的库房内，适宜的温度为10~45℃，空气相对湿度在80%以下，地面应为干燥的水泥地或木板地。
( ) 195. BD026　电工仪器、仪表在保管期间，严防受潮，如发现受潮，可将仪器、仪表取出待干燥后，加入防潮剂再将其放入包装盒或入箱。
( ) 196. BD027　物探辅助仪器仪表是指在地球物理勘探中，配合野外施工使用的各种仪器仪表，包括有检波器、遥测地震仪器野外站和其他物探辅助仪器仪表。
( ) 197. BD028　地面直读式电子压力计测试系统，一般由井下电子机械计、单芯或多芯铠装电缆和地面压力测读系统三部分组成。
( ) 198. BD029　井下测试仪器仪表是测试油、气、水井井下地层参数的主要工具之一，所测资料是地层评价、油藏描述的主要资料来源。
( ) 199. BD030　B型轴向柱塞泵是一种可逆转的液压元件，它既可作为油泵，又可作为油马达。
( ) 200. BD031　M24×1.5-LH表示公称直径为24mm，螺距为1.5mm的左旋细牙普通螺纹。
( ) 201. BD032　六角法兰面螺栓放松性较差，用于对放松要求不高的部位。

答　案

一、单项选择题

1. A　2. B　3. D　4. A　5. C　6. D　7. A　8. B　9. C　10. B　11. A
12. D　13. C　14. D　15. A　16. C　17. B　18. A　19. A　20. C　21. D　22. C
23. A　24. D　25. B　26. D　27. C　28. B　29. A　30. D　31. A　32. D　33. C
34. D　35. B　36. A　37. B　38. C　39. A　40. C　41. D　42. B　43. B　44. A
45. D　46. D　47. C　48. B　49. C　50. D　51. A　52. B　53. D　54. A　55. C
56. A　57. D　58. D　59. A　60. C　61. A　62. B　63. C　64. C　65. D　66. B
67. B　68. D　69. C　70. C　71. D　72. A　73. B　74. A　75. C　76. D　77. D
78. A　79. B　80. D　81. C　82. A　83. D　84. C　85. D　86. B　87. C　88. A
89. B　90. D　91. C　92. C　93. A　94. B　95. A　96. C　97. D　98. B　99. A
100. C　101. B　102. A　103. C　104. D　105. B　106. A　107. B　108. D　109. A　110. B
111. D　112. B　113. D　114. A　115. C　116. B　117. A　118. B　119. D　120. C　121. A
122. B　123. A　124. D　125. C　126. A　127. C　128. A　129. D　130. B　131. D　132. A
133. D　134. B　135. A　136. B　137. A　138. D　139. C　140. B　141. D　142. B　143. A
144. D　145. C　146. A　147. C　148. B　149. A　150. C　151. A　152. C　153. D　154. C
155. D　156. B　157. B　158. C　159. A　160. D　161. B　162. A　163. A　164. D　165. A
166. D　167. B　168. C　169. A　170. C　171. D　172. C　173. A　174. D　175. B　176. D
177. A　178. C　179. D　180. A　181. C　182. A　183. D　184. A　185. C　186. B　187. A
188. C　189. D　190. A　191. D　192. C　193. B　194. D　195. D　196. A　197. C　198. D
199. B　200. C　201. D　202. A　203. B　204. D　205. B　206. A　207. C　208. B　209. B
210. D　211. C　212. A　213. D　214. A　215. C　216. C　217. A　218. D　219. B　220. C
221. C　222. A　223. B　224. D　225. A　226. D　227. C　228. C　229. B　230. D　231. A
232. C　233. D　234. B　235. A　236. C　237. C　238. A　239. D　240. C　241. A　242. B
243. D　244. C　245. B　246. A　247. C　248. A　249. D　250. C　251. B　252. B　253. A
254. B　255. D　256. A　257. C　258. A　259. B　260. D　261. D　262. B　263. D　264. B
265. A　266. D　267. C　268. B　269. C　270. A　271. B　272. C　273. D　274. A　275. D
276. C　277. B　278. A　279. D　280. B　281. D　282. A　283. D　284. A　285. C　286. B
287. D　288. A　289. D　290. B　291. C　292. D　293. A　294. B　295. D　296. A　297. C
298. B　299. D　300. C　301. C　302. A　303. D　304. B　305. D　306. C　307. C　308. A
309. B　310. A　311. B　312. D　313. C　314. A　315. D　316. A　317. B　318. C　319. A

320. D 321. B 322. A 323. D 324. C 325. A 326. D 327. B 328. B 329. D 330. C
331. B 332. D 333. A 334. C 335. D 336. A 337. B 338. A 339. C 340. B 341. D
342. A 343. C 344. D 345. B 346. B 347. C 348. D 349. B 350. C 351. D 352. C
353. A 354. B 355. D 356. A 357. B 358. D 359. D 360. B 361. C 362. D 363. C
364. A 365. D 366. B 367. A 368. D 369. C 370. A 371. D 372. D 373. D 374. C
375. C 376. A 377. C 378. B 379. A 380. D 381. D 382. A 383. D 384. D 385. D
386. A 387. B 388. D 389. C 390. A 391. D 392. B 393. A 394. D 395. D 396. B
397. C 398. A 399. C 400. A 401. B 402. C 403. C 404. C 405. B 406. D 407. B
408. A 409. D 410. B 411. C 412. D 413. A 414. C 415. D 416. B 417. A 418. C
419. C 420. D 421. B 422. C 423. A 424. D 425. C 426. A 427. C 428. B 429. C
430. D 431. B 432. C 433. D 434. C 435. D 436. A 437. B 438. C 439. C 440. A
441. C 442. D 443. A 444. D 445. D 446. A 447. B 448. C 449. A 450. D 451. C
452. C 453. D 454. C 455. B 456. D 457. C 458. C 459. C 460. C 461. A 462. B
463. D 464. C 465. D 466. A 467. D 468. A 469. D 470. B 471. A 472. D 473. B
474. D 475. D 476. A 477. C 478. A 479. D 480. C 481. A 482. C 483. C 484. A
485. D 486. B 487. A 488. D 489. C 490. C 491. D 492. A 493. C 494. B 495. D
496. D 497. C 498. C 499. C 500. A 501. B 502. C 503. C 504. A 505. C 506. B
507. C 508. B 509. A 510. D 511. B 512. C 513. A 514. B 515. A 516. B 517. A
518. C 519. C 520. C 521. A 522. C 523. A 524. C 525. C 526. C 527. C 528. C
529. C 530. D 531. A 532. B 533. D 534. A 535. C 536. B 537. C 538. A 539. D
540. B 541. D 542. C 543. D 544. B 545. C 546. C 547. B 548. A 549. C 550. A
551. C 552. C 553. C 554. B 555. A 556. B 557. C 558. D 559. C 560. D 561. B
562. D 563. A 564. C 565. A 566. C 567. C 568. B 569. C 570. D 571. B 572. D
573. C 574. B 575. C 576. A 577. B 578. A 579. D 580. A 581. C 582. D

二、判断题

1. √ 2. × 正确答案：《中华人民共和国产品质量法》共有六章。 3. √ 4. √ 5. √ 6. × 正确答案：《中华人民共和国合同法》规定，合同当事人的法律地位平等，一方不得将自己的意志强加给另一方。 7. × 正确答案：《中华人民共和国合同法》规定，当事人订立合同，应当具有相应的民事权利能力和民事行为能力。 8. √ 9. × 正确答案：《中华人民共和国合同法》规定，违约责任属于合同的内容。 10. × 正确答案：《中华人民共和国合同法》规定，要约是希望和他人订立合同的意思表示。 11. √ 12. × 正确答案：《中华人民共和国消费者保护法》规定，经营者与消费者进行交易，应当遵循自愿、平等、公平、诚实信用的原则。 13. √ 14. × 正确答案：《中华人民共和国消费者保护法》规定，租赁他人柜台或者场地的经营者，也应当标明其真实名称和标记。 15. × 正确答案：国家制定有关消费者权益的法律、法规和政策时，采纳消费者的意见和要求。 16. × 正确答案：《中华人民共和国消费者权益保护法》规定，消费者组织不得从事商品经营和营利性服务，不得以牟利为目的向社会推荐商品和服务。 17. × 正确答案：《中华人民共和国消费者权益保护法》规定，广告的经者不能提供经营者的真实名称、地址的，应当承担赔偿责任。　18. √　19. √　20. √　21. √　22. ×　正确答案：凡人们从事生产劳动中消费的一切物质资料，称为生产资料。　23. √　24. ×　正确答案：掌握计算机使用常识是仓库保管工的业务素质之一。　25. √　26. ×　正确答案：库房内货位规划一般有横列式、纵列式和混合式三种类型。　27. √　28. √　29. ×　正确答案：及时、准确地把物资供应给需用单位是物资储运仓库的基本任务之一。　30. ×　正确答案：仓储增值服务是衔接好仓储环节与生产运输环节，实现物品"无缝"流转，降低成本，缩短产品在流通环节的总时间，加速产品价值的实现。　31. √　32. √　33. √　34. ×　正确答案：凡能帮助和支持燃烧的物质是助燃物质。　35. ×　正确答案：水是最方便的灭火剂，水灭火也有一定的局限性，不是所有的火灾都能用水扑救。　36. √　37. √　38. √　39. ×　正确答案：木材燃烧引起的火灾属于 A 类火灾。　40. √　41. ×　正确答案：抑制灭火法是将化学灭火剂喷入燃烧区参与燃烧反应，终止连锁反应，而使燃烧反应停止。　42. ×　正确答案：灭火器按其重量和移动方式可分为手提式灭火器和推车式灭火器。　43. √　44. ×　正确答案：沉积粉尘被水流冲击后，悬浮在空气中，易引起粉尘爆炸。　45. ×　正确答案：二氧化碳灭火器使用时，拔出保险销，一只手握住喇叭筒根部的手柄，另一只手紧握启闭阀的压把。　46. ×　正确答案：去供货厂家提货是到供货单位提货。　47. ×　正确答案：承运的物资全部或部分丢失、损坏，承运部门应编制商务记录。　48. √　49. √　50. ×　正确答案：在使用台秤时因称量不足，不可以利用两台秤搭接进行称量检斤。　51. √　52. ×　正确答案：1g=0.001kg。　53. ×　正确答案：物资出入库凭证包括：物资入库验收单、调拨单、退料单等。　54. ×　正确答案：收（发）料计量差核销单是在物资收、发过程中，因检斤、检尺计量出现的计量差，凡在规定的计量差标准范围内，按计量差核销的一种凭证。　55. √　56. √　57. ×　正确答案：dm 是长度单位的符号。　58. √　59. √　60. √　61. ×　正确答案：生产企业购入原材料、零部件的物流过程是供应物流。　62. √　63. ×　正确答案：在流通领域中，为了促销、方便储运也需要进行二次包装。　64. ×　正确答案：包装的分类按产品经营方式可分为内销产品包装、出口产品包装和特殊产品包装。　65. ×　正确答案：纸质包装具有质轻、易加工、成本低、废弃物易回收处理等特性。　66. ×　正确答案：包装箱的包装材料为刚性和半刚性材料，有较高强度且不易变形。　67. √　68. ×　正确答案：在商品包装上印有的具有特定含义的图形和文字称为商品包装标志。　69. ×　正确答案：从送货的功能看配送，配送是"中转"型送货，而不是直达型送货。　70. √　71. ×　正确答案：配送中心是集货中心、分货中心、加工中心功能的综合。　72. √　73. √　74. √　75. 正确答案：在 Word 2003 中，菜单中的命令后边有"…"，表示该命令单击后会打开一个对话框。　76. √　77. ×　正确答案：在 Word 2003 中"新建"命令的快捷键是"Ctrl+N"。　78. √　79. √　80. √　81. √　82. ×　正确答案：在 Word 2003 中，按住 Ctrl 键，单击文档中的一个地方，鼠标单击处的整个句子就被选取。　83. √　84. ×　正确答案：在 Word 2003 中，先选定文本，然后按工具栏中的复制按钮，把插入点定在指定位置，再按工具栏中的粘贴按钮可实现文本的复制。　85. √　86. √　87. ×　正确答案：Word 2003 "编辑"菜单中的"撤销"命令也可以实现撤销操作。　88. √　89. 正确答案：在 Word 2003 中，要删除光标前的一个文字可按 Backspace 键。　90. ×　正确答案：在 Word 2003 中，要输入汉字，必须切换到中文输入法状态下才能输入汉字。 91.× 正确答案：Word 2003"符号"对话框大小是可以改变的。 92.× 正确答案：在 Word 2003 中，"Shift+Ctrl"键可以进行输入法之间的切换。 93.× 正确答案：在 Word 2003 中，当处于改写状态时，状态栏上的"改写"为黑色。 94.√ 95.√ 96.× 正确答案：默认字体应用于基于活动模板的新文档。不同的模板可能会使用不同的默认字体设置。 97.× 正确答案：Word 2003 当中改变字号的大小，不但能在"字号"列表框内选择，还可以在"字号"列表框内键入其他磅值。 98.√ 99.√ 100.√ 101.√ 102.√ 103.× 正确答案：数量检验是保证物资数量准确所不可缺少的步骤。 104.× 正确答案：包装严密，打开包装易损坏物资质量或不易恢复包装者应采取抽检方法。 105.√ 106.√ 107.× 正确答案：物资外观检验要求，入库批量在 100 台以上的机电产品及定量包装的小件产品，要开箱检验物资表面缺陷，抽检率为 10%。 108.√ 109.√ 110.√ 111.× 正确答案：堆码时选择的垛形，应适合物资性能特点，达到合理保管的目的。 112.× 正确答案：堆码基本要求的节省是指要节省仓位，提高仓库面积的利用系数，节省劳动力。 113.√ 114.√ 115.√ 116.× 正确答案：五五摆放的优点是美观、整齐，便于收发盘点，减少收发差错，提高作业效率。 117.√ 118.× 正确答案：物资出库准备应做好包装材料、工具、用品的准备。 119.× 正确答案：对由于节假日无法开具正式出库手续，用户急需使用，可凭主管领导签发的物资应急出库单，先发料后补办正式出库手续。 120.√ 121.√ 122.√ 123.√ 124.× 正确答案：包装储运图示标志外框为长方形，其中图形符号为正方形，尺寸一般分为 4 种。 125.× 正确答案：危险货物包装标志中的标签有 26 个。 126.√ 127.√ 128.× 正确答案：电炉锰铁按含碳量多少，可分为低碳、中碳和高碳锰铁 3 类，有 13 个牌号。 129.√ 130.√ 131.√ 132.√ 133.× 正确答案：金属材料常用的缓蚀防护层有防锈油脂、气相缓蚀剂和可剥性塑料。 134.× 正确答案：滚动轴承钢是制造轴承套圈、滚珠、滚柱的专用钢，可以制作其他零件或工具。 135.√ 136.√ 137.× 正确答案：钻具用于传动钻头旋转。 138.√ 139.× 正确答案：铝板不准直接堆放在泥土地面上，应垫底平码，防止表面碰伤擦毛，长期存放表面应涂油或用纸覆盖。 140.√ 141.× 正确答案：草袋包装的镁锭保管期限不超过六个月。 142.√ 143.√ 144.√ 145.× 正确答案：当碳在铁碳合金中含量大于 2.11%，成为脆、硬而不易加工成材的生铁。 146.× 正确答案：橡胶、塑料、纤维及其制品属于化工材料。 147.√ 148.× 正确答案：进入爆炸品和氧化剂库房，应穿防止产生静电的服装。 149.√ 150.× 正确答案：电石在运输与装卸中应轻搬轻放，避开桶的两端，运输必须有防雨、防水设备。 151.√ 152.√ 153.√ 154.√ 155.× 正确答案：丁苯橡胶应存放在常温、通风、清洁、干燥的仓库中，严禁露天堆放和日光直接照射。 156.√ 157.√ 158.× 正确答案：钻井液用膨润土粉应存放于阴凉通风、干燥的库房或料棚中，需下垫。 159.× 正确答案：普通胶合板分为三合板、五合板、七合板、九合板等。 160.√ 161.× 正确答案：各类玻璃纤维布和涂覆制品必须放置在干燥、通风的库房内保管，严禁日晒和雨淋。 162.× 正确答案：到货半固体沥青应是胶状体，能拉成细丝，拉得越细越长质量越好。 163.√ 164.√ 165.√ 166.√ 167.× 正确答案：耐火砖垛应标明品种、规格、砖型、生产厂及其他应记事项。 168.√ 169.× 正确答案：安全带按使用方式可分为围杆安全带和悬挂、攀登安全带两类。 170.√ 171.× 正确答案：机电产品在运输、储存和管理中都要求采取一定形式的包装。包装可分为内包装和外包装两类。 172.√ 173.√ 174.√ 175.√ 176.√ 177.× 正确答案：二氧化碳气钢瓶外面涂黑色，字样"二氧化碳"用黄色。 178.√ 179.× 正确答案：管路配件主要包括：法兰、弯头、外接头、内接头、三通、四通等。 180.× 正确答案：滚动轴承按轴承的调心性能分为调心轴承和非调心轴承。 181.√ 182.× 正确答案：不同类型的火灾应使用不同类型的灭火剂，同一类型的火灾也可选用不同类型的灭火剂。 183.× 正确答案：特殊焊条的储存与保管要求高于一般焊条。 184.√ 185.× 正确答案：游标卡尺是用来测量工件直线尺寸的工具。 186.√ 187.√ 188.× 正确答案：手工工具包括：钳子、扳手、旋具、手动打包机和钢头。 189.√ 190.√ 191.× 正确答案：变压器是一种能够把交流电电压升高或降低而不改变频率的静止电气设备。 192.√ 193.√ 194.× 正确答案：绝缘材料应保管在湿度适宜的库房内，适宜的温度为10～35℃，空气相对湿度在80%以下，地面应为干燥的水泥地或木板地。 195.√ 196.√ 197.× 正确答案：地面直读式电子压力计测试系统，一般由井下电子压力计、单芯或多芯铠装电缆和地面压力测读系统三部分组成。 198.√ 199.√ 200.√ 201.× 正确答案：六角法兰面螺栓放松性好，用于对放松要求高的部位。

中级工理论知识试题及答案

一、单项选择题（每题有4个选项，只有1个是正确的，将正确的选项号填入括号内）

1. AA001　国家对产品质量实行以（　　）为主要方式的监督检查制度。
   A. 检查　　　　　B. 调查　　　　　C. 抽查　　　　　D. 实地检查
2. AA001　《中华人民共和国产品质量法》规定，抽查的样品应当在（　　）或者企业成品仓库内的待销产品中随机抽取。
   A. 生产车间内　　B. 超市货架上　　C. 库房里　　　　D. 市场上
3. AA001　《中华人民共和国产品质量法》规定，监督抽查工作由（　　）产品质量监督部门规划和组织。
   A. 国务院　　　　B. 国家部委　　　C. 省厅　　　　　D. 市级相关部门
4. AA002　《中华人民共和国产品质量法》规定，检验抽取样品的数量不得超过检验的（　　），并不得向被检查人收取检验费用。
   A. 合理需要　　　B. 95%　　　　　C. 90%　　　　　D. 85%
5. AA002　《中华人民共和国产品质量法》规定，生产者、销售者对抽查检验的结果有异议的，可以自收到检验结果之日起（　　）内向实施监督抽查的产品质量监督部门或者其上级产品质量监督部门申请复检。
   A. 7日　　　　　B. 10日　　　　　C. 5日　　　　　D. 15日
6. AA002　《中华人民共和国产品质量法》规定，生产者、销售者对抽查检验的结果有异议的可以申请复检，复检由（　　）的产品质量监督部门作出复检结论。
   A. 省级　　　　　B. 受理复检　　　C. 市级　　　　　D. 第三方
7. AA003　依照《中华人民共和国产品质量法》规定进行监督抽查的产品质量不合格的，由实施监督抽查的产品质量监督部门责令其生产者、销售者（　　）。
   A. 停止生产　　　B. 限期改正　　　C. 查封厂家　　　D. 吊销执照
8. AA003　依照《中华人民共和国产品质量法》规定进行监督抽查的产品质量不合格的，逾期不改正的，由省级以上人民政府产品质量监督部门予以（　　）。
   A. 罚款　　　　　B. 停产　　　　　C. 公告　　　　　D. 关停
9. AA003　依照《中华人民共和国产品质量法》规定进行监督抽查的产品质量不合格的，整顿期满后经复查产品质量仍不合格的，（　　）。
   A. 没收工厂　　　B. 没收非法所得　C. 查封财产　　　D. 吊销营业执照
10. AA004　县级以上产品质量监督部门对当事人涉嫌从事违反《中华人民共和国产品质量法》的生产、销售活动的场所实施（　　）。

A. 现场检查　　　B. 现场罚款　　　C. 扣押人员　　　D. 吊销执照

11. AA004　县级以上产品质量监督部门对当事人涉嫌从事违反《中华人民共和国产品质量法》的生产、销售活动的（　　）、主要负责人和其他有关人员调查、了解与涉嫌从事违反本法的生产、销售活动有关的情况。

A. 主要领导　　　B. 法定代表人　　　C. 董事长　　　D. 厂长

12. AA004　县级以上产品质量监督部门对当事人涉嫌从事违反《中华人民共和国产品质量法》的生产、销售活动的可以对有根据认为不符合保障人体健康和人身、财产安全的国家标准、行业标准的产品或者有其他严重质量问题的产品，以及直接用于生产、销售该项产品的原辅材料、包装物、生产工具，予以（　　）。

A. 罚款　　　B. 扣押　　　C. 没收　　　D. 拍卖

13. AA005　《中华人民共和国产品质量法》规定，产品质量检验机构必须具备相应的（　　）和能力。

A. 技术人员　　　B. 技术条件　　　C. 检测条件　　　D. 工具设备

14. AA005　《中华人民共和国产品质量法》规定，从事产品质量检验、认证的社会中介机构必须依法设立，不得与（　　）和其他国家机关存在隶属关系或者其他利益关系。

A. 行政机关　　　B. 生产企业　　　C. 政府机构　　　D. 社区街道

15. AA005　《中华人民共和国产品质量法》规定，产品质量认证机构应当依照国家规定对准许使用认证标志的（　　）进行认证后的跟踪检查。

A. 设备　　　B. 材料　　　C. 生产　　　D. 产品

16. AA006　《中华人民共和国产品质量法》规定，产品质量应当符合不存在危及人身、财产安全的不合理的（　　），有保障人体健康和人身、财产安全的国家标准、行业标准的，应当符合该标准。

A. 影响　　　B. 危险　　　C. 危害　　　D. 因素

17. AA006　《中华人民共和国产品质量法》规定，产品质量应具备产品应当具备的（　　）。

A. 使用性能　　　B. 生产工艺　　　C. 产品特点　　　D. 技术特点

18. AA006　《中华人民共和国产品质量法》规定，产品质量应符合在产品或者其包装上注明采用的产品标准，符合以产品说明、（　　）等方式表明的质量状况。

A. 技术说明　　　B. 工艺说明　　　C. 产品成分　　　D. 实物样品

19. AA007　《中华人民共和国产品质量法》规定，产品必须有产品（　　）合格证明。

A. 安全生产　　　B. 绿色环保　　　C. 质量检验　　　D. 生产工艺

20. AA007　《中华人民共和国产品质量法》规定，根据产品的特点和（　　）要求，需要标明产品规格、等级、所含主要成分的名称和含量的，用中文相应予以标明；需要事先让消费者知晓的，应当在外包装上标明，或者预先向消费者提供有关资料。

A. 生产　　　B. 使用　　　C. 销售　　　D. 安全

21. AA007　《中华人民共和国产品质量法》规定，限期使用的产品，应当在（　　）清晰地标明生产日期和安全使用期或者失效日期。

A. 显著位置　　　B. 规定位置　　　C. 产品说明　　　D. 随意位置

22. AA008 《中华人民共和国产品质量法》规定,销售者应当建立并执行进货(　　)制度,验明产品合格证明和其他标识。
    A. 交接　　　　B. 检查　　　　C. 验收　　　　D. 检查验收

23. AA008 《中华人民共和国产品质量法》规定,销售者不得销售国家明令淘汰并停止销售的产品和失效、变质的(　　)。
    A. 食品　　　　B. 产品　　　　C. 用品　　　　D. 物资

24. AA008 《中华人民共和国产品质量法》规定,销售者不得伪造或者冒用(　　)标志等质量标志。
    A. 认证　　　　B. 安全　　　　C. 环保　　　　D. 合格

25. AA009 《中华人民共和国产品质量法》规定,对于不具备产品应当具备的使用性能而事先未作说明的,给购买产品的消费者造成损失的,(　　)应当赔偿损失。
    A. 销售者　　　B. 消费者　　　C. 生产者　　　D. 供货者

26. AA009 《中华人民共和国产品质量法》规定,不符合在产品或者其包装上注明采用的产品标准的,给购买产品的消费者造成损失的,(　　)应当赔偿损失。
    A. 生产者　　　B. 消费者　　　C. 销售者　　　D. 供货者

27. AA009 《中华人民共和国产品质量法》规定,不符合以产品说明、实物样品等方式表明的质量状况的,给购买产品的消费者造成损失的,(　　)应当赔偿损失。
    A. 生产者　　　B. 供货者　　　C. 消费者　　　D. 销售者

28. AA010 《中华人民共和国合同法》规定,法人或者其他组织的法定代表人、负责人超越权限订立的合同,除相对人知道或者应当知道其超越权限的以外,该代表行为(　　)。
    A. 有效　　　　B. 无效　　　　C. 正确　　　　D. 错误

29. AA010 《中华人民共和国合同法》规定,依法成立的合同,自(　　)时生效。
    A. 办理　　　　B. 成立　　　　C. 约定　　　　D. 使用

30. AA010 《中华人民共和国合同法》规定,因不可抗力不能履行合同或者造成他人损害的,不承担(　　),法律另有规定的除外。
    A. 经济责任　　B. 后果　　　　C. 债务责任　　D. 民事责任

31. AA011 《中华人民共和国合同法》规定,当事人应当遵循(　　)原则,根据合同的性质、目的和交易习惯履行通知、协助、保密等义务。
    A. 公平交易　　B. 尊重法律　　C. 习惯　　　　D. 诚实信用

32. AA011 《中华人民共和国合同法》规定,当事人约定由债务人向第三人履行债务的,债务人未向第三人履行债务或者履行债务不符合约定,应当向(　　)承担违约责任。
    A. 债权人　　　B. 法院　　　　C. 债务人　　　D. 检察院

33. AA011 《中华人民共和国合同法》规定,当事人一方由于上级机关的原因,不能履行合同义务的,应当按照合同约定向另一方赔偿损失或者采取其他补救措施,再由(　　)对它因此受到的损失负责处理。
    A. 债权人　　　B. 上级机关　　C. 债务人　　　D. 当事人

34. AA012 《中华人民共和国合同法》规定,法律、行政法规规定变更合同应当办理批准、登记等手续的，依照其（　　）办理手续。

  A. 规定   B. 约定   C. 合同   D. 惯例

35. AA012 《中华人民共和国合同法》规定，合同生效后，当事人不得因姓名、名称的变更或者法定代表人、负责人、承办人的变动而不履行（　　）。

  A. 债务   B. 职责   C. 合同义务   D. 约定

36. AA012 《中华人民共和国合同法》规定，债权人分立、合并或者变更住所没有通知债务人，致使履行债务发生困难的，（　　）可以中止履行或者将标的物提存。

  A. 合并前的法人   B. 债务人   C. 第三人   D. 当事人

37. AA013 《中华人民共和国合同法》规定，债权人转让权利的，应当通知（　　），未经通知，该转让对债务人不发生效力。

  A. 法律机关   B. 债务人   C. 债权人   D. 第三人

38. AA013 《中华人民共和国合同法》规定，债权人转让权利的通知不得撤销，但经（　　）同意的除外。

  A. 法人   B. 债务人   C. 债权人   D. 受让人

39. AA013 《中华人民共和国合同法》规定，债务人接到债权转让通知后，债务人对让与人的抗辩，可以向（　　）主张。

  A. 受让人   B. 债权人   C. 债务人   D. 第三人

40. AA014 《中华人民共和国劳动法》规定，用人单位应当依法建立和完善规章制度，（　　）劳动者享有劳动权利和履行劳动义务。

  A. 提供   B. 支持   C. 保障   D. 推进

41. AA014 《中华人民共和国劳动法》规定，工会代表和维护劳动者的（　　），依法独立自主地开展活动。

  A. 合法权益   B. 工作权力   C. 生活权利   D. 劳动权利

42. AA014 《中华人民共和国劳动法》规定，劳动者享有（　　）就业和选择职业的权利、取得劳动报酬的权利、休息休假的权利等。

  A. 优先   B. 抢先   C. 谦让   D. 平等

43. AA015 劳动合同的期限分为固定期限、无固定期限和（　　）。

  A. 3 年   B. 约定期限

  C. 指定期限   D. 以完成一定的工作为期限

44. AA015 《中华人民共和国劳动法》规定，严重违反劳动纪律或者用人单位规章制度的，用人单位可以（　　）劳动合同。

  A. 修改   B. 解除   C. 延续   D. 留存

45. AA015 《中华人民共和国劳动法》规定，劳动合同可以约定试用期。试用期最长不得超过（　　）。

  A. 6 个月   B. 5 个月   C. 4 个月   D. 3 个月

46. AA016 《中华人民共和国合同法》规定，劳动者在同一用人单位连续工作满（　　）年以上，当事人双方同意延续劳动合同的，如果劳动者提出订立无固定期限的劳动合同，应当订立无固定期限的劳动合同。

  A. 5   B. 8   C. 9   D. 10

47. AA016 《中华人民共和国合同法》规定,劳动合同可以约定试用期。试用期最长不得超过（　）个月。
    A. 6　　　　　　B. 5　　　　　　C. 4　　　　　　D. 3
48. AA016 《中华人民共和国合同法》规定,用人单位可以解除劳动合同,但是应当提前（　）以书面形式通知劳动者本人。
    A. 10日　　　　B. 20日　　　　C. 30日　　　　D. 60日
49. AA017 《中华人民共和国劳动法》规定,用人单位对从事有职业危害作业的劳动者应当定期进行（　）检查。
    A. 思想　　　　B. 健康　　　　C. 技能　　　　D. 技术
50. AA017 《中华人民共和国劳动法》规定,从事特种作业的劳动者必须经过专门培训并取得（　）作业资格。
    A. 普通　　　　B. 稀有　　　　C. 危险　　　　D. 特种
51. AA017 《中华人民共和国劳动法》规定,县级以上各级人民政府劳动行政部门、有关部门和用人单位应当依法对劳动者在劳动过程中发生的伤亡事故和劳动者的（　）状况,进行统计、报告和处理。
    A. 健康　　　　B. 身体　　　　C. 职业病　　　D. 家庭
52. AA018 《中华人民共和国劳动法》规定,用人单位与劳动者发生劳动争议,当事人可以依法申请调解、仲裁,也可以（　）解决。
    A. 不予　　　　B. 强行　　　　C. 协商　　　　D. 自行
53. AA018 《中华人民共和国劳动法》规定,劳动争议当事人对仲裁裁决不服的,可以自收到仲裁裁决书之日起（　）内向人民法院提起诉讼。
    A. 10日　　　　B. 15日　　　　C. 30日　　　　D. 60日
54. AA018 《中华人民共和国劳动法》规定,劳动争议调解委员会由职工代表、用人单位代表和（　）组成。
    A. 法制机关　　B. 政府机关　　C. 社会人士　　D. 工会代表
55. AB001 物资仓储管理是研究如何对物资储运过程中的人、（　）、物及其运动过程。
    A. 物资　　　　B. 物质　　　　C. 财　　　　　D. 资金
56. AB001 物资仓储管理是用最少的（　）及资金占用,取得最大的经济效益。
    A. 资金消耗　　B. 物资消耗　　C. 材料占用　　D. 物质
57. AB001 仓储管理是对库内物资和（　）设备、设施及其布局等进行管理和规划。
    A. 料场　　　　B. 料棚　　　　C. 库房　　　　D. 仓库
58. AB002 统一编号一般采用"（　）"法。
    A. 五五化　　　B. 三号定位　　C. 四号定位　　D. 五号定位
59. AB002 "四号定位"方法是四个号码确定一个货位,是仓库（　）的一种有效方法,现已被广泛采用。
    A. 垛位管理　　B. 货位管理　　C. 科学管理　　D. 堆码苫垫
60. AB002 实行统一编号便于提高仓储工作效率,缩短收发作业的时间,减少和避免（　）差错。
    A. 保管　　　　B. 验收　　　　C. 发放　　　　D. 收发

61. AB003　库房内存货区的货位编号是合理划分料区，并编排（　　）号。
　　A. 场　　　　　B. 区　　　　　C. 排　　　　　D. 位
62. AB003　库房内存货区的货位编号是在各区内由左至右编（　　）号。
　　A. 场　　　　　B. 区　　　　　C. 排　　　　　D. 位
63. AB003　库房内存货区的货位编号是在各排内由左至右编（　　）号。
　　A. 场　　　　　B. 区　　　　　C. 排　　　　　D. 位
64. AB004　料架的层号应标记在料架的临作业通道（　　）和侧面对应处。
　　A. 背面　　　　B. 正面　　　　C. 端面　　　　D. 外面
65. AB004　当一个料架两侧都摆放物资时，应按（　　）料架编号。
　　A. 一个　　　　B. 两个　　　　C. 三个　　　　D. 四个
66. AB004　料架层号的编排应按照出（　　）顺序编排。
　　A. 左向右　　　B. 右向左　　　C. 上层向下　　D. 下层向上
67. AB004　料架的位号编排，每层编（　　）顺序号，同架不同层间的位号互不相接。
　　A. 一个　　　　B. 两个　　　　C. 三个　　　　D. 四个
68. AB005　合理划分料场内的各区，并按顺序编区号，区号牌立在该区（　　）。
　　A. 末尾处　　　B. 中间处　　　C. 起始处　　　D. 右侧
69. AB005　料场内的排号的编排是在各区内按照由（　　）的顺序编排号，并将排号牌立在该排的起始处。
　　A. 右至左　　　B. 左至右　　　C. 前至后　　　D. 后至前
70. AB005　料场内的位号的编排是在各排内按照由（　　）的顺序编位号。
　　A. 前至后　　　B. 后至前　　　C. 右至左　　　D. 左至右
71. AB006　物资储存规划包括物资分区分类保管规划、仓容定额和（　　）。
　　A. 场地规划　　B. 货位规划　　C. 区域规划　　D. 统一规划
72. AB006　物资的储存规划是确定各类物资（　　）和整个储存能力的计划。
　　A. 仓容定额　　B. 仓容　　　　C. 储存面积　　D. 储存定额
73. AB006　合理的储存规划，是提高物资（　　）、提高作业效率、有效地利用仓容、确保仓库安全的重要保证。
　　A. 保养量　　　B. 验收量　　　C. 发放量　　　D. 储存量
74. AB007　在分区分类保管规划的分区分类方法中，按物资的（　　）进行分区分类，将物资按金属材料、机电产品、化工产品以及配件等划分储存区域。
　　A. 特点　　　　B. 性质　　　　C. 客观属性　　D. 自然属性
75. AB007　分区分类规划应考虑的因素之一是物资（　　）所需要的保管条件。
　　A. 种类　　　　B. 性质　　　　C. 数量　　　　D. 储存方法
76. AB007　按物资危害性能分区分类，主要适用于（　　）仓库。
　　A. 化学危险品　B. 综合性　　　C. 毒品　　　　D. 专业性
77. AB008　仓容指仓库（　　）的容积。
　　A. 全部　　　　B. 立体　　　　C. 可储存物资　D. 实际储存物资
78. AB008　仓容定额是指在一定条件下，单位面积或容积允许合理存放物资的（　　）。
　　A. 最大面积　　B. 最多数量　　C. 最大容量　　D. 最大定额

79. AB008 仓库内所有建筑物所占平面面积之和指的是（　　）。
　　A. 仓库建筑面积　　　　　　　　B. 仓库总占地面积
　　C. 仓库使用面积　　　　　　　　D. 仓库有效面积
80. AB009 库存物资统一编号的要求一个层（排）内（　　）号不重。
　　A. 库（场）　　B. 架（区）　　C. 层（排）　　D. 位
81. AB009 库存物资统一编号的要求一个单位内（　　）号不重。
　　A. 库（场）　　B. 架（区）　　C. 层（排）　　D. 位
82. AB009 库存物资统一编号的要求一个架（区）内（　　）号不重。
　　A. 库（场）　　B. 架（区）　　C. 层（排）　　D. 位
83. AB010 要确定库房、料棚、料场的物资计划占用面积，主要是确定通道、（　　）、墙距、柱距以及验收、备料等区域所占的面积。
　　A. 过道　　B. 垛距　　C. 场距　　D. 料距
84. AB010 仓库在具体确定物资计划占用面积时，应结合储存物资的（　　），仓库设备条件及作业方式进行综合考虑。
　　A. 特点　　B. 料性　　C. 性质　　D. 密度
85. AB010 在仓库空间的计算公式 $M=L \times W \times H$ 中，L 代表（　　）。
　　A. 仓库容积　　B. 地面至屋架横梁高度　　C. 仓库宽度　　D. 仓库长度
86. AB011 加强"（　　）"班组建设，严格执行标准化岗位、标准化现场、标准化班组的要求，确保生产过程中人力、机具、物资安全。
　　A. 三标　　B. 三定　　C. 三有　　D. 三讲
87. AB011 定期组织仓库安全防火检查，特别加强对重点防火部位的检查，做好检查记录，及时发现和消除（　　），防止事故发生。
　　A. 安全隐患　　B. 水灾隐患　　C. 火险隐患　　D. 事故隐患
88. AB011 配备符合规定的消防设施和器材，实行"三定"，即定人、定位、（　　），保证所有消防用具经常处于良好状态。
　　A. 定时间　　B. 定期检查　　C. 定整改　　D. 定期组织
89. AB012 仓库安全检查必须坚持领导与员工相结合、自查与互查相结合、专业检查与全面检查相结合、检查与整改相结合的原则，做到检查（　　）。
　　A. 管理化　　B. 制度化、规范化　　C. 具体化　　D. 规则化
90. AB012 事故隐患暂不能整改的问题或隐患，要采取有效的（　　），制定整改方案，逐级上报，纳入计划，落实整改。
　　A. 维护措施　　B. 安全措施　　C. 防范措施　　D. 整改措施
91. AB012 仓库安全检查的主要任务是进行危害识别，查找不安全因素和不安全行为，提出（　　）不安全因素的方法和纠正不安全行为的措施。
　　A. 解决　　B. 查找　　C. 整改　　D. 消除或控制
92. AB013 室外消火栓一般由专业消防队的消火栓（　　）扳手开启。
　　A. 专用　　B. 通用　　C. 大号　　D. 小号
93. AB013 室外消火栓是露天设置的消火栓，是市政供水系统或消防给水管网的取水口，主要分为地上和（　　）两种。

A. 室内　　　　B. 水上　　　　C. 地下　　　　D. 地面

94. AB013　室内消火栓使用时，一般由（　）人配合。
    A. 5　　　　　B. 4　　　　　C. 3　　　　　D. 2

95. AB014　未经安全生产教育和（　）的从业人员，不得上岗作业。
    A. 教育培训　　B. 培训合格　　C. 资格认证　　D. 操作技能

96. AB014　从事仓库保管工作的所有新员工上岗前都必须接受公司、（　）、班组三级安全教育培训，考试合格后方可上岗。
    A. 中队　　　　B. 大队　　　　C. 库房　　　　D. 仓库

97. AB014　《中华人民共和国安全生产法》第二十五条明确规定：保证从业人员必须具备必要的（　）。
    A. 安全生产知识　　　　　　　　B. 安全操作规程
    C. 安全操作技能　　　　　　　　D. 安全生产教育

98. AB015　仓库安全活动中班组长是班组安全生产（　），负责组织班组的各项安全活动。
    A. 组织人员　　B. 协调人员　　C. 责任人　　　D. 第一责任人

99. AB015　仓库安全活动中班组安全员协助班组长搞好安全生产，负责班组（　）及安全资料的收集、整理工作。
    A. 安全讲话记录　B. 安全活动记录　C. 安全检查　　D. 安全教育

100. AB015　仓库安全活动的主要内容应按统一的格式和要求做好记录，做到记录及时、真实、准确，避免记录不准、不详、不全的现象发生，尤其要杜绝（　）。
    A. 涂改　　　　B. 漏写　　　　C. 弄虚作假　　D. 缺项

101. AB016　仓库安全检查的主要内容是查管理、查培训、（　）、查制度、查纪律。
    A. 查质量　　　B. 查隐患　　　C. 查数量　　　D. 查资料

102. AB016　仓库安全检查主要分为（　）检查和现场检查两部分。
    A. 管理　　　　B. 纪律　　　　C. 制度　　　　D. 培训

103. AB016　仓库安全管理检查的内容之一是检查安全生产责任制、管理制度、（　）等制定或修订情况。
    A. 安全生产知识　B. 安全生产管理　C. 安全法规教育　D. 应急救援预案

104. AC001　专用线接货卸车时要注意为物资的（　）创造便利条件。
    A. 验收和入库　B. 保管与保养　C. 装卸与倒运　D. 通风与除湿

105. AC001　专用线接货卸车后，应及时向保管员办理交接手续，最迟不得超过（　）。
    A. 8h　　　　　B. 12h　　　　C. 24h　　　　D. 48h

106. AC001　专用线接货是指铁路运输或水路运输部门按托运单位指定的（　），将物资用火车或船舶直接运送到收货单位自备的铁路专用线或专用码头。
    A. 保管人　　　B. 承运人　　　C. 提货人　　　D. 收货人

107. AC002　在物资装卸、搬运作业中，应首先坚持（　）的原则。
    A. 速度第一　　B. 效益第一　　C. 数量第一　　D. 质量第一

108. AC002　物资装卸搬运作业所占用的设备和人员较多，费用开支较大，对物资仓储单位的（　）举足轻重。
    A. 经济效益　　B. 好坏　　　　C. 快装快卸　　D. 减少费用

109. AC002 装卸、搬运的基本要求是：按时、（ ）、保量地完成装车、卸车、搬运和堆码工作。
   A. 合理   B. 保质   C. 快速   D. 牢固
110. AC003 物资到库后，是仓储业务管理的开始，与（ ）办清交接手续至关重要，以便明确供货单位、运输部门及本单位的责任。
   A. 管理部门   B. 运输部门   C. 保管部门   D. 承运部门
111. AC003 物资到库并由保管员签收后，发生的丢失损坏等由（ ）负责。
   A. 承运部门   B. 接运部门   C. 保管部门   D. 供货部门
112. AC003 由供货单位组织装车，运输部门按现状（或件数）交接的物资，如发生丢失、短少、损坏，运输部门接收前由（ ）负责。
   A. 运输部门   B. 接运部门   C. 保管部门   D. 供货单位
113. AC004 物资统计是整个（ ）统计的一个组成部分。
   A. 综合   B. 工业   C. 农业   D. 物业
114. AC004 物资统计任务之一是准确、及时、全面地反映企业物资收入、支出及（ ）情况，按照规定编报各种报表。
   A. 管理   B. 保管   C. 发放   D. 存储
115. AC004 物资统计任务之一是监督各种物资的（ ）、保管、使用、转移等方面是否按制度执行。
   A. 收发   B. 存储   C. 支出   D. 管理
116. AC005 物资明细账是反映（ ），详细记载物资收、发、存的明细台账。
   A. 库存动态情况   B. 库存结构情况
   C. 物资收入情况   D. 物资发出情况
117. AC005 物资明细账上的上年结转时间为（ ）。
   A. 12月31日   B. 1月1日   C. 1月20日   D. 1月10日
118. AC005 记账要以（ ）为依据。
   A. 验收凭证   B. 发料凭证   C. 非正式凭证   D. 正式凭证
119. AC006 存入档案的物资保管基础资料应按（ ）顺序进行管理。
   A. 类别   B. 规格大小   C. 大类   D. 时间
120. AC006 物资保管基础资料的保管要求：各种基础资料应按（ ）装订成册。
   A. 日   B. 月   C. 季   D. 年
121. AC006 各种资料按规定期限保存，一般最短不低于3年，最长不超过（ ）。超过保存期限的资料可统一进行销毁。
   A. 5年   B. 7年   C. 10年   D. 12年
122. AC007 非宽体飞机载运的货物，每件货物重量一般不超过（ ）。
   A. 80kg   B. 100kg   C. 50kg   D. 60kg
123. AC007 航空运输货物每件货物的长、宽、高之和不小于（ ）。
   A. 10cm   B. 40cm   C. 50cm   D. 60cm
124. AC007 航空运输轻泡物以每（ ）折合1kg计重。
   A. 2000cm^3 B. 4000cm^3 C. 5000cm^3 D. 6000cm^3

125. AC008　为加强水路危险货物（　　），保障运输安全，防止事故发生，适应国民经济的发展，根据国家有关法律、法规，制订水路危险货物运输规则。
　　　A. 运输管理　　　B. 承运　　　　　C. 托运　　　　　D. 装卸
126. AC008　为加强水路危险货物运输管理，按照《危险货物分类和品名编号》将危险货物划分为（　　）类。
　　　A. 7　　　　　　B. 8　　　　　　　C. 9　　　　　　　D. 10
127. AC008　水路危险运输中，装卸易燃、易爆危险货物，距离装卸地点（　　）范围内为禁火区。
　　　A. 40m　　　　　B. 50m　　　　　　C. 60m　　　　　　D. 70m
128. AC009　在国内水路、铁路货物的运输保险条款中，因（　　）所造成的损失属于基本险。
　　　A. 洪水、地震　　B. 挤压造成的破碎　C. 遭受盗窃　　　　D. 战争
129. AC009　保险金额不得超过保险价值。超过保险价值的，超过部分无效，保险人应当退还相应的（　　）。
　　　A. 保管费　　　　B. 保险费　　　　　C. 附加费　　　　　D. 管理费
130. AC009　由于运输工具发生碰撞、搁浅、触礁、倾覆、沉没、出轨或隧道、码头坍塌所造成的损失属于水路、铁路货物的运输保险条款中的（　　）。
　　　A. 附加险　　　　B. 保险　　　　　　C. 综合险　　　　　D. 基本险
131. AC010　企业、事业单位应当配备与生产、科研、经营管理相适应的（　　）设施。
　　　A. 计量检测　　　B. 计量标准　　　　C. 计量检定　　　　D. 计量器具
132. AC010　计量检定工作应当符合（　　）、就地就近的原则，不受行政区划和部门管辖的限制。
　　　A. 行政区域　　　B. 行政部门　　　　C. 经济合理　　　　D. 经营管理
133. AC010　企业、事业单位应按计量检定的规定制定具体的计量检定管理办法和（　　）。
　　　A. 规章制度　　　B. 管理制度　　　　C. 计量标准　　　　D. 计量检测
134. AC011　常用游标卡尺（即不带表卡尺）的精度分为0.02mm、0.05mm、（　　）三种。
　　　A. 0.4mm　　　　B. 0.3mm　　　　　C. 0.2mm　　　　　D. 0.1mm
135. AC011　钢卷尺的最小计量单位是（　　）。
　　　A. km　　　　　　B. mm　　　　　　　C. m　　　　　　　　D. cm
136. AC011　长度计量器具中的量具有直尺、钢卷尺、游标卡尺、（　　）。
　　　A. 内外径千分尺　B. 台秤　　　　　　C. 案秤　　　　　　D. 吊钩秤
137. AC012　游标卡尺清洁时应用（　　）将量爪擦干净。
　　　A. 丝绸　　　　　B. 软布　　　　　　C. 帆布　　　　　　D. 毛巾
138. AC012　游标卡尺测量时，身体应正对被测物，两眼（　　）。
　　　A. 远视　　　　　B. 近视　　　　　　C. 平视　　　　　　D. 测试
139. AC012　游标尺使用完毕，擦拭干净，收拢量爪，小心放入专用盒内，存放在（　　）的地方。
　　　A. 通风　　　　　B. 密封　　　　　　C. 潮湿　　　　　　D. 干燥
140. AD001　物流运输系统的（　　）系统主要包括各类运输工具和相关辅助机械两部分。
　　　A. 路网　　　　　B. 运载机具　　　　C. 运输管理　　　　D. 运输对象

141. AD001 物流运输系统中的（　　）系统主要是指由运输线路、港站、枢纽等固定设施组成的整体。
    A. 路网　　　　　B. 运输机具　　　　C. 运输对象　　　　D. 运输管理
142. AD001 物流运输系统中的（　　）系统是指由各个运输生产者组成的系统。
    A. 运输对象　　　B. 运输管理　　　　C. 生产组织　　　　D. 运输信息
143. AD002 运输成本主要包括人工费用、（　　）、其他费用。
    A. 公路管理费　　B. 运营费用　　　　C. 差旅费　　　　　D. 燃料费
144. AD002 不随着车辆行驶里程和运输量变化而变化的成本称为（　　）。
    A. 显性成本　　　B. 隐性成本　　　　C. 可变成本　　　　D. 固定成本
145. AD002 随某一特定决策而发生变化的成本称为（　　）。
    A. 可变成本　　　B. 线路成本　　　　C. 增量成本　　　　D. 沉没成本
146. AD003 在我国现行的物流运输方式中，（　　）占据了很重要的地位。
    A. 显性成本　　　B. 隐性成本　　　　C. 公共成本　　　　D. 固定成本
147. AD003 隐性成本在物流运输过程中主要表现在返程或起程空驶、（　　）、迂回运输、对流运输、运力选择不当。
    A. 重复运输　　　B. 超载运输　　　　C. 超限运输　　　　D. 满载运输
148. AD003 会计学上将物流运输成本分为显性成本和（　　）。
    A. 作业成本　　　B. 变动成本　　　　C. 固定成本　　　　D. 隐性成本
149. AD004 配载运输是（　　）的混合配载。
    A. 贵重商品　　　B. 散装货物　　　　C. 轻重商品　　　　D. 农副产品
150. AD004 充分利用运输工具载重量和容积，合理安排装载的货物及载运方法的运输方法为（　　）。
    A. 直达运输　　　B. 配载运输　　　　C. 中转运输　　　　D. "四就"直拨
151. AD004 配载运输是提高运输工具（　　）的一种有效形式。
    A. 实载率　　　　B. 完好率　　　　　C. 及时率　　　　　D. 货差率
152. AD005 运输的（　　）是指运输的准点到货、不错发、不错送。
    A. 经济性　　　　B. 准确性　　　　　C. 及时性　　　　　D. 合理性
153. AD005 选择运输方式要遵循的主要原则是（　　）原则。
    A. 经济性　　　　B. 及时性　　　　　C. 合理性　　　　　D. 准确性
154. AD005 在选择运输方式时，应当以（　　）为依据，而不仅仅是考虑运输成本。
    A. 及时性　　　　B. 准确性　　　　　C. 安全性　　　　　D. 运输总成本
155. AD006 按货物的运送速度划分，公路运输的方式有一般货物运输、（　　）运输、特快专运。
    A. 快件运输　　　B. 慢件运输　　　　C. 联合运输　　　　D. 特种货物运输
156. AD006 普通货物是指在运输、保管及装卸作业中没有特殊要求、不必采用（　　）运输的货物。
    A. 高配汽车　　　B. 配载汽车　　　　C. 专用汽车　　　　D. 载货汽车
157. AD006 快件货运是指2000km运距内，（　　）以内运达的货运。
    A. 36h　　　　　B. 48h　　　　　　 C. 60h　　　　　　 D. 72h

158. AD007　包装的功能是保护产品、方便储运、（　　）。
    A. 方便生产　　　B. 提升质量　　　C. 促进销售　　　D. 便于管理
159. AD007　包装的空间方便性对（　　）流通费用至关重要。
    A. 提高　　　　　B. 降低　　　　　C. 周转　　　　　D. 利用
160. AD007　包装（　　），能提高运输工具的转载能力，提高仓储的利用率。
    A. 美观化　　　　B. 具体化　　　　C. 统一化　　　　D. 标准化
161. AD008　单个包装作业一般属于销售领域活动，是（　　）。
    A. 运输包装　　　B. 工业包装　　　C. 商业包装　　　D. 周转包装
162. AD008　单个包装是物品送到使用者手中的（　　）单位。
    A. 最小　　　　　B. 最大　　　　　C. 必要　　　　　D. 适合
163. AD008　印有作为商品的标记或说明等信息资料的是（　　）。
    A. 工业包装　　　B. 商业包装　　　C. 运输包装　　　D. 仓储包装
164. AD009　工业包装着重于对物品的保护，其包装作业过程可以认为是（　　）领域内的活动。
    A. 生产　　　　　B. 运输　　　　　C. 物流　　　　　D. 仓储
165. AD009　内包装和外包装属于（　　）。
    A. 工业包装　　　B. 运输包装　　　C. 商业包装　　　D. 周转包装
166. AD009　工业包装的目的是保持商品的数量和（　　）不变。
    A. 外观　　　　　B. 质量　　　　　C. 重量　　　　　D. 包装形式
167. AD010　包装的机械化与自动化是包装（　　）的要素之一。
    A. 合理化　　　　B. 集装化　　　　C. 标准化　　　　D. 单元化
168. AD010　包装的单纯化是包装（　　）的要素之一。
    A. 集装化　　　　B. 标准化　　　　C. 合理化　　　　D. 单元化
169. AD010　包装的环保性是包装（　　）的要素之一。
    A. 机械化　　　　B. 单元化　　　　C. 标准化　　　　D. 合理化
170. AD011　配送中心有多项基本作业，下列哪项作业不是所有配送中心都有的作业（　　）。
    A. 存储　　　　　B. 分拣　　　　　C. 进货　　　　　D. 送货
171. AD011　按订单或出库单的要求，从储存场所选出物品，并放置在指定地点的作业是（　　）。
    A. 分货　　　　　B. 拣选　　　　　C. 流通加工　　　D. 保管
172. AD011　配货作业的基本作业项目不包括（　　）。
    A. 分货　　　　　B. 配货检查　　　C. 装车　　　　　D. 按订单拣货
173. AD012　配送中心设备选择的总原则之一是（　　）。
    A. 先进性　　　　B. 国产化　　　　C. 省力性　　　　D. 安全性
174. AD012　配送中心选址应考虑的主要因素有（　　）分布、交通条件、土地条件、人力资源因素、地区或城市规划、自然条件。
    A. 供应商和销售商　　　　　　　　B. 客户和供应商
    C. 运输商和供应商　　　　　　　　D. 运输商和销售商

175. AD012　配送中心选址时不必考虑的因素是（　　）。
　　A. 配送距离　　　B. 配送时间　　　C. 配送成本　　D. 配送中心的功能
176. AD013　配送中心流通加工部负责按客户的要求对货物进行（　　）。
　　A. 包装和加工　　B. 加工和组配　　C. 组配和包装　　D. 安装和加工
177. AD013　下列属于配送中心的主要功能的是（　　）。
　　A. 销售功能　　　B. 代储代销功能　　C. 流通加工功能　　D. 集中采购功能
178. AD013　配送中心配货不负责对配送货物的（　　）作业进行管理。
　　A. 拣挑和包装　　B. 包装和加工　　C. 加工和组配　　D. 拣选和组配
179. AD014　基本上没有长期储存功能，仅以暂存或随进随出方式进行配送货的配送中心是（　　）。
　　A. 流通型配送中心　　　　　　　B. 加工型配送中心
　　C. 供应配送中心　　　　　　　　D. 销售配送中心
180. AD014　配送中心也可以看成是流通仓库，同保管型仓库相比，下列（　　）不是流通仓库的主要特点。
　　A. 保管空间占一半，其他功能占一半空间　　B. 以保管为主体，平面摆放
　　C. 货物的状况与信息一致　　　　　　　　　D. 多物流功能
181. AD014　配送企业不但可以依靠送货服务、销售经营取得效益，还可以通过（　　）取得效益。
　　A. 来料加工增值　　B. 来样加工增值　　C. 流转加工增值　　D. 流通加工增值
182. BA001　在Word 2003中，若要把四字间距改为六字间距，应选择"格式"菜单中的（　　）命令。
　　A. 调整宽度　　　B. 字符间距　　　C. 分散对齐　　　D. 缩放
183. BA001　在Word 2003段落的对齐方式中，（　　）对齐方式能使段落中的每一行（包括段落结束行）都能与左右边缩进对齐。
　　A. 左　　　　　　B. 两端　　　　　C. 分散　　　　　D. 居中
184. BA001　在Word 2003中，段落有（　　）种对齐方式。
　　A. 2　　　　　　B. 3　　　　　　C. 4　　　　　　D. 5
185. BA002　Word 2003在默认状态下，段落中行与行之间的距离为（　　）倍行距。
　　A. 1　　　　　　B. 1.5　　　　　　C. 0　　　　　　D. 2
186. BA002　在Word 2003中，（　　）不属于段落格式中"行距"的设置。
　　A. 单倍行距　　　B. 最小值　　　　C. 固定值　　　　D. 首行缩进
187. BA002　"行距"是从一行文字的（　　）的间距。
　　A. 底部到另一行文字上部　　　　　B. 上部到另一行文字底部
　　C. 底部到另一行文字底部　　　　　D. 中部到另一行文字底部
188. BA003　在Word 2003中，要绘制复杂的表格，应使用"表格与边框"工具栏中的"绘制表格"工具，此时鼠标指针变成（　　）。
　　A. 十字形　　　　B. 笔形　　　　　C. 沙漏形　　　　D. 橡皮形
189. BA003　在Word 2003中，创建表格的最快捷、最简单的方法是：（　　）。
　　A. 在"常用"工具栏上，单击"插入表格"

B. 在"常用"工具栏上，单击"绘制表格"

C. 在"表格"菜单栏上，单击"插入表格"

D. 在"表格"菜单栏上，单击"绘制表格"

190. BA003　在 Word 2003 中，（　　）不能创建表格。

　　A. 单击工具栏中的"插入表格"按钮

　　B. 单击"表格与边框"中的"绘制表格"

　　C. 单击"表格"菜单中的"插入"——"表格"

　　D. 单击工具栏中的"绘图"按钮

191. BA004　在 Word 2003 中，在页面视图上，要选定整个表格，将鼠标指针停留在表格的左上角上，出现（　　）表格移动控点，单击表格移动控点，就可选定整个表格。

　　A. 笔形　　　　B. 橡皮形　　　　C. 沙漏形　　　　D. 十字形

192. BA004　在 Word 2003 中，要选定表格的某整列时，将指针停留在表格要选定列的上方边缘上，当指针变成（　　）时，单击可选定该列。

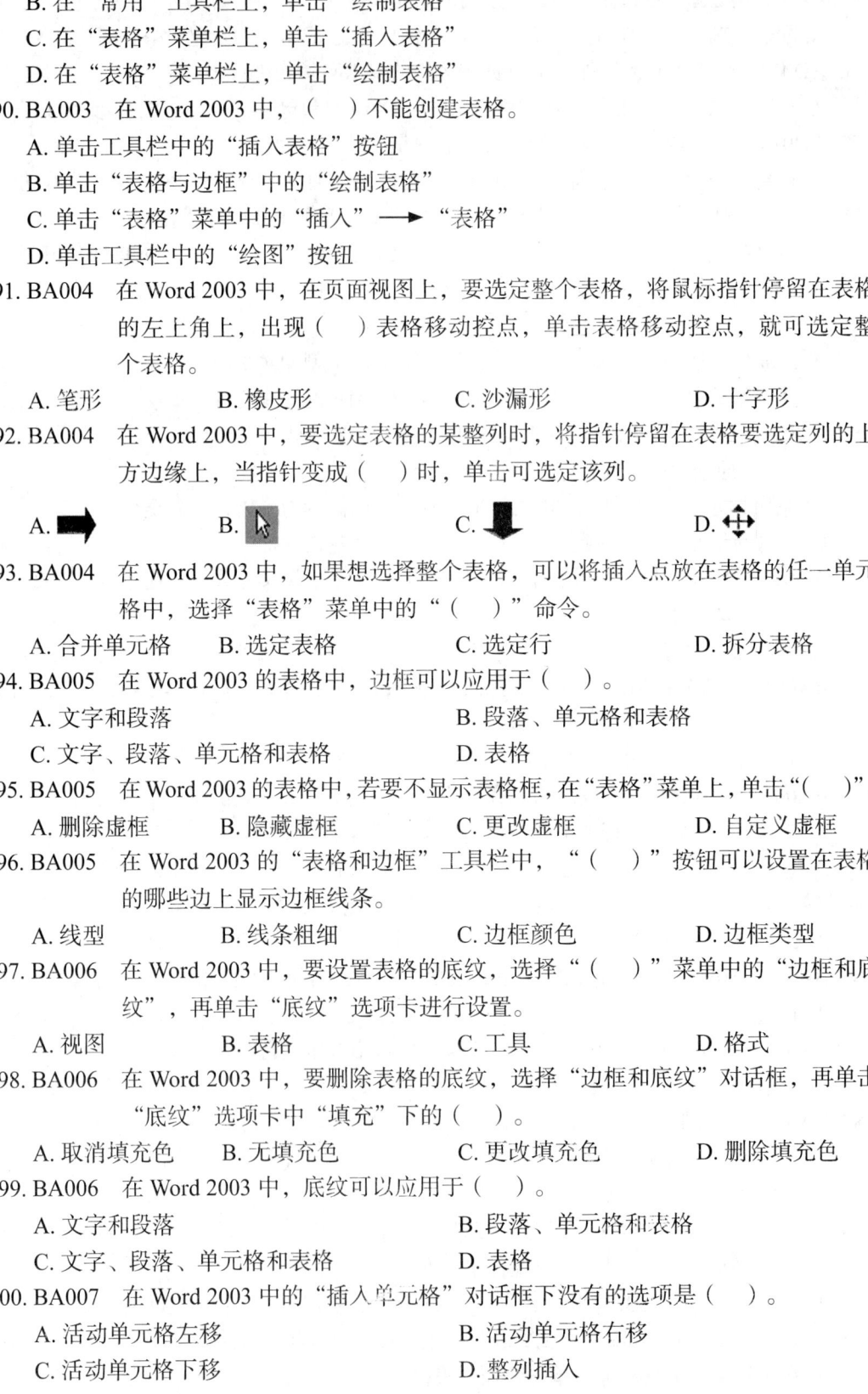

193. BA004　在 Word 2003 中，如果想选择整个表格，可以将插入点放在表格的任一单元格中，选择"表格"菜单中的"（　　）"命令。

　　A. 合并单元格　　B. 选定表格　　C. 选定行　　　　D. 拆分表格

194. BA005　在 Word 2003 的表格中，边框可以应用于（　　）。

　　A. 文字和段落　　　　　　　　B. 段落、单元格和表格

　　C. 文字、段落、单元格和表格　　D. 表格

195. BA005　在 Word 2003 的表格中，若要不显示表格框，在"表格"菜单上，单击"（　　）"。

　　A. 删除虚框　　B. 隐藏虚框　　C. 更改虚框　　D. 自定义虚框

196. BA005　在 Word 2003 的"表格和边框"工具栏中，"（　　）"按钮可以设置在表格的哪些边上显示边框线条。

　　A. 线型　　　　B. 线条粗细　　C. 边框颜色　　D. 边框类型

197. BA006　在 Word 2003 中，要设置表格的底纹，选择"（　　）"菜单中的"边框和底纹"，再单击"底纹"选项卡进行设置。

　　A. 视图　　　　B. 表格　　　　C. 工具　　　　D. 格式

198. BA006　在 Word 2003 中，要删除表格的底纹，选择"边框和底纹"对话框，再单击"底纹"选项卡中"填充"下的（　　）。

　　A. 取消填充色　　B. 无填充色　　C. 更改填充色　　D. 删除填充色

199. BA006　在 Word 2003 中，底纹可以应用于（　　）。

　　A. 文字和段落　　　　　　　　B. 段落、单元格和表格

　　C. 文字、段落、单元格和表格　　D. 表格

200. BA007　在 Word 2003 中的"插入单元格"对话框下没有的选项是（　　）。

　　A. 活动单元格左移　　　　　　B. 活动单元格右移

　　C. 活动单元格下移　　　　　　D. 整列插入

201. BA007 在 Word 2003 表格中的某一个单元格左边插入一个单元格的方法是：首先单击该单元格，然后单击"（　）"菜单中的"插入"命令，再选择单元格，在"插入单元格"对话框中选择"活动单元格右移"选项，确定即可。
　　A. 格式　　　　B. 插入　　　　C. 表格　　　　D. 整列插入
202. BA007 在 Word 2003 表格中的某一个单元格右边插入一个单元格的方法是：单击（　），然后单击"插入"菜单中的"插入"命令，再选择单元格，在打开"插入单元格"对话框中选择"活动单元格右移"选项，确定即可。
　　A. 该单元格　　　　　　　　　B. 该单元格下边的单元格
　　C. 该单元格左边的单元格　　　D. 该单元格右边的单元格
203. BA008 在 Word 2003 中，选中表格中的某一行，单击常用工具栏上的"插入行"按钮，默认插入行的位置是（　）。
　　A. 当前行前面　　　　　　　　B. 当前行后面
　　C. 表格的末尾　　　　　　　　D. 表格的第一行前
204. BA008 在 Word 2003 表格中的某一行前插入一行的方法是：单击该行任意一个单元格，选择"（　）"菜单，单击插入，再选择"行（在上方）"命令即可。
　　A. 插入　　　　B. 文件　　　　C. 表格　　　　D. 格式
205. BA008 在 Word 2003 表格中，在某一行前插入一行的方法是：选中（　），在常用工具栏中单击"插入行"按钮即可。
　　A. 该行的前一行　　B. 该行的后一行　　C. 该行任意一个单元格　　D. 该行
206. BA009 在 Word 2003 表格中，删除某一行的方法是：右击该行中任意一个单元格，在快捷菜单中选择"（　）"命令，然后再选择删除整行即可。
　　A. 删除　　　　B. 删除单元格　　　　C. 剪切　　　　D. 右侧的单元格左移
207. BA009 在 Word 2003 的表格中，用鼠标单击"表格→删除→行"之后，结果是删除了（　）。
　　A. 当前行　　　　　　　　　　B. 最后一行
　　C. 当前行的前一行　　　　　　D. 当前行的后一行
208. BA009 在 Word 2003 的表格中，要删除一行，正确的操作是：选择此行，然后（　）。
　　A. 单击"编辑"菜单中的"清除"　　　B. 按 Delete 键
　　C. 单击右键，选择"删除列"　　　　D. 单击右键，选择"删除行"
209. BA010 在 Word 2003 的表格中，可将同一行或同一列中的两个或多个（　）单元格合并为一个单元格。
　　A. 相邻的　　B. 不相邻的　　C. 不在同一行的　　D. 不在同一列的
210. BA010 在 Word 2003 中，合并单元格时，把原来单元格的文本作为新单元格中（　）。
　　A. 一列　　　　B. 一节　　　　C. 单独的段　　　　D. 一行
211. BA010 在 Word 2003 的表格中，可将同一行或同一列中的两个或多个相邻的单元格合并为一个单元格的方法是：选中要合并的单元格，再单击"（　）"菜单中的"合并单元格"命令即可。
　　A. 窗口　　　　B. 视图　　　　C. 格式　　　　D. 表格
212. BA011 在 Word 2003 中，调整表格的行高时，若要在垂直标尺上显示行高的数值，则应选中单元格,然后在拖动标尺标记的同时按住( )键。

    A. Shift   B. Alt   C. Ctrl   D. Tab

213. BA011 在 Word 2003 中,调整表格的行高时,要将行高更改为特定的值,应单击行中的单元格,再单击"( )"菜单中的表格属性命令,再单击"行"选项卡,选择所需选项。

    A. 窗口   B. 视图   C. 表格   D. 格式

214. BA012 在 Word 2003 的拆分单元格对话框中,包含的选项有( )。

    A. 行数   B. 列数   C. 列数和行数   D. 列数、行数和居中

215. BA012 在 Word 2003 中,"拆分单元格"命令在"( )"菜单中。

    A. 窗口   B. 视图   C. 格式   D. 表格

216. BA012 在 Word 2003 表格中,所要拆分的单元格目前占有边上单元格的行数是 8 行,那么拆分这个单元格时,拆分的行数可以是( )行。

    A. 3   B. 4   C. 5   D. 6

217. BA013 单击 Word 2003 "表格"菜单中的"( )"命令,可以完成自动设置表格格式。

    A. 自动调整   B. 表格属性   C. 自动绘制表格   D. 表格自动套用格式

218. BA013 "自动套用格式"按钮在 Word 2003 "( )"工具栏中。

    A. 格式   B. 表格和边框   C. 窗体   D. 绘图

219. BA014 在 Word 2003 表格单元格中的文字对齐方式有( )种。

    A. 8   B. 9   C. 10   D. 11

220. BA014 默认情况下,Word 2003 将表格中的文字与单元格的( )对齐。

    A. 左上角   B. 垂直   C. 左   D. 右

221. BA014 在 Word 2003 中,要使表格的文字中部居中齐方的方法是:选择表格中的文字,在"( )"工具栏中选择"中部居中"即可。

    A. 常用   B. 窗体   C. 格式   D. 表格与边框

222. BA015 在 Word 2003 表格中,当需要排序,不包括首行时,可在"排序"对话框中选中"( )"选项。

    A. 数据依据   B. 类型   C. 无标题行   D. 有标题行

223. BA015 对 Word 2003 表格进行排序时,排序的类型包括:笔画、数字、( )、音标。

    A. 段落   B. 日期   C. 单位符号   D. 平均

224. BA015 在 Word 2003 表格中,排列的关键字有( )个。

    A. 1   B. 2   C. 3   D. 4

225. BA016 在 Word 2003 中,使用"页面设置",可以( )。

    A. 在文件的页面上加图案   B. 更改页边距

    C. 选择打印机   D. 编辑页眉和页脚

226. BA016 在 Word 2003 中,若要改变打印时的纸张大小,使用"页面设置"对话框中的"( )"选项卡进行设置。

    A. 页边距   B. 版式   C. 纸张   D. 文档网格

227. BA016 Word 2003 中( )会随着"页边距"的变化而改变。

    A. 页眉   B. 正文排列   C. 栏数   D. 每行中的字符数

228. BA017 在 Word 2003 中,"页眉页脚"工具栏中不包含( )命令。
    A. 插入日期   B. 插入时间   C. 符号   D. 插入自动图文集
229. BA017 在 Word 2003 中,选择"( )"菜单中的"页眉/页脚"命令,可以为文档设置页眉和页脚。
    A. 文件   B. 视图   C. 编辑   D. 插入
230. BA017 在 Word 2003 中,单击"页眉/页脚"工具栏上的"( )"按钮,可以插入页码、作者、文件名、日期或时间等。
    A. 自动图文集   B. 页码格式   C. 页面设置   D. 插入页码
231. BA018 在 Word 2003 分栏的文档中,如果第一栏输入已满时,接下来的文字会自动进入( )栏。
    A. 第二   B. 下页的同一   C. 下页第二   D. 隔页第一
232. BA018 在给 Word 2003 文档分栏时,栏与栏之间可以加( )。
    A. 英文字符   B. 汉字   C. 分隔线   D. 特殊字符
233. BA018 在 Word 2003( )中,多栏并排显示出来,与打印出来的效果一样。
    A. 普通视图   B. 页面视图   C. 联机版式视图   D. 大纲视图
234. BA019 单击"开始"菜单中"Microsoft Office Excel 2003"( ),可以启动 Excel 2003。
    A. 快捷方式   B. 菜单   C. 选项   D. 标签
235. BA019 在资源管理器中,通过鼠标双击 D 盘下的"工资表.xls",就可启动( )应用程序。
    A. Word   B. Excel 2003   C. WPS   D. Photoshop
236. BA019 启动 Excel 2003 应用程序有多种方法,如果 Windows 桌面上有 Excel 2003 的快捷方式,通常情况下可通过鼠标( )"Microsoft Excel 2003"图标来启动 Excel 2003 应用程序。
    A. 左击   B. 右击   C. 单击   D. 双击
237. BA020 退出 Excel 2003 应用程序的组合键是:( )。
    A. Shift+F4   B. Alt+F4   C. Ctrl+F4   D. Esc+F4
238. BA020 Excel 2003 中,要退出 Excel 2003 应用程序,可选择"( )"菜单下的退出命令。
    A. 文件   B. 编辑   C. 开始   D. 工具
239. BA020 退出 Excel 2003 时,可单击 Excel 2003 标题栏右上角的( )按钮。
    A. 最大化   B. 最小化   C. 关闭   D. 还原
240. BA021 Excel 2003 中,( )所在的行号和列标都将突出显示。
    A. 单元格   B. 活动单元格   C. 工作表   D. 工作簿
241. BA021 在 Excel 2003 中,选中任意一个单元格后,该单元格即成为( )。
    A. 活动单元格   B. 有用单元格   C. 活动行   D. 活动列
242. BA021 Excel 2003 电子表格中最小的组成单位,即行和列交叉处称为一个( )。
    A. 工作表   B. 工作簿   C. 单元格   D. 活动单元格
243. BA022 在 Excel 2003 中,当前是 Book3,当单击"新建"按钮时,会出现一个新的工作簿，标题栏上的名称为（　　）。

　　A. 新工作簿 4　　B. 新工作表 4　　C. Sheet4　　D. Book4

244. BA022　在 Excel 2003 中，当前是 Book1，按键盘上的（　　）组合键，会自动弹出 Book2。

　　A. Ctrl+O　　B. Shift+O　　C. Ctrl+N　　D. Shift+N

245. BA022　在 Excel 2003 中，创建新工作簿的方法有很多，快速创建工作簿时可以单击工具栏的"（　　）"按钮。

　　A. 新建　　B. 打开　　C. 保存　　D. 打印

246. BA023　在 Excel 2003 中，按组合键（　　）可以快速调出"打开"对话框。

　　A. Ctrl+N　　B. Ctrl+S　　C. Ctrl+P　　D. Ctrl+O

247. BA023　在 Excel 2003 中，打开一个已有的工作簿，可单击常用工具栏上的"（　　）"按钮来实现。

　　A. 创建　　B. 保存　　C. 打开　　D. 拷贝

248. BA023　Excel 2003 在默认设置下，"文件"菜单中会显示（　　）个最近使用的工作簿文件。

　　A. 3　　B. 4　　C. 5　　D. 6

249. BA024　在 Excel 2003 中，"保存"命令在（　　）菜单中。

　　A. 文件　　B. 编辑　　C. 工具　　D. 数据

250. BA024　在 Excel 2003 中，保存工作簿的组合键是（　　）。

　　A. Ctrl+V　　B. Shift+S　　C. Ctrl+S　　D. Shift+V

251. BA024　在 Excel 2003 中，保存工作簿时，在"另存为"对话框中，可以新建（　　），以便将文件保存到指定的位置。

　　A. 工作簿　　B. 工作表　　C. 文件　　D. 文件夹

252. BA025　当打开多个工作簿时，只想关闭当前工作簿，可选择"文件"菜单中的"（　　）"命令。

　　A. 关闭　　B. 打开　　C. 新建　　D. 退出

253. BA025　在 Excel 2003 中，当前打开多个工作簿，按住 Shift 键的同时单击"文件"菜单，则文件菜单中出现（　　）命令。

　　A. 保存　　B. 全部保存　　C. 关闭　　D. 全部关闭

254. BA025　在 Excel 2003 中，关闭当前活动工作簿的快捷键是（　　）。

　　A. Alt+F4　　B. Ctrl+S　　C. Ctrl+W　　D. Ctrl+Q

255. BA026　在 Excel 2003 中，输入数据到某一单元格时，数据会同时显示在单元格和（　　）中。

　　A. 工作区　　B. 状态栏　　C. 编辑栏　　D. 名称框

256. BA026　在 Excel 2003 中，如果要隐藏"编辑栏"，需选择（　　）菜单中的"编辑栏"命令。

　　A. 文件　　B. 视图　　C. 编辑　　D. 工具

257. BA026　在 Excel 2003 中，当向活动单元格中输入数据时，编辑栏就出现三个按钮，它们分别是"取消"按钮、"输入"按钮、（　　）按钮。

　　A. 插入函数　　B. 插入图片　　C. 插入工作表　　D. 插入图表

258. BA027 对入库物资必须认真细致地做好（　），避免造成物资保管中的混乱和损失。
    A. 保管保养　　　B. 验收工作　　　C. 待验查询　　　D. 质量检验
259. BA027 物资验收可以明确供货方、运输方与（　）之间的责任，维护本企业利益。
    A. 企业保管方　　B. 货主　　　　　C. 用户　　　　　D. 调运部门
260. BA027 物资一经验收入库，其一切后果均由（　）负责。
    A. 供货单位　　　B. 承运部门　　　C. 保管方　　　　D. 用户
261. BA028 进口物资检验必须根据订货合同和有关标准资料，按照（　）的规定，对物资进行严格细致的检验。
    A. 保管部门　　　B. 承运部门　　　C. 运输部门　　　D. 保险部门
262. BA028 进库物资的数量，一般要全部检验，但对到货规格整齐划一包装完整者，也可按（　）的比例进行抽检。
    A. 10%～20%　　B. 20%～25%　　C. 25%～30%　　D. 30%～35%
263. BA028 进口物资一律要进行内在质量检验。由专业检验机构或由（　）进行，保管人员应做好取样的配合工作。
    A. 保险部门　　　B. 商检部门　　　C. 保管部门　　　D. 运输部门
264. BA029 物资保管就是对（　）进行合理的保存和科学的管理。
    A. 储存物资　　　B. 运输物资　　　C. 购买物资　　　D. 销售物资
265. BA029 物资在流通过程中要经过购买、（　）、储存、销售四个基本环节。
    A. 生产　　　　　B. 运输　　　　　C. 供应　　　　　D. 回收
266. BA029 物资保管是物资储存管理的核心内容和技术作业的（　）。
    A. 要求　　　　　B. 手段　　　　　C. 基础　　　　　D. 中心环节
267. BA029 储存是保管的（　），保管是储存的要求和手段。
    A. 核心　　　　　B. 标志　　　　　C. 前提　　　　　D. 基础
268. BA030 物资保管业务，是经过物资的（　）、维护保养，检查盘点所进行的一系列业务活动的全部过程。
    A. 验收　　　　　B. 堆码苫垫　　　C. 保管　　　　　D. 发放
269. BA030 物资保管业务是到物资（　）为止所进行的一系列业务活动的全部过程。
    A. 验收　　　　　B. 保管　　　　　C. 保养　　　　　D. 发出
270. BA031 物资保管负责物资验收、入库、保管、保养、发放、出库等项工作，这些工作的快慢程度直接影响着物资的（　）和周转速度。
    A. 经济效益　　　B. 科学管理　　　C. 提高作业效率　D. 流通时间
271. BA031 物资在（　）过程中，由于自身性质以及自然的、社会的因素影响，可能导致物资的使用价值大大降低或完全丧失。
    A. 运输　　　　　B. 储存　　　　　C. 装卸　　　　　D. 保管保养
272. BA031 物资保管是保证及时供应生产建设物资的（　）。
    A. 前提　　　　　B. 要求　　　　　C. 手段　　　　　D. 基础
273. BA032 物资保管任务中的（　）是指节省物资的进库费、保管费、出库费，降低储运成本。
    A. 保安全　　　　B. 费用省　　　　C. 损耗少　　　　D. 保管好

274. BA032　物资保管任务中的（　　）是指做好物资库存期的科学管理和技术养护工作。
　　　A. 损耗少　　　B. 保养好　　　C. 保管好　　　D. 保安全
275. BA032　物资保管任务中的（　　）是指做好防火灾、防盗窃、防破坏、防工伤事故、防物资霉变残损等工作。
　　　A. 保管好　　　B. 费用省　　　C. 损耗少　　　D. 保安全
276. BA033　物资保管工作原则中的（　　）原则是保管人员的首要职责。
　　　A. 及时　　　B. 准确　　　C. 经济　　　D. 安全
277. BA033　物资保管工作原则中的（　　）原则是保证物资的及时供应，确保油田生产顺利进行的关键。
　　　A. 安全　　　B. 合理　　　C. 及时　　　D. 准确
278. BA033　物资保管工作原则中的（　　）原则是物资管理工作在保证物资质量的前提下，节约各项费用达到提高经济效益的目的。
　　　A. 经济　　　B. 安全　　　C. 适用　　　D. 多样
279. BA034　物资检查和盘点是（　　）过程中不可缺少的一项工作。
　　　A. 验收入库　　　B. 保管保养　　　C. 物资保管　　　D. 物资出库
280. BA034　（　　）是指由仓库保管工自行进行检查，在每日上班后和下班前，仓库保管工要对所管物资的安全情况、保管状况、计量工具的管理情况、库房和料场的清洁整齐及门窗安全状况等进行检查。
　　　A. 经常性检查　　　B. 定期检查　　　C. 临时性检查　　　D. 每日检查
281. BA034　（　　）是指在风、雨、雪天气前后及有灾害性气象预报时，或是根据工作中发现的问题而决定进行的检查。
　　　A. 经常性检查　　　B. 定期检查　　　C. 日常检查　　　D. 临时性检查
282. BA035　物资检查内容中的（　　）是指检查物资是否发生锈蚀、霉变、潮解、鼠咬、虫蛀等情况，必要时可进行化验或技术检验。
　　　A. 查数量　　　B. 查安全　　　C. 查质量　　　D. 查计量工具
283. BA035　物资检查内容中的（　　）是指检查物资的数量是否准确，核对账、卡、物是否一致，同时检查规格有无混串。
　　　A. 查数量　　　B. 查质量　　　C. 查保管条件　　　D. 查计量工具
284. BA035　物资检查内容中的（　　）是指检查各种安全设施与消防设备工具是否符合安全要求。
　　　A. 查保管条件　　　B. 查安全　　　C. 查质量　　　D. 查消防
285. BA036　按物资逐区、逐类、分批、分期、分库连续盘点，或者在某类物资达到最低存量时即加以盘点的方法称为（　　）盘点。
　　　A. 全面　　　B. 重点　　　C. 循环　　　D. 动态
286. BA036　盘点是指对储存物品的品种、规格、（　　）进行清点对账。
　　　A. 数量　　　B. 件数　　　C. 质量　　　D. 吨数
287. BA036　对进出库频率高、价值高、易损耗的物资进行盘点的方法称为（　　）盘点。
　　　A. 循环　　　B. 永续　　　C. 全面　　　D. 重点
288. BA037　节约人力，经济方便，但需要的时间长，该盘点方法为（　　）盘点法。

A. 循环　　　　　B. 重点　　　　　C. 永续　　　　　D. 全面

289. BA037　其特点是时间性强，要求严格，该盘点方法为（　）盘点法。

A. 循环　　　　　B. 重点　　　　　C. 动态　　　　　D. 全面

290. BA037　常与年终盘点一起进行的盘点方法为（　）盘点法。

A. 循环　　　　　B. 动态　　　　　C. 重点　　　　　D. 全面

291. BA038　物资苫垫是指根据物资的性能及（　）要求，按垛形尺寸和负荷轻重，在物资的垛上和垛底加上遮盖物和衬垫物。

A. 码放　　　　　B. 验收　　　　　C. 发放　　　　　D. 保管

292. BA038　露天料场垫垛的高度以保证通风防潮为基本要求，一般应距地平面（　）。

A. 15cm　　　　　B. 20cm　　　　　C. 30cm　　　　　D. 50cm

293. BA038　库房和货棚内的垫垛应根据地坪和物资防潮要求而定，垫垛高度一般为（　）。

A. 15cm　　　　　B. 20cm　　　　　C. 25cm　　　　　D. 30cm

294. BA039　垫垛时需注意，下垫必须保证不受（　）。

A. 水浸或潮湿　　B. 水浸　　　　　C. 潮湿　　　　　D. 污染

295. BA039　垫垛时需注意（　）良好。

A. 防风　　　　　B. 密封　　　　　C. 通风　　　　　D. 防虫

296. BA039　垫垛时露天料场的地面应铺平夯实，以免码垛后地面（　）造成货垛倾斜倒塌。

A. 上升　　　　　B. 下沉　　　　　C. 倾斜　　　　　D. 倒塌

297. BA040　料场上的货垛，为了避免直接受日晒和风、雨、露、雪的侵蚀，必须遮盖适宜的（　）。

A. 篷布　　　　　B. 苫布　　　　　C. 苫盖物　　　　D. 衬垫物

298. BA040　（　）适用于屋脊形垛和大件包装物资的苫盖。

A. 鱼鳞式苫盖法　B. 鱼网式苫盖法　C. 就近苫盖法　　D. 就垛苫盖法

299. BA040　将苫盖材料自货垛的底部逐渐向上围盖，上层的苫盖材料下部应压在下层苫盖材料上部的外面，从外形看呈鱼鳞状，该苫盖方法为（　）。

A. 鱼鳞式苫盖法　B. 鱼网式苫盖法　C. 就垛苫盖法　　D. 就近苫盖法

300. BA041　仓库物资的储存设施包括：库房、料场、料棚、（　）以及货架等。

A. 仓库　　　　　B. 现场　　　　　C. 储罐　　　　　D. 货场

301. BA041　储存物资的库房具有隔热保温、（　）、防风吹日晒、防尘防有害气体、防盗防破坏等功能。

A. 防火防潮　　　B. 通风　　　　　C. 密封　　　　　D. 除湿

302. BA041　储罐是由金属、（　）或玻璃钢等材料制造而成。

A. 碳素钢　　　　B. 合金钢　　　　C. 不锈钢　　　　D. 钢筋混凝土

303. BA042　料棚，也称（　）。

A. 库房　　　　　B. 料场　　　　　C. 货棚　　　　　D. 栈棚

304. BA042　料棚是指储存物资的有顶棚且（　）的建筑物。

A. 未完全封闭　　B. 全封闭　　　　C. 半封闭　　　　D. 敞开式

305. BA042　料棚的主要功能是防（　）和太阳光辐射对物资的不良影响。
　　　A. 风　　　　　　　B. 自然降水　　　　C. 潮　　　　　　　D. 虫害
306. BA043　用于存放不怕风吹、日晒、雨淋的大宗物资，该种储存设施应为（　）。
　　　A. 库房　　　　　　B. 料棚　　　　　　C. 栈棚　　　　　　D. 料场
307. BA043　大型钢材一般应存放在（　）。
　　　A. 栈棚　　　　　　B. 料场　　　　　　C. 库房　　　　　　D. 料棚
308. BA043　对料场的基本要求是：地势高，横断面成（　）坡度，以利排水；地面有足够的承载能力；有方便的交通条件等。
　　　A. 人字　　　　　　B. 八字　　　　　　C. 入字　　　　　　D. 斜
309. BA044　由标准的构件或单元体根据使用要求组装而成，方便拆卸，这种货架为（　）。
　　　A. 抽屉式货架　　　B. 橱柜式货架　　　C. 组合式货架　　　D. 贯通式货架
310. BA044　（　）属于封闭式料架，它们的结构与层架相似，区别在于层格中有抽屉或在层格外面有橱门封闭
　　　A. 阁楼式货架　　　　　　　　　　　　B. 抽屉式货架和橱柜式货架
　　　C. 横梁式仓储货架　　　　　　　　　　D. 贯通式货架
311. BA044　（　）也称通廊式货架或驶入式货架，是一种不以通道分割，连接一体的整体性货架。
　　　A. 贯通式货架　　　B. 悬臂式货架　　　C. 组合式货架　　　D. 阁楼式货架
312. BA045　自动化立体仓库的优点为仓库（　）合理化，操作简便化。
　　　A. 低层　　　　　　B. 高层　　　　　　C. 中层　　　　　　D. 底层
313. BA045　自动化立体仓库多应用在（　），汽车生产等领域。
　　　A. 钢铁生产　　　　B. 煤炭生产　　　　C. 医药生产　　　　D. 大型设备
314. BA045　自动化立体仓库的货架是（　）结构或钢筋混凝土结构的建筑物或结构体，货架内是标准尺寸的货位空间，巷道堆垛起重机穿行于货架之间的巷道中，完成存、取货的工作。
　　　A. 钢　　　　　　　B. 铁　　　　　　　C. 铝　　　　　　　D. 合金
315. BA046　影响物资质量变化的因素很多，主要有人为因素和（　）因素两大类。
　　　A. 客观　　　　　　B. 主观　　　　　　C. 自然环境　　　　D. 储存环境
316. BA046　人为因素是指人们在（　）过程中没有按物资保管的客观要求或违反操作规程，而使物资的质量受到影响。
　　　A. 物资保管　　　　B. 物资堆码　　　　C. 物资储运　　　　D. 物资苫盖
317. BA046　包装不善、装卸不慎、堆垛不当、苫垫不适、物资长期积压或突然的机械事故等是影响物资质量变化因素中的（　）。
　　　A. 客观因素　　　　B. 人为因素　　　　C. 储存环境　　　　D. 自然因素
318. BA047　物资的储存期限，对储存物资的（　）有一定的影响。
　　　A. 质量　　　　　　B. 验收　　　　　　C. 有效期限　　　　D. 包装
319. BA047　对于超过储存期就会失效变质的物资，要在储存期内（　）。
　　　A. 核销　　　　　　B. 报损　　　　　　C. 上报　　　　　　D. 发出
320. BA047　供货周期越短，消耗量越大，货源越充足，则物资储存期就（　）。

A. 越长 B. 越短 C. 不变 D. 不一定

321. BA048 在除去金属表面的锈蚀物时，不能影响它们原有的（ ）。
A. 使用性能 B. 使用价值 C. 形状 D. 性质

322. BA048 利用防锈油脂的特性，将防锈油脂喷涂在金属表面，（ ），防止在金属表面形成水膜和氧化层，以达到防锈的目的。
A. 使金属与空气隔绝 B. 保护金属表面
C. 形成一层油脂 D. 牢固附着表面

323. BA048 在密闭的空间内，利用气相缓蚀剂所发出来的气体，减缓金属腐蚀的方法为（ ）。
A. 化学除锈 B. 涂油脂
C. 可剥性塑料涂浸成膜 D. 气相防霉

324. BA049 吸湿率较高，但吸湿后便溶化为液体的除湿剂是（ ）。
A. 生石灰 B. 氯化钙 C. 硅胶 D. 干木炭

325. BA049 除湿是利用（ ）方法将库内潮湿空气中的部分水汽除去，以降低空气湿度。
A. 人工 B. 机械 C. 通风 D. 物理或化学

326. BA049 具有吸湿强、吸湿速度快的特点，且原料充足、价格便宜的除湿剂是（ ）。
A. 生石灰 B. 氯化钙 C. 硅胶 D. 干木炭

327. BA050 物资退库是指物资出库后，经（ ）批准，退回原发料仓库的业务活动。
A. 主管领导 B. 库主任 C. 调拨员 D. 业务主管部门

328. BA050 及时办理退库业务，有利于物资的现场管理，也有利于（ ），避免散失浪费。
A. 准确核销 B. 回收利用 C. 实物退库 D. 实物转移

329. BA050 收料仓库在接收退库物资时，应认真检查，必要时需经（ ）后，再验收入库。
A. 领导批准 B. 维护保养 C. 查物点数 D. 验收合格

330. BA051 在办理退库物资手续时，仓库保管人员应对（ ）部分办理退料入库手续。
A. 待验 B. 验收合格 C. 入库 D. 退库

331. BA051 假退料是生产建设单位在工程结束后，将剩余物资（ ）的一种退料方式。
A. 退回发料库 B. 转入账外料 C. 转入下一工程 D. 转入第一料库

332. BA051 假退料只办理（ ）手续，不进行实物退库。
A. 验收 B. 保管 C. 发料 D. 退料

333. BA052 包装储运图示标志的使用规定，一个包装件上使用相同标志的数目，应根据包装件的尺寸和（ ）确定。
A. 大小 B. 形状 C. 重量 D. 种类

334. BA052 "重心"标志应尽可能标在包装件所有六个面的（ ）位置上，否则至少也应该在包装件2个侧面和2个端面上。
A. 上方 B. 下方 C. 中心 D. 重心

335. BA052 "由此吊起"标志至少应标注在包装件的（ ）上。
A. 四个相对面 B. 四个临界面 C. 两个相对面 D. 两个临界面

336. BB001 常用的生铁含碳量一般为（ ），此外还含有少量的硅、锰、硫、磷等杂质。
A. 1.5%～2.0% B. 2.0%～3.5% C. 2.5%～4.5% D. 3.0%～5.0%

337. BB001 铬能提高钢的（　），在渗碳时可使表面硬度增高。
   A. 耐压性　　　B. 耐酸性　　　C. 耐热性　　　D. 淬透性
338. BB002 钒铁块交货中，10mm×10mm 以下的碎块不得超过该批总质量的（　）。
   A. 5%　　　　B. 10%　　　　C. 3%　　　　D. 8%
339. BB002 铸造用生铁在交货中，每批大于 7kg 和小于 2kg 的铁块之和应不超过总质量的（　）。
   A. 15%　　　B. 10%　　　C. 5%　　　D. 20%
340. BB002 钒铁的最大块重不得超过（　）。
   A. 8kg　　　B. 10kg　　　C. 5kg　　　D. 15kg
341. BB003 铸铁管按耐压能力的不同分为高压管、普压管、（　），一般多供应普压管。
   A. 水压管　　　B. 低压管　　　C. 耐压管　　　D. 强压管
342. BB003 铸铁管按管端接头处形状的不同分为（　）和盘式两种。
   A. 承插式　　　B. 双承式　　　C. 双插式　　　D. 强压管
343. BB003 铸铁管可按照（　）的不同、耐压能力的不同、端接头处形状的不同进行分类。
   A. 连接方式　　　B. 保管方法　　　C. 制造方法　　　D. 使用方向
344. BB004 铸铁管的验收方法有两种：点件验收和（　）验收。
   A. 称重　　　B. 计数　　　C. 检重　　　D. 计量
345. BB004 铸铁管可以露天存放，地面应平坦松软，硬地面应下垫（　）或枕石。
   A. 枕木　　　B. 木板　　　C. 方石　　　D. 条石
346. BB004 铸铁管的管垛高度一般不超过（　），垛旁设支柱或防护装置，防止管材滚动或堆垛垮塌。
   A. 5m　　　B. 3m　　　C. 2m　　　D. 1m
347. BB005 在铸铁管中，法兰盘式直管的有效长度（　）其全长。
   A. 大于　　　B. 小于　　　C. 小于等于　　　D. 等于
348. BB005 铸铁管的规格以公称口径（mm）表示，公称口径即是（　）的近似值。
   A. 内径　　　B. 外径　　　C. 半径　　　D. 壁厚
349. BB005 目前国内生产的铸铁管，公称直径为（　）。
   A. 50～1000mm　B. 75～1200mm　C. 75～1300mm　D. 75～1500mm
350. BB006 铸造用生铁的符号是（　）。
   A. K　　　B. Z　　　C. H　　　D. Q
351. BB006 灰铸铁以符号（　）表示。
   A. HT　　　B. Z　　　C. K　　　D. DT
352. BB006 L04 表示平均含硅量为（　）的炼钢生铁。
   A. 0.04%　　B. 40%　　C. 4%　　D. 0.4%
353. BB007 钼铁在炼钢生产中常作为（　）。
   A. 脱氧剂　　　B. 氧化剂　　　C. 添加剂　　　D. 还原剂
354. BB007 硅铁遇碱液能产生（　），有爆炸燃烧的危险，因此生铁在保管过程中不能和碱液混放。
   A. 氧气　　　B. 氯气　　　C. 氮气　　　D. 氢气

355. BB007 锰铁在炼钢中主要用作（　　）。
    A. 还原剂　　　B. 除磷剂　　　C. 脱氧剂　　　D. 除气剂
356. BB008 钢按质量可分为普通钢、（　　）、高级优质钢等。
    A. 耐酸钢　　　B. 耐碱钢　　　C. 优质钢　　　D. 耐热钢
357. BB008 特殊性能钢是指作特殊用途和具有特殊性能的钢，如（　　）、耐酸钢、耐热钢、磁钢等。
    A. 结构钢　　　B. 工具钢　　　C. 优质钢　　　D. 不锈钢
358. BB008 高级优质钢在钢号后面，通常加符号"（　　）"或汉字"高"以便识别。
    A. A　　　　　B. Y　　　　　C. G　　　　　D. J
359. BB009 钢中含（　　）量的多少，不仅会影响钢的机械性能，而且会影响钢的工艺性能。
    A. 磷　　　　　B. 硫　　　　　C. 碳　　　　　D. 碱
360. BB009 电工硅钢的钢号以汉语拼音字母及（　　）表示。
    A. 字母　　　　B. 数字　　　　C. 拼音　　　　D. 汉字
361. BB009 电工用硅钢牌号为DW360-50，其中的"50"表示（　　）。
    A. 厚度　　　　B. 长度　　　　C. 含碳量　　　D. 宽度
362. BB010 钢丝绳是（　　）或钢丝与绳芯按一定方法捻制而成的绳索。
    A. 铝丝　　　　B. 铁丝　　　　C. 钢丝　　　　D. 钢绞线
363. BB010 制绳用钢丝一般为优质高碳钢丝，是由直径（　　）左右的盘条通过冷拉而形成圆形（或异性）丝材。
    A. 4mm　　　　B. 5mm　　　　C. 6.5mm　　　D. 7mm
364. BB010 钢丝是构成股的单元，根据表面状态不同，目前主要分为光面钢丝和（　　）两种。
    A. 钢丝　　　　B. 铁丝　　　　C. 铝丝　　　　D. 镀锌钢丝
365. BB011 钢材在压力加工中，根据（　　）而分为热加工和冷加工两种方法。
    A. 钢加热温度的高低　　　　　　B. 钢加热温度是否高于1000℃
    C. 高于还是低于钢的再结晶温度　D. 机械性能
366. BB011 为提高钢的易切削性，除常加入硫、铅外，还加有（　　）。
    A. 磷、钙　　　B. 锰　　　　　C. 铝　　　　　D. 铌
367. BB011 通过（　　）可以改善钢的切削加工性能。
    A. 冷处理　　　B. 热处理　　　C. 水处理　　　D. 脱氧处理
368. BB012 中碳合金结构钢经淬火及高温回火后，可获得很高的（　　）。
    A. 硬度　　　　B. 韧性　　　　C. 综合机械性能　D. 耐磨性
369. BB012 高速工具钢有很高的热硬性。当刀具刃部达600℃时，其硬度仍能保持为（　　）。
    A. HRC40　　　B. HRC60　　　C. HRC20　　　D. HRC80
370. BB012 优质碳素结构钢通常简称（　　）。
    A. 工具钢　　　B. 耐酸钢　　　C. 碳结钢　　　D. 合结钢
371. BB013 冷弯型钢是制作（　　）的主要材料。
    A. 轻型结构钢　B. 机械制造　　C. 建筑用材　　D. 工具制造
372. BB013 采用普通碳素钢钢板或钢带经一定的冷弯成型制成的（　　），称为冷弯型钢。

A. 型钢　　　　　　B. 方钢　　　　　　C. 角钢　　　　　　D. 扁钢

373. BB013　盘条质量的工艺性能要求保证（　　）冷弯试验合格。

　　　A. 100°　　　　　B. 120°　　　　　C. 160°　　　　　D. 180°

374. BB014　化学方法除锈是利用（　　）与金属锈蚀物发生化学反应，达到除锈目的。

　　　A. 酸溶液　　　　B. 碱　　　　　　C. 其他化学药品　　D. 盐

375. BB014　酸洗除锈时应注意掌握酸液的（　　）和酸洗时的温度，严格按酸洗工艺过程进行。

　　　A. 体积　　　　　B. 温度　　　　　C. pH值　　　　　D. 浓度

376. BB014　金属除锈方法可分为物理方法和（　　）方法。

　　　A. 酸洗　　　　　B. 打磨　　　　　C. 化学　　　　　D. 喷砂

377. BB015　2号普通碳素钢的特类钢材端面涂色标记是（　　）。

　　　A. 黄色　　　　　　　　　　　　　B. 铝白色一条
　　　C. 红色+黄色　　　　　　　　　　D. 黄色+铝白色一条

378. BB015　3号普通碳素钢的钢材端面涂色标记是（　　）色。

　　　A. 红　　　　　　B. 黄　　　　　　C. 白+黑　　　　　D. 白+红

379. BB015　15Mn~40Mn的优质碳素结构钢钢材的涂色标记是（　　）色。

　　　A. 白+棕　　　　　B. 两条白　　　　C. 白+蓝　　　　　D. 红+绿

380. BB016　用来改善切削加工性能的元素有硫、（　　）、硒、磷。

　　　A. 镁　　　　　　B. 碱　　　　　　C. 钠　　　　　　D. 铅、钙

381. BB016　易切削结构钢适于自动金属切削机床进行高度切削、加工批量大的、对（　　）要求不很高的零件，如手表、照相机零件等。

　　　A. 质量　　　　　B. 规格　　　　　C. 外观　　　　　D. 性能

382. BB016　易切削结构钢中加入一些元素可以降低切削抗力及加工工件表面（　　），有利于提高加工效率，因而获得良好的被切削加工性能。

　　　A. 划伤　　　　　B. 凹坑　　　　　C. 粗糙度　　　　　D. 锈蚀

383. BB017　电工用硅钢牌号尾部加符号（　　），表示在高频下检验的。

　　　A. G　　　　　　B. T　　　　　　C. W　　　　　　D. S

384. BB017　DW360-50中表示最大单位铁损为（　　）。

　　　A. 50W/kg　　　　B. 360W/kg　　　C. 50kg/W　　　　D. 360kg/W

385. BB017　电工硅钢的钢号以汉语拼音字母及数字表示，汉语拼音字母表示（　　）。

　　　A. 最大铁损值　　　B. 钢号　　　　　C. 产品型号　　　D. 产品名称

386. BB018　套管按用途可分为表层套管、（　　）套管和油层套管三种。

　　　A. 水层　　　　　B. 气层　　　　　C. 中间（技）　　　D. 输送

387. BB018　钻具主要有钻杆、钻铤和（　　）三种。

　　　A. 方钻杆　　　　B. 钻头　　　　　C. 转盘　　　　　D. 水龙头

388. BB018　石油专用管材包括钻具、油管和（　　）。

　　　A. 钻杆　　　　　B. 钻铤　　　　　C. 打捞工具　　　　D. 套管

389. BB019　套管库存一般以（　　）为一个检查周期。

　　　A. 3个月　　　　B. 6个月　　　　C. 9个月　　　　D. 1年

390. BB019　钻具的螺纹部分、台肩面和端面必须涂中性防护油，戴软垫圈及钢制保护环。管体外表面涂（　　）或蓝色防锈漆。
A. 白色　　　　　B. 红色　　　　　C. 绿色　　　　　D. 灰色

391. BB019　油、套管在检查时按（　　）进行抽样检查。
A. 3%　　　　　B. 5%　　　　　C. 15%　　　　　D. 20%

392. BB020　方钻杆内外表面不得有（　　）、轧折、离层和结疤存在。
A. 弯曲　　　　　B. 凹坑　　　　　C. 变形　　　　　D. 裂缝、折叠

393. BB020　方钻杆为了防止（　　），应装入两端封闭、尺寸合适的钢质套管内。
A. 锈蚀　　　　　B. 凹坑　　　　　C. 弯曲变形　　　　　D. 损坏

394. BB020　成品钻杆入库验收时，对成品钻杆的抽验比例为（　　）。
A. 1%　　　　　B. 2%　　　　　C. 5%　　　　　D. 10%

395. BB021　方钻杆的规格是指方钻杆驱动部分为正方形或六边形的（　　）。
A. 边长　　　　　B. 对角线长　　　　　C. 周长　　　　　D. 对边距

396. BB021　普通钻铤为圆形截面，中心有水眼，其壁厚较大、水眼较小，单位长度的重量比同尺寸的钻杆大（　　）倍。
A. 2~3　　　　　B. 4~5　　　　　C. 5~6　　　　　D. 6~7

397. BB021　国产钻杆接头代号由接头螺纹代号、钻杆（　　）代号、钻杆重量代号和钻杆钢级代号组成。
A. 公称外径　　　　　B. 壁厚　　　　　C. 内径　　　　　D. 尺寸

398. BB022　石油管材应选择地势高、场地平整、清洁无杂草和杂物、坚实承压的地坪和（　　）条件好的露天货场。
A. 除湿　　　　　B. 密封　　　　　C. 排水　　　　　D. 通风

399. BB022　存放管材的场地附近无（　　）、盐等腐蚀性物质。
A. 镁　　　　　B. 磷　　　　　C. 酸、碱　　　　　D. 汞

400. BB022　存放耐腐蚀合金油套管应采用尼龙吊带、布质或塑料绳套吊装，禁止直接使用（　　）吊装。
A. 绳子　　　　　B. 布带　　　　　C. 钢丝　　　　　D. 金属绳套

401. BB023　高纯银质软、延展性好，是金属中最佳的（　　）。
A. 半导体　　　　　B. 电子管　　　　　C. 电导体　　　　　D. 精密仪器

402. BB023　高纯金呈金黄色，富有延展性，电热良导体，（　　）下也不易氧化，不受腐蚀。
A. 高温　　　　　B. 低温　　　　　C. 常温　　　　　D. 室温

403. BB023　高纯锌用做半导体化合物、（　　）、合金、汽车工业中精密铸件作原料。
A. 添加剂　　　　　B. 氧化剂　　　　　C. 脱氧剂　　　　　D. 还原剂

404. BB024　保管高纯金属的仓库应是具备密闭防尘性能好，（　　）低的保温库房。
A. 饱和湿度　　　　　B. 相对湿度　　　　　C. 绝对湿度　　　　　D. 相对温度

405. BB024　经常检查物资包装情况，若发现有（　　）情况，应及时做好热合密封。
A. 开封　　　　　B. 损坏　　　　　C. 丢失　　　　　D. 腐蚀

406. BB024　高纯金属品种有多种，常用的有高纯铜、高纯锌、高纯锡、（　　）、高纯银、高纯锑、高纯钴。

A. 铅 B. 镍 C. 高纯金 D. 镁

407. BB025 对于黑色金属，当表面呈黄色或淡红色，成细粉末状，用麻布或棕刷擦拭即可除掉，去锈后仅轻微损伤氧化膜层时，应属于（ ）。

A. 轻锈 B. 中锈 C. 重锈 D. 水渍

408. BB025 对于黑色金属，当表面锈层凸起呈片状，一般为褐色或红黄色，用硬铜丝刷或钢丝刷才能除掉，去锈后呈麻坑状，应属于（ ）。

A. 轻锈 B. 中锈 C. 重锈 D. 水渍

409. BB025 对于黑色金属，中锈又称（ ）。

A. 浮锈 B. 水渍 C. 层锈 D. 迹锈

410. BB026 无缝钢管按连接方式分为车丝管和（ ）两种。

A. 光管 B. 油管 C. 套管 D. 焊接管

411. BB026 无缝钢管按生产方式分为热轧无缝钢管、冷轧或（ ）无缝钢管等。

A. 热拔 B. 碳素 C. 冷拔 D. 合金

412. BB026 无缝钢管按用途及工作条件分为结构管、（ ）、锅炉管、地质管、石油裂化管、油井管、管线管、复合管、镀层管等。

A. 碳素钢管 B. 合金钢管 C. 焊接钢管 D. 流体输送管

413. BB027 焊接钢管是用（ ）剪成要求宽度，采用不同工艺卷弯成圆筒状，经焊接制成的钢管。

A. 钢板 B. 钢带 C. 合金钢 D. 钢板或钢带

414. BB027 焊接钢管按焊缝形式分直缝焊管和（ ）。

A. 油井管 B. 地质管 C. 螺旋焊管 D. 无缝焊管

415. BB027 焊接钢管按用途一般分为（ ）种。

A. 8 B. 9 C. 10 D. 12

416. BB028 钢管的钢管等级与钢级（用钢名表示）相同，由用于识别钢管强度水平的字母或字母与数字混排的牌号构成，钢级与钢的（ ）有关。

A. 级别 B. 标志 C. 化学物理 D. 化学成分

417. BB028 钢管的等级/钢级有：L175/A25，L175P/A25P，（ ），L245/B。

A. L200/A B. L210/A C. L220/B D. L230/B

418. BB028 钢管等级/钢级中字母数字含义，以L290R/X42R牌号为例：（ ）表示产品强度水平代号。

A. R B. X C. 42 D. L

419. BB029 钢丝绳应涂油防锈，涂油之前除去绳上的污物，在（ ）以下涂专用干油或中性黄油。

A. 35℃ B. 40℃ C. 60℃ D. 65℃

420. BB029 钢丝绳在装卸作业中，应以（ ）插入轴心，或专用装卸工具，严禁直接将吊绳穿入轴心挂吊，保障卷线盘完整无损。

A. 木棍 B. 枕木 C. 木板 D. 铁杆

421. BB029 钢丝绳在切断前要扎牢切口两端，一般扎结（ ）道。

A. 2 B. 3 C. 3~4 D. 5

422. BB030　钢管表面或坡口面上，轴向长度大于（　　）的任何分层或夹杂应判为缺陷。
　　A. 6.4mm　　　　B. 6.5mm　　　　C. 7.0mm　　　　D. 8.2mm
423. BB030　钢管摔坑深度是指凹陷的（　　）与钢管正常轮廓延伸部分之间的间距。
　　A. 深度　　　　B. 厚度　　　　C. 最高点　　　　D. 最低点
424. BB030　钢管全长相对于直线的总偏离应小于或等于（　　）。
　　A. 0.5%　　　　B. 0.3%　　　　C. 0.2%　　　　D. 0.1%
425. BC001　化工产品和大部分物质一样，都有三种状态，即固态、液态和（　　）。
　　A. 凝态　　　　B. 挥发　　　　C. 气态　　　　D. 升华
426. BC001　由于各类化工产品的（　　）不同，则对其验收、保管、发放等各个环节的要求也不同。
　　A. 性质　　　　B. 比重　　　　C. 体积　　　　D. 状态
427. BC001　下列属于化学性质的是（　　）。
　　A. 颜色　　　　B. 沸点　　　　C. 冰溶化　　　　D. 碳燃烧
428. BC002　化学危险品露天堆放，应符合防火、（　　）的安全要求，爆炸物品、一级易燃物品、遇湿燃烧物品、剧毒物品不得露天堆放。
　　A. 防晒　　　　B. 防雨　　　　C. 防雷　　　　D. 防爆
429. BC002　贮存化学危险品的仓库必须配备有（　　）的技术人员。
　　A. 专业知识　　B. 安全知识　　C. 仓储知识　　D. 消防知识
430. BC002　贮存化学危险品的库房及场所应设（　　）管理，管理人员必须配备个人安全防护用品。
　　A. 保管员　　　B. 监督人　　　C. 专人　　　　D. 安全员
431. BC003　硝酸为无色或（　　）透明液体。
　　A. 淡黄色　　　B. 红棕色　　　C. 淡红色　　　D. 淡蓝色
432. BC003　氢氟酸为（　　）液体，气味剧臭，在空气中发烟。
　　A. 黄色　　　　B. 蓝色　　　　C. 白色　　　　D. 无色透明
433. BC003　纯净盐酸是（　　）液体。
　　A. 黄色　　　　B. 绿色　　　　C. 无色　　　　D. 白色
434. BC004　搬运盐酸时要轻搬、轻放，搬时一定要配有（　　），内衬充实，坛口密封，无摇晃摇出，并穿戴防护用品。
　　A. 托架　　　　B. 木箱　　　　C. 条筐　　　　D. 纸箱
435. BC004　盐酸不宜存放于室内和水泥地面上，宜存放在（　　）良好的砂石地面。
　　A. 室内阴凉封闭　　　　　　　　B. 室内阴凉通风
　　C. 室外阴凉封闭　　　　　　　　D. 室外阴凉通风
436. BC004　工业硫酸可装于其他耐酸包装容器（　　）内运输，其容器大小视需要而定，容器应用耐酸材料的盖密封。
　　A. 铁桶　　　　B. 木箱　　　　C. 塑料桶　　　D. 铝桶
437. BC005　烟片胶是橡胶工业的（　　）原料，广泛用于各种橡胶制品。
　　A. 基本　　　　B. 主要　　　　C. 辅助　　　　D. 添加
438. BC005　强力层是胶管的（　　），是胶管承受压力的部位，因而要求具有一定的强度和刚度。

A. 中心　　　　　B. 核心　　　　　C. 骨架　　　　　D. 基础

439. BC005　丁腈橡胶外观为（　　）或浅黄色带状或碎块胶。

A. 黄色　　　　　B. 褐色　　　　　C. 黄褐色　　　　D. 绿色

440. BC006　轮胎在保管期间应定期进行检查，每（　　）检查一次。

A. 10天　　　　　B. 0.5个月　　　 C. 1个月　　　　 D. 2个月

441. BC006　轮胎的内胎放在外胎里边储存时，应给内胎略充气，内外胎接触面应撒上（　　）。

A. 石膏粉　　　　B. 干燥剂　　　　C. 石墨粉　　　　D. 滑石粉

442. BC006　顺丁橡胶的储存期限为（　　）。

A. 2年　　　　　 B. 1年　　　　　 C. 3年　　　　　 D. 5年

443. BC007　塑料按受热后性能表现的不同，分为热塑性塑料和热固性塑料，如（　　）属于热塑性塑料。

A. 酚醛塑料　　　B. 氨基塑料　　　C. 有机硅塑料　　D. 有机玻璃

444. BC007　酚醛塑料粉主要适于模塑机电、仪器仪表零件，尤其适于模塑形状复杂、表面光泽的（　　）制品。

A. 绝热　　　　　B. 绝缘　　　　　C. 耐磨　　　　　D. 隔音

445. BC007　聚氯乙烯的耐热性差，一般使用温度不超过（　　）。

A. 80℃　　　　　B. 70℃　　　　　C. 60℃　　　　　D. 50℃

446. BC008　软聚氯乙烯制品不可重压，码垛高度不要超过（　　），避免造成管、板制品变形。

A. 1.5m　　　　　B. 2.0m　　　　　C. 2.5m　　　　　D. 3.0m

447. BC008　聚乙烯制品储存期限从生产日期起不得超过（　　）。

A. 6个月　　　　 B. 9个月　　　　 C. 1年　　　　　 D. 2年

448. BC008　酚醛塑料应储存于通风、干燥的库房内，温度不超过（　　）。

A. 50℃　　　　　B. 45℃　　　　　C. 40℃　　　　　D. 35℃

449. BC009　煤炭根据干燥无灰基挥发分等指标，可分为无烟煤、（　　）和褐煤。

A. 焦煤　　　　　B. 长焰煤　　　　C. 烟煤　　　　　D. 原煤

450. BC009　无烟煤的代号为（　　）。

A. WUYAN　　　　 B. HM　　　　　　C. YM　　　　　　D. WY

451. BC009　烟煤的代号为（　　）。

A. YANMEI　　　　B. YM　　　　　　C. HM　　　　　　D. WY

452. BC010　无烟煤、贫煤的存放时间不宜超过（　　）。

A. 1个月　　　　 B. 3个月　　　　 C. 4个月　　　　 D. 半年

453. BC010　堆垛要离开建筑物（　　），距围墙1m以上。

A. 1m　　　　　　B. 2m　　　　　　C. 3m　　　　　　D. 5m

454. BC010　煤堆不宜过大，煤堆应堆到作业机械所允许的堆存高度，一般为（　　）为宜。

A. 1~5m　　　　　B. 3~5m　　　　　C. 5~10m　　　　 D. 8~10m

455. BC011　贮存化学危险品的仓库，必须建立严格的（　　）管理制度。

A. 入库　　　　　B. 出入库　　　　　C. 出库　　　　　D. 验收

456. BC011　化学危险品出入库前均应按（　）进行检查验收、登记，验收内容包括：数量、包装和危险标志。

A. 合同　　　　　B. 制度　　　　　C. 法律　　　　　D. 规定

457. BC011　进入化学危险品贮存区域的人员、机动车辆和作业车辆，必须采取（　）措施。

A. 安全　　　　　B. 防爆　　　　　C. 防火　　　　　D. 消防

458. BC012　原条直径的检量是检量原条（　）部位的直径。

A. 根部　　　　　B. 距根部三分之一处　　　C. 中央　　　　D. 梢部

459. BC012　一条原木的实际长度为6.7m，按原木长度等级规定，它的标准长度应为（　）。

A. 6.5m　　　　B. 6.7m　　　　C. 6.8m　　　　D. 7m

460. BC012　量得原条中央断面直径为18.9cm，根据规定这根原条的检尺径为（　）。

A. 17cm　　　　B. 18cm　　　　C. 18.9cm　　　D. 19cm

461. BC013　木材的防腐处理法可分为（　）两大类。

A. 涂刷处理法和浸渍处理法　　　　B. 物理处理法和化学处理法
C. 加压处理法和无压处理法　　　　D. 喷射处理法和冷浴处理法

462. BC013　木材防腐处理用的防腐剂分为油类防腐剂、（　）防腐剂和其他防腐剂等。

A. 碱类　　　　　B. 酸类　　　　　C. 盐类　　　　　D. 水溶

463. BC013　运输锯材时应按树种、材种、等级、尺寸分别装卸，如为混装，必须（　）以免混淆。

A. 设立标志　　　B. 隔离分开　　　C. 分别打捆　　　D. 分层装卸

464. BC014　储存水泥的库房要求干燥，库房地面高出室外地面（　）。

A. 5cm　　　　　B. 10cm　　　　C. 20cm　　　　D. 30cm

465. BC014　储存于库房的袋装水泥垛与墙壁及窗户应保持适当距离，一般需在（　）以上。

A. 80cm　　　　B. 50cm　　　　C. 30cm　　　　D. 20cm

466. BC014　袋装水泥堆垛不宜过高，以（　）层为宜。

A. 15　　　　　　B. 10　　　　　　C. 12　　　　　　D. 8

467. BC015　6mm厚度的平板玻璃重量箱的指标系数为（　）。

A. 5　　　　　　B. 3　　　　　　C. 2.5　　　　　D. 2

468. BC015　边长尺寸大于1500mm，厚度为8～12mm的浮法平板玻璃，其边长尺寸允许偏差为（　）。

A. ±3mm　　　　B. ±4mm　　　　C. ±5mm　　　　D. ±6mm

469. BC015　3mm厚度的平板玻璃重量箱的指标系数为（　）。

A. 0.8　　　　　B. 1.0　　　　　C. 1.2　　　　　D. 1.5

470. BC016　验收时，固体沥青敲裂后，断口黑色（　）的质量较好。

A. 发亮　　　　　B. 发暗　　　　　C. 暗淡　　　　　D. 发乌

471. BC016　沥青应储存在阴凉、通风、温度适中、干燥及远离热源和火源的仓库内，仓库地面应铺（　）。

A. 水泥　　　　　B. 条石　　　　　C. 木板　　　　　D. 枕木

472. BC016　液体及半固体沥青多用（　）储存装运。

A. 铝桶　　　　　　B. 纸桶　　　　　　C. 竹楼　　　　　　D. 铁桶

473. BC017　到货砖外观上（　　）应一律整齐，棱角应完整无缺，棱成直线，角成直角，一般不应有裂缝。
A. 色泽　　　　　　B. 尺寸　　　　　　C. 结构　　　　　　D. 棱角

474. BC017　欠火红砖呈淡红色或黄色，强度小，质轻，吸水率在（　　）以上，敲击声哑。
A. 10%　　　　　　B. 15%　　　　　　C. 20%　　　　　　D. 25%

475. BC017　普通黏土砖一等品的厚度尺寸偏差不大于（　　）。
A. ±3mm　　　　　B. ±4mm　　　　　C. ±5mm　　　　　D. ±6mm

476. BC018　在砂的保管中，压裂石英砂应入库保管，防止受潮和（　　）。
A. 曝晒　　　　　　B. 风吹　　　　　　C. 雨淋　　　　　　D. 污染

477. BC018　在砂的保管中，建筑用砂应堆放于露天、平坦、结实的场地，应避免（　　）。
A. 受潮　　　　　　B. 暴晒　　　　　　C. 积水　　　　　　D. 风吹

478. BC018　为防止砂被风吹散失，储存期稍长的砂应采取一定的保护措施，即可在砂上浇一层稀（　　），使表面凝成防风壳。
A. 石灰水　　　　　B. 白灰水　　　　　C. 煤灰水　　　　　D. 氢氧化钙水

479. BC019　天然大理石建筑板材适宜直立码放，光面相对，倾斜度不应大于15°，堆垛高以（　　）为宜，底层及层间必须用木条或其他有弹性材料支撑。
A. 1.8m　　　　　　B. 1.6m　　　　　　C. 1.4m　　　　　　D. 1.2m

480. BC019　碎石、砾石的数量验收，应选择平坦的场地，将碎石、砾石堆成整齐的（　　），表面取平、丈量后求其体积。
A. 正方形　　　　　B. 长方形　　　　　C. 梯形　　　　　　D. 圆锥形

481. BC019　花岗石板材入库验收，可抽样检验，抽样数量占总批量块数（　　）。
A. 10%　　　　　　B. 15%　　　　　　C. 20%　　　　　　D. 25%

482. BC020　烃这一类有机化工产品的来源主要是（　　）、石油和煤的加工产物。
A. 页岩气　　　　　B. 二氧化碳　　　　C. 天然气　　　　　D. 汽油

483. BC020　下列产品中，不属于烃类的是（　　）。
A. 甲烷　　　　　　B. 丙烷　　　　　　C. 丙烯　　　　　　D. 乙醇

484. BC020　下列产品中，不属于烃的衍生物的是（　　）。
A. 三氯甲烷　　　　B. 丙烷　　　　　　C. 甲醇　　　　　　D. 乙酸

485. BC021　石油苯是（　　）、透明、易挥发的易燃液体，有芳香气味。
A. 白色　　　　　　B. 蓝色　　　　　　C. 红色　　　　　　D. 无色

486. BC021　石油苯属于（　　）易燃液体。
A. 一级　　　　　　B. 二级　　　　　　C. 三级　　　　　　D. 四级

487. BC021　石油苯的储存期限为不超过（　　）。
A. 1个月　　　　　B. 3个月　　　　　C. 6个月　　　　　D. 12个月

488. BC022　甲醛的储存期限为不超过（　　）。
A. 1个月　　　　　B. 3个月　　　　　C. 6个月　　　　　D. 12个月

489. BC022　常温下甲醛为无色有毒（　　）。
A. 固体　　　　　　B. 液体　　　　　　C. 混合体　　　　　D. 气体

490. BC022　甲醛的水溶液为无色澄清的液体，pH值为（　　）。
　　A. 1　　　　　　B. 3　　　　　　C. 5　　　　　　D. 7
491. BC023　甲醇的分子式为是（　　）。
　　A. HCHO　　　B. C_2H_5OH　　C. CH_3OH　　D. $C_2H_4O_2$
492. BC023　甲醇俗称（　　）。
　　A. 木精　　　　B. 酒精　　　　C. 福尔马林　　D. 冰醋酸
493. BC023　甲醇的储存期限为不宜超过（　　）。
　　A. 3个月　　　B. 6个月　　　C. 1年　　　　D. 2年
494. BC024　乙醇俗称（　　）。
　　A. 冰醋酸　　　B. 福尔马林　　C. 酒精　　　　D. 木精
495. BC024　乙醇的分子式为是（　　）。
　　A. HCHO　　　B. C_2H_5OH　　C. CH_3OH　　D. $C_2H_4O_2$
496. BC024　乙醇为（　　）液体，易燃烧、易挥发。
　　A. 白色透明　　B. 蓝色　　　　C. 无色浑浊　　D. 无色透明
497. BC025　乙酸的分子式是（　　）。
　　A. C_2H_5OH　　B. $C_2H_4O_2$　　C. CH_3OH　　D. HCHO
498. BC025　乙酸的储存期限为（　　）。
　　A. 3个月　　　B. 6个月　　　C. 12个月　　　D. 6～12个月
499. BC025　乙酸应储存于阴凉、通风的库房或货棚，寒冷季节，保持库温在（　　）以上，不使冰冻。
　　A. 5℃　　　　B. 10℃　　　　C. 16℃　　　　D. 25℃
500. BC026　氢氧化钠俗称（　　）。
　　A. 烧碱　　　　B. 活性碱　　　C. 活性钠　　　D. 纯碱
501. BC026　烧碱为固体，呈（　　）不透明块状。
　　A. 蓝色　　　　B. 无色　　　　C. 黄色　　　　D. 白色
502. BC026　烧碱有很强的吸湿性，吸收水分和二氧化碳后生成（　　）。
　　A. 碳酸钾　　　B. 食盐　　　　C. 碳酸钠　　　D. 碳酸氢钠
503. BD001　机械传动主要有皮带传动、链传动和（　　）传动等形式。
　　A. 连杆　　　　B. 叶轮　　　　C. 轴　　　　　D. 齿轮
504. BD001　电气传动是采用电力设备和电器元件，通过调整（　　）来实现运动和动力的传递。
　　A. 相互位置　　B. 电路参数　　C. 排列顺序　　D. 不同的电源
505. BD001　机械设备的传动方式中，应用最多最广的传动方式是（　　）传动。
　　A. 液压　　　　B. 气压　　　　C. 机械　　　　D. 电气
506. BD002　大型包装箱的制作规定是（　　）。
　　A. 应打腰，是否裹边、加框架、支撑、底托、气眼根据需要选择
　　B. 应包角，有框架、支撑、底托、气眼和开门
　　C. 有框架、箱板、吊装装置、标志
　　D. 应包角，有框架、支撑、底托、气眼，是否开门根据需要选择

507. BD002　隔板箱必须用（　）补空格，缺档作内壁并钉牢，以防桶破或掉落。
　　　A. 珍珠棉　　　　B. 坚韧席箔　　　　C. 气泡垫　　　　D. 气泡膜

508. BD002　包装用的衬油毡小型箱、中型箱，要求（　）。
　　　A. 箱内六面铺钉油毡　　　　　　　B. 箱内四面铺钉油毡
　　　C. 箱顶铺钉油毡防雨　　　　　　　D. 箱底铺钉油毡防潮

509. BD003　钻床的代号为（　）。
　　　A. C　　　　　　B. L　　　　　　C. Z　　　　　　D. C

510. BD003　拉床的代号为（　）。
　　　A. C　　　　　　B. L　　　　　　C. Z　　　　　　D. C

511. BD003　镗床的代号为（　）。
　　　A. C　　　　　　B. L　　　　　　C. Z　　　　　　D. T

512. BD004　金属切削机床按机床的加工精度，可分为普通机床、（　）、高精度机床。
　　　A. 专用机床　　　B. 自动机床　　　C. 半自动机床　　D. 精密机床

513. BD004　金属切削机床按自动化程度，可分为（　）、半自动机床、自动机床。
　　　A. 一般机床　　　B. 专用机床　　　C. 精密机床　　　D. 组合机床

514. BD004　金属切削机床按使用上的万能性程度，可分为通用机床、（　）和专门化机床。
　　　A. 通用机床　　　B. 低精密机床　　C. 专用机床　　　D. 一般机床

515. BD005　产品型号为 D155-67×4 的泵的名称是（　）。
　　　A. 分段式多级离心泵　　　　　　　B. 单级单吸清水离心泵
　　　C. 单级双吸立式离心泵　　　　　　D. 单级双吸离心泵

516. BD005　产品型号为 400S100B 的泵的名称是（　）。
　　　A. 离心式砂泵　　　　　　　　　　B. 单级双吸离心泵
　　　C. 单级双吸立式离心泵　　　　　　D. 管道式离心泵

517. BD005　泵的铭牌上标出的流量、扬程、效率值表示泵在其介质为清水状态下高效工作的（　）。
　　　A. 中间值　　　　B. 最小值　　　　C. 额定值　　　　D. 最大值

518. BD006　验收风机时，要求（　）部位均涂有红丹防锈漆。
　　　A. 机壳内部表面、叶轮、盖板、节流装置　　B. 机壳表面、底座支架
　　　C. 进风口、出风口　　　　　　　　　　　　D. 主轴支架、风机转子

519. BD006　压缩机验收时要求电动机及其开关不得受潮发霉，必要时应（　）。
　　　A. 通电实验　　　　　　　　　　　B. 用仪表测量绝缘性能
　　　C. 卸下电动机测试　　　　　　　　D. 更换电动机

520. BD006　验收风机时，要求风机外表油漆层（　）。
　　　A. 厚度均匀，色调一致　　　　　　B. 涂有保护层
　　　C. 必须涂灰色，没有杂色斑点　　　D. 光洁、色调一致，无流痕及脱落等缺陷

521. BD007　阀门按驱动方式不同可分为（　）。
　　　A. 手动阀门和电动阀门　　　　　　B. 液动阀门和气动阀门
　　　C. 自动阀门和他动阀门　　　　　　D. 手动阀门和自动阀门

522. BD007　阀门按承受的压力阀门可分为真空阀、低压阀、（　）、高压阀和超高压阀。

A. 闸阀　　　　　B. 疏汽阀　　　　　C. 调节阀　　　　　D. 中压阀

523. BD007　阀门按控制作用可分为截断类阀门、调压类阀门、（　　）、止回类阀门和安全类阀门5类。
A. 分流类阀门　　B. 疏流类阀门　　　C. 调节类阀门　　　D. 控制类阀门

524. BD008　常用的法兰主要分为三种类型：平焊法兰、对焊法兰和（　　）。
A. 锻造法兰　　　B. 弧焊法兰　　　　C. 铸造法兰　　　　D. 螺纹法兰

525. BD008　法兰的公称通径用字母（　　）表示。
A. *PA*　　　　　B. *PN*　　　　　　C. *PY*　　　　　　D. *DN*

526. BD008　按法兰的密封面形式分为平面、突面、（　　）、榫槽面和环连接面。
A. 凹凸面　　　　B. 曲面　　　　　　C. 斜面　　　　　　D. 立面

527. BD009　非金属软垫片主要包括非金属平垫片、（　　）和聚四氟乙烯包覆垫片三种。
A. 橡胶垫片　　　　　　　　　　　　B. 石棉橡胶垫片
C. 非石棉纤维橡胶垫片　　　　　　　D. 聚四氟乙烯垫片

528. BD009　密封件存放时应避免阳光直射，远离热源（　　）以上。
A. 1m　　　　　　B. 2m　　　　　　　C. 3m　　　　　　　D. 4m

529. BD009　橡胶密封圈的胶边高度、宽度和修损深度不得大于（　　）。
A. 0.1mm　　　　B. 0.2mm　　　　　C. 0.3mm　　　　　D. 0.4mm

530. BD010　非金属管件标记内容主要有（　　）、公称压力、材料、制造厂名称或商标。
A. 公称半径　　　B. 长度　　　　　　C. 外径　　　　　　D. 公称通径

531. BD010　在非金属管件中碳钢的缩写代号是（　　）。
A. PVC　　　　　B. CS　　　　　　　C. PP　　　　　　　D. PE

532. BD010　偏心异径管，公称通径为 *DN*50×40，压力为2.0MPa衬聚丙烯碳钢管件，应标记为（　　）。
A. 50×40-2-PP/CS　　　　　　　　　B. 50×40-2-PE/CS
C. 2-50×40-PP/CS　　　　　　　　　D. 2-50×40-PE/CS

533. BD011　钢制对焊无缝管件短型翻边短节的代号是（　　）。
A. SE（C）　　　B. SE（L）　　　　C. SE（S）　　　　D. SE（T）

534. BD011　代号为T（S）的钢制对焊无缝管件是（　　）。
A. 等径三通　　　B. 异径三通　　　　C. 等径四通　　　　D. 异径四通

535. BD011　钢制对焊无缝管件管帽的代号是（　　）。
A. G　　　　　　B. M　　　　　　　C. H　　　　　　　D. C

536. BD012　向心轴承的直径系列代号用0，1，2，3，4，5，8，9，（　　）表示。
A. 6　　　　　　B. 7　　　　　　　C. 10　　　　　　　D. 11

537. BD012　滚动轴承前置代号L表示可分离轴承的可分离内圈或外圈，WS表示为（　　）。
A. 不带可分离内圈或外圈的轴承　　　B. 滚子和保持架组件
C. 推力圆柱滚子轴承座圈　　　　　　D. 推力圆柱滚子轴承轴圈

538. BD012　滚动轴承的代号由基本代号、前置代号和（　　）三部分构成。
A. 类型代号　　　B. 中置代号　　　　C. 后置代号　　　　D. 直径系列代号

539. BD013　轴承应放在防尘、防潮、干燥、通风的库房里，库内相对湿度不得大于（　　）。

A. 35% B. 45% C. 55% D. 65%

540. BD013 滚动轴承664清洗剂第一次清洗温度是（　　）。
 A. 60~70℃ B. 80~90℃ C. 75~80℃ D. 90~100℃

541. BD013 滚动轴承采用664清洗剂或油酸纳皂清洗剂清洗时，清洗时间为（　　）。
 A. 2~3min B. 3~4min C. 4~5min D. 5~6min

542. BD014 电机的基本型号是由产品代号、规格代号及（　　）等部分组成。
 A. 特殊代号和补充代号 B. 机座代号和顺序代号
 C. 安装方式代号 D. 技术条件代号和等级代号

543. BD014 电机型号中规格代号包括：中心高、铁芯外径、机座长度、铁芯长度、功率及（　　）等。
 A. 绕组线径 B. 接线方式 C. 绝缘等级 D. 转速和极数

544. BD014 电机型号中产品代号包括：类型代号、特征代号及（　　）。
 A. 规格代号 B. 机座长度
 C. 性能结构用途和设计代号 D. 中心高

545. BD015 电机在验收中，对深井水泵用的三相异步电动机应观察（　　）是否符合技术规定。
 A. 接线方式 B. 风扇叶转动方向
 C. 水泵的工作情况 D. 与水泵的配套情况

546. BD015 长时间储存的电机，应每（　　）由专业技术人员测量一次绝缘电阻。
 A. 3个月 B. 5个月 C. 1年 D. 0.5年

547. BD015 验收电机时，应用（　　）测量电机的绝缘电阻值。
 A. 兆欧表 B. 万欧表 C. 千欧表 D. 万用表

548. BD016 变压器型号中，其他结构特征代号D表示移动式，L表示铝线，T表示（　　）。
 A. 成套式 B. 防火式 C. 带电抗 D. 感应式

549. BD016 变压器型号中，油浸自冷式和强油水冷式的代号分别是（　　）。
 A. AN 和 AF B. ODAF 和 ODWF
 C. AN 和 ODAF D. ONAN 和 OFWF

550. BD016 变压器型号中，干式自冷式的代号是（　　）。
 A. ONAN B. OFAF C. AN D. ODAF

551. BD017 阀式避雷器分为（　　）。
 A. 碳化硅避雷器和金属氧化物避雷器
 B. 交流阀式避雷器和直流阀式避雷器
 C. 纤维管式避雷器和无续流管式避雷器
 D. 交流金属氧化物避雷器和直流金属氧化物避雷器

552. BD017 避雷器按结构和应用范围分为（　　）。
 A. 碳化硅避雷器和金属氧化物避雷器 B. 交流避雷器和直流避雷器
 C. 阀式避雷器和管式避雷器 D. 电站用避雷器和线路用避雷器

553. BD017 管型避雷器结构简单，由灭弧管、内间隙和（　　）三部分组成。
 A. 纤维 B. 熔断器 C. 中间隙 D. 外间隙

554. BD018 高压开关柜按元件固定特点分为（　　）。
   A. 固定式和手车式高压开关柜　　　　B. 户内式和户外式高压开关柜
   C. 组合式和分立式高压开关柜　　　　D. 封闭式和开启式高压开关柜
555. BD018 低压开关柜按用途不同分为控制屏及保护屏、动力配电箱和（　　）。
   A. 动力控制箱　　B. 操作板　　C. 照明配电箱　　D. 交直流变换箱
556. BD018 高压开关柜GG-1A-03D型号中，"1"表示（　　）。
   A. 线路方案编号　　B. 设计序号　　C. 第一次改进　　D. 派生代号
557. BD019 裸电线按材质不同可分为（　　）。
   A. 电车线、钢（铁）线、铝镁合金线　　B. 铝线、母线、电刷线
   C. 裸铜线、裸铝线、裸铝合金线　　　　D. 铜线、铝线、铁线
558. BD019 小型、小批的裸线应上货架保管，包装成批的可连同包装重叠码放，但垛不能过高，以防底层重压变形，每隔（　　）应倒垛一次。
   A. 6个月　　B. 5个月　　C. 4个月　　D. 3个月
559. BD019 裸电线是只有（　　），没有绝缘层、保护层的电线。
   A. 绝缘体　　B. 半导体　　C. 晶体　　D. 导体
560. BD020 电缆按保护层不同可分为（　　）、钢丝或钢带铠装电缆、橡塑护套电缆。
   A. 裸铝包电缆
   B. 油浸纸绝缘电缆
   C. 电力电缆、通信电缆、控制电缆
   D. 单芯电缆、双芯电缆、四芯电缆、多芯电缆
561. BD020 普通电缆包括（　　）。
   A. 单芯电缆、双芯电缆、三芯电缆、四芯电缆
   B. 电力电缆、控制电缆、信号电缆
   C. 橡皮绝缘电缆和塑料绝缘电缆
   D. 高压电缆和低压电缆
562. BD020 电缆按线芯数目不同可分为单芯电缆、双芯电缆、三芯电缆、四芯电缆及（　　）。
   A. 五芯电缆　　B. 六芯电缆　　C. 七芯电缆　　D. 多芯电缆
563. BD021 实际直径为16mm的抽油杆接箍长度为（　　），接箍外径为38mm。
   A. 50mm　　B. 60mm　　C. 70mm　　D. 80mm
564. BD021 实际直径为19mm的抽油杆接箍外径为（　　）。
   A. 45mm　　B. 42mm　　C. 32mm　　D. 28mm
565. BD021 实际直径为22mm的抽油杆接箍长度为（　　）。
   A. 60mm　　B. 70mm　　C. 80mm　　D. 90mm
566. BD022 国产液压防喷器型号中类型代号"3FZ"表示（　　）。
   A. 三闸板　　B. 双闸板　　C. 单闸板　　D. 环形
567. BD022 国产液压防喷器型号中类型代号"FH"表示（　　）。
   A. 三闸板　　B. 环形　　C. 单闸板　　D. 双闸板
568. BD023 国产井架底座的型号表示方法中首位两个英文字母DZ表示的是（　　）。

A. 海洋用底座　　B. 陆地用底座　　C. 沼泽用底座　　D. 湖泊用底座

569. BD023　国产井架底座的型号表示方法中首位三个英文字母 HDZ 表示的是（　　）。
A. 海洋用底座　　B. 陆地用底座　　C. 沼泽用底座　　D. 湖泊用底座

570. BD023　国产井架底座的型号表示方法中底座型式代号为 X 表示是（　　）。
A. 导轨式　　B. 轮胎式　　C. 拖橇式　　D. 箱式

571. BD024　井架的提升系统包括绞车、天车、游动滑车、（　　），它们之间用钢丝绳和提环连接。
A. 电动机　　B. 链条　　C. 滑轮　　D. 大钩

572. BD024　JC-60 表示钻井名义深度为 6000m 的国产（　　）。
A. 大钩　　B. 滑轮　　C. 绞车　　D. 天车

573. BD024　TC350 表示最大钩载为（　　）的国产天车。
A. 350kN　　B. 3500kN　　C. 35000kN　　D. 350000kN

574. BD025　钻井的井架型号是 JJ225/42-A2，其中 JJ 代表（　　）。
A. A 井架　　B. 海洋用　　C. 湿地用　　D. 沙漠用

575. BD025　钻井的井架型号是 JJ225/42-A2，其中 225 代表（　　）。
A. 井架高度　　B. 井架宽度　　C. 最大钩载　　D. 最大载荷

576. BD025　钻井的井架型号是 JJ225/42-A2，其中 A 代表（　　）。
A. 塔形　　B. 前开口形　　C. 桅形　　D. A 形

577. BD026　钻机用柴油机 PZ12V190B 中的 12 代表（　　）。
A. 缸径　　B. 缸数　　C. 额定功率　　D. 燃料类别

578. BD026　钻机用柴油机 PZ12V190B 所用燃料是（　　）。
A. 93 号汽油　　B. 97 号汽油　　C. 柴油　　D. 天然气

579. BD026　钻机用柴油机 PZ12V190B 的额定转速是（　　）。
A. 500r/min　　B. 1000r/min　　C. 1200r/min　　D. 1500r/min

580. BD027　钻井泵的型号表示方法中第一位数表示（　　）。
A. 缸径　　B. 缸数　　C. 额定功率　　D. 额定转速

581. BD027　钻井泵的型号表示方法中第二位 NB 表示（　　）。
A. 钻机泵　　B. 泵的级数　　C. 泵的缸径　　D. 泵的功率

582. BD027　钻井泵的型号表示方法中第三位数表示（　　）。
A. 缸径　　B. 缸数　　C. 额定功率　　D. 额定输入功率

583. BD028　国产游梁式抽油机的型号表示方法中第一位数 CYJ 表示（　　）。
A. 常规型游梁式抽油机　　B. 驴头　　C. 游梁平衡　　D. 复合平衡

584. BD028　国产游梁式抽油机的型号表示方法中第二位数表示（　　）。
A. 抽油机　　B. 额定悬点载荷　　C. 游梁平衡　　D. 复合平衡

585. BD028　国产游梁式抽油机的型号表示方法中第四位数表示减速箱曲柄最大（　　）。
A. 冲程　　B. 功率　　C. 转速　　D. 扭矩

586. BD029　有杆式抽油泵的型号表示方法中第一位数 CYB 表示（　　）。
A. 抽油泵　　B. 泵的型式　　C. 泵的直径　　D. 泵的长度

587. BD029　有杆式抽油泵的型号表示方法中第二位数表示（　　）。

A. 抽油机　　　　B. 油管代号　　　　C. 泵的长度　　　　D. 公称直径
588. BD029　有杆式抽油泵的型号表示方法中第三位数表示（　　）。
A. 泵的型式　　　B. 油管代号　　　　C. 泵的长度　　　　D. 公称直径
589. BD030　国产三牙轮钻头的型号表示方法中第一位数表示钻头（　　）代号。
A. 直径　　　　　B. 分类　　　　　　C. 结构特征　　　　D. 长度
590. BD030　国产三牙轮钻头的型号表示方法中第二位数表示钻头（　　）代号。
A. 直径　　　　　B. 系列　　　　　　C. 结构特征　　　　D. 长度
591. BD030　国产三牙轮钻头的型号表示方法中第三位数表示钻头（　　）代号。
A. 直径　　　　　B. 分类　　　　　　C. 结构特征　　　　D. 长度
592. BD031　套管头的型号表示方法中第二位数表示（　　）。
A. 套管头代号　　B. 更新设计号　　　C. 额定工作压力　　D. 套管悬挂顺序
593. BD031　套管头的型号表示方法中第三位数表示（　　）。
A. 套管头代号　　B. 更新设计号　　　C. 额定工作压力　　D. 套管悬挂顺序
594. BD031　套管头的型号表示方法中第四位数表示（　　）。
A. 套管头代号　　B. 更新设计号　　　C. 额定工作压力　　D. 套管悬挂顺序
595. BD032　钻杆接头的型号表示方法中第一位数表示（　　）代号。
A. 接头螺纹　　　B. 所配钻杆公称外径　C. 所配钻杆重量　　D. 所配钻杆钢级
596. BD032　钻杆接头的型号表示方法中第二位数表示（　　）。
A. 接头螺纹　　　B. 所配钻杆公称外径　C. 所配钻杆重量　　D. 所配钻杆钢级
597. BD032　钻杆接头的型号表示方法中第三位数表示（　　）。
A. 接头螺纹　　　B. 所配钻杆公称外径　C. 所配钻杆重量　　D. 所配钻杆钢级

二、判断题（对的画"√"，错的画"×"）

（　）1. AA001　法律对产品质量的监督检查另有规定的，依照有关法律的规定执行。
（　）2. AA002　《中华人民共和国产品质量法》规定，国家监督抽查的产品，地方不得另行重复抽查；上级监督抽查的产品，下级不得另行重复抽查。
（　）3. AA003　对依据《中华人民共和国产品质量法》进行的产品质量监督检查，生产者、销售者不得拒绝。
（　）4. AA004　县级以上产品质量监督部门根据已经取得的违法嫌疑证据或者举报，对涉嫌违反《中华人民共和国产品质量法》规定的行为进行查处时有权行使职权
（　）5. AA005　《中华人民共和国产品质量法》规定，产品质量检验机构必须具备相应的资质，法律、行政法规对产品质量检验机构另有规定的，依照有关法律、行政法规的规定执行。
（　）6. AA006　《中华人民共和国产品质量法》规定，生产者应当对其生产的产品质量负责。
（　）7. AA007　《中华人民共和国产品质量法》规定，使用不当，容易造成产品本身损坏或者可能危及人身、财产安全的产品，应当有警示标志或者英文警示说明。

（　）8. AA008　《中华人民共和国产品质量法》规定，销售者销售产品，不得掺杂、掺假，不得以假充真、以次充好，不得以不合格产品冒充合格产品。

（　）9. AA009　销售者未按照《中华人民共和国产品质量法》第一款规定给予修理、更换、退货或者赔偿损失的，由安全监督部门或者工商行政管理部门责令改正。

（　）10. AA010　《中华人民共和国合同法》规定，合同中因故意或者重大过失造成对方财产损失的免责条款无效。

（　）11. AA011　《中华人民共和国合同法》规定，当事人应当按照约定全面履行自己的义务。

（　）12. AA012　《中华人民共和国合同法》规定，当事人对合同变更的内容约定不明确的，推定为未变更。

（　）13. AA013　《中华人民共和国合同法》规定，债务人将合同的义务全部或者部分转移给第三人的，应当经公证部门同意。

（　）14. AA014　《中华人民共和国劳动法》规定，劳动者应当完成劳动任务，提高职业技能，执行劳动安全卫生规定，遵守劳动纪律和职业道德。

（　）15. AA015　《中华人民共和国劳动法》规定，建立劳动关系可以不订立劳动合同。

（　）16. AA016　《中华人民共和国劳动法》规定，经劳动合同当事人协商一致，劳动合同可以解除。

（　）17. AA017　《中华人民共和国劳动法》规定，新建、改建、扩建工程的劳动安全卫生设施允许不与主题同时设计、同时施工、同时投入生产和使用。

（　）18. AA018　《中华人民共和国劳动法》规定，仲裁裁决一般应在收到仲裁申请的30日内作出。

（　）19. AB001　仓储管理是利用现有仓储资源提供仓储服务所进行的计划、组织、控制和协调的过程。

（　）20. AB002　实行统一编号的优点是便于仓库保管工之间合作互助，一人因故不在，他人可以代为收料。

（　）21. AB003　某项物资摆放在第1料场第2区第4排第6货位上，该项物资的"四号定位"是1料场2区4排6位或1-2-4-6。

（　）22. AB004　库房号要明显地标记在库房门的上方墙上或库房四周墙上。

（　）23. AB005　料场内位号应标记在料牌或料签上，签牌应悬挂或立放在该料垛的背面。

（　）24. AB006　要解决物资的合理存放，就必须对仓库的储存场所进行合理的规划。

（　）25. AB007　便于装卸、搬运等技术作业是物资分区分类保管规划应考虑的因素之一。

（　）26. AB008　仓库总占地面积是指仓库围墙外围线以内的平面面积，若围墙外还有仓库的行政区或库外专用线等，则不能包括在总面积内。

（　）27. AB009　统一编号时主货位料签上应标记副货位的"四号定位"和数量，副货位的料签上应标记主货位的"四号定位"，做到主、副货位相互对应。

（　）28. AB010　仓库有效容积可以全部用来存放物资。

（　）29. AB011　认真贯彻执行国家有关安全防火法规、牢固树立"安全第一、预防为主"的思想，建立单位安全防火领导组织机构和主要领导人负责制。

( ) 30. AB012 仓库安全检查的目的在于发现和消除事故隐患,将可能发生的各种事故消灭在萌芽状态,做到防患于未然,实现对作业全过程健康、质量、环境的全面控制。

( ) 31. AB013 室内消火栓是设于建筑内部的消火栓。

( ) 32. AB014 《中华人民共和国安全生产法》第二十五条明确规定:要熟悉有关的安全生产规章制度和安全操作规程,掌握本岗位的安全操作技能。

( ) 33. AB015 班组安全活动形式主要包括班前会、每周安全会议(学习)、日常安全教育培训、安全检查、应急预案演练等。

( ) 34. AB016 仓库安全现场检查是按照检查工艺、设备、储运、电气、仪表、消防、检维修、工业卫生等专业的标准、规范、制度,检查执行情况,确认是否存在危险。

( ) 35. AC001 专用线接货卸车时,要分清车号,物资的品名、规格,不混不乱,不碰伤不压伤物资。

( ) 36. AC002 物资的装卸搬运是仓储作业的一个重要组成部分。

( ) 37. AC003 物资到库后发生的变质、污染等,保管员签收前由承运部门负责。

( ) 38. AC004 物资统计具有信息反馈,提供咨询,实施监督,参与决策的功能。

( ) 39. AC005 当账页用完后,应续接新账页,并进行结转。

( ) 40. AC006 物资保管基础资料是物资仓储活动中不可缺少的基本资料,加强对其资料的管理,是仓储管理工作的内容之一。

( ) 41. AC007 航空运输货物已办理托运手续的要求变更时声明价值附加费可以退还。

( ) 42. AC008 凡具有爆炸、易燃、毒害、腐蚀、放射性等特性,在运输、装卸和储存过程中,容易造成人身伤亡和财产毁损而需要特别防护的货物,均属危险货物。

( ) 43. AC009 保险货物运抵目的地后,如果收货人未及时收货,则保险责任的终止期最多延长至以收货人接到《到货通知单》后的10天为限(以邮戳日期为准)。

( ) 44. AC010 使用实行强制检定的工作计量器具的部门,应当向当地县(市)级人民政府计量行政部门指定的计量检定机构申请周期检定。

( ) 45. AC011 钢卷尺使用时应注意拉紧,可以下垂,以免造成检尺误差大。

( ) 46. AC012 游标卡尺测量时量爪与待测物要垂直。

( ) 47. AD001 物流运输系统是一个由各种硬件和软件组成的庞大而又复杂的静态系统。

( ) 48. AD002 运输成本是指运输企业完成特定位移而消耗的物化劳动的总和。

( ) 49. AD003 运输成本主要由以下四项构成:基础设施成本、运转设施成本、营运成本、联合成本。

( ) 50. AD004 配载运输是运输合理化的有效形式。

( ) 51. AD005 准确性、及时性、经济性是运输合理化所要实现的目标。

( ) 52. AD006 公路运输的方式按货物的运营方式可分为整车运输、零担运输、联合运输。

( ) 53. AD007 商品包装的保护功能是最基本最重要的功能。

( ) 54. AD008 按包装功能分类可以把包装划分为工业包装和商业包装两类。

( ) 55. AD009　商业包装也称为运输包装。

( ) 56. AD010　包装不需要和物流系统的其他环节综合考虑。

( ) 57. AD011　配送中心的作业项目整个过程包括实物流、信息流和资金流。

( ) 58. AD012　配送中心布点应遵循适应性、科学性、经济性和前瞻性原则。

( ) 59. AD013　分拣功能是配送中心的功能之一。

( ) 60. AD014　配送中心的一般流程是以中、小件杂货配送为代表，属于有存储功能的配送中心，理货、分类、配货、配装的功能较强。

( ) 61. BA001　Word 2003 中段落对齐方式包括：左对齐、居中、右对齐、两端、分散对齐。

( ) 62. BA002　在 Word 2003 中行间距只能设置成单倍行距。

( ) 63. BA003　在 Word 2003 中，不可以在表格中绘制斜线。

( ) 64. BA004　在 Word 2003 中，按 Tab 键可以选定当前单元格的下一个单元格。

( ) 65. BA005　如果要为特定表格单元格添加边框，则应选中单元格，包括单元格结束标记。

( ) 66. BA006　可以使用表格"自动套用格式"功能的多种边框、字体和底纹来使表格具有精美的外观。

( ) 67. BA007　在 Word 2003 中，对于一个规则的表，插入一个单元格，活动单元格向下移，会在该列向下凸出一个单元格。

( ) 68. BA008　Word 2003 表格中，在选中某行后，单击右键，执行"插入行"命令，就在该行上方插入一行。

( ) 69. BA009　Word 2003 表格中，将光标置于要删除行的任意一个单元格，单击右键，执行"删除单元格"命令，在弹出的对话框中，单击"删除整行"就删除了该行。

( ) 70. BA010　Word 2003 表格中，单元格只能横向合并，不能纵向合并。

( ) 71. BA011　在 Word 2003 表格中，当输入的文字达到表格的行高和列宽限制时，文字将自动隐藏。

( ) 72. BA012　Word 2003 表格中拆分单元格的方法是：右键单击准备拆分的单元格，并在打开的快捷菜单中选择"拆分单元格"命令。在打开的"拆分单元格"对话框中，分别设置要拆分成的"列数"和"行数"，并单击"确定"按钮。

( ) 73. BA013　打开"表格自动套用格式"对话框，在"预览"下拉列表中选择"所有表格样式"选项，这时会在"表格样式"列表中看到系统提供的多种 Word 2003 表格专业格式。从"表格样式"列表中单击选中所需要的格式，单击"应用"按钮即可。

( ) 74. BA014　在 Word 2003 中，选中表格，在表格和边框工具栏中单击"中部居中"按钮，就可以使表格中的内容达到水平和垂直居中了。

( ) 75. BA015　可以将 Word 2003 表格中的文本、数字或数据按升序进行排序。

( ) 76. BA016　Word 2003 页面设置对话框中的默认按钮功能是：将当前对话框中的设置保存为默认的设置，用于所有基于其他模板的新文档。

(　) 77. BA017　Word 2003 文档的页眉位于页面的上部。

(　) 78. BA018　若让一段 Word 2003 文字分四栏显示，先选中整个段落，然后打开"分栏"对话框，在"栏数"输入框中输入"4"，"应用范围"选择"所选文字"，单击"确定"按钮即可。

(　) 79. BA019　在启动 Excel 2003 工作窗口时，Excel 2003 将自动创建一个默认的工作簿文件，名称为"文档1"。

(　) 80. BA020　在 Excel 2003 中，当前共打开 3 个工作簿，当单击当前工作簿标题栏右上角的关闭按钮时，即可退出 Excel 2003 应用程序。

(　) 81. BA021　在 Excel 2003 中，同时选定两个空白单元格，输入"测试"之后按回车键，则这两个单元格中都显示"测试"。

(　) 82. BA022　Excel 2003 在启动时会自动创建一个默认的工作簿文件（Book1），除此之外还可以使用"新建"命令创建新的工作簿文件。

(　) 83. BA023　在 Excel 2003 的打开对话框中，可以选择"以只读方式打开"文件。

(　) 84. BA024　在 Excel 2003 中，"另存为"命令和"保存"命令的功能是完全一样的。

(　) 85. BA025　在 Excel 2003 中，标题栏上的"关闭"按钮和"关闭窗口"按钮的功能是一样的。

(　) 86. BA026　在 Excel 2003 中，行号和列标组合在一起用来表示单元格的位置，如"10A"表示位于第 10 行第 A 列的单元格。

(　) 87. BA027　物资验收对供应部门是否按合同进货和避免积压物资进库起监督作用。

(　) 88. BA028　进口物资验收应关注验收的时效性，进口物资合同有要求时，应在规定时间内完成必要的检验项目。

(　) 89. BA029　物资购、销是物资流通的终点。

(　) 90. BA030　物资保管的主要内容要求做好物资的安全保卫工作。

(　) 91. BA031　搞好物资保管，可以节约费用开支，缩短物资流通时间，加快物资周转。

(　) 92. BA032　物资保管过程中，要科学规划，为物资快进快出提供便利条件。

(　) 93. BA033　物资保管的原则是：准确、及时、经济、安全。

(　) 94. BA034　定期检查是指根据实际情况，由保管组长组织有关方面的专业人员对在库物资进行定期检查。

(　) 95. BA035　物资检查方法的一般性检查是采取全查方法进行的。

(　) 96. BA036　永续盘点也称静态盘点。

(　) 97. BA037　全面盘点法的特点是工作量小、盘点彻底。

(　) 98. BA038　物资的上苫下垫，是防止物资受潮及受损的必要措施。

(　) 99. BA039　垫垛时要根据堆垛货物的特性合理选择和使用下垫材料，注意经常回收保管。

(　) 100. BA040　根据储存物资密度的不同，保管要求和垛形不同，要采用不同的苫盖材料和苫盖方法。

(　) 101. BA041　储罐可分为地上、地下及半地下式三种，根据放置方式又可分为立式和卧式。

(　) 102. BA042　料棚按结构特点，可分为全敞开式料棚和封闭式料棚。

（　）103. BA043　料场是指储存物资的露天场地。

（　）104. BA044　阁楼式货架是在已有的工作场地或货架上建两个中间阁楼，以增加存储空间。

（　）105. BA045　自动化立体仓库在管理上采用计算器及条形码技术。

（　）106. BA046　影响储存物资的客观因素一般概括为三个方面，即物资本身理化性质的影响、各种自然因素的影响和物资储存期的影响。

（　）107. BA047　各种物资的自然属性不同，其质量变化的快慢程度也不同，但物资的储存期限相同。

（　）108. BA048　把对霉腐微生物具有抑制或杀灭作用的化学药剂喷洒在物资上，可以防霉腐。

（　）109. BA049　仓库常用的吸湿剂有生石灰、氯化钙、硅胶、干木炭等。

（　）110. BA050　物资退库范围包括用户已安装使用后回收的废旧物资。

（　）111. BA051　在办理退库物资手续时，保管人员按物资入库验收标准进行验收，其中必检物资必要时重新报验。

（　）112. BA052　包装储运图示标志可采用直接印刷、粘贴、拴挂、钉附及喷涂等方法进行标识。

（　）113. BB001　铬铁按所含碳量的多少分为三种。

（　）114. BB002　钒铁用铁桶包装，每桶净重100kg。

（　）115. BB003　铸铁管按制造方法的不同可分为4种。

（　）116. BB004　铸铁管的点件验收由于其每根的尺寸和重量固定、基本一致，则可以采取定量码垛查清根数，然后以单根质量除以根数得出总质量。

（　）117. BB005　铸铁管的有效长度是指其在管路中能用于输送流体的实际长度。

（　）118. BB006　可锻铸铁的符号是"K"。

（　）119. BB007　硅铁也是冶炼各种硅钢（如电工硅钢及含硅的低合金结构钢、合金结构钢、弹簧钢、轴承钢、耐热钢）和合金铸铁、有色金属的合金剂。

（　）120. BB008　专业用钢是指各个工业部门专业用途的钢，如汽车用钢、航空用钢、化工机械用钢、锅炉用钢、电工用钢和焊条用钢等。

（　）121. BB009　碳素工具钢用字母G和平均含碳量的数字表示其牌号。

（　）122. BB010　钢丝绳具有自重轻、强度低、韧性好、使用安全方便等特点，广泛用于提升起重、捆绑悬挂等方面。

（　）123. BB011　钢材的弯曲程度是指条材、管材的弯曲程度。

（　）124. BB012　合金调质钢由于合金元素的加入，提高了淬透性，故调质钢具有良好的综合机械性能。

（　）125. BB013　用冷弯型钢代替普通热轧型钢制成的钢结构，具有经济合理（据建筑部门统计，可节约钢材近40%）和轻便灵活的特点。

（　）126. BB014　涂油防锈是在金属表面喷涂一层具有缓蚀作用的防锈油脂。

（　）127. BB015　35号优质碳素钢的钢材端面涂色标记是红色+黄色。

（　）128. BB016　由于易切钢具有易切削性能，不能用于制作切削刀具。

（　）129. BB017　碳素工具钢T45A中，其钢的含碳量为4.5%。

( ) 130. BB018　钻杆根据用途分普通钻杆和特种钻杆，特种钻杆又包括铝合金钻杆、钛合金钻杆、高强度系列和抗硫系列钻杆等。

( ) 131. BB019　油套管的破坏性检验包括化学成分、抗拉强度、屈服强度、硬度、延伸率、冲击韧性，压扁试验等。

( ) 132. BB020　方钻杆内孔应使用最大长度为3.05m的通径规测量。

( ) 133. BB021　钻杆的加厚方式有内加厚式、外加厚式和内外加厚式三种。

( ) 134. BB022　压缝式码垛可直接压缝或每层管材间至少有一处均匀的隔离垫木或垫杠，垫木或垫杠应与管材呈直角并位于架墩的正上方。

( ) 135. BB023　高纯钴熔点高，硬度大，有金属光泽。

( ) 136. BB024　高纯金属应储存在玻璃柜式的货架上。

( ) 137. BB025　对于铜材，迹锈是指凸起水纹黑锈，表面不平；或呈淡绿色锈，表面不平。

( ) 138. BB026　无缝钢管按钢管材质分为两种。

( ) 139. BB027　焊接钢管按用途分一般焊管、镀锌焊管、吹氧焊管、电线套管、公制焊管、托辊管、深井泵管、汽车用管、变压器管、电焊薄壁管、电焊异形管和电螺旋焊管。

( ) 140. BB028　石油天然气工业管线输送系统用钢管牌号由PSL（产品规范水平）加钢管等级/钢级组成。

( ) 141. BB029　钢丝绳轴严禁沿钢丝绳缠绕反方向转动。

( ) 142. BB030　钢管"影响最小允许壁厚的缺欠"是指在表面缺欠下的壁厚大于最小允许壁厚，影响到最小允许壁厚的缺欠应判断为缺陷。

( ) 143. BC001　同一类化工产品都具有大致相同的化学性质和物理性质。

( ) 144. BC002　经销部门自管仓库贮存化学危险品及贮存数量必须经安全部门批准。

( ) 145. BC003　无水硫酸为无色油状液体，能与水及醇任意混合并放出大量热，暴露在中能迅速吸收水分。

( ) 146. BC004　在收发氰化物时不可喝水、吸烟，皮肤有伤口不可接触氰化物。

( ) 147. BC005　天然橡胶在物理机械性能上优于合成橡胶。

( ) 148. BC006　橡胶库内不得同时存放橡胶溶剂、油类和对橡胶有损害的化工原料。

( ) 149. BC007　可发性聚苯乙烯泡沫塑料在石油工业中大量用做管道绝缘及防漏材料。

( ) 150. BC008　硬质聚醚型聚氨酯泡沫塑料应储存在通风干燥的库房内，不得靠近火源。

( ) 151. BC009　焦煤的代号为JIAOMEI。

( ) 152. BC010　煤堆的场地，一般要求地势较高、地面干燥、平坦、地基坚实、周围排水良好。

( ) 153. BC011　装卸对人身有毒害及腐蚀性的物品时，操作人员应根据危险性，穿戴相应的防护用品。

( ) 154. BC012　原木的长级以墨色蜡笔用阿拉伯数字写在小头断面上，直径在14cm以下的原木写在大头断面上。

( ) 155. BC013　木材保管期间主要易发生菌虫蛀蚀和漏节两种损坏变质现象。

( ) 156. BC014　袋装水泥垛应设立标示牌，注明生产厂名、品种、标号、出厂日期、进库日期等。

( ) 157. BC015　平板玻璃入库时要按大小规格等级堆码，先进先出。
( ) 158. BC016　用锤击法鉴别石油沥青和煤沥青：石油沥青韧性好、有弹性感、声哑、断口整齐并呈贝壳状；煤沥青韧性差、性脆、声清脆、断口不整齐、有碎末。
( ) 159. BC017　砖的混等率是指本等级中混有其他等级的砖的百分率。
( ) 160. BC018　为防止级配砂改变级配，堆放砂时勿从侧面连续卸料，应从顶部顺序堆放。
( ) 161. BC019　石灰应尽量储存于仓库或料棚中，防止直接受潮，取用或发运时，应从边部顺序进行，防止破坏灰堆上部的保护层。
( ) 162. BC020　烃的衍生物可以看成是烃分子中的一个或几个碳原子，被其他元素的原子或原子团所取代后的生成物。
( ) 163. BC021　石油苯可用于生产苯乙烯、苯酚、合成洗涤剂，炼油中还可作为提高汽油辛烷值的掺和剂，润滑油脱蜡的溶剂。
( ) 164. BC022　甲醛是重要的有机原料之一，广泛用于制取聚甲醛树脂、酚醛树脂等的原料。
( ) 165. BC023　甲醇应储存于阴凉、通风的库房中，远离火种、热源，不可与氧化剂等共储。
( ) 166. BC024　乙醇分为食用、医用、工业用三种，除食用酒精外，其他酒精均含有甲醛，饮用后可能导致失明和死亡。
( ) 167. BC025　乙酸为无色透明液体，有强烈刺鼻酸味。
( ) 168. BC026　氢氧化钠有较强的腐蚀作用，能破坏纤维素、腐蚀皮肤，在高温下对碳钢腐蚀严重，不能溶于水、醇及甘油。
( ) 169. BD001　机械设备的各种传动方式，可单独使用，也可两种或多种方式配合使用。
( ) 170. BD002　防尘防潮包装箱在封盖前，所有大小设备必须用防尘防潮物覆盖严密。原来已有内包装或已经采用防尘措施的除外。
( ) 171. BD003　机床型号中有几种通用代号时，排在最右位的为该类机床最主要的通用特性代号。
( ) 172. BD004　金属切削机床按照重量分为一般机床、重型机床、超重型机床。
( ) 173. BD005　螺杆泵按其啮合的螺杆数目的不同分为单螺杆泵、双螺杆泵、三螺杆泵、五螺杆泵。
( ) 174. BD006　叶片应均匀分布在叶轮上，可用手转动主轴，其叶轮旋转时叶片不得触及机壳。
( ) 175. BD007　阀门按阀门与管道连接形式不同来分内螺纹连接阀门、外螺纹连接阀门、法兰连接阀门、焊接连接阀门、对夹连接阀门、卡箍连接阀门和卡套连接阀门 7 类。
( ) 176. BD008　法兰应按公称通径、公称压力、螺纹特征代号或配用的钢管系列代号、标准编号进行标记。
( ) 177. BD009　密封件可分为静密封件和动密封件两大类。
( ) 178. BD010　非金属管件在验收时要求管件表面应光滑、平整，不允许有裂纹、气泡、脱皮和明显杂质以及严重的冷斑、色泽不匀、分解变色等缺陷。

( ) 179. BD011　钢制对焊无缝管件四通包括等径四通 CR（S）和异径四通 CR（R）。
( ) 180. BD012　基本代号是滚动轴承代号的基础，由类型代号、尺寸系列代号、宽度系列代号、内径代号构成。
( ) 181. BD013　存放 10～12 个月的滚动轴承，要按启封—清洗—涂防锈油—包装工序进行维护保养。
( ) 182. BD014　发电机按冷却方式不同分为空气冷却发电机、氢气冷却发电机和液体冷却式同步发电机。
( ) 183. BD015　石油钻探用三相异步电动机为 YZT 型，石油井下用 ZYY 型永磁直流电动机，TX 中小型同步电动机是平行防滴抽油用电动机。
( ) 184. BD016　变压器冷却方式代号 ODAF 表示强油导向风冷式；ODWF 表示强油导向水冷式，均适用于 220kV 以上油浸式变压器。
( ) 185. BD017　型号为 GXW35/（0.7-3）的避雷器，35 代表其额定电压为 3.5kV。
( ) 186. BD018　低压开关板按结构不同可分为户内式、户外式、固定式、手车式、开户式、封闭式。
( ) 187. BD019　塑料绝缘屏蔽线属于专用绝缘电线。
( ) 188. BD020　电缆按用途不同可分为电力电缆、控制通信电缆及专用电缆等。
( ) 189. BD021　实际直径为 25mm 的抽油杆每根的重量为 33.36kg。
( ) 190. BD022　防喷器又称封井器，用于防止地下油气及地下水从井口喷出或外溢，还可以用于高压油、气井边喷边钻作业和强行起下钻。
( ) 191. BD023　井架底座为钢质框架结构。
( ) 192. BD024　DG250 表示最大钩载为 2500kN 的国产普通大钩。
( ) 193. BD025　钻井的井架型号是 JJ225/42-K2，其中 K 代表井架形式为塔形。
( ) 194. BD026　钻机用柴油机 PZ12V190B 的额定功率为 882kW。
( ) 195. BD027　型号为 3NB1300 的钻井泵是二缸单作用活塞式钻井泵。
( ) 196. BD028　国产游梁式抽油机的型号表示方法中第五位数 Y 表示游梁平衡。
( ) 197. BD029　有杆式抽油泵的型号表示方法中第五位数 H 表示厚壁筒。
( ) 198. BD030　产国三牙轮钻头的型号表示方法中第三位数钻头结构特代号 X 表示楔形镶齿。
( ) 199. BD031　套管头的型号为 T13 3/8×9 5/8×7-35，其中 T 表示套管头。
( ) 200. BD032　钻杆接头的型号为 NC50-63G，其中 G 表示钻杆接头的螺纹为数字型。

答　案

一、单项选择题

1. C　2. D　3. A　4. A　5. D　6. B　7. B　8. C　9. D　10. A　11. B
12. C　13. C　14. A　15. D　16. B　17. A　18. D　19. C　20. B　21. A　22. D
23. B　24. A　25. A　26. C　27. D　28. A　29. B　30. D　31. D　32. A　33. B
34. A　35. C　36. B　37. B　38. D　39. A　40. C　41. A　42. D　43. D　44. B
45. A　46. D　47. A　48. C　49. B　50. D　51. C　52. C　53. B　54. D　55. C
56. B　57. D　58. C　59. B　60. D　61. B　62. C　63. D　64. C　65. B　66. D
67. A　68. C　69. B　70. D　71. B　72. A　73. D　74. D　75. B　76. A　77. C
78. B　79. A　80. D　81. A　82. C　83. B　84. C　85. D　86. A　87. C　88. B
89. B　90. C　91. D　92. A　93. C　94. D　95. B　96. D　97. A　98. D　99. B
100. C　101. B　102. A　103. D　104. A　105. C　106. D　107. D　108. A　109. B　110. B
111. C　112. D　113. B　114. D　115. A　116. A　117. B　118. D　119. D　120. B　121. C
122. A　123. B　124. D　125. A　126. C　127. B　128. A　129. B　130. D　131. A　132. C
133. A　134. D　135. B　136. A　137. B　138. C　139. D　140. B　141. A　142. C　143. B
144. D　145. C　146. B　147. A　148. D　149. C　150. B　151. A　152. B　153. A　154. D
155. A　156. C　157. D　158. C　159. B　160. D　161. C　162. A　163. B　164. C　165. A
166. B　167. A　168. C　169. D　170. A　171. B　172. D　173. A　174. B　175. D　176. A
177. C　178. D　179. A　180. B　181. D　182. A　183. C　184. D　185. A　186. D　187. C
188. B　189. A　190. D　191. D　192. C　193. B　194. C　195. B　196. D　197. D　198. B
199. C　200. A　201. C　202. D　203. A　204. C　205. D　206. B　207. A　208. D　209. A
210. C　211. D　212. B　213. C　214. C　215. D　216. B　217. D　218. C　219. B　220. A
221. D　222. D　223. C　224. C　225. B　226. C　227. D　228. C　229. B　230. A　231. A
232. C　233. B　234. A　235. B　236. D　237. B　238. A　239. C　240. B　241. A　242. C
243. D　244. C　245. A　246. C　247. C　248. B　249. A　250. C　251. D　252. A　253. D
254. C　255. C　256. B　257. A　258. B　259. A　260. C　261. D　262. B　263. B　264. A
265. B　266. D　267. C　268. B　269. D　270. D　271. B　272. A　273. B　274. C　275. D
276. B　277. C　278. A　279. C　280. A　281. D　282. C　283. A　284. D　285. C　286. A
287. D　288. A　289. D　290. D　291. D　292. C　293. B　294. A　295. C　296. B　297. C
298. D　299. A　300. C　301. A　302. D　303. C　304. A　305. B　306. D　307. B　308. A
309. C　310. B　311. A　312. B　313. C　314. A　315. A　316. C　317. B　318. A　319. D

320. B 321. B 322. A 323. D 324. B 325. D 326. A 327. D 328. A 329. B 330. B
331. C 332. D 333. B 334. D 335. C 336. C 337. D 338. C 339. C 340. A 341. B
342. A 343. C 344. C 345. A 346. B 347. D 348. A 349. B 350. B 351. A 352. D
353. B 354. D 355. C 356. C 357. D 358. A 359. C 360. B 361. A 362. C 363. C
364. D 365. C 366. A 367. C 368. C 369. B 370. C 371. A 372. A 373. D 374. A
375. D 376. C 377. D 378. A 379. D 380. D 381. D 382. C 383. A 384. B 385. D
386. C 387. A 388. D 389. D 390. C 391. D 392. D 393. C 394. D 395. D 396. B
397. A 398. D 399. C 400. D 401. C 402. D 403. D 404. D 405. A 406. C 407. A
408. C 409. D 410. A 411. C 412. D 413. D 414. C 415. D 416. D 417. B 418. D
419. C 420. C 421. C 422. A 423. D 424. C 425. C 426. C 427. C 428. D 429. C
430. C 431. A 432. D 433. C 434. C 435. D 436. C 437. A 438. C 439. C 440. B
441. D 442. C 443. C 444. B 445. C 446. × 447. C 448. C 449. C 450. D 451. C
452. C 453. B 454. D 455. C 456. A 457. C 458. C 459. A 460. B 461. C 462. D
463. A 464. C 465. C 466. B 467. C 468. C 469. D 470. C 471. C 472. D 473. C
474. D 475. A 476. D 477. C 478. B 479. B 480. C 481. A 482. C 483. C 484. B
485. D 486. A 487. C 488. C 489. D 490. B 491. C 492. C 493. B 494. C 495. C
496. D 497. B 498. D 499. C 500. A 501. D 502. C 503. D 504. B 505. C 506. D
507. B 508. A 509. C 510. B 511. D 512. C 513. A 514. C 515. A 516. B 517. C
518. A 519. B 520. D 521. C 522. D 523. A 524. C 525. D 526. A 527. C 528. A
529. B 530. D 531. B 532. A 533. C 534. A 535. D 536. B 537. D 538. C 539. D
540. C 541. A 542. A 543. D 544. C 545. B 546. D 547. C 548. A 549. C 550. C
551. A 552. C 553. D 554. A 555. C 556. B 557. C 558. C 559. D 560. A 561. B
562. D 563. C 564. B 565. C 566. A 567. B 568. D 569. C 570. B 571. D 572. C
573. B 574. A 575. C 576. D 577. B 578. C 579. D 580. B 581. A 582. D 583. A
584. B 585. D 586. A 587. B 588. D 589. A 590. B 591. B 592. D 593. C 594. B
595. A 596. B 597. C

二、判断题

1. √ 2. √ 3. √ 4. √ 5. √ 6. √ 7. × 正确答案：《中华人民共和国产品质量法》规定，使用不当，容易造成产品本身损坏或者可能危及人身、财产安全的产品，应当有警示标志或者中文警示说明。 8. √ 9. × 正确答案：销售者未按照《中华人民共和国产品质量法》第一款规定给予修理、更换、退货或者赔偿损失的，由产品质量监督部门或者工商行政管理部门责令改正。 10. √ 11. √ 12. √ 13. × 正确答案：《中华人民共和国合同法》规定，债务人将合同的义务全部或者部分转移给第三人的，应当经债权人同意。 14. √ 15. × 正确答案：《中华人民共和国劳动法》规定，建立劳动关系应当订立劳动合同。 16. √ 17. × 正确答案：《中华人民共和国劳动法》规定，新建、改建、扩建工程的劳动安全卫生设施必须与主题同时设计、同时施工、同时投入生产和使用。 18. × 正确答案：《中华人民共和国合同法》规定，仲裁裁决一般应在收到仲裁申请的60日内作出。 19. √ 20. × 正确答案：实行统一编号的优点是便于仓库保管工之间合作互助，一人因故不在，他人可以代为发料。 21. √ 22. × 正确答案：库房号要明显地标记在库房门的上方墙上或库房两端墙上。 23. × 正确答案：料场内位号应标记在料牌或料签上，签牌应悬挂或立放在该料垛的正面。 24. √ 25. √ 26. × 正确答案：仓库总占地面积是指仓库围墙外围线以内的平面面积，若围墙外还有仓库的行政区或库外专用线等，则应包括在总面积内。 27. √ 28. × 正确答案：仓库有效容积不可能全部用来存放物资。 29. √ 30. × 正确答案：仓库安全检查的目的在于发现和消除事故隐患，将可能发生的各种事故消灭在萌芽状态，做到防患于未然，实现对作业全过程健康、安全、环境的全面控制。 31. √ 32. √ 33. √ 34. × 正确答案：仓库安全现场检查是按照检查工艺、设备、储运、电气、仪表、消防、检维修、工业卫生等专业的标准、规范、制度，检查执行情况，确认是否存在安全隐患。 35. √ 36. √ 37. × 正确答案：物资到库发生的变质、污染等，保管员签收前由接运部门负责。 38. √ 39. √ 40. √ 41. × 正确答案：航空运输货物已办理托运手续的要求变更时声明价值附加费不可以退还。 42. √ 43. × 正确答案：保险货物运抵目的地后，如果收货人未及时收货，则保险责任的终止期最多延长至以收货人接到《到货通知单》后的15天为限（以邮戳日期为准）。 44. × 正确答案：使用实行强制检定的工作计量器具的单位和个人，应当向当地县（市）级人民政府计量行政部门指定的计量检定机构申请周期检定。 45. × 正确答案：钢卷尺使用时应注意拉紧，不可下垂，以免造成检尺误差大。 46. √ 47. × 正确答案：物流运输系统是一个由各种硬件和软件组成的庞大而又复杂的动态系统。 48. × 正确答案：运输成本是指运输企业完成特定位移而消耗的物化劳动和活劳动的总和。 49. × 正确答案：运输成本主要由以下四项构成：基础设施成本、运转设施成本、营运成本、作业成本。 50. √ 51. × 正确答案：准确性、安全性、及时性、经济性是运输合理化所要实现的目标。 52. × 正确答案：公路运输的方式按货物的运营方式可分为整车运输、零担运输、联合运输、集装箱运输。 53. √ 54. √ 55. × 正确答案：工业包装也称为运输包装。 56. × 正确答案：包装需要和物流系统的其他环节综合考虑。 57. √ 58. × 正确答案：配送中心布点应遵循适应性、协调性、经济性和前瞻性原则。 59. √ 60. √ 61. √ 62. × 正确答案：在Word 2003中，行间距的选择有单倍行距、多倍行距、固定值、最小值、1.5倍行距、2倍行距。 63. × 正确答案：在Word 2003中，可以在表格中绘制斜线。 64. √ 65. √ 66. √ 67. × 正确答案：在Word 2003中，对于一个规则的表，插入一个单元格，活动单元格向下移，会补充一行。 68. √ 69. √ 70. × 正确答案：Word 2003表格中，单元格既能横向合并，也能纵向合并。 71. × 正确答案：在Word 2003表格中，当输入的文字达到表格的行高和列宽限制时，文字将自动换行，当前行高自动加宽。 72. √ 73. × 正确答案：打开"表格自动套用格式"对话框，在"类别"下拉列表中选择"所有表格样式"选项，这时会在"表格样式"列表中看到系统提供的多种Word 2003表格专业格式。从"表格样式"列表中单击选中所需要的格式，单击"应用"按钮即可。 74. √ 75. √ 76. × 正确答案：Word 2003页面设置对话框中的默认按钮功能是：将当前对话框中的设置保存为默认的设置，用于活动文档及所有基于当前模板的新文档。 77. √ 78. √ 79. × 正确答案：在启动Excel 2003工作窗口时，Excel 2003将自动创建一个默认的工作簿文件，名称为"Book1"。 80. √ 81. ×

正确答案：在Excel 2003中，同时选定两个空白单元格，输入"测试"之后按回车键，只有一个单元格中显示"测试"。　　82．√　　83．√　　84．×　　正确答案：在Excel 2003中，"另存为"命令和"保存"命令的功能是不一样的。　　85．×　　正确答案：在Excel 2003中，标题栏上的"关闭"按钮和"关闭窗口"按钮的功能是不一样的。　　86．×　　正确答案：在Excel 2003中，行号和列标组合在一起用来表示单元格的位置，如"A10"表示位于第10行第A列的单元格。　　87．√　　88．√　　89．×　　正确答案：物资购、销是物资流通的起点和终点。　　90．×　　正确答案：物资保管的主要内容要求做好物资的安全防护工作。　　91．√　　92．√　　93．√　　94．×　　正确答案：定期检查是指根据实际情况，由仓库领导组织有关方面的专业人员对在库物资进行定期检查。　　95．×　　正确答案：物资检查方法的一般性检查是采取抽查方法进行的。　　96．×　　正确答案：永续盘点也称动态盘点。　　97．×　　正确答案：全面盘点法的特点是工作量大、盘点彻底。　　98．√　　99．√　　100．×　　正确答案：根据储存物资性质的不同，保管要求和垛形不同，要采用不同的苫盖材料和苫盖方法。　　101．√　　102．×　　正确答案：料棚按结构特点，可分为全敞开式料棚和半敞开式料棚。　　103．√　　104．×　　正确答案：阁楼式货架是在已有的工作场地或货架上建一个中间阁楼，以增加存储空间。　　105．×　　正确答案：自动化立体仓库在管理上采用计算机及条形码技术。　　106．√　　107．×　　正确答案：各种物资的自然属性不同，其质量变化的快慢程度也不同，物资的储存期限也不同。　　108．√　　109．√　　110．×　　正确答案：物资退库范围不包括用户已安装使用后回收的废旧物资。　　111．√　　112．√　　113．×　　正确答案：铬铁按所含碳量的多少分为四种。　　114．×　　正确答案：钒铁用铁桶包装，每桶净重分50kg和100kg两种。　　115．×　　正确答案：铸铁管按制造方法的不同可分为3种。　　116．×　　正确答案：铸铁管的点件验收由于其每根的尺寸和重量固定、基本一致，则可以采取定量码垛查清根数，然后以单根质量乘以根数得出总质量。　　117．√　　118．×　　正确答案：可锻铸铁的符号是"KT"。　　119．√　　120．√　　121．×　　正确答案：碳素工具钢用字母T和平均含碳量的数字表示其牌号。　　122．×　　正确答案：钢丝绳具有自重轻、强度高、韧性好、使用安全方便等特点，广泛用于提升起重、捆绑悬挂等方面。　　123．√　　124．√　　125．√　　126．√　　127．×　　正确答案：35号优质碳素钢的钢材端面涂色标记是白色＋蓝色。　　128．√　　129．√　　130．×　　正确答案：钻杆根据机械特性分普通钻杆和特种钻杆，特种钻杆又包括铝合金钻杆、钛合金钻杆、高强度系列和抗硫系列钻杆等。　　131．√　　132．×　　正确答案：方钻杆内孔应使用最小长度为3.05m的通径规测量。　　133．√　　134．×　　正确答案：压缝式码垛可直接压缝或每层管材间至少有两处均匀的隔离垫木或垫杠，垫木或垫杠应与管材呈直角并位于架墩的正上方。　　135．√　　136．√　　137．×　　正确答案：对于铜材，迹锈是指凸起水纹黑锈，表面不平；或呈淡绿色锈，表面光滑。　　138．√　　139．√　　140．√　　141．√　　142．×　　正确答案：钢管"影响最小允许壁厚的缺欠"是指在表面缺欠下的壁厚小于最小允许壁厚，影响到最小允许壁厚的缺欠应判断为缺陷。　　143．√　　144．×　　正确答案：经销部门自管仓库贮存化学危险品及贮存数量必须经公安部门批准。　　145．√　　146．√　　147．×　　正确答案：合成橡胶在物理机械性能上优于天然橡胶。　　148．√　　149．×　　正确答案：可发性聚苯乙烯泡沫塑料在石油工业中大量用做管道防腐及保温材料。　　150．√　　151．×　　正确答案：焦煤的代号为JM。　　152．√　　153．√　　154．√

155. × 正确答案：木材保管期间主要易发生菌虫蛀蚀和变形开裂两种损坏变质现象。 156. √ 157. × 正确答案：平板玻璃入库时要按厚度规格等级堆码，先进先出。 158. √ 159. × 正确答案：砖的混等率是指本等级中混有该等级以下的各级砖的百分率。 160. × 正确答案：为防止级配砂改变级配，堆放砂时勿从顶部连续卸料，应从侧面顺序堆放。 161. √ 162. × 正确答案：烃的衍生物可以看成是烃分子中的一个或几个氢原子，被其他元素的原子或原子团所取代后的生成物。 163. √ 164. √ 165. √ 166. × 正确答案：乙醇分为食用、医用、工业用和工业合成用四种，除食用酒精外，其他酒精均含有甲醇，饮用后可能导致失明和死亡。 167. √ 168. × 正确答案：氢氧化钠有较强的腐蚀作用，能破坏纤维素、腐蚀皮肤，在高温下对碳钢腐蚀严重，能溶于水、醇及甘油。 169. √ 170. √ 171. × 正确答案：机床型号中有几种通用代号时，排在最左位的为该类机床最主要的通用特性代号。 172. × 正确答案：金属切削机床按照重量分为一般机床、重型机床、大型机床、超重型机床。 173. √ 174. √ 175. √ 176. × 正确答案：法兰应按公称通径、公称压力、密封面型式代号、螺纹特征代号或配用的钢管系列代号、标准编号进行标记。 177. √ 178. √ 179. √ 180. × 正确答案：基本代号是滚动轴承代号的基础，由类型代号、尺寸系列代号、内径代号构成。 181. √ 182. √ 183. × 正确答案：石油钻探用三相异步电动机为YZT型，石油井下用ZYY型永磁直流电动机，TX中小型同步电动机是垂直防滴抽油用电动机。 184. √ 185. × 正确答案：型号为GXW35/（0.7-3）的避雷器，35代表其额定电压为35kV。 186. √ 187. × 正确答案：塑料绝缘屏蔽线属于通用绝缘电线。 188. √ 189. √ 190. √ 191. √ 192. √ 193. × 正确答案：钻井的井架型号是JJ225/42-K2，其中K代表井架形式为前开口形。 194. √ 195. × 正确答案：型号为3NB1300的钻井泵是三缸单作用活塞式钻井泵。 196. √ 197. √ 198. √ 199. √ 200. × 正确答案：钻杆接头的型号为NC50-63G，其中G表示钻杆接头的钢级为G-105。

附 录

附录1　职业技能等级标准

1. 工种概况

1.1　工种名称

仓库保管工。

1.2　工种定义

对储存的物资进行验收、计量、核对、记账、登卡、按物资的名称规格、品种、型号等进行分区、分类的合理堆码，并办理出入库存手续，对存储的物资进行保管、保养等工作的人员。

1.3　工种等级

本职业共设四个等级，分别为初级（国家职业资格五级）、中级（国家职业资格四级）、高级（国家职业资格三级）、技师（国家职业资格二级）。

1.4　工种环境

室内（外）作业。

1.5　工种能力特征

身体健康，具有一定的运算、协调、表达、分析、判断能力。

1.6　基本文化程度

高中毕业（或同等学力）。

1.7　培训要求

1.7.1　培训期限

全日制职业学校教育，根据其培养目标和教学计划确定期限。晋级培训：初级不少于 280 标准学时；中级不少于 210 标准学时；高级不少于 200 标准学时；技师不少于 280 标准学时。

1.7.2　培训教师

培训初、中、高的教师应具有本职业高级以上职业资格证书或中级以上专业技术职务任职资格；培训技师应具有相应专业高级专业技术职务任职资格。

1.7.3　培训场地及设施

理论培训应具有可容纳 30 名以上学员的教室，技能操作培训应有相应的库房、料架、物资、工具、单据等较为完善的设施。

1.8　鉴定要求

1.8.1　适用对象

从事或准备从事本职业工作的人员。

1.8.2　申报条件

——初级（具备以下条件之一者）

（1）从事本工种工作 1 年以上。

（2）各类中等职业学校及以上本专业毕业生。

（3）经职业培训，达到规定标准学时，并取得培训合格证书。

——中级（具备以下条件之一者）

（1）从事本工种工作 5 年以上，并取得本职业（工种）初级职业资格证书。

（2）各类中等职业学校本专业毕业生，从事本工种工作 3 年以上，并取得本职业（工种）初级职业资格证书。

（3）大专（含高职）及以上本专业（职业）或相关专业毕业生，从事本工种工作 2 年以上。

——高级（具备以下条件之一者）

（1）从事本工种工作 14 年以上，并取得本职业（工种）中级职业资格证书。

（2）各类中等职业学校本专业毕业生，从事本工种工作 12 年以上，并取得本职业（工种）中级职业资格证书。

（3）大专（含高职）及以上本专业（职业）毕业生，从事本工种工作 5 年以上，并取得本职业（工种）中级职业资格证书。

——技师（具备以下条件之一者）

（1）取得本职业（工种）高级职业资格证书 3 年以上。

（2）大专（含高职）及以上本专业毕业生，取得本职业（工种）高级资格证书 2 年以上。

2. 基本要求

2.1　职业道德

（1）爱岗敬业，自觉履行职责；

（2）忠于职守，严于律己；

（3）吃苦耐劳，工作认真负责；

（4）勤奋好学，刻苦钻研业务技术；

（5）谦虚谨慎，团结协作；

(6)安全生产,严格执行生产操作规程;
(7)文明作业,质量环保意识强;
(8)文明守纪,遵纪守法。

2.2 基础知识

2.2.1 法律法规知识
(1)中华人民共和国产品质量法基础知识。
(2)中华人民共和国合同法基础知识。
(3)中华人民共和国消费者权益保护法基础知识。
(4)中华人民共和国劳动法基础知识。

2.2.2 仓储基础及安全消防知识
(1)仓储基础知识。
(2)安全消防知识。

2.2.3 物资接运、计量及保管资料
(1)物资接运知识。
(2)计量基础知识。
(3)保管仓储资料。

2.2.4 物流知识
(1)物流基础知识。
(2)物资包装。

2.2.5 市场营销知识
(1)市场营销渠道的基本知识。
(2)市场营销渠道的构成。

3. 工作要求

本标准对初级、中级、高级、技师的技能要求依次递进,高级别包含低级别的要求。

3.1 初级

职业功能	工作内容	技能要求	相关知识
一、处理账务	(一)操作计算机	1.能用计算机录入单据; 2.能使用打印机	1.Word文档的基本操作; 2.修改文本、字符格式化
	(二)验收、保管、发放物资	1.能验收物资; 2.能保管物资; 3.能发放物资; 4.能识别包装标志; 5.能识别危险标志	1.验收物资的程序; 2.建立物资的验收记录; 3.办理物资的入库手续; 4.堆码物资的方法; 5.物资发放的程序及方式; 6.包装储运图示标志的概念; 7.危险货物包装标志的概念

续表

职业功能	工作内容	技能要求	相关知识
二、管理金属材料	（一）验收金属材料	1. 能验收生铁及铁合金； 2. 能验收钢材； 3. 能验收石油专用管材	1. 黑色金属材料的分类、牌号； 2. 钢材、铁合金的验收要求； 3. 石油专用管材概述
	（二）保管金属材料	1. 能保管生铁及铁合金； 2. 能保管钢材； 3. 能堆码钢材； 4. 能识别金属材料	1. 生铁及铁合金的保管方法； 2. 钢材的防锈方法； 3. 钢材的保管要求
	（三）发放金属材料	能发放螺纹钢	螺纹钢的发放要求
三、管理非金属材料	（一）验收化工材料	能验收橡胶制品	橡胶制品的验收要求
	（二）保管化工材料	1. 能储存保管常用化工危险品； 2. 能储存保管石油常用无机化工产品； 3. 能储存保管石油常用有机化工产品	1. 常用化工危险品的储存保管要求； 2. 石油常用无机化工产品、有机化工产品的储存保管要求
	（三）验收建筑材料	1. 能验收红砖； 2. 能验收木材	1. 红砖的规格及验收标准； 2. 木材的种类及验收标准
	（四）保管建筑材料	1. 能储存保管玻璃及玻璃纤维制品； 2. 能储存保管沥青产品； 3. 能储存保管石棉及石棉制品； 4. 能堆码劳保及建筑材料	1. 玻璃及玻璃纤维的性质； 2. 玻璃及玻璃纤维储存保管要求； 3. 沥青及产品的储存保管要求； 4. 耐火材料的储存保管方法； 5. 劳动防护用品的分类
四、管理机电产品	（一）验收机电产品	1. 能验收机电产品； 2. 能验收计量器具	1. 机电产品的分类及验收要求； 2. 机电产品在运输中的包装要求； 3. 量具的分类及验收方法
	（二）保管机电产品	1. 会使用、保管消防器械； 2. 能保管电工产品； 3. 能发放小型机电产品； 4. 能堆码机电产品	1. 轴承、钻头的分类； 2. 焊剂、钎料的分类及特点； 3. 机电产品的发放要求； 4. 标准紧固件的保管要求

3.2 中级

职业功能	工作内容	技能要求	相关知识
一、处理账务	（一）操作计算机	能使用 Word 制做各种单据	1.Word 制做表格的方法； 2.Word 表格调整方法； 3.Excel 的使用方法
	（二）验收、保管、发放物资	1. 能填写物资明细账； 2. 能办理退库； 3. 能识别安全禁止标志； 4. 能识别安全警告标志	1. 进口物资的检验方法； 2. 物资的检查盘点、苫垫； 3. 影响物资储存的质量因素； 4. 常用的物资维护保养方法； 5. 物资退库一般要求； 6. 包装储运图示标志的应用方法

续表

职业功能	工作内容	技能要求	相关知识
二、管理金属材料	（一）验收金属材料	能验收管材	管材的验收要求
	（二）保管金属材料	1. 能保管保养钢管； 2. 能保管石油专用管材； 3. 能进行金属材料除锈操作	1. 钢管的保管要求； 2. 钢材的加工方法； 3. 钢材的表示方法； 4. 石油专用管材的保管要求； 5. 钢材的除锈方法
	（三）发放金属材料	能发放钢材	1. 钢材的涂色标记； 2. 金属锈蚀登记
三、管理非金属材料	（一）验收化工材料	能验收一般化工产品	一般化工产品的验收要求
	（二）保管化工材料	1. 能储存保管一般化工危险品； 2. 能储存保管橡胶制品、塑料制品； 3. 能发放化工材料	1. 危险品保管要求； 2. 常用酸的性质； 3. 无机化工产品的储运； 4. 橡胶制品的保管方法； 5. 化工材料的发放要求
	（三）验收建筑材料	能验收砂石、煤、玻璃	1. 砂石的验收； 2. 煤的分类； 3. 玻璃石材的验收
	（四）保管建筑材料	1. 能储存保管木材； 2. 能储存保管水泥； 3. 能储存保管建筑砂； 4. 能发放水泥、砂； 5. 能识别非金属材料	1. 木材的储存保管要求； 2. 水泥的储存保管方法； 3. 建筑砂的保管要求； 4. 水泥、建筑砂的出库要求； 5. 沥青的储存保管要求
四、管理机电产品	（一）验收机电产品	能验收常用机电产品	1. 机电产品在保管过程中的包装要求； 2. 机电产品验收标准
	（二）保管机电产品	能保管常用机电产品	1. 机电产品的分类及牌号； 2. 机电产品的保管要求

3.3 高级

职业功能	工作内容	技能要求	相关知识
一、处理账务	（一）操作计算机	能使用 Excel 制作各种单据	用 Excel 制作单据的方法
	（二）验收、保管、发放物资	1. 能根据各类物资确定验收方法； 2. 能根据各类物资性质进行保养； 3. 能计算仓库技术经济指标； 4. 能识别安全提示标志	1. 自然损耗、报废、事故、盈亏概念； 2. 保证库存质量的措施； 3. 物资验收中的问题处理方法； 4. 物资出库问题的处理方法； 5. 安全色及安全标志的概念

续表

职业功能	工作内容	技能要求	相关知识
二、管理金属材料	（一）验收金属材料	1. 能验收板材； 2. 能验收圆钢、螺纹钢	1. 钢材的尺寸检验； 2. 型钢的概念； 3. 钢材理论重量的计算方法
	（二）保管金属材料	1. 能储存保管板材； 2. 能储存保管有色金属	1. 板材保管的要求； 2. 有色金属的规格、型号； 3. 钢材锈蚀等级、影响锈蚀因素
	（三）发放金属材料	1. 能发放金属板材； 2. 能发放有色金属	1. 金属板材的规格型号及发放要求； 2. 有色金属的用途及发放要求
三、管理非金属材料	（一）验收化工材料	1. 能验收油品； 2. 能验收石油专用化工产品	1. 油品的验收要求； 2. 石油专用化工产品的验收要求
	（二）保管化工材料	1. 能储存和保管石油专用化工产品； 2. 能储存保管炼油化工"三剂"； 3. 能储存保管火工产品； 4. 能保管油品； 5. 能处理储耗	1. 有机化工产品及压缩气体的储存保管要求； 2. 炼油化工"三剂"储存保管方法； 3. 火工产品的储存要求； 4. 柴油、煤油的保管要求； 5. 碱的保管
	（三）验收建筑材料	1. 能验收安全帽及防护服； 2. 能验收砂石	1. 安全帽及防护服的概念； 2. 采油用化学剂的验收要求
	（四）保管建筑材料	能处理水泥规格混串	钻井液材料及油井水泥外加剂的概念
四、管理机电产品	（一）验收机电产品	1. 能验收风机和压力表； 2. 能验收制冷设备； 3. 能验收电机产品	1. 风机和压力表的概念； 2. 制冷设备的分类及验收方法； 3. 电机产品的验收要求
	（二）保管机电产品	1. 能储存保管仪器仪表； 2. 能储存保管量具、刃具、磨具； 3. 能储存保管电工材料、汽车及配件； 4. 能识别机电产品； 5. 能处理规格混串	1. 常用仪器仪表的保养方法； 2. 量具、刀具、磨具的概念； 3. 常用汽车、配件及型号； 4. 电缆的型号、用途； 5. 灯具的种类

3.4 技师

职业功能	工作内容	技能要求	相关知识
一、处理账务	（一）操作计算机	1. 能用 Excel 进行函数计算； 2. 能制作 PPT 课件	1. Excel 函数的使用； 2. Excel 的筛选及分类汇总
	（二）验收、保管、发放物资	能识别安全指令标志	安全标志的类型

续表

职业功能	工作内容	技能要求	相关知识
二、管理金属材料	（一）验收金属材料	1. 能验收钢材； 2. 能验收管材	1. 生铁的验收； 2. 钢材的质量计算及验收； 3. 特种钢材的型号识别； 4. 硬质合金的验收准
	（二）保管金属材料	1. 能保管钢材； 2. 能硬质合金	1. 常用钢材的概念； 2. 各种金属钢材保管要求； 3. 硬质合金的保管
	（三）发放金属材料	1. 能发放普通管材； 2. 能发放油套管	1. 不锈钢的分类； 2. 无缝钢管的概念
三、管理非金属材料	（一）验收化工材料	1. 能验收有机玻璃的外观质量； 2. 能验收胶管、轮胎的外观质量； 3. 能验收水泥的质量； 4. 能识别油品	1. 有机玻璃的外观检验方法； 2. 胶管的验收要求； 3. 水泥的质量要求； 4. 燃料油的识别方法
	（二）保管化工材料	1. 能保管轮胎、橡胶制品； 2. 能保管各种压缩气体	1. 轮胎、橡胶制品的保管要求； 2. 压缩气体的保管要求
四、管理机电产品	（一）验收机电产品	1. 能验收内燃机； 2. 能验收空气压缩机	1. 内燃机的型号； 2. 空气压缩机的型号
	（二）保管机电产品	1. 能保管阀门、锅炉等机电设备； 2. 能保管电力电缆等电工产品； 3. 能对机电产品进行保管保养	1. 阀门、锅炉的型号及保管要求； 2. 电力电缆的型号及用途； 3. 机电产品的保管保养方法
五、综合管理	（一）识别计算	1. 能识别物资； 2. 能识别标志； 3. 能计算期末账存实存数量； 4. 能编写技术总结报告	1. 物资的分类方法； 2. 物资统计的方法； 3. 物资供应及定额概念； 4. 营销渠道管理； 5. 市场预测概述
	（二）培训	1. 能编制培训方案、授课； 2. 能编写技术总结报告	1. 培训计划的编写方法； 2. 培训内容及方式、方法

4. 比重表

4.1 理论知识

项　目			初级（%）	中级（%）	高级（%）	技师（%）
基本要求		基础知识	35	30	30	30
相关知识	处理账务	操作计算机	14	13	13	4
		物资验收、保管、出库	13	13	12	1
	管理金属材料	验收金属材料	4	5	6	8
		保管金属材料	3	5	6	8
		发放金属材料	3	5	6	8
	管理非金属材料	验收化工材料	3	3	3	8
		保管化工材料	3	3	3	7
		验收建筑材料	3	4	4	
		保管建筑材料	3	3	3	

续表

项目		初级（%）	中级（%）	高级（%）	技师（%）
基本要求	基础知识	35	30	30	30
相关知识	管理机电产品	验收机电产品	8	8	7	6
		保管机电产品	8	8	7	6
	综合管理	识别计算				12
		培训				2
合计		100	100	100	100

注：上表列数与实际一致。

4.2 技能操作

项目			初级（%）	中级（%）	高级（%）	技师（%）
技能要求	处理账务	操作计算机	11	11	11	6
		物资验收、保管、出库	5	5	5	4
	管理金属材料	验收金属材料	10	10	10	9
		保管金属材料	9	9	9	8
		发放金属材料	9	9	9	8
	管理非金属材料	验收化工材料	7	7	9	13
		保管化工材料	7	7	9	12
		验收建筑材料	7	7	5	
		保管建筑材料	7	7	5	
	管理机电产品	验收机电产品	14	14	14	13
		保管机电产品	14	14	14	12
	综合管理	识别计算				12
		培训				3
合计			100	100	100	100

附录2　初级工理论知识鉴定要素细目表

行业：石油天然气　　　工种：仓库保管工　　　等级：初级工　　　鉴定方式：理论知识

行为领域	代码	鉴定范围（重要程度比例）	鉴定比重	代码	鉴定点	重要程度	备注
基础知识 A 35%	A	法律法规知识（16∶03∶01）	10%	001	《中华人民共和国产品质量法》背景	X	上岗要求
				002	《中华人民共和国产品质量法》主要结构	X	上岗要求
				003	《中华人民共和国产品质量法》总则	X	上岗要求
				004	《中华人民共和国产品质量法》质量检验机构的处罚权限	X	上岗要求
				005	《中华人民共和国产品质量法》对产品质量的相关规定	X	上岗要求
				006	《中华人民共和国合同法》的一般规定	Y	上岗要求
				007	合同的订立要求	X	上岗要求
				008	合同的内容	Y	上岗要求
				009	《中华人民共和国合同法》要约方式	X	上岗要求
				010	《中华人民共和国合同法》对承诺的规定	X	上岗要求
				011	《中华人民共和国消费者权益保护法》总则	X	上岗要求
				012	消费者的权利	X	上岗要求
				013	经营者的义务	X	上岗要求
				014	国家对消费者合法权益的保护	X	上岗要求
				015	消费者组织	X	上岗要求
				016	《中华人民共和国消费者权益保护法》中争议的解决方法	X	
				017	经营者承担的民事责任	Y	
				018	《中华人民共和国劳动法》中的促进就业	Z	

续表

行为领域	代码	鉴定范围（重要程度比例）	鉴定比重	代码	鉴定点	重要程度	备注
基础知识 A 35%	A	法律法规知识（16:03:01）	10%	019	《中华人民共和国劳动法》中的工作时间要求	X	上岗要求
				020	《中华人民共和国劳动法》中的工资规定	X	上岗要求
	B	仓储基础及安全消防知识（19:04:01）	12%	001	物资的分类	X	上岗要求
				002	仓储管理的主要内容	X	上岗要求
				003	仓库保管工的素质要求	X	上岗要求
				004	物资仓储的作业流程	X	上岗要求
				005	货位规划的类型	X	上岗要求
				006	仓库保管工的职责	X	上岗要求
				007	货位规划的要求	X	上岗要求
				008	物资储运仓库的基本任务	X	上岗要求
				009	仓储的功能与作用	X	上岗要求
				010	仓库安全管理的工作内容	X	上岗要求
				011	巡回检查制度	X	上岗要求
				012	消防组织的内容	X	上岗要求
				013	灭火的方法	Y	上岗要求
				014	水在灭火中的作用	Y	上岗要求
				015	燃烧的条件	X	上岗要求
				016	引起火灾的因素	Y	
				017	燃烧蔓延的原因	X	上岗要求
				018	火灾的种类	X	上岗要求
				019	预防火灾的基本措施	X	上岗要求

续表

行为领域	代码	鉴定范围（重要程度比例）	鉴定比重	代码	鉴定点	重要程度	备注
基础知识 A 35%	B	仓储基础及安全消防知识（19：04：01）	12%	020	灭火的基本措施	Z	
				021	灭火器的适用范围	X	上岗要求
				022	灭火剂的作用	X	上岗要求
				023	灭火剂的应用	X	上岗要求
				024	灭火器的使用方法	Y	上岗要求
	C	物资接运、计量及保管资料（11：02：01）	7%	001	接运的方式	X	上岗要求
				002	接运记录的填制要求	X	上岗要求
				003	办理物资的接运任务	X	上岗要求
				004	物资装卸搬运设备的基本要求及种类	X	上岗要求
				005	计量器具的使用方法	X	上岗要求
				006	法定计量单位的符号	X	上岗要求
				007	常用计量单位的换算方法	X	上岗要求
				008	物资保管基础资料的内容	X	上岗要求
				009	一般问题单据的处理规定	X	上岗要求
				010	电子计算器的使用方法	X	上岗要求
				011	计量器具的规定	Y	上岗要求
				012	长度的换算	X	上岗要求
				013	面积的换算	Y	上岗要求
				014	体积的换算	Z	
	D	物流知识（10：02：00）	6%	001	物流的概念	X	上岗要求
				002	供应物流的概念	Y	
				003	企业物流的概念	X	上岗要求

续表

行为领域	代码	鉴定范围（重要程度比例）	鉴定比重	代码	鉴定点	重要程度	备注
基础知识 A 35%	D	物流知识（10:02:00）	6%	004	包装的含义	Y	上岗要求
				005	包装的分类	X	上岗要求
				006	常用包装材料分类	X	上岗要求
				007	包装产品分类	X	上岗要求
				008	包装技术分类	X	上岗要求
				009	运输包装标志	X	上岗要求
				010	配送的概念	X	上岗要求
				011	配送的类型	X	上岗要求
				012	配送中心的概念	X	上岗要求
专业知识 B 65%	A	处理账务（43:08:03）	27%	001	启动 Word	X	上岗要求
				002	退出 Word	X	上岗要求
				003	Word 2003 操作界面的组成	X	
				004	菜单栏的使用	X	上岗要求
				005	工具栏的使用	X	上岗要求
				006	创建新文档的基本方法	X	上岗要求
				007	对话框的使用	X	上岗要求
				008	打开文档	X	上岗要求
				009	保存文档	X	上岗要求
				010	文档的属性	X	上岗要求
				011	文本的选定	X	上岗要求
				012	文本的插入	X	上岗要求

续表

行为领域	代码	鉴定范围（重要程度比例）	鉴定比重	代码	鉴 定 点	重要程度	备注
专业知识B 65%	A	处理账务（43∶08∶03）	27%	013	文本的复制	X	上岗要求
				014	文本的粘贴	X	上岗要求
				015	文本的移动	Y	
				016	撤销操作	X	上岗要求
				017	恢复操作	Y	上岗要求
				018	删除操作	X	上岗要求
				019	文本输入	X	上岗要求
				020	插入符号	Y	
				021	输入法的切换	X	
				022	插入与改写状态的使用	X	上岗要求
				023	查找命令	X	上岗要求
				024	替换命令	X	上岗要求
				025	字体设置	X	上岗要求
				026	字号设置	X	上岗要求
				027	字形设置	X	上岗要求
				028	上下标的使用	X	上岗要求
				029	物资验收的概念	X	上岗要求
				030	物资验收准备内容	X	上岗要求
				031	物资验收核对证件的要求	Y	上岗要求
				032	物资验收中数量检验的方法	Z	上岗要求
				033	数量检验的全检与抽检方法	X	上岗要求
				034	物资数量检验的具体要求	Z	上岗要求

续表

行为领域	代码	鉴定范围（重要程度比例）	鉴定比重	代码	鉴定点	重要程度	备注
专业知识 B 65%	A	处理账务（43：08：03）	27%	035	物资外观检验内容	Y	上岗要求
				036	物资外观检验要求	X	上岗要求
				037	建立物资验收记录	X	
				038	办理物资入库手续	X	上岗要求
				039	物资堆码应具备的条件	X	上岗要求
				040	物资堆码合理化的要求	X	上岗要求
				041	物资堆码的基本要求	X	上岗要求
				042	库存物资在货位上摆放要求	X	上岗要求
				043	物资堆码的基本形式	X	上岗要求
				044	常用堆码垛形	X	上岗要求
				045	物资堆码的方法	X	上岗要求
				046	物资出库的要求	X	上岗要求
				047	物资出库准备	Y	上岗要求
				048	审核出库凭证	X	上岗要求
				049	物资出库备货包装	Y	
				050	物资出库点交发运	X	上岗要求
				051	物资出库复核清理	X	上岗要求
				052	物资的出库方式	X	上岗要求
				053	包装储运图示标志的概念	Y	上岗要求
				054	危险货物包装标志的分类	Z	
	B	管理金属材料（16：03：01）	10%	001	铁的包装要求	X	上岗要求
				002	铁合金的验收要求	X	上岗要求

续表

行为领域	代码	鉴定范围（重要程度比例）	鉴定比重	代码	鉴 定 点	重要程度	备注
专业知识 B 65%	B	管理金属材料（16:03:01）	10%	003	铁的牌号	X	上岗要求
				004	常存元素对钢性能的影响	X	上岗要求
				005	合金元素对钢性能的影响	X	上岗要求
				006	钢材的尺寸测量部位	X	上岗要求
				007	钢材保管要求	X	上岗要求
				008	钢材的防锈方法	X	上岗要求
				009	钢的用途	X	上岗要求
				010	石油专用管材的规格类型	X	上岗要求
				011	螺纹管的代号	X	上岗要求
				012	钻具的特点	X	上岗要求
				013	有色金属的分类	Y	上岗要求
				014	有色金属的保管保养要求	X	上岗要求
				015	有色金属的用途	Y	上岗要求
				016	有色金属的质量验收要求	X	上岗要求
				017	硬质合金的用途	Y	
				018	硬质合金的标记符号	Z	
				019	金属材料的定义、分类、一般特性及决定因素	X	上岗要求
				020	黑色金属材料的定义、特性及分类	X	上岗要求
	C	管理非金属材料（19:04:01）	12%	001	工业化工产品的概念和物理性质	X	上岗要求
				002	常用危险化学品的特点	X	上岗要求
				003	常用危险化学品的储存保管要求	X	上岗要求
				004	石油常用无机化工产品的性质	X	上岗要求

续表

行为领域	代码	鉴定范围（重要程度比例）	鉴定比重	代码	鉴 定 点	重要程度	备注
专业知识 B 65%	C	管理非金属材料（19：04：01）	12%	005	石油常用无机化工产品的验收保管要求	X	上岗要求
				006	石油常用有机化工产品的概念和特性	X	上岗要求
				007	石油常用有机化工产品的储存保管要求	X	上岗要求
				008	石油常用压缩液化气体的性质	X	上岗要求
				009	橡胶制品的种类	X	上岗要求
				010	橡胶制品的储存保管要求	X	上岗要求
				011	塑料制品的储存保管要求	X	上岗要求
				012	油田化学剂的作用	X	上岗要求
				013	油田化学剂产品的验收保管要求	X	上岗要求
				014	木材产品的概念	X	上岗要求
				015	木材产品的验收保管要求	X	上岗要求
				016	玻璃纤维的质量要求和验收保管要求	X	上岗要求
				017	沥青产品的验收保管要求	X	
				018	石棉制品的验收保管要求	X	上岗要求
				019	红砖的验收保管要求	Y	上岗要求
				020	砂的分类	X	上岗要求
				021	石料的验收保管要求	Y	上岗要求
				022	耐火材料的验收保管要求	Y	
				023	防水卷材的验收保管要求	Z	
				024	劳动防护用品的分类	Y	上岗要求
	D	管理机电产品（26：05：01）	16%	001	机电产品的分类	X	上岗要求
				002	机电产品的包装规定	X	上岗要求

续表

行为领域	代码	鉴定范围（重要程度比例）	鉴定比重	代码	鉴 定 点	重要程度	备注
专业知识 B 65%	D	管理机电产品（26∶05∶01）	16%	003	机电产品验收的一般要求	X	上岗要求
				004	机电产品保管的一般要求	X	上岗要求
				005	泵的分类	X	上岗要求
				006	风机气体压缩机的分类	X	上岗要求
				007	叉式起重设备的分类和保管要求	X	上岗要求
				008	压缩气体钢瓶的概念	X	上岗要求
				009	阀门的作用	X	上岗要求
				010	常见管路配件的概念	X	上岗要求
				011	轴承的分类	X	上岗要求
				012	消防器械的概念	X	上岗要求
				013	灭火剂的分类	X	上岗要求
				014	焊条的分类和验收保管要求	X	上岗要求
				015	钎料的概念	Y	
				016	量具的验收要求	X	上岗要求
				017	钻头的分类	X	上岗要求
				018	磨料的用途、种类、黏度及验收保管要求	X	上岗要求
				019	一般工具的分类	X	上岗要求
				020	标准紧固件的验收保管要求	X	上岗要求
				021	电动机的分类	X	上岗要求
				022	变压器的分类	Y	
				023	电线的分类	X	上岗要求

续表

行为领域	代码	鉴定范围（重要程度比例）	鉴定比重	代码	鉴定点	重要程度	备注
专业知识 B 65%	D	管理机电产品（26∶05∶01）	16%	024	电缆的概念和保管要求	X	上岗要求
				025	绝缘材料的用途	Y	上岗要求
				026	电工仪器仪表的概念、表示方法及验收保管要求	X	上岗要求
				027	地质勘探仪器仪表的种类	X	上岗要求
				028	常用采油仪器仪表的结构及工作原理	Y	上岗要求
				029	井下测试仪器仪表的概念及验收保管要求	Y	上岗要求
				030	液压元件的分类	Z	
				031	紧固件的螺纹表示方法	X	上岗要求
				032	螺栓的用途	X	上岗要求

注：X—核心要素，掌握；Y——般要素，熟悉；Z—辅助要素。

附录3 初级工操作技能鉴定要素细目表

行业：石油天然气　　　工种：仓库保管工　　　等级：初级工　　　鉴定方式：操作技能

行为领域	代码	鉴定范围	鉴定比重	代码	名称	重要程度	备注
操作技能 A 100%	A	处理账务	16%	001	操作计算机录入物资数量验收检验比率标准	X	上岗要求
				002	操作计算机录入汉字、英文混合文章	X	上岗要求
				003	操作计算机实现字体设置	X	上岗要求
				004	填写验收记录	X	上岗要求
				005	发放临时出库物资	Y	上岗要求
				006	识别包装储运图示标志（一）	X	上岗要求
				007	识别危险货物包装标志（一）	Y	
				008	识别安全禁止标志（一）	Y	
	B	管理金属材料	28%	001	验收铸铁管件	X	上岗要求
				002	发放螺纹钢	X	上岗要求
				003	填写角钢存货盘点明细表	X	上岗要求
				004	码放无缝管	X	上岗要求
				005	码放角钢	Y	上岗要求
				006	识别金属材料	X	
	C	管理非金属材料	28%	001	验收轮胎	X	上岗要求
				002	验收砖	X	上岗要求
				003	发放水泥	X	上岗要求

续表

行为领域	代码	鉴定范围	鉴定比重	代码	名　称	重要程度	备注
操作技能 A 100%	D	管理机电产品	28%	004	填写碎石存货盘点明细表	X	上岗要求
				005	码放安全帽	Z	
				001	验收开关	X	上岗要求
				002	发放电池	X	上岗要求
				003	填写灯管存货盘点明细表	X	上岗要求
				004	码放电池	X	上岗要求
				005	码放轴承	X	上岗要求

注：X—核心要素；Y——般要素；Z—辅助要素。

附录4 中级工理论知识鉴定要素细目表

行业：石油天然气　　工种：仓库保管工　　等级：中级工　　鉴定方式：理论知识

行为领域	代码	鉴定范围（重要程度比例）	鉴定比重	代码	鉴定点	重要程度	备注
基础知识 A 30%	A	法律法规知识（15：02：01）	9%	001	《中华人民共和国产品质量法》对产品质量监督检查要求	X	
				002	《中华人民共和国产品质量法》对产品质量抽查的规定	X	
				003	《中华人民共和国产品质量法》对产品质量不合格的处理规定	X	
				004	质量监督部门的职权	X	
				005	对产品质量检验机构的规定	X	
				006	产品质量问题的规定	X	
				007	生产者的产品质量责任和义务	X	
				008	销售者的产品质量责任和义务	Y	
				009	销售者的损害赔偿要求	X	
				010	合同的效力	X	
				011	合同的履行	X	
				012	合同的变更	X	
				013	合同的转让	X	
				014	《中华人民共和国劳动法》的总则	Y	
				015	劳动合同的订立要求	X	
				016	违反劳动合同的责任	X	
				017	《中华人民共和国劳动法》中的劳动安全卫生规定	Z	
				018	劳动争议的有关规定	X	
	B	仓储基础及安全消防知识（13：02：01）	8%	001	仓储管理的概念	X	
				002	统一编号的方法	X	
				003	库房存货区的编排方法	X	
				004	库房号的编排方法	X	
				005	料场号的编排方法	X	
				006	物资储存规划的概念	X	
				007	物资分区分类保管规划的影响因素和分类方法	X	
				008	仓储定额的概念	X	
				009	统一编号的要求	Z	
				010	仓储定额的测算	X	
				011	安全消防管理制度	X	

续表

行为领域	代码	鉴定范围（重要程度比例）	鉴定比重	代码	鉴定点	重要程度	备注
基础知识 A 30%	B	仓储基础及安全消防知识（13：02：01）	8%	012	仓库安全检查目的、原则及整改要求	Y	
				013	室内外消火栓的应用	X	
				014	三级安全教育的概念	Y	
				015	仓库安全活动内容	X	
				016	仓库安全检查内容	X	
	C	物资接运、计量及保管资料（09：02：01）	6%	001	专用线接货要求	X	
				002	物资装卸搬运的意义、原则	Y	
				003	接运过程中责任划分	X	
				004	物资统计的概念、任务及统计报表的要求	X	
				005	物资的账务处理	X	
				006	物资保管基础资料的保管要求及作用	X	
				007	航空货物的国内运输规则	X	
				008	水路危险货物的运输规则	X	
				009	国内货物运输保险条款的内容	X	
				010	计量检定的规定	Y	
				011	常用的量具	Z	
				012	游标卡尺的使用方法	X	
	D	物流知识（11：02：01）	7%	001	物流运输系统的构成要素	X	
				002	物流运输成本的定义	X	
				003	物流运输成本的构成	X	
				004	配载运输的含义	X	
				005	物流运输方式选择的原则	X	
				006	公路货物运输的方式	X	
				007	包装的功能	Y	
				008	商业包装的含义	Z	
				009	工业包装的含义	X	
				010	包装合理化	X	
				011	配送中心的作业项目	X	
				012	配送中心的布点原则	X	
				013	配送中心的功能	Y	
				014	配送中心的流程	X	
专业知识 B 70%	A	处理账务（42：08：02）	26%	001	段落的对齐方式	X	
				002	行距的设置	X	
				003	创建表格	X	
				004	选定表格的方法	X	
				005	表格边框的设置	X	
				006	表格底纹的设置	X	
				007	插入单元格的方法	X	
				008	插入行的方法	X	
				009	删除行的方法	Y	

续表

行为领域	代码	鉴定范围（重要程度比例）	鉴定比重	代码	鉴定点	重要程度	备注
专业知识 B 70%	A	处理账务（42∶08∶02）	26%	010	单元格的合并方法	X	
				011	调整表格行高列宽的方法	X	
				012	拆分单元格的方法	X	
				013	表格的自动套用格式功能	X	
				014	表格中文字对齐方式	Y	
				015	表格中数据排序的方法	Y	
				016	页面设置	Y	
				017	页眉和页脚的设置	X	
				018	分栏排版的方法	Z	
				019	Excel 2003 的启动	X	
				020	Excel 2003 的退出	Y	
				021	单元格的概念	Y	
				022	创建新工作簿的方法	X	
				023	打开已有的工作簿的方法	X	
				024	保存工作簿的方法	X	
				025	关闭工作簿的方法	X	
				026	编辑栏的使用	X	
				027	物资验收的作用	Z	
				028	进口物资的检验与国内物资的检验区别	X	
				029	物资保管的概念	Y	
				030	物资保管的内容	X	
				031	物资保管的作用	X	
				032	物资保管的任务	X	
				033	物资保管的原则	X	
				034	物资检查的种类	X	
				035	物资检查的内容	X	
				036	物资盘点的概念	Y	
				037	物资盘点的方法	X	
				038	垫垛的要求	X	
				039	垫垛的注意事项	X	
				040	苫盖的方法	X	
				041	仓库物资的储存设施	X	
				042	库房料棚的概念	X	
				043	料场的概念	X	
				044	货架的种类	X	
				045	自动化立体仓库的特点	X	
				046	影响储存物资质量的因素	X	
				047	物资的储存期限	X	
				048	常用物资的维护保养方法	X	
				049	库房中常用的除湿剂	X	

续表

行为领域	代码	鉴定范围（重要程度比例）	鉴定比重	代码	鉴 定 点	重要程度	备注
专业知识 B 70%	A	处理账务（42∶08∶02）	26%	050	物资退库的范围	X	
				051	物资退库手续的办理方法	X	
				052	包装储运图示标志的应用方法	X	
	B	管理金属材料（24∶04∶02）	15%	001	铁的组成	X	
				002	铁的保管	X	
				003	铸铁管的分类	X	
				004	铸铁管的验收保管要求	X	
				005	铸铁管的规格型号表示方法	X	
				006	生铁的牌号	X	
				007	铁合金在炼钢中的作用	Y	
				008	钢的分类方法	X	
				009	钢牌号的数字含义	X	
				010	钢丝绳的构造	X	
				011	钢材加工的方法	X	
				012	优质碳素钢、合金结构钢、高速工具钢的性能及用途	Y	
				013	冷弯型钢的概念	X	
				014	钢材的除锈方法	X	
				015	钢材的表示方法	Y	
				016	易切削结构钢的概念	Y	
				017	钢的牌号	X	
				018	石油专用管材的分类	X	
				019	石油专用管材的保管要求	X	
				020	石油专用管材的验收要求	X	
				021	石油专用管材的规格表示	X	
				022	常用石油专用管材的保管要求	X	
				023	高纯金属的种类	X	
				024	高纯金属的保管要求	X	
				025	金属锈蚀的等级分类	Z	
				026	无缝钢管的分类	X	
				027	焊接钢管的概念	X	
				028	钢管的等级和钢级	X	
				029	钢丝绳的保管保养要求	Z	
				030	钢管的验收方法	X	
	C	管理非金属材料（21∶04∶01）	13%	001	化工产品的性质	X	
				002	化学危险品贮存的基本要求	X	
				003	常用酸的性质	X	
				004	常用无机化工产品的保管要求	X	
				005	橡胶制品的特性、用途	X	
				006	橡胶制品的保管要求	X	

续表

行为领域	代码	鉴定范围（重要程度比例）	鉴定比重	代码	鉴 定 点	重要程度	备注
专业知识B 70%	C	管理非金属材料（21：04：01）	13%	007	塑料制品的分类、特性和用途	Y	
				008	塑料制品的保管要求	X	
				009	煤的分类	X	
				010	煤的保管要求	X	
				011	化学危险品出入库管理方法	X	
				012	木材的质量检验方法	Y	
				013	木材的保管要求	X	
				014	水泥的验收保管要求	X	
				015	平板玻璃的验收保管要求	Z	
				016	沥青的验收储运要求	X	
				017	砖的质量指标	Y	
				018	砂的保管要求	X	
				019	石材的验收保管方法	X	
				020	烃的概念	Y	
				021	石油苯的概念	X	
				022	甲醛的概念	X	
				023	甲醇的概念	X	
				024	乙醇的概念	X	
				025	乙酸的概念	X	
				026	烧碱的概念	X	
	D	管理机电产品（25：05：02）	16%	001	机械设备常用传动方式	X	
				002	机电产品的包装要求	X	
				003	机床的类代号	X	
				004	金属切削机床的分类	X	
				005	泵的型号表示方法	X	
				006	风机压缩机的验收要求	X	
				007	阀门的分类	X	
				008	法兰的概念	X	
				009	密封件的分类	X	
				010	非金属管件的分类	X	
				011	常用对焊无缝管件品种	X	
				012	轴承的表示方法及代号	X	
				013	轴承的保管保养	X	
				014	电机的分类	X	
				015	电机的验收保管	X	
				016	变压器的型号表示方法	X	
				017	避雷器的分类	Y	
				018	高、低压开关柜型号表示方法及验收保管要求	Y	

续表

行为领域	代码	鉴定范围（重要程度比例）	鉴定比重	代码	鉴 定 点	重要程度	备注
专业知识B 70%	D	管理机电产品（25：05：02）	16%	019	电线的验收保管要求	X	
				020	电缆的分类	X	
				021	抽油杆的参数	Y	
				022	防喷器的型号表示方法	Z	
				023	井架底座的型号表示方法	X	
				024	钻井提升设备	Y	
				025	井架的型号表示方法	X	
				026	钻井柴油机的型号表示方法	X	
				027	钻井泵的型号表示方法	Y	
				028	抽油机的型号表示方法	X	
				029	有杆式抽油泵的型号表示方法	Z	
				030	国产三牙轮钻头的型号表示方法	X	
				031	套管头的分类及型号表示方法	X	
				032	钻杆接头的型号表示方法	X	

注：X—核心要素；Y——般要素；Z—辅助要素。

附录5 中级工操作技能鉴定要素细目表

行业：石油天然气　　工种：仓库保管工　　等级：中级工　　鉴定方式：操作技能

行为领域	代码	鉴定范围	鉴定比重	代码	名称	重要程度	备注
操作技能 A 100%	A	处理账务	16%	001	操作计算机用Word制"库存物资盈亏申请表"	X	
				002	操作计算机用Word制"存货盘点明细表"	X	
				003	操作计算机用Word制"物资调拨单"	X	
				004	填写物资明细账	X	
				005	退料入库	Y	
				006	识别包装储运图示标志（二）	X	
				007	识别危险货物包装标志（二）	Z	
				008	识别安全禁止标志（二）	Y	
				009	识别安全警告标志（一）	Y	
	B	管理金属材料	28%	001	验收无缝管	X	填验收单、明细账
				002	验收扁钢	X	
				003	发放圆钢	X	
				004	填写角钢不能验收报告单	X	
				005	填写方钢不能验收报告单	Y	
	C	管理非金属材料	28%	001	验收地砖	X	填验收单、明细账
				002	验收工业盐	X	
				003	发放石粉	X	
				004	填写水泥不能验收报告单	X	
				005	填写纯碱不能验收报告单	X	
				006	识别非金属材料	X	
	D	管理机电产品	28%	001	验收扳手	X	填验收单、明细账
				002	验收轴承	X	
				003	发放灯管	X	
				004	填写灯泡不能验收报告单	X	
				005	填写电池不能验收报告单	X	

注：X—核心要素；Y——般要素；Z—辅助要素。

附录6 高级工理论知识鉴定要素细目表

行业：石油天然气　　　工种：仓库保管工　　　等级：高级工　　　鉴定方式：理论知识

行为领域	代码	鉴定范围（重要程度比例）	鉴定比重	代码	鉴定点	重要程度	备注
基础知识 A 30%	A	法律法规知识（10:02:01）	8%	001	生产者应当承担的责任	Y	
				002	产品存在缺陷造成后果的赔偿要求	X	
				003	对不符合国家行业标准产品的处罚规定	X	
				004	对质量检验机构、认证机构出具虚假证明的处罚规定	X	
				005	社会团体、中介机构的责任	X	
				006	消费者的购买权利	X	
				007	经营者承担其他有关法规责任的权利	X	
				008	合同的权利义务终止	X	
				009	解除合同的有关规定	X	
				010	标的物提存	Y	
				011	违约责任	X	
				012	职业培训的规定	Z	
				013	社会保险和福利制度	X	
	B	仓储基础及安全消防知识（09:02:00）	7%	001	物资的编码原则和方法	X	
				002	物资仓库的分类	X	
				003	危险化学品的运输要求	Y	
				004	危险化学品的装卸及搬运要求	X	
				005	岗位责任制度	X	
				006	仓库技术经济指标的内容	X	JS
				007	仓储技术经济指标的计算方法	Y	JS
				008	仓储管理费的划分范围	X	
				009	消防器材的配备使用要求	X	
				010	仓库消防安全要求	X	
				011	安全检查方法	X	JD

续表

行为领域	代码	鉴定范围（重要程度比例）	鉴定比重	代码	鉴定点	重要程度	备注
基础知识 A 30%	C	物资接运、计量及保管资料（07：01：00）	5%	001	接运人员应熟悉的接运要求	X	
				002	计量器具的配备要求	X	JD
				003	计量器具的分类	X	JD
				004	填制各种物资保管基础资料的方法	X	JS
				005	物资单据的使用方法	X	
				006	物资包装的要求	X	
				007	物资包装的标准化体系和作用	Y	
				008	物资包装标记的要求	X	
	D	物流知识（13：02：01）	10%	001	销售物流的概念	X	
				002	物流成本的定义	X	
				003	影响运输成本的因素	X	
				004	不同运输方式的成本特征	Y	
				005	运输费率的形式	Z	
				006	运输定价的方法	X	
				007	集装箱运输的优点	Y	
				008	供应链的概念	X	
				009	供应链的特征	X	
				010	物资配送的概述	X	
				011	商流物流一体化配送模式	X	
				012	商流物流相分离配送模式	X	
				013	共同配送模式	X	
				014	配送服务成本合理化的策略	X	
				015	配送中心的主要功能	X	
				016	配送中心布局	X	
专业知识 B 70%	A	处理账务（32：06：02）	25%	001	文本输入的方法	X	
				002	数字输入的方法	X	
				003	分数输入的方法	X	
				004	日期输入的方法	X	
				005	填充的方法	X	
				006	序列的使用	Y	
				007	调整行高	X	
				008	调整列宽	X	
				009	插入单元格	X	
				010	删除工作表	X	
				011	复制工作表	Y	
				012	工作表的命名	X	
				013	隐藏操作	Y	
				014	简单查找	X	

续表

行为领域	代码	鉴定范围（重要程度比例）	鉴定比重	代码	鉴定点	重要程度	备注
专业知识 B 70%	A	处理账务（32∶06∶02）	25%	015	清除的使用	Z	
				016	撤销的使用	X	
				017	设置字符格式	X	
				018	设置字符特殊效果	X	
				019	对齐方式的应用	X	
				020	边框的使用	X	
				021	数字标签	X	
				022	物资的验收要求	Y	JS
				023	国内生产物资在验收中发生问题的处理方法	Y	
				024	国外进口物资在验收中发生问题的处理方法	X	
				025	自然损耗的概念、种类及计算	X	JS
				026	物资报废的概念、范围、处理时间及审批权限	Z	
				027	库存物资规格调整规定	X	
				028	物资发生盈亏的原因及处理	X	
				029	仓储事故的范围	X	
				030	仓储事故的处理方法及注意事项	X	
				031	温度、湿度对库存物资的影响	X	
				032	库区温度、湿度的变化及影响因素	X	
				033	温度、湿度的控制与调节	X	JD
				034	通风的方法	X	
				035	密封的方法	X	
				036	金属锈蚀的概念和分类	X	JD
				037	防霉方法	X	
				038	防虫鼠害的方法	X	
				039	出库过程中的问题处理方法	X	JS
				040	安全标志的概念	Y	
	B	管理金属材料（23∶05∶01）	18%	001	铁合金规格要求	X	
				002	铁合金的保管要求	X	
				003	耐热钢的性能及用途	X	
				004	钢的含碳量	X	
				005	钢丝、钢丝绳的分类	X	JS
				006	常用的薄板	X	
				007	型钢的概念	X	
				008	钢材的尺寸检验和计算	X	JS
				009	钢材的锈蚀度	X	
				010	钻铤外观质量验收	X	
				011	常用的有色金属	X	

续表

行为领域	代码	鉴定范围（重要程度比例）	鉴定比重	代码	鉴 定 点	重要程度	备注
专业知识 B 70%	B	管理金属材料（23：05：01）	18%	012	铝的验收及保管要求	X	
				013	石油专用管材的外观质量验收要求及计算	X	JS
				014	钻铤的相关内容	Y	
				015	铜板的规格	X	
				016	铝的分类及牌号	X	
				017	铝合金的分类	Z	
				018	铜合金的性能	Y	
				019	铅板材的验收及保管要求	X	
				020	有色金属的牌号	X	
				021	影响金属锈蚀的因素	X	
				022	防止金属锈蚀的主要措施	X	
				023	铅的特性及用途	Y	
				024	锌的特性及用途	Y	
				025	锑的特性及用途	Y	
				026	锡的特性及用途	X	
				027	镍的特性及用途	X	
				028	汞的特性及用途	X	
				029	镁的特性及用途	X	
	C	管理非金属材料（17：03：01）	13%	001	化学危险品的分类	X	
				002	酸的用途	Y	
				003	碱的保管方法	X	
				004	有机化工产品的储存保管要求	X	JD
				005	压缩气体的储存保管要求	X	
				006	橡胶制品的计量单位	Y	
				007	钻井液的概念和种类	X	
				008	油井水泥外加剂的概念和分类	Z	
				009	采油用化学剂的验收保管要求	X	
				010	酸化压裂液添加剂的分类、作用及验收保管要求	X	
				011	炼油化工三剂的储存保管要求	X	
				012	火工产品的验收保管要求	X	JD
				013	安全帽的特性、作用、包装、标志及保管要求	X	
				014	防护服的特性、包装、保管保养及使用要求	X	
				015	汽油的概念及计算	X	JS
				016	润滑脂的组成及使用特点	X	
				017	石蜡的分类、特性及包装验收要求	X	

续表

行为领域	代码	鉴定范围（重要程度比例）	鉴定比重	代码	鉴 定 点	重要程度	备注
专业知识 B 70%	C	管理非金属材料（17:03:01）	13%	018	添加剂的分类及性质	Y	
				019	柴油的保管要求	X	
				020	煤油的保管要求	X	
				021	润滑油的验收保管要求	X	
	D	管理机电产品（18:03:01）	14%	001	焊丝的分类	X	
				002	压力表的概念	X	
				003	泵的分类及型号表示方法	X	
				004	风机的型号表示方法	X	
				005	制冷设备的分类、验收保管要求	X	JD
				006	挖掘机的型号表示方法	X	
				007	常见的起重设备	X	
				008	汽车的分类及型号、代号	Y	
				009	常用汽车配件的种类	X	
				010	弯头的技术参数	Y	
				011	焊条的分类	X	
				012	卡尺、千分尺的概念	X	
				013	刀具的分类和用途	Y	
				014	磨料的分类及粒度	X	JD
				015	灯具的分类和型号表示方法	Z	
				016	工业用灯具分类及型号表示方法	X	
				017	照明电光源的型号表示方法	X	
				018	变压器的保管保养	X	
				019	高压熔断器的用途、分类及型号表示方法	X	JD
				020	半导体晶体管的概念	X	
				021	探测电缆的用途	X	
				022	裸电线的型号表示方法	X	

注：X—核心要素；Y—一般要素；Z—辅助要素。

附录7 高级工操作技能鉴定要素细目表

行业：石油天然气　　　工种：仓库保管工　　　等级：高级工　　　鉴定方式：操作技能

行为领域	代码	鉴定范围	鉴定比重	代码	名称	重要程度	备注
操作技能A 100%	A	处理账务	16%	001	操作计算机用Excel制"存货盘点明细表"	X	
				002	操作计算机用Excel制"规格调整单"	X	
				003	操作计算机用Excel制"库存物资盈亏申请表"	X	
				004	填写仓库到货申请查询报告单	X	
				005	填写磅（尺）码单汇总表	X	
				006	识别安全禁止标志（三）	Y	
				007	识别安全警告标志（二）	Y	
				008	识别安全指令标志（一）	Y	
				009	识别安全提示标志	Z	
	B	管理金属材料	28%	001	验收圆钢	X	填验收单、计量差单
				002	验收螺纹钢	X	
				003	发放中板	Y	
				004	处理螺纹钢出库计量误差	X	
				005	处理方钢出库计量误差	X	
	C	管理非金属材料	28%	001	验收汽油	X	填验收单、运损单
				002	验收碎石	X	
				003	处理工业盐储存损耗	X	
				004	处理酒精储存损耗	X	
				005	处理水泥规格调整	X	
	D	管理机电产品	28%	001	验收灯泡	X	填验收单、运损单
				002	验收灯管	X	
				003	处理灯泡规格调整	X	
				004	处理电池规格调整	X	
				005	处理灯管规格调整	X	
				006	识别机电产品	X	

注：X—核心要素；Y—一般要素；Z—辅助要素。

附录8　技师理论知识鉴定要素细目表

行业：石油天然气　　　工种：仓库保管工　　　等级：技师　　　鉴定方式：理论知识

行为领域	代码	鉴定范围（重要程度比例）	鉴定比重	代码	鉴 定 点	重要程度	备注
基础知识 A 30%	A	法律法规知识（05：01：00）	5%	001	合同内容约定不明确的规定	X	
				002	《中华人民共和国合同法》的其他规定	Y	
				003	合同的分类	X	
				004	合同的条款	X	
				005	买卖合同的内容	X	
				006	供电合同的内容	X	
	B	仓储基础及安全消防知识（05：01：00）	5%	001	库房内电器的安装要求	Y	
				002	HSE管理体系的概念、要素、原则	X	
				003	常用的劳动防护用品	X	
				004	维护保养制度	X	
				005	危险化学品的储存保管要求	X	
				006	岗位练兵制度	X	
	C	物流知识（14：03：01）	15%	001	物流成本的计算	X	
				002	物流成本管理的意义	X	
				003	物流运输需求的含义	X	JD
				004	物流运输需求的种类及计算	Y	JS
				005	物流标准化的含义	X	
				006	供应链管理的含义	X	
				007	配送线路的确定原则	X	
				008	配送中心的成本控制	X	JS
				009	配送作业时的注意事项	X	
				010	配送的基本环节	Y	
				011	物流信息系统开发	Y	JD
				012	物流信息技术应用	Z	
				013	物流订单的处理	X	
				014	物流服务的概念	X	
				015	供应链管理的内涵	X	
				016	供应链管理的特点	X	
				017	供应链管理的库存管理	X	
				018	物流成本控制管理	X	

续表

行为领域	代码	鉴定范围 （重要程度比例）	鉴定比重	代码	鉴 定 点	重要程度	备注
基础知识 A 30%	D	市场营销知识 （05：01：00）	5%	001	营销渠道的概念	X	JD
				002	市场营销渠道的分类	X	JS
				003	直销的优缺点	Y	
				004	网络营销渠道的优缺点	X	
				005	网络营销渠道的类型	X	
				006	营销渠道系统设计影响因素	X	
专业知识 B 70%	A	处理账务 （05：01：00）	5%	001	COUNT 函数的使用	X	
				002	RANK 函数的使用	Y	
				003	IF 函数的应用	X	
				004	显示高级筛选的应用	X	
				005	分类汇总的方法	X	
				006	安全标志的类型	X	
	B	管理金属材料 （23：04：02）	24%	001	生铁的质量指标及验收	X	
				002	碳素钢的牌号识别方法	X	
				003	电工用硅钢的分类及用途	Y	
				004	国内外同性能钢产品型号表示方法	Z	
				005	圆钢的概念及计算	X	JS
				006	扁钢的概念及计算	X	
				007	工字钢的概念	X	
				008	热轧 H 型钢的概念、用途	X	JD
				009	槽钢的概念	X	
				010	角钢的概念	X	JS
				011	不锈钢热轧等边角钢的概念	X	
				012	钢筋混凝土用热轧光圆钢筋的概念	X	
				013	钢筋混凝土用热轧带肋钢筋的概念	X	JD
				014	钢板的概念	X	
				015	钢板的尺寸	X	
				016	优质碳素结构钢冷轧薄钢板、钢带的概念	X	
				017	合金结构钢热轧厚钢板的概念	X	
				018	不锈钢耐酸耐热钢厚钢板的概念	X	
				019	不锈钢冷轧钢板的概念	Y	
				020	无缝钢管的概念	X	JS
				021	不锈耐酸无缝钢管的概念	X	
				022	高压锅炉用无缝钢管的概念及计算	Z	
				023	铜的牌号鉴别方法	X	

续表

行为领域	代码	鉴定范围（重要程度比例）	鉴定比重	代码	鉴定点	重要程度	备注
专业知识 B 70%	B	管理金属材料（23∶04∶02）	24%	024	热交换用白铜管材的技术参数	Y	
				025	型钢的分类	X	
				026	钢材的质量标准与验收	X	
				027	不锈钢的分类	X	
				028	耐热钢的概念	X	
				029	硬质合金的验收及保管	Y	
	C	管理非金属材料（14∶03∶01）	15%	001	燃料油的识别方法	X	
				002	润滑油的概念及用途	X	
				003	塑料的分类	X	
				004	硬聚氯乙烯树脂验收保管要求	Y	
				005	有机玻璃的验收保管要求	X	
				006	橡胶的概念及分类	X	
				007	普通V带的储存保管要求	X	
				008	胶管的外观检验要求	X	JD
				009	轮胎的验收保管要求	Z	
				010	水泥的验收保管	X	
				011	储存化工危险品的方法	X	
				012	丙酮的分子式、性质、用途及保管要求	X	
				013	常用有机化工产品的储存保管要求	X	
				014	常用压缩气体的性质	Y	
				015	压缩气体的保管要求	X	
				016	石油蜡的主要品种	Y	
				017	乙炔的性质、用途及保管要求	X	
				018	二氧化碳的用途、验收方法及保管要求	X	
	D	管理机电产品（11∶02∶01）	12%	001	滑动轴承的分类	X	JD
				002	锅炉的型号表示方法	X	
				003	内燃机的型号表示方法	X	
				004	离心泵的型号表示方法	Y	
				005	空气压缩机的型号表示方法	Y	
				006	阀门的型号表示方法	X	
				007	电力电缆的型号表示方法	X	
				008	低压开关柜的型号表示方法	X	
				009	启动器的型号表示方法	X	
				010	继电器的型号表示方法	X	
				011	三相异步电动机的型号	X	
				012	同步电机的型号	X	
				013	电动机的分类	X	
				014	电桥的概念	Z	

续表

行为领域	代码	鉴定范围（重要程度比例）	鉴定比重	代码	鉴定点	重要程度	备注
专业知识B 70%	E	综合管理（14∶02∶01）	14%	001	物资供应管理概念	X	JS
				002	物资的分类方法	X	
				003	物资消耗定额概念、主要因素、消耗规律及构成	X	
				004	物资消耗定额的制定方法	X	
				005	物资储备的分类	X	
				006	物资储备定额的分类	X	JD, JS
				007	标志和指标的定义、区别、主要联系	X	
				008	统计指标的定义、特点和分类	X	
				009	物资供应计划的要求及分类核算	X	JS
				010	物资统计调查的分类	X	
				011	统计相对数的概念	X	JD, JS
				012	统计平均数的概念、作用、分类及应用原则	X	JD
				013	动态数列的概念、分类及编制原则	Y	
				014	统计指数的概念及相关计算	Z	
				015	市场预测的内容	X	
				016	评估备选渠道方案的方法	X	
				017	营销渠道管理的定义、意义及工作内容	Y	

注：X—核心要素；Y——般要素；Z—辅助要素。

附录9　技师操作技能鉴定要素细目表

行业：石油天然气　　　工种：仓库保管工　　　等级：技师　　　鉴定方式：操作技能

行为领域	代码	鉴定范围	鉴定比重	代码	名　称	重要程度	备注
操作技能 A 100%	A	处理账务	10%	001	操作计算机用Excel制"存货盘点明细表"并计算	X	
				002	操作计算机用Excel制"库存物资盈亏申请表"并计算	X	
				003	操作计算机制作PPT课件	X	
				004	识别安全禁止标志	Y	
				005	识别安全警告标志	Y	
				006	识别安全指令标志	Y	
	B	管理金属材料	25%	001	验收焊管	X	填写验收单、查询单、明细账
				002	验收套管	X	
				003	发放焊管	X	填写发料单、码单、明细账
				004	发放套管	Y	
				005	发放油管	Z	
				006	处理套管规格调整（3项）	X	
				007	处理圆钢规格调整（3项）	X	
	C	管理非金属材料	25%	001	验收硫酸	X	填写验收单、查询单、明细账
				002	验收酒精	X	
				003	验收纯碱	X	
				004	处理工业盐盈亏	X	
				005	处理酒精盈亏	X	
	D	管理机电产品	25%	001	验收电压表	X	填写验收单、查询单、明细账
				002	验收电流表	X	
				003	处理灯炮事故	X	
				004	处理灯管事故	X	
	E	综合管理	15%	001	识别物资	X	
				002	识别标志	X	
				003	计算期末账存实存	X	
				004	培训授课	X	
				005	编写技术总结报告	Z	

注：X—核心要素；Y——般要素；Z—辅助要素。

附录10　操作技能考核内容层次结构表

内容＼项目＼内容	操作技能					时间合计 min
	处理账务	管理金属材料	管理非金属材料	管理机电产品	综合能力	
初级	16分 8~10min 选一项	28分 7~10min 选一项	28分 7~8min 选一项	28分 7~8min 选一项		100分 29~36min
中级	16分 8~12min 选一项	28分 7~12min 选一项	28分 7~12min 选一项	28分 7~12min 选一项		100分 29~48min
高级	16分 10~12min 选一项	28分 10~15min 选一项	28分 12~15min 选一项	28分 10~15min 选一项		100分 42~57min
技师	10分 10~15min 选一项	25分 15~20min 选一项	25分 15~20min 选一项	25分 15min 选一项	15分 10~60min 选一项	100分 65~130min

参 考 文 献

[1] 黄志雄. 机械产品（上册）. 北京：中国物资出版社，1985.
[2] 吴清一. 现代物流概论. 北京：中国物资出版社，2005.
[3] 吴清一. 物流实物. 北京：中国物资出版社，2003.
[4] 吴清一. 物流系统工程. 北京：中国物资出版社，2003.
[5] 张速治，于学顺. 消防器材与装备. 北京：中国石化出版社，2015.
[6] 曾正明. 实用有色金属材料手册. 北京：机械工业出版社，2016.
[7] 于民治，张超. 钢材产品手册. 北京：化学工业出版社，2011.
[8] 张晓君，刘作荣. 工业电器与仪表. 北京：化学工业出版社，2010.
[9] 严大凡，张劲军. 石油与天然气工程学油气储运工程. 北京：中国石化出版社，2009.
[10] 管国峰. 化工原理. 北京：化学工业出版社，2010.
[11] 郑端文. 石油化工企业消防安全. 北京：中国石化出版社，2009.
[12] 赵莲明，洪鸿. 天然气开发常用阀门手册. 北京：石油工业出版社，2011.
[13] 王克华，张继峰. 石油仪表及自动化. 北京：石油工业出版社，2011.